한미 F TA 국민보고서

한미 F TA 국민보고서

한미FTA 국민보고서

초판 1쇄 발행 __ 2006년 7월 10일
초판 4쇄 발행 __ 2006년 12월 10일

엮은이 __ 한미FTA저지 범국민운동본부 정책기획연구단

펴낸이 __ 유재건
주　간 __ 김현경
편집장 __ 이재원
편　집 __ 박순기, 주승일
마케팅 __ 노수준, 김하늘
경영지원 __ 인현주
유통관리 __ 고균석

펴낸곳 __ 도서출판 그린비 · 등록번호 제10-425호
주　소 __ 서울시 마포구 신수동 115-10
전　화 __ 702-2717 · 702-4791
팩　스 __ 703-0272
E-mail __ editor@greenbee.co.kr

fta

한미FTA 국민보고서

한미FTA저지 범국민운동본부
정책기획연구단 엮음

그린비

머리말

한미FTA 2차 본협상을 목전에 두고 있다. 한미FTA저지를 위해 300개에 육박하는 국내외 시민사회단체가 모여 범국민운동본부를 결성한 것도 이미 4월이며, 시도별로도 모두 수백여 개가 넘는, 해당 지역단체를 망라하는 지역운동본부가 만들어져 본격적인 활동에 들어가 있다. 정확하지는 않지만 아마 그 규모로만 본다면 해방 이후 최대가 아닐까 싶다.

범국민운동본부가 갖는 역사적 의미는 단지 그 규모로만 가늠되지 않을 게다. 지난 역사 특히 가까이는 80년대 이후 한국의 사회운동이 운동노선상의 차이로 끝없는 분열과 갈등에 의해 점철되어 왔음은 익히 알려져 있는 사실이다. 특히 결정적인 순간마다 되풀이되어 온 분열·대립상은 보기에도 민망했을 뿐만 아니라, 내부적으로도 그 갈등의 골은 나날이 깊어져 돌이킬 수 없이 깊은 상처를 남긴 것도 부인할 수 없을 것이다.

여기 이 '국민보고서'는 '한미FTA저지 범국민운동본부' 산하 '정책기획연구단'의 1차 공동기획 프로젝트의 결과물이다. 범국민운동본부를 이루고 있는 10여 개의 부문별 FTA 공동대책위원회가, 혹은 집단으로 혹은 개인으로 원고를 집필했다. 그렇지만 함께 집필한 단체나 개인이 모든 점에서 입장과 노선을 같이하는 것은 아니다. 당장 그럴 필요를 느끼지도 않고, 그것이 가능하리라고 생각하지도 않는다. 그러나 그 모든 것에도 불구하고 하나의 이슈 곧 한미FTA를 놓고 모든 정파, 조직, 나아가 개인이 같은 목소리를 내고 그 목소리를 한데 담았다고 하는 점에 대해서 우리는 감히 자랑스럽다. 아니 이것만으로 이 '국민보고서' 는 존재의 이유가 있다고 주장한다.

지난 2월 협상개시가 선언된 이래 격발된 한미FTA가 전국적 쟁점이 된 지는 오래다. 논란은 그 준비과정의 졸속성과 비민주성에 주로 맞춰져 있었고, 정부 일각의 온갖 변명은 충분한 자료와 근거로 반박되어 이제 더 이상 유지되기 어렵다는 것이 우리의 판단이다. 그리고 이제 논쟁이 새로운, 한차원 높은 국면을 맞게 되기를 바란다. 노대통령 역시 6월 21일 국민경제자문회의 석상에서, 당시 참석했던 범국민운동본부 대표단이 전한 바에 따르면 아래 취지의 발언을 하였다 한다.[*]

한미FTA에 대한 찬성과 반대보다 내용적 토론이 필요하다. 시민사회단체에 부탁하건대 내용을 가지고 토론하자. FTA 자체를 문제삼으면 토론할 필요가 없다. 언론이나 시민사회단체는 너무 대안 없이 반대만 한다. 토론은 객관적 사실과 정론에 입각해야 한다.

"내용적 토론"이 필요하다는 대통령의 인식에 우리는 전폭적인 지지를 보낸다. 오늘 우리가 국민 앞에 상재하는 이 '국민보고서' 야말로 바로 그 "내용적 토론"의 소산임에 분명하다. 이를 통해 우리 필자들 역시 FTA논쟁이 한층 성숙하기를 바라는 마음에 한결같다. 오히려 우리가

아쉬워하는 것은 왜 진작 이런 토론도 없이 정부가 일방적으로 한미FTA를 밀어붙였는지 하는 점이다. 공평하고 열려 있는 모든 토론은 결론을 예정하지 않는다. 결론이 예정된 토론은 사실 기만이라 불러야 한다. 또 무엇은 되고, 무엇은 안 되는 그런 토론도 참된 토론이 아니다. 바로 이런 이유에서 대통령의 "내용적 토론"에 십분 공감하면서도, 왜 이 "내용적 토론"이 FTA 자체를 문제삼으면 안 되는지, 왜 그런 사전 조건이 필요한지에 대해서는 동의하기 어렵다. 아무런 내용적 토론도 없이 한미FTA를 결정한 뒤, 시민사회단체는 FTA 자체는 문제삼지 말고 오직 "내용적 토론"만 하자는 것은 어딘지 앞뒤가 맞지 않다는 말이다.

정부는 한미FTA가 되면 수출이 늘고, 성장이 촉진되고, 고용이 창출되며, 경쟁력이 강화되고, 신(新)성장동력이 확보되고, 질 높은 서비스가 공급되고, 외국인 직접투자가 증대된다고 주장한다. 이것이 한미FTA의 추진 이유라고도 했다. 우리의 '국민보고서'는 바로 정부의 이런 주장을 "객관적 사실과 정론"에 입각해 찬찬히, 구체적으로 검토한다. 그래서 이런 토론을 통해 국민 스스로가 한미FTA를 어떻게 봐야 할 것인지 조금의 보탬이라도 되고자 하는 것이다. 그래서 이것이 이른바 '국익'에 진정 보탬이 되는지 판단함에 근거와 자료가 되고자 한다.

과거부터 우리 정치사에는 오래된 습관이 하나 있다. 어떤 정책에 대해 국민적 항의가 고조될 때면 그 '홍보 부족'을 탓하고, 국민의 혈세를 빼내 대국민 프로파간다에 나서는 것이다. 참여정부에서는 이 일을 이른바 국정홍보처라는 데에서 맡은 모양이다. 국가 긴급재난에다 지출해야 마땅할 수십억 원의 예비비를 예의 홍보 부족이라는 이유로 TV, 라디오, 심지어 출처도 불분명한 자료를 늘어놓은 조잡한 홍보물 따위에 낭비하고 있다. 일방적인 선전은 토론이 아니지 않은가.

사실 진정한 소통과 토론을 가로막고 있는 최대의 장애는 정부이다. 왜냐하면 내실 있는 토론과 대안을 모색하기 위한 필수조건은 뭐라 해도 정보의 공개이다. 우리 국민들 가운데 과연 몇 명이 한미FTA의 협상문을 보았을까. 알려진 바로 한미FTA 민간자문위원들조차도 우리측 협상문을 보지 못했다고 한다. 그들만이 아는 협상은 그들만을 위한 협상일 뿐이다. 정확한 협상문 내용의 공개야말로 내용있는 토론의 전제이다. 언론 역시 정부가 선심쓰듯 던져주는 협상내용에 무슨 퍼즐하듯이 전체 내용을 꿰맞추는 것이 고작이다. 막힌 언로는 정치권력의 타락을 재촉할 뿐이다.

물론 정부는 한미 양국의 합의를 핑계삼을지 모른다. 그러나 미국은 우리와 상황이 판이하다. 미무역대표부는 사실상 미의회의 매우 엄격한 통제 아래 놓여 있고, 그것을 강제할 수 있는 것이 미헌법이며 미무역촉진법(Trade Promotion Authority Act 2002)이다. 미의회는 통상협정의 목표를 법률로 정해 놓고, 초당적인 '의회감독그룹'(COG)을 통해 매단계 협상의 진행상황은 물론 협상의 매우 세세한 부분까지 감독한다. 이 과정에서 협상안의 구체적 내용은 즉각 의회에 보고되고, 의회는 관련 이해당사자와 협의를 하게 마련이다. 그런 점에서 미무역대표부는 단지 협상의 기술적 부분을 담당하는 것이지, 그 협상의 목표와 방향은 오직 법률에 정한 대로 실행하는, 즉 자유재량의 범위가 아주 협소한 기구에 불과하다. 반면 우리의 국회는 어떤가. 헌법 60조에 조약의 '체결·비준에 대한 동의권', 다시 말해 체결 '과' 비준 '각각에' 대한 국회 동의권이 명시되어 있음에도 불구하고, 해방 이후부터 길들여진 잘못된 관행 탓에 국회는 협상이 모두 끝나고 행정부가 던져준 비준동의안에 가부간 손만 드는 거수기 신세로 전락하고 말았다. 민의의 대변은 고사하고, 아예 협상문조차도 보고받지 못하고 있는 실정이다. 극소수 관료들에 의한 정보의 독점은 이제 위험수위를 넘어서고 있다. 법이 없어서가 아니라, 그 법에 대한 잘못된 해석관행이야말로, 극소수 외교테크노크라트의 수중에 국가의 명운이 달린 중대사안이 고스란히 넘겨지게 된 바로 그 원인이다. 이 잘못된 관행을 바로잡기 위해 이미 국회에는 통상절차법이 발의되어 있지만 하세월 그것이 언제 처리될지 알 길 없다.

흔히 대안없는 반대라고들 말한다. FTA가, 개방이 '대세'라고들 말한다. 심지어 혹자는 한미FTA에 반대하면 '쇄국'이라고 한다. 아마 본 프로젝트에 참여한 그 어느 필자도 스스로를 쇄국주의자로 생각하지는 않을 게다. 또 그것이 도대체 어떻게 가능하다는 것인가. 국익이라는 말과 마찬가지로 개방이라는 말도 구체적으로 정의되지 않는다면 그저 이데올로기에 불과하다. 언제나 문제가 되는 것은 어떤 개방, 무엇에 대한 개방이냐다.

사실 한미FTA는 자유무역이라는 이름을 단 미국 보호주의와의 대결이다. 연구자들에게 자유무역이란 강자의 보호주의일 뿐이라는 것은 이제 상식이다. 그런 점에서 이 책이 대변하는 생각은 개방에 반대하는 것이 아니라 강자의 보호주의에 반대하는 것이며, 동시에 '모든'FTA를 문제삼는 것이 아니라 미국식, 그중에서도 그들의 신자유주의에 바탕한 FTA를 문제삼자는 것이다. 나아가 이 책이 옹호하는 것은 맹목적이며 급진적인 개방이 아니라, 차라리 경제 이성이자 경제 합리성이다.

흔히 FTA와 관련해서 가장 자주 받게 되는 질문이 "그렇다면 대안이 뭐냐"라는 것이었다. 그렇지만 한미FTA라는 잘못된 대안에 대한 비판, 그것이 바로 첫번째 대안이다. 한미FTA, 그것은 한국경제와 사회가 직면하고 있는 성장지체, 고용축소, 양극화심화의 대안이 될 수 없다. 오히려 그 반대라고 이 책의 다수 저자들은 말하고자 하는 것이다. 한 걸음 더 나아가 지금처럼 급진 신자유주의적인 소위 '높은 수준'의 '포괄적' FTA가 아니라 굳이 원한다면 국민적 동의에 기초한, 우리 경제의 실력에 맞는, 우리 체급이 감당할 수 있는, '적정' 수준의 FTA가 바로 대안이라는 것이다. 지금의 한미FTA는 그 무슨 세계표준도 아니며, 단지 미국형 FTA의 한 변종에 불과할 따름이다. 신자유주의적 자유(free)무역이아닌, 신자유주의 너머의 공정(fair)무역이야말로 우리가 가야 할 제대로된 길이다. 이런 의미에서 우리는 이 책이 이미 잉태된 또 하나의 새로운연구프로젝트에 대한 하나의 예감으로 읽히기를 기대한다.

책은 한미FTA 협정문의 구조에 입각해서 구성됐다. 먼저 김세균 교수가 전체 총론을 집필하였고, 이어 1부에서는 주로 정치·사회적인 면을 중심으로 국내 정치(최형익), 전략적 유연성(배성인), 한미관계(안병진), 그리고 양극화 문제(고병권)를 다뤘다. 2부에서는 경제를 다루는데 총론(장상환)을 앞세워 제조업(백일 외)과 농축수산업 분야(윤병선)에 미칠 한미FTA의 영향을 분석하였다. 3부에서는 한미FTA의 키워드로 부상한 서비스산업을 문제삼는다. 이병천 교수가 총론을 집필했다. 공공부문에 대한 신자유주의의 공격성은 이번 FTA에서 더욱 첨예화되고 있다. 해서 공공부문에 대한 FTA 충격에 많은 부분을 할애하였다. 정부서비스를 포함한 공공부문(박형모, 전소희)과 특히 에너지부문(송유나)이 그것이다. 이어서 전 국민의 관심사인 교육(이철호), 보건의료(보건의료대책위 정책팀) 분야가 다뤄진다. 그리고 서비스산업의 개별 부문으로는 금융(이종탁 외)을 필두로, 정보통신(변장석), 문화/영화산업(심광현), 방송을 비롯한 시청각부문(전규찬), 비즈니스서비스의 중심축 가운데 하나인 법률시장(권경애)을 중심으로 FTA를 분석한다.

사실 한미FTA에서 미국의 전략은 농업과 개성공단에 우리의 시선을 묶어 놓은 다음, 서비스·투자·지적재산권에서 이익을 극대화하자는 것으로 보인다. 그래서 4부에서는 한미FTA의 중핵을 이루는 투자(이해영)를 먼저 다루고, 한국경제에 비용의 증가 외에 성장효과는 사실 별로 없는 지적재산권(남희섭)과 새로운 영역으로 부상하고 있는 전자상거래 부문(박덕영)을 분석한다. 5부에서는 세심한 접근이 요구되는 노동(차남호, 이상훈)과 환경(임지애) 분야를 다루었다. 마지막 6부에서는 중국과 FTA(이남주), EU의 FTA전략(임운택), 미·호주FTA(이정구), NAFTA(배성인)가 사례 분석되고 있다.

모든 책이 그러하듯 이 책 역시 보이지 않는 많은 이의 수고로움이 빚은 결정이다. 먼저 별 '수익성'이 보이지 않음에도 '덜컥' 출판을 맡아준 그린비출판사가 그저 고마울 따름이다. 편집노동자를 자임해준 최형익 교수, 거의 30편에 달하는 원고를 모으는 과정에서 온갖 악역을 마다하지 않은 간사들, 민경우, 송종운, 한선범 이들의 노고는 역사가(?) 알아줄 것이라 믿고 있다.

2006년 6월 26일
— 집필자들을 대신하여
정책기획연구단장 이해영 識

:: **차 례**

한미FTA 국민보고서 총론

김세균[*]

1. FTA란?

FTA(Free Trade Agreement ; 자유무역협정)는 관세장벽과 비관세장벽 등 제반 무역장벽을 완화하거나 철폐해 무역자유화를 실현하고자 양국 또는 지역 사이에 체결하는 특혜무역협정을 가리킨다. 미·호주FTA 등이 '양국간 FTA'에 속한다면, EU 또는 미국·캐나다·멕시코가 체결한 NAFTA 등은 여러 인접 국가들이나 일정한 지역을 중심으로 이뤄진 '지역 무역협정'(Regional Trade Agreement) 내지 '지역 통상협력체제'(Regional Trading Arrangement)에 속한다.

오늘날의 WTO(World Trade Organization ; 세계무역기구)체제에서 FTA는 크게 두 가지 방식으로 이뤄지고 있다. 하나는 모든 회원국이 자국의 고유한 관세와 수출입제도를 완전히 철폐하고 역내의 단일관세 및 수출입제도를 공동으로 유지해가는 방식인데, EU의 방식이 그 대표적인 예이다. 다른 하나는 회원국이 자국의 고유관세와 수출입제도를

---

* 서울대학교 정치학과 교수, 한미FTA저지 교수학술단체공동대책위원회 대표.

그대로 유지하면서 무역장벽을 완화하거나 철폐하는 방식이다. WTO체제가 모든 회원국들에게 최혜국대우를 보장해주는 '다자주의'를 원칙으로 하는 세계무역체제라면, FTA는 양국이나 특정 지역 국가들에게만 무관세나 낮은 관세를 적용하는 '양자주의' 및 '지역주의'적인 특혜무역체제라는 점에서 다르다.

1947년, 세계대전의 참화를 겪은 이후 전후 세계자본주의질서를 재편하던 연합국들은 전쟁을 불러일으킨 원인으로 지목된 보호무역주의를 극복하고, 자유무역의 확대를 위해 (달러본위 고정환율제를 축으로 하는 브레턴우즈체제와 더불어) 회원국들 간의 최혜국대우와 내국민대우를 양대 축으로 하는 GATT(General Agreement on Tariffs and Trade in Services ; 관세 및 무역에 관한 일반협정)체제를 출범시켰다. GATT체제 하에서 FTA는 1947년 GATT 조약문 24조에 의거, 일종의 예외조항으로 허용됐다. FTA를 예외조항으로서만 허용한 것은 FTA로 인해 관세가 철폐되면 역외국가에 대한 사실상의 차별을 포함하는 무역전환(trade diversion) 효과, 즉 교역이 기존 교역국에서 FTA를 체결한 다른 나라로 전환되는 효과가 발생하기 때문이다. 그래서 GATT체제에서는 무엇보다도 유럽 국가들이 미국이 주도하는 자유무역에 대한 일종의 견제장치로서 FTA를 도입한 것이었다. 과거 미국이 FTA에 소극적이었던 이유도 바로 이 때문이다. 통상규제 철폐대상이 '상품무역'에 국한됐다는 것 역시 GATT/FTA체제가 지닌 주요 특징이었다.

GATT체제를 대신해 1994년에 수립된 WTO체제에서는 FTA가 그 이전과는 성격이 크게 달라진다. WTO협정에서는 '무역관련'(trade-related)이라는 개념을 통해 통상규제 철폐대상에 투자, 지적재산권, 농산물 등이 포함된 것이다. 이에 따라 관세/규제 철폐대상이 단순 '상품' 영역에서 경제활동의 전 영역으로 확대되기에 이른다. 요컨대 상품, 농산물, 제약뿐만 아니라 초국적 서비스인 광고, 회계, 시청각, 컴퓨터, 교육, 훈련, 에너지, 특급우편, 금융업, 전문직, 텔레콤, 관광 등 모든 분야에 대해 내국민대우 및 최혜국대우, 금융영업허가, 전자상거래와 관련된 모든 사항의 비차별적 대우, '모든 종류'(당연히 여기에는 투기성 투자도 포함된다)의 투자에 대한 보호, 지적재산권, 정부조달에 대한 비차별적 대우, 반경쟁적 관행금지, 분쟁해결의 절차규정, 노동, 환경 등 그야말로 국민경제의 거의 모든 것이 포함된 것이다. 이로 인해 투자와 금융서비스, 그리고 이전에 공공부문으로 간주된 부문들 대부분이 '자유교역'의 대상으로 포함됨으로써 투기자본의 자유로운 이동과 언론/미디어 영역에 대한 외국자본의 참여 등이 보장되고 문화, 보건/의료, 물, 전기 등이 경쟁적 시장체제에 맡겨질 수 있게 됐다. 이런 점에서 WTO체제에서의 FTA는 단순한 '자유무역협정'이라기보다는 '포괄적 경제통합협정'으로 규정하는 것이 마땅하다.[1]

게다가 미국이 타국과 맺은 FTA 중 최강도의 FTA가 될 것으로 예상되는 한미FTA가 체결된다면,[2] 한국경제의 높은 미국의존도(한국경제에 대한 미국자본의 높은 지배력)와 미국에 대한 한국경제의 높은 전략적 중요성을 고려할 때, FTA체결을 통한 양국간 경제통합 수준은 실질적으로 한국경제가 미국경제에 합병되는 것에 가까워지지 않을 수 없다.

---

1) 이해영, 「한미FTA에 대한 비판적 고찰」, 『한미FTA와 한국사회』, 한미FTA저지 교수학술단체공대위 주최 토론회 자료집, 2006.
2) 미국 워싱턴에서 열린 한미FTA 제1차 본협상이 6월 10일(한국 시간) 닷새간의 일정으로 마무리됐다. 협상 결과에 따르면 신금융서비스와 투지자본의 투자 인정 등 미국의 요구는 철저히 관철된 반면, 개성공단 제품의 내국산 인정 등 한국의 요구는 철저히 외면당했다(「미국에 선물 주고 빈손 귀국……첫 단추 잘못 끼웠다」, 『한겨레』 2006년 6월 12일). 실제로 협상에 임하면서 미국측은 세제·입법·공공분야 등에서 최고 수준의 개방을 요구하면서도, 다른 나라와의 협상에서 이미 수용한 내용조차 우리에게는 허용할 수 없고, 미국의 경쟁력이 약한 섬유 등에 대해서는 긴급수입제한 조치 같은 세이프가드의 적용을 통해 한국측의 공세를 막겠다는 전략을 펴고 있다.

2. 미국은 왜 FTA를 추진하는가?

GATT체제는 금융자본의 국제적 이동에 많은 제한을 가하고, 통상규제 철폐대상을 '상품무역'에 국한시킨 '규제된' 자유주의적 세계자본주의 체제의 구축을 지향하는 체제였다. 이와 달리 WTO체제는 금융자본의 자유로운 국제적 이동을 보장하고, 개별 국민경제의 세계자본주의체제로의 전면적인 통합을 추구하는 '신자유주의적' 세계자본주의체제의 구축을 지향하는 체제이다. GATT체제의 WTO체제로의 전환은 1970년대 중반 이후 세계자본주의가 빠져들기 시작한 장기적인 구조적 과잉축적 위기의 자본주의적 타개책으로 추진된 '신자유주의 세계화'와 궤를 같이하는 것이다.

　WTO체제가 들어선 후 미국의 대외정책은 2000년을 전후로 크게 변하기 시작하는데, 그 변화의 주된 특징은 '지구적 제국 건설정책'에서 '미제국의 직접적인 확장정책'으로의 전환이다. 여기서 지구적 제국 건설정책이란 자유무역의 확대를 추진하면서도 개별 국민경제의 자율성을 보장한 이전의 대외통상정책과는 달리, 미국 역시 그 안에서 가장 강력한 파워를 행사하면서 최소한 여타 선진국들과 협조하고 지구적 수준의 규범을 준수하는 가운데 개별 국민경제를 세계자본주의체제 속에 통합시켜 나가는 정책을 가리킨다. WTO체제를 출범시키고 세계 각국의 더 많은 개방을 위해 DDA(Doha Development Agenda ; 도하개발의제) 협상을 추진한 것 등이 그런 정책에 속한다.

　그러나 지구적 제국 건설은 그간 많은 진척이 있었지만 미국의 요구를 흡족하게 충족시킬 만큼 진척되지 못했다. 그 이유는 지구적 제국의 건설에는 수많은 국가들의 이해관계를 조정하는 과정이 필요하기 때문에 미국이 최고의 경쟁력을 지닌 서비스, 농업, 지적재산권, 투자 부문의 자유화를 여전히 쟁점으로 남겨두지 않을 수 없게 된 데에다가 BRICs의 출현 등 미국의 독주를 견제하는 여러 움직임들이 대두했기 때문이다. 1999년 시애틀투쟁, 2003년 칸쿤투쟁, 2005년 홍콩투쟁 등 범세계적 대안세계화운동의 고조 역시 지구적 제국 건설을 저지하는 중요한 힘으로 작용했다. 그런데 양자간 협상에 의한 시장개방은 제3자를 배제함으로써 미국의 특정 산업집단에게 지대 형태의 특별이윤을 안겨주는데, 양자간 협정을 통해 많은 특별이윤을 향유할 수 있는 자본분파가 미국자본주의의 지배적 자본분파로서 강력한 정치적 영향력을 행사하고 있다. 이 점은 미국으로 하여금 미제국의 직접적인 확장정책을 추구하게 만든 중요한 국내적 요인으로 볼 수 있다.

　　다른 한편, 유례 없는 호황을 경험했다는 점에서 1990년대는 미국경제의 '좋은 시절'이었다. 그러나 이 호황은 지구적 수준에서의 한층 더 강화된 금융적 수탈 및 '신경제'에 대한 막연한 기대가 가져온 거대한 과잉투자에 힘입은 것으로 위기로부터의 최종적 탈출을 알리는 것이기는커녕 훨씬 심각한 위기폭발의 조건들을 만들어내는 것이었다. 결국 1990년대에 미국이 경험한 호황은 2000년대에 들어오면서 종결된다. 이와 더불어 미국은 최소한 타 선진국들의 이익까지 보장하면서 자국의 이익을 확보하려 했던 '다자주의' 정책을 버리고,[3] 타 선진국의 이익을 희생시키고 오직 자국의 이익만을 극대화하려는 '일방주의' 정책을 채택하게 되며, 일방주의 정책을 관철시키는 수단으로 '전쟁의 상시화' 등을 추구한다. 게다가 중국의 부상은 미국에게 자국의 패권을 위협하는 중대한 위험으로 인식된다.

---

3) 1990년대 이전과 1990년대의 미국의 다자주의 정책은 질적으로 구분된다. 전자가 제3세계 국가들에게도 일정한 양보적 통합의 계기를 포함한 다자주의 정책이었다면, 후자는 제3세계에 대한 착취와 수탈을 강화하기 위한 선진국들 간의 다자주의적 협력정책이었다.

위에서 언급한 사정들을 배경삼아 미국은 2000년대에 들어와 이전의 부차적 정책이었던 '미제국의 직접적인 확장정책'을 주된 정책으로, '지구적 제국 건설정책'을 부차적 정책으로 추구하기에 이른다. 통상정책의 측면에서 볼 때 미제국의 직접적인 확장정책은 이른바 '공정한 자유무역'(free but fair trade) 원칙을 내세우면서 1974년의 무역법안에 근거한 301조를 이용해 공격적 수출촉진정책 내지 공격적 일방주의를 추구하기 시작한 1980년대까지 거슬러 올라간다. 그러나 2000년 이후에는 FTA 확산정책을 주된 도구로 삼고 있다. 그리고 오늘날 이 정책은 FTA라는 양자간 협정을 통해 경제적·정치적·군사안보적 관점에서 전략적 중요성을 지닌 국가들의 경제를 미국경제에 확고히 편입시키고, 이를 토대로 이 국가들과 확고한 정치군사적 동맹체제를 구축하는 것을 목표로 삼고 있다. 그런데 미국에 의하면, 미국은 최고의 군사력과 최대의 시장을 가진 명실상부한 최고 강국이므로 미국과의 FTA체결은 당사국에게 단순한 경제적 이익을 넘어서 포괄적으로 '국익'을 증진시켜주는 '특권'이다. 이런 관점에서 미국은 그 '특권'을 차지하려는 나라들끼리 경쟁을 붙여 자신이 선택하는 특정 국가들과 FTA를 체결하고, 이를 통해 이 국가들을 이른바 '자유화 국가 연합'(coalition of liberalizers)에 참여시키는 것을 미제국의 확장을 위한 기본전략으로 삼고 있다.[4] 따라서 미국과의 FTA체결은 경제협정을 맺는 것인 동시에 정치적·군사적 안보협정을 맺는 것이라는 점, 즉 세계최강인 미제국으로의 실질적인 경제적·정치적·군사적 합병을 초래한다는 점이 지적되어야 한다.

이처럼 미제국의 직접적인 확장정책을 추구하는 미국은 다자주의 원리에 배치되는 무역관행에 일관되게 제동을 걸었던 예전과는 달리,

---

4) 홍기빈, 「전략적 유연성, FTA, 동아시아의 재구성」, 『프레시안』, 2006년 2월 17일 참조.

오늘날에는 양자주의에 입각한 차별적 통상협정(preferential trade arrangements, PTAs)의 체결을 적극 옹호하고 있다.[5] 그러면서 미국은 자국이 주도하는 양자간 FTA가 GATT/WTO체제의 다자간 협상이라는 틀 내에서 다자주의 원칙을 준수하는 가운데 이뤄지고 있고, FTA정책은 세계 각국의 '경쟁적 자유화조치'를 불러일으켜 자유무역체제를 확산시키는 데 기여하는 자유무역체제의 보완적 정책 내지 완전한 자유무역을 실현하기 위한 주춧돌이라고 주장한다. 이런 주장은 미국 중심의 지구적 제국 건설이라는 미국의 이상을 재천명하고 있는 것 이상의 의미를 지니지 않는다. 그러나 양국간/지역간 FTA란 많든 적든 다른 국가와 지역을 배제하는 계기를 지니고 있으므로 미국 중심의 배타적인 경제블록의 형성은 이와 경쟁하는 다른 경제블록들의 형성을 유발할 수밖에 없다. EU의 성립이 NAFTA의 출현을 재촉했던 것과 마찬가지로, 미국 중심의 배타적 경제블록 형성은 중국 중심의 새로운 경제협력체의 형성 등을 재촉할 수밖에 없다.[6]

한편, 미국이 한국과의 FTA체결에 나서게 된 이유로는 한국과의 FTA체결이 미국에게 많은 경제적 실익을 안겨줄 것이라는 점, 중국포위 전략을 추구하는 미국에게 한국이 동북아시아에서 지정학적으로 매우 중요한 국가라는 점, 중국과 한국이 정치적·경제적으로 더 이상 가까워지는 것을 막아야 한다는 점, 한국을 정치적·군사적으로는 중국경제에 대한 전초기지로 만들고 경제적으로는 중국 진출의 교두보로 삼을 수 있다는 점, 한국이 미국과의 FTA체결에 적극 나서고 있는데다가 FTA

---

5) 이 점은 미국이 1985년 이스라엘과 최초로 FTA를 체결한 후 2000년까지 FTA를 체결한 국가가 5개국에 불과했던 것과는 달리, 부시 행정부 1기 동안 10개국과 FTA를 체결한 데에서도 잘 드러난다.

6) 정하용, 「미국의 지대추구적 통상정책 : 공격적 일방주의와 FTA 확산 정책」, 『국가전략』 11권 1호, 세종연구소, 2005.

협상을 위한 전제조건으로 미국이 제시한 사항들을 적극 충족시켰다는 점 등을 들 수 있다. 미국은 한미FTA가 체결되면 미국이 이제까지 맺은 FTA 중 자국에게 최대의 경제적 이익을 안겨주리라 기대하고 있다.

3. 노무현 정부는 왜 미국과의 FTA체결을 서두르고 있는가?

노무현 대통령에 의하면, 한미FTA 추진은 미국이 강제해서가 아니라 미국과의 FTA체결이 수출을 증대시키고, 경제 선진화에 크게 기여하는 등 우리 경제에 커다란 이익을 안겨주기 때문에 스스로 선택한 것이라고 한다. 실제로 노무현 정부는 미국과 FTA를 체결하기 위해 적극 나섰고, 미국으로부터 FTA 협상대상국으로 지정받기 위해 '의약품 가격 인하조치 중단', '자동차 배기가스 기준 완화', '쇠고기 수입 재개', '스크린쿼터 축소' 등 미국이 제시한 4대 선결조건을 사전에 충족시켰다. 더 나아가 주한미군의 전략적 유연성을 허용해줌으로써 FTA체결을 위한 또 하나의 주요 전제조건을 충족시켜줬다.

노무현 정부가 이전부터 김영삼 정부의 '세계화' 정책과 김대중 정부의 '신자유주의적 개방정책'을 이어받아 이른바 '개방적 통상국가론'을 적극 주창하고 있었다는 점에서 타국과의 FTA체결을 적극 추진하고 있는 것은 원래 정책의 연장선상에서 나온 것이라고 볼 수 있다. 그런데 전 청와대 국민경제 비서관 정태인이 밝힌 바와 같이,[7] 애초 노무현 정부는 한국경제에 가장 많은 실익을 가져다 주리라 평가된 중국, 그리고 인접국가인 일본과 먼저 FTA를 체결하려고 했다. 미국과의 FTA체결은

---

7) 정태인, 「'평화의 동북아' 꿈을 날려버린 한미FTA」, 『프레시안』, 2006년 4월 17일.

그런 바탕 위에서 추진될 것이었다. 이런 FTA정책은 노무현 정부가 제창해온 '동북아 균형자론' 등과도 일치한다.

따라서 노무현 정부의 FTA정책이 미국과의 FTA체결을 최우선시하는 방향으로 변경된 것은 근래의 일인 것으로 보이는데, 이런 변화는 노무현 정부의 대외정책이 '미국에 상대적으로 독립적인 지역경제협력 공동체의 형성에 기초한 세계진출'에서 '미국자본과의 전략적 동맹 강화에 기초한 세계 진출'로 바뀐 것을 의미한다.[8] 여기서 문제되는 것은 왜 이런 정책기조상의 중대한 변경이 일어났는가이다. 이에 대해서는 다음의 점들이 지적될 수 있다.

첫째, 한국은 건국 이후부터 지금까지 줄곧 미국의 강력한 영향력 아래 놓여 있다. 이로 인해 한국에 대한 미국의 영향력은 이미 매우 강력한 힘으로 한국사회에 내재화되어 있다. 그런 가운데 국가관료층과 지배층에게 '한미동맹 강화'는 한국사회의 발전을 위한 결정적 담보물로 인식되고 있고,[9] 많은 국민들 역시 한미동맹 강화를 찬성하거나 불가피한 것으로 받아들이고 있다. 그런 조건 속에서도 노무현 정부의 출범과 더불어 '탈미'를 추구하는 개혁세력이 일정 정도 정권 상층부에 참여할 수 있게 됐는데, 이들이 소수였는데도 정권 초기에 국가정책의 기조를 확정하는 데 큰 영향력을 발휘할 수 있었던 것은 대통령이 자신의 '가신'이었던 이들의 손을 들어줬기 때문이다.

---

8) 2006년 2월 3일, 미의회에 출석해 한미FTA 협상 개시를 선언하는 자리에서 김종훈 한미FTA 수석대표가 "한미FTA는 한미간 상호방위 조약에 뒤이은 경제동맹"이며, "중국·일본에 앞서 미국과 거래를 탄탄하게 해놓는 것이 (한국이) 동북아에서 한층 주도적인 역할을 하는 것"이라고 말한 것은 이 점을 잘 드러낸다.

9) 한미FTA 협상 개시가 선언됐을 때 한국의 보수언론들이 한미FTA는 한미동맹을 강화함으로써 한국의 국제적 입지와 위상을 높이고, 한국은 이를 통해 동북아 지주국가 내지 동북아FTA 허브 국가로 도약할 수 있게 된다며 한미FTA 체결을 적극 옹호하고 있는 데에서도 이런 점들이 잘 드러난다. (『중앙일보』 2006년 2월 3일; 『조선일보』 2006년 1월 28일 사설 등 참조)

그러나 노무현 대통령은 이후 미국의 압력과 국가장치 내외에 포진해 있는 한미동맹파 내지 친미세력의 강력한 힘에 굴복해 자신의 입장을 점차 '탈미'에서 '한미동맹 강화'로 변경시킨 것으로 보이는데, 노무현 정부의 FTA정책 기조변경은 주한미군의 전략적 유연성 인정과 더불어 이런 전환의 결정판을 이룬다. 이 점은 노무현 정부의 FTA정책 기조변경이 겉으로는 노무현 정부 자신의 전략적 선택의 결과인 것처럼 보이지만, 실질적으로는 한미동맹 강화를 요구하는 강력한 구조적 힘에 굴복한 결과임을 드러내는 것이다.

둘째, 노무현 정부는 한국을 동북아 물류·무역·생산의 허브로 발전시킨다는 목표 아래 그런 목표의 달성을 가능케 하는 전제로 '한반도 평화체제'와 '남북한 공존공영체제'를 구축하기 위해 노력해왔다. 이런 노무현 정부의 대북정책은 북한을 테러국가 등으로 규정하면서 압박정책을 추구하고 있는 미국의 대북정책과는 상치된다. 이런 정세 속에서 노무현 정부는 미국의 대북압박정책을 완화하기 위해 이라크에 한국군을 파병하고, 주한미군의 전략적 유연성을 인정하는 등 미국의 비위를 맞추기 위해 노력해왔는데, FTA정책을 한미FTA의 우선적 추진으로 변경한 것 역시 그런 노력의 일환으로 이해될 수 있다.

다른 한편, 노무현 정부는 그간 개성공단 건설사업을 남북관계를 개선하고, 남한의 중소기업들에게 새로운 활로를 열어주는 핵심적 대북 사업으로 판단해 그 사업을 성공시키고자 많은 노력을 기울여왔다. 이와 관련해 노무현 정부는 한미FTA의 협상과정에서 개성공단 제품의 내국산 인정을 관철시키려고 하는데, 미국이 이에 응할지는 아직 미지수이다. 현재까지 미국은 그 문제를 북핵 문제의 해결과 연동시켜 매우 부정적인 입장을 취하고 있지만, 협상과정에서 미국의 이해에 중요성을 지닌 다른 부분들에서 대폭적인 양보를 받아내고 개성공단 문제에 대해서는 한국의 요구를 수용해줄 가능성이 매우 높다. 어떻든 개성공단 문제로 인해 한미FTA 체결이 무산되는 일이란 없을 것으로 보인다.

셋째, IMF 위기를 거치면서 한국의 금융·투자시장 등이 개방된 이후 미국자본의 한국 진출은 크게 진척되어 왔다. 그 결과 '한국자본의 미국계 초국적 자본과의 융합'이 이미 상당한 수준에서 이루어짐으로써 오늘날에는 이 융합이 한국자본운동의 조건이자 기반이 되었다. 이런 상태에서 '미국계 초국적 자본과의 전략적 동맹(또는 제휴)'의 강화는 이미 지구적 자본의 성격을 지닌 한국의 대자본들에게 선택의 여지가 없는, 자기 발전의 불가피한 조건이자 토대로서 인식되고 있다. 한국의 재벌들이 한미FTA의 우선적 추진에 찬성하는 이유는, 한미FTA의 체결이 한국의 대자본과 미국계 초국적 자본과의 전략적 동맹을 진척시키는 결정적 계기가 될 것으로 보고 있기 때문이다. 실제로 한미FTA의 우선적 추진은 무엇보다도 정부가 삼성프로젝트를 수용한 결과로 이해될 수 있다.

넷째, 한국의 자본주의는 1997년 외환위기 이후 (이 위기를 극복하기 위해 시장개방과 상시적 구조조정 같은 신자유주의정책을 지속적으로 실시했는데도) 경기회복은 매우 짧고 경기침체가 오래 이어지는 장기불황 상태에서 벗어나지 못하고 있으며, 사회양극화의 심화와 성장잠재력의 약화 같은 심각한 사회적·경제적 문제들에 직면해 있다. 이처럼 그간의 신자유주의정책이 장기불황과 미래의 새로운 위험요인을 만들어내고 있음데도 노무현 정부는 '신자유주의로부터의 이탈'이 아니라 '더 많은 신자유주의'를 통해 거기에 대처하겠다는 것을 기본정책으로 삼고 있다. 그리하여 정부는 한미FTA를 "개방과 경쟁을 통해 생산성을 제고하고 성장잠재력을 확충하는 '제2의 장기성장전략'으로 파악, "우리의 모든 역량을 결집해 한미FTA를 우리 경제·사회시스템 전반을 선진화시키는 계기로 활용해야 한다"[10]고 주장하고 있다. 이와 관련해 정부가 한미 FTA의 우선적 체결에 나선 것은 한편으로는 한국사회가 처한 위기의 심도가 깊다는 사실을 반영하며, 다른 한편으로는 가장 강도 높은 신자유주의 개편을 가능케 하는 '외부의 충격'이라 할 만한 한미FTA의 체결을 통해 현재의 위기와 미래의 불안요인에 대처하겠다는 의지의 표명으로 이해될 수 있다. 정부의 이런 선택은 신자유주의 개편의 강화만이 한국 자본주의의 살 길이라고 보는 재벌의 입장과 일치한다. 또한 그런 개편 요구는 미국계 초국적 자본의 요구이기도 하다.

4. 한미FTA, 왜 저지해야 하는가?

미국과의 FTA체결은 미제국으로의 실질적인 합병을 초래하기 때문에 많든 적든 당사국의 경제적·문화적·정치적 주권을 상실시킬 수밖에 없다. 실제로 한미FTA의 체결은 미국에 대한 한국의 종속적인 경제동맹과 이에 기반을 둔 종속적인 정치적·군사적 동맹을 완성시킬 것이다. 종속적 동맹체제의 완성이 가져올 주권 상실은 주권의 상실로 끝나지 않는다. 소수에게는 '정상을 향한 도전'을 유발하고, 다수 대중에게는 '바닥을 향한 경주'를 강제함으로써 미국계 초국적 자본과 이에 융합되어 있는 한국의 독점자본에겐 많은 이익을 안겨주겠지만, 이 땅의 노동자·민중과 다수 국민에게는 IMF 위기 때의 충격과는 비교할 수 없는 대재앙을 안겨줄 것이다.

---

10) 관계부처합동, 「한미FTA Q&As: 최근 비판론을 중심으로」, 반(反)한미FTA운동 반박자료(4월 21일), 2006.

한미FTA의 체결은 그간의 개방으로 이미 미국계 초국적 자본과 융합되어 있는 4대 재벌과 수출산업들에게 더 많은 시장을 마련해주고, 개방의 충격에서 경쟁력을 키우게 될 소수의 특정 기업들에게도 이윤 증대의 새로운 기회를 제공해줄 것이 틀림없다. 이와 관련해 노무현 정부는 (제3세계 노동자들이 자유무역의 최대 수혜자가 될 것이라는 주류경제학자들의 억지주장과 동일한 논리로) 한미FTA의 체결이 한국산업의 경쟁력 강화, 경제성장, 국부 증대에 기여할 것이며, 비록 피해층을 만들어내긴 하겠지만 자유무역으로 얻은 이득을 양극화의 해소 등을 위해 사용할 수 있으니 크게 보면 국민 전체의 이익에 일치한다고 강변하고 있다.[11] 그러나 노무현 정부의 이런 주장은 삼성과 현대자동차 같은 재벌과 경쟁력을 키울 특정 소수 자본들의 이익을 '국익'으로 간주하고, 이들에게 더 많은 기회를 제공하기 위해 절대 다수의 국민들에게 더 많은 희생을 감수하라고 강제하는 것에 다름 아니다. 이런 점들에 대해서는 이 책에 수록된 개별 분야에 대한 분석들에서 자세히 논의될 것이며,[12] 여기서는

---

11) 노무현 정부의 이런 주장은 그간 나온 관변보고서의 내용과 비교해봐도 억지주장에 가까운 것이다. 한미FTA의 파급효과에 대한 관변보고서들에는 여러 종류가 존재한다. 그러나 나중에 최초의 보고서 내용을 조작해 경제성장에의 기여도를 크게 높인 대외경제연구원의 최근 보고서를 제외한다면, 한미FTA가 한국경제에 직접적인 경제적 실익을 안겨줄 것이라고 자신 있게 주장하는 보고서는 거의 없다. 실제로 한국측 자료들은 미국 국제무역위원회의 자료와 상당한 차이를 보이고 있고, 무역협회나 산업자원부의 일부 자료들도 한미FTA가 체결된 이후의 경제적 실익에 대해 낙관적인 전망을 내놓지 못하고 있다. 특히 FTA체결 4년 후에는 한국의 무역수지 규모가 98억에서 9억달러로 감소할 것이라는 전망, 현재의 주식시장에서 외국인 투자자들의 주식보유가 40%에 달하는데 이 중 약 50%가 투기성 증권투자일 뿐만 아니라 외국인 투자자의 37%가 미국인 투자자라는 사실, FTA체결 후 GDP 증가폭은 환율변동 수준에 머무를 것이라는 전망 등은 한미FTA의 장밋빛 기대를 무산시키는 예측들이다. 상당히 보수적으로 산출한 데이터인데도 그런 결과를 예측하고 있다는 사실은 한미FTA를 통해 한국경제가 직접적으로 얻을 경제적 실익은 적다는 점을 가리키는 것이다.
12) 한미FTA가 가져올 결과에 대한 상세 분석으로는 이해영, 「한미FTA에 대한 비판적 고찰」, 『한미FTA와 한국사회』, 한미FTA저지 교수학술단체공대위 주최 토론회 자료집, 2006; 정지영 외, 「특집: 한미FTA와 대안적 세계화운동」, 『사회운동』(통권65호/6월), 사회진보연대, 2006; 류미경 외, 「특집: 한미FTA를 깨고 문화사회로」, 『문화과학』(통권46호/여름), 문화과학사, 2006 참조.

한미FTA의 효과에 대해 개략적으로만 언급하려 한다.

첫째, 그간의 개방으로 한국경제 전반에 대한 미국계 초국적 금융자본의 지배는 이미 증대해왔지만, 한미FTA의 체결은 그 지배를 결정적으로 강화하고 확고부동한 것으로 만들 것이다.[13] 외국계 초국적 금융자본의 지배력 증대는 이들 자본에게 막대한 투자수익과 투기이득을 안겨주며, 이는 국부가 증대할지라도 증대된 국부가 항상적으로 외국으로 더 많이 유출될 수밖에 없도록 만든다.[14]

둘째, 한미FTA의 체결은 그간 노무현 정부가 앞장서서 추진해온 한국경제 전반의 신자유주의적 개편을 완결시키는 계기가 될 것이다. 실제로 노무현 정부는 IMF 위기 때와 마찬가지로 한미FTA를 한국경제 전반의 구조조정을 위한 지렛대로, '개혁을 위한 외부충격기제' 내지 '경쟁력 없는 부문의 도태를 유도하기 위한 장치'로 사용하겠다는 의사를 공공연하게 밝히고 있는데, 한미FTA의 체결을 통해 한국경제가 미국경제로 통합되면 설령 그런 의지의 표명이 없었다고 할지라도 한국에 미국식 신자유주의체제가 급속히 이식되어 한국사회 전반의 신자유주의적 개편을 완결시키는 기제가 되지 않을 수 없다. 그런데 한미FTA의 체결은 최종적으로 한국자본주의를 (외국계 초국적 자본과 거대 기관투자가가 중심을 이루는 주주들의 이익을 최대한 보장하는) 주주자본주의체제로

---

13) 박하순, 「한미경제관계와 한미자유무역협정」, 『한미경제관계와 한미FTA』, 제1회 정책포럼 자료집, 한미FTA저지 교수학술단체 공동대책위원회, 2006 ; 이한진, 「한미FTA는 초국적 금융자본의 한국 경제 장악시도」, 『문화과학』(통권46호/여름), 문화과학사, 2006.

14) 미국의 대한 투자에서 직접투자(FDI) 대비 간접투자의 비중은 2003년 기준 12.4억 달러 대 534억 달러이다. 이는 미국의 대한 투자의 압도적인 부분이 주식이나 채권 등 투기적인 자본투자에 몰려 있음을 가리키는데, 한미FTA 체결을 통한 투기장벽의 완화는 그렇지 않아도 엄청나게 '국부'를 흡수해가고 있는 미국계 금융자본에게 날개를 하나 더 달아주는 것과 마찬가지다. "상품교역으로 100억 달러를 벌어도 1,000억 달러가 자본거래를 통해 유출되는" 사태가 빚어지게 되는 것이다.

전환시킬 것이다. 나아가 개방에 따른 자본들 간 경쟁의 격화와 더불어 주주이익에 기여하기 위한 '상시적인 기업지배구조개선'은 정리해고와 불안정노동의 일상화와 같은 노동에 대한 공격, 비정규직 노동자와 빈곤층·실업층의 양산을 항상적인 것으로 만들 것이다.

셋째, 한미FTA의 체결은 공기업의 수익성 위주 운영, 공공서비스 부문의 사유화, 해외매각 등을 결정적으로 촉진할 것이다. 공공서비스 부문의 해체를 가져올 이런 과정은 결국 노동자·민중에 대한 착취와 수탈의 강화에 기반을 두거나 그 강화를 가져올 것이며, 다수 국민들에게 주어지는 사회적 혜택을 축소시키고 가난한 사람을 더욱 가난하게 만드는 기제가 될 것이다.

넷째, 한미FTA의 체결은 전면적 개방으로 경쟁력을 잃은 많은 중소자본과 영세자본들을 도태시킬 것이며, 이는 다시 수많은 노동자들을 실업자로, 빈곤층으로 전락시킬 것이다.

다섯째, 한국의 농업은 이미 빈사 직전의 상태로까지 내몰려 있지만 한미FTA의 체결은 한국농업과 농민층을 최종적으로 '확인사살'할 것이다. 한국농업의 붕괴는 한국의 농업시장을 미국계 초국적 농식품복합체의 이윤사냥터로 만들 것이다.[15] 그리고 농민층의 몰락은 도시빈민층을 증대시켜 노동자를 더 한층 불안정 노동자로 내몰고, 고용된 노동자들에게 저임금과 한층 더 강화된 노동강도를 강요할 것이다. 게다가 쌀농사의 포기는 심대한 환경재앙을 불러일으키지 않을 수 없다. 그리고 미국계 초국적 농식품복합체가 한국 먹거리시장을 장악함에 따라 유전자조작식품 등이 범람하여 다수 국민의 건강을 크게 위협할 것이다.

---

15) 윤병선, 「한미FTA에 숨어 있는 괴물: 초국적 농식품복합체」, 『한미FTA에 숨어 있는 괴물: 초국적 농식품복합체』, 제2회 정책포럼 자료집, 한미FTA저지 교수학술단체 공동대책위원회, 2006.

여섯째, 한미FTA의 체결은 신자유주의적 시장경제체제에 대한 사회적·민주적 규제를 결정적으로 약화시킴으로써 시장의 이윤논리에 따른 국토의 난개발을 증대시킬 것이며, 그에 따라 커다란 환경재앙을 불러일으킬 것이다.

일곱째, 한미FTA의 체결은 한국의 문화산업 전반과 방송/미디어 등에 대한 미국계 문화자본 및 방송/미디어자본의 지배력을 강화시켜 미국계 문화자본과 방송/미디어자본에게 막대한 이윤을 새롭게 창출할 수 있는 장을 제공할 것이다.

결론적으로 한미FTA는 경제적인 측면에서 미국계 초국적 자본, 그리고 이들과 융합되어 있는 내국독점자본이 노동자·민중과 절대 다수의 국민들에 대한 착취와 수탈을 강화하기 위해 펼치는 전면공격의 성격을 지닌다. 한미FTA의 체결은 한국의 국가와 정치를 한층 더 이들 자본의 볼모로 만들고 경제적 양극화, 사회의 해체와 황폐화를 가속화시킴으로써 한국 민주주의를 빈사의 상태로 내몰 것이다. 나아가 한미FTA의 체결은 신자유주의적 개방과 개발에 따른 환경재앙을 심화시키고, 한국의 방송/미디어 등을 미국적 가치관과 상업문화를 전파하는 기제로 확고히 전락시킬 것이다.

다른 한편, 한미FTA의 체결은 한국이 미국에 대해 상대적으로 자립성을 지닌 아시아경제권의 형성에 기여할 수 있는 길을 막고, 아시아경제권을 미국권과 중국권으로 분열시키는 데 기여할 것이다. 나아가 한미FTA의 체결에 기초한 다른 나라들과의 FTA체결 등은 이 나라들에 대한 미국계 초국적 자본의 착취와 수탈 및 '미제국'의 실질적 확장에 기여하는 대가로, (미국계 초국적 자본과 융합된) 한국 독점자본이 이 나라들의 노동자·민중을 한층 더 착취·수탈할 수 있게끔 해주는 기제가 될 것이다.

그런데 앞서 말했듯이 FTA란 미국에게는 경제적·정치적·군사안보적 관점에서 전략적 중요성을 지닌 국가들의 경제를 미국경제에 통합시키고, 이를 토대로 이 국가들과 확고한 정치적·군사적 동맹체제를 구축할 수 있도록 해준다는 데 의의가 있다. 그러므로 '의약품 가격 인하 조치 중단', '자동차 배기가스 기준 완화', '쇠고기 수입재개', '스크린쿼터 축소' 등과 같은 조치들만이 아니라, 실은 '주한미군의 전략적 유연성 및 평택미군기지 확장 허용'이 미국과 FTA를 맺을 수 있는 보다 중요한 선결조건이었다. 주한미군의 전략적 유연성 허용은 한국군을 아시아 전체를 겨냥하는 주한미군의 하위동맹군으로 확고하게 편입시키고, 주한미군 기지를 '중국 포위'와 '북한에 대한 예방적 선제공격'을 위한 전초기지로 만든다. 이 과정은 남북한 평화체제의 구축을 불가능하게 만들고, 중국과 한국과의 관계를 결정적으로 훼손하는 동시에 한-미-일 군사동맹에 대항하는 중국-(러시아-)북한과의 새로운 군사동맹 수립을 재촉할 것이다. 요컨대 한국의 미국으로의 실질적인 합병은 북한의 중국으로의 실질적인 합병을 재촉함으로써 남북한 분단체제의 극복과 자주적 평화통일도 불가능하게 만들 것이다.

이처럼 한미FTA는 한국의 입장에서 본다면 한국의 미국으로의 실질적인 합병을 통해 득을 볼 내국독점자본과 숭미적 시장지상주의자들의 프로젝트이며, 노동자·민중에 대한 시장주의적 착취와 수탈을 극대화하기 위한 이들의 최후의 공세이자, 탈미와 신자유주의 반대의 길로 나아가는 새로운 흐름에 대한 친미보수세력의 최후의 반격이다. 다른 한편, 미국에게 FTA란 이윤율의 저하가 가져온 구조적 과잉축적 위기에 대한 미국 독점자본의 새로운 반동적 공세, 그것도 '전쟁의 상시화' 등을 동반하는 가장 반동적인 공세이다. 그러나 그것이 미국계 초국적 금융자본에게는 새로운 막대한 이익을 안겨주지만 금융적 착취와 수탈에 미국경제가 갈수록 더욱더 의존하는 것은 미국자본주의의 허약성을 보여주는 것에 불과할 따름이며, 그런 반동적 공세가 강화될수록 미제국주의에 대한 전세계 인민의 분노와 저항 역시 커지지 않을 수 없다.

'자유' 무역이란 그것이 어떤 것이든, 그리고 그 무역으로 어느 나라 자본이 상대적으로 더 많은 이득을 보든 결국 노동자·민중에 대한 착취와 수탈을 강화하기 위한 자본프로젝트일 따름이다. 그러므로 '좋은 FTA'와 '나쁜 FTA' 등을 구분하는 것은 어디까지나 특정 국가의 자본의 관점이지 노동자·민중의 관점이 될 수 없다. 나아가 우리는 정부가 한미FTA 체결을 서두르고 있는 것은 이미 진척되고 있는 신자유주의적 개방과 개혁을 완결시키기 위한 것임을 다시 한번 확인할 필요가 있다. 그러므로 우리의 한미FTA저지투쟁은 '한미FTA 협상중단'을 일차적 목표로 삼아야 하지만, 거기서 더 나아가 '탈미'를 위한 투쟁으로, 신자유주의적 개방과 개혁을 저지하고 자본운동에 대한 민주적·사회적 규제의 강화 및 독점자본의 사회화에 기초한 새로운 사회 건설을 위한 투쟁으로, 민중생존권이 보장되고 각국의 문화적 정체성 등이 보존되는 가운데 세계 각국의 인민들이 호혜적인 협력을 증대시키는 대안적 세계화의 길을 여는 투쟁으로 발전해 나가야 할 것이다. 한미FTA저지투쟁을 통해 신자유주의 공세로 고통받는 모든 이들의 새로운 연대를 만들어내고, 이 연대적 힘을 강화시켜 새로운 사회, 새로운 세계를 만들어낼 책임이 우리에게 있다.

1부

정치와 사회

한미FTA와 한국정치 — 공화국 민주주의의 위기

최형익[*]

1. 서론

2006년 중반, 그간 한국 민주주의에 대해 발언해온 많은 학자들이 한국
사회를 뜨겁게 달구고 있는 최대 쟁점인 한미FTA에 대해 미필적 외면
내지 침묵으로 일관하고 있는 기현상이 발생하고 있다. 한국 민주주의
연구자들의 이런 침묵은 무엇을 반증하는가? 이는 이 학자들이 민주주
의의 사회경제적 함수에 대해 대단히 둔감함을 잘 보여준다. 아니 이들
에게는 이미 민주주의와 사회경제의 동태적 관계는 아예 고려사항이 아
니었을지도 모른다. 1989년 말경의 경제위기론에 이은 공안정국과 3당
합당, 1997년 OECD 가입 및 세계화 논의에 이은 IMF 경제위기, 그리
고 이번 사례처럼 생뚱맞게 사회양극화론에 이은 한미FTA의 체결 움직
임은 한국의 민주주의와 사회경제적 변수 간의 깊은 관련성을 보여주는
대표적 사례다. 그러므로 한미FTA 체결 자체가 미칠 한국사회에 대한
가공할 파괴력 및 사회경제구조의 성격변화가 일차적으로 논의돼야 하

---

[*] 한신대학교 국제관계학부 교수.

며, 또한 이런 변화를 정치적으로 재해석하는 작업 역시 소홀히 할 수 없을 것으로 여겨진다.

더구나 한미FTA는 단순히 반미 내지 민족주의적 담론만으로는 담아낼 수 없는 사회주의권의 몰락과 자본의 세계화 그리고 이를 바탕으로 하는 미제국의 등장 등 냉전질서 해체 이후 국제정치의 변동과정을 그 배경으로 하고 있기 때문에 단지 문자 그대로 '경제자유무역'의 문제로만 한정되진 않는다. 이 글에서는 한미FTA 사태를 '87년 체제'의 성립 이후 자본에 의해 줄곧 지속되어온 '구조조정의 정치'의 완결판에 해당함을 주장한다. 나아가 한미FTA가 야기할 가장 중대한 정치적 문제가 주권 훼손임을 국가의 독자적인 사회경제정책 운용능력의 상실과 이로부터 야기되는 공공영역의 파괴가 몰고 올 정치적 파장을 그 예로 들어 고찰한다. 결론적으로 현재 전개되고 있는 한미FTA저지운동의 세계사적 의미를 제국의 일방주의 통치와 공화국 민주주의 사이의 투쟁으로 바라보는 가운데, 한국사회의 정치적 지배세력의 성격변화에 대해 살펴보기로 한다.

이 글에서 언급하고 있는 '공화국 민주주의'라는 용어는 두 단어를 분리하지 말고 가급적 하나의 개념어로 이해해주길 바란다. 뜬금없이 웬 공화국이냐는 의문이 들 수도 있겠다고 판단해 이런 개념을 쓰게 된 문제의식과 그 배경에 대해 간략히 적고자 한다. 한마디로 공화국 민주주의라는 개념을 차용한 이유는 한미FTA를 통해 발현된 현재의 정세를 세계사적 전환이라는 정치사상적 맥락에서 이해할 필요가 있다고 판단했기 때문이다.

먼저 공화국은 국제정치적 맥락에서 냉전체제의 해체 이후 미국의 제국으로의 전환에 따른 다른 나라들에 대한 거의 포고령 통치에 준하는 군사·정치·경제적 개입과 주권 침탈에 대응하기 위한 정치적인 개

넘장치다. 제국은 불특정 다수 그리고 국가형태를 가리지 않고 '우적관계'(friend-enemy relation)로 호명한다. 현재의 국제정세에서라면 북한, 이란, 이라크뿐만 아니라 그 어떤 나라도 '악의 축'이 될 수 있는 것이다. 이처럼 제국과의 대치상황에서 현재로서는 주권국가 형태를 뛰어넘는 그 이상의 유의미한 초국적 정치구조를 상상하기 힘들다. 아니 좀더 솔직히 표현한다면 주권 개념을 담아내지 못하는 정치적 국가 개념은 실효성이 없다고 판단한다. 노동자 국제연대는 새로운 형태의 공화국 주권이론을 바탕으로 강력해질 수 있으며, 이는 추후 제국에 대항하는 공화국연합이라는 형태로 실현될 것이며, 남아메리카 국가들이 민중무역협정의 형태로 이런 공화국연합의 정치모델을 실험에 옮기고 있다고 생각된다. 하지만 제국 지배라는 특정한 역사적 조건에서 정치저항의 양식은 기존의 민족주권 개념만으로는 담아낼 수 없다고 판단하기에, 단순히 대외적 독립 유지라는 근대적 주권의 측면만이 아닌 국가 그자체를 민주주의적으로 재구조화하는 정치운동의 관점에서 기존의 주권 개념의 이론적 전환의 문제를 다루고자 하는 것이다. 따라서 민족의 주권이 아닌 공화국의 주권이며, 단순한 국가주권이 아닌 새로운 국가를 창설하는 대중적 사회운동의 관점에서 공화국 민주주의라고 개념설정하는 것이다.[1]

더구나 이하의 논의에서 알 수 있듯이 한미FTA는 주권 사안임과 동

---

1) 인간의 본성에 가장 적합하며 사회적 복리후생을 최대로 실현시킬 수 있는 정치형태로서의 국가의 문제를 다루는 이른바 공화국의 정치사상적 탐색은 플라톤 이후 정치학의 최대 화두에 속한다. 이런 정치사상적 입장에서 공화국 민주주의를 탐색하는 문제는 별도의 지면을 통해 상세히 다루고자 한다. 다만 이 글에서는 공화국 민주주의라는 개념이 제국적 지배라는 세계사적 반동의 조건에서 기존의 민족주권 개념을 진보적 시각에서 재전유하고자 하는 정치이론적 작업의 연속선상에 있음과 아울러 기존의 공화주의 사상에 대한 논의와는 그 결을 달리함을 미리 밝혀둔다. 냉전 해체 이후 미국이 밟아온 제국으로의 전환과정과 이에 따른 민족주권과 민주주의의 위기를 논하는 글로는 최형익, 「제국의 황혼」, 『진보평론』(제20호), 2004를 참조하라.

시에 노동자·민중의 정치사회적 권리를 기각하는 민주주의의 문제가
착종되어 표출된 정치 문제임을 알 수 있다. 따라서 공화국 민주주의는
대외적으로는 제국 지배에 따른 주권의 문제와 대내적으로 한미FTA저
지를 통해 국가를 재구성하고자 하는 진보적 사회운동의 의미를 표현하
기 위한 이중의 정치동학을 개념화하고자 한 것이다. 또한 가급적 '한
국'의 민주주의라고 하지 않은 이유 역시 마찬가지다. 현재의 한국의 국
가가 민주주의적 관점에서 노동자·민중에게 대단히 미흡할 뿐만 아니
라, 이후 새롭게 구성될 국가 역시 혈연공동체의 의미를 강조하는 한국
이라는 국적성보다는 우리가 새롭게 도달해야 할 정치적 목표를 적시[2]
하기 위해 의도적으로 공화국 내지 공화국 민주주의 개념을 차용함을
밝혀둔다.

2. 구조조정의 정치로서 한미FTA : 87년 체제의 해체

한국 민주주의 연구에서 사회경제적 변수가 배제된 일차적 원인은 1990
년대 초반의 사회주의권 몰락에 있다. 1980년대 지상과 현장을 달궜던
사회구성체 논쟁은 종결됐고, 이로부터 사회계급론에 기반한 민중민주
주의 등 급진적 사회과학에 대한 구상 역시 유보되거나 시대착오적인
것으로 기각됐다. 그리고 이런 사회계급적 민주주의론을 대체한 것이
의사소통을 강조하는 식의 '시민사회론'이었다. 시민사회론이 대체로
사회경제적 변수를 민주주의의 함수로 고려하지 않음은 잘 알려진 일이

---

2) 이럴 경우 새로운 형태의 국가가 혈연·종족 내지 민족적 맥락에서 어떤 내용을 담을지의 여부는
   오히려 부차적 문제에 속하지만 공화국 민주주의라는 개념 속에 그 시민성 구성의 원리는 상당
   정도 정해져 있다고 할 수 있다.

다.[3] 최근 한미FTA와 관련된 정치적 담론 정국을 볼라치면, 1980년대 이른바 사회구성체 논쟁 이후 좌파 사회과학, 특히 좌파 정치학의 극적인 부활을 알리는 계기가 될 것으로 전망된다. 현재 사회운동진영은 한미FTA 공방전에서 정치적 담론을 선점하는 성과를 거두고 있다.

사회경제적 변수, 구체적으로 사회계급적 변수가 이론적이거나 경험적으로 한국 사회과학에 진입한 것은 80년대 민주화 투쟁의 성과라고 할 수 있다. 이런 과정은 이른바 '87년 체제'의 성격을 규정하는 데 굉장히 중요한 계기로 작용한다. 강력한 노동운동의 등장과 정치적 공간의 일정한 개방이라는 조건 속에서 모색된 지배세력의 대사회 지배전략의 변화로 요약할 수 있는 이른바 87년 체제의 성립을 통해 지난 50년간 한국사회를 이끌어온 '구체제'와는 다른 몇 가지 새로운 정치–사회적 변화가 발생했다. 87년 체제는 자유주의 정치세력과 시민사회의 중간계급이 이제 더 이상 민중운동세력과 함께 하지 않을 것이라는, 다시 말해서 '민주와 반민주'라는 정치적 대립구도가 시효 만료됐음을 알려주는 것이었다.[4]

1980년대 중반, 저항정치의 와중에 발생한 지배세력의 정치적 위기와 '87년 체제'의 성립은 한 측면에서는 한국사회의 전후 지배구조에 파열구를 냈다는 면에서는 성공한 민주화투쟁이었지만, 동시에 지배계급이 지배전략의 변화를 통해 파열지점을 신속히 복구한 측면에서는 결과적으로 해방 이후 처음으로 세력균형에 도달한 것이라 할 수 있다. 이런

---

3) 시민사회적 민주주의론에 대한 비판으로는 김세균, 「'시민사회론'의 이데올로기적 함의 비판」, 『한국 민주주의와 노동자·민중정치』, 현장에서 미래를, 1997을 참조하라.
4) '87년체제'의 성립과정으로 1980년대 한국 민주주의의 전환과정을 분석한 글로는 최형익, 「1980년대의 정치, 그 구조의 전환과 전환의 구조」, 이해영 편, 『1980년대, 혁명의 시대』, 새로운 세상, 1999를 참조하라.

지배세력의 전략변화는 민주화운동의 성격과 그 주체 변화에 영향을 받은 것이었다. 1987년에 전개된 6월항쟁을 비롯한 노동자 총파업 등 일련의 정치적 사건들은 향후 민주화과정의 성격이 절차적·형식적 민주화, 또는 국가의 민주화로부터 사회경제적 민주화로 심화될 것임을 예고했다. 그리고 이에 비례해 정치사회적 대립 역시 민주노조운동을 중심으로 하는 새로운 진보적 운동세력과 자본의 대립이라는 보다 분명한 계급적 대치선을 따라 형성될 것임을 예측가능하게 해줬다. 노동자계급운동의 성장은 동시에 지배계급 공세의 화력이 누구에게 집중될 것인가를 알게 해주는 대목이기도 했다.

'87년 체제'의 성립 이후 지배계급과 노동자운동을 위시한 민중운동 세력은 10여 년간 밀고 당기는 끊임없는 힘의 대결을 펼쳐왔지만, 이런 87년 체제를 뿌리째 흔들어버릴 일차적 충격파는 어이없게도 외환위기(外換危機)라는, 말 그대로 외환(外患)을 통해 찾아왔다. 전례 없는 금융공황을 통해 한국경제에 조성된 일련의 위기상황은 지배계급에게는 국제금융자본의 힘을 빌려 87년 체제를 신자유주의 체제라는, 내용에 있어서는 동일하지만 그 형식에 있어서 차이가 나는 구체제의 질서로 회귀시켜줄 절호의 기회로 여겨졌으며, 김대중 정부 역시 이런 역할을 자임했다. 김대중 정부가 IMF 구조조정 팩키지에 따라 충실히 수행한 정책들은 정치적 민주주의 공간의 개방은 일정 정도 용인하지만, 사회경제적 민주화 요구는 철저히 배제하고자 하는 지배계급의 전략구도와 대부분 합치했다. 이런 한에서 김대중 정권의 성격을 '종속적 신자유주의'로 규정하는 것은 상당 부분 타당하다.[5]

노무현 정권은 최근 참여정부의 정치적 정체성을 좌파 신자유주의

---

5) 손호철, 「한국의 신자유주의와 민주주의」, 『창작과 비평』(통권103호/봄), 창작과비평사, 1999.

로 규정했다. 정치학자들도 무색하게 만들 만큼 놀라운 발상이 아닐 수 없다. 좌파 신자유주의라 함은 다른 말로 급진적 신자유주의라고 할 수 있다. 역사적으로 보았을 때 급진적 신자유주의는 영국의 새처 정권을 필두로 한 이른바 80년대의 신우익을 지칭한다. 그렇다면 노무현 정권은 어떤 측면에서 이런 급진적 신자유주의 면모를 드러내려 하는가? 그것은 바로 80년대 말의 경제위기론 및 90년대 말의 IMF 경제위기에 이은 한미FTA를 통한 구조조정의 정치학을 완결하고자 하는 데서 찾을 수 있다.

주지한 대로 한국에서 구조조정의 정치는 다름 아닌 87년 체제의 끊임없는 해체시도 및 이에 따른 자본의 반격시도로 규정할 수 있다. 요컨대 한미FTA 체결시도는 경제위기론과 3당 합당, IMF 경제위기를 통한 정리해고 등 노동자·민중의 사회적 권리의 해체시도에 이어 자본의 영지를 재탈환하고자 하는 반혁명 3부작의 완결판인 것이다. 한미FTA는 결과적으로 자본의 반혁명 시도가 현상한 것으로, 한국 현대사에서 노동자·민중 세력이 펼친 각고의 투쟁을 통해 그나마 확보된 민주주의적 공간의 완전한 해체로 귀결될 것임은 자명한 일이다. 따라서 한미FTA의 체결 성사 자체의 여부를 떠나 자본의 반혁명 시도는 다양한 구조조정의 정치의 형태로 끊임없이 그리고 집요하게 도발될 것임은 불문가지의 일이며, 87년 체제의 성립과 그간의 경과에서 알 수 있듯이 주요 타깃은 바로 노동자·농민이다.

한편, 한미FTA 협상 및 체결시도는 그간의 구조조정의 정치에 비해 그 자체로 정치적 특이성을 지닌다. 자본과 정권은 한미FTA를 단군 이래 최대의 협상이라 한다. 한국 현대사에서 제대로 된 대외협상이 있었는지도 의문이거니와 그런 수사적 과장의 이면에는 그만큼 한미FTA가 한국사회를 급격히 변화시킬 것임을 지배계급 스스로 자인한 꼴이다.

현재 한미FTA 체결시도는 몇 가지 측면에서 독특한 정치적 특질을 지니는데, 무엇보다 이처럼 불평등한 자유무역협정을 체결하려는 움직임 그 자체가 이미 그동안 구조조정의 정치로 요약되는 자본의 반혁명 시도가 소기의 성과를 거두지 못했음을 반증해주는 것이라고 할 수 있다. 자본은 그 본성상 그 어떤 사회경제적 제약 및 규제도 없는 완전한 영업상의 자유를 목표로 한다. 한국자본은 1980년대 중반을 기점으로 독점적 형태를 완결하며 국가권력과의 역관계를 극적으로 변화시킬 수 있었지만, 민주적 정치공간이 개방됨으로써 노동자 계급을 위시한 다양한 사회민주세력의 저항에 직면할 수밖에 없었다.

그 절대적 힘은 증대했겠지만, 계급적 힘 관계에 비추어 보았을 때 자본의 상대적 권력은 노동의 그것에 비해 그 이전보다 약화됐다고 해야 할 것이다. 더구나 국가권력 역시 박정희, 전두환으로 이어지는 독재정권의 노골적 특혜와 벌거벗은 폭력에 의한 자본 일변도의 정책적 지원을 기대할 수 없게 된 것이 87년 민주화 이후에 자본에게 펼쳐진 새로운 정세 변화의 기본성격이었다. 더군다나 결과적으로는 김대중 정부의 IMF 경제위기에 이은 구조조정의 정치의 최대 수혜자라고 할 수 있으나 정치적 경쟁, 곧 선거정치의 불확실성에서 야기되는 두 차례의 연이은 반대파의 집권은 자본에게 어딘지 모르게 불안을 가중시키는 압력요인으로 작용했다. 정치적 불안과 새로운 사회경제적 정세에 대한 자본의 불만이 투자거부로 나타났다.

노무현 집권기를 통해 이런 자본의 사보타주는 극에 달했다. 고용 없는 성장, 점점 심화되는 부의 역진적 분배, 이로부터 파생되는 중산층 해체와 극심한 사회양극화의 전개, 청년실업의 급증 및 대중빈곤의 심화과정은 근본적으로 자본의 투자거부의 현상형태에 지나지 않는다. 노무현 정권에 대한 선택의 강요, 자본의 압력 및 사보타주에 대해 노무현 정권의 선택지는 그리 크지 않다고 할 수 있다. 자본의 사보타주를 극적으로 반전시키는 계기는 그동안 입안된 신자유주의적 사회경제정책의 컨셉을 극적으로 변화시켜 공공영역을 활성화하는 식의 사회진보적 정책을 도입하거나, 자본의 요구에 순순히 굴복하기보다는 아예 선도적으로 그 활로를 개척해줌으로써 이후 자본과의 정치협상에서 일정한 지분을 획득하는 방법이 있을 수 있다. 결과적으로 노무현 정권의 한미FTA 체결시도는 후자의 노선을 택한 것이라 할 수 있다.

한미FTA의 경우에는 기존 구조조정의 정치학과는 다르게 국제관계적 특징, 곧 협상 상대방이 현대 자본주의체제의 헤게모니 국가이자 사실상 전지구적 규모의 제국이라 할 수 있는 미국으로 정해짐으로써 상당히 복잡한 양상을 띠게 된다. 비유컨대, 한미FTA는 구한말 동학농민혁명을 앞에 두고 벌어진 조선지배계급의 대응양상과 대단히 유사하다고 할 수 있다. 혁명적 사태에 처한 조선의 봉건지배계급의 대응방식이란 농민혁명으로 폭발한 사회경제적 구습을 타파하는 급격한 사회경제개혁의 정치를 시도하거나, 외국 군대를 끌어들여 정치적 위기를 일단 수습함으로써 구질서를 유지하는 식의 미봉책 외엔 존재하지 않았다. 불행히도 조선의 지배세력은 후자의 길을 택했으며, 이런 사태가 일제에게 주권을 빼앗기는 발단이 됐음은 잘 알려진 일이다.

결국 한미FTA가 정치적으로 보다 큰 문제가 되는 것은 이전의 구조조정의 정치와는 달리 주권의 문제가 직접적으로 걸려 있기 때문이다. 이미 대외적인 주권은 주한미군의 전략적 유연성을 허용해줌으로써 내준 터에 사회경제적 국가정책을 입안할 수 있는 고유한 권리로서의 실질적인 주권마저 이번 한미FTA를 통해 심각히 손상받을 수 있다는 측면에서 그 자체로 한국사회는 새로운 역사적 경로에 접어들게 될 것으로 전망된다.

3. 주권양도 협정으로서의 한미FTA : 민주주의의 위기

한미FTA는 공화국 주권을 미제국에게 실질적으로 할양·양도하고자 하는 주권반환 협정의 성격을 지닌다. FTA가 아니라 하더라도, 신자유주의 세계화는 근대 주권국가의 배타적 독점권에 속해 있던 각종 권한을 침식해왔고, 또 WTO 등과 같은 초민족국가적인 제도 혹은 거버넌스에 그 권력을 이양할 것을 요구해왔다. 또한 IT산업과 운송수단의 혁명적 발전은 전통적인 국경 개념을 무색하게 만들어왔다. 하지만 그 모든 것에도 불구하고 '국민경제' 자체의 존속 없이 국가가 유지되리라 기대할 수는 없다. 그런 점에서 한미FTA는 주권의 족쇄로 작용한다.

한미FTA를 액면 그대로 규정하자면 포괄적 경제협정이라고 할 수 있다. 1947년의 GATT체제에 규정된 FTA의 경우 기본적으로 '관세'를 중심으로, 그 대상인 '상품무역'을 자유화했다는 점에서 그 특징을 찾을 수 있다. 즉 '통상교역'의 대상은 어디까지나 상품인 것이다. 반면 1990년대 WTO체제에서 상황은 전혀 다르다. 이미 WTO협정에서 이른바 '무역관련'(trade-related)이란 신종 개념을 통해 투자(TRIMs ; 무역관련 투자조치협정)와 지적재산권(TRIPs ; 무역관련 지적재산권협정)이 여기에 포함됐고, 당연히 농산물도 이에 포함됐다. 따라서 제국발 FTA는 고전적 FTA와 달리 그 규율대상이 상품에 대한 관세에 그치지 않고 공공영역, 투자, 금융서비스 등 BIT를 포함해 경제활동의 모든 영역을 포괄하게 된다.[6] 이런 의미에서 한미FTA는 말만 다르게 할 뿐 사실상 '한미경제통합'과 같은 실질적 효력을 지니는 것이다.

무엇보다 한미FTA는 공공영역에 대한 공격을 담고 있다. 한미FTA

---

6) 이에 대한 자세한 내용은 이해영, 『낯선 식민지, 한미FTA』, 메이데이, 2006을 참조하라.

의 공공성에 대한 공격은 특히 에너지, 교육, 의료, 문화 등에 집중되어 있는데, 이는 정치적으로 대단히 중요한 의미를 지닌다. FTA에 의한 공공영역의 사유화 내지 전면적 상품화 과정은 사회경제적 정책을 독자적으로 입안할 수 있는 정당성 기제로서의 민주적 정치위임의 심대한 손상을 초래할 것임은 불 보듯 뻔한 일이며, 결과적으로 우리 사회 및 대한민국이라는 정치공동체의 통일성을 심각히 해체하는 계기로 작용할 것이다.

공화국의 권리는 그 힘에 비례하며 이런 힘은 주요하게 공공영역을 어떻게 관할할 것인가에 놓여 있다고 해도 과언이 아니다. 그도 그럴 것이 민주공화국에서 인민이 통치위임을 국가권력에 행하는 가장 중요한 이유는 자신의 생존과 사회경제적 삶이 그런 정치행위를 통해 보장될 것이라고 믿기 때문일 것이다. 이런 목표를 성취하기 위해서 국가권력은 공공영역을 민주주의 정치기제를 통해 인민의 위임을 받아 행사하는 고유한 사회경제적 정책의 기제 내지 사회통합의 정책적 지렛대로 사용한다. 같은 이유에서 1987년 제정된 현행 제6공화국 헌법에서조차 국가가 균형 있는 국민경제의 성장과 안정, 적정한 소득분배의 유지, 시장의 지배와 경제력 남용 방지, 경제주체간의 조화를 통한 경제 민주화 달성 등을 위해 필요할 때 경제규제와 조정권한을 가질 수 있는 것으로 규정하고 있다.

결국 공공영역 등을 통한 국가의 사회경제적 정책행위는 고유한 대내적 주권 행사에 해당하며, 이런 정책적 행위를 실효성 있게 달성하기 위해 최소한 식량, 물, 전기 및 에너지, 통신, 교육 등 공공영역을 국가가 민주적으로 관장하는 일은 국가가 하는 기본 중의 기본에 속하는 일이라 하겠다. 식민지가 어디 따로 있는가? 민중의 생존에 기본이 되는 이런 재화의 사유화 및 상품화가 진행되고, 게다가 그 통제권이 초국적 독

점자본의 손아귀에 장악된다면, 그것은 바로 우리의 삶과 생존을 미제
국의 통치권에 저당 잡히는 참혹한 결과를 야기할 것이다.

결국 한국사회는 한미FTA를 통해 한국의 헌법보다는 미국자본의
경제적 이해와 이윤추구의 욕망이 상위에 놓이고, 그 사법적 관할권에
있어 미국의 의도가 보다 유력하게 관철되는, 이제까지와는 완전히 다
른 정치사회적 환경에 놓일 가능성이 불을 보듯 뻔한데, 이미 이런 사태
는 NAFTA 10년을 통해 충분히 입증됐다. NAFTA 10년이 북중미 세 나
라에 공히 어떤 파괴적 영향을 미쳤는가를 기록한 미국의 시민단체 '퍼
블릭 시티즌'(Public Citizen)은 NAFTA를 주권과 민주주의를 공격하는
트로이 목마라고 규정하면서 다음과 같이 말한다.

'자유무역'이라는 가리개 뒤에 우리의 일상에 영향을 끼치는 수많은
정책들이 우리의 시야와 통제를 벗어나 결정되는 전적으로 반민주적인
시스템이 숨어 있다. 1993년 NAFTA에 관한 논쟁이 진행될 당시, 어느
누구도 이 '자유무역' 협정이 서명국이라면 반드시 ─설사 국회나 입
법부가 NAFTA의 그 정책을 반대한다고 해도─ 국내법이 따라야만
하는 수백 페이지에 달하는 비교역정책을 포함하게 될 것이라고 깨달
은 사람은 없었다. NAFTA는 국내 육류와 생산안전, 검역, 환경보호,
서비스부문 규제, 투자와 개발정책, 그리고 수많은 미국산 제품 구입금
지, 정부조달 등에 관해 제한을 두고 있다. 게다가 NAFTA는 국내 규제
외에 새로운 기준을 마련하는 권한을 가진 십여 개의 비공개 위원회를
설치했다. 그러나 이런 과정은 공개적이어야 하고 공공의 참여를 보장
하는 것이어야 했다. NAFTA의 막대한 규정은 강력한 무역재판소에 의
해 집행됐다. 그러나 이 무역재판소는 가장 기본적인 절차마저도 결여
하고 있으며 전적으로 미국 법정 외부에서 운영되고 있다. NAFTA의

무역재판소 시스템은 외국기업이 비공개의 무역재판을 통해 정부를 고소하고 현금보상——대부분이 납세자들의 세금으로부터 온——을 요구할 수 있도록 해, NAFTA가 외국기업들에게 보장해준 새로운 권리와 특혜를 사적으로 행사할 수 있도록 해준다. 이미 이 시스템 아래서 총 140억 달러의 보상을 요구하는 20개의 사건들이 접수됐다. 환경·보건 관련 규제가 종종 목표가 됐다. 그리고 적어도 잘 알려져 있는 세 건의 사례에서 공공정책에 대해 이의를 제기한 기업들은 납세자들의 주머니에서 수백만 달러를 받아냈다. NAFTA는 각국의 천연자원에 대한 국가 통제마저도 제한을 가하고 있다. 한 국가의 천연자원에 대한 일정량을 다른 국가들이 접근할 수 있도록 보장해주는 '비례 할당' 조항이 그 예이다.[7]

NAFTA는 정확히 한미FTA의 미래라고 할 수 있다. 한미FTA는 노동자·민중이 오랜 각고의 투쟁 끝에 이나마 쌓아올린 공화국 민주주의의 위기 및 주권 상실이라는 심각한 정치적 파국을 몰고 온다는 면에서 그 파장을 가늠하기조차 불가능할 정도이다. 결론적으로 정치적 관점에서 그리고 현재의 세계사적 시간대의 측면에서 한미FTA저지투쟁은 민

---

7) 퍼블릭 시티즌, 「북미자유무역협정 10년의 기록」, 『진보평론』(제23호), 2005, 146~147쪽. 심지어 멕시코는 미국에게서 NAFTA에 대비해 헌법의 토지분배정책을 바꾸라는 요구를 받았고, NAFTA의 저작권 규정 위반자에 대한 처벌을 위해 국내 형법 중 입증책임 조항을 바꾸라는 요구를 받았다고 한다. 1917년 멕시코혁명 당시 만들어진 멕시코 헌법의 제27조는 외국인 토지소유를 금하고 대지주로부터 땅을 압류해서 소작농과 토착민 공동체들에게 판매가 금지된 공동체 소유의 작은 땅에 대한 소유권을 보장해주는 에히도스(ejidos)시스템으로 분배하는 법이다. 그러나 NAFTA 투자자 보호는 외국인 투자자들이 토지를 획득할 수 있는 권한을 포함하고 있다. 멕시코가 NAFTA에 들어오는 조건으로 미국 정부는 (기업농의 이해에 부응해서) 멕시코 헌법이 수정되어야 한다고 주장했다. NAFTA 농업관련 조항과 함께 헌법적 보호가 사라지면서 NAFTA 아래서 멕시코 농촌경제는 붕괴했다. 수백만 명의 토지 소유자들은 점점 더 절박한 빈곤으로 빠져들고 일자리를 찾아 위험한 미국 국경을 넘으면서 경제적 난민이 되어갔고 생계수단을 잃어버리게 됐다.(퍼블릭 시티즌, 같은 글, 155쪽)

족과 반미를 횡단해, 제국 통치령에 맞서 공화국 민주주의와 주권을 지켜내기 위한 노동자·농민을 위시한 민중의 민주주의적 항쟁의 성격을 지니는 것으로 규정할 수 있다.

4. 결론에 대신해

지금까지의 분석으로부터 한미FTA와 관련된 한국정치의 변동양상에 대한 몇 가지 예측이 가능하다.

1) 한미FTA는 한국의 정치적 지형을 어떻게 변화시킬 것인가? 무엇보다 온건 개혁 내지 자유주의적 개혁 세력의 해체 및 분열이 가속화될 것으로 전망된다. 결국 제도권 정치에 있어서는 열린우리당의 분열 및 해체로 귀결될 양상이 농후하다. 향후 내년 대선까지의 정치일정에서 중대한 정치·사회경제적 이슈로 기존의 정치세력이 선택을 강요받게 되는 계기란, 북한 문제 및 전략적 유연성을 포함한 이른바 안보이슈와 한미FTA 외에는 사실상 존재하지 않아 보인다. 이런 중대 이슈에 대해 집권여당인 열린우리당이 의미 있는 정치적 대응을 할 수 있다고 기대하는 일은 현재로서는 무망해 보이며, 바로 이런 무대응·무능력은 5·31 지방선거 참패를 통해 더욱 가속화될 것이기 때문이다.

현재 청와대와 노무현 정부의 핵심적 사회경제 정책은 친미 내지 종미노선을 추종하며 신자유주의적 세계화 독트린을 신앙처럼 받드는 새로운 경제기술관료들에 의해 완전히 주도되고 있는 상태다. 이 신흥 지배엘리트들, 곧 신자유주의적 경제기술관료 집단은 김대중 정부와 노무현 정부를 거치면서 이전의 지배엘리트들과는 그 질을 달리할 정도로 진화해왔으며, 심지어 일정한 돌연변이의 양상마저 보이고 있다. 한국 사회의 경제적 지배구조가 IMF 구조조정기를 통해 주주자본주의로 급속히 변화하는 과정에서, 이 신흥 경제기술관료들은 스스로 국가의 최고위 내지 핵심적 정책결정자임과 동시에 자본의 일정 지분을 지닌 주주로서의 이중적 역할을 배당받았다. 이는 고양이에게 생선가게를 맡긴 격으로, 국가의 경제위기가 이들에게는 자신의 재산을 불릴 더할 나위 없이 좋은 기회가 됐던 것이다.

공직자 재산공개에서 알 수 있듯이, 이들은 최상위 그룹을 차지하며 매년 주식·채권·부동산 등으로 수십억 원대의 재산을 불려나가고 있는 실정이다. 참여정부의 부동산정책이 실패할 수밖에 없는 내밀한 비밀은 부동산정책 담당자들 및 유관 부처의 고위 공무원들이 강남불패 신화의 최대 수혜자이기 때문이지 않은가? 이 신흥 경제기술관료들에 의해 주도될 사회경제정책의 친자본적 성격 및 경제적 자원배분의 반민중성이란 구조적으로 사전에 이미 거반 결정난 것이라 해도 과언이 아니며, 공기업 민영화 및 해외 매각 등 공공영역의 파괴를 예사로 일삼음으로써 공화국 민주주의를 위기에 빠뜨린 신흥 경제기술엘리트들이 그 마지막 걸작품으로 한미FTA를 주도하고 있다고 여겨진다. 따라서 이 신흥 경제기술엘리트의 정치경제적 권력을 환수하고 사회경제정책의 방향을 급격히 전환하지 않는 한 공화국 민주주의는 한 순간도 휘어진 허리를 펼 수 없게 될 것이다.

새로운 경제기술관료들이 경제적이면서 동시에 엄청난 정치적 권력을 한 손에 응집할 수 있었던 계기란 IMF 경제위기 당시, 대우자동차를 포함해 수백 조 원에 해당하는 소위 '부실기업'을 매각할 수 있는 권한을 지니며, 또한 부실기업을 새롭게 매입한 자본에게 수지를 맞춰주기 위한 정책의 일환으로 150조 원 가량의 공적 자금을 처분할 수 있는 힘을 부여받았던 데 기인한 것이라 하겠다. 한마디로 대다수 노동자·민중의 삶을 도탄에 빠뜨린 IMF 경제위기의 시대가 거꾸로 이들에게는 엄청난 권력을 만들어준 것이다. 이 정권의 실질적 대통령은 노무현이 아니라 미국의 투기자본을 포함한 세계 초국적 자본일반과 한국자본의 가교 역을 담당해온 한국의 신흥 경제기술관료를 상징하는 이른바 '이헌재 사단'의 집단지도체제라고 보는 게 현실에 훨씬 부합한다. 일례로 최근 론스타 매각과정에서 이들의 활약상을 보라. 만 3년도 채 안 되는 기간에 국제투기자본 론스타는 외환은행을 매각하는 과정에서 4조 5천억원의 차익을 챙겼다. 한국의 산업, 금융, 재정, 통화정책을 총괄하는 이헌재 사단의 개입 없이 이게 가능할 법한 일이란 말인가?

과거 교과서 같으면 이같은 집단을 매판관료라고 불렀을 법도 하겠지만, 이들은 철저히 합법적으로 자본의 유통을 처리한다. 그도 그럴 것이 경제 관련 각종 법령을 만드는 자들이 바로 이들이기 때문이다. 한국 정치와 경제를 조율할 수 있는 권한을 한 손에 거머쥔 이들의 권력은 과거 박정희, 전두환 군부정권 시절 하나회 등과 같은 정치군인들의 그것에 비견될 만하다. 이들 간에 차이가 있다면 신흥 경제엘리트들은 최신의 경영투자기법을 마스터해 공직을 자신의 재산증식에 적절히 이용함으로써 공화국을 사유화하고 하고 있다는 정도일 것이다. 론스타의 차익 전체, 공직을 이용해 모은 이들의 재산 전체를 환수해야 한다. 그 엄청난 액수의 돈은 공화국의 공적 재산으로서 노동자·민중이 흘린 피와 땀의 결실에 다름 아니기 때문이다.

노무현 정권은 한미FTA를 통해 친미 신자유주의적 경제기술관료들이 한국사회의 지배세력을 응집시킬 수 있게 만든 덕에 역설적으로 역대 정권 가운데 유일하게 레임덕을 경험하지 않는 정권으로 기록될 것이지만, 여당임에도 유력 대통령 후보를 낼 수 없는 최초의 정치적 불임 정권으로 기억될 가능성 또한 높다. 이는 결국 열린우리당의 내적 분열 및 해체를 가속화하는 계기로 작용할 것이며, 이 가운데 일부는 진보적 사회운동세력과 연대할 가능성이 있다.

2) 현재 한미FTA 체결 저지를 주도하는 진보적 사회운동세력의 향후 정치적 향방은, 무엇 때문에 이처럼 진보적 사회운동이 해방 이후 최대로 집결할 수 있게 됐나를 이해한다면 대체로 그 윤곽이 드러날 수 있을 것으로 여겨진다. 이는 87년 민주화투쟁 당시 국본과의 유사점과 차이점을 통해 살펴볼 수 있다. 87년 당시의 국본 역시 현재의 범국본처럼 전국의 정치사회운동 단체가 총망라되긴 했지만, 그것의 최소 목표는 직선제 개헌으로 상징되는 정치적 독재타도와 호헌철폐라는 정치영역에 한정됐다. 하지만 현재의 범국본은 그것을 넘어서 사회경제적 민주주의의 문제를 이슈화하고 있는 것이다. 그러므로 한국의 모든 진보적 정치사회운동세력은 한미FTA저지를 넘어 실질적인 사회경제적 주권의 상실과 이로부터 야기될 공화국 민주주의 위기를 극복하고 한국의 사회경제 그 자체를 재구조화하는 정치운동으로 전환 내지 재편되어야 할 필요성을 안고 있다. 다시 말해서, 종미(從美)적 신자유주의 세계화 노선에 전면적으로 대항하고 그것과 배치되는 사회경제적 정치노선을 제시해 미국의 한반도 전쟁기지화 기도 반대 및 남북한 민중의 자주적 노력에 의한 평화통일을 실현할 수 있는 방도를 구체화하는 계기로 이번 한미FTA저지투쟁을 자리매김해야 할 것이다.

3) 2007년 대선은 한미FTA의 성사여부 그 자체와는 별도로 한국 현대사에서 최초로 사회경제적 이슈를 가지고 본격적으로 충돌하는 형태의 보혁구도로 치러질 가능성이 대단히 높다. 국제정치적으로는 제국

과 공화국 사이의 투쟁, 그리고 국내적으로는 친미 신자유주의적 세계
화 지배동맹 세력과 반제 사회민주주의를 기치로 하는 폭넓은 사회진보
연합세력 사이의 정치적 갈등을 외형상 주된 대치선으로 하겠지만, 이
는 사실상 87년 체제의 전환을 둘러싼 노동과 자본이라는 사회계급 간
의 대회전의 성격을 지닌다고 하겠다.

한미FTA와 전략적 유연성

배성인[*]

한미FTA의 추진에 있어서 북핵과 위폐 문제 등 '북한 문제'가 중요한 작용을 했다는 것이 전문가들의 일반적인 분석이다. 한반도의 명운이 걸린 북핵 문제를 해결하기 위한 일련의 '유화' 조치일 수 있다는 것이다. 전략적 유연성 인정과 PSI(대량살상무기 확산방지 구상) 부분 협력, 스크린쿼터 축소, 미국산 쇠고기 수입재개 등 미국이 제시한 일련의 요구에 부응하는 모양새를 띤 것은 사실이지만 북핵을 필두로 한 대북 문제에서만은 '평화적 해결'이라는 한국의 원칙을 지키겠다는 의지로 보일 수 있다. 또한 정부 최대의 외교화두가 북핵 문제 해결과 한반도 평화체제 구축이라는 점을 상기해볼 때 설득력이 있는 것처럼 느껴지기도 한다.[1]

---

[*] 명지대학교 북한학과 교수, 한미FTA저지 교수학술단체공동대책위원회 집행위원.

[1] 현재 체니의 영향력이 급속히 위축되고 있다고 하지만, 여전히 미국 강경파들의 정책이 힘을 얻고 있다. 『뉴욕타임스』 보도에 의하면 방코델타아시아(BDA)은행을 제재한 지 6개월 만에 그 효과를 만끽한 강경파가 "북한을 겨냥한 추가 사법조치를 마련하고 있다"고 전했다. 『뉴욕타임스』는 BDA 제재조치가 전세계 은행들로 하여금 북한과의 거래를 제한케 하고 급기야 북한 지도부가 강도 높게 불평하는 등 엄청난 파급효과를 일으켰다고 평가했다. 이 조치는 북한을 화나게 할 강력한 조치이며, 실행될 경우 6자회담은 북한의 항복을 받기 위한 수단이 될 것이라고 전망했다. 이런 정책을 '죄며 협상하기 정책'이라 한다(「미국, '대북 추가 제재 조치 계획' : NYT, "북한에 '죄며 협상하기' 전략 채택"」, 『중앙일보』, 2006년 3월 13일; 「美, "대북 추가 제재 조치 계획"」, 『연합뉴스』, 2006년 3월 11일).

노무현 정부의 입장에서는 미국의 대북 압박정책에 대해서도 많은 부담을 갖고 있는 것으로 보인다. 이런 상황이 한미FTA를 급속히 개시하게 만든 원인 중 하나로 작용한 것 같다.

1. 주한미군의 재배치 문제와 한국의 자발적 복종

1) 주한미군의 전략적 유연성

미국은 동북아시아에서 패권을 강화하는 전략으로서 강압적이며 절대적인 힘의 우위에 기초하여 강제에 의해 질서를 수립하려는 정책을 주된 정책으로 취하고 있다. 군사력의 압도적인 우위를 통해서 패권유지에 걸림돌이 되는 중국, 북한, 러시아 등을 제압함으로써 일극 지배체제를 확실하게 구축하려는 의도를 가지고 노골적으로 대결자세를 보이고 있다.

부시 정권 2기의 동북아정책 역시 일방주의정책과 패권주의정책의 연장선상에서 추진되고 있다. 미국의 동북아정책은 한마디로 '중국위협론'에 입각해 일본과의 동맹관계 강화, 미사일방어(MD)체제 구축 등으로 중국을 봉쇄하고 견제하는 것이다.[2] 중국에 대한 봉쇄 내지 견제 전략은 더욱 구체화되고 강화될 것이다. 미국이 21세기 대외정책 목표를 중국견제에 두어왔음은 주지의 사실이다. 부시는 중국을 '전략적 협력자'가 아닌 '전략적 경쟁자'로 규정하고, 중국에 대한 견제와 압박을 강

2) 자세한 것은 이철기, 「부시정권 2기 동북아 및 남북 정세동향과 평화체제구축의 전망」, 한국사회 포럼 2005 발표문(4월 15일) 참조.

화하는 정책으로 선회해왔다.[3]

　이런 측면에서 주한미군의 역할변화는 필연적인 것이었다. 북한의 위협에 대한 대처보다는 동북아시아에서 미국의 이익을 유지·강화시키는 방향으로 주둔 가치가 변화하고 있는 것이다.[4] 9·11사태 이후 미국의 세계전략 변화에 따른 '범세계적 방위태세 검토'가 주한미군의 감축 및 재배치 결정의 주요 배경으로서 역할을 하고 있다. 부시 행정부는 반테러전쟁의 효율화를 위해 미군 병력구조의 개편작업에 착수하게 된 것이다.

　그 기본원칙은 급변하는 세계 안보환경에 신속하고 효과적으로 대처하기 위해 미국의 새로운 군사전략인 해외주둔미군재배치계획(Global Posture Review, GPR)[5]에 따라 미군감축을 추진한다는 것이다. 즉 GPR의 핵심은 기본적으로 탈냉전과 9·11사태를 경험한 미국이 미군의 경량화, 기동화, 신속화를 통해 전세계적 수준에서 불확실하고 다양한 위협에 효과적으로 대응하겠다는 것이다. 해외주둔미군 전체를 신속기동군 형태로 전환하고 재배치를 추진함으로써 효율성을 극대화하겠다는 것이다. 주한미군 역시 GPR의 실현과정에서 예외적이지 않으며, 오히려 우선해 이 계획의 한복판에 놓여 있는 것이다.[6] 그 개요는 알

---

3) 부시 행정부의 이런 정책은 일본-한국-대만 그리고 필리핀을 잇는 태평양 동부연안의 '대중국 봉쇄선'을 미국이 본격적으로 구축하기 시작했다는 것을 의미한다. 그렇지만 아직까지는 중국과의 전면적 대결을 상정하는 것 같지 않다. 문제는 미국의 '중국위협론'에 대한 인식이 강화되면 동북아의 안정을 해치는 요인으로 작용할 수 있다는 것이다.
4) 그럼에도 우리는 아직도 주한미군이 북한의 남침 저지를 위해 주둔한다는 의식을 갖고 있다. 이제 우리의 의식을 재고해야 할 것이다.
5) 군 변환(transformation)은 GPR과 더불어 미국의 신군사전략의 핵심이다. 군 변환은 미군을 언제 어디서든지 전투가 가능한 '규격화된 군'으로 바꾸는 것이다. 스트라이커 전투부대가 대표적이다.
6) 김용현, 「주한미군의 역할 변화와 한미군사동맹의 진로」, 『구호와 개발협력을 위한 북한채널』, 2005년 12월 26일자(http://www.nkchannel.org) 참조.

려진 것처럼 ①미지상군 감축, ②미2사단 한강이남 재배치, ③용산기지 이전, ④군사기지 통폐합 등이다. 이를 통해 미국은 ①북의 장사포 사정거리에서 벗어나고, ②2차 한국전쟁의 핵심목표인 남한방어를 위해 미2사단을 '합리적 위치'로 재배치하고, ③미2사단 제3국 파병을 가능케 하고, ④남한의 대미 군사 의존을 감소시키기 위해, 남한으로 하여금 지상병력에 대한 더 많은 투자를 유도하는 것이다.

이런 원칙에 따라 지난 1월 19일 한미 양측은 주한미군의 '전략적 유연성'에 합의했다. 미국의 세계군사전략은 이른바 '선제공격 독트린'을 포함하고 있기 때문에 전략적 유연성을 확보한 주한미군은 동북아는 물론, 세계 어디에서 발생하는 전쟁이든 공격적으로 개입할 가능성이 있다. 특히 원거리 투사능력이 향상된 군대와 이동거리가 늘어난 무기체계의 개발이 현실화되면 한국이 세계 주요분쟁의 발진기지로 이용될 가능성도 배제할 수 없다. 그리고 그 발진기지의 중심이 평택인 것이다.

노무현 정부가 동북아 지역분쟁에 개입하지 않는 조건으로 주한미군의 전략적 유연성을 인정해 주한미군의 입출입 규정과 같은 주한미군 통제장치를 마련한다 하더라도 불평등한 한미관계에 비춰볼 때 제대로 지켜지지 않을 것이며, 주한미군의 동북아 지역분쟁 개입을 막기도 어려울 것이다. 또한 주한미군의 동북아 이외 지역의 지역분쟁에 개입을 합법화시켜줄 경우 분쟁 당사자들에 의해 한반도의 안보상황이 크게 악화되는 것은 당연한 일이다.

2) 주일미군의 전략적 유연성

한편 주일미군의 경우에는 미일안보조약에 의거한 '사전협의'를 활용, 미일간 재편 협의를 통해 이뤄지고 있다. 미일간의 재편 협의는 동아시아를 중심으로 한 공통의 전략목표, 자위대와 미군의 역할분담, 주일미군의 병력구성 재검토 등을 중심으로 추진되고 있다. 하지만 주일미군 재편 논의는 사실상 중국의 위협에 대한 대응책에 초점이 맞춰져 있다. 즉, 미일동맹의 강화와 일본 안보정책의 변화는 '일본 경계론' 그 이상의 의미를 갖는 것이다. 일본과 한반도 남쪽에 주둔하고 있는 미군의 재배치는 글로벌 테러리즘, 불량국가(rogue state)와 대량살상무기 등의 위협에 대처하기 위한 측면뿐만 아니라, 이 지역에서 미국의 '전략적 경쟁자'로 지목된 중국을 사전에 견제·제압하려는 목적으로 이뤄지고 있는 것이다.

또한 미일 양국은 미군재편에 따른 방위협력의 일환으로 '기지의 공동 사용'도 검토하기로 했다.[7] 자위대와 주일미군 간 상호 운용성을 강화하면서 역할·임무·능력의 통합적 운용에 나선 것이다. 한편 기지가 집중된 지역의 부담 경감은 물론 지역사회와의 관계 개선, 환경 배려 등 협력적 병력 재구성안을 통해 주일미군의 안정적 주둔을 도모하고 있다.[8] 그것은 주일미군을 아시아태평양 지역의 '전선사령부'로 삼고, 일본을 아시아와 중동에 이르는 미군의 군사적 전개의 발판으로 활용하겠다는 것이다.

이처럼 전략적 유연성을 에워싸고 한국과 일본이 국경을 넘어 일체화되는 것이 신자유주의 세계화 시대의 전략적 유연성, 즉 전략적 유연성의 세계화다.

---

7) 미국과 일본은 도쿄에 있는 주일미군 요코다(橫田) 기지를 공동 사용하고 주일 미 공군이 갖고 있던 도쿄 상공의 항공관제권도 2009년까지 일본의 항공자위대로 반환하기로 합의했다고 한다 (「美 이지스함, 동해서 北미사일 감시 일지 공개: 도쿄 요코다 기지 항공관제권 일본 반환」, 『연합뉴스』, 2005년 7월 17일).

8) 하지만 현재까지 오키나와에 주둔하고 있는 미해병대 전투부대 등의 본토나 해외이전 문제는 양국간 이견으로 인해 논의가 진전되지 못하고 있다.

3) 한국의 자발적 복종

주한미군의 전략적 유연성 문제에 있어서 가장 큰 우려는 중국과 대만 간의 분쟁이 발생할 경우 주한미군이 투입되고, 한국 내 미군기지가 이들의 발진기지가 됨으로써 한국이 실질적으로 양안분쟁에 개입되는 경우이다. 이른바 '연루'(entrapment)의 위험이다. 현재 한반도와 주변 정세는 미국의 중국견제, 미일동맹 강화, 북미 갈등 등 복잡한 갈등 구조를 보이고 있다. 이런 정세에서 전략적 유연성을 통한 한미동맹 재조정은 한반도 안정에 기여하기보다는 한반도를 더욱 위태롭게 할 수 있다. 이 때문에 일각에선 앞으로 미국이 중국-대만 분쟁[9] 등은 물론 북한 문제와 관련해서도 주한미군을 파견하려 할 경우 '제동'을 걸 만한 안전장치가 없는 것이 아니냐는 우려가 제기된다. 그나마 지금까지는 한미동맹이 한반도 내에서 전쟁방지라는 성격을 가지고 있었던 것도 사실이다. 하지만 앞으로 주한미사령부의 작전범위가 최소한 동북아 지역으로 확장되게 될 것이기 때문에,[10] 불가피하게 한미동맹의 성격변화를 초래할 수밖에 없을 것이다. 그리고 그 성격은 지역동맹화하는 방향으로 발전할 것이다.[11]

---

9) 현재 거론되는 가장 큰 우려는 중국과 대만의 분쟁이 발생할 경우 주한미군이 투입되고, 한국 내 미군기지가 이들의 발진기지가 됨으로써 한국이 실질적으로 양안분쟁에 개입되는 경우이다. 하지만 현재의 미·중 관계를 고려할 때 실현가능성은 낮은 편이다. 중국은 당장 2008년의 베이징올림픽과 2010년 상하이엑스포의 성공을 위해서 의도적으로 미국과의 전략적 협력을 강조할 것이기 때문이다.

10) 이것은 주한미군이 한반도 이외 지역을 드나들면서 이라크는 물론, 중국과 북한에 대한 군사적 개입까지 가능하게 됐다는 것을 의미한다.

11) 동맹이란 상호 대등하고 수평적인 관계로 설정되어야 한다. 상호 신뢰를 바탕으로 협력을 유지하면서 동일한 목적을 이루기 위해 공동 행동을 취하는 것이 올바른 동맹의 모습이라 할 수 있다. 하지만 그동안 한미관계는 대등한 수준을 유지한 적도 없었으며, 오히려 종속적인 성격이 강했다.

한편, 지난 2월 3일 발표된 미국의 2005년 「4개년 국방전략 보고서」(Quadrennial Defense Review, QDR)에는 미국의 군사전략적 목표가 분명히 드러나고 있다. 미국은 QDR에서 북한을 '잠재적 적대국'으로, 중국을 '기로에 선 국가'로 규정하고 있다. 이에 따라 향후 미국의 군사전략이 대북 선제공격 능력을 강화하고 중국을 포위 봉쇄하는 정책으로 추진될 것은 불을 보듯 뻔한 것이다. 이처럼 주한미군이 아태기동군/아태침략군의 성격을 지닐 것은 명확한 사실인데, 이들에게 우리 민중과 민족의 운명을 맡길 수는 없는 것이다.

용산 미군기지 이전협정 및 한미연합토지관리계획 협정이 처음부터 잘못되었다는 것은 바로 이런 이유 때문이다. 그동안 정부는 용산기지 이전은 미국의 군사전략적 요구가 아닌 한국의 요구라는 점을 강조했다. 용산기지 이전에 따르는 비용 전액과 대체 부지를 제공하기로 한 굴욕협상이 민중·민족적 반대에 직면하자, 미국의 군사전략적 요구라는 사실을 은폐하기 위해 사용한 논리였다. 그런데 최근에 인터넷 신문 『프레시안』이 입수해 일부 공개한 2005년 4월 1일 청와대 국정상황실 보고서[12]는 정부의 논리가 국민을 기만하기 위한 거짓이었음을 보여주고 있다.

이 보고서에 따르면 국가안보회의[13]가 미국의 설명을 통해 용산 미군기지 이전이 해외주둔미군재배치(GPR) 차원에서 전략적 유연성과 연계되어 있었다는 사실을 이미 알고 있었다는 것이다. 또한 국가안보회의가 전략적 유연성 문제가 공론화될 경우 기지이전 협상에 미칠 국내 여론의 부정적인 영향 등을 고려해 GPR과의 연계성을 현 시점(2005년 4

---

12) 「공개 : 국정상황실 점검문서…… '자주국방론'의 실체는?」, 『프레시안』, 2006년 2월 3일.
13) 국가안보회의(NSC)가 용산기지 이전 및 한미연합토지관리계획(LPP)의 협상을 총괄했다.

월)에서도 부인하고 있으며, (외교)각서의 교환 시기를 용산기지 이전 합의서의 국회 통과 이후로 설정하는 내부 계획을 수립하는 등 관련 정책과 협상전략을 짰다고 밝히고 있다.

이로써 용산 미군기지 이전이 결국 미국의 군사전략적 요구인 주한 미군의 전략적 유연성과 직접 연계되어 있었다는 점에서 한국이 용산기지 이전을 요구했기 때문에 이전비용 전액과 대체 부지를 제공키로 했다는 정부의 주장은 그 근거를 상실하게 됐다.

결국 2003년에 시작된 주한미군 기지이전 협상에서 2006년 1월 주한미군의 전략적 유연성 합의에 이르는 지난 3년간의 한미관계에서 노무현 정부는 사실상 미국의 요구를 대부분 수용했다.[14] 그 결과 용산기지와 미2사단 등의 평택으로의 확장 이전은 단순한 미군기지 이전이라는 공간이동의 의미가 아니라 주한미군의 역할변경과 전략적 유연성을 뒷받침하기 위한 것이 됐다.

2. 미국의 평택 집중과 중국위협론

주한미군의 주력부대가 한강 이북에서 평택권으로 이동한다는 것은 심대한 의미를 갖고 있다. 먼저 기지 재배치가 완료되면 주한미군은 북한의 야포 사정거리로부터 벗어나게 된다. 이를 "한반도 전쟁 발발시 미군 사망자가 5만~10만에 달할 것"이라는 1994년 미군의 분석과 연관시켜 보면 그 의미를 짐작할 수 있다.

더구나 부시 정부는 '필요하다면' 북한을 선제공격할 수 있다는 이

---

14) 정부는 '처음으로 협상다운 협상을 했다'고 했지만 결국 자발적 복종에 지나지 않았다.

른바 '부시 독트린'을 채택하고 있고, 이를 뒷받침하듯 주한미군의 공격력·정보력·방어력을 대폭 증강시키고 있다. 한반도 전쟁 시 미군의 피해를 크게 줄이면서도 공격 능력은 강화시키는 형태로 주한미군이 바뀌고 있는 것이다.

미국의 입장에서 보면 평택은 오산 공군기지가 인접해 있기 때문에 중국을 겨냥하기에 상당히 유리한 입지조건을 갖고 있다. 그래서 주한미군이 평택-오산을 '허브'로 해서 재편되고 있는 것이다. 평택과 오산은 각각 항구와 공군기지를 갖고 있어 주한미군의 병력과 장비가 넘나들기 좋은 곳이다. 또한 평택을 중심으로 수원, 군산, 광주를 잇는 미공군력이 상하이나 베이징 등 중국의 심장부와 가장 가까이에 있다는 것도 유념해야 한다.

미국이 평택에 집중하는 보다 본질적인 이유는 해외 군사기지들만으로 작동하는 나라이기 때문이다. 그 기지들을 통해 세계를 통제하고 석유 등 전략자원과 경제잉여를 무제한으로 빨아들이는 것이다. 그래서 군사기지 유지에 광적인 반응을 보이는 것이다.

우리는 한국 현대사 질곡의 정점에 미국의 정책과 미국 '국익'의 그늘이 드리워져 있음을, 그리고 그 토대에 신자유주의적 세계화가 놓여 있음을 잘 알고 있다. 신자유주의로 인해 비정규직 노동자는 급증하고 있고, 농촌은 피폐화를 넘어 붕괴 직전 단계에 처했으며, 생태적 토대는 급속도로 무너지고 있다. 정직하고 소박하게 자신의 삶을 꾸려나가려는 민중들의 생활터전을 뿌리째 흔드는 신자유주의 공세의 원천이 미국자본의 요구라는 것도 익히 알려진 사실이다. 그런데 자본은 쾌락과 안락을 바라는 대중들의 욕구를 부추김으로써 그 영역과 몸집을 불려나가지만, 자본의 뒤를 봐주는 좀더 큰 힘은 따로 있다. 그것은 바로 미국의 군사력이다.

한편, 현재 국내외에서 '중국위협론'이 적지 않은 영향력을 발휘하고 있는 가운데 최근 미국이 '중국위협론'을 재차 강조하고 나섰다.[15] 중국의 군사적 팽창은 이미 지역의 군사적 균형에 변화를 가져올 정도가 되었으며, 앞으로 영토나 자원분쟁 등을 이유로 중국이 한반도를 비롯한 아시아 지역에 군사적으로 개입할 가능성이 있다고 미국방부가 경고한 것이다.

지난 5월 23일 미국방부가 매년 의회에 제출하는 「중국 군사력 연례보고서」를 통해 북한 정권 붕괴 등 한반도 유사시 중국의 군사개입 가능성, 특히 중국의 일방 개입 가능성을 우회적으로 경고해 눈길을 끈다. 이 보고서는 "중국의 군사력이 증강됨에 따라, 외교적 이익을 압박하고 자국 이익을 주장하거나 분쟁을 해결하기 위한 강압수단 측면에서 중국 지도자들의 선택폭이 커지고 있다"며 한반도 유사시 중국의 군사개입 문제를 거론했다. 또한 "중국 군사력 증강의 속도와 폭은 이미 이 지역의 군사균형을 위태롭게 만들었다"며, "중국의 현재 군사력 현대화는 대만을 훨씬 넘어 아시아 지역 전체에서 일정한 범위의 군사작전을 가능케 함으로써 이 지역에서 작전하는 군대들에 잠재적 위협을 제기하고 있다"고 강조했다.[16] 게다가 중국에 대한 미국의 견제에 유럽이 합세하고 있다. 미국과 EU가 무역분쟁에서 인권 문제에 이르기까지 중국을 견제하기 위해 공조체제를 다져가고 있다는 분석이다. 군사적 라이벌로서

---

15) 그런데 '중국위협론'은 중국의 능력에 대한 과장된 평가나 중국의 의도에 관한 부정적인 판단에 근거하는 경우가 많다. 이 경우 불필요하게 중국과의 갈등을 확대시키는 결과를 초래하게 된다. '중국위협론'은 미국이 우려하는 것처럼 중국이 팽창주의를 추구하려는 능력과 의도에서 나오는 것이 아니라 중국 대외정책의 불확실성에서 나오는 것이다.

16) U.S. Office of the Secretary of Defense, *Annual Report to Congress: Military Power of the People's Republic of China*, 2006, Arlington: Department of Defense. [www.dod.mil/pubs/pdfs/China%20Report%202006.pdf] ; 「美, 中에 '일방개입–다자개입' 질문」, 『연합뉴스』 2006년 5월 24일 ; 「미 국방부 연례보고서, "작전범위 점차 넓혀"」, 『한겨레』 2006년 5월 25일.

중국의 위협을 느껴온 미국의 시각이 유럽에까지 스며들면서 지난 1년 동안 EU와 중국의 틈새가 벌어졌다고 한다.[17]

미국의 '중국위협론'이 확산되는 가운데 중국이 대형 항공기 제작, 최첨단 원전 개발, 우주탐사를 포함한 군사력 현대화 중장기 계획을 마련해 주목된다. 중국은 지난 5월 26일 군사용과 상업용으로 다목적 활용이 가능한 첨단기술의 개발에 중점을 둔 15년간의 군사현대화 계획을 채택했다고 보도했다.[18] 중국의 이런 군사현대화 계획은 미국방부가 「중국 군사력 연례보고서」를 통해 중국의 군사력 확대가 인근 국가들에 잠재적 위협이 되고 있다며 '중국위협론'을 제기한 가운데 나온 것이어서 주목된다.

3. 평택투쟁의 역사성

위에서 살펴본 바와 같이 평택 미군기지는 한반도를 국제분쟁에 휩쓸리게 하는 '인계철선'(원래는 폭발을 유도하는 가는 철선이라는 뜻. 한반도 위기상황이 발생할 경우 주한미군의 자동개입을 뜻하는 말로 쓰임) 구실을 한다. 전략적 유연성의 이행에 있어서, 미국은 "한국민의 의사와 관계없이 동북아 지역분쟁에 개입해서는 안 된다는 한국의 입장을 존중한다"고 말한다. 여기서 '한국민의 의지'가 자의적인 해석이 가능하다는 문제가 있다. 과연 정부 외교안보팀의 의사인가, 대통령의 의사인가, 아니면 국회의 동의를 말하는가? 그리고 미국의 한국 존중에 대한 진정성이 존

---

17) 「'중국 위협론', 유럽도 눈 부릅뜬다」, 『한국일보』, 2006년 5월 5일.
18) 「중국, '위협론' 불구 군사현대화 계획 발표」, 『연합뉴스』, 2006년 5월 26일.

재하는지도 궁금하다. 정부는 공동성명의 내용이 광범위하고 추상적이기 때문에 구속력이 강하지 않다고 했지만, 오히려 그런 모호함이 미국으로 하여금 얼마든지 자의적인 해석을 가능케 하는 요소인 것이다. 이런 측면에서 유사시 주한미군이 한반도 이외의 분쟁지역에 투입될 수 있는 근거가 마련된 것으로 볼 수 있다. 그것도 자유롭게 차출할 수 있게 됐다. 이렇게 되면 우리의 의사와 상관없이 국제적 분쟁에 휘말릴 수밖에 없다. 이런 합의는 '미국이 중국과의 군사 충돌 시 주한미군을 투입하고, 이에 대응해 중국이 주한미군기지를 공격하는' 최악의 시나리오가 현실화되는 것을 배제할 수 없다.

이런 상황에서 어떤 국민이 제 나라의 평화를 위협하는 용도에 쉽게 땅을 내줄 수 있는가? 국회가 무책임하게 비준 동의한 2004년 12월 9일 용산기지 이전협정 및 한미연합토지관리계획이 심각한 문제점을 안고 있다는 것이 평택 미군기지 확장이전 강행에 반대하는 중요한 이유이다. 그런데도 정부는 오로지 땅값 문제만을 논의하자고 한다.

국방부는 철도, 항만, 도로시설 등의 조건 때문에 평택이 미군기지 이전지로 최적지임을 강조하고 있지만[19] 위 시설들은 산업 및 거주택지 조성에도 유리한 조건이다. 더욱이 주한미군의 군사력이 평택으로 총집중되면서 중국의 군사적 긴장이 그 어느 때보다 높아져 군사위협이 고조되고 있는 것은 평택 미군기지 확장이전이 한반도의 안보는커녕 세계평화를 심각하게 위협하는 행위임을 증명하는 것이다.

그렇기 때문에 상식이 있고, 평화를 사랑하는 사람이라면 평택 미군기지 확장 반대운동이 주민들의 삶의 터전을 지키기 위한 운동이자,

---

19) 물론 미국에게 평택이 주한미군 기지로서의 최적지임이 분명하지만 우리에게는 한반도 및 동북아 불안의 최적지이다.

한반도와 세계의 평화를 위협하는 미국의 제국주의적 군사전략에 반대하는 운동임을 알고 있다.

그러므로 지금의 평택은 결코 평택 주민들만의 평택이 아니다. 평택은 이제 주민들에게 삶의 터전이자, 한반도 평화와 세계 평화의 성지이기도 하다. 정부는 이런 평택을 군부대를 동원해서라도 강제 점거함으로써 전국적으로 확산되고 있는 평택 미군기지 확장 반대운동의 투쟁의지를 꺾고, 평택을 미군에게 온전히 바치려 하고 있는 것이다. 또한 이 것은 대추리 황새울에서 생존하고 있는 주민들만의 문제가 아니다. 한반도와 동아시아 전역 민중들의 문제이기도 하다. 이 지역에 대한 미군의 영향력 강화는 곧바로 우리의 삶과 문화가 미국의 자본에 더욱 예속되는 것을 뜻하기 때문이다.

미군기지를 둘러싼 갈등은 미군이 주둔하고 있는 대부분의 국가들에서는 예외 없이 나타나는 현상이다. 특히 평택 지역처럼 미군기지 확장 용도로 소중한 땅을 내놓으라는 정부에 주민들이 저항하는 것은 너무나도 당연하다.

4. 평택투쟁과 한미FTA

평택투쟁이 한미FTA 등 신자유주의 세계화와 밀접히 연관되어 있음은 주지의 사실이다. 미제국주의는 각 대륙의 군사정치적 요충지에 FTA를 체결하면서 정치군사적 동맹(예속)체제 강화와 FTA를 통한 경제동맹(예속)을 결합시키고 있다. 그럼으로써 미제국주의의 경제·정치·군사적 패권화 수단으로 활용하고 있다.

"용산 미군기지의 이전은 한 나라의 수도 서울 복판에 120여 년간이나 외국 군대가 주둔해온 역사를 청산하고 민족적 자긍심을 높이기 위해, 1988년부터 우리가 요구해 추진해온 사안이다."

"우리나라 고부가가치 서비스업 경쟁력을 높이는 자극제로서 미국을 FTA 파트너로 선택했다. …… 어느 날 갑자기 미국과 FTA를 추진한 게 아니라 상당히 오랜 기간 준비해왔다."

위의 정부 고위관료의 말대로 전략적 유연성과 한미FTA가 한국정부의 끈질긴 요구에 의해 만들어진 것이 사실이라면 한국정부의 친미 사대주의는 심각한 지경이다. 지난 1월 19일 주한미군의 전략적 유연성 합의, 2월 2일 한미FTA 협상개시 선언, 5월 4일 평택 침탈, 5월 9일 이종석 통일부 장관의 개성공단 방문 등 한미간 정치·경제·군사 분야에서 일련의 변화들이 발생한 시점이 일치하는 것은 결코 우연이 아니다.

결론적으로 전략적 유연성이 한국을 사실상 미국의 전방위 군사 기지로 전용한다는 것에 다름 아니듯, 한미FTA는 경제적으로 중국을 위시한 대륙세력을 고립시키는 새로운 형태의 한·중·일 혹은 동아시아 경제권 형성의 말뚝 역할을 담당할 것으로 보인다. 미국은 동아시아 공동체가 중국의 주도로 형성될 경우 미국의 경제적 영향력이 심각하게 훼손될 것을 우려하고 있다. 따라서 동아시아 경제와 밀접하게 연계되어 있는 한국과의 FTA체결은 동아시아 시장과의 연계를 강화하려는 전략이다. 버시바우 주한 미국대사는 한미FTA를 위한 협상이 두 나라에게 모두 윈-윈이며, "미국은 한국 관세를 낮춤으로써 미국상품의 한국 수출이 늘어날 수 있고, 한국을 발판 삼아 동북아 지역 다른 나라에 진출할 수 있으며, 한국과 전략적 유대가 더 강화될 수 있다"며 한미FTA 체결과 한미동맹의 정치적 연관성을 인정했다. 부시 대통령도 이미 2월 3일 양국의 협상개시 환영성명에서 "FTA는 미국의 아시아 개입(engagement)을 확대시킬 것"이라고 밝힌 바 있다.

그러나 한미FTA의 체결을 통한 한미동맹은 오히려 한반도와 동북아의 불안정 요인이 될 것으로 보인다. 미국은 동북아 패권전략과 긴밀히 연결되어 있기 때문이며, 한국은 북한과 연결되어 있기 때문이다. 미국이 한미FTA를 통해 한·미·일 공조체제를 형성해 중국을 견제한다면 동북아 패권유지에 유리한 입지를 점하게 된다. 반면 한국의 입장에서는 현재 교착상태에 있는 '북한 문제'를 해결할 수 있는 조건이 마련되는 것이다. 그것은 일종의 거래형식으로서 FTA체결과 제2차 남북정상회담 조기 개최 및 남북경협 확대를 주고받는 것이다.

그렇다면 노무현 정권의 평택 침탈과 한미FTA 체결은 북한을 살리기 위한 카드이며 도구에 지나지 않는다는 추론이 가능하다. 평택 침탈은 전략적 유연성을 위한 도구이며, 한미FTA는 개성공단을 인정받기 위한 카드에 불과한 셈이다. 이는 결국 남북한 모두를 궤멸시키는 재앙을 초래할 것이다. 그렇기 때문에 평택투쟁은 한미FTA저지투쟁과 같은 지점에서 만날 수밖에 없는 공동의 투쟁전선이다. 이 투쟁들은 남한 민중뿐만 아니라 북한의 민중 모두를 살리는 절대적으로 중요한 투쟁이며, 미제국주의와 노무현 정권의 신자유주의 세계화·군사화에 맞선 투쟁이고, 노동자 계급과 전체 민중운동이 함께 싸워야 할 주요 투쟁이다.

5. 한미동맹의 득실

한미FTA의 체결로 인한 한미동맹의 효과에 대해 긍정적인 측면과 부정적인 측면이 대립각을 세우고 있는 것이 현실이다.

먼저 긍정적인 측면을 보면, 한미FTA가 체결되면 한미동맹이 강화되고 대북긴장이 완화되어, 대북 경제협력 활성화 등 한반도 평화에 기여할 수 있다고 한다.[20] 한미간의 경제관계가 긴밀해지면 한반도의 안정과 평화가 미국의 경제적 이해와 직결되게 되며, 한반도의 안보와 평화에 대한 미국의 헌신도 커질 수밖에 없기 때문이라는 것이다. FTA 추진 시 미국은 정치외교적 의미에 높은 평가를 부여하고 있는데, 냉전체제의 종식 이후 이념적 동맹관계가 경제적 동맹관계로 대체됐으며, 굳건한 한미 동맹관계 형성을 위해서는 미국과의 FTA체결이 필수적이라는 것이다. 따라서 한미FTA는 한국에 대한 안보불안 해소, 선진제도의 정착 등을 통해 한국의 동북아 경제중심 전략에 효과를 발휘함으로써 한국이 동북아 경제의 중심으로 자리매김하는 데 긍정적으로 작용한다고 보고 있다. 그러나 이는 상당히 근시안적이고 맹목적인 접근이다.

한국과 미국 간의 안보적 이해관계에 FTA체결이 상당 정도 영향을 끼칠 것임은 분명하다. 그러나 FTA가 결정적 변수가 되리라고는 결코 말할 수 없다. 왜냐하면 양국 각각의 다양한 국내 변수, 양국과 제3국(북한, 중국, 일본 등) 간의 개별적 관계, 각국 고유의 외교노선 등 여러 차원의 다양한 변수가 복합적으로 영향을 미치기 때문이다. 다시 말해서 FTA체결은 한미 안보관계를 규정하는 여러 독립변수들 가운데 하나에 불과한 것이다. 그러므로 한미FTA의 체결이 양국간 동맹관계를 복원시켜주고, 더 나아가 포괄적인 동반자 관계로 승격시켜주리라는 기대는 불확실하다.

미국의 입장에서는 안보를 위해 경제이익을 희생할 수 없다. 과거

---

20) 그런 의미에서 최근 개성공단 제품의 한국산 인정 문제가 FTA협상의 쟁점으로 대두된 것도 미국이 협상을 유리하게 이끌기 위한 전략의 일환으로 볼 수 있다.

와 달리 미국의 패권체제가 중국과 EU 등의 등장에 따라 상대적으로 약화됐기 때문이다. 또한 미국의 정책이 국내 이익집단의 보호주의 압력과 로비, 국내 제도적 변수, 그리고 이념의 역할 등에 의해서 영향을 받기 때문에 한미FTA를 통해 안보의 이익을 증가시키겠다는 것은 그 보장이 너무도 불확실하다.

오히려 심각한 문제는 한미FTA의 체결이 한미동맹 혹은 한미안보관계의 공고화로 이어지고, 그것이 다시 중국의 소외현상과 북한의 반발을 야기한다는 것이다. 공고화된 한미동맹은 과거 그 어느 때보다 강력해진 현재의 미일동맹과 조우해 결국 한·미·일 3각 공조체제의 완성으로 이어질 수 있다.[21] 문제는 그 다음부터다. 만일 그런 공조체제가 형성되어 중국이 소외된다면, 중국은 이를 자신에 대한 견제 및 포위전략으로 받아들여 역내외에서 독자 행보를 걷게 될 가능성이 크다. 이렇게 중국의 소외현상이 일어나게 되면 동아시아에서의 지역주의 발전은 요원한 것이 될 수 있다. 특히 북핵 문제 등에서 한국에 협조하지 않는 등 한국을 소외시키는 외교전략을 취할 가능성도 배제할 수 없다. 동아시아 지역주의의 성패는 상당 부분 역내 핵심 국가인 한·중·일 3국의 협력 여부에 달려 있는 바, 그 핵심의 하나인 중국이 한국 및 일본과의 협력을 거부할 것이기 때문이다.

주한미군의 전략적 유연성과 연관되어 한반도에서는 군사적 긴장이 고조될 것으로 보인다. 지난 2월 22일 공개된 「한미군 지역적 역할 관련 논란 점검」이라는 제목의 청와대 문서에 "미군의 미사일방어체제, 핵무기 배치 등에 대한 포괄 승인 여부 및 대비책 검토 필요"라고 명시되어 있는 것이 이를 말해준다. 또한 미국과의 협상이 지지부진하거나

---

21) 실제로 미국은 이런 결과를 염두에 두고 한미FTA의 체결에 적극적인 측면이 강하다.

이로 인해 사회적 갈등이 만연하게 될 경우 한미관계는 더 악화되고 한국의 대외신인도는 오히려 하락할 가능성이 있다.

결국 한미FTA의 체결을 통한 군사안보의 거래는 경제적 실익을 얻을 수 없음은 물론, 한반도를 군사적 위협으로 내모는 것에 불과하다. 이것이 한미FTA 협상 시도를 즉각 중단해야 하는 이유이다.

한미FTA와 미국의 외교안보 전략

안병진[*]

1. 들어가며

정태인 전 청와대 국민경제 비서관은 얼마 전 현정부의 한미FTA 추진에 대해 강도 높게 비판을 한 바 있다. 그의 폭로에서 놀라운 점은 정부의 느닷없는 한미FTA 졸속 추진이 미국의 압력이라기보다는 한국 정부의 주도로 이뤄졌다는 사실이다. 사실 2004년 초 한국 외교통상부 장관의 한미FTA 제안에 대해 미국의 부시 대통령은 그다지 반응을 보이지 않았던 것으로 알려진 바 있다.[1] 만약 이것이 사실이라면 이는 현 한국정부가 과거 이라크 파병의 경우처럼 단지 미국의 전략에 순응하거나 전술적으로 활용하는 수위를 넘어 능동적으로 미국의 전략을 촉진시키고 이에 편입되어간 주목할 만한 사례라고 할 수 있을 것이다. 이는 과거 미국에 종속적인 모델을 추구한 박정희 정권의 궤적보다도 더 급진적이기까

---

[*] 창원대학교 국제관계학과 교수.

1) Mark Manyin, "South Korea-U.S Economic Relations: Cooperation, Friction, and Prospects for a Free Trade Agreement(FTA)", *Congressional Research Service(CRS) Report for Congress*, The Library of Congress, February 9, 2006.

지 하다. 과거 박정희 정권이 초기의 수입대체산업 전략에서 수출 중심의 미국 종속적 발전 전략으로 선회한 것은 미국의 구조적 질서와 전략이 만들어내는 힘에의 순응과정에 다름 아니었다. 이를 월러스타인은 한국이 "초대받은 발전"이라고 표현한 바 있는데, 이번 한미FTA의 능동적 추진은 부시 대통령조차 미적지근한 반응을 보인 가운데 이뤄졌다는 의미에서 한국이 오히려 "초대를 요구한 통합" 시도라고도 할 수 있을 것이다.

정비서관의 폭로에서 더 놀라운 것은 이런 한미FTA의 제안이 주로 협소하게 경제적 관점에서 제기됐다는 점이다. 그는 『오마이뉴스』와의 인터뷰에서 다음과 같이 설명하고 있다.

…… 그런데 실제로는 안보 문제 등과 관련되어서는 한미FTA가 추진되지 않았다. 내가 추적해봤는데 NSC의 개입 흔적이 없다. 한미FTA에 관련해서 통상교섭 본부하고 NSC가 단 한 번도 회의를 하지 않았다. 그냥 간 거다.[2]

후술하겠지만 미국의 FTA 추진전략의 바로 핵심이 외교안보적 고려에 있다는 점에서 이런 협소한 시야는 출발부터 단추가 잘못 끼어져 있음을 시사한다. 이는 한국의 NSC 차원의 문제라기보다는 정부의 수장인 노대통령 스스로가 한미FTA를 매우 다른 차원에서 인식하고 있음에서 기인한다.

노대통령은 이미 대연정 화두를 제시했을 때부터 한국의 미래전략

---

2) 정태인, 「한미FTA는 대통령 업적조급증 탓, 대연정 제안에 이어 제2의 패착될 것」, 『오마이뉴스』, 2006년 4월 3일.

정립에 매우 강한 집착을 보여왔고 한미FTA를 미래 선진 국가로 도약하는 중심고리이자 탈정치적 이슈로 인식해왔다.[3] 다시 말해 미국정부의 관심이 외교안보적 차원이라면 노대통령의 주된 관심은 경제적인 것이다. 이런 노대통령의 탈정치적 인식은 부시 행정부의 외교안보 전략의 자장 안에 급속히 편입되는 결과를 초래하며, 이미 한미FTA 제안과 그의 동북아 균형자론 간의 조화될 수 없는 모순에 대해 많은 이들이 문제를 제기하고 있다. 왜냐하면 후술하겠지만 미국이 FTA를 추진하는 기본의도는 동아시아에서 미국이 헤게모니를 가지는 균형자로, 한국은 그 하위 파트너이자 전초 기지로 정립함을 의미하는 반면에, 동북아 균형자론은 한국이 균형자 역할을 가짐을 의미하기 때문이다.

그렇다면 한미FTA 추진에 담겨 있는 미국의 외교안보 전략은 무엇인가? 다음 섹션에서는 부시 행정부가 과거 클린턴 행정부와 달리 강조하는 외교안보 전략의 핵심이 무엇인가를 먼저 간략히 정리한다. 이어 이런 일반적 관점이 한미 관계에서는 어떻게 나타나는지를 제시한다. 이런 맥락 하에서 한미FTA 추진이 어떠한 외교안보적 함의를 가지며 동북아 차원에서 어떠한 결과를 야기할 것인가를 논할 것이다. 마지막으로 향후 대응 전술에 대해 생각해볼 점을 제기할 것이다. 단, 미국의 외교안보 전략에서 중요한 축을 차지하는 전략적 유연성의 문제는 이 보고서의 다른 파트에서 보다 집중적으로 다루고 있으므로 생략하고자 한다. 이미 미국의 외교안보 전략과 한미FTA의 관련성에 대해서는 많은 글들이 발표되어 있으며, 이 글은 새로운 시각을 제시하기보다는 핵심 논점을 간략히 정리하는 것에 불과하다. 단, 이 글의 결론 부분이 제시하

---

3) 이에 대한 자세한 분석은 안병진, 「탈정치론의 시대: 참여정부와 뉴라이트의 탈정치론과 공화주의적 대안 모색」, 『동향과 전망』(통권 67호/여름), 박영률출판사, 2006을 참조할 것.

는 대안 전술에의 고민은 향후 보다 심도 깊은 논의를 통해 정교화할 필
요가 있다.

2. 부시 행정부의 외교안보 전략과 FTA

부시 행정부가 들어서기 전 클린턴 행정부는 하트와 네그리가 지적한
것처럼 역대 그 어느 정부보다도 지구적 제국을 강력하게 추진한 바 있
다. 이 지구적 제국은 미국이 헤게모니를 행사하면서도 '보편적' 규범을
구성하고, 최대한 다자적 스타일을 구사하는 새로운 거버넌스 양식이었
다.[4] 70년대 민주당 내 새로운 주류로 부상한 클린턴 등의 신자유주의적
리버럴들은 당내 보호주의적 진영의 반발을 감수해가면서도 신자유주
의적 지구화를 강력히 추진했고, 그 결과 NAFTA와 WTO를 출범시킬
수 있었다. 하지만 클린턴의 신자유주의적 지구화는 자신의 당내 지지
기반인 노동진영 등의 반발을 불러오고 시애틀 반(反)신자유주의 세계
화 운동 등을 촉발시켜 WTO체제는 위기에 봉착한다.

　　2000년대 들어와 경제적 호황이 종료되면서 민주당의 사회적 지지
기반이 허약해지고 클린턴 성추문 사건에 대한 대중적 혐오감이 강화되
어 클린턴 시절 이미 경향을 보이던 보수주의적 질서가 더욱 강화되기
시작한다. 이런 강화되는 보수주의적 질서에 기름을 부은 것은 9·11사
태이고 이는 강한 반동을 유발시킨다. 하트와 네그리가 다소 과도하게
언급한 것처럼, 과거 클린턴 행정부는 지구적 제국으로 정립된 것까지

---

4) Michael Hardt and Antonio Negri, *Empire*, Cambridge, Mass. : Harvard University Press,
　2000. 〔윤수종 옮김, 『제국』, 이학사, 2001〕

는 아니지만 미국의 주권 강화와 지구적 제국 강화의 두 경향 사이에서 후자를 보다 강화하는 경향을 보인 것은 사실이다. 반면에 부시 행정부는 노골적으로 미국의 패권적 이익을 군사적이고 일방주의적으로 추구하기 시작한다. 특히 9·11사태의 충격은 모든 행위를 규정하는 기준선으로 작용하기 시작했다. 현실주의 외교노선의 주창자인 에베라의 다음과 같은 고백은 9·11사태가 미국 주류 엘리트들에게 던진 충격을 압축적으로 잘 보여준다.

우리는 과거 알 카에다 같은 것은 없다고 믿어왔다. …… 나는 9·11사태에 엄청난 충격을 받았다. 우리는 지금 이 테러리스트들에 맞서 죽음의 문제와 씨름하고 있다. 그들은 핵무기를 여기에 반입할지도 모른다. 만약 그들이 이에 성공한다면 지금까지 우리가 경험한 최악의 국가안보상의 위협일 것이다. 대량 살상무기를 획득할 수도 있는 억제가능하지 않은 적 말이다.[5]

이런 9·11사태의 충격은 모든 노선을 혁명적으로 재정립할 것을 요구했다. 무역전략도 예외는 아니었다. 이 무역전략의 혁명적 재정립의 중심에 서 있는 인물이 로버트 졸릭 미국 무역대표부 전대표이다. 그는 위에서 인용한 에베라처럼 현실주의적 지향성을 가진 인물이지만, 네오콘들이 결집한 '신세기 미국 프로젝트'(Project for New American Century, PNAC)에서 중추적으로 활동하며 새로운 관점을 정립한 바 있다. 그는 9·11사태가 터지자 "때로는 비극이 깨어 있는 이들에게는 동

---

5) Nicholas Lemann, "The War On What?", *The New Yorker*, vol.78, no.27, September 16, 2002.

시에 기회를 제공한다"[6]며 9·11사태를 무역정책의 혁명적 재정립에 효과적으로 활용했다. 그는 우선 9·11사태 이후 정권에 유리한 환경을 십분 활용해 무역협상의 권한을 의회로부터 이양받는 "무역증진권한"을 통과시키는 데 성공한다. 더 나아가 그는 무역정책을 반테러 전쟁의 일환으로 규정해 군사안보 전략의 관점과 무역을 연결지었다. 그는 한 강연에서 "무역은 변형외교의 도구상자 중에서 핵심적 도구이다"라고 하면서 자신의 정치적 의도를 노골적으로 드러낸다.[7] 이에 따라 테러와의 전쟁에서 중요한 국가들과 FTA를 체결해 안보군사 동맹을 강화하고자 했다. 경제적 측면보다 군사안보적 차원에서 더 중요한 의미를 지니는 나라인 모로코, 필리핀과의 FTA체결은 이런 목적을 잘 보여주는 예들이다. 예를 들어 필리핀은 알 카에다와 연계된 아부사예프가 활약하기에 군사안보적으로 매우 사활적인 의미를 지닌다.[8]

그는 변형외교의 실현에서 기존의 클린턴 행정부의 다자주의적 접근을 유약하고 협소하다고 경멸하며 '경쟁적 자유화 전략'(competitive liberalization strategy)이라는 새로운 전략을 제기한다. 그는 이를 다음과 같이 표현하고 있다.

가장 기초적인 수준에서 보자면, 경쟁적 자유화 전략이란 미국이 자신의 선택옵션을 확장하고 강화하는 것을 의미할 뿐입니다. WTO 회원

---

6) Jeff Faux, "Trading on Terrorism: What Free Trade Does for National Security(Nothing)", *The American Prospect*, vol.12, no.21, December 3, 2001.

7) Robert Zoellick, "From Crisis to Commonwealth: CAFTA and Democracy in Our Neighborhood", *Heritage Lectures*, no.884, May 25, Washington D.C.: The Heritage Foundation, 2005.

8) 전창환, 「한미FTA 협상 결정의 배경과 그 파장」, 『동향과 전망』(제67호/여름), 박영률출판사, 2006.

국 각자가 비토권을 갖고 있는 상황에서 자유무역이 전지구적으로 더 이상 진전이 없을 때, 우리는 지역적으로 그리고 양자적으로 나갈 수 있습니다. 만일 우리의 전지구적인 회담이 단계적으로만 진전될 때, 우리는 개별 국가 및 소지역과의 FTA를 통한 더욱 야심찬 계획을 향해 나갈 수 있습니다.[9]

그는 이어지는 연설에서 전 지구를 "자유무역에 동참하는 나라"(can-do countries)와 "거부하는 나라"(won't-do countries)의 적대적 진영으로 나누고, 이런 동참하는 나라들끼리 경쟁을 붙여 미국과의 양자간 협상에 순응적으로 임하도록 유도할 것을 제시하고 있다. 그리고 이런 일련의 움직임은 결국 "자유화 국가 연합"(coalition of liberalizers)의 확대를 통한 미 패권 제국의 공고화로 귀착된다. 이런 적대적 이분법의 수사는 과거 클린턴 행정부의 개입 정책이 추구하는 야심찬 지구적 제국 네트워크의 헤게모니적 통합의 논리와 비교한다면 보다 더 패권적이고 갈등적이며 적대적 분리의 논리라 할 수 있다.

동아시아에서 이런 경쟁적 자유화 전략은 특히 중국에 대한 견제와, 미국을 배제한 지역주의의 발전에 대한 경계를 근저에 깔고 있다. 졸릭은 공개적 강연장에서 "미국이 일본 및 인도와의 외교군사 관계를 강화함을 통해 사실상 중국을 에워싼다"고 솔직히 고백하기도 했다.[10] 사실 미국으로서는 위기감을 가지지 않을 수 없는 것이 2001년 '중국-ASEAN'이 FTA에 합의하는 등 심상치 않은 움직임이 진행되어 왔다는

---

9) 2003년 졸릭(Robert Zoellick)이 미정부 감사관 데이비드 워커(David Walker)에게 보낸 서한 (이해영, 『낯선 식민지, 한미 FTA』, 메이데이, 2006, 26쪽에서 재인용).
10) Evan Medeiros, "Strategic Hedging and the Future of Asia-Pacific Stability", *The Washington Quarterly*, vol.29, no.1, Winter, 2005, pp.145~167.

점에 있다. 이는 이남주 교수가 적절히 지적하듯이 미국이 APEC을 통해 동아시아를 자신의 패권 하에 끌어들이려는 구상에 커다란 타격을 줬다.[11] 졸릭은 2005년 5월 아시아 지역 방문을 통해 미국 패권에 대한 아시아 국가들의 우려를 불식하고 미국과 아시아 국가들 간의 상호이익을 강조한 바 있는데, 이는 이런 위기 인식에 근거한 것으로 보인다.

3. 한미FTA 의 외교안보적 의미

앞에서 언급한 바 있듯이 부시 대통령은 2004년까지도 한미FTA의 전략적 의미에 큰 관심을 둔 것으로 보이지는 않는다. 이는 동아시아 차원에서 싱가포르, 필리핀, 태국 등에 기울인 관심과 사뭇 대비되는 점이 아닐 수 없다. 추정할 수 있는 것은 이들 나라들은 테러와의 전쟁의 관점에서 한국에 비해 중요한 의미를 지니는 반면, 한국은 북핵 관리라는 다른 차원의 중요한 문제를 가지고 있었고 FTA 실현의 조건이 아직 성숙하지도 않았기 때문에 미국이 상대적으로 FTA에 관심을 덜 기울였을 것이다.

하지만 2004년 새로이 대사로 부임한 크리스토퍼 힐은 단지 북핵 관리를 넘어 한미FTA의 전략적 중요성을 매우 잘 파악하고 있었고, 따라서 강한 추진 의사를 여러 차례 밝힌 것으로 알려진다. 사실 그는 보스니아 내전 해결에서 홀부르크 대사와 함께 주도적으로 활동할 때 이미 신자유주의적인 미국 모델의 이식에 앞장선 바 있다. 그는 부임하자마자 "임기 내에 한미FTA가 이뤄질 수 있도록 강력하게 추진하겠다"고 공언했다. 그리고 안보동맹, 6자회담과 글로벌 이슈, 민간차원 협력과 더

---

11) 이남주. 「한미FTA와 동아시아 질서」, 『동향과 전망』(제67호/여름), 박영률출판사, 2006, 193쪽.

불어 한미FTA를 한미관계의 4개의 기둥으로 지적하고 있다.[12]

이후 10월 25일 한국의 김현종 외교통상부 통상교섭본부장은 졸릭을 만나 FTA체결에 대한 강한 의사를 표시했고, 이는 졸릭으로 하여금 동아시아뿐 아니라 한국과의 FTA체결 가능성에 관심을 환기시키는 역할을 수행한 것으로 보인다. 이는 이후 2005년 3차례에 걸친 사전 실무 점검회의로 이어졌고, 2005년 9월 20일 한미정상 간 전화통화는 이를 더욱 촉진시킨 계기로 작용했다.[13] 그리고 알려진 것처럼 미국의 무역대표부 대표 로버트 포트만은 한국의 자동차 및 의약품 수입장벽, 미국산 소고기 수입금지, 스크린 쿼터라는 4가지 분야에 대한 한국의 조치를 협상의지에 대한 리트머스 시험지로 간주했고, 노대통령의 FTA 조기 실현에 대한 강한 집착에 따라 2006년 1월말 한국은 4개 부분의 전폭적 양보를 약속한다고 제안한다.[14]

이 과정에서 졸릭 등의 미국 핵심인사들이 어떤 정치적 판단을 했고 어떻게 개입했는지는 현재까지 전혀 알려진 바가 없다. 다만 상식적으로 추정할 수 있는 것은 동아시아와 달리 단지 장기적 과제로만 생각했던 한미FTA가 한국정부의 강력한 의지로 추진력을 받는 상황에서 이를 적극적으로 환영했을 것은 당연한 논리적 결론일 것이다. 특히 북한 경제에 대한 중국의 영향력이 갈수록 커지고 한미간의 기존 관계가 균열을 일으키는 시점에서 보다 강화된 군사, 안보, 경제 동맹 관계의 발판이 되는 FTA 전략에 한국이 제 발로 편입을 제안하는 것은 부시 행정부로서는 쌍수를 들어 환영할 수밖에 없다. 아이러니하게도 미국의 강경

---

12) 이해영, 『낯선 식민지, 한미 FTA』, 메이데이, 2006, 32~33쪽.
13) 전창환, 「한미FTA 협상 결정의 배경과 그 파장」, 『동향과 전망』(제67호/여름), 박영률출판사, 2006, 163쪽.
14) 이해영, 앞의 책, 35쪽.

보수주의자들이 소위 '합의이혼'의 필요성을 공언하기도 할 정도로 한국정부에 대해 불신을 표시한 적도 있지만, 바로 그 정부가 한국을 네오콘의 변형외교의 전초기지로 스스로 탈바꿈시키고 있는 셈이다.

현재도 상당 부분 미국적 모델로 경제구조 등이 재편되고 있는 한국이 만약 FTA를 통해 미국적 신자유주의 모델을 더욱 전면적으로 수용한다면, 이는 단지 한국 내에서만 의미를 지니는 것이 아니라 동아시아 차원에 미국적 모델을 확산시키는 계기가 될 것이다. 이는 경쟁적 자유화의 논리에 따라 동아시아 차원의 개별적 경쟁을 더욱 격화시켜 그간 조금씩 축적해온 동아시아 지역협력의 기반을 근저에서부터 붕괴시킬 것이다. 특히 경쟁적 자유화가 목적하고 있는 중국에 대한 견제는 전략적 유연성과 함께 미국과 한국에 대한 중국의 반발을 더욱 야기시키고, 이는 남북관계에도 악영향을 미칠 가능성이 높다. 과거 개념상의 혼란과 한계에도 불구하고 평화적 관점을 긍정적으로 견지한 동북아 균형자론은 한국정부가 전략적 유연성과 한미FTA 추진을 공언함에 따라 결과적으로 완전히 폐기되고 만 것이다.

4. 결론 : 정치적으로 유능해질 필요

지금까지 한미FTA가 단지 경제적 통합 전략이 아니라 부시 행정부의 안보전략과 긴밀히 연관됨을 언급했다. 한때 장기적 과제로만 생각했던 FTA가 뜻밖에 당면한 한미관계의 주요 현안으로 떠오르자 미국의 보수주의 논객들은 "동북아에서 미국의 전략적 목표들을 엄청나게 강화할 것이다"라고 반색하면서도 동시에 심각한 우려감을 표시하기 시작했다. 예를 들어 헤리티지 재단의 발비나 황은 양국의 리더들이 정치적 난관들을 적절히 처리해 나가지 않으면 단지 무역협정만을 위태롭게 하는 것이 아니라 동맹의 미래까지도 위기에 빠뜨리는 것이라고 강력하게 경고하고 나섰다.[15] 이런 불안감을 단지 과장이라고만 볼 수 없는 것은 그녀가 정치적 장애물들로 열거한 것들이 하나같이 쉽지 않은 성격의 것들이기 때문이다. 예를 들어 그녀의 표현을 빌리자면 한국에서의 강력한 이익집단의 저항과 미국에서의 다가오는 중간 선거를 앞둔 정치적 갈등의 확산 가능성이다.

발비나 황의 우려는 반대로 부시 행정부의 패권주의적 외교안보 노선과 그 일환으로서의 FTA에 반대하는 우리로서는 축복일 수도 있다. 특히 고려해야 할 것은 미국 내 주류 정치 엘리트들이 부시 행정부의 FTA 추진에 반드시 한목소리로 일치하는 것은 아니라는 점이다. 리버럴들만 예를 든다 하더라도 중도우파적인 리버럴들이라고 할 수 있는 '민주주의 리더십 회의'(DLC) 일각에서는 WTO체제를 약화시킬 수 있는 부시 행정부의 산발적 FTA 추진에 다소 비판적인 견해도 표시하고 있다. 그리고 공동체주의 리버럴의 대표자인 에치오니는 비록 FTA 자체에 대해서 언급하지는 않았지만 미국의 신자유주의 모델의 단순한 수출의 부작용에 대해 강력히 비판하고 있다.[16] 에치오니의 이런 관점은 동아시아 지역협력에 있어 미국식 모델의 이식을 벗어나 보다 융합된 관점의 새로운 접근법이 필요함을 시사하고 있다. 약간 더 진보적인 색채로는 유력한 대선주자 중 하나인 존 에드워드 등의 경제적 포퓰리즘을 들 수 있다. 이 관점은 FTA가 양국의 노동자층에 미치는 부정적 영향에 주목

---

15) Balbina Hwang, "A Bumpy Road for the US-ROK Free Trade Agreement", *Executive Memorandum*, no.995, March 2, Washington D.C.: The Heritage Foundation, 2006.

16) 안병진, 「탈정치론의 시대: 참여정부와 뉴라이트의 탈정치론과 공화주의적 대안 모색」, 『동향과 전망』(제67호/여름), 박영률출판사, 2006.

한다. 보다 더 진보적인 색채로는 클린턴 행정부 시절 노동부 장관을 지냈던 리버럴 좌파인 로버트 라이시 등을 들 수 있다. 이렇듯 다양한 이념적 색조들과 다양한 지역구의 경제적 이익에 따라 미국 내에서 보다 다양한 목소리들을 내게 할 수 있는 여지가 많이 존재한다. 중요한 것은 이들에게 현 시점에서 FTA를 추진하는 것이 미국의 외교안보 이익에 도움이 되지 않으며 반대가 가져다 줄 수 있는 정치적 이득을 분명하게 설득할 수 있는 담론의 개발과 이들에 대한 개별적이고 체계적인 공략 작업의 계획이다. 그리고 무엇보다도 일차적으로 중요한 것은 발비나 황이 우려했던 것처럼 한국에서 얼마나 반대 및 대안에 대한 운동을 활성화시켜 정부를 강력하게 압박해 나가는가일 것이다.

한미FTA와 한국사회의 양극화

고병권[*]

1. 한미FTA와 양극화 : 상생인가, 상극인가

올해 초 노무현 대통령은 '양극화 해소'와 '한미FTA 체결'에 남은 임기를 바치겠다고 밝혔다. 그 말을 듣고 많은 이들이 최강의 창과 최강의 방패를 함께 팔았던 옛 중국 상인을 떠올렸지만, 그는 그것을 부인했다. 청와대 행정관 가운데 한 사람은 양극화 해소와 한미FTA를 수레의 두 바퀴라고 했다. 양극화 해소를 하지 않고 FTA를 체결하면 부(富)가 일부에게 편중되며 저소득층에게는 끔찍한 피해가 우려된다는 것, 그리고 FTA를 체결해서 새로운 성장동력과 새로운 일자리를 만들지 않고서는 양극화 해소방안이 없다는 것. 그래서 두 가지를 동시에 추진해야 한다는 것이다.

아마도 첫번째 주장은 사실일 것이다. 한미FTA를 체결하면 끔찍한 양극화 현상이 초래될 것이니 '양극화 해소' 방안을 마련하지 않으면 안 된다. 양극화의 심화는 성장잠재력은 물론이고 사회 자체를 붕괴시킬

---

* '연구공간 수유+너머' 대표.

수 있다. 문제는 두번째 주장이다. 한미FTA의 체결을 통해 양극화 해소가 가능할까. 한미FTA가 양극화 해소책이 될 것인가, 아니면 양극화 심화책이 될 것인가. 한미FTA와 양극화는 충돌하는 창과 방패인가, 아니면 수레의 두 바퀴인가.

이 글에서 나는 한미FTA를 통한 양극화 해소 방안이 불가능할 뿐만 아니라 불순한 것임을 보이고자 한다. 한미FTA는 양극화를 해소시키기는커녕 양극화에 대한 재앙이 될 것이다. 그런데도 정부, 재벌, 보수언론은 현재의 양극화를 한미FTA를 체결해야 할 이유로 삼고 있다. 이 글을 통해 나는 이들이 어떻게 양극화 논의 자체를 호도하고 있는지 밝힐 것이다.

한미FTA에 대해 비판하면 찬성론자들은 종종 '해보지도 않고 어떻게 아느냐'고 묻는다. 대통령은 '그렇게 자신이 없냐?'고 훈계한다. 그러나 양극화와 관련해서 한미FTA가 어떤 효과를 유발할지는 굳이 예측할 필요가 없다. 우리는 앞으로 닥칠 FTA의 효과를 이미 경험했고 또한 경험하고 있기 때문이다.

각종 통계 지표들을 보면 한국사회의 양극화가 심화된 시점이 대체로 일치한다. 바로 'IMF 사태' 이후이다. 당시 정부는 금융시장을 개방하면서 금융선진화를 내걸었지만, 곧바로 투기자본의 먹잇감이 됐고 결국 IMF 사태를 맞았다. 이른바 '글로벌스탠다드'에 맞춘다는 미명 아래 IMF는 한국경제를 '영미식보다 더 영미식인 시장경제'로[1] 몰아가는 구

---

1) 오랫동안 노무현 정부의 정책을 디자인했던 이정우는 이렇게 말했다. "한국은 시장경제 유형 중에서는 유럽형보다는 영미형이며 영미형에 비해서도 더욱 시장주의적 성격이 강하다. …… 한국경제는 외환위기 이후 IMF의 강요에 의해 급속히 시장주의 세계표준(global standard)을 도입한 면이 있고, 특히 월가 모델의 단기 실적주의적 경향이 강화됐다." 그래서 "양극화 경향에 쉽게 노출되는 약점을 갖게 됐다." (이정우, 「양극화 원인과 해소방안」, 제40주년 대화모임 발제문, 대화문화아카데미, 2005)

조조정 프로그램을 요구했다. 한국사회에서 양극화 문제가 불거진 것은
바로 이때부터였다.

당시의 IMF 구조조정 프로그램은 제한적이기는 하지만 우리에게
닥칠 FTA의 성격이 무엇인지를 잘 보여주고 있다. IMF가 한국경제에
좀더 개방적일 것을 요구했을 때, 그것은 자유롭게 교역할 수 있는 상품
의 범위를 늘리라는 주장이 아니었다. IMF 구조조정 프로그램에서 중요
했던 것은 상품이 아니라 정책과 제도였다. 그 때문에 우리는 IMF 차관
을 받으면서 금융은 물론이고, 공공부문의 사유화와 노동관계 유연화
등 사회 전반을 친시장적으로 구조조정해야만 했다. IMF 구조조정 프로
그램은 금융의 이름으로 내려진 일종의 사회재편 명령이었다. 그런데
이런 명령은 한미FTA에 비하면 아주 제한적인 것이다. IMF 구조조정
프로그램이 금융 중심으로 이뤄진 경제통합 요구였다면, 한미FTA는 사
실상 전체를 아우르는 '포괄적' 경제통합에 대한 요구라고 할 수 있기
때문이다.

2. 한국 사회의 양극화 현황

아직 한미FTA가 체결되지도 않은 시점인데도, 한국사회의 양극화 양상
은 아주 심각하다. 우선 양극화가 사회의 여러 영역에서 광범위하게 일
어나고 있다. 산업부문간, 기업규모간, 업종간, 노동시장간 이윤 및 소득
양극화가 뚜렷하게 나타나고 있으며 교육, 의료, 주거 등의 소비지출에
서도 심각한 수준의 양극화가 확인되고 있다. 둘째, 양극화가 점차 구조
화되고 있다. 양극화는 경기순환과 무관하게 진행되고 있으며, 정부의
단기 정책들에도 별로 영향을 받지 않고 있다. 셋째, 양극화가 매우 빠른

속도로 진행되고 있다.[2] 세계 주요 국가들에서도 1980년대 이후 일정하게 양극화 양상이 확인되고 있으며, 특히 영국이나 미국은 그 정도가 아주 심하다. 하지만 장기적 변화의 과정에서 각 국가들은 나름의 양극화 대응전략을 추진하고 있다. 그런데 한국에서는 외환위기 이후 양극화가 급속히 여러 방면에서 동시에 나타나고 있다.

1) 양극화의 현황

① 산업/기업 양극화

수출과 내수, IT산업과 전통산업의 격차가 큰 폭으로 확대됐다. IT산업의 부가가치 증가율은 2002년 17.6%, 2003년 14.2%, 2004년 20.4%를 기록한 반면 전통산업(비IT)은 각각 5.8%, 1.7%, 2.5%로 미미하다. 현재 IT산업이 GDP에서 차지하는 비중은 2002년 9.9%에서 2005년 1사분기 잠정치 15.2%에 이를 만큼 급성장했다.[3] 수출도 반도체, 무선통신, 자동차, 컴퓨터, 선박 등 소수 품목이 주도하고 있다.[4] 산업간 연계효과가 크게 약화되어 수출이나 IT쪽 성과가 다른 산업부문으로 확산되지 못한다.[5] 경제가 성장하면 그 효과가 선도된 부분에서 낙후된 부분으로 넘쳐간다는 '트리클다운(trickle-down) 효과'가 나타나지 않는다.

몇몇 재벌기업과 다른 기업들의 경상이익도 큰 격차를 보이고 있

---

2) 김홍종·김균태·오형범·나수엽·하유정, 『전세계적 양극화 추세와 해외 주요국의 대응』, 정책자료 05-04, 대외경제정책연구원, 2005.
3) 이태수, 「양극화 해소를 위한 사회안전망 확충의 방향 및 복지재정의 과제」, 토론회 자료(11월 16일), 사회양극화해소국민연대, 2005.
4) 한국은행, 「경제양극화의 원인과 정책과제」, 2004년 7월 22일.
5) 한국은행, 위의 글 ; 국민경제자문회의, 『동반성장을 위한 새로운 비전과 전략: 일자리 창출을 위한 패러다임 전환』, 국민경제자문회의 사무처, 2006.

다. 2003년 매출액 기준 5대 기업(삼성전자, 현대자동차, 포스코, LG전자, SK)의 경상이익은 12조 7천억 원으로 제조업 전체 31조 원의 41%를 차지한다. 특히 삼성 한 기업의 경상이익은 약 7조 원으로 전체 제조업의 22%이다.

대기업과 중소기업의 수익률 격차도 큰 폭으로 확대됐다(자료 1). 또 하나 눈여겨 볼 점은 중소기업의 고용비중이 크게 확대된 점이다(90% 육박). 그러나 임금수준은 98년 76%에서 2005년 65%로 크게 낮아졌다(자료 2). 즉 중소기업 고용비중은 증대하는데, 임금수준은 하락하고 있는 실정이다.

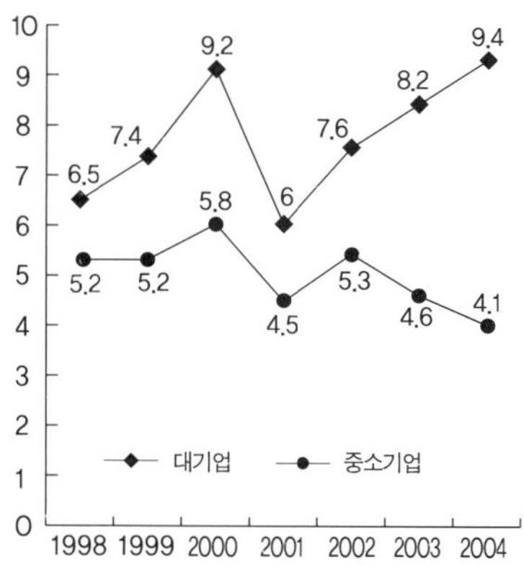

〈자료 1〉 대기업과 중소기업 영업이익률 격차

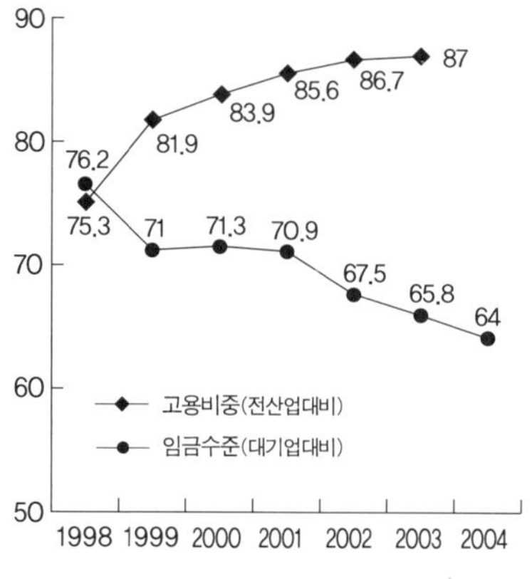

〈자료 2〉 중소기업고용비중 및 대기업 대비 임금수준

출처 : 임현진, 「사회적 양극화, 해법은 없는가?」, 2006(미간행 발표문)

② 고용 양극화

노동시장 역시 급격히 양극화되고 있다. 보수를 기준으로 볼 때 상위 30%와 하위 30% 일자리는 늘어나는 반면, 중간 수준의 일자리는 대폭 감소했다. 특히 중소기업 고용과 비정규직의 비중이 크게 늘었다. 특히 비정규직 문제는 중요하다. 2004년 8월 현재 그 수가 816만 명(민노총

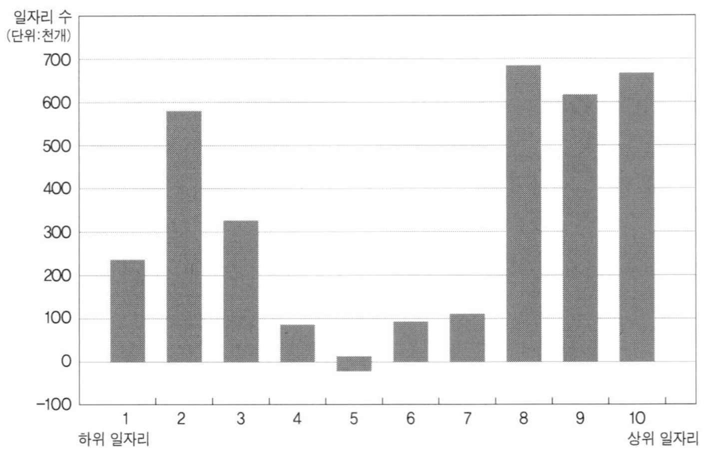

출처 : 한국노동연구원, 「일자리 양극화 경향과 빈곤 정책의 방향」, 2003

추계. 노동부 통계로는 519만 명)에 이른다. 전체 노동자의 56%에 해당하는 숫자다. 여성노동자의 경우는 70%가 비정규직이다. 비정규직의 임금은 정규직의 60% 수준이다(자료 4). 퇴직금, 상여금, 유급휴가 등의 적용과 관련해서 정규직은 80~90%가 해당되지만, 비정규직은 13~18%에 그친다. 4대보험 적용도 정규직이 80~96%라면, 비정규직은 30% 수준이다. 노조조직률은 정규직이 24%, 비정규직이 3.1%이다.

더욱 심각한 것은 비정규직이 영구화될 가능성을 보인다는 사실이다. 한번 비정규직에 들어가면 수렁에 빠진 듯 좀처럼 빠져나올 수가 없다. 더 나은 직업으로 이동할 수 있는 징검다리가 부재하기 때문이다. 비정규직의 고용양상을 보면 비정규직 노동자들이 사실상 저숙련 상태에 방치되어 있다는 것을 알 수 있다. 현재 비정규직에 대한 보호는 거의 이뤄지지 않고 있으며, 비정규직 확대 억제책은 없고 유인책만이 존재한다고 해도 과언이 아니다.

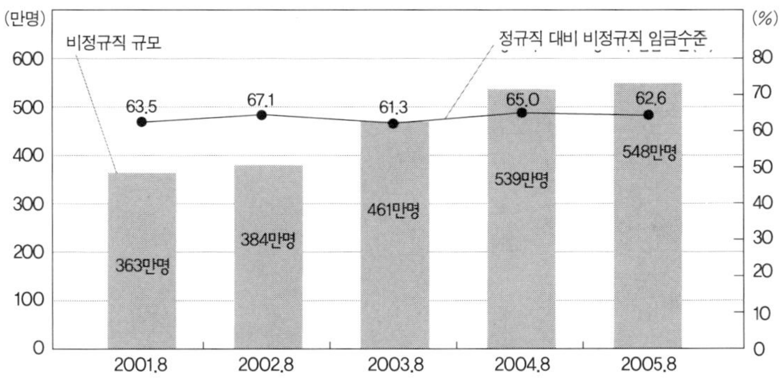

출처 : 청와대브리핑, 「기적과 절망, 두 개의 대한민국」, 양극화 관련 브리핑 자료, 2006년 4월

③ 소득양극화

계층별 소득분포를 보면, 중위소득의 50~150%에 해당하는 중간계층
이 크게 감소했음을 확인할 수 있다. 1998년과 대비해 볼 때 2004년에
4.6% 감소했다(자료 5). 전체인구(4,800만 명)로 환산하면 7년간 180만
명 정도의 중산층이 빈곤층으로 몰락한 셈이다.

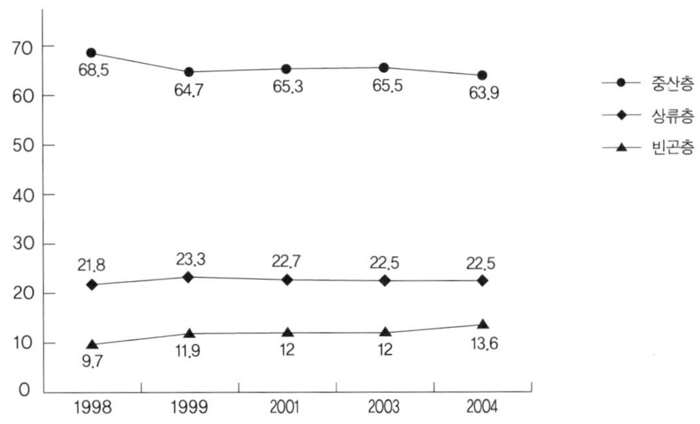

출처 : 임현진, 「사회적 양극화, 해법은 없는가?」, 2006(미간행 발표문)

노동소득분배율도 계속 악화됐다. 특히 대기업의 경우 노동소득분
배율은 2001년 45.1%에서 2004년 35%로 떨어졌다. 대기업 수익이 민
간부분으로 환류되지 않고 있다는 뜻이다. 경제성장이 더 나은 분배를
가져온다는 것은 더 이상 맞지 않다.

〈자료 6〉 임금소득 불평등 추이

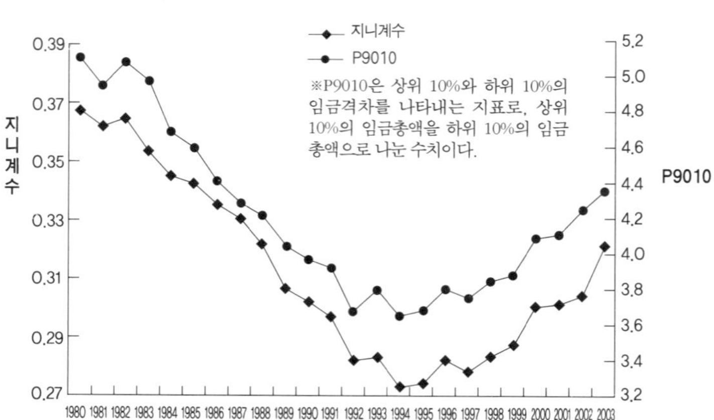

출처 : 노동부 임금구조기본통계조사(10인 이상 사업체 상용직),
김유선, 「노동소득 분배구조 개선을 위한 정책과제」, 『노동사회』(통권96호/2월), 한국노동사회연구소, 2005에서 인용

④ 교육/건강 양극화

계층간 교육지출의 양극화도 뚜렷하다. 2000년도 기준으로 상위 10%는
하위 10%에 비해 연간 6배 정도의 교육비를 지출하고 있다(사교육비의
경우 정확하지는 않지만 9배 정도에 달한다).[6] 다른 통계 자료에 의하면
2003년 기준으로 상위 10%는 하위 10%에 비해 약 4배의 교육비를 지
출하고 있다.[7] 교육비 지출의 차이는 주요 대학 입학생 비율의 차이로

---

6) 한국은행, 앞의 글.
7) 이태수, 앞의 글.

이어진다. 서울대학교 사회대 입학생 중 고소득 자녀와 저소득 자녀의 비율이 1985년에는 1.3배였지만, 2002년에는 16.8배로 폭증했다. 최근 연구들에서 교육은 세대간 계층 이동성에 결정적 영향을 미치는 것으로 조사됐음에 유념할 필요가 있다.

기타 의료지출 양극화 현상도 뚜렷하다. 고소득층의 보건의료서비스 지출은 1997년에 비해 2배 상승한 반면, 저소득층의 경우 1997년과 2005년 지출액이 비슷하다. 고소득층의 1997년 보건의료서비스 지출액은 저소득층의 1.87배였지만 2005년에는 3.93배로 확대됐다. 의료지출 양극화는 결국 계층간 건강상의 차이를 유발하고 있다.[8] 2004년도 조사에 따르면, 소득계층을 4개 계층으로 나눌 때, 고소득층에 비해 중상층과 중하층의 사망률은 약 2배, 최하층은 2.4배에 이른다고 한다.

2) 양극화의 원인

경제적 양극화의 가장 직접적인 표현은 소득 양극화이다. 그리고 일반 대중들의 경우 그것은 상당 부분 고용의 양극화와 불안정에 깊이 관련되어 있다. 양극화의 원인이 무엇인가를 둘러싸고 대체로 지적되는 것은 세계화(대외시장 개방), 신자유주의 정책, 대내 산업 및 사회구조의 취약성, 자본의 고도금융화 등이다. 물론 세부적으로는 정치적 입장에 따라 다양한 이견들이 존재한다.[9]

---

8) 이태수, 같은 글.

9) 김영삼, 김대중, 노무현 정부의 자문정책기획위원회를 담당했던 박세일, 최장집, 이정우의 양극화 원인진단을 보자. 박세일은 신기술혁신 가속화, 지식기반경제로의 이행, 구조조정 및 자기변화 능력의 지체, 국가관리능력 부족, 최장집은 정부의 신자유주의 추종, 개발독재를 대체할 대안모델 부재, 이정우는 시장만능주의와 미완성 민주주의(낡은 관치모델 상존)의 합작을 꼽고 있다 (이정우 외, 『민주화, 세계화 시대의 양극화』, 40주년기념대화모임 자료집, 대화문화아카데미, 2005).

그런데 한미FTA에 대한 한국은행(2004)과 국민경제자문위원회 (2006)의 진단은 흥미롭다. 두 기관 모두 대외환경 변화와 한국 내부의 경제구조적 요인을 나열하는데, 대외적 요인으로는 세계화, 지식기반경제로의 이행, 중국의 부상을 들고 있고, 대내적 요인으로는 산업연관관계의 미약, 중소기업성장 기반의 미약, 소득재분배 기능의 취약 등을 들고 있다.

여기서 눈에 띄는 것은 지식기반경제로의 이행과 중국의 부상이라는 대외적 요인이다. 이 기관들은 '지식기반경제로의 이행'이라는 말을 통해 농업과 전통적 제조업이 경쟁력이 없는 낙후산업이라는 인상을 은연중에 심어준다. 그리고 그런 면에서 양극화가 새로운 변화에 능동적으로 대처하지 못한 대중들 탓이라는 느낌도 들게 한다. '중국의 부상'을 양극화의 원인으로 든 것도 비슷하다. 전통산업의 경우 이미 중국에 추월당했거나 곧 추월당할 것이므로, 빨리 과거의 것으로부터 탈피해서 선진경제로 이행해야 한다는 것. 이런 진단이 한미FTA를 통해 중국을 따돌리고 미국으로 이행해야 한다는 결론으로 귀착됨은 불문가지라 할 것이다.

설령 지식기반경제로의 이행과 중국의 부상이 현재 일어나고 있는 분명한 사태라 할지라도, 그것을 한미FTA의 체결 이유로까지 연결짓는 것은 문제가 있다. 지식기반경제로의 이행을 강조하는 것은 초국적 농산물 복합체의 예에서 보듯, 농산물 자체가 미국에 있는 대기업들의 중요한 상품이며 항상적 독점의 위험성이 있음을 감출 수 있다. 그리고 중국경제의 성장을 양극화의 주범으로 지목하는 것도 신자유주의 이후 세계적인 양극화 추세에 눈감는 것(그래서 양극화의 원인이 이런 정치경제의 신자유주의적 재편에 있음을 은폐하는 것)이며, 중국의 성장을 기회로 삼을 수 있는 가능성을 사전에 차단할 위험이 있다.

3. 한미FTA를 통한 양극화 해소론 : 빈곤층 대책에서 중산층 대책으로

처음에 보수층 인사들의 상당수는 양극화론 제기 자체를 금기시했다. 양극화론이 가진 자와 못 가진 자의 대결의식을 부추긴다는 이유에서였다. 가령 박세일은 양극화론이 평등주의적이고 국가주의적인 소득재분배 정책을 위한 이데올로기라고 비난했다. 그는 양극화론을 노무현 정부의 포퓰리즘으로 간주했다.[10]

그러나 양극화 해소론이 한미FTA의 체결과 연계되면서 많은 보수층 인사들이 양극화 해소에 적극적인 발언을 하고 있다. 이와 관련해서 삼성경제연구소는 매우 미묘한 보고서를 내놓았다.[11] 이 보고서는 양극화를 '중산층 감소'로 좁게 해석하면서 이른바 '불평등'의 문제와 구분해야 한다고 주장한다. 소득양극화가 소득중간층이 소멸되는 현상이라면 소득불평등은 소득분배의 상태와 관련된 문제라는 것이다. 결국 이 보고서는 양극화 문제를 "소득양극화 문제로 바라볼 것인가, 소득불평등 문제로 바라볼 것인가"라고 단순화시킨다. 전자라면 '중산층 복원을 위한 성장잠재력의 확대'가 해법이고, 후자라면 '빈곤 문제의 해결을 위한 사회복지지출의 확대'가 해법이라는 것이다. 결국 양극화 해소정책의 타깃이 중산층인가, 빈곤층인가를 묻는 셈이다.

그리고는 세계 주요 국가들과 비교해볼 때 한국의 소득불평등도는 아직 양호하며,[12] 무엇보다 경제성장기에 한국사회의 양극화 경향이 줄

---

10) 『조선일보』 2006년 3월 30일.
11) 삼성경제연구소, 「소득양극화의 현상과 원인」, 『CEO Information』(제547호), 2006년 4월 5일.
12) 한국의 1인당 소득수준은 세계 28위인데 소득불균등도는 13위이고, 한국의 5분위 배율은 5.03 으로서 미국의 8.5보다 훨씬 낮다는 것이다(삼성경제연구소, 앞의 글). 물론 북구의 경우에는 한 국보다 훨씬 낮은 3~4 정도이다.

어들었다는 자료를 제시한다. 물론 이런 해석은 아주 정치적인 것이다. 1980년대 중반 이후 고성장기에 양극화가 낮았다는 결론은 그것이 노동자들의 대투쟁을 통한 실질임금 상승 덕분임을 은폐한다(자료 7). 게다가 외환위기 이후 양극화 확대패턴이 사실상 소득불평등도와 동일한 패턴을 보임을 무시한다(자료 8). 또한 중산층 감소라는 말은 교묘하게도 빈곤층의 증대라는 말을 감추는 효과를 낸다.[13]

〈자료 7〉 한국사회 양극화 지수 추이

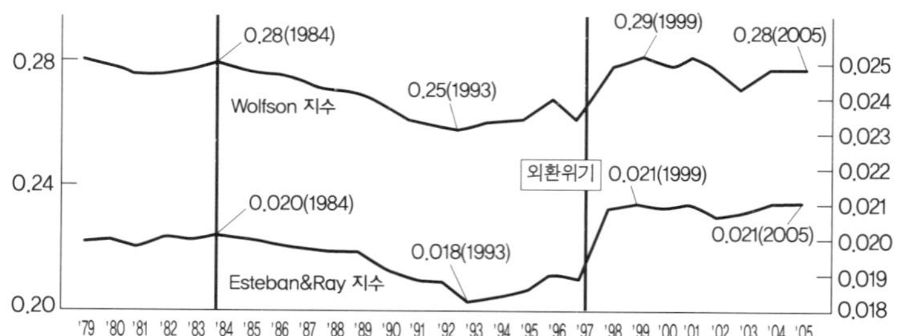

출처 : 삼성경제연구소, 「소득양극화의 현상과 원인」, 『CEO Information』(제547호), 2006년 4월 5일

〈자료 8〉 지니계수 및 소득 5분위 배율 변화

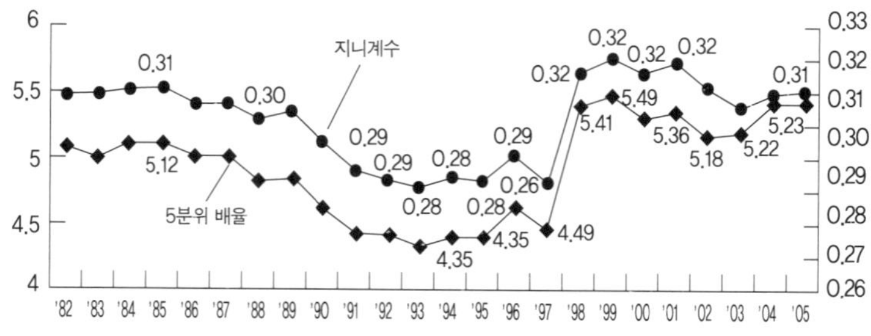

출처 : 삼성경제연구소, 「소득양극화의 현상과 원인」, 『CEO Information』(제547호), 2006년 4월 5일

물론 사전적 의미에서 양극화는 '중간부분의 해체'를 의미한다. 그러므로 이 보고서의 언급대로 소득불평등 문제와는 다르며, 소득불평등이 심하지 않은 상황 속에서도 양극화는 심화될 수 있다. 이 보고서는 지금 한국 상황이 그렇다고 인식하고 있다.[14] 소득불평등은 그다지 심하지 않은데[15] 양극화가 심각하며, 따라서 성장을 통한 중산층 복원이 그 답이라고 주장하는 것이다. 그러나 이런 논리는 소득분배율이 나빠지더라도 양극화 문제는 해결될 수 있다는 식의 불순한 주장을 담고 있는 것이 사실이다. 상위층 일부의 소득이 하위층에 비해 엄청 증대해도 중산층만 어느 정도 확보되면 양극화 문제는 해결된다는 식이다.

"분배구조 개선보다는 성장을 통한 중산층 복원이 양극화 해소의 핵심"이라는 결론은 곧바로 중산층 안정화 대책에 대한 촉구로 이어진다. 올초부터 시작된 『중앙일보』의 중산층 살리기 캠페인은 이런 결론을 선취하고 있다.[16] 성장친화적인 정책을 통해 중산층의 경제심리를 안정

---

13) 현재 한국사회 빈곤층은 기초생활보장수급권자 138만 명, 비수급빈곤층 372만 명, 잠재적 빈곤층 206만 명 등 총 716만 명 정도로 추산되고 있다. 전체 인구의 15%, 즉 6~7명 중 한 명에 해당할 정도로 심각하다.(한국보건사회연구원, 2005년 7월 조사 ; 임현진, 앞의 글에서 재인용)

14) 어떤 점에서는 소득불평등 지표와 양극화 지표가 확실히 구분될 필요가 있다. 소득이 양극단화되어 집단간 불평등은 매우 심하지만 집단 내에서는 동질적 평등이 이뤄지는 경우, 소득불평등 지표로는 양극화를 표현할 수 없다. 가령 미국과 FTA를 체결한 이후 멕시코의 남부와 북부 두 지역은 사실상 두 나라가 됐다고 해도 무방하리만치 양극화가 심하지만, 남부 집단 안의 소득 불평등도는 낮은 편이다(Mabel Andalón-López, and Luis F. López-Calva, "The Many Mexicos: Income Inequality and Polarization in Urban Mexico During the 90s", Paper presented at the Cornell-LSE-Wider Conference on Spatial Inequality and Development, June 28~30, 2002). 물론 이것은 한국사회의 불평등은 심하지 않으며 단지 중산층이 줄어들고 있을 뿐이라는 삼성경제연구소의 보고서와는 다른 뉘앙스다.

15) 노동연구원 자료는 삼성경제연구소 보고서와 전혀 다른 사실을 보여준다. OECD 주요국의 십분위 배율(P90/P10)을 보면 평균이 4.3인데 비해, 한국은 9.3으로 비교대상이 된 OECD 28개국 중 최하위를 기록했다. 즉, 하위계층에 대한 상위계층의 소득집중도가 가장 높은 것으로 나타났다(한국노동연구원, 『노동리뷰』, 2006년 4월 3일).

16) 「2006년 신년기획:중산층을 되살리자」, 『중앙일보』, 2006년 1월. 한국사회학회는 2006년 3월 30일 양극화와 관련된 대규모 포럼을 열었다. 그 제목이 '중산층 확대와 양극화의 해법' 이었는데, 이 포럼은 중앙일보가 공동주최했고, '미래에셋' 이라는 투자회사가 후원했다.

시키고, 기업들의 투자와 창업활동을 적극 지원해서 좋은 일자리를 많이 창출하자는 것. '더 많은 일자리'만이 중요한 게 아니라, 그것이 또한 '더 좋은 일자리'여야 한다는 주장이 제기되고 있다. 이와 관련해서 삼성경제연구소의 보고서는 비즈니스 서비스와 문화/관광 등 소프트서비스산업과 다양한 IT 신규시장 형성을 강조하고 있다.[17]

중산층을 안정시킬 고급 일자리가 필요하다는 주장은 자연스럽게 한미FTA를 지지하는 것으로 귀결된다. 열린우리당의 정덕구 의원은 박세일과의 대담에서 이를 시사하는 다음과 같은 발언을 했다. "미국은 소득격차 심하고 복지정책도 좋지 않지만 서비스업을 중심으로 고용의 숲이 다양하게 발전되어 있기 때문에 잘 버티는 것이다. …… 수출 중심의 주요 산업들은 괜찮게 굴러가는 편이지만 우리 경제에서 부가가치의 50% 이상, 고용의 70% 이상을 차지하는 농업, 재래유통시장, 전통중소기업 등 3대 취약부분은 더 이상 견딜 수 없는 상태에 있다."[18]

양극화에 대한 해법을 소득불평등도 심하고 복지도 좋지 않은 미국 사회가 버티는 이유에서 찾는 점에 유념할 필요가 있다. 미국과의 FTA 체결을 통해 고급 서비스업 중심의 산업구조를 만들겠다는 발상에는 사회적 불평등과 빈곤 문제에 아랑곳하지 않고, 지속적인 성장 위주의 정책을 펴겠다는 의지가 내포되어 있다. 한미FTA와 연계되면서 양극화 문제가 새로운 형태의 성장론을 위한 근거로 변질되고 있다. 양극화 해소 방안이란 사실상 빈곤층 대책이 아니라 중산층 대책인 셈이다.

일부 논자들은 성장을 통한 중산층 확대방안이[19] 결국 빈곤층에 대한 해법이라고 주장하기도 하지만, 현실은 그것이 하나의 신화에 불과

---

17) 이 보고서에서 저소득층에 대한 대책은 단지 보완과제로만 설정되어 있다.
18) 『조선일보』, 2006년 3월 30일(인터넷판).

함을 보여준다. 〈자료 9〉에서 우리는 최근 경제성장이 전혀 소득분배로 이어지지 않았음을 알 수 있다(비빈곤층의 몫이 커져가는 동안 빈곤층의 몫은 오히려 줄어들었다). 사실 중산층 확대를 위해서도 미국 모델은 좋은 것이 아니라는 주장도 있다. 북구 모델과 대륙유럽 모델, 영미 모델을 비교해보면 중산층 규모는 북구가 가장 높고, 영미가 가장 낮다는 것이다. 복지지출이 많을 경우 경제성장이 둔화되고 중산층이 줄어든다는 중산층 위기론은 근거가 없다.[20]

〈자료 9〉 우리나라 빈곤층과 비빈곤층 간의 분배 몫

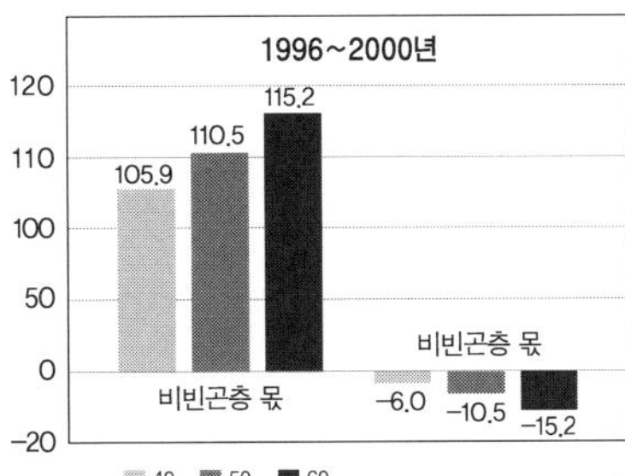

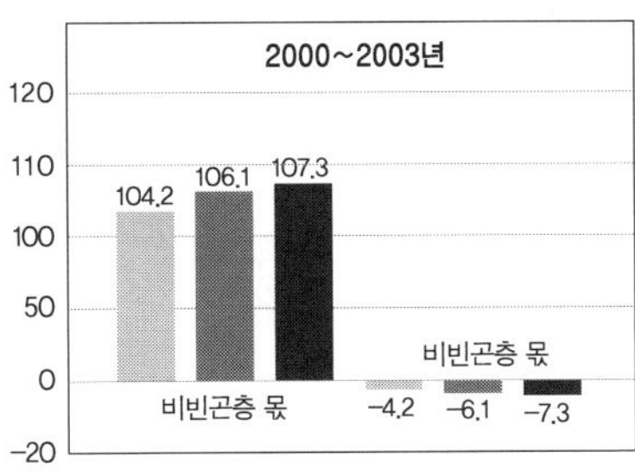

출처 : 「'경제성장' 열매 빈곤층에겐 안 돌아갔다」, 『한겨레』, 2006년 4월 17일

※ 40, 50, 60은 빈곤층의 기준으로, 40인 경우 빈곤층은 중위소득 40% 미만의 계층, 비빈곤층은 중위소득 40% 이상의 계층을 의미한다. 중위소득이란 소득순으로 줄을 세웠을 때 한가운데 있는 사람의 소득을 말한다. 위 도표에서 1996~2000년 시기에 비빈곤층의 몫은 105.9, 빈곤층의 몫은 -6.0이었다. 쉽게 말해 이 시기에 늘어난 가구 총소득을 100으로 했을 때 비빈곤층은 105.9를 가져간 데 비해 빈곤층 몫은 6이나 줄었다는 것을 뜻한다.(위 자료는 한국보건사회연구원의 자료이다.)

---

19) 일각에서 제기되는 중산층 소멸론은 그 저의가 충분히 의심스러운 것이지만, 설령 그 선의를 최대한 인정한다고 해도 현상적 관찰에 지나지 않는다는 비판을 면하기 어렵다. 양극화를 초래하는 근본 원리에 대한 성찰 없이 현상적으로 사라져가는 계층에 대해 지원을 요구하는 행위는 양극화에 대한 올바른 해법이라고 할 수 없다. 오히려 시급한 지원이 필요한 계층은 중산층이 아니라 생존 자체의 위기에 내몰려 있는 빈곤층이다.

20) 이병훈, 「노동양극화의 문제진단과 정책과제」, 제46회 참여사회포럼 발표문(2005년 5월 31일), 참여사회연구소.

4. 미국과 멕시코의 경우

정부는 한미FTA를 통해 제조업 분야에서의 중국 추격을 따돌리고 한국의 산업구조를 전반적으로 업그레이드하겠다고 말하고 있다. 미국과의 경제통합을 통해 얼마나 한국이 선진적 경제기반을 갖출지, 그리고 그로 인해 새로운 일자리가 얼마나 창출될 수 있을지도 의문이지만, 적어도 양극화 문제와 관련해서만 말하자면 미국 모델은 선진 모델이기는커녕 거의 재앙에 가까운 후진적 모델이라고 할 수 있다.

미국은 1990년대 이후 고성장을 이뤘음에도 선진국 중에서 소득불평등도가 가장 높고 상대적 빈곤율 역시 가장 높은 국가이다.[21] 전후(戰後) 1970년대까지는 최고 소득층인 5분위 집단을 제외하고 모든 분위 집단들의 소득점유율이 조금씩 증가했다. 오히려 최상위 5% 소득점유율은 감소하기까지 했다. 그러나 1980년대 신자유주의 물결이 시작되면서 이른바 '부자들의 역습'이 일어났고, 이후부터는 과거와는 정반대 현상이 두드러졌다. 상위 5% 소득점유율은 1970년 14.4%에서 2000년에는 21.1%로 급증했다.[22]

지난 4월 26일 발표된 「미국사회의 계층이동성에 대한 연구」에서 허츠는 '기회의 땅'이라는 미국사회의 이미지가 허망한 꿈에 불과하다는 것을 드러냈다.[23] 그의 조사에 따르면 저소득층 자녀 중 단지 1%만이 나중에 자라서 상위 5%에 들어갈 수 있다고 한다. 반대로 부유층 자녀

---

21) 김흥종 외, 앞의 글.

22) 이현송, 「미국 사회의 중간계층과 불평등 구조의 변화: 성역할 변화를 중심으로」, 『중산층 확대와 양극화의 해법』, 중산층의 역할과 사회발전 제1차 포럼 자료집(2006년 3월 30일), 한국사회학회·중앙일보.

23) Tom Hertz, "Understanding Mobility in America", Paper presented at Center for American Progress, April 26, 2006.

가 그렇게 될 확률은 22%에 달한다. 즉, 개인의 능력이 아니라 부모의 소득수준이 자녀의 미래에 결정적 영향을 미친다는 말이다. 영국과 미국은 소득수준이 높은 국가들 중 세대간 계층 이동성이 가장 낮은 국가들이다. 다시 말해서 부모의 계층이 곧바로 자식의 계층이 되는 정도가 가장 높은 국가들이라는 것이다. 비슷한 소득수준의 가정이라면 부모의 소득이 손자에게 미치는 영향은 미국이 덴마크보다 11배 높다. 이는 미국사회의 양극화가 완전히 구조화되어 있음을 의미한다. 어찌보면 미국사회에서 심각한 것은 경제적 자원의 균등한 배분이 아니다. 더 중요한 것은 구조화된 메커니즘이다. 특히 고등교육의 독점은 고소득층이 자신들을 자식대에 재생산하는 중요한 통로가 되고 있다.

최근의 단기적 계층 이동에 대한 조사에서도 마찬가지 결과가 나왔다.[24] 1997년부터 2004년까지 미국의 중간층은 계층 하향 이동의 압박을 받았다. 흥미로운 것은 2003~04년 사이에 급격한 GDP의 상승이 있었는데도 중간층이 계층 상승의 힘을 받지 못했다는 사실이다. 오히려 1990~91년 경기 후퇴 시 겪었던 계층 하향 압박을 경기상승 중에 받았다는 점에 주목할 필요가 있다. 미국사회 역시 경기순환이 양극화 해소에 도움이 되지 않을 정도로 양극화가 구조화되고 있다고 할 수 있다.[25]

경제성장과 일자리 창출이 소득향상으로 이어지지 않는 이유는 무엇일까. 미국 잡지 『네이션』은 이런 현상을 '월마트화'라고 명명했다. "저임금·저비용 방식으로 낮은 가격을 확보하는 과정에서 전통적인 중간층 노동자와 자영업자들이 몰락하고, 소득이 크게 준 이들은 신분상

---

24) Tom Hertz, Ibid.
25) 미국 모델을 따라 시장중심의 개혁 드라이브를 폈던 고이즈미의 일본 역시 비슷한 상황에 빠져들고 있다. "경기가 회복돼도 소득이 늘지 않는 사람들이 증가"하고 있으며, "규제완화로 일자리는 늘었지만 수입이 크게 감소"하는 현상이 나타나고 있다(『중앙일보』, 2006년 4월 24일). 비정규직이 급증했으며, 건강보험, 연금 등의 자가부담비율이 크게 높아졌기 때문이다.

승의 주요 통로인 인적 자본에 대한 투자 기회를 갖지 못한 채 월마트와 같은 저가형 유통업체에 더욱 의존하게 된다. 소득이 감소한 사람들이 생존을 위해 노동억압적인 기업을 더 필요로 하게 되고 이에 따라 노동자들의 경제적 위상은 더욱 추락하고 기업만 살찌는 구조가 정착되는 것이다."[26]

그렇다면 1994년 미국과 FTA를 체결한 멕시코의 경우는 어떨까. 잘 알려진 것처럼 멕시코는 1980년대 석유경제의 위기를 겪고 나서 1985년 GATT체제에 가입해 본격적인 경제개방과 자유화의 길을 걷기 시작했으며, 1990년대 초반 최악의 금융위기를 겪은 후, 1994년 미국과 FTA를 체결했다. 그리고는 곧바로 공공부문 사유화, 무역개방, 금융자유화, 농촌의 공동소유지 제거 등 대규모 구조조정을 단행했다. 개방과 자유화 이후 2000년까지 무역량이나 1인당 GDP 모두 증가했다. 구조조정 이후 외국자본들이 몰려오면서 금융시장도 어느 정도 안정화됐다(자료 10).

그러나 이것은 겉보기에만 그렇다. 양극화 문제와 관련해서 보자면, 멕시코 전체의 소득불평등도는 감소했지만 노동소득불평등도는 크게 증가했다. 특히 비숙련 비정규직의 소득은 크게 줄었다. 뿐만 아니라 지역 양극화가 아주 극심해져 남부 지역은 사실상 멕시코의 다른 지역으로부터 분리됐다고 해도 과언이 아니다(자료 11).[27]

---

26) 박종현, 「포드 선순환과 월마트 악순환」, 『한겨레』, 2005년 4월 18일에서 재인용.

27) Andrés Rodiríguez-Pose and Javier Sánchez-Reaza, "Economic Polarisation Through Trade: The Impact of Trade Liberalization on Mexico's Regional Growth", Paper presented at the Cornell-LSE-Wider Conference on Spatial Inequality and Development, June 28~30, 2002; Mabel Andalón-López, and Luis F. López-Calva, Ibid. 1994년 멕시코가 미국과 FTA를 체결한 날, 멕시코 남부 치아파스에서 사파티스타(Zapatista)의 봉기가 있었다는 사실은 아주 상징적이다.

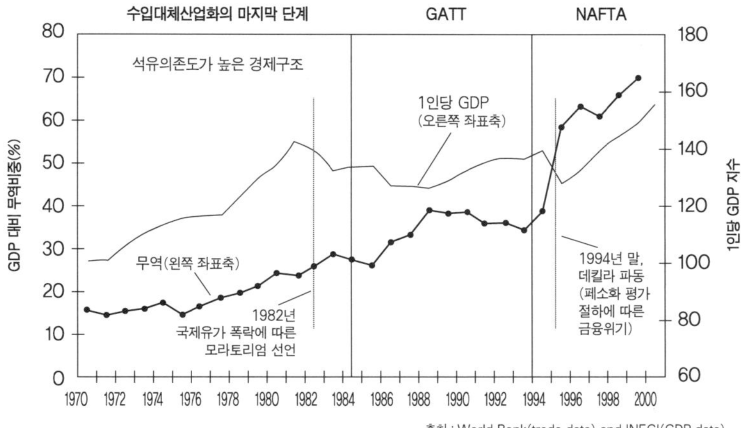

〈자료 10〉 멕시코의 GDP 대비 무역비중과 1인당 GDP 추이

〈자료 11〉 멕시코의 지역 양극화 추이

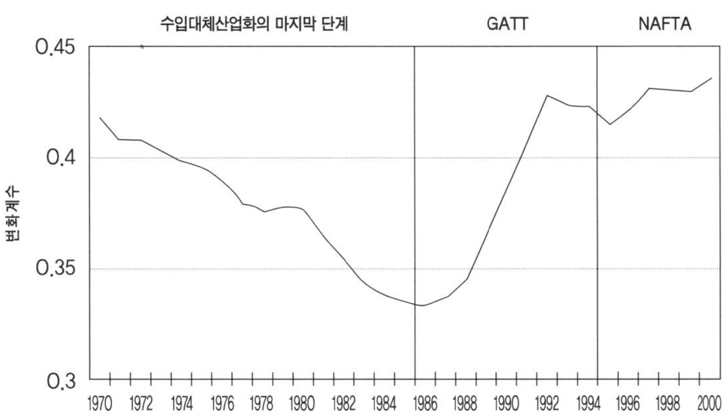

물론 북부라고 해도 사정이 좋은 것만은 아니다. 미국과의 접경지
대인 마킬라도라의 경우, 초국적 기업의 직접투자가 많아지면서 대략
80만 개의 일자리가 새로 생겨났다. 미국과의 관세가 면제되는 데다가

아주 낮은 임금의 노동력이 풍부하기 때문에 투자가 많이 몰렸던 덕이다. 그러나 마킬라도라에서 이뤄지는 생산방식을 보면 그 문제점을 한눈에 파악할 수 있다. 마킬라도라는 제품 생산에 소요되는 부품 중 90%를 미국에서 수입하고, 그렇게 해서 만든 완제품의 85%를 다시 미국에 수출한다. "미국에서 수입해서 다시 미국으로 수출하니까 어떻게 보면 미국경제의 확장이라고 볼 수도 있다."[28] 마킬라도라의 제품이 멕시코 국내로 들어오면서 같은 제품을 생산하는 중소기업들이 붕괴되고, 중소기업에 물건을 대던 대기업들 또한 큰 손실을 입게 된다. 마킬라도라가 잘 될수록 멕시코 국내 경제가 무너지는 것이다. 더구나 멕시코에 새로 생긴 일자리 대부분은 비정규직이다. 멕시코 정부의 통계를 따르더라도 2005년 신규 취업자의 70%가 비정규직이다.[29] 노동소득이 크게 감소하고 농업 기반이 붕괴되면서 미국으로의 인구탈출까지 이어지고 있는 실정이다.

　게다가 2000년 이후에는 멕시코 정부가 자랑하던 경제성장률도 크게 감소했다. 2001~03년 사이 미국 경기가 위축되자 멕시코 경제성장률은 곤두박질쳤다. 미국과의 경제통합으로 이른바 '경제동조화현상'이 나타난 것이다. 1996~2000년의 평균경제성장률은 5.5%였지만, 2001~05년의 평균경제성장률은 1.9%로 크게 떨어졌다. 이 수치는 나프타 체결 이전 10년간의 평균경제성장률 2.6%보다도 더 떨어진 것이다.[30] 그토록 자랑하던 경제성장률도 떨어졌고, 미국과의 FTA체결 이후 남은 것은 끔찍한 양극화뿐이다.

---

28) 정태인, 『노컷뉴스』, 2006년 5월 23일 방송 인터뷰(인터넷판).
29) 『한겨레』, 2006년 5월 23일(인터넷판).
30) 삼성경제연구소, 「한미FTA의 정치경제학」, 『CEO Informatiom』, 제555호, 2006년 5월 31일.

5. 한미FTA와 양극화 : 창은 방패를 뚫고 당신 목을 겨누리라

이 글의 결론은 간명하다. 한미FTA를 체결함으로써 양극화를 해소하겠다는 것은 어떤 방패도 뚫는 창과 어떤 창도 막아내는 방패를 쥔 이의 만남처럼 모순적이다. 미국과의 FTA체결은 소수의 부자를 더 부자로 만들어주고, 다수의 가난한 자를 더 가난하게 만드는 양극화를 초래할 것이다. 그런데도 만약 한미FTA의 체결이 양극화 해소를 가져올 것이라고 말한다면, 그것은 양극화 문제를 성장 이데올로기의 근거로 삼아 더 많은 부를 축적하려는 불순한 의도에서 나온 것이라 할 수밖에 없다. 양극화란 성장이 부족하기 때문에 나타난 현상이 아니라 성장에도 불구하고 심화되고 있는 현상이기 때문이다. 그리고 이런 양극화는 한국이 그토록 닮고 싶어 하는 선진경제인 미국에서도 매우 심각한 문제이며, 한국보다 앞서 미국과 FTA를 체결한 멕시코에서 이미 위험 수위에 다다른 문제이기도 하다.

한미FTA의 체결과 양극화 해소를 동시에 이루겠다는 생각, 아니 더 나아가 한미FTA의 체결을 통해 양극화 문제를 해소하겠다는 생각은 뭔가를 팔아먹고 싶은 얄팍한 상인의 상술이 아니라면, 그야말로 아무것도 모르는 바보의 공상일 것이다. 노무현 정부가 국민을 상대로 사기치는 얄팍한 상인인지, 친미 관료들에게 사기당한 바보인지는 알 수 없으나, 그 어느 것이나 위험하기는 마찬가지다. 노무현 대통령은 '좌파 신자유주의'라는 모순어법으로 한미FTA의 체결과 양극화 해소를 함께 취할 수 있음을 피력하기도 했다. 그러나 분명히 알아야 할 것이 있다. 모순이 존재할 수 있는 것은 말들의 세계에서뿐이라는 것. 현실에서 창과 방패가 마주칠 때는 모순이 곧바로 사라진다. 아마도 노무현 정부의 말뿐인 좌파 방패는 순식간에 뚫릴 것이고, 신자유주의의 창은 국민들의 목전에 이를 것이다.

대중들 모두가 새로운 형태의 주체로서 FTA 저지투쟁에 나서지 않으면 안 되는 이유가 여기에 있다. 어떻게 보면 양극화란 삶으로부터 대중들이 추방되는 현상이자, 대중들의 비주류화 내지 주변화 경향이라 할 수 있다. 양극화 속에서 다수 대중들은 소득의 순환체계에서 배제되며,[31] 잉여생산에 관여하면서도 그 적극적 역할을 부인당한다. 노동자들은 값싸게 착취당하고, 저소득층은 사회가 떠안아야 할 짐짝 취급을 받는다. 궁극적으로는 자신들의 생존을 국가와 자본에 구걸해야 하는 신세로 전락하게 된다.

이런 점에서 양극화란 대등한 대립적 두 집단의 형성이 아니다. 오히려 그것은 경제적·사회적 척도를 쥔 자, 삶의 형태에 대해 결정권을 쥔 자들과 그렇지 못한 자들의 분해과정이다. 즉 척도를 쥔 권력과 자본, 그리고 그 명령을 받는 대중들의 분해과정이다. IMF가 그랬듯이, 아니 그보다 훨씬 강하게 한미FTA는 우리 삶의 형태에 강력한 명령을 부과할 것이다. 주류와 비주류, 다수자와 소수자의 분리. 아마도 한미FTA에 대한 반대투쟁은 더 이상 주변화되기를 거부하는 수많은 소수자들, 수많은 대중들의 능동적 투쟁이 될 것이고, 또 그렇게 되어야 한다.

---

31) "소득분포의 양극화는 저소득층이 소득순환체계에서 배제됨을 의미한다. 산업간, 기업간, 지역간 양극화는 저부가가치의 전통산업, 중소기업, 침체지역 구성원들이 사회의 선순환적 경제체제로부터 배제되는 과정을 의미한다. 경제 양극화 문제가 되는 것은 한 경제 내에서 특정 부분에 대한 구조적 소외가 지속되기 때문이다."(김흥종 외, 앞의 글)

2부

경 제

한미FTA와 한국경제

장상환[*]

지난 2월 2일 한국과 미국이 한미FTA 협상개시를 선언하면서 논란이 뜨겁다. 노무현 대통령은 2월 26일 기자간담회에서 남은 2년 임기 동안 양극화 해소와 함께 한미FTA의 타결에 전력하겠다는 각오를 밝혔다. "쇄국해서 성공한 경우는 한 번도 없다", "국내 이해단체의 저항 때문에 (한미FTA에) 못 가는 일은 절대 없도록 하라"고 말하는 노대통령의 의지는 확고하다. 미국은 NAFTA 이후 최대의 FTA협상이라면서 큰 기대를 걸고 있다. 한편 전농, 민주노총, 시민단체, 영화인대책위 등은 '한미FTA저지 국민운동본부'를 결성하여 이를 저지하기 위한 여러 행동을 전개하고 있다. 그후 전경련 등 민간대책위원회에서의 토론회, KDI 주최 토론회 등을 통해서 여러 쟁점들이 부각됐다.

한편 지난 6월 5~9일 있었던 한미간 1차 협상의 결과 몇 가지 우려할 점들이 드러났다. 먼저 협상진행 결과를 3년간이나 발표하지 않도록 한 것은 민주주의를 침해하는 것이다. 그리고 "투자 분야의 구조 및 항

---

* 경상대학교 경제학과 교수, 진보정치연구소 소장. 이 글은 「한미FTA와 한반도의 미래구상 : 전략적 개방을 위한 대안은 무엇인가?」(민주노동당 원내진출 2주년 기념 토론회, 2006년 4월 1일)에서 정치·군사 분야의 내용을 빼고, 그후의 자료와 상황 변화를 추가하여 수정·보완한 것이다.

목에는 대체로 의견이 접근했다"고 하는데 미국의 투자협정 표준안, 즉 BIT 2004와 같이 되어서 사채와 투기자본에게도 내국민대우를 보장하고, 이행의무부과는 금지되며, 투자자가 정부를 상대로 제소권을 행사하게 된다면 한국의 경제주권은 크게 훼손당하게 될 것이다. 지적재산권 분야에서도 "입장 차이에도 불구하고 협정문의 통합에 합의했다"고 하는데 특허권 사용료 지불기간을 미국이 주장하는 대로 50년에서 70년으로 늘려줄 것을 합의했다면 큰 문제이다.

여기에서는 한미FTA가 한국경제에 초래할 문제점을 여러 각도에서 검토하고 한미FTA에 임하는 바람직한 방향을 제시하기로 한다.

1. 한미FTA 추진 배경

대외경제협력에 대한 참여정부의 애초 입장은 한·일FTA, 한·중FTA를 통해 동북아 인근국가와의 통상관계를 강화하겠다는 구상이었다. EU나 NAFTA와 유사한 지역경제협력체제였던 셈이다. 그런데 한미FTA를 이렇게 앞당겨 추진하게 된 배경은 무엇인가. 배성인은 한미FTA 추진의 정치경제적 배경으로 한미간 갈등관계의 해소, 미국의 입장에서는 한국이 중국의 경제권에 들어가는 것을 경계하는 효과, 경제영역에서 중국에 따라잡히지 않으려는 한국정부의 의도, 노무현 정부의 동북아시대 구상에서 한미FTA가 동아시아경제공동체의 기초가 될 것으로 기대한 것 등을 지적한다.[1]

---

1) 배성인, 「한미FTA와 한미군사동맹」, 『한미FTA, 그 새빨간 거짓말』, 한미FTA저지 교수학술단체 공대위·문화연대, 2006.

한국정부의 의도는 명확하다. 제조업 분야에서 중국의 추격을 받고 있으므로, 서비스시장 개방으로 서비스산업이 강한 미국자본을 끌어들여 한국 서비스업의 경쟁력을 키운 후 중국시장에 진출하겠다는 것이다. 노대통령은 2월 16일 대외경제위원회에서 "(한미FTA가) 개방과 경쟁을 통해 세계일류로 가는 길"이라며 "세계 최고와 한번 겨뤄보자는 것"이라고 강조했다. 노대통령은 이런 문제의식의 '속살'을 2월 26일 청와대 출입기자단과의 오찬에서 구체적으로 밝혔다. "밤낮 중국이 따라온다고 타령만 하고 있을 건가. 우리가 선진국을 따라잡지 못한 분야가 뭐냐. 금융, 주로 고급의 지식서비스 분야다. 특히 기업 관련 분야가 제일 어렵다. 보호 속 성장에는 한계가 있고, 이제 경쟁에 노출시켜 성장시킬 수 있는 수준에 있다는 것이다. 한미FTA는 한국경제의 새 활로가 뭐냐에 대한 고민의 결과다." 결국 '중국한테 따라잡히지 않으려면 미국한테 배워야 한다'는 판단이다.

미국의 입장은 중국을 견제하기 위해 한국을 하위 파트너로 육성하겠다는 것이다. 2월 9일 공개된 미의회조사국 보고서(「한미 경제관계 : 자유무역협정을 위한 협력, 마찰, 전망」)는 "동아시아, 특히 한국에서 미국의 이익을 저해하며 높아지고 있는 중국의 정치경제적 영향력에 대응하는 데, 한미FTA가 기여할 수 있다"고 평가했다. 조지 부시 미국 대통령도 2월 3일 양국의 협상개시 환영성명에서 "FTA는 미국의 아시아 개입을 확대시킬 것"이라고 밝혔다. 또한 한미FTA 추진은 전략적 유연성 합의, 대량살상무기 확산방지 협력 의사 천명 등 한미동맹 강화와 관련 있다. 정부와 한미FTA 찬성론자들은 한미FTA가 체결되면 한미동맹이 강화되고 대북긴장이 완화되어 대북경제협력 활성화 등 한반도 평화에 기여할 수 있다고 한다. 한미간의 경제협력관계가 긴밀해지면 한반도의 안정과 평화가 미국의 경제적 이해와 직결되게 되어 한반도의 안보와 평화에 대한 미국의 관심과 기여가 커질 것이라는 것이다.

결론적으로 한미FTA는 미국의 아시아 지역 교두보를 확보하는 데 이용될 뿐이고 한국 경제구조의 선진화와 성장과실의 보다 공평한 확산을 보장하는 것은 아니다.

2. 한미FTA의 문제점

1) NAFTA는 멕시코에 어떤 영향을 미쳤는가?

한미FTA는 "주변국보다 개항에 뒤쳐져 아픔을 겪었던 구한말의 실수를 반복하지 않기 위한 우리의 전략적 선택"이라는 식의 주장이 있으나, FTA를 많이 체결하거나 거대경제권과 FTA를 체결한다고 해서 경제성장이 자동적으로 이루어지는 것은 아니다.

멕시코는 1994년 NAFTA체결 이래 2004년 현재 총 43개국과 12개의 FTA를 체결했는데 일본, 미국, EU 등 주요 경제대국이 모두 포함되어 있다.[2] FTA체결을 볼 때 멕시코는 정부가 말하는 소위 "선진통상국가" 혹은 "FTA허브"를 이룬 것이다.

그러나 NAFTA 출범 이후 1994년 1,400억 달러이던 멕시코의 무역규모는 2003년 3,363억 달러로 2.5배 가량 증가했으나, 멕시코의 경제가 경제적 성공을 거두었다고 할 수 없다. 오히려 멕시코 경제는 낮은 성

---

2) 멕시코가 FTA를 체결한 국가를 연도별로 살펴보면 미국과 캐나다(1994), 콜롬비아와 베네수엘라(1995), 볼리비아(1995), 코스타리카(1995), 니카라과(1998), 칠레(1999), EU 15개국(2000), 이스라엘(2000), 과테말라·엘살바도르·온두라스(2001), EFTA 4개국(2001), 우르과이(2004), EU 신규 10개국(2004), 일본(2005) 등이다.

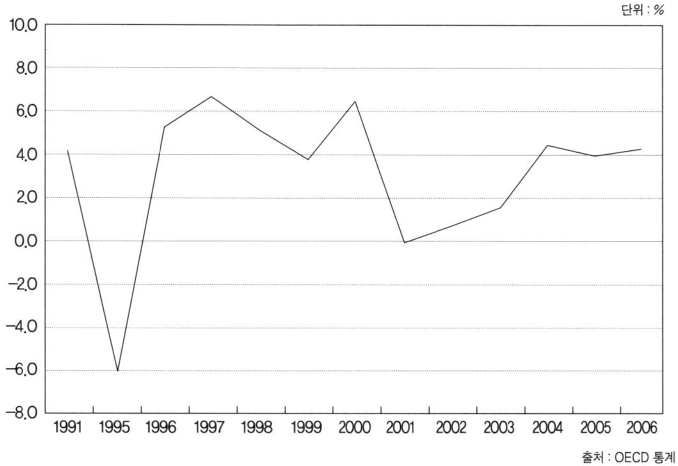

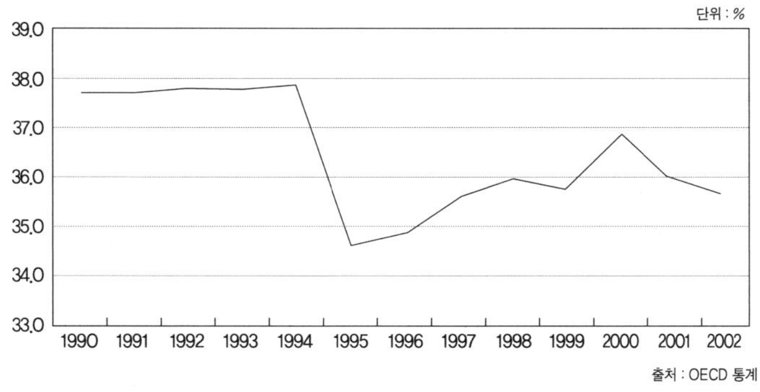

장과 경제 불안에 처했다. 1991~2003년 사이 멕시코의 평균 경제성장률은 미국이나 캐나다보다 낮은 2.8%를 기록하고 있어 NAFTA나 다른 수많은 FTA로 경제적 성과를 이뤘다고 볼 수 없다. 〈자료 1〉에서 보듯이 멕시코 경제는 FTA체결과 관계없이 경제성장률이 크게 변동하는 불안한 모습을 보이고 있다. 심지어 멕시코의 1인당 GDP를 OECD 평균에 비교할 때 1990년 37.7에서 2002년 35.7로 하락했다(자료 2).

NAFTA체결 이후 멕시코 정부는 대대적인 구조조정을 단행하여 미국 시장지향형·노동집약적 생산기지로 멕시코경제의 성격을 변화시켰다. 멕시코는 1994년 이래 총 1,400억 달러의 외국인 투자를 유치했다. 외국인 직접투자는 주로 제3국이 미국 수출을 위해 미·멕 국경 지역 보세가공기지 설립에 따른 것으로서 영국, 캐나다, 네덜란드 등의 기업이 투자를 주도했고 미국의 대(對) 멕시코 투자비중은 증가하지 않은 것으로 나타났다. 그러나 외국인 직접투자와 멕시코의 중소기업 등 전통산업과의 연계가 부족하여 외국인 투자자에 의한 생산증가는 멕시코의 내수경제를 활성화시키지 못했다.

멕시코경제의 무역 대미의존도가 극히 심화되어 80%로 치솟고, 금융시장의 민영화와 규제완화에 따라 금융업의 90% 이상이 외국인의 손에 넘어갔다. 이에 따라 미국경제의 사이클에 따라 멕시코경제가 침체와 호황을 반복하고 있다. 반면 멕시코의 내수용 제조업, 중소기업, 농업 등은 대대적으로 도산하고 시장에서 퇴출되는 결과를 낳았다. 멕시코의 실업률은 9.7%에서 15.1%로 증가했으며, 빈부격차가 심화됐다. 제조업의 노동생산성은 60% 증가한 반면, 실질임금은 한때 1994년의 80%까지 떨어지는 등 임금의 증가도 이루어지지 않았다. 특히 국경 지역과 여타 지역의 불균형이 심화된 것으로 나타났다.

이상 멕시코의 사례를 볼 때, 정부가 주장하는 FTA허브 구축이나 거대 경제권과의 FTA체결이 경제성장의 필요·충분 혹은 필요충분조건이 아니라는 것을 알 수 있다.

2) 한미FTA를 통해 성장률과 고용창출이 증대하는가?

정부는 대외경제정책연구원(KIEP)에서 실시한 계량분석(CGE 모델, 연산가능일반균형 모델)의 결과를 토대로 한미FTA가 GDP의 2% 성장과 10만 고용창출 효과를 가져올 수 있다고 주장하고 있다. 그러나 전문가들은 정부가 계량모형의 변형을 통해 한미FTA의 '경제효과 부풀리기 시도'를 하고 있는 것은 아닌가 우려하고 있다. 최근의 보고에서 과거의 분석에 비해 그 긍정적 효과가 점점 상승하고 있는 것은 연구결과가 정치적 의도에 의해 왜곡되고 있다는 것을 단적으로 드러내 보이고 있다.

〈자료 3〉에서 볼 수 있듯이 대외경제정책연구원(KIEP)는 한미FTA의 자본축적효과(동태)를 추가하거나 제조업·서비스업 생산성이 1% 상승한다는 가정을 추가하여 결과를 부풀리고 있다.

〈자료 3〉 한미FTA의 경제효과에 대한 국내 연구결과 추이[3]

연구자(연도)	GDP 증가율	결과	연구방식
정인교 등(1998)	0.36%	후생증가 : 215억 달러	
KIEP(2006. 1)	0.42%~1.99%	무역수지 흑자감소 : 42~51억 달러	자본축적 가정
KIEP(2006. 3)	7.75%	고용증대 : 55만 1천 명	자본축적+생산성 향상 추가 가정

• 정태분석 : FTA 등의 체결에 따른 무역자유화로 자원의 효율적 이용을 전제로 한 이득 변화를 파악.
• 동태분석 : FTA 등으로 인한 무역자유화가 저축, 투자, 생산성 등에 긍정적 영향을 미친다는 가정 아래 효과를 분석. 즉 무역이 투자 혹은 생산성을 증대시킨다는 가정과 다른 모든 국가가 정상 상태에 있다는 가정 아래 FTA에 따른 투자증대 효과 결과를 도출.

---

3) 이 도표와 관련해서는 다음의 연구들을 참조하라. 정인교·왕윤종, 「한미 자유무역협정(FTA)의 경제적 타당성에 관한 연구」, 『한국경제의 분석』(제4권/2호), 한국금융연구원, 1998 ; 이홍식 외, 「한미FTA의 필요성과 경제적 효과」, 『KIEP 오늘의 세계경제』(제6권/1호), KIEP, 2006 ; 이홍식, 「한미FTA의 의의와 기대효과」, 『한미FTA의 의의와 영향』, KIEP 외, 2006.

한미FTA의 정당성을 홍보하는 대표적인 국책연구기관인 대외경제
정책연구원의 연구결과만을 놓고 보더라도 이런 의심은 지워지지 않는
다. 〈자료 4〉의 첫번째 표를 보면 처음엔 1.99%의 실질 GDP성장률을
제시하더니 나중엔 7.75%라는 엄청난 성장률을 제시한다. 정부 스스로
도 잠재성장률을 5%미만으로 제시하고 있는 상태에서 거의 8%에 육박
하는 성장률(그리고 높은 고용과 후생수준)을 제시하는 것은 그 진의가
매우 의심스럽다. 생산성 1%라는 외생변수를 자의적으로 삽입한 것도
문제거니와, 잠재성장률을 2% 이상 뛰어넘은 성장률을 제시하는 것은
분명 인플레 주도적 성장이 아니라면, 가상의 성장률임이 틀림없다. 무
역수지 또한 마찬가지로 수지적자의 액수가 중요한 것이 아니라 그 격
차가 줄어들어 흑자에서 적자로 돌아선다는 데 의의가 있다고 하겠다
(자료 5).

그러나 정부가 주장하는 한미FTA 효과는 매우 낙관적인 가정을 전
제로 하고 있다. 한미FTA가 체결되면 중장기적(동태적)으로 소득증대에
따른 자본축적이 이뤄지고, 구조조정에 따른 효율성이 증대되며, 경쟁
을 통해 우리산업의 경쟁력이 향상된다는 등 갖가지 가정이 충족된다는
전제하에 중장기적으로 7%대 성장과 55만 명 고용창출 효과를 얻을 수
있다는 것이다. 계량연구는 어떤 가정을 전제로 어떤 모형을 수립하는
가에 따라 상이한 결과가 도출될 수 있는 하나의 참고자료에 불과하다.

미국제무역위원회(USITC) 등이 실시한 계량연구(2001)의 결과가
정부 등이 주장하는 효과와 상이한 것은 이런 입장에서 이해하여야 할
것이다. USITC의 조사는 정부의 장미빛 선전을 반감하는 효과를 예측
하고 있다. 〈자료 6〉에 의하면 미국의 경우 대한(對韓) 수출이 190억 달
러 증가할 것으로 예측하고 200억 달러에 달하는 GDP상승 효과가 있을
것으로 예측하고 있다.

〈자료 4〉 KIEP의 한미FTA 계량경제 효과 분석

4-1) 한미FTA의 경제적 효과(거시경제)

구분	CGE 정태모델	CGE 자본축적모형	
		생산성 증대효과 미고려	생산성 증대효과 고려
실질 GDP	0.42% (29억 달러)	1.99% (135억 달러)	7.75% (352억 달러)
고용	−0.51% (8만 5천 명↓)	0.63% (10억 4천 명)	3.30% (55만 1천 명)
후생수준	0.61% (24억 달러)	1.73% (68억 달러)	6.99% (281억 달러)

4-2) 한미FTA의 부문별 효과

구 분	CGE 자본축적모형			
	생 산		고 용	
	생산성 증대효과 미고려	생산성 증대효과 고려	생산성 증대효과 미고려	생산성 증대효과 고려
농 업	−3.5% (2조 4천억 원↓)	−1.4% (9천억 원↓)	−3.5% (8만 8천 명↓)	−1.8% (4만 4천 명↓)
제 조 업	1.4% (5조 9천억 원↑)	5.4% (22조 9천억 원↑)	1.1% (3만 2천 명↑)	4.3% (12만 7천 명↑)
서비스업	1.9% (9조 3천억 원↑)	7.1% (34조 7천억 원↑)	1.2% (13만 7천 명↑)	3.9% (43만 5천 명↑)
합 계	1.3% (12조 8천억 원↑)	5.7% (56조 7천억 원↑)	0.5% (8만 2천 명↑)	3.1% (51만 8천 명↑)

출처 : 이홍식, 「한미FTA의 의의와 기대효과」, 『한미FTA의 의의와 영향』, KIEP, 2006

1. 시장개방 시나리오는 제조업 전면 개방, 농산물 80% 개방(한국에만 해당), 서비스 교역장벽 20% 감축(단, 농업에서 쌀은 제외)하는 방안.
2. 생산성 증대 시나리오는 제조업과 서비스 각 부문에서 1%의 생산성 증가를 가정.
3. 추정결과는 모형에서 새로운 균형점에 도달할 때의 증분임(수년간이 소요되나 모형에서 구체적 기간은 명시 불가).
4. 고용효과는 CGE분석 결과(세부 산업별 생산증가율)를 사용, 산업연관표(2000년)의 고용표로 추계한 값임.
5. 생산액은 환율(1달러＝1,000원) 적용.

단위 : 달러

구 분		CGE 정태모델	CGE 자본축적모형		중력모형
			생산성 증대효과 미고려	생산성 증대효과 고려	
대미무역	수출증가율 (증가 금액)	12.1% (54억)	15.1% (71억)	22.7% (82억)	354~462억
	수입증가율 (증가 금액)	29.1% (96억)	39.4% (122억)	44.4% (129억)	256~335억
	무역수지	42억 흑자 감소	51억 흑자 감소	47억 흑자 감소	**97~127억 흑자 증가**
대세계무역	수출증가율 (증가 금액)	12.1% (54억)	5.0% (86.6억)	6.6% (124.6억)	590~766억
	수입증가율 (증가 금액)	29.1% (96억)	6.2% (97.4억)	7.5% (118.6억)	484~628억
	무역수지	42억 흑자 감소	11억 흑자 감소	6.0억 흑자 증가	**106~138억 흑자 증가**

출처 : 한미FTA 연구단, 「한미FTA의 경제적 효과 해설」, KIEP, 2006

1. 대세계 무역에는 대미 무역 포함.
2. 생산성 증대 효과를 고려한 분석에서는 쌀을 개방에서 제외하는 것으로 가정.

정부가 근거로 차용한 CGE(일반균형연산모델) 같은 계량분석의 한계는 자유무역으로 발생하는 이득을 강조할 뿐이지 그에 수반하는 비용은 계산에 포함하지 않는 분석의 한계를 갖고 있다는 것이다. 백 번 양보하여 정부의 예측이 맞다 하더라도 이런 비용을 감안하면 경제성장 효과는 대폭 상쇄될 수밖에 없다. 계량분석은 국가 내 생산요소의 이동이 자유롭고, 완전한 생산요소의 이동이 발생하며, 그 이동을 위한 비용이 없다는 가정에 기초하고 있다. 즉, 자유무역으로 인해 비교열위 산업이 퇴화하면서 발생하는 유휴자본, 노동, 토지 등의 생산요소가 비교우위 산업으로 비용 없이 자유롭게 완전히 이동한다는 비현실적인 가정에 따라 계량분석이 실시되는 것이다. 그러나 현실 경제는 국가 내 생산요소의 이동이 자유롭지 않고, 모든 생산요소의 이동이 발생하지 않으며, 생

〈자료 6〉 USITC의 한미FTA 거시경제효과 분석

	GDP 효과	무역 효과	생산	고용
한 국	0.7%증가(39억 달러)	대미 수출 21% 증가 (100억 달러)	82억 달러 증가	섬유·의류산업만 고용증가
미 국	0.2%증가(200억 달러)	대한 수출 54% 증가 (190억 달러)	350억 달러 증가	섬유·의류산업 외 고용증가

출처 : Alan Keith Fox, "U.S.-Korea FTA: The Economic Impact of Establishing a Free Trade Agreement(FTA) Between the United States and the Republic of Korea", USITC, Publication 3452, September, 2001

산요소의 이동에 막대한 비용이 들어간다. 특히 FTA 등 통상조약체결로 인해 산업구조조정의 폭이 넓거나 그 속도가 빠른 경우 막대한 사회적 비용과 사회경제적 혼란이 초래될 수 있음을 간과하고 있다. 한미FTA가 불러올 산업구조조정의 폭과 기간을 고려할 때 이런 경제조정 비용은 천문학적인 수준일 것으로 예측된다. 민주노동당은 2005년 11월 21일, 심상정 의원 대표발의로 '무역지원조정법'을 제출하면서 4개국(미, 일, 중, 아세안)과의 FTA체결로 향후 10년간 최소 23조 4천억 원의 피해자 지원예산이 필요하다고 밝힌 바 있다.

3) 한미FTA가 국내 산업에 미치는 영향

한미FTA의 경제적 효과에 대해서 정부 관련 인사들은 농업 분야의 경우 미국으로부터의 농산물 수입증가로 큰 피해를 입을 것으로 예상하고 있지만, 취약한 서비스 분야는 시장개방 확대를 계기로 경쟁 격화를 통해 경쟁력을 높일 수 있을 것이며, 제조업 분야 역시 대미 수출확대를 통해 성장률 제고·고용확대 등 경쟁력을 높일 수 있는 유리한 기회를 얻을 것으로 예상하고 있다. "중국의 부상, 제조업 공동화, 고용의 탈공업화, 고부가가치 서비스 활동의 중요성 증가 등 국내외 경제환경 여건 변화를 고려해볼 때, 그 어느 때보다 산업구조의 고도화 필요성이 높은 시점인 것으로 사료됨. 특히, 향후 우리나라 경제성장의 관건은 지식기반서비스의 육성을 통한 제조업과 서비스업 간의 선순환 구조 구축에 있음을 상기(한미FTA 추진은 국내 생산활동의 고부가가치화를 위한 '능동적 개방화' 전략의 일환으로서 그 의의가 크다고 사료됨. 세계경제의 글로벌화가 가속화되는 추세 속에서 국내 경제주체들의 내부 혁신역량만을 활용하여 고부가가치 제조업종 및 지식집약적 서비스 활동으로 산업구조를 전환하는 것이 용이하지 않은 상황). 한미FTA와 같은 능동적인 개방전략의 채택을 통해 해외의 글로벌 스탠다드와 혁신자원을 흡수하는 한편, 내부적으로 추진하고 있는 제도개혁의 추동력을 확충하는 것이 필요."[4] 과연 그런지 살펴보도록 하자.

① 제조업 수출은 확대될 것인가

장석인은 "한미FTA로 우리 제조업 제품의 대미시장 접근이 쉬워지고, 이미 진출한 주력 제품은 안정적으로 시장을 확보하게 될 것"이라며 "특히 참여정부가 집중육성 중인 차세대 성장동력산업과 핵심 부품소재산업이 발전하려면 안정적인 시장 확보가 중요한 만큼 한미FTA는 이들 산업 발전의 결정적 계기가 될 것"이라고 말한다.[5] 예컨대 한미FTA로 반도체 장비의 부분품에 대한 8% 기본 관세가 인하될 경우 세계 최고의 기술력을 가진 미국의 반도체장비산업과 협력 추진이 한결 쉬워져 국산화율을 높이고, 가격경쟁력에서 우위를 확보할 수 있다는 것이다. 이처

---

4) 이시욱, 「한미FTA가 산업구조에 미치는 영향」, 『한미FTA와 한국경제』, 한미FTA 민간대책위원회, 2006.
5) 장석인, 「한미FTA와 제조업 관련 이슈」, 『한미FTA가 한국경제에 미치는 영향』, 한국개발연구원, 2006.

럼 미국이 강점을 가진 원천기술, 첨단부품소재부문에서 기술협력과 투자유치가 확대되면 국내 부품소재산업의 구조고도화에도 큰 도움이 된다는 것이다. 물론 장석인은 "미국시장이 열리는 만큼 경쟁도 불가피할 것"임을 부인하지 않지만 "이런 경쟁이 우리 제조업의 생산성을 높이고, 글로벌시장에서 비교우위를 확보하는 자극제가 될 것"이라고 긍정적으로 평가한다.

장석인은 특히 "한미FTA와 관련해 수출입 변화로 인한 무역수지 변화 등 단기적·정태적 효과를 중심으로 논의가 진행되어왔다"며 "한미 FTA로 인한 시장 확대와 이로 인한 규모의 경제, 외부경제 효과 등을 활용한 생산성 제고 효과, 미국의 거대한 서비스 분야의 하드웨어 수요를 우리나라의 IT를 비롯한 제조업이 뒷받침하는 미국 서비스업과 한국 제조업 간의 상호보완관계 구축 등 동태적 효과를 극대화하는 방향으로 접근할 필요가 있다"고 한다. 특히 미국은 부품소재 분야의 원천기술과 첨단제품생산에, 한국은 일반 범용 부품소재 제품개발에 각각 강점을 갖고 있는 만큼 이를 바탕으로 한 상호보완적 관계를 맺을 수 있다. 예컨대 전자부품의 경우 한국은 메모리반도체(D램, 플래시메모리 등), LCD 등을 수출하고, 미국은 마이크로프로세서, DSP, 통신용 IC, 자동차 IC 등 비메모리 분야를 한국에 수출하는 식이다.

그러나 한국 제조업 제품의 대미 수출증대 효과는 크게 기대하기 어렵다. 기본적으로 미국의 공산품 수입관세율이 매우 낮기 때문이다. 제조업 제품 가운데 선박, 철강, 반도체의 경우에는 이미 무관세이므로 FTA에 의한 관세율 인하의 혜택을 받지 못한다. 미국의 수입관세율이 상대적으로 높은 섬유·의류의 수출확대 가능성이 높은 것으로 전망하고 있으나 고가품의 경우에는 최고 브랜드의 지위를 가지는 선진국 기업과 품질경쟁이 어렵고, 중저가품의 경우에는 후발 개발도상국에 대해

가격경쟁력을 가지기 어렵다. 섬유·의류 원산지 규정 때문에 관세인하 혜택도 입기 어렵다. 자동차의 경우에는 관세율이 2.5%로 낮고 또 현지 생산이 증가하고 있기 때문에 수출이 크게 늘어나기 어렵다. 반면 미국으로부터의 수입은 크게 늘어날 가능성이 높다. 공산품 평균 관세율이 7.5%로 높기 때문에 내수기업, 부품소재기업이 피해를 입을 것으로 예상된다. 미국차의 수입관세 인하 효과는 8%이다. 미국은 또한 우리나라 세수의 20% 이상을 차지하는 자동차 관련 세제를 뜯어 고칠 것을 요구하고 있다. 미국이 비교우위를 갖는 화장품·약품 등 화학공업 제품, 자동차 부품, 정밀기계, 플라스틱 제품, 일부 철강·금속 및 전기·전자 제품 등은 수입이 크게 늘어날 것으로 예상된다. 제조업체의 영세성 심화와 대기업과 중소기업 간의 불리한 하도급 체제 및 생산성 격차 확대가 구조화되어 있는 가운데 한미FTA에 의한 개방의 확대는 취약한 국내 중소 부품소재기업에 충격을 가함으로써 중소기업의 영세화와 제조업의 양극화를 심화시킬 위험성이 크다. 공산품 수입증대에 의한 구축 효과와 미국 자본투자 확대에 의한 인수합병 증가로 구조조정이 가속화되면 대량의 실업과 불안정고용이 확대될 가능성이 크다. 이에 따라 임금몫 감소, 노동환경의 악화, 노동권의 약화, 노동운동의 약화 등 노동자들에게 불리한 노동시장의 변화를 초래할 것으로 예상된다.[6]

② 한미FTA가 국내 서비스산업에 미치는 영향은 어떤가?

노대통령이 가장 강조하는 분야가 바로 서비스산업이다. 중국이 제조업 분야에서 추격해오고 있기 때문에 우리는 서비스산업의 경쟁력을 키워

---

6) 장상환, 「한미FTA가 제조업에 미칠 영향」, 『한미FTA가 한국경제에 미치는 영향』, 한국개발연구원, 2006.

미래의 성장동력으로 삼아야 한다는 것이다. 송영관은 "우리가 앞으로 지향해야 할 산업구조는 IT, 부품소재 등 고부가가치 제조업종과 금융, 통신 및 지식기반서비스 등 고부가가치 서비스업이 주가 되는 구조여야 한다"며 서비스산업 육성의 필요성을 강조하고, "한미FTA를 통해 서비스산업에 경쟁요소를 도입하고 이를 통해 경쟁력 확보를 도모해 경제구조의 고도화와 신성장동력 확보 및 지식기반경제로의 이행을 앞당길 수 있을 것"이라고 긍정적으로 전망했다.[7] 그는 특히 "고급인력의 청년실업률이 증대하고 있는 상황에서 청년실업을 줄임과 동시에 한국경제구조의 고도화를 위해 지식기반서비스 육성이 절실하다며 양극화 해소를 위해서도 지식기반서비스 같은 새로운 성장동력을 발굴해 지속적인 성장을 통한 고용창출이 필요하다"고 강조했다.

그러나 문제의 심각성은 바로 취약한 서비스산업의 생산성을 높이는 자체적인 노력보다는 '외부의 충격'으로 구조조정을 실시하여 경쟁력을 높인다는 발상에 있다. 사실 서비스산업은 개방의 폭이 넓다.

이에 따라 첫째, 한미FTA에 의해 연금·의료보험 등 금융시장이 추가적으로 개방되고 정부의 금융규제 감독권이 약화될 것으로 예상된다. 또한 미국의 요구와 정부의 공공서비스 시장화 의지에 따라 교육 및 의료업의 시장화가 추진될 것으로 전망되며, 환경(식수, 폐수 등), 에너지 등 다양한 공공서비스의 시장화가 추진될 수 있을 것으로 전망된다.

둘째, 문화관련 서비스에 있어 현재 문제가 되고 있는 스크린쿼터 축소 내지 폐지와 더불어 방송쿼터의 폐지, 외국인의 TV 라디오방송 소유제한 철폐, 케이블TV의 외국인 지분제한 완화 등이 추진될 가능성이

---

7) 송영관, 「한국의 서비스산업과 한미FTA」, 『한미FTA가 한국경제에 미치는 영향』, 한국개발연구원, 2006.

높다. 또한 외국통신사의 국내 진출 허용, 각종 광고에 관한 규제완화가 추진될 것으로 전망된다. 이에 따라 한미FTA로 인해 한국의 문화적 정체성이 근본부터 흔들리는 결과를 낳을 수 있다.

셋째, 정부조달에 있어 규제완화 및 자유화, KT의 외국인 지분제한 완화, 육류도매업의 외국인 영업 허용 등 수많은 서비스업의 자유화가 가속될 것으로 전망된다.

미무역위원회의 조사에 따르면 한국의 대미 서비스 수출은 4.95% 감소할 것이고, 대미 서비스 수입은 1.26% 증가할 것으로 예측되고 있다. 결국 미국과의 서비스교역 수지는 더욱 악화될 것으로 전망된다. 미국과의 협상에서 항상 꼬리를 내리던 우리 협상당국의 행태와 정부의 서비스업 시장화 의지를 되짚어 볼 때 한미FTA는 공공서비스의 몰락과 국가기간서비스의 민영화·자유화, 영세서비스업자의 몰락을 재촉할 것으로 보인다. 이병천은 "한미FTA는 단순히 상품과 서비스의 자유로운 교역의 문제가 아니라 한국의 경제·사회가 미국의 하부단위로 통합되는 문제"라며 "한국의 제도와 문화, 관행의 기본틀을 미국의 패권적·일방주의적 요구와 기준에 맞춰 재편하는 문제"라고 지적한다.[8] 한미FTA를 통한 미국과의 전면적인 경제통합은 잘못되면 서비스업 경쟁력 제고는 고사하고 지금까지 애써 쌓아놓은 제조업 기반까지 잠식할 가능성도 있다는 것이다.

사실 개방은 일정 정도 필요한 것이지만 경쟁력이 약한 분야를 개방시켜 생산성을 높인다는 구상은 정상적인 사회경제정책이라고 할 수 없다. 이른바 유치산업(infant industry) 보호론처럼 경쟁력이 약한 분야

---

8) 이병천, 「한미FTA의 함정과 위협 : '두 국민' 분열 전략인가 동반발전 전략인가」, 『한미FTA가 한국경제에 미치는 영향』, 한국개발연구원, 2006.

는 정부의 지원정책으로 어느 정도 체력을 키운 이후 경쟁의 장에 노출시키는 것이 바람직하다. 따라서 외부충격으로 서비스산업의 생산성과 경쟁력을 높인다는 대통령의 말은 100% 신자유주의적 발상이라고 할 수 있다.

③ 농업의 피폐

한미FTA로 가장 큰 피해를 입을 분야는 농업이다. WTO의 '도하개발의제' 협상의 농산물 분야에서 미국과 한국은 정반대되는 입장에 있다. 한국은 농산물에 일정 수준 이상으로 관세를 매길 수 없도록 하자는 이른바 '관세상한선' 제도의 도입에 반대하는 반면, 미국은 찬성한다. 미국이 요구하는 농산물 관세인하 폭은 농산물 수출국 중에서도 가장 크다. 미국은 '민감품목'(농업에서 중요한 위치를 차지하고 수입 증가시 피해를 볼 위험이 큰 품목, 예컨대 한국의 쌀)을 전체 품목의 1%로 국한하자고 하는 반면, 우리나라는 10% 이상으로 하자고 요구한다.

한미FTA에 대한 권오복의 추정에 의하면, 쌀을 제외한 전 품목 관세철폐(시나리오 1), 주요 민감품목 관세 80% 감축(시나리오 2), 주요 민감품목 관세 50% 감축(시나리오 3) 등을 가정할 경우, 농업생산은 1조 1552억~2조 2830억 원 감소하고 농산물 수입은 1조 8353억~3조 1719억 원 증가할 것으로 추정됐다. 농업고용은 7만 1천 명~14만 3천 명이 감소할 것으로 추정됐다. 한미FTA로 가장 큰 피해를 입을 계층은 40대 이하의 경영규모가 상대적으로 크고, 소득수준이 높은 농가일 것으로 추정됐다.[9]

---

9) 권오복, 「한미FTA가 한국농업에 미치는 영향과 예상 이슈」, 『한미FTA가 한국 경제에 미치는 영향』, 한국개발연구원, 2006.

4) 무역 및 자본자유화는 경제의 변덕성과 양극화를 격화시킨다

무역자유화와 자본자유화는 경제성장을 촉진하지 못한다. 금융정책의
초점이 성장촉진이나 완전고용이 아니라 주로 인플레이션 억제에 맞춰
짐에 따라 금융긴축이 이뤄지고 금리상한선 등과 같은 규제가 철폐됐
다. 금융기관의 타업종 규제도 철폐되어 이른바 빅뱅이 이뤄졌고 국가
간의 자본이동 통제도 폐지됐다. 재정정책도 성장을 촉진하고 실업을
억제하는 것이 아니라 적자축소를 통해 인플레이션을 억제하는 긴축정
책이 취해졌다. 정부 지출증가율이 장기적으로 하락하고 고용은 정체하
거나 감소하고 임금상승율이 폭락함에 따라 총수요의 표준적인 원천이
었던 요인들이 갈수록 악화됐다.

로드릭은 IMF의 자본개방 지표를 사용하여 100개가 넘는 나라들을
대상으로 한 분석을 통해 자본자유화가 성장에 도움이 되지 않음을 보
여줬다.[10] 통제변수로 초기 국민소득, 제도의 질 등을 사용한 이 연구는
자유화가 성장이나 투자를 촉진시킨다는 증거를 찾지 못한 것이다.[11] 크
라이는 IMF의 자본개방 지표, 현실의 자본유입 등 다양한 데이터를 사
용한 계량연구를 통해 자본자유화가 성장에 도움을 주지 않을 뿐 아니
라 초기 국민소득, 제도의 질, 금융의 발전 등 다양한 요인들도 자본자유
화가 성장을 촉진하는 전제조건이 되지 않음을 확인했다.[12] 이론적으로
자본자유화는 소득수준이 높고 제도가 더욱 발전했으며 금융부문이 더

---

10) Dani Rodrik, "Who Needs Capital-Account Convertibility?", *Should the IMF Pursue
Capital-Account Convertibility?*, ed. Stanley Fischer, Princeton : Princeton University,
1998.
11) 이강국, 『다보스, 포르투 알레그레 그리고 서울 : 세계화의 두 경제학』, 후마니타스, 2005, 92쪽.
12) Aart Kraay, "In Search of the Macroeconomic Effects of Capital Account Liberalization",
Washington, D. C. : The World Bank, 1998.

욱 발전한 나라에 보다 큰 이득을 가져다 준다. 계량연구들도 이것을 보여줬다. 에드워드는 1980년대의 데이터에 기초해서 자본자유화의 효과가 개도국보다 선진국에서 더 크다는 것을 보여줬고, 자본자유화가 생산성도 높여준다고 보고했다.[13] 에디슨 등은 다양한 계량분석을 시도했지만[14] 자본자유화가 성장을 촉진하는 뚜렷한 결과를 발견하지 못했다.[15] 실제로 1990년대 전반기에 3대 자본주의 경제권은 그 이전의 수십 년에 비해 아주 부진한 경제성과를 보였다. 세계경제 전체로도 1960년대의 성장률은 3.5% 내외였고 어려움을 겪었던 1970년대조차 2.4%까지만 떨어졌을 뿐이다. 그러나 신자유주의로 전환한 이후 전 지구적 성장률은 1980년대 1.45%, 1990년대 1.1%에 불과했다.[16]

무역자유화와 자본자유화는 경제의 변덕성을 높인다. 부분적인 경제적 충격에 전체 경제가 쉽게 휩싸여서 불안정해진다는 말이다. 베얀에 의하면, 개도국은 무역이 자유화될수록 변덕성이 높아지는 반면 선진국은 완화된다.[17] 그리고 코즈 등에 의하면, 금융통합이 더욱 진전된 개도국의 경우 소득의 변덕성에 대한 소비의 변덕성이 높아진다.[18] 금융

---

13) Sebastian Edwards, "Capital Mobility and Economic Performance: Are Emerging Economies Different?", *NBER Working Paper*, no.8076, Cambridge, M.A.: National Bureau of Economic Research, 2001.

14) Hail J. Edison, et al., "International Financial Integration and Economic Growth", *IMF Working Paper*, WP/O2/145, August, Washington, D.C.: International Monetary Fund, 2002.

15) 이강국, 같은 책, 92쪽.

16) David Harvey, "Neoliberalism as Creative Destruction", 2005. 〔추선영 옮김, 「신자유주의, 창조적 파괴」, 국토연구원 강연 논문〕

17) Maria Bejan, "Trade Openness and Output Volatility", October, 2005. 〔administracion. itam.mx/workingpapers/WP1_Maria_Bejan.pdf〕

18) Kose, M. Ayhan, Eswar S. Prasad, and Marco E. Terrones, "Financial Integration and Macroeconomic Volatility", *IMF Working Paper*, WP/O3/50, March, Washington, D.C.: International Monetary Fund, 2003.

개방의 확대는 일정한 범위까지는 소비의 변덕성을 높인다. 그 범위를 넘어섰을 때 비로소 금융통합에 의한 위험분담과 소비안정이라는 이득을 볼 수 있다. 한국의 경우 1990년대 들어와 진행된 무역·자본 자유화 조치와 1996년 OECD가입을 위한 무역·자본 자유화 조치와 규제 완화 등이 내부적 취약점과 결합하여 결국 외환위기를 초래하고 말았다. 신자유주의적 세계화, 특히 금융규제 완화로 인해 전세계적으로 경제의 불안정이 심화됐다. 한국까지 휘말려 들어간 1997년 말의 동아시아 외환위기와 뒤이은 경제위기는 투기자본의 운동에 의해 증폭된 것이다.

신자유주의에 의한 무역자유화와 자본자유화는 경제적 불평등과 소득분배를 악화시킨다. 데이비드 하비는 이를 강탈에 의한 축적이라고 했다.[19] 미국에서는 1980년대 중반 이후 최상위 소득자 1%의 몫이 20세기가 끝날 무렵 15%까지 치솟았다. 최상위 소득자 0.1%의 소득이 국민소득에서 차지하는 비중은 1978년의 2%에서 1999년에는 6%를 상회했다. 노동자 보수 중간값에 비해 최고경영자 보수는 1970년대에 30배였으나 2000년에는 400배로 증가했다.[20] 영국에서도 마찬가지로 상위 1% 소득자의 소득이 국민소득에서 차지하는 비중은 20년간 6.5%에서 13%로 두 배나 증가했다.

한국에서도 1997년 외환위기 이후 부익부 빈익빈 현상이 심화됐다. 도시노동자의 상하계층 간 및 도시와 농어촌 간의 소득격차는 더욱 커졌다. 지니계수는 1980년대 초 0.311을 기록한 이후 1997년 0.283까지 약 10년에 걸쳐 점진적인 개선을 보여왔는데, 외환위기 이후 소득분배

---

19) Harvey, ibid.

20) Gérard Duménil and Dominique Lévy, "Neo-Liberal Dynamics: Toward a New Phase?", *Global Regulation: Managing Crises After the Imperial Turn*, ed. Kees van der Pilj, et. als., New York: Macmillan, 2004.

상황은 급격히 악화되어 1998년 0.316, 1999년 0.320으로 악화됐다가 2000년 0.317을 기록하는 등 다소 개선되기는 했지만 소득분배 상황이 외환위기 이후 크게 악화됐다. 신자유주의적 세계화의 결과 농업부문은 더욱 피폐해지고 농가경제는 재생산의 위기에 빠졌다.

1996년 OECD에 가입한 뒤 10년 동안 경제성장률과 노동생산성은 세계 최고 수준인 반면 소득분배율과 노동시간, 사회지출비용은 최하위 수준인 것으로 나타났다. 민주노총이 OECD 회원국 30개 국가의 경제, 임금, 노동시간, 교육, 의료 등 사회지출 실태를 파악한 정책보고서[21]에 따르면 OECD 30개 국가 중 1996~2005년 10년간 우리나라 평균 경제성장률은 4.3%로 아일랜드(7.2%), 룩셈부르크(4.9%)에 이어 세계 3위로 나타났다. 2000년 이후에는 평균 5.0% 인상으로 아일랜드(5.8%)에 이어 세계 2위였다. 이런 결과는 우리나라가 1997년 외환위기로 1998년 경제성장률이 -7.1%까지 하락했던 것을 감안하면 매우 높은 수치이다. 반면 소득불평등은 OECD 국가 중 가장 심했다. OECD 주요 국가들의 지니계수는 평균 0.307로 나타났으며, 우리나라는 이보다 약간 높은 0.310으로 소득불평등이 28개국 중 12위로 나타났다. 반면 소득계층의 하위 10% 대비 상위 10%의 소득집중도를 보여주는 소득 10분위율은 OECD 주요 국가들 평균이 4.3인데 반해 우리나라는 9.4로 가장 높아 소득격차가 가장 심각한 것으로 나타났다.

2004년 현재 우리나라의 연간 노동시간은 28개 비교국가 중 2,423시간으로 세계 최장으로 나타났으며, OECD 국가 중 연간 노동시간이 2천 시간을 넘는 나라는 우리나라가 유일했다. 취약계층의 생계를 지원하기 위한 정부의 책임성을 보여주는 GDP 대비 사회지출 비용도 최하

---

21) 민주노총, 『생산성, 임금, 사회지출 : OECD 국가 국제비교(1996~2005)』, 민주노총, 2006.

위를 기록했다. 2001년 현재 우리나라의 GDP 대비 사회지출 비중은 6.12%로 OECD 평균 20.77%에 견주어 1/3 수준에도 미치지 못하며, 30개 회원국 중 28위로 멕시코를 제외하고 최하위였다.

이런 상황에서 한미FTA를 추진하여 무역자유화와 자본자유화를 더욱 진전시키는 것은 이미 격화되어 있는 경제불안정과 소득불평등을 더욱 심화시킬 것이다.

5) 한미FTA 추진은 철저한 준비 끝에 내린 결정인가?

통상협상은 자국의 이해를 극대화시키려는 목표를 갖는 아주 중요한 국가간의 거래이다. 그러나 현재 한미FTA 추진은 다수 이해관계자와의 협의는 물론이고 사회적 공론화를 거치지 않고 정부가 독단적으로 결정한 것으로 국민은 그 과정에서 배제되어 있다. 미의회조사국 보고서[22]에 따르면 통상교섭본부는 2004년 초순 이후 한미FTA 추진을 위해 부산히 미국의 관계자를 설득한 것으로 드러난다. 통상교섭본부는 그 성과로 작년 초반 한미FTA 예비협상을 성사시켰고, 이를 통해 미국 무역대표는 한국정부의 시장자유화 의지를 테스트하기 위해 4가지 전제조건을 천명하고 느긋이 기다린 것으로 알려졌다. 정부는 작년 10월 초 의약품 관련 전제조건을 수용하고 나머지 3가지 전제조건도 올해 1월까지 연달아 수용하면서 미국과 한미FTA 협상개시를 합의했다.

이 과정에서 대다수의 이해관계자는 물론이고 국회, 학계, 심지어 일부 관계부처조차 소외된 것으로 드러났다. 2004년 이후 간간히 정부

---

22) Mark Manyin, "South Korea-U.S. Economic Relations : Cooperation, Friction, and Prospects for a Free Trade Agreement(FTA)", Congressional Research Service(CRC) Report for Congress, The Library of Congress, February 9, 2006.

가 미국과 관계없이 스크린쿼터는 축소되어야 한다는 발언을 불쑥 내밀거나 올해 1월 미국산 쇠고기 수입재개 협상을 개시할 때 그 배경은 숨겨져 있었다. 협상개시를 이미 결정한 후 10여 일의 예고를 통해 공청회를 개최했으나, 이는 국민적 의견수렴의 취지가 아닌 「자유무역협정체결절차규정」(대통령훈령)에 따른 요식행위에 불과했다. 당연히 이해관계자들은 이런 요식행위에 대해 반발했고 공청회는 무산되고 말았다. 결국 국민의 동의를 구하는 절차가 생략되어 버린 것이다.

국민적 논의 없는 한미FTA 추진 결정의 배경에는 극단적 자유주의 성향을 가진 외교통상부와 전경련, 무역협회 등 업계단체의 긴밀한 협동이 있었음을 알 수 있다. 외교통상부가 급진적 자유무역주의 성향을 가진 것은 공공연한 사실이다. 외교통상부가 국내협상 전략수립을 위해 발주한 용역연구에 따르면 가장 극단적인 자유무역추진세력으로 외교통상부와 업계단체를 꼽고 있다. 정부 부처별로 볼 때 외교통상부에 이어 재정경제부와 산업자원부가 그 뒤를 따르고 있으며, 기타 부처는 중립적 혹은 반대 성향으로 분류되고 있다. 외교통상부의 극단적 자유무역주의 성향은 다양한 이해당사자와 국민을 논의주체가 아니라 대상으로 만들고 있다. 반면 자유무역에 이견을 가진 이해당사자들은 협의주체가 아닌, 국제협상이라는 외부압력을 통해 통제되거나 구조조정될 대상으로 객체화되고 있으며, 정책결정과정에서 철저히 소외당하고 있다. 실상 이해관계그룹 중 외교통상부와 긴밀한 소통채널을 구축하고 있는 그룹은 유사한 성향을 가진 전경련, 무역협회 등 업계단체밖에 없다. 주요 업계단체들은 외교통상부에 직원을 상주시키고 있으며 각종 공식·비공식 채널을 통해 상시적으로 그들의 의사를 대표하고 있다. 결국 한미FTA는 철저한 준비도 없고 국민에게 동의를 구하지도 않았으며 국민의 대의기관인 국회마저 배제하는 '배제의 전략'으로 일관해온 것이다.

정부는 한미FTA를 국민적 합의 없이 급하게 개시하여 1년 이내에 협상을 마무리 지으려는 근거로 미대통령의 무역증진권한이 내년 6월경에 만료되기에 그전에 협상을 마무리하여야 한다고 주장하고 있다. 광범위한 쟁점이 있고 그 규모가 큰 한미FTA 협상을 1년의 단기간에 추진하는 것은 무리이다. 아무리 작은 FTA도 최소 1년의 협상기간이 필요한 것이고, 한·칠레FTA의 경우 3년의 협상기간을 소요했다. 한미FTA 협상을 1년 안에 마무리 짓겠다는 것은 외교통상부, 수출대기업 등의 조급증을 드러내는 것에 불과하며 숨은 의도가 있는 것으로 보인다. 그 의도는 ① 국민적 합의 없는 한미FTA 추진결정에 대한 합리화 근거 마련, ② 신속한 협상추진을 통한 국민적 반발 및 여론화 최소화, ③ 신속한 협상을 통한 시장자유화의 최대화, ④ DDA타결 이전에 한미FTA 종결(DDA가 타결되면 정부 등이 주장하는 한미FTA의 효과는 상실됨)로 보인다.

정부논리는 미대통령의 무역증진권한이 연장되지 않는다는 것을 전제하고 있다. 무역증진권한은 주요한 무역협상이 있는 경우 항상 의회가 대통령에게 부여한다. 그간 미대통령은 모든 다자간협상에서 무역증진권한을 획득한 것으로 알려져 있다. 1995∼2002년에 신속처리권한이 부여되지 않은 것은, 우루과이라운드 종료 이후 2002년 DDA협상개시까지 장기간의 공백이 있었던 이유도 있지만, 환경과 노동 관련 이슈를 미국 통상정책의 내용으로 포함하느냐에 대해 의회 내 합의가 형성되지 않았기 때문이다. 2002년 무역법은 이 문제를 해결하고 무역증진권한을 대통령에게 부여했다. DDA협상이 지속되는 한, 미대통령은 무역증진권한의 기한을 연장받을 것으로 보는 것이 일반적 전망이다. 또한 공화당이 양원 다수당이기에 부시 대통령의 권한연장에는 아무런 문제가 없을 것으로 보인다. 다만 그 권한연장의 대가로 대통령은 '무역조정지원'을 확대해야 할 것으로 전망된다. 우루과이라운드 협상이 지연

<자료 7> 1974년 무역법 이후 미국의 신속처리권한과 통상조약 체결

권한명	기간	근거법	권한에 따른 협상과 조약
관세감축 권한	1934~1967	1934년 상호무역조약법이 1962년 무역확대법에 이르기까지 12번 갱신	GATT 초기 6개 라운드
신속처리 권한	1975~1994	1974년 무역법이 1979년 통상조약법, 1984년 무역관세법, 1988년 종합무역경쟁법으로 갱신	도쿄라운드(1979), 미·이스라엘FTA(1985), 미·캐나다FTA(1988), NAFTA(1993), 우루과이라운드(1994)
권한 없음	1995~2002	해당 없음	중국의 WTO 가입에 관한 미·중 협정, 미·요르단FTA, 다수의 투자협정 등
무역증진 권한	2002~2007	2002년 무역법	

되자 미의회는 당초 1993년 5월까지 부여한 신속처리권한을 법 개정을 통해 1년간 연장한 전례도 있다. 무역증진권한은 통상조약 체결을 위한 간소한 절차를 거치는 제도로서 통상조약은 대통령의 무역증진권한 없이도 미국의 일반적인 국제조약 체결절차(헌법절차)로 가능하다.

1995년 이래 미대통령이 신속처리권한을 보유하지 않은 상태에서도 중국의 WTO 가입에 관한 미·중협정, 미·요르단FTA 등 다수의 통상조약이 체결됐다. 칠레, 호주, 싱가포르와 미국의 FTA 협상이 미국의 신속처리권한 없이도 개시됐다. 이런 전례를 볼 때 외교통상부가 신속처리권한을 들먹이는 것은 국민적 합의절차를 거치지 않은 것에 대한 합리화이며, 급진적 자유화를 성취하려는 의도를 드러내는 것에 불과한 것이다. 미국의 국내절차 때문이 아니라 일부 대기업과 기업단체의 요구에 따라 협상을 서두르는 것에 불과하다. 넉넉한 기한을 두고 제대로 협상을 해야 한다. 잘못된 조약체결은 결코 안 하느니만 못하다.

[참고] 미대통령의 신속처리권한(Fast-Track Authority)

• 미국의 "대통령은 상원의 권고와 동의를 얻어 조약을 체결하는 권한을 가진다. 다만, 그 권고와 동의는 상원 출석의원 2/3 이상의 찬성을 얻어야 한다"(「미국헌법」 제2조 2절 2항). 이런 방식으로 체결된 조약을 미국헌법상의 조약이라고 한다. 그러나 상원 2/3 이상의 찬성을 얻는 것이 쉽지 않기 때문에 미행정부는 '의회-행정부 합의'에 따르는 조약체결 방식을 선호한다. 의회-행정부 합의방식은 미국의 국제관계법이나 통상법 등에서 정하는 바에 따라 양원의 일반정족수에 따른 승인에 의해 체결하는 방식이다.

• 통상조약의 체결 역시 의회-행정부 합의방식이 일부 이용되고 있다. 1934년 미의회는 관세감축에 관한 협상을, 정해진 기한과 조건 아래 추진할 수 있는 권한을 대통령에게 부여하기 시작했다. 이후로 대통령은 그 권한 및 절차에 따라 GATT/WTO 협상 등을 수행한 바 있다. 제6차 GATT 협상 이후 관세만이 아닌 비관세장벽에 대한 협상까지 포함되자 미의회는 1994년 무역법 이래 비관세장벽에 관한 협상권한을 대통령에게 추가로 부여하며 '신속처리권한'의 전형을 만들었다.

• 1974년 개편된 신속처리권한의 핵심은 대통령이 협상목표와 원칙 등 의회가 정한 조건과 절차를 충족한다면 그에 따라 체결한 통상조약을 제한된 시한 내에 개정없이 검토 의결할 수 있게 한 것이다. 구체적 절차로서 대통령은 협상개시 전과 진행 중에 의회의 담당위원회와 긴밀한 협의를 하여야 하며, 최소한 협정체결 90일 전에 의회에 통지하여야 한다. 또한 대통령은 협정의 이행법을 의회에 제출하여야 하고, 협정의 이행을 위해 필요한 행정조치에 대해 보고하고 당해 통상조약이 미국의 이익에 부

합하는 근거 등을 의회에 제출하여야 한다. 이런 절차를 대통령이 지키지 않을 경우 의회는 권한을 철회할 수 있다.

• 2002년 부여된 무역증진권한(Trade Promotion Authority)은 기존의 신속처리권한이 일정 변형된 것이다. 2002년 무역법은 무역증진권한에 관련하여 환경 및 노동을 포함한 새로운 협상목표를 설정하고, 2007년 6월 1일 이전에 체결한 통상조약에 대해 대통령이 조건을 충족한 경우 의회가 신속한 절차를 밟을 것을 결정했다. 그밖에 통상구제법에 관한 강화된 규정을 추가하고, 의회총괄그룹을 신설하고, 협상의 단계마다 대통령의 통지의무를 부여했으며, 행정부가 협의 혹은 통지를 하지 않은 경우 신속절차를 철회할 수 있도록 했다.

3. 한미FTA 대응방향

첫째, 지역주의가 아니라 다자주의로 대응해야 한다. 근본적으로 한미 FTA보다는 WTO/DDA를 통하여 개도국과 연대하면서 한국이 처한 식량 대량수입국과 개도국으로서의 특수성이 충분히 고려될 수 있는 대외 통상전략을 추구해야 할 것이다.

한국은 1995년 농업분야 개방을 감수하면서 WTO의 창설회원국으로 참여해 다자주의 노선을 추구해왔다. 1994년 12월, 정부는 국회에 우루과이라운드 협정 비준동의를 요청하면서, WTO가 창설되면, EU나 NAFTA와 같은 차별적인 지역주의의 폐해에서 벗어날 수 있다는 점을 강조했다. 그리고 1996년 12월, 한국정부는 WTO 싱가포르 각료회의에서 WTO 회원국들이 통상관계에서 FTA보다는 WTO를 우선적으로 준수해야 하고, 여러 FTA들이 과연 WTO 요건을 준수한 것인지를 조사할 WTO위원회의 임무를 확대해야 하며, FTA가 역외국가에 대하여 무역장벽이 되어서는 안 된다고 주장했다. 한국의 다자주의에서도 농업 분야의 점진적 개방은 중요한 정책목표였다. 그러나 한미FTA를 통해서 미국에게는 특혜적으로 농업시장을 개방해주면서, DDA의 협상대상국인 가난한 개도국들에게는 한국농업의 처지를 배려해달라고 하는 것은 앞뒤가 맞지 않는다.

한국은 1996년 12월 OECD에 가입했다. 한국이 스물아홉번째로 OECD의 회원국이 됨에 따라 경상무역외거래 자유화 규약과 자본이동 자유화 규약을 준수하지 않으면 안 되게 됐다. 경상무역외거래 자유화 규약은 경상거래에 수반되는 자금의 자유로운 이전(지급 또는 송금)과 상업적 주재를 통한 서비스무역의 자유화를 도모하기 위하여 제정된 규약이다. 이 규약은 자금의 지급이나 이전의 원인행위 자체에 대한 자유화를 규정하고 있다. 예를 들면 은행, 보험, 여행, 관광, 영화, 운송 등 여러 서비스부문에 대해서는 지급의 원인이 되는 거래 자체를 자유화하도록 규정하고 있다.

자본이동 자유화 규약은 중장기 자본거래의 장애요인을 철폐하고 자본이동의 자유화를 도모하기 위하여 제정된 규약이다. 이 규약에는 중장기 자본거래의 대부분이 포함되어 있으며, 그 거래의 주체는 경상무역외거래의 주체와 마찬가지로 거주자이든 비거주자이든 무차별원칙과 내국민대우의 적용을 받는다. 한국은 경상무역외거래 자유화 규약 57개 소항목 중에서 47개 항목의 자유화를 수락했고, 자본이동 자유화 규약 91개 소항목 중에서는 50개 항목의 자유화를 수락했다. 148개 양대 자유화 규약 소항목 가운데서 97개 항목의 자유화를 수락한 셈으로 수락률은 65.5%이었다.

이렇게 준비되지 않은 섣부른 OECD 가입과 이에 따른 자본시장 개방이 외환위기와 IMF 구제금융 사태를 낳았다고 할 수 있다. 오늘날 미국과 EU 등 거대 제국 및 유사 제국들이 개발도상국의 반발 속에서 지지부진한 WTO 다자협상의 교착상태를 양자협상을 통해 돌파하기 위해 안간힘을 쓰고 있다는 사실을 명확히 인식해야 할 것이다.

둘째, 한미FTA의 내용과 관련해서는 점진적·선별적 개방을 추진해야 한다. 한국은 세계화 속에서 전 산업에 걸쳐 가치사슬(value chain)을 선진화시켜야 하는 과제를 안고 있다. 농업, 사업서비스업, 고부가가치 제조업 등 국내의 취약한 부문을 더 높은 단계로 발전시키기 위해서는 무모한 개방이 아니라 적절한 대외적 보호를 일정 기간 유지해야 한다. 이것은 오늘날 선진국이 걸어온 역사적 경험이 잘 보여주고 있다. 취약한 농업과 서비스업을 한미FTA에서 제외하고 제조업의 경우에도 현행 관세율과 제반 산업보호제도를 최대한 유지하는 형태로 한미FTA 협상을 전개해야 한다.

셋째, 민주적인 체결절차, 피해보상, 부담분담 등 무역조정지원 장치를 확립한 바탕 위에서 한미FTA 협상을 추진해나가야 한다. 현재 정부가 추진하는 FTA체결방식은 여러 가지 절차적 문제점을 보이는데 우선 국가경제에 광범위한 영향을 미치는 통상조약 추진에 있어 목표가 부재하며, 민주성이 결여되어 있고, 사전에 철저한 준비가 없다. 금번 한미FTA 추진과정에서도 같은 문제가 발생하고 있다. 이런 문제점을 시정하기 위해 민주노동당은 금년 2월 2일 권영길 의원 대표발의로, '국회의 권한 강화를 통한 정부 통상정책 조정·감독' 및 '통상협정 관련 사회적 갈등의 제도적 해결'을 위한 「통상조약 체결절차에 관한 법」(이하 '통상절차법'으로 약칭)을 여야 국회의원 41명의 명의로 공동 발의한 바 있다. 그 내용은 〈자료 8〉과 같다.

<자료 8> FTA체결절차의 현황 및 문제점

현황 및 문제점	법안의 취지
이해관계자의 의사수렴·소통 부재 (막대한 사회갈등 비용)	이해관계자의 참여를 통한 의견·정보 수렴
국회의 검증·견제 역할 부재 (거수기로 전락한 국회)	국회의 검증·견제 기능 실질화
준비없는 협상추진 (아마추어적 협상)	철저한 준비를 통한 협상추진
정부 부처간 조정기능 미약 (지속되는 부처간 갈등)	정부 부처간 조정체제 제도화

주요 내용
- 국무총리 산하 통상위원회 신설(정부내 조정).
- 각종 이해관계자로 구성된 자문위원회 설립.
- 국회 내 통상특위 신설 및 국회의 통상조약에 관한 사전 비준동의권 행사.
- 기본계획, 실천계획 등 통상정책의 구체화 및 각종 영향평가 시행.
- 협상 추진 전, 중, 후 각각의 단계에서 정부의 국회, 이해관계자와 협의 보고 의무.

[참고] 미국의 통상교섭절차(2002년 무역법)

미국의 통상교섭절차는 매우 복잡해 보이나 협상개시 전, 중, 후 각각의 협정이행 단계에서 행정부·의회·이해관계자가 삼위일체 시스템을 구축한다.

- 협상개시전 절차 : 대통령과 미무역대표부는 협상개시 90일 전에 의회에 협상개시의 의사, 시점, 협상목표, 타당성 등에 관한 내용을 통지·협의할 의무가 있다. 대통령은 예상되는 관세 혹은 비관세 규제 변경목록을 공표하여야 하고, 국제무역위원회는 산업 및 소비자에 미치는 영향에 대한 보고서를 작성해 공청회를 개최한다.
- 협상 절차 : 공청회를 통한 이해당사자의 의견수렴 없이 관세 등을 조정할 수 없으나 국제무역위원회의 영향평가 보고 전에 양허할 수는 있다. 미

무역대표부는 협상의 전 과정에서 의회자문위원 등과 협의·통지하여야 한다. 의회총괄그룹의 위원은 미국의 공식적인 협상자문자로 임명된다.

• 협상체결 전후 절차 : 협정체결 90일 이전에 상하원에 협정체결 의사를 통지하고, 연방공보에 공표한다. 국제무역위원회는 평가보고서를 제출하고, 민간자문위원회는 대통령과 의회에 보고서를 제출한다.

또한 4월 6일 임시국회에서 「제조업 등의 무역조정지원에 관한 법률안」(이하 '무역조정지원법'으로 약칭)이 통과됐다. 정부는 4월 18일 이 법을 공포하고, 시행령 제정 등을 거쳐 2007년 4월부터 시행할 계획이다. 이번 시행령에는 운송업과 애프터서비스업 등 제조업 관련 서비스업도 지원대상에 포함될 예정이다. '무역조정지원법' 제정에 따라 정부는 내년부터 10년간 FTA 피해를 입은 기업에 2조 6400억 원, 근로자에게 2073억 원 등 모두 2조 8473억 원을 지원하게 된다. FTA 이행으로 피해를 받는 무역조정기업은 정보제공과 단기 경영자금 융자, 경영기술 상담, 경쟁력 확보자금(기술개발, 설비투자자금), 융자 지원, 기업구조조정조합 출자지원 등 구조조정 전 과정에서 지원을 받는다. 무역조정근로자는 산업별 특성에 따라 특화된 전직 재취업 지원서비스도 제공받는다. FTA 상대국에서의 상품·서비스 수입 증가로 6개월 이상 매출액이나 생산량이 25% 이상 감소하는 피해를 입거나 그럴 가능성이 농후한 기업들이 제출한 무역조정(구조조정) 계획이 경쟁력 확보 등에 적합하면 무역조정 기업으로 지정될 수 있다. 근로자의 경우 실직 또는 근로시간 단축이 이뤄지거나 그럴 가능성이 큰 무역조정기업, 무역조정기업에 납품하는 기업, 수입상품 증가로 상품의 제조시설을 해외로 이전한 기업 등에 소속돼 있으면 근로자 대표나 사업주가 '고용안정센터'를 통해 신청하거나 노동부 장관의 직권으로 무역조정근로자로 지정될 수 있다.

그러나 제정된 ‘무역조정지원법’은 FTA 등으로 실제 피해를 입은 이들에 대해 지나치게 까다로운 제한을 두고 있으며 지원 내용도 보잘 것없어 법의 본래 취지가 심각하게 훼손됐다. 민주노동당 심상정 의원은 “본 법안에 따라 피해구제를 받기 위해서는 무역협정이 ‘주된 원인’이 되어야 하지만 경기변동, 산업구조조정 등 복합적인 요인에 의해 피해가 발생하는 상황에서 주된 원인을 증명하기란 사실상 불가능하다”고 지적했다. 심의원에 따르면 무역조정지원 제도를 세계에서 최초로 도입한 미국에서도 도입 초기에 이렇게 엄격한 지원요건을 적용했으나 어느 누구도 지원대상 자격을 인정받지 못하자 요건을 완화한 바 있다. 또한 요건을 충족하더라도 지원받을 내용이 너무 미약하다. 기업에는 ‘정보 제공, 융자 지원, 상담 지원 등’을 제공하고, 노동자에게는 ‘취업정보 제공, 취업 상담, 전직 지원 등’을 제공한다고 하지만 이는 이미 존재하는 「고용보험법」이나 「중소기업 진흥 및 제품구매 촉진법」 등을 통해 받을 수 있는 혜택과 별반 다르지 않다. 이 법은 무역피해자를 구제하기 위한 실질적인 조치라기보다는 FTA 추진에 따른 정치적 반발을 무마하려는 정부의 책임회피성 법안에 불과하다.

따라서 민주노동당이 제출한 ‘무역조정지원법’의 내용을 담도록 법률을 개정해야 할 것이다. 즉 FTA체결에 따른 지원으로 한정하지 않고 일반적인 수입의 증가가 기업 혹은 노동자 등이 입은 피해에 중요한 원인이 됐을 경우 지원받을 수 있도록 하고, 지원대상은 노동자·기업·농어업인·지역·산업으로 하되 피해가 현실화하기 이전의 사전적인 지원에 초점을 맞춰야 한다.

그리고 기업을 위한 지원은 직접적 피해기업과 2차적인 피해기업을 대상으로 하되 노동자에 대한 지원은 직접적 피해노동자뿐 아니라, 2차적 피해기업노동자, 해외로 이전하는 기업에 종사한 근로자 등을 대상으로 직업교육수당(최장 2년 : 미국과 동일), 무역조정수당(수입보조) 등을 지급해야 한다. 같은 업종에 속하는 다수 기업이 무역조정기업으로 인정되거나 통상조약의 체결로 인해 특정 산업이 특히 피해를 입을 경우에는 산업에 대해 지원하고, 특정 지역에 다수의 기업·노동자가 무역조정기업·무역조정근로자 등으로 지정되거나 통상조약체결로 특정지역에 피해가 특히 예상되는 경우에는 그 지역에 필요한 지원을 제공해야 한다.

마지막으로 지원에 소요되는 재원은 '무역조정기금'의 설치를 통해 정부의 예산과 더불어 통상조약의 체결로 득을 보는 기업 등이 출연 혹은 기부하는 자금을 통해 조달해야 할 것이다.

4. 맺음말

한미FTA는 한국경제와 사회에 큰 혼란과 위협을 초래하게 될 것이다. 관세철폐에 다른 경제적 효과는 크지 않고 무역수지는 오히려 악화될 전망이다. 단기적으로는 고용이 감소할 수 있다. 미국의 상품과 서비스 공급이 확대되고 미국자본의 직접 투자가 늘어나면서 구조조정이 촉진되는 결과, 경쟁력이 높아질 것이라는 전망은 너무나 막연하고 근거가 박약하다.

따라서 협상체결 시도를 중단하는 것이 옳다. WTO/DDA 협상을 통해 개도국과 연대해나가야 한다. 그리고 한·중FTA, 한·일FTA 등 인접 국가와의 경제협력을 강화한 후 한미FTA 체결을 검토해야 할 것이다. 특히 동아시아 평화를 위해서는 중국을 소외시키면 안 된다. 주한미군의 전략적 유연성 확대가 주로 중국을 겨냥하고 있는 것이므로 한국으로서는 이를 용인해서도 안 될 것이다. 물론 어느 나라와 FTA를 체결한다 해도 농업과 서비스산업 무역 및 투자의 자유화는 예외로 하거나 보호를 유지하면서 추진하는 것이 타당하다.

또한 민주노동당이 여러 사회단체와 공동으로 발의하고 제출한 '통상절차법'을 제정하고 '무역조정지원법'을 개정하여 국민들이 충분한 정보를 제공받고 참여하는 속에서 협상을 진행해야 할 것이다.

제조업부문의 한미FTA 대응논리와 대안

백일[*]

한미FTA 발족시 제조업부문은 농산물 등 기타 부문에 비해서 상대적으로 심각성이 크지 않거나, 오히려 기타 부문의 피해를 보상할 것으로 기대되는 성장부문으로 포장되고 있다. 재정경제부에 의하면 GDP 3% 인상을 전망하며, 미국제무역위원회는 GDP 0.69% 성장, 가장 낙관적인 전망을 제시하는 대외경제정책연구원은 심지어 실질 GDP 7.75%(352억 달러), 대미 수출 12.1%(54억 달러), 고용수준 3.3%(55만 명)의 증가를 주장한다. 전경련을 위시한 대기업들이 초기에는 반대하다가 한미 FTA가 본격 추진되면서 오히려 찬성 쪽으로 돌아선 것도 이런 제조업 낙관론에 편승하는 것으로 볼 수 있다. FTA는 세계 곳곳에서 대세(세계 교역량의 50% 추정)로 합리화되고 있다. 현재는 노무현 정부가 급작스럽게 이를 추진하는 과정에서 그 졸속성이 문제가 되고 있지만, 크게 보면 DDA 다자협상이 사실상 교착상태에 빠진 후 쌍무협상 FTA가 새로운 무역협상의 초점으로 대체되고 있으며, 한미FTA는 이 새로운 세계화의

---

[*] 이 글은 본인 백일(울산과학대 유통경영학과 교수)이 대표로 집필했지만 이에 필요한 연구는 이종탁(산업노동정책연구소 부소장), 이승협(중앙대학교 사회과학연구소 연구원)과 공동으로 진행했다.

파고에 휩쓸리는 과정으로 볼 수 있는 것이다.

한편 FTA는 양자간 윈-윈게임이 아니라 다른 한 쪽의 심각한 희생을 불러일으키면서 그 경각심이 반대급부로 확산되고 있다. NAFTA를 예로 들면 멕시코는 부분적인 무역량 증대에도 불구하고 성장저조, 심각한 경기파탄, 고용감소 현상을 맞이해 전세계를 상대로 FTA 협상동결을 선언했으며(2003년 11월), 2006년 미·스위스FTA, 미·아랍에미리트FTA, 미·카타르FTA 등이 연속해서 부결되는 등 세계적 반FTA 조류가 그 반대극으로 형성되고 있다. FTA는 사실 이처럼 양면적인 것이다. 그런데도 한미FTA는 앞뒤 사정의 재고 없이 브레이크 없는 기관차처럼 돌진하며 미무역촉진권한법(2007년 6월 만료)에 무조건 시기가 맞춰지고 있다.

FTA 추진론의 논리구조란 제조업 낙관론과 농수산물, 지적재산권, 서비스 분야의 경쟁력 강화라는 이원론으로 구성되어 있다. 즉 농수산물, 서비스 분야 등의 예상 피해종목은 다른 한편으로 경쟁력 강화의 계기가 되며, 단기적인 피해는 제조업과 무역규모 확장으로 보상된다는 것이다. 우리는 이런 제조업 낙관론을 정면으로 비판한다. 여타 부문이 상당한 기간을 두고 충격이 진행될 것임에 비해 제조업 분야는 시기상으로 한미FTA에서 가장 먼저, 직접적으로 피해받을 것이다. 그 피해는 관급기관들이 주장하는 일시적인 무역역조에 그치는 정도가 아니라 중소기업 도산 및 기간산업 대량 구조조정 등 궤멸적 피해로 이어질 수 있으며, 심지어 IMF사태 당시의 충격을 상회할 수도 있다.

만약 스크린쿼터 해제 등 한미FTA의 선결조건을 일방적으로 수락한 2006년 1월처럼, 제조업부문 일부쯤은 미국에 좀 양보해도 총괄적으로 한국에 유리할 것이니 '괜찮다'라는 들뜬 협상분위기가 지속된다면 그 협상에 대응하는 긴장도는 약화될 것이고, 대폭 양보마저 예상된다.

이는 한국 제조업부문의 심각한 타격을 예고한다. 제조업부문의 타격은 단순히 무역수지에만 그치지 않고 투자, 고용, 지적재산권, 물가, 환율 등에 최종적으로 영향을 끼친다. 즉 FTA협상과 그 효과의 시작과 끝에 제조업이 있는 것이다. 그러므로 이 보고서는 지금까지 낙관론에 가려져 제조업부문의 파급효과가 제대로 평가받지 못했으며, 비판의 일각에서조차 상대적으로 제조업의 위기가능성이 폄하되고 있음을 근본적으로 문제제기한다. 나아가 이 보고서는 FTA가 제조업부문에 끼칠 효과의 진상을 추적함으로써, 낙관론에 가려 간과되고 있는 제조업부문의 위험성 및 그 실현 가능성에 초점을 맞춘다.

1. 한미 무역구조 분석

2002년 이후 최근 4년간의 한미무역구조를 보면 수출이 수입보다 많다. 한미FTA는 양자간 무역자유화를 의미하므로 그 중심 이해관계자들, 주로 미국제무역위원회 또는 한국무역협회, 대외경제정책연구원 등 무역관련 관변단체에 의해 흑자가 확산될 것으로 주장된다. 그러나 한미 무역구조의 과거 실적에 비춰볼 때 필연적 낙관론이 자동적으로 나올 수는 없다. 이 점은 한미FTA의 효과를 분석한 대부분의 문헌에서 공통적으로 지적되는 사항이다.

한국의 대미 교역규모는 2005년 현재 수출 413억 달러, 수입 306억 달러, 무역수지흑자 107억 달러이며(자료 1), 무역비중은 수출 14.5%, 수입 11.7%로 중국·일본에 이어 3위의 규모이다. 반대로 미국의 한국 교역 비중은 수출 3.1%, 수입 2.6%로 캐나다·중국·멕시코·일본 등에 이어 7위다. 양국의 교역규모는 이처럼 그 비중이 지대하며, 이는 한미

<자료 1> 한국의 대미무역구조

단위: 백만 달러(%)

연도	수출(증가율)	수입(증가율)	수지(증가율)
2002	32,780(5.0)	23,009(2.8)	9,772(10.6)
2003	34,219(4.4)	24,814(7.8)	9,405(-3.7)
2004	42,849(25.2)	28,783(16.0)	14,067(49.5)
2005	41,343(-3.5)	30,586(6.3)	10,757(-23.5)

FTA가 다른 FTA협상보다 우선해서 전격 추진되는 배경이기도 하다. WTO출범과 1997년 IMF사태 이후 양국의 교역규모는 점차 증가하는 경향이지만 2004년을 제외하면 최근 4년간 한국의 흑자구조가 급감하고 있으며, 2005년 감소율은 무려 -23.5%였다. 그 원인으로는 NAFTA에 소속되지 않은 NAFTA 비회원국들에 대한 역차별(시장점유율의 역전 : 캐나다 17.2%, 중국 14.6%, 멕시코 10.1% / 증가율 23.8%), 미국의 저달러와 저금리, 슈퍼 301조 등의 보호무역조치, 미국의 경기침체와 내수부진 등이 꼽힌다.

그런데도 한국정부가 한미FTA의 실익을 거론하는 직접적 배경은 세계의 가장 거대한 시장인 미국시장의 큰 규모(1조 7천억 달러), NAFTA 비회원국의 역차별이 제거될 수 있다는 희망 때문이다. 이 문제에 대해서는 한국의 비교우위 가능성 종목에 대한 거론이 필수인데, 유력한 품목들로 꼽히는 분야는 수출비중에서 상위종목인 자동차 및 부품(26.1%), 무선통신기기(14.1%), 반도체(8.7%), 석유제품(5.2%), 컴퓨터(3.3%), 의류(2.5%), 철강판(1.9%) 등이다. 그러나 무관세 품목이므로 FTA 관세율 인하 혜택을 받지 못하는 선박·철강·반도체 등을 제외한다면, 수출입 규모와 관세율 격차를 감안한 제조업부문의 실질적인 유력 종목은 미국의 상대적인 고관세율 품목인 농수산(가공)물, 섬유/의류,

자동차 및 부품, 가죽/신발류로 압축된다. 반대로 관세율 인하로 한국에 수입될 미국측 품목은 거의 전 종목이다. 이 가운데 무역규모상의 상위 종목인 반도체(18.6%), 반도체장비(7.4%), 항공기부품(5.3%), 계측제어 분석기(3.8%), 컴퓨터(2.5%), 정밀화학원료(2.4%) 등, 그리고 관세율상으로 한국의 고관세율 품목인 섬유/의류, 농수산물, 석유류, 기계, 전자류 항목이 주된 관심 종목이다.

2. 한미FTA 제조업부문 추진논리 분석

한미FTA는 추진론자들의 주장처럼 급감하는 대미 무역비중을 획기적으로 역전시킬 수 있는가?

　　가장 높은 실적을 예상하는 쪽은 중장기적으로 82억 달러 대미수출 증가를 주장하는 정부 산하연구기관 대외경제정책연구원이다. 물론 이 통계는 조작논란에 휩싸여 있고, 심지어 이 통계를 수용한다 하더라도 대미무역수지는 단기적으로 29억 달러 감소, 가장 낙관적으로 봐도 6억 달러(중장기) 흑자에 불과하다. 미국제무역위원회의 보고서(2001년)에 의하면, 협정 직후 4년 뒤 미국의 대한 수출은 54% 증가, 즉 192억(공산품 87억, 농산품 104억) 달러, 한국의 대미 수출은 21% 증가, 즉 103억(제조업 29억, 섬유의류 70억) 달러 증가할 것으로 예측되고 있다. 이 보고서는 대표적인 낙관론을 보여주는 사례이지만 한국의 89억 달러 무역적자를 예상하고 있다(이는 미국이 한미FTA를 급진전시키는 근거이기도 하다). 요컨대 FTA 낙관론이란 무역규모 확대 낙관론에 불과하며, 이는 한국측의 중대한 무역수지 비관론을 낳고 있다. 무역규모가 증대해도 수입량이 수출량을 초과하면 결국 수입이 증대되니 비교열위에 있는 제조업부문의 대량 피해가 예상되고 있는 것이다. 이는 곧 한국의 피해가 더 클 것임을 암시한다.

이 보고서뿐만 아니라 대부분의 기관에서 무역수지 비관론을 전망하는 기본적인 이유는 우선 양국의 개방수준, 즉 관세율 차이 때문이다.

〈자료 2〉 한미 양국의 산업/품목별 주요 관세율

단위: %

산업/품목	한 국	미 국
농산물	46.2	9.8
석유류	5.8	2.2
섬유/의류	9.8	9.2
가죽/신발류	8.9	7.0
금속	4.7	1.9
화학제품	6.0	3.6
기계	6.0	1.3
전자	5.5	2.0
자동차	8.0	2.5

양국의 평균관세율은 11.9%(한국) 대 4.9%(미국)로 6%의 격차가 있다. 그런데 한국측은 관세율이 5~10%에 달하는 고관세율 품목이 61%로 대세를 차지하는 반면, 미국측은 무관세 품목이 45%로 절반이며 관세율이 5% 이하인 품목이 70%에 달한다. 즉, 관세율 격차가 2배 이상이기 때문에 미국은 FTA를 진행해도 잃을 게 거의 없는 반면, 한국은 그만큼 많이 잃을 가능성이 높다. 이런 교역상의 기본환경 때문에 낙관/비관론을 막론하고 모든 보고서에서는 거의 예외 없이 한국측의 불리한 무역수지 현상을 예측하는 것이다.

특히 한국의 비교우위 종목으로 예상되는 자동차, 무선통신기기, 섬유/의류는 관세율 혜택의 초점 분야이다. 그중 교역규모상으로 보면 초미의 관심사는 자동차부문이다. 이 부문에 대한 미국의 수입 관세율은 2.5%인데, 무관세가 적용되면 가격효과는 3백 달러 안팎으로 수출효과가 미미할 것으로 예상되나 미국시장 규모가 크기 때문에 기대치가 있으며, 한국측 관세율은 8%이기 때문에 수입효과가 적지 않을 것으로 예상하는 등 양측 다 기대하는 종목이 바로 자동차부문이다.

그러나 기본 여건은 한국이 불리하다. 2005년의 대미 수출격감 주요 품목은 자동차(-13.9%), 무선통신(-26.5%), 반도체(-21.5%), 컴퓨터(-28.7%), 의류(-32.2%) 순인데, 자동차 수출의 부진요인은 저달러, 미국시장 침체 등 주로 관세율과 관계 없는 총경기적 요소가 주류이기 때문이다(기타 무선통신·반도체 등은 무관세이므로 논외이다). 따라서 한미 FTA를 통해 가장 큰 혜택을 누릴 만한 부문은 좁게는 미국의 고관세율 품목인 섬유/의류부문, 넓게는 규모·관세율(고관세)·비관세장벽(세이프가드) 등에서 한두 가지씩 걸려 있는 자동차, 철강, 전자제품, 섬유/의류로 압축된다.

3. 한미FTA 진행시 제조업부문별 예상효과 분석

1) 자동차부문

한국의 대미 자동차수출은 대미 총수출의 1/4가량(2005년 26.1%)이다. 액수로는 85억 9100만 달러(2005년)로서 한국의 대세계 자동차수출 중 31.5%를 차지한다. 그러나 수입은 9,300만 달러에 불과할 정도로 미미하다. 한국의 대미 자동차 부품수출은 중국에 이어 2위(자동차 관련산업 총 대미 수출시장 점유비중 20%)인데, 부품수입은 자동차 관련 총 부품수입액 중 13%(2005년)를 차지한다. 즉 수출은 완성차 및 부품, 수입은 부품을 중심으로 이뤄지고 있다.

양국간 평균 자동차 관세율은 미국 2.5%, 한국 8%로 한미FTA의 관세율이 타결될 경우 한국의 수출은 관세인하에 따른 약간의 효과, 수입은 상당한 효과(관세 및 부가세, 특소세 포함 최종판매가의 10% 이상 효과)가 있을 것으로 추정된다. 예상되는 수입 증대부문은 대형/고급 완성차, 오토트랜스미션 등 첨단부품들이다. 한미FTA의 결과와 관계없이, 대미 자동차수출은 이미 낮은 관세율 때문에 많은 기대를 하기 어려우나 현대/기아차의 앨라배마 및 조지아 현지 생산공장 설립 등 투자확산 경향 때문에 부품수출은 증대할 것으로 예상된다(2005년 한국산 부품 수입증대율 45.2%). 그러나 부품수출의 증대는 미국내법(자동차에 관한 정보 및 비용절감법 중 라벨링법 : 미국 판매 승용차 부품 국산화율 규제 및 원산지 제한, 평균연비 규제 등), 미국자동차공업협회, 무역협회 등 자동차 관련 이해관계자들의 요구(자동차 세제/안전/환경기준/자동차금융제도 등 한국 시장 완전개방 전 미국의 관세율 인하 불허), 새로운 형태의 비관세장벽 가능성 때문에 적지 않은 수준의 수출규제가 예상된다.

반면, 수입과 미국의 대한 투자는 크게 유인되리라 예상되고 있다. 첫째, 관세인하폭이 크기 때문에 미국산 대형승용차의 적지 않은 수입증가가 예상된다. 대형차시장이 지속적으로 확장되는 추세에 의하면 이 부분을 과소평가할 수 없다(2005년 미국차 수입시장 점유율 0.52%).

둘째, 부품수입 및 자동차산업 구조조정 차원의 산업투자 확대, 즉 부품 및 완성차의 모든 부문에서 세계적 산업구조조정 발생가능성이 높다. 예컨대 한미BIT 이후 GM대우의 부품조립생산방식(CKD)과 델파이

코리아 부품공장 확대 등은 한국을 거점으로 하는 미국계 수직 아시아 부품기지화 확산(2005년 외국인의 자동차부품 투자증가율 24.8%) 계획, 즉 세계 자동차산업 장기구조조정 플랜의 일환으로 간주되는 것이다. 여기에 한미FTA의 효과가 더해지면 현재의 중소기업 위주 부품하청 구조는 미국계 대형 부품공급시스템의 영향을 더 크게 받을 것이며, 이 과정 중에 중소기업의 급박한 구조조정 시련이 예상된다.

셋째, 한미FTA가 선례가 되면 EU 또는 일본 등과의 FTA체결도 예상된다. 이 경우 대형차부문에서는 유럽차, 중/소형차부문에서는 일본차의 수입통로가 개설될 수 있고 단기적으로는 일·멕시코FTA, NAFTA, 한미FTA가 삼각구도로 우회되는 미국 현지생산 일본 중소형차의 수입 증대도 예상할 수 있다.

넷째, 미국의 요구사항인 배기가스 규제완화와 세제단순화가 타결되면 미국 수입차의 자동차 가격인하효과는 관세율 인하효과(약 10%)를 넘어설 것이다.

다섯째, 장기적으로 안전/환경기준 등이 강화되면 현재 수준의 기술표준과 기술력 격차(대체연료 기술 등 총기술격차 미국의 50~90% 수준)가 큰 부문 중심으로 지적재산권이 부가되어 총괄적으로 한국측 자동차 가격을 인상시킬 것이다.

여섯째, 한미BIT(2004년)가 한미FTA에 포괄되면 이행의무강제(이행되지 않은 사항에 대해 기업이 정부에 강제배상권을 청구할 수 있는 권한) 등 대표적인 악법조항이 포함되어 정부재정이 악화될 소지가 있다(NAFTA를 체결한 멕시코에서 소송이 남발한 전례가 있다).

일곱째, 한미FTA의 주 의제 대상으로 노동유연성과 실업보험 제도개선 등 해고와 고용시장 유연화, 임금인하, 외국인 투자규제부문(국영기업, 방송통신, 학교 등) 제한 해제, 수입차 소비자인식개선을 위한 한국

정부의 노력 평가 등 고용/투자 여건의 개선이 핵심적으로 지명되고 있다. 만약 이 요구대로 타결된다면 현재의 고용시장 유연화(비정규직 체계)와 소득양극화가 가속화되며 사회적 총구매력 부족의 결과로 내수소비시장이 더 악화되는 경기침체의 구조적 장기화가 고착될 수 있다.

여덟째, 내국민대우, 자유송금, 투자분쟁절차, 최고경영진 국적제한 철폐 등의 투자협정 타결 여하에 따라서 자동차산업의 취약한 소유구조는 적대적 M&A의 표적이 될 것이다. 지금까지 금융투기적 목표 중심의 외국인 투자관행에 따르면, 이 경우 높은 배당금 인상과 고수익 재매각 중심의 기업운행이 재현될 소지가 높으며, IMF사태를 뒤이어 기업잉여의 제2차 대량 외국유출도 예상된다.

총괄적으로 자동차부문은 미국의 낮은 기존 관세와 세이프가드 등이 약화되는 현실로 볼 때 한미FTA의 긍정적 효과를 기대하기 어려운 분야이며, 오히려 가장 큰 피해부문으로 전락할 가능성이 높다. 미국 자동차산업은 GM, 포드 등 빅3 전체가 위험상태로, 이들은 부시 정부에 강력한 보호조치를 요구한 상태이다. 한편으로 이들 빅3의 차후 생존전략은 부품조달(저급부품)의 모듈화/외주화(글로벌 네트워크)를 통한 원가절감, 중국·인도 등 아시아권 신흥시장 개척, 하이브리드카 개발 등 기술/품질경쟁에 맞춰질 것으로 예측되며, 이 경우 품질·가격경쟁 면에서 장래성 있는 한국의 자동차시장에 대한 공격적 시장/투자개척도 예상된다(M&A, 시장개방 요구, 부품산업 투자진출은 2004년 대비 24.8%가 증대됐다). 최악의 경우, 현대/기아차가 M&A된다면 한국 자동차산업(부품 및 완성차) 모든 부문의 소유/경영권이 상실되는 것이다. 따라서 한국은 머리는 미국에, 몸통은 한국으로 이원화되는 미국의 세계 자동차산업 구조조정 플랜, 즉 글로벌 네트워크의 아시아 생산기지로 전락할 것이다.

2) 섬유부문

섬유부문 대미 수출은 23억 2700만 달러(2005년 기준 총 대미 수출의 2.5%, 수출품목 8위)로서, 수출 구조는 의류(섬유제품 54.1%)와 직물 (32.6%) 중심이다. 2005년 대미 무역수지는 20억 달러로 흑자였다. 한국의 세계 총섬유수출 중 미국 비중은 16.7%, 미국내 섬유시장 수출점유율은 중국·멕시코·파키스탄 등에 이어 6위(3.99%)인데, 1995년 이후 10년간 시장점유율은 약 0.4% 하락했다. 미국의 섬유쿼터 폐지 이후 중국의 진출이 두드러졌는데 한국의 의류수출은 무려 32%(2005년), 흑자폭은 20%나 대폭 감소했다. 다른 해결책이 없는 한, 한국의 미국시장 점유율이 전반적으로 하강하는 추세는 불가피할 것으로 예상된다.

한편 대미 수입은 2억 3700만 달러(총섬유류 수입 중 3.5%)로서, 주요 수입품목은 국내에서 생산되지 않는 섬유사, 화섬원료 등 섬유원료 (63.2%) 제품이다. 한국무역협회에 따르면 인조부직표, 섬유편물 등 11개 수입민감품목이 분류되나 섬유수입 총액수 자체가 크지 않아 시장충격은 적을 것으로 예상하고 있다. 그러나 미국은 방직제품에서 경쟁력이 있으며(2005년 기준 165억 달러 수출, 세계시장 수출 3위), 한국의 섬유류 고관세율이 폐지되면 섬유원료, 방직제품, 고가의류의 수입이 증대되거나 기업 M&A도 가능하므로 한국무역협회의 전망은 수입 피해 가능성을 과소평가한 것이다. 예컨대 미국의 방직류는 2005년 중국과의 섬유협정 타결 이후 매출이윤율 등에서 경쟁력이 급속히 복구됐다.

그럼에도 불구하고 양국의 수출입 비중 격차 때문에 한미FTA가 타결될 경우 전반적으로 가장 혜택이 기대되는 제조업부문은 섬유(10~20% 성장 기대)이다. 한국의 섬유부문 평균관세는 9.8%, 미국의 평균관세는 9.2%이다(의류는 15%). 미국의 10% 이상 고관세품목은 총섬유품목 중 36.6%에 이르고 일부 품목(인조장섬유 메리야스, 방직용 섬유제품 등)은 25% 이상의 초고관세율이 부과되고 있다.

그러나 섬유부문은 양국이 모두 수출입 집중관리품목으로 초고율 관세를 부여할 만큼 시장보호 의지가 커서 협상의 난관이 예상되며, 관세율 협상이 타결된다고 해도 원산지 증명 등 각종 비관세장벽이 줄줄이 준비되어 있다.

한국에서의 섬유부문 낙관론은 현재의 섬유부문 수지흑자 상태(전반적 경쟁력 우위)를 감안해서 파급된 것이다(미국제무역위원회의 보고서에 따르면 한국의 섬유의류수출은 18% 증가된다). 한국의 주력 수출부문인 의류는 대부분 고관세율이어서 사실상 한미FTA의 관세율 인하효과는 작지 않을 것으로 예상된다(혼방직물, 양말 등 미국의 고관세품목 수출증대도 예상된다). 그러나 관세율 인하효과가 100% 발휘될지는 의문이다. 왜냐하면 섬유류 평균관세율 9%는 세계 섬유평균가격 격차를 극복할 절대적 크기가 아니기 때문이다. 한국산 의류의 평균단가(3.20달러)는 관세율 인하효과를 감안하면 2.9달러(관세율 10% 인하시)이며, 이는 대미 섬유수출시장 상위집단인 중국, 베트남, 방글라데시, 엘살바도르(1.87달러) 등에 여전히 많이 못 미친다. 둘째, FTA로 인한 관세율 인하는 주로 단기 교역량 증대만 가져올 것이며, 장기적으로는 상품품목의 기본적인 가격차(임금, 원료, 기술요소 등)를 넘을 수 없다. 즉, 관세율의 고저는 보호무역주의의 집약적 견제수단일 뿐이며, 한시적인 역차별에 불과하다. 미국은 수십 개의 FTA협상을 동시 진행 중이다. 예컨대 미국이 중국과 FTA를 체결하면 한미FTA의 효과는 간단히 증발한다. 2005년 섬유쿼터제 폐지 후 미국의 섬유시장을 급격히 차지한 중국의 사례는, 섬유산업의 근본 문제가 교역조건이 아니라 산업의 기본 경쟁력임을 가리킨다.

그러므로 대미 수출시장 기대가 장기화하려면, 한국의 주력 섬유수출품목인 중저가 의류와 직물에 대한 총괄적인 가격인하가 관건이 된다. 이 가격조건을 맞추는 수단은 다국적 생산과정이 유일하며, 이 경우에 초미의 관심사는 개성공단 가공제품의 원산지 인정 여부이다. 개성공단 제품은 평균임금(월 평균 50달러)과 지리적 근거리 이점 등에서 다른 동남아 지역에 대해 경쟁력을 갖추고 있다. 그러나 북한이 이란 등과 함께 미국의 대표적인 무역제재국이라는 단점이 있다. 초점인 개성공단 제품의 원산지 인정 여부는 미국의 대북 무역제재와 비관세장벽인 원사기준(섬유류의 엄격한 원산지 관리규정)의 해제가 관건인데 전망은 밝지 않다. 물론 이 부문이 타결되지 않으면 개성공단 섬유류제품은 35~90%의 고관세율을 적용받아야 하며, 수출은 불가능하다. 섬유업계에서는 미국의 원산지규제 강화 의지가 너무 강해 이를 대체하는 제한적 무역특혜수준 등의 우회접근 방식도 타진하고 있으나, 원사기준 해제효과에 비할 바 아니며, 타결 가능성도 밝지 않다. 미국은 17개 주협상의제 중 섬유부문을 제조업 단독 협상부문으로 승격시킬 정도로 관심을 표명하고 있으며, 섬유의류부문 중심 이해단체인 미제조업무역행동연합은 개성공단은커녕 심지어 중국 제품이 한미FTA를 통해 원산지 규정을 우회할 수 없도록 더 엄격한 원산지 규정을 요청하는 실정이다. 이런 사정으로 보면 원사기준은 한미FTA에서 예외조항으로 누락될 가능성이 높으며, 이 경우 한미FTA가 섬유부문에 끼칠 장기 효과는 거의 장담할 수 없는 것이다.

슈퍼 301조 등 미국의 무역구제법상(반덤핑, 상계관세) 한국이 규제를 당하고 있는 품목은 2006년 현재 19건인데, 스탠다드강관 등 철강 제품(14건)이 주종을 이루고, 섬유부문은 폴리에스터 단섬유사가 집중 규제품목이다.

3) 전자·철강·기계류·석유화학부문

2005년 전자부문 대미 수출규모는 총 145억 달러이며, 무선통신기기와 반도체가 95억 달러(65%)로 대부분을 차지한다. 전자부문 평균관세율은 한국이 5.5% 미국이 2%로서 한미FTA가 타결되면 미국이 관세율효과에서 우위에 선다. 그러나 핵심 수출입품목은 한국이 무선통신기기/반도체, 미국이 반도체로서, 양측 다 반도체부문이며 반도체부문 관세율은 무관세이므로 관세율에 따른 수출효과는 기대할 수 없다. 가전제품 일부에서 2% 이내의 작은 수출효과가 예상되나 NAFTA에서 우회생산된 가전제품의 역수입(컬러 TV 등 한국측의 주요 가전제품 수입관세율 8% 철폐시 타격) 증대효과가 더 클 것으로 예상된다. 전자부문 대미 수출은 큰 폭의 감소추세(무선통신기기 -28.9% 감소)에 있기 때문에 한미 FTA에서 상계관세(하이닉스 반도체 디램) 등 비관세장벽이 초미의 관심사이나, 여타 부문과 마찬가지로 비관세장벽은 가장 타결이 어려운 부분이다.

철강부문 또한 무관세품목이며 초점은 역시 비관세장벽 해제로 집중된다. 그러나 대표적 비관세장벽인 반덤핑 상계관세는 미국 무역촉진권한법에서 명시적으로 배제되고 있고 미국이 개성공단 원산지 불인정 등과 함께 부문별 비관세장벽 수호의지를 밝히고 있어, 대표적 집중관리종목인 철강부문 비관세장벽 타결효과는 기대하기 어렵다. 비관세장벽 해제가 어렵다면 철강부문도 기본 관세율의 차이 때문에 역시 한국이 불리하다.

기계류와 석유화학부문의 관세율은 철강보다 상대적으로 높다(기계류 평균관세율은 한국이 6.0%, 미국이 1.9%이다). 따라서 관세율 철폐시 한국의 무역수지 효과는 철강보다 더 불리하다. 기계류는 대미 수입 주요품목으로써 반도체 조응장비(대미 수입비중 7.4%), 계측기, 분석시험기, 의료용 전자기기 등 기초장비 위주이며, 수입선은 주로 일본과 교차된다. 그러므로 관세율 인하 수입효과는 일본제품에 대한 미국제품의 경쟁력 강화로 귀결되리라 예상된다. 기초장비 기계류산업은 이 부문이 취약한 한국에서 보면 산업타격보다는 수입선 변화가 예상되는 정도이나, 현재 성장단계에 돌입한 의료기기부문은 적지 않은 산업타격이 예상되는 부문이다. 의료장비부문은 한미간의 기술격차가 상당하며, 관세 철폐와 지적재산권이 함께 강화되면 자생적 생존이 거의 불가능할 것으로 평가된다.

4. 한미FTA 제조업부문 이해관계자 요구사항 및 예상 주요의제 분석

제조업부문에서 한미FTA 추진의 선결조건으로 먼저 양보된 문제의 종목은 의약품(의약품 재평가제도 개정 시도 중단, 2005년 10월 30일)과 자동차(자동차 배출가스 기준 강화안의 수입차 적용 2년 유예, 2005년 11월 6일)부문이다. 이 두 부문은 한미FTA 17개 협상분과 중에서 상품무역 분과의 별도반(자동차, 의약품·의료기기 작업반 별도 설치)으로 지정되어 한미FTA 제조업부문의 초점이 되고 있다. 협상의제 17개 분과 중 제조업과 관련된 종목은 직접적으로는 상품(의약·자동차), 섬유 등 2대 종목이며, 간접적으로는 원산지·통관, 무역구제, 검역·검사협정, 기술장벽, 통신·전자상거래, 투자, 경쟁, 지적재산권, 노동, 환경, 분쟁해결·투명성·총칙 등 11개 분과로, 총 13개 분과에 이른다. 이 분과들은 크게 부문별 관세율 협상과 비관세장벽 협상으로 구성되어 있으며, 비관세장벽 협상으로는 무역규제(반덤핑, 상계관세, 세이프가드 등)와 원산지규제, 시

장보호 등이 초점이다.[1]

미무역대표부의 무역장벽보고서[2]에 따르면 미국은 자동차부문에서 한국측 표준화 조건(번호판, 자동차 배출가스기준 등 : 세계최고수준 배출가스 규제기준 및 유럽식 번호판 표준 적용으로 미국차 수입불가 이유) 예외 조치, 조세인하(관세철폐, 세제단순화), 통관심사 간소화 등을 관철시키려 할 것이 예상되며, 섬유부문에서는 중국이나 개성공단 제품의 우회수입을 반대하는 엄격한 원산지 규정(원사기준)을 두드러지게 요구할 것이다. 그밖에 미국은 공식/비공식 경로로 기존의 반덤핑 및 상계관세 정책 수정 불가(미무역촉진권한법에서 명시적 배제), 비자면제 의제 제외(무역협정인 FTA의 협상요건이 아님) 등을 시사한 바 있으며, 모든 투자부문에서 예외없는 내국민대우, 외국인 소유지분 제한 철폐 등을 중심으로 자기 이해를 피력하고 있다.

기존의 한미BIT와 NAFTA로 예상할 수 있는 한미FTA의 중심 투자의제를 보면, 제조업 투자부문에서는 외국인 경영권 국적제한 해제, 이행의무 강제를 포괄한 투자분쟁, 잉여유출과 관계된 자유송금의 채택

---

1) 협상분과 구성시 미국은 자동차·의약품 별도 작업반 요구 등 관세율과 자국 우위/열위 종목 구분에 초점을 뒀다. 한국은 상품 분야(통관절차 간소화, 화물수수료 및 유지비 폐지, 미국 수입농산물 심사절차 단축, 육류성분 식품수입금지 완화, 개성공단 제품의 한국산 원산지 인정, 반덤핑조치 남용 방지 등), 서비스 분야(정부조달품 미국적선 운송의무 폐지, 미국 내 공사발주 때 국내은행 발행 계약 이행보증서 인정, 간호사·건설기술사 자격증 상호인정, 비자면제제도 조속 추진 및 관광객 무사증 입국 추진), 시장보호 분야(감귤, 닭고기, 담배, 유가공, 보조사료 등 양허대상에서 제외. 포도, 맥주, 주정, 간장 등은 장기적으로 관세 철폐), 기타 분야(원산지 증명 자율증명 원칙 희망, 모듈분야 미국측 관세 철폐, 상계관세와 반덤핑 관세 완화, 제3자 부채규모 대비 자산규모 90% 유지 의무 폐지, 소액예금 취급 허용; 투자적격 유가증권 범위 확대, 이중인가 제도 개선) 등에서 의견을 제출했다(외교통상부 한미FTA기획단, 3월 9일~5월 5일 의견수렴).

2) 구체적 협상분과 대상인 자동차/섬유부문은 물론 제조업 전반에 대한 미국의 요구항목으로 예측되는 주요 참고지침은 미무역대표부의 무역장벽보고서(2006), 한미BIT(2004), 관련 이해관계자(미국자동차공업협회, 미제조업무역행동연합 등)의 요구사항, 미국제무역위원회의 협상전략보고서(2006), 주한미국상공회의소의 정책보고서(2005), 미·호주FTA, 미·페루FTA, NAFTA 등 기존 FTA 협정문 등이다.

등 투자/수익처분 자유화 확대가 그 핵심으로 압축된다. 미국의 의도가 모두 관철될 최악의 경우를 가정하면, 투자부문에서는 공격적 투기 자유화와 대정부 상대의 손해배상청구 투자분쟁 증대, 주요 기업 경영권에 대한 공격적 M&A의 성사 등 경제잉여의 자유로운 유출 여건 구성이 예상된다. 그리고 노동시장 분야에서는 고용유연화 확대, 대체근로 허용 등 노동쟁의 제한, 실업보험 등 고용후생수준 약화를 통한 임금인하가 확장될 것이다.

그렇다면 이런 막대한 피해를 감수하고 얻어낼 한국의 궁극적 결과는 과연 무엇인가? 관급 보고서들이 주로 예로 드는 긍정적 결과는 한·칠레FTA 사례이다. 예컨대 한·칠레FTA의 결과는 FTA 발효 후 2년차 수출실적이 52.6%로 늘어났다는 것이다.[3] 즉, 주된 합리화 논리는 무역량 확대라는 바로 그 논리다. 그러나 수입도 덩달아 늘어나서 무역수지 연간 적자가 발효 전 524억 달러에서 발효 후 2년차 1,095억 달러로 더 증가한 것은 어떻게 평가해야 하는가? 게다가 FTA는 단기효과로 평가해서도 안 되지만 무역수지 증감만으로 평가해서는 더 안 된다. NAFTA 사례에서처럼 FTA로 인한 교역량 증대의 이면에는 해외 초국적 자본들이 국가 기간산업을 완전히 장악하는 과정과 과도한 투자자 보호의 반대급부로 노동시장 및 취약부문(농업 등)의 처절한 희생이 뒤따른다.

한미FTA는 미국의 무역수지 우위라는 결과가 거의 모든 보고서에서 예측될 정도로 기본 여건이 한·칠레FTA보다 훨씬 안 좋은 조건이다. 양국의 교역규모 비중상 대규모 변화가 예상되며 산업연관율 또한 한·칠레FTA와 비교할 수 없을 만큼 크다. 현재 양측의 요구사항으로 보면 제조업부문 비관세장벽은 상대적으로 협상대상에서 누락될 만큼 산업

---

3) 대외경제정책연구원, 『한미FTA 바로 알기 2006』, 대외경제정책연구원, 2006.

보호 수호의지가 강하기 때문에, 한쪽이 무엇을 내놓으면 다른 쪽은 더 큰 무엇을 희생해야 하는 제로섬게임을 각오해야 한다. 즉 이는 애초에 불리한 여건에서 한국의 희생이 더 클 것임을 암시한다. 이 상태에서 NAFTA에서처럼 비관세장벽(특히 투자/고용부문)이 해제되면 심지어 일부 기간산업의 치명적인 궤멸까지도 각오해야 한다. 그러므로 제조업은 농업/서비스부문 등의 피해를 보상할 만큼 낙관적이지 않으며, 다른 여타 부문을 능가하는 FTA 피해의 핵심부문이라고 보는 시각의 근본적 변경, 위기의식이 요구되는 것이다.

5. 결론 : 제조업 부문의 한미FTA 대응논리와 대안

NAFTA는 무역협정이 아니라 투자/고용협정으로 더 많이 불리고 있다. NAFTA 중심국의 하나인 멕시코는 2000년 이후 평균 3% 경제성장률, 무역수지 대미 흑자(2005년 기준 650만 달러), 연평균 150억 달러의 외국인 투자 등 외관상 긍정적인 평가를 받는다. 그러나 무역수지 호조는 NAFTA에 따른 효과라기보다는 석유 등 국제 원자재가격의 급등이라는 외부적 환경요인이 크다. 게다가 경제실적 이면에서는 최악의 저성장(NAFTA 12년 연평균 1인당 GDP성장률 1.4%), 국영재산 석유의 민영화/외국자본화, 대부분의 멕시코 농가파산과 높은 식량가격(카길과 같은 세계적 곡물자본의 시장 장악), 해외투자기업의 특혜적 시장 접근 허용과 과잉보호, 이행의무강제 조항 남용(외국인 투자자들은 자신들의 이해가 침해됐다는 이유로 빈번히 정부를 제소했다. 1994~2005년 국가간 투자분쟁 피소건은 42건으로서 미국 피소 15건, 캐나다 9건, 멕시코 18건이다), 빈부격차와 임금인하(제조업 실질임금 10년간 -20.6% 하락) 및 비정규직 양산(총경제활동인구의 대부분인 71%가 비정규직), 국제분업구조에 따른 저급 산업재편 등 투자·고용·소유구조상의 문제가 발생하고 있다. 즉 무역량은 증대했으나 변화된 산업구조로 인해 투자/잉여유출/노동여건 악화가 총체적으로 심화된 것이다.

단적으로 말해 멕시코의 산업구조 전체가 해외지향적으로 완전히 선회하면서 자율적 산업운용은 불가능해졌으며, 거대 초국적 기업의 이해가 중심적으로 관철되는 등 NAFTA 중심국 미국의 역내 하위 분업구조가 됐다. 요컨대 1994년 데킬라 위기 이후 NAFTA를 중심으로 운용된 멕시코경제는 석유, 농업, 정부보증, 노동시장을 희생해 미국의 하위 분업구조라는 자리와 무역수지를 구입한 격이다.

최근의 미국측 FTA 협상지침은 거의 예외 없이 멕시코 사례와 같은 NAFTA 투자협정 기준을 중심에 둔 채, 관세율 인하와 무역자유화 추진을 대가로 자신의 비교우위인 농업·서비스·지적재산권을 협상의 중심에 놓고, 비관세장벽에서 타협하지 않는다. 2006년 미·스위스FTA의 결렬 등은 모두 비슷한 협상조건, 즉 미국의 과도한 요구와 불공정성에 기인한다. 미국은 자국 시장규모의 거대함을 미끼로 교역대상국의 완전무역/투자자유화를 요구하는 것이다. 이것의 추진이 가능한 이유는 미국이 경제규모의 90%가 내수 중심인 탄탄한 산업구조를 가지고 있기 때문이다. 기축통화국으로서 금융과 투자부문의 자본역량이 막대하며, 서비스부문의 우위와 절대 다수의 세계적 지적재산권을 보유하고 있다는 배경이 있다. 미국이 전세계에 걸쳐 동시다발적으로 FTA를 추진하는 것은 이처럼 무역과 실물부문의 희생을 금융 역량(금융적 동기) 등에 의해 충분히 보충할 수 있는 구조를 갖고 있기 때문이다. 그렇다면 한국처럼 미국과 같은 조건을 갖추지 못한 국가가 이 불평등한 기본 여건의 불리함을 뚫고 투자/지적재산권 등 비교열위 조건을 대량 허용하며, 대다수 품목이 무관세/저관세 구조의 환경에서 거의 효과도 없을 FTA를 기대하는 것이 과연 타당한 무역전략인가? 관급기관들은 이를 유일한 해법으로 과장하지만, 다른 해결방법도 얼마든지 있다.

그러나 우리는 먼저 정부의 FTA 불가피론을 원점에서부터 다시 따져봐야 하며, 그 실익도 철저하게 재검토해야 한다. 그 다음으로는 한미 FTA가 총론적으로 결코 이익이 아니라, 잘못 추진되면 산업구조를 완전히 바꾸고 악순환을 영속시킬 만큼 파괴적인 위력을 가지고 있다는 점을 경각해야 한다. 즉 한미FTA 협상은 미국의 의회일정과 한국의 '임기 내 특별한 업적' 운운 등 납득하기 어려운 정치성 목표나 목적 외 변수로 갑작스럽게 추진해도 될 만큼 가벼운 사안이 아니라는 것이다. 그러므로 현재는 급조된 한미FTA 협상추진을 중지시키고, 더 늦기 전에 재검토할 시간적 여유부터 확보해야 우리는 비로소 그 해결책을 다시 논의할 수 있다.

이 시간적 문제의 해결을 전제로 우리가 검토할 수 있는 한미FTA 해결책은 두 가지 방향이다. 첫째, FTA가 전혀 실익이 없다면(FTA 무용론) FTA는 진행되어서는 안 되며, 다른 대안이 모색되어야 한다. 둘째, FTA가 다각도로 검토되고 실익이 있다면(FTA 수용론), 미국을 포함한 모든 국가들과의 실익까지 검토되어야 하며, 그 협상의 우선순위 지정과 FTA 피해부문에 대한 구제방식이 제시되어야 할 것이다.

먼저 FTA 무용론을 주장하려면 외향적 발달과 급진적 교역을 부정하는 것인 만큼 다른 대안, 즉 FTA가 없어도 현재의 세계무역자유화 수준을 헤쳐 나갈 산업경쟁력의 근거를 제시하든가, 아니면 외부의존도를 줄이고 자국의·내부 구매력을 제고시키는 수단, 즉 세계시장을 대체할 새로운 무엇을 제시해야 한다. 한 가지 가능성은 세계 최상위권의 외환보유고와 충분한 유휴자본 규모에서 볼 수 있듯이 더 이상 외부자금을 유입할 필요가 줄고, IMF사태 당시와는 달리 내부 투자여력이 좋다는 것이다. 그러나 소비여건은 그렇지 못하다. 가계의 비소비지출(조세, 준조세, 대출이자지급 등) 급증(총소득의 40~50% 규모), 고용불안과 투기고양, 노동소득 저하 등의 총구매력 부족요인이 내수시장을 장기 침체시키는 주원인이다. 그러므로 FTA 불가피론을 철회시키려면 추락한 내부구매력 복구, 비소비지출요인(조세, 연금, 부동산비용 등) 인하와 주소비원인 (근로)소득안정 계획(비정규직 감소 등) 등 구체성을 갖는 구매력 회복 프로그램을 FTA에 대한 대항수단으로 제출해야 한다.

둘째, FTA 수용론을 주장하려면 현재 문제가 되고 있는 한미FTA와는 다른 가능성까지 검토해야 한다. 이것은 냉정한 실익을 근거로 여러 국가들에 대한 다각적인 FTA협상 우선순위를 검토하는 자국 이해 중심의 방향과, 공동결속을 통한 다자블록형 FTA 구성방향으로 양분될 수 있다. 전자가 자국의 이해를 중심으로 협상대상국마다 개별적으로 FTA 실익을 점검하고 그 우선순위를 정하는 최소한의 소극적인 방식이라면, 후자는 베네수엘라·쿠바 등 새로운 중남미의 FTA 결성을 도모하는 움직임처럼 공동의 이해가 가능한 국가들끼리 새로운 블록을 엮어 세계적 신자유주의 흐름에 대항하는 적극적 방식이라고 할 수 있다.

어떤 방식을 제시하든 FTA를 둘러싼 제반 갈등은 불가피하게 우리를 세계 무역전쟁의 한복판에 밀어넣을 것이다. 따라서 우리는 피해를 최소화하고 수혜를 최대화하는 쪽으로 이를 헤쳐 나가야 한다. 그 와중에 우리는 지금까지 제조업부문에서 FTA 낙관론에 편승해 소극적인 방식으로 한미FTA를 긍정했던 것이 사실이며, 한편으로는 관세인하와 더욱 강화될 임금인하/고용유연화를 내심 기대했는지도 모른다. 그러나 석유/노동시장 등을 희생하는 대가로 외부시장에 매달렸던 NAFTA, 멕시코 사태는 초국적 자본의 세계화와 고용유연화가 경제구조를 어떻게 파괴하는지를 잘 보여주고 있다. 물론 한미BIT 이후 취약한 국내 소유구조를 노린 최근의 외국계 적대적 M&A 실태처럼 우리도 여기에 근접해 있다. 한미FTA가 이 과정을 더 가속화시킬 것은 물론이며, 그 초점은 결국 제조업으로 귀결될 것이다. 기본적인 해법은 약점을 최소화하는 것이다. 당장 눈앞에 있는 이익이 아니라 내구력, 즉 자생력 있는 투자와 소비를 원활하게 순환시킬 수 있는 시스템을 갖춰나간다면 외부의 도전에 응전하는 최소한의 대응력 내지 협상력도 당연히 증대한다.

냉정하게 말해서 실익이 검증된다면 한미FTA도 무조건 반대할 것이 아니다. 그러나 현재의 한미FTA는 딱히 내세울 실익이 없다. 산업의 전면적인 변화와 구조조정, M&A, 노동시장까지 희생해야 하는 마당에 과연 다른 모든 사안을 제칠 정도로 절박한 당면의 과제인가? 한미 교역량은 2000년 이후 급격히 감소하는 추세다. 이것은 NAFTA에서 배제됐기 때문이 아니라 중국 등이 세계시장에 무섭게 진출했으며, 한국의 여건상 미국의 저급시장이 매력을 띠던 시기가 지났기 때문이다. 한국의 대미 의존도는 이처럼 더 이상 절대적이지 않으며 이미 다른 길이 모색되고 있다. 한국은 전환점에 서 있다. 그러나 오히려 급한 쪽은 심각한 제조업의 타격을 받고 있는 미국이다. 그렇다면 더 절실한 쪽이 더 많이 내놓아야 한다는 것이 우리의 생각이다. 아시아시장과 한국시장이 돌파구라고 생각하는 누구든지 당연히 더 많이 내놓아야 한다. 우리는 차라리 한미FTA가 추진되지 않는 쪽이 나으며, 추진한다고 해도 최소한 현재의 급조된 한미FTA보다 훌륭한 다른 대안이 있다고 생각하기 때문에 한미FTA를 반대한다.

한미FTA에 숨어있는 괴물, 초국적 농식품복합체

윤병선[*]

미식품제조협회는 식품과 농산물의 자유무역을 강력하게 지지한다. …… 한국은 농산물부문에서 우리의 6번째 교역상대국이고, 미국의 농산물에 대해 25억 달러의 수출시장을 제공한다. …… FTA는 미국 식품회사가 한국시장에 좀더 쉽게 접근할 수 있도록 해줄 것이며, 가공식품과 음료에 대해서도 새로운 기회를 제공할 것이다.

— 칼 둘리(미식품제조협회 회장)

이 나라(한국)는 미국 낙농산업에 전략적으로 중요한 곳 중의 하나이기에 우리는 이런 사업을 환영한다. …… 2004년 우리는 한국에 4,600만 달러의 유제품을 수출했다. 작년에는 한국으로의 선적이 두드러지게 증가했는데, 총수출이 2005년에는 5,800만 달러에 이를 것으로 예측된다. 미국 낙농제품수출에서 한국은 성장 잠재력이 큰 매우 매력적인 시장이다. — 제롬 코작(전미우유제조연합 회장), 토머스 M. 수버(미국유제품수출 평의회 의장)

---

* 건국대학교 경제학과 교수, 한국농어촌사회연구소 연구위원.

1. 누가 '자유무역'을 외치는가?

한미FTA 협상을 시작한다는 선언과 함께, 미국의 농업 관련단체들은 일제히 환영 의사를 표하면서, 자신들의 이익을 더욱 확보하기 위해 더욱 확실한 '자유무역'을 요구하고 있다. 예를 들어 미국육우협회도 한국과의 FTA협상을 적극적으로 환영하고 있다. 이들은 한국을 미국 육우생산자들에게 가장 중요한 수출시장으로 생각하고 있기 때문에, 그들의 표현대로 "매우 안전한 고품질의 미국 쇠고기"를 수출할 수 있는 능력이 확충되기를 기대하고 있다. 또한 미국 육우생산자들은 "현재 한국의 비과학적인 금지에 직면"해 있다고 주장하면서, 한국시장이 모든 미국산 쇠고기에 대해 '완전 재개방' 하기를 기대하고 있다. 대목장주들이 주 회원으로 참여하고 있는 미국육우협회 같은 협회도 한미FTA의 성사를 기대하고 있지만, 본질적으로 농산물의 '자유무역'을 추진하는 첨병에 서 있는 것은 초국적 농식품복합체들이다.

"개도국에서 가장 절실한 농업적 과제는 국내에서 소비되는 식량의 생산능력을 개발하는 것이라고 믿고 있는데, 이는 잘못된 생각이다. …… 각 나라는 국내에서 가장 생산률이 높은 품목을 집중적으로 생산해서 교역해야 한다. …… 생계형 농업은 자원의 오용을 부추기고 환경을 망칠 뿐이다"(18년간을 카길의 사장으로 있다가 회장으로 승진한 휘트니 맥밀런의 말)는 것이 이들의 신념이다. 이에 입각해 초국적 농식품복합체들은 전지구를 대상으로 하는 지역별 특화를 추진해오고 있으며, 이에 대한 장벽을 없애는 과정이 WTO이고, DDA이고, FTA다.

카길 스스로의 언급처럼 "미국 플로리다 주의 탬파에서 인산비료를 생산하고, 이 비료로 미국과 아르헨티나에서 대두를 생산하고, 가공된 대두상품은 태국으로 출하되어 닭고기 사료로 쓰이고, 이 닭고기는 다시 가공처리되어 일본과 유럽의 슈퍼마켓으로 출하"된다. 이처럼 초국적 농식품복합체는 지구상에서 가장 싸게 원료농산물을 구매할 수 있는 곳을 찾아서 구매하고, 가공 후에는 이를 가장 비싼 값으로 판매할 곳을 지구 전체를 대상으로 물색한다.

초국적 농식품복합체는 곡물의 가공, 동물 사료, 가금류, 낙농제품, 과일주스, 씨리얼, 음료농축액 등 음식료의 거의 모든 부문에서 사업을 전개하고 있을 뿐만 아니라 종자 및 비료, 농약과 같은 농업생산자재산업에도 진출해 농업생산과 관련된 사업 전반에 걸쳐 있다. 카길의 경우도 지구에서 나오는 거의 모든 것(곡물뿐만 아니라 커피, 과일주스, 설탕, 면화, 원유, 대마, 고무, 소금, 철강 등)을 구매해 생산·가공·선적·판매하고 있을 뿐만 아니라, 선물시장에서의 중개업무까지 담당하고 있다. 또한 농식품복합체들은 국경을 초월해 이윤추구의 대상을 찾기 때문에 개별 국가 차원의 농식품체제를 초월해 지구적 규모의 농식품체제 재편을 꾀해오고 있다. 그 결과 농업생산자로부터 최종소비자에 이르는 사회의 모든 참여자들이 국경을 초월해 서로 연결되기에 이르렀고, 이런 지구적 규모의 농식품체제에서 대다수 농민들조차 농식품의 소비자가 되어 세계 어느 곳에서 어떻게 농식품이 만들어져 운송되고, 가공되어 유통되고 있는지를 거의 알지 못하는 상황이 되어버렸다.

초국적 농식품복합체들은 막강한 정치력을 바탕으로 오래 전부터 자신들의 시나리오에 맞춰서 농식품체제의 개편을 꾀하고 있다. 카길을 비롯한 초국적 농식품복합체들은 막강한 정치적 영향력을 행사해 왔다. 특히 예를 들면, 카길의 최고경영자 어니스트 미섹크는 클린턴 정부에서 미국의 수출확대를 꾀하고 수출정책을 대통령에게 자문하는 대통령 수출자문단의 멤버로 임명되기도 했다. 또한 미국이 UR협정에서 제안한 내용의 대부분은 카길의 전직 지배인인 다니엘 암스튜츠에 의해서 작성됐고, 이 제안서는 다른 농업관련 초국적 기업들에 의해 검토됐다. 이를 바탕으로 UR협정이 진행됐다. 이 제안서는 곡물무역회사와 농화학회사의 요구에 맞춰 만들어졌기 때문에 농가에 대한 보조를 줄이고 생산조절을 없애는 것이 주요 내용으로 됐다. 카길이 취급하는 미국의 곡물수출은 또 다른 농식품복합체 컨티넨탈의 것과 합하면 거의 50%에 이른다. 식품회사와 곡물거래업자 및 화학기업 모두는 WTO를 활용해 농업계획을 단계적으로 폐지하고, 공급관리를 폐지하며, 세계 여러 지역의 차별화된 노동비용에 생산자를 노출시킴으로써 농산물가격을 인하하려 한다. 이 기업들은 가격지지를 철폐해 세계시장에서 비교우위를 구축할 수 있는 자신들의 능력을 최대한 발휘함으로써 '자유로운' 세계시장에 통합된 세계의 여러 농업생산지역으로부터 원료를 조달하고 있는 것이다. 농산물무역의 자유화를 추진한 "WTO협상은 카길협상이라고 불려야 한다"는 반다나 시바의 주장은 이런 점에서 상황을 정확히 파악한 지적이다.

대규모 곡물거래업자(규모순으로 나열하면 카길, 아처다니엘스, 컨티넨탈, 루이드레프스, 벙기&본, 미츠이, 페루치)는 곡물가격을 조절하기 위해서 공급체제를 정비해 세계시장에서 과점적인 힘을 발휘할 뿐만 아니라, GATT교섭에서 농업자유화원칙의 내용에 대해 권고할 수 있다는 권한을 최대한 행사했다.

이 기업들은 생산전략 측면뿐만 아니라, 무역전략 측면에서 국가의 규제정책을 강하게 비난하고 있다. 이들은 농산물이나 가공식품을 직접 구매함으로써 새로운 시장을 얻으려 하기도 하고, 농업생산을 직접 조직하려고도 한다. 복수의 지역에서 계약을 통해 생산된 농산물을 대량으로 판매하는 새로운 방식이 과일이나 채소업계에서는 세계적 규모로 이뤄지고 있다. 농민은 계약관계에 의해 기본적으로 산업체에 통합되고, 여기에서 다수확품종과 화학자재가 결합된다. 일년 내내 신선한 작물을 공급하는 복수의 생산기지를 지구적 규모에서 조정하는 것은 정보기술을 통해서 가능하게 된다. 현재 칠레는 유럽과 북미의 단경기에 과일과 채소를 공급하는 최대 공급국이고, 초국적 기업 5개사가 칠레 과일수출의 50% 이상을 지배하고 있다. 이런 '비전통적인' 농산물수출은 지역의 농업사정을 일거에 바꿔버릴 뿐만 아니라, 농업노동자에게도 영향을 미치고 있다. 멕시코와 칠레에서는 농업노동자의 거의 2/3가 저임금의 불안정한 고용상태에 의존하고 있다.

2. 괴물의 정체

곡물메이저들을 포함한 이 초국적 자본들은 자유무역체제를 이용해 시장에 대한 지배력을 확대해왔다. 미국 내 농식품관련 지배적 복합기업의 순위를 보면, 콘아그라는 칠면조와 양고기가공 및 소맥분생산부문에서 시장점유율 1위를 차지하고 있으며, 여타 식육가공부문에서도 수위를 기록하고 있다. 카길은 곡물운송 및 판매와 관계되는 다국적 곡물창고업부문에서 1위를 차지하고 있으면서 대두 및 생옥수수가공부문에서 2위를 기록하고 있다. 특히 콘아그라와 카길 등 극소수의 기업이 많은 농식품생산부문에서 큰 비중을 차지하고 있으며, 이들은 고도로 집중화된 시장에서 영업활동을 하는 경향이 있다. 이로 인해 농식품가공산업부문에서 중요 품목의 시장집중률은 꾸준히 증가하고 있다.

곡물가공부문의 경우에 있어 대두가공부문의 CR4가 1977년 54%에서 1997년에는 83%로 급증한 것을 비롯해 옥수수는 같은 기간 동안 63%에서 74%로 증가했다. 또한 소맥분의 가공부문도 1982년 40%에서

2000년 61%로 약 20년 동안 50% 이상의 증가율을 보였다. 식육가공의 경우도 쇠고기의 경우 1980년의 36%에서 2000년에는 81%로, 돼지고기의 경우 1980년의 34%에서 2000년의 59%로, 닭의 경우 1990년의 44%에서 2000년에는 50%로 증가했다. 식품가공부문의 시장집중률이 품목에 따라 그 편차는 있으나 거의 예외없이 급증하고 있는 것을 확인할 수 있다(자료 1).

식음료시장에서 농식품복합체가 차지하는 비중도 최근 높아지고 있는 추세를 보이고 있는데, 1위의 네슬레는 유아음식에서 씨리얼, 생수, 유제품에 이르기까지 다양한 품목을 생산하고 있다. 2위의 아처다니엘스는 대두, 옥수수, 밀 가공에 있어 세계에서 가장 큰 회사 중의 하나이다. 이처럼 식품가공업체들이 다양한 품목의 시장에 진출하고 있는 이유 중의 하나는 교차보조를 통해 시장지배력을 확보하기 위해서이고, '자유무역'은 당연히 이들의 이윤획득 통로를 더욱 넓혀준다(자료 2).

〈자료 1〉 미국 농축산물가공부문 상위 4개사의 시장집중률 추이

괄호 안은 해당연도

구 분		시장집중률(CR4)			
식육가공	쇠고기	36%(1980)	72%(1990)	80%(1995)	81%(2000)
	돼지고기	34%(1980)	40%(1990)	56%(1995)	59%(2000)
	닭	44%(1990)	46%(1994)	49%(1998)	50%(2000)
곡물가공	소맥	40%(1982)	44%(1987)	56%(1992)	61%(2000)
	옥수수	63%(1977)	74%(1982)	73%(1992)	74%(1997)
	대두	54%(1977)	61%(1982)	71%(1987)	83%(1997)

출처 : Mary Hendrickson and William Heffernan, "Concentration of Agricultural Markets", Paper presented at the National Farmers Union, January 2005: GIPSA, *Packers and Stockyards Statistical Report : 1999 Reporting Year*, GIPSA-SR-01-1, Washington, D.C.: U.S. Department of Agriculture, 2001: *The Food Institute Report*, vol.73, no.29, July 11, 2001: William Heffernan, Robert Gronski, and Mary Hendrickson, "Concentration of Agricultural Markets", Paper presented at the National Farmers Union, January 1999

<자료 2> 미국 내 10대 식품가공업체(2004년 매출액 기준)

단위 : 백만 달러

순 위	회사명	매출액	생산물 종류
1	네슬레	61,615	복합
2	아처다니엘스	36,151	첨가물, 곡물가공
3	크래프트푸드	31,010	복합
4	유니레버	29,938	복합
5	카길	27,260	곡물가공
6	펩시	26,971	음료, 스낵
7	타이슨푸드	24,549	육류, 가금
8	코카콜라	21,044	음료
9	마르스	17,000	제고
10	다농	14,850	유제품, 생수

출처 : The Food Institute, Food Industry Review, Elmwood Park, N.J.: The Food Institute, 2005

미국의 품목별 식품가공업체의 순위와 그 매출액을 보면 상위 기업이 차지하는 비중이 매우 높다는 것을 알 수 있다. 소수 기업의 시장지배력을 보여준다고 할 수 있다. 육류가공의 경우 상위 10대 기업 중에서 3대 기업이 차지하는 비중은 60%를 넘는다. 유제품의 경우도 60%에 달하고, 과일 및 야채의 경우에도 42%에 달한다(자료 3).

이런 과정에서 한국은 미국의 가공식품을 처리하는 주요 시장으로 자리잡고 있다. 2000년의 경우 한국은 미국산 가공식품을 일본, 캐나다, 멕시코에 이어서 네번째로 많이 수입했다. 캐나다와 멕시코가 NAFTA를 통해 묶여 있는 것을 감안하면 한국은 미국에게 있어서 매우 중요한 가공식품 수출시장인 셈이다(자료 4).

한국이 미국으로부터 수입하는 가공식료품은 전체 가공식품수입액 35억 6400만 달러 중 15억 5100만 달러에 달해서, 무려 44%를 차지하고 있다(2003년 기준). 가장 높은 비중을 차지하고 있는 품목은 육류부

<자료 3> 미국 내 품목별 10대 식품가공업체(2004년 매출액 기준)

단위 : 백만 달러

품목	순위	회사명	매출액	생산물 종류
육류	1	타이슨 푸드	26,400	닭고기, 쇠고기, 돼지고기
	2	카길	13,000	쇠고기, 돼지고기, 칠면조
	3	스위프트	9,900	쇠고기, 돼지고기
	4	스미스필드푸드	9,300	되지고기, 가공육
	5	필그림스프라이드	5,300	닭고기, 칠면조
	6	사라리	4,200	돼지고기, 닭고기, 쇠고기
	7	내셔널비프	3,500	쇠고기
	8	호멜푸드	3,300	돼지고기, 가공육
	9	OSI그룹	3,300	쇠고기, 돼지고기, 닭고기
	10	콘아그라	3,000	쇠고기, 돼지고기, 닭고기
유제품	1	딘푸드	10,800	우유, 치즈
	2	데어리파머스	6,900	치즈, 우유재료(ingredient)
	3	크래프트푸드	4,300	치즈
	4	랜드오레이크스	3,000	치즈, 버터
	5	크로거	2,800	우유, 아이스크림
	6	HP후드	2,200	치즈, 우유재료
	7	슈라이버푸드	2,000	치즈
	8	레프리노푸드	2,000	치즈
	9	프레이리팜스	1,400	우유, 아이스크림
	10	굿유머브레이어스	1,300	아이스크림
과일 및 야채	1	콘아그라	1,300	냉동감자
	2	심플로트푸드	1,000	냉동감자
	3	돌푸드	1,000	냉장냉동과일
	4	퍼포먼스푸드	989	냉장과일
	5	매케인푸드	900	냉동감자
	6	버드아이푸드	725	냉동야채과일
	7	레디팩	650	냉장야채과일
	8	HJ하인즈	525	냉동감자
	9	제너럴밀스	460	냉동야채
	10	어스바운드팜	350	냉장야채과일

출처 : The Food Institute, *Food Industry Review*, Elmwood Park, N.J.: The Food Institute, 2005

단위 : 백만 달러, %

수 출			수 입		
국가	금액	비중	국가	금액	비중
합계	30,044.1	100	합계	36,771.9	100
일본	6,213.6	20.7	캐나다	8,400.5	22.8
캐나다	5,746.5	19.1	멕시코	2,933.5	8.0
멕시코	3,369.0	11.2	태국	2,233.9	6.1
한국	1,839.5	6.1	프랑스	1,964.8	5.3
홍콩	885.3	2.9	이탈리아	1,578.4	4.3
영국	741.3	2.5	호주	1,398.6	3.8
대만	730.2	2.4	네덜란드	1,221.4	3.3
네덜란드	704.6	2.3	영국	1,199.8	3.3
중국	661.5	2.2	뉴질랜드	1,073.2	2.9
독일	497.3	1.7	중국	1,025.8	2.8

출처 : U.S. Department of Agriculture, *The U.S. Food Marketing System*, Washington D.C.: USDA, 2002에서 재구성

문이다. 최근에는 광우병으로 인한 수입금지조치로 다소 감소했지만, 조만간 규제가 해제될 상황이어서 과거의 추세가 계속 이어질 전망이다. 또한 신선과일이나 주스, 견과, 애완용동물 사료도 미국으로부터 수입량이 절대적·상대적으로 높은 비중을 차지하고 있다(자료 5).

3. '자유무역'은 존재하지 않는다

이들이 주장하는 것처럼 현실에서 '자유무역'이 존재할까? 그러나 이미 오래전부터 지적되고 있는 것처럼, 무역에서 '자유무역'은 존재하지 않

〈자료 5〉 한국의 대미 가공식료품 수입 현황

단위 : 백만 달러

품 목	전체수입액		대미수입액		대미수입비중(%)	
	2002년	2003년	2002년	2003년	2002년	2003년
스낵푸드	140	154	35	39	25	25
씨리얼	6	6	1	2	24	25
육류(냉장/냉동)	1,160	1,370	673	901	58	66
육류(가공)	43	47	19	21	43	44
가금육	102	96	56	35	55	37
유제품	99	86	16	14	16	16
치즈	85	94	15	17	17	18
달걀	18	16	7	6	39	34
신선과일	139	278	96	126	69	45
신선채소	39	76	1	11	2	14
가공과일·채소	309	388	98	98	32	25
주스	102	105	38	42	37	40
견과	28	37	24	32	85	86
와인·맥주	42	60	8	11	18	18
애완동물사료	36	51	17	28	47	54
기타	726	709	209	170	29	24
합계 및 평균	3,074	3,564	1,311	1,551	43	44

출처 : www. fas.usda.gov

는다. 농산물의 경우는 더욱 그러하다. 케빈 와킨스(옥스팸 정책국장)가 지적한 바와 같이, "자유무역주의자들이 생각하는 상상 속의 세계와는 달리 현실의 세계에서는 농산물시장에서 살아남는 것은 비교우위 때문이 아니라, 비교적 유리하게 취득할 수 있는 보조금 때문"이다.

국가간 자유무역주의 노선을 WTO가 명확히 하고 있는 배경에는 현재 진행되고 있는 기업 주도의 경제통합에 부응하는 (그리고 이를 심화시키는) 자유주의적 세계질서 원칙을 제도화하려는 의도가 내재되어 있다. 이를 위해서는 FTA가 급증한 때와 마찬가지로 국가간 무역관계를 정식으로 성문화하는 것이 기업으로서는 필요하다. NAFTA와 같은 FTA는 WTO체제와 똑같은 불균형을 보여주고 있다.

효율성과 시장의 자유화라는 이름 아래 추진되는 FTA는 정치적, 사회적, 환경적 보호까지 균일하게 하려는 도저히 도달할 수 없는 시도를 관장하고 있다. 그러나 '균일한 경쟁의 장소'는 실제로는 균일하지 않다. 왜냐하면 미국과 EU는 정부가 농가지출을 지원하면서 농산물의 덤핑수출을 촉진하는 농업보조금을 지원해 주기도 하고, 광범한 영역에 걸친 인프라구조를 지원함으로써 간접적으로 농업을 계속 보조하고 있기 때문이다. 이런 보조금을 외부화한 가운데, 미국과 EU의 수출상품은 인위적으로 낮춰진 가격으로 경합하고 있다. 그래서 시장개념에서는 농산물 수입국의 농업이 상대적으로 효율이 없는 것처럼 보인다. 시장가격을 농업경쟁력의 판단근거로 삼는 상황에서, 자유무역이라는 미사여구는 세계의 소농민을 희생해 농업관련기업의 시장확대를 위한 제도적 수단의 도입을 정당화하고 있다고 할 수 있다.

우선, 미농무부의 농가보조금을 보면, 1995~2004년 사이에 각종 농업관련 보조금으로 1,438억 달러가 지급됐는데, 대부분은 농업생산과 관련된 것이다. 예를 들어 농산물의 최저가격을 지지하는 효과를 가지는 단기 융자제도, 고정 직불제도와 가격보전 직접지불제의 도입, 낙농업 직불제 등을 실시하고 있다(자료 6).

한편, 미농무부의 농가보조가 미국의 전체 농가에 고르게 이뤄지고 있는 것은 아니다. 여기에서도 이른바 '선택과 집중'이 이뤄지고 있다고

<자료 6> 미농무부의 농가보조금(1995~2004년)

단위 : 백만 달러, 천 명

지원방식	지원연도	1995	1996	1997	1998	1999	2000	2001	2002	2003	2004	합 계
미농무부 총보조금	금액	7,242	7,274	7,455	12,358	21,572	23,545	22,464	12,963	16,438	12,525	143,835
	대상인원	1,336	1,571	1,529	1,459	1,635	1,902	1,880	1,706	1,837	1,456	3,123
농산물 가격 보조금	금액	4,680	5,322	5,616	10,767	17,724	20,372	18,105	9,613	11,463	9,894	113,557
	대상인원	1,026	1,352	1,339	1,313	1,372	1,656	1,622	1,319	1,554	1,229	2,533
농업보호 프로그램	금액	1,904	1,804	1,733	1,548	1,584	1,735	1,950	1,991	2,021	2,083	18,353
	대상인원	433	414	387	347	346	400	416	430	445	461	974
재난 보상금	금액	658	148	106	42	2,264	1,437	2,409	1,359	2,951	548	11,922
	대상인원	145	55	55	10	371	392	393	469	492	84	181

출처 : www.ewg.org

<자료 7> 미농무부의 보조금 분포(1995~2004년)

단위 : 달러, 명

지원대상자 비율	보조금 비율	대상자 수	총보조금(1995~2004)	대상자 1인당 지급액
상위 1%	23%	31,294	33,718,585,636	1,077,478
상위 2%	35%	62,588	49,834,087,311	796,224
상위 3%	43%	93,882	61,806,197,435	658,339
상위 4%	50%	125,176	71,306,450,324	569,650
상위 5%	55%	156,470	79,120,514,007	505,659
상위 10%	72%	312,940	104,144,086,373	332,793
상위 15%	82%	469,410	117,582,243,707	250,489
상위 20%	87%	625,880	125,768,001,913	200,946
하위 80%	13%	2,503,522	18,052,382,759	7,211

출처 : www.ewg.org

단위 : 달러

순위	보조금 지원대상자	총보조금
1	라이스랜드푸드[1]	533,757,334
2	프로듀서스라이스밀[2]	295,006,023
3	파머스라이스[3]	143,546,751
4	하비스트스테이츠	44,422,241
5	타일러팜스	37,010,598
6	DNRC트러스트	32,049,365
7	SD빌딩	28,193,801
8	필그림스프라이드	26,461,206
9	덕스언리미티드	25,648,392
10	미주리델타팜	25,360,161

출처 : www.ewg.org

1 라이스랜드푸드(Riceland Foods Inc.)는 1921년에 알칸사스, 루이지애나, 미시시피, 미주리, 텍사스의 농민 9천여 명으로 출발했는데, 세계 최대의 정미업자 중 하나이다.
2 프로듀서스라이스밀(Producers Rice Mill Inc.)은 1943년에 설립됐는데, 알칸사스와 미주리에서 쌀을 가공해 국내와 해외에 판매한다.
3 파머스라이스(Farmers' Rice Cooperative)는 캘리포니아 쌀 유통사업체이다. 북부 캘리포니아의 농민 9백여 명으로 구성되어 있는데 이 회사는 정미, 가공, 유통을 담당한다. 캘리포니아에서 생산된 쌀의 1/4 정도를 취급하며 생산물은 미국이나 중동, 아태 지역에서 판매한다.

할 수 있다. 미국 워싱턴에 본부를 두고 있는 환경작업단의 분석에 의하면 상위 1%의 농가가 전체 보조금의 23%를 차지하고 있어 하위 80%의 농가가 받는 보조금 13%를 훨씬 상회하고 있다. 상위 1%에 해당하는 농가들은 1995년부터 2004년까지 1백만 달러 이상을 받은 반면, 하위 80%의 농가들은 같은 기간 동안 7천 달러 정도에 그쳤다(자료 7).

더욱이 가장 많은 보조금을 받고 있는 수령자에 대한 자료에 따르면, 제1위인 라이스랜드푸드의 경우 1995에서 2004년까지 받은 보조금 5억 3376만 달러 중, 쌀과 관련된 보조금이 5억 555만 달러로 94.7%에

〈자료 9〉 미농무부 2007년 농업예산 현황

단위 : 백만 달러

구분	사업계획별 예산				현금지출액			
	2005	2006	2007	전년대비 증감률(%)	2005	2006	2007	전년대비 증감률(%)
농가 및 해외농업국	44,930	46,206	43,403	-6.1	28,185	28,243	26,169	-7.3
농가지원청	36,541	36,797	33,891	-7.9	23,083	22,648	20,452	-9.7
농가융자계획	3,135	3,853	3,502	-9.1	322	345	132	-61.7
환경보전계획	2,012	2,213	2,327	5.2	1,886	2,135	2,508	17.5
품목별 지원계획	30,099	29,406	26,651	-9.4	19,599	18,835	16,441	-12.7
상품신용공사계획	(34,919)	(34,975)	(32,535)	-7.0	(20,187)	(21,257)	(19,050)	10.4
기타(인건비/잡비)	1,295	1,325	1,411	6.5	1,276	1,333	1,371	2.9
위험관리청	3,014	4,048	4,243	4.8	2,950	3,294	3,677	11.6
행정 및 운영비용	70	76	81	6.6	67	74	80	8.1
작물보험기금	2,944	3,972	4,162	4.8	2,883	3,220	3,597	11.7
해외농업지원청	5,375	5,361	5,269	-1.7	2,152	2,301	2,040	-11.3
수출신용보증	2,625	3,107	3,167	1.9	137	252	121	-52.0
시장개발계획	188	248	148	-40.3	184	209	139	-33.5
수출보조계획	0	30	63	110.0	1	30	63	110.0
농가수출조정지원	21	90	90	0.0	-37	90	90	0.0
해외식량지원	2,335	1,669	1,574	-5.7	1,719	1,552	1,450	-6.6
기타(인건비/잡비)	206	217	227	4.6	148	168	177	5.4
농촌개발국	14,278	18,102	14,406	-20.4	3,146	2,899	2,995	3.3
농촌설비지원청(유무상융자)	6,617	8,278	6,325	-23.6	483	244	159	-34.8
농촌주택보급청(유무상융자)	6,163	7,908	6,271	-20.7	2,399	2,279	2,431	6.7
농촌사회협력청(유무상융자)	861	1,257	1,139	-9.4	124	207	237	14.5
기타(인건비/잡비)	637	659	671	1.8	140	169	168	-0.6
농촌지역진흥계획	(3,176)	(3,104)	(2,926)	-5.7	(781)	(756)	(793)	4.9
식량영양소비자지원국	51,036	53,862	54,444	1.1	50,228	54,123	54,175	0.1
식량영양지원청	51,036	53,862	54,444	1.1	50,228	54,123	54,175	0.1
푸드스템프	32,851	34,811	34,795	0.0	32,614	35,223	34,928	-0.8
아동 영양지원계획	12,503	13,206	13,902	5.3	12,299	13,356	13,795	3.3
WIC	5,192	5,399	5,361	-0.7	4,975	5,198	5,200	0.0
기타	490	446	386	-13.5	340	346	252	-27.2
식량안전국	928	952	987	3.7	811	839	870	3.7
식량안전검역청	928	952	987	3.7	811	839	870	3.7

구분	사업계획별 예산				현금지출액			
	2005	2006	2007	전년대비 증감률(%)	2005	2006	2007	전년대비 증감률(%)
자연자원환경보전국	8,704	8,339	7,719	-7.4	6,154	8,453	7,809	-7.6
자연자원보전청	3,166	3,145	2,787	-11.4	1,115	3,068	2,684	-12.5
환경보전운영계획	831	831	745	-10.3	783	921	768	-16.6
습지보전계획	464	411	15	-96.4	233	496	362	-27.0
자연자원 및 보전개발	51	51	26	-49.0	51	50	30	-40.0
농가안전 및 농촌투자계획	1,820	1,850	1,999	8.1	45	1,596	1,519	-4.8
기타	0	2	2	0.0	3	5	5	0.0
산림청	5,538	5,194	4,932	-5.0	5,039	5,385	5,123	-4.9
연방산림운영체계	1,393	1,423	1,398	-1.8	1,398	1,379	1,404	1.8
산림 및 방목지 연구	276	279	268	-3.9	301	285	293	2.8
주정부 및 민간산림관리	352	309	244	-21.0	397	453	419	-7.5
임야화재관리	1,703	1,753	1,768	0.9	1,588	1,825	1,693	-7.2
자본유지 및 보수	600	442	383	-13.3	564	547	411	-24.9
토지취득	62	43	26	-39.5	100	54	77	42.6
기타	9	8	9	12.5	9	12	14	16.7
자유재량 예산	4,396	4,258	4,097	-3.8	4,357	4,555	4,311	-5.4
의무적 예산	716	936	835	-10.8	682	830	812	-2.2
유통규제계획국	1,752	2,191	1,731	-21.0	1,837	2,356	1,843	-21.8
동식물검역청	1,128	1,035	1,112	7.4	1,130	1,117	1,112	-0.4
인건비 및 잡비	939	1,016	1,092	7.5	1,024	1,013	1,093	7.9
긴급지원기금	169	0	0	-	85	85	0	-100.0
기타 APHIS지원계획	20	19	20	5.3	21	19	19	0.0
농산물유통지원청	79	78	85	9.0	217	204	237	16.2
제32조기금	471	998	450	-54.9	452	998	449	-55.0
곡물육류검역청	74	80	84	5.0	38	37	45	21.6
연구교육경제지원국	2,695	2,709	2,309	-14.8	2,582	2,587	2,388	-7.7
농업연구소	1,309	1,288	1,027	-20.3	1,268	1,270	1,141	-10.2
협동연구교육지도청	1,184	1,207	1,046	-13.3	1,113	1,102	1,014	-8.0
경제연구소	74	75	83	10.7	74	76	82	7.9
국립농업통계청	125	139	153	10.1	127	139	151	8.6
기타 사업활동	555	594	612	3.0	-7,659	-3,788	-3,464	-8.6
USDA 총 예산	124,877	132,954	125,610	-5.5	85,284	95,712	92,783	-3.1

출처 : USDA

단위 : 백만 달러

지원계획	1995	1996	1997	1998	1999	2000	2001	2002
수출진흥계획 (Export Enhancement Program)	339	5	0	2	1	2	478	478
유제품 수출촉진계획 (Dairy Export Incentive Program)	140	20	121	110	145	77	34	42
시장접근계획 (Market Access Program)	110	90	90	90	90	90	90	90
해외시장 개발계획 (Foreign Market Development Program)	-	-	-	-	28	28	28	28
CCC 수출신용보증 (CCC Export Credit Guarantees)	2,921	3,230	3,876	4,037	3,045	3,082	3,227	3,904
미공법 제480호 식량지원 (P.L. 480 Food Aid)	1,286	1,207	1,054	1,154	1,796	1,076	1,107	999
1949년 미농업법 제416(b)항 (Section 416(b))	4	84	2	0.5	428	504	565	-
발전을 위한 국제식량 지원계획 (Food for Progress)	146	84	91	111	101	121	94	90
해외농업청 (Foreign Agricultural Service)	159	167	191	181	178	200	183	207
총계	5,105	4,887	4,425	5,790	6,271	5,310	6,390	5,838

※1949년 농업법 제416(b)항은 선임(ocean freight)과 국내 유통비용을 포함함.　　　　출처 : www. fas.usda.gov

달한다. 나머지 5.3%는 대두, 밀, 옥수수와 관련된 보조금이다. 제2위로 같은 기간 동안 2억 95만 달러의 보조금을 받은 프로듀서스라이스밀의 경우도 콩과 관련된 보조금 58달러를 제외한 나머지 모두가 쌀과 관련된 보조금이다. 제3위인 파머스라이스의 경우도, 전체보조금 전액이 쌀과 관련되어 받은 보조금이다(자료 8).

한편, 2007년 미국의 농업예산편성에 있어서 제1의 전략목표는 미국농업의 국제경쟁력 강화로 설정되어 있다. 이 전략목표의 달성을 지원하기 위해서 3대 주요 기본방침이 수립되어 있다. 첫째, 국제수출기회의 확대 및 유지, 둘째, 경제개발 및 무역능력 함양 지원, 셋째, 농산물 무역을 활성화시키는 위생 및 동식품 검역체계개선 등이 그것이다. 경쟁력을 바탕으로 맨몸으로 싸우자는 '자유무역'의 깃발을 내밀면서, 실제로는 등 뒤에 비수를 항상 준비해놓고 있는 형상이다(자료 9, 10).

또한, 농업·무역정책연구소도 미국에 근거지를 두고 있는 다국적 기업들이 지난 14년 동안 계속 세계 농산물시장에 덤핑 수출해왔던 것으로 보고하고 있다. 분석은 1990년부터 2003년까지 미국에서 재배되고 세계시장에서 팔렸던 5가지 농산품에 대한 덤핑 계산을 제공하고 있는데, 밀의 평균수출가격은 생산비용에서 28% 인하된 수준이고, 콩은 10%, 옥수수는 10%, 면화는 47%, 쌀은 26% 인하된 수준이라고 한다.

이를 통해 알 수 있는 바와 같이, 농산물의 '자유무역'은 수입국의 농업뿐만 아니라 수출국의 중소농민들도 몰락시킨다. 중소농의 괴멸을 낳고, 농업의 특화를 더욱 심화시켜 환경적으로 균형잡힌 농업체계가 무너지고 있다. 단적인 예로 미국에서 패스트푸드의 판매증가와 함께 감자튀김 판매도 증가했는데, 이로 인해 감자튀김의 원료감자 주산지인 미국 아이다호 주의 감자생산량과 경작면적이 급증했다. 그러나 감자생산농민은 지난 25년 사이에 절반으로 감소됐다. 이런 예를 반영하듯, 농식품복합체의 농업지배가 심화되면서 가족농의 괴멸은 농산물수출국 미국에서도 극명하게 나타난다. 1930년대 중반 600여만 호에 이른 것을 정점으로 농장 수는 계속 감소해 1990년대에는 200여만 호에 불과하게 됐다(자료 11). 이런 과정에서 생산의 특화가 급속도로 진전되어 1920년대 호당 평균 5.6개였던 생산품목 수는 1992년에는 1.8개에 불과하게 됐다. 또한 전체 경작면적에서 하위 50% 농가가 차지하는 비중은 1900년 13%에서 1992년 4%로 크게 감소한 반면, 상위 10% 농가가 차지하는 비중은 1900년 45%에서 1992년 76%로 크게 증가했다. 판매액의 경우도 상위 2%의 농가가 전체의 50%를 생산하고 있으며, 하위 73%의 영세농 및 가족농은 단지 9%의 농산물을 생산하고 있다.

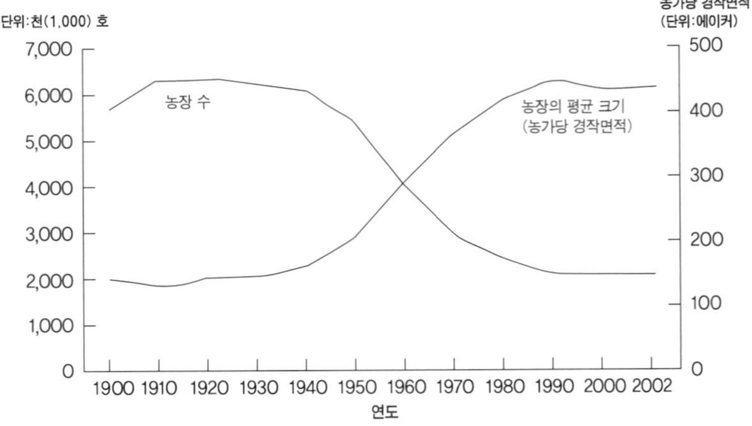

〈자료 11〉 농장 수와 농가당 경작면적 추이

4. 무엇을 할 것인가?

미농무부에서 발간한 자료에 의하면, 한국의 농축산물시장은 미국에게 매력적인 시장으로 분석되고 있다. 쇠고기의 경우 현재의 수입금지가 해제되면 수요가 급증할 것으로 평가되고 있다. 돼지고기도 쇠고기의 대체제로서 좋은 시장을 형성할 것이고, 닭다리의 경우 가격경쟁력을 가지고 있다고 평가되고 있다. 애완동물사료의 경우도 수요가 증가하고 있다고 평가되고 있다(자료 12). 이들은 시장개척의 주요 장애요인으로 쇠고기의 경우 광우병에 의한 수입금지, 돼지고기나 오렌지의 경우에는 높은 관세를 지적하고 있다.[1]

초국적 농식품복합체의 입장에서는 한국은 아주 매력적인 시장이

---

1) Kim Seh Won, "Korea, Republic of : Exporter Guide Annual 2005", *GAIN REPORT*, KS5049, September 28, Washington D.C. : USDA Foreign Agricultural Service, 2005.

<자료 12> 미국의 대 한국 농축산물수출 현황

단위 : 백만 달러

구분	2001년	2002년	2003년	2004년	2005년
곡물 및 사료	573,380	403,733	395,458	947,050	578,029
가축 및 육류	1,003,626	1,198,794	1,361,253	533,693	544,482
원예작물	297,433	349,406	363,267	410,258	419,805
유지종자 및 유지	311,766	340,234	351,491	348,949	237,722
면화	164,001	105,845	142,297	146,442	163,394
설탕 및 열대작물	76,680	82,901	89,667	90,177	106,482
유제품	41,324	42,249	41,964	43,199	55,865
닭고기 및 제품	89,351	86,851	57,498	32,707	51,701
담배	30,520	40,030	31,902	23,111	18,556
종자	16,012	16,042	15,244	16,047	16,871
소계	2,604,103 (4.9%)	2,666,084 (5.0%)	2,850,040 (4.9%)	2,591,633 (4.2%)	2,192,907 (3.5%)
미농산물 수출액	53,480,452	52,849,979	58,224,224	61,748,221	63,069,679

출처 : www.fas.usda.gov

기에 '자유무역'을 추진하려는 집념도 강할 수밖에 없다. 더구나 한국 내 농업관련부문의 국내 독점자본도 초국적 농식품복합체와 이해관계를 달리하지 않을 것이다. 미국계 대형유통업체의 국내진출과 미국산 농산물이 함께 어우러져 한국 내 농산물시장을 동시에 공략할 가능성도 매우 높다. 현재 어려움 속에서도 식량주권의 확립과 안전한 먹거리의 공급에 있어서 중요한 역할을 담당하고 있는 생협의 발전에 있어 한미 FTA는 거대한 장애물로 등장할 것이 분명하고, '자유무역'을 지렛대로 한 초국적 농식품복합체의 농업지배와 힘겨운 싸움을 해야 할 것이다.

이렇게 볼 때, 현재 협상 중인 한미FTA를 저지하는 것은 지역차원

<자료 13> 세계 10대 유통업체(2004년 기준)

단위 : 십억 달러

순위	업체명	원국적	매출액	해외판매비중
1	월마트	미국	309.4	22.20%
2	까르푸	프랑스	113.0	50.90%
3	로열어홀드	네덜란드	89.4	83.40%
4	메트로	독일	77.8	47.70%
5	테스코	영국	68.2	20.70%
6	이토 요카다	일본	63.2	32.10%
7	크로거	미국	58.6	0.00%
8	REWE	독일	54.8	28.40%
9	타겟	미국	53.9	0.00%
10	코스트코	미국	51.2	19.70%

출처:www.ewg.org

의 자원순환형 기능에 기초해 안전한 식량공급을 유지함으로써 식량주권이 확보된 지역순환형 사회(지속가능한 사회)를 만들기 위한 전제조건이라고 할 수 있다. 지역은 자기가 거주하고 있는 생활공간이라는 점 외에도, 농업 발전의 측면에서 구체적이면서 분명한 결과를 쉽게 확인할 수 있기 때문에 지역주민의 자발적인 참여를 유도하는 것이 용이한 측면도 있다. 그러나 한미FTA 협상이 체결된다면, 지금 상황에서도 위기에 처해 있는 한국 농업·농촌사회의 붕괴는 필연적이다.

그러나 미국 내 농업경영자 가운데에서도 초국적 농식품복합체의 세계기업전략에 직면해 비판세력이 형성되어 있다는 점은 고무적이다. 전미농민조합은 '자유무역'(free trade)이 아닌 '공정한 무역'(fair trade)을 주장하고 있으며, 미국농업행동도 초국적 농식품복합체들의 탐욕에 반대하는 운동을 활발하게 전개하고 있다.[2] 국제적으로는 반세계화운동과 함께 초국적 농식품복합체들의 세계화전략에 대한 저항도 일어나고 있다. 이들은 소수의 거대 농식품복합체가 공공적 성격이 강한 식품을 지배하는 문제와 함께 식품의 안전성 문제를 지적하고 있으며, 초국적 농식품복합체의 종자에 대한 해적행위나 전세계 소농들에 대한 독점체의 영향력에 대해 우려하고 있다.

따라서 이번 한미FTA 추진을 계기로 '자유무역'이라는 이데올로기의 환상을 깨고, 그 뒤에 숨어 있는 초국적 농식품복합체의 거대한 음모를 확인하고, 나아가 이에 기생하는 국내 독점자본의 위험한 도박을 명확히 인식함으로써, 식량주권의 회복과 안전한 먹거리의 확보, 건강한 농촌의 건설을 위해서 극복해야 할 대상이 무엇인가를 명확히 해야 할 것이다.

---

2) 미국농업행동(AAM)의 경우, 미국과 호주사이의 FTA체결이 콘아그라, 타이슨, 카길, 전미육우협회 등의 로비로 이뤄졌다고 주장한다.

3부

서비스산업

한미FTA 서비스부문 개관

이병천[*]

1. 미국식 FTA가 국제표준인가 : 서비스/투자협정으로 본 미국식 FTA의 일방적·패권주의적 성격

FTA라는 말은 우리에게 친숙한 말이 아니다. 1997년 IMF 위기를 당하면서 처음에는 구조조정이라는 말이 무엇을 의미하는지 잘 몰랐던 것처럼, FTA에 대해서도 이것이 무엇을 의미하는지 지금 우리 국민들은 그리 잘 알고 있지 못하다. FTA가 뭔가요라고 물으면, 그래도 좀 안다는 국민들은 관세장벽을 낮추어 수출을 많이 하고 수입품도 싸지는 게 아닌가라고 대답한다. 그래서 나라 경제 전체적으로도 이익이 되고 소비자도 덕을 보는 게 아닌가라고 이야기한다. 국민들만이 아니다. 심지어 대학교수라 해도 사정은 크게 다르지 않은 것으로 보인다. 경제학 전공자들이 아니면, FTA가 우리에게 뭘 의미하는지 정확히 알고 있는 사람은 별로 많지 않다. 이 책임은 누구에게, 어디에 있을까 자문해본다. 이런 와중에 노무현 정부는 한미FTA를 속전속결로 추진하고 있는 것이다.

---

[*] 강원대학교 경제무역학부 교수.

우리는 이런 상황들을 감안하면서 미국식 FTA의 특성과 그에 따른 한미 FTA의 성격을 정확히 짚어내야 한다.

서비스/투자 분야의 협정이야말로 미국식 FTA의 특성이 가장 잘 드러나는 분야이다. 이를 이해하기 위해서는 부득이 먼저 WTO에서 서비스 분야를 어떻게 다루고 있는지부터 살펴보아야 한다. WTO는 상품무역뿐만 아니라 서비스/투자에 대해서도 개방에 적용될 일반원칙을 정하고 회원국간의 구체적인 개방 약속을 포괄하고 있다. WTO협정에서 이른바 '무역관련'이라고 하는 신종 개념을 고안해냄으로써 무역에 영향을 미치는 투자, 지적재산권, 정부 조달, 시장 접근권, 경쟁 및 규제정책, 분쟁 해결, 노동, 환경 등은 모두 무역관련 의제로 협정대상이 될 수 있게 됐다. 이에 따라 제조업, 농업은 물론 서비스/투자도 이에 포함되게 된 것이다.

WTO 다자간 차원에서 서비스무역에 관한 FTA의 법적 기초는 상품무역에 관한 FTA(제24조)와는 별도로 부속문서의 하나인 '서비스 무역에 관한 일반협정'(GATS)에 주어져 있다. 그런데 GATS가 다루는 서비스 범위에는 정부 제공 서비스, 항공/운송서비스를 제외한 모든 서비스가 해당된다. GATS에서는 공급방식을 기준으로 서비스무역을 국경 간 공급(모드 1), 해외 소비(모드 2), 다른 회원국 영토 내에서 상업적 주재를 통한 공급(모드 3), 다른 회원국으로 자연인의 이동을 통한 공급(모드 4) 등 네 가지 형태로 구분하고 있다. 여기서 외국인 회사에 의한 상업적 주재, 즉 외국 사업자의 국내 진출이 서비스의 한 형태로 포함되어 있음에 주목해야 할 것이다. 즉 서비스무역협정에서 비록 일부라 해도 투자에 관한 규정이 포함되어 있다는 것이며, 이는 서비스무역 중에서도 최대 쟁점이 된다. 그리고 서비스/투자의 자유화 협상방법에서는 시장개방의 분야/업종과 공급방식에 대해서는 열거주의(포지티브시스템) 방식을 따르고, 시장접근 및 내국민대우에 대한 제한 등에 대해서는 포괄주의(네거티브시스템) 방식을 채택했다.

그런데 서비스 분야는 공공서비스의 파괴, 국제자본의 자유로운(따라서 그만큼 무책임한) 영리활동 보장에 따른 수입국 경제운영 주권과 민주적 자기 통치권의 잠식, 제도·관행 및 문화다양성의 훼손 같은 문제와 깊이 연계되어 있기 때문에 상품무역과는 또 다른 특별한 고려가 반드시 요구된다. 또 서비스는 사람과 사람의 접촉에 의해 제공되는 현장성을 특징으로 하고 있어 개방형태에서도 일반 상품과는 다르다. 그런데 WTO가 출범할 당시만 해도 서비스무역은 새롭게 부각된 무역인데다 각국의 개방 대비가 부족했기 때문에 개방 원칙만 정하고 본격적인 협상은 후일로 미룰 수밖에 없었다. 이 합의에 따라 이후 서비스협상은 '도하개발의제'(DDA)의 일부로서 재개됐으나, 농업 분야는 물론 서비스 분야에서도 큰 난항을 겪었다. 이는 그만큼 서비스 분야 자유화의 문제가 조심스럽고 세심하게 다뤄야 하며 이해관계가 첨예하게 대립되는 의제임을 반증하는 것이지만, 미국의 입장에서 보게 되면 매우 짜증나는 상황이기도 한 것이다.

WTO협정은 이미 무역을 이유로 각국의 국내 정책에 대폭적인 주권 제한을 요구하고 있다. 또 GATS는 사실상 투자협정의 성격도 갖고 있다. 그러나 GATS는 개별 국가들이 허용하는 부문에서만 자유화가 가능하고 개별 산업별로 차등 적용이 가능하다. 그리하여 국가별 서비스산업 발전의 차이를 반영할 수 있도록 하고 있으며 점진적 자유화를 보장하고 있다. 그리고 투자조치의 무역 왜곡 및 무역제한 효과를 방지하기 위해 만든 규범인 무역관련투자조치협정(Agreement on Trade-Related Investment Measures, TRIMs)은 제3세계 국가들이 국내 규제와 체제를 그에 조응하도록 바꾸는 데 너무 많은 시간적 유예를 주고 있다는 점에서 강대국들의 불만요인이 된다. 또 TRIMs는 비록 해외 투자자들을 차별하는 조치를 금하고 있긴 하지만, 상품교역에 미치는 조치들(수량 제한, 국내 생산품 사용 의무 부과)로 한정됐다. 따라서 WTO협정은 강대국과 국제자본에 '자유로운 시장 접근과 투자·설립의 권리'까지는 보장해주지 못했다. 이처럼 서비스/투자 분야를 비롯해 경쟁정책, 지적재산권, 환경 및 노동 분야에서 국제무역 규범 확립과정이 자국의 의도대로 진척되지 않은 상황이 미국이 기존의 다자주의에서 양자주의로 통상전략을 전환한 배경이다. 미국은 양자간에 미국식 FTA를 통해 자국의 일방주의적 요구를 관철시키고 또 이를 통해 다자간 논의 의제와 규범도 선점하는 전략을 구사하고 있다.

우리 정부는 미국식 FTA＝FTA의 국제표준이라는 등식을 갖고 있다. 그리하여 미국식 FTA에 대해 아무런 비판적 문제의식을 갖고 있지 못하다. 이는 민변의 송기호 변호사가 '투자자-국가 소송제도'를 국제법상 이단이라고 지적한 데 대해, 외교통상부에서 이 제도를 '일반적으로 채택되는 표준적인 절차'라고 반박하고 있는 데서 잘 드러난다. 또한 미국식 FTA의 전형이라고 할 수 있는 NAFTA의 멕시코를 성공 모델이라고 홍보하고 있는 데서도 잘 나타난다. 그러나 미국식 FTA는 결코 국제표준이 아니다. FTA는 협정의 대상과 포괄 범주, 그리고 이행기간에 따라 여러 종류와 수준이 가능하다. 그리하여 미국식 FTA 이외에, FTA에는 각국과 지역의 사정에 따라 유럽식, 아시아식, 개도국식(남-남식) 등 여러 형태가 나타난다. 미국식 FTA는 미국의 일방주의적 이익과 자국 자본의 이익을 가장 잘 관철할 수 있도록 짜여진 패권적 신자유주의 모델이라 할 수 있다.

이와 같은 미국식 FTA에 비해 유럽식 FTA는 다음과 같은 특징을 갖고 있다. 첫째, 서비스 자유화에 집중하고 있다. 투자조항이 아예 없는

유 형	성 격
미 국 형	• 서비스, 투자, 지적재산권 자유화 중심 • 공격적인 전면개방과 투자 자유화, 투자자 보호 • 높은 수준의 포괄적인 FTA
유 럽 형	• 서비스 자유화 중심 • 상대방 사정을 고려하고 제도적 다양성을 인정하는 신축형, 맞춤형 • 특수한 경우 개발과 경제협력 지향도 존재함
아시아형	• 발전지향적 FTA • 경제·기술 협력의 강조
개도국형	• 상품무역 중심 • 유럽식과 유사하게 수출국과 국제자본의 과잉 요구 통제

경우조차 있다. 둘째, 개방할 분야만 열거하고 나머지는 제외하는 열거주의 방식을 채택한다. 신상품은 협정대상에서 제외한다(현상유지 방식). 셋째, 현지 법인 설립 없이도 서비스를 수출할 수 있는 국경간 거래를 허용하지 않는다. 넷째, 미국식에서처럼 투자자의 무책임한 과잉 자유와 과잉 보호 규정은 두지 않으며, 이행의무 부과를 대부분 허용하고 있다. 별도로 양자간 투자협정을 체결한 경우에만 투자자 대 국가의 투자분쟁 해결 절차규정을 두고 있다. 다섯째, EU·남아공FTA에서 보듯이 개발 지원과 개방을 연계하는 방식도 볼 수 있다. EU·칠레FTA 같은 경우에는 시민사회단체 간의 협의위원회 설치까지 보장되어 있다.

아시아식 FTA도 독특한 개성을 갖고 있는데, 발전지향적이며 상호 경제협력을 강조한다. 일본이 추진하는 FTA는 미국식의 패권적이고 일방적인 신자유주의형에 비해 상대국의 경제 발전, 과학기술 발전, 인적자원 개발 및 교류 등을 중시하는 발전지향적이고 산업주의적인 성격을

<자료 2> 서비스, 투자, 지적재산권 관련 FTA조항의 국제비교

	협 정	서 비 스					투 자					지재권
		내국인/최혜국대우 시장접근[1]	원산지 증명 (비제한)[2]	설립 전 단계와 시장접근 예외의 제한	비설립 서비스 공급 권리[4]	래쳇 조항[5]	설립 후 단계 내국인/최혜국 대우	소유 제한[7]	설립 전 단계 제한	이행의무 부과 금지 조항	'투자자 대 국가' 투자 분쟁 조항	지재권
미 국 형	요르단	○	○	포괄	×	×	○	포괄	포괄	TRIMs +	○	○[9]
	칠 레	○	○	포괄	○	○	○	포괄	포괄	TRIMs +	○	TRIPs +
	싱가포르	○	○	포괄	○	○	○	포괄	포괄	TRIMs +	○	TRIPs +
	호 주	○	○	포괄	○	○	○	포괄	포괄	TRIMs +	×	TRIPs +
	중미FTA	○	○	포괄	○	○	○	포괄	포괄	TRIMs +	○	TRIPs +
	모로코	○	○	포괄	○	○	○	포괄	포괄	TRIMs +	○	TRIPs +
	NAFTA	○	○	포괄	○	○	○	포괄	포괄	TRIMs +	○	TRIPs +
EU 형	남아공	×	×	×	×	×	×	×	×	×	×[8]	○[10]
	멕시코	○	○	Stand-still[3]	×	×	×	×	×	×	×[8]	○[10]
	칠 레	○	○	열거	×	×	○	×	열거	×	×[8]	○[10]
개 도 국 형	MERCOSUR	○	○	열거	×	×	○	×	포괄	TRIMs +	○	×[11]
	Andean	×	○	열거	×	×	−	×	열거	TRIMs +	×	×[12]
	CARICOM	구분 없음	○	포괄	×	×	×	×	열거	×	○	×
	ASEAN	○	○	열거	×	×	○	○	열거	×	×	×[13]
	SADC	×	×	−			×	×	None	×	×	TRIPs
	COMESA	○	×	열거			×[6]	×	열거	×	×	×[14]
기 타	일본·싱가포르	×	○	열거	×	×					○	○
	캐나다·칠레	○	○	포괄	○	○					○	
	칠레·멕시코	○	○	포괄	○	○					×	

출처 : Legal treaties; Mattoo and Sauve, 2004; te Velde and Fahnbulleh, 2003; Mann and Cosbey, 2004; Szepesi, 2004a; 2004b; Abbott, 2004a; 2004b; OECD, 2003; information provided by governments(World Bank, *Global Economic Prospects, Trade, Regionalism and Development 2005*, Washinton, 2005, p.99)

NAFTA : 북미자유무역협정, MERCOSUR : 남미공동시장, Andean : 안데스공동체, CARICOM : 카리브공동체시장, ASEAN : 동남아국가연합, SADC : 남아프리카개발공동체, COMESA : 동남아프리카공동시장, TRIMs : 무역관련투자조치협정, TRIPs : 무역관련지적재산권협정.

1. 공정·공평한 대우를 포함.
2. 부정은 가입국 중 한 국가에서 '실질적 비즈니스'를 수행하지 않는 법인에만 혜택.
3. 향후 서비스무역에 관한 일반협정(GATS)에 따라 양허협상을 제공.
4. 비설립권 즉 서비스공급을 위해 필수적인 설립이 없는 것.
5. 래칫(ratchet) 조항이란 협정 이후의 자발적 자유화 조치는 협정문에 자동으로 포함되는 것을
   의미함.
6. COMESA는 비회원국을 제외한 회원국에게 공정·공평한 대우를 제공한다.
7. 설립 전 제한에서 배제된 부문에 대해 기업의 주식 지분 소유를 제한.
8. EU의 양자간 투자협정에서는 '투자자 대 국가' 간 분쟁 해결 절차가 규정되어 있다.
9. 지재권 조항은 TRIPs Plus(+)로 간주된다. 그러나 이 장은 기타 이후에 체결된 미국의 FTA보
   다 덜 구체적이고 포괄적이다.
10. 국제협약의 준수만을 필수로 한다.
11. MERCOSUR협정은 지재권을 포함하지 않지만 의회간 위원회로 하여금 지재권법의 공조를
    위한 작업을 개시하게끔 요구하고 있다.
12. 안데스공동체는 모든 특허를 규제한다.
13. ASEAN은 프레임웍협정을 갖고 있다.
14. 법률128(e)호는 신특허법의 채택을 요구한다.

갖고 있다. 즉 경제협력 협정에 기초해 무역 자유화와 함께 경제·기술 협력을 동시에 강조한다. 한국과 싱가포르 모두 일본이 추진하는 FTA의 이런 성격을 비교적 높이 평가했다고 볼 수 있다. 중국발 FTA 역시 협상 상대방과의 경제협력을 강조한다. 중국은 일본과 또 달리 서비스선진국인 홍콩, 마카오 등과 '경제 동반자 협정'(Closed Economic Partnership Agreement, CEPA)을 체결했다. 이는 WTO 가입 이후 자유화를 단행하기 이전에 지역협력을 통해 자국 서비스부문의 경쟁력을 강화할 수 있는 길을 추구한 대표적인 사례라 할 것이다. 홍콩의 서비스 공급업체에 먼저 문호를 개방해 홍콩 전문가들이 중국 전문가들을 육성하도록 하고 또 경쟁질서를 도입했다.[1]

---

1) 윤창인, 「한·중·일FTA: 경제의 서비스화 현황 및 서비스 협상의 시사점」, 대외경제정책연구원,
   2005년 7월, 170쪽.

개도국식 또는 남-남식 FTA는 주로 상품교역에 치중하고 있다. 따라서 서비스/투자 관련 조항은 없거나 통일성을 찾기가 어렵다. 대개의 경우 유럽식 FTA와 유사하게 열거주의, 국경간 거래 불허, 투자자 제소권의 불허, 의무부과의 허용 등의 특징을 볼 수 있다.

2. 미국의 패권적 신자유주의와 의기투합하는 '우리 안의 신자유주의'

미국식 FTA가 국제표준은 결코 아니고, 유럽식·아시아식 FTA와 달리 유별나게 일방적=비대칭적이고 공격적인 전면개방과 투자자 보호를 요구하며, 높은 수준의 포괄적인 FTA 지향을 갖고 있다는 것은 그렇다 해도, 한국측이 어떤 전략을 갖고 있는가에 따라 한미FTA의 성격은 크게 달라진다. 그래서 정부가 무슨 생각을 하고 무슨 준비를 하면서 한미 FTA를 추진하고 있는지, 그것이 한미FTA의 성격과 내용을 어떻게 좌우하고 우리 경제와 사회에 어떤 효과를 낳을지 살펴봐야 한다. 한미FTA로 가는 길에서 우리 정부는 어떤 전략을 갖고 있는가. 한국의 경제발전에 대한 어떤 전망과 전략을 가지고 무엇을 기대하면서 이를 추진하는 것일까. 혹은 도대체 전략이라고 할 만한 것을 갖고 있긴 한 것일까. 서비스/투자 분야와 관련되는 부분을 중심으로 이 문제에 대해 살펴보자.

개방과 경쟁, 이를 통해 경쟁력을 강화함으로써 세계화 시대에 우리의 생존을 도모하고 경제시스템을 선진화하고 일류 국가로 가는 기회로 삼는다는 것, 이것이 한미FTA를 추진하면서 노무현 정부가 내세우는 최대의 경제논리이자 명분이다. 그러면서 한미FTA의 위험을 지적하고 이에 항의하는 시민사회의 건강한 목소리는 낡은 쇄국주의로 몰아붙인다. 정부의 시각에서 볼 때, 문제는 개방주의 대 쇄국주의, 혁신적 경쟁대 보수적 안주라는 편리한 이항대립으로 나타난다. 우리 국민들도 한미FTA를 둘러싼 찬반 공방을 정부가 주장하는 이런 이분법으로 보고 듣고 있을까. 이 이분법의 바탕에 어떤 논리가 깔려 있는가. 두 가지 전략 담론이 기둥 역할을 하고 있다. 선진통상국가 전략이라고 하는 것과 서비스산업 경쟁력 강화를 통한 산업 선진화론이 그것이다. 이 절에서는 먼저 선진통상국가 전략에 대해 비판적으로 검토하고 다음 절에서는 서비스산업 경쟁력 강화론에 대해 살펴보자

한국은 1998년 김대중 정부 시기에 한·칠레FTA를 추진하기로 결정함과 동시에 이미 미국측에 '양자간 투자협정'의 추진을 제안한 바 있었다. 스크린쿼터 문제를 중심으로 한 시민사회의 반대로 좌초되긴 했지만, 이는 1997년 경제위기 이후 진작부터 한국 정부가 무분별한 개방주의에 빠져 있음을 잘 보여준다. FTA 전략에서 가장 중요한 변화가 일어난 것은 노무현 정부 집권 이후의 일이다. 2004년 하반기에서 2005년 상반기에 걸쳐 노무현 정부는 그에 앞서 만든 FTA 로드맵을 크게 수정·전환하고 선진통상국가 전략 담론을 제출한다. 수정된 FTA 로드맵은 다음과 같은 내용을 가지고 있다.

- 피해를 최소화하는 것이 아니라 국익을 극대화하는 FTA 추진.
- 동시다발적인 FTA 추진.
- WTO 논의 수준 이상으로 포괄적이며 높은 수준의 FTA 추진. 즉 상품 무역 자유화만이 아니라 서비스와 투자를 비롯해 정부 조달, 지적재산권들을 포함하는 포괄적인 FTA를 추진하고 이를 통해서 국내 제도의 선진화를 도모함.
- 최종 지향 목표를 거대 경제권과의 FTA로 하되, 국내 여건을 조성하면서 순차적으로 추진.

그리고 이렇게 수정·전환된 FTA 전략은 '선진통상국가' 전략의 일환으로 자리매김됐다. 선진통상국가 전략은 단지 통상 전략일 뿐 아니라 개방과 경쟁을 통한 경제 선진화 전략, '제2의 장기성장 전략'의 성격을 갖는다. 이는 다음과 같은 내용을 갖고 있다.

- 노동, 금융, 외환, 경쟁질서 등 국내 모든 제도와 관행을 미국식으로 맞추고, 외국 투자자가 진출해 활동하기에 충분히 매력적인 '비즈니스 허브'의 환경을 만들 것.
- 동시다발적인 FTA 추진과 거대 경제권과의 FTA를 통해 수출시장을 안정적으로 확보하고 산업 고도화의 계기로 활용하는 등 경제통합 효과를 극대화하고, 개방과 경쟁을 통해 서비스산업의 성장 동력화를 추진할 것.
- 외국인 투자 및 고급 인력을 유치하고 해외 투자를 활성화할 것.
- 자본, 기술, 인력 등을 세계 각국으로부터 아웃소싱하고, 강한 서비스산업, 중소기업의 글로벌화, IT 등 미래첨단산업을 육성·발전시킬 것.
- 개방에 대한 저항을 줄이고 국민적 공감대를 높일 수 있도록 적절한 피해대책을 수립하고 사회안전망을 강화할 것.

이상에서 우리는 노무현 정부가 2005년 상반기까지 이미 국내 제도 및 관행의 미국화와 국내 시장의 '비즈니스 허브'화, 전면개방과 거대경제권을 지향하는 동시다발적이며 포괄적이고 높은 수준의 FTA 추진, 개방과 경쟁을 통한 서비스산업의 성장 동력화 등 한미FTA와 한미 경제통합으로 가는 전략의 핵심 골격을 갖추고 있었음을 알 수 있다. 이 선진통상국가 전략은 김영삼 정부 시기의 세계화 전략, 그리고 김대중 정부 시기의 신자유주의 구조조정에 이어서, 미국식 표준을 한국 표준으로 구축·공고화하면서 국내 시장을 국제자본의 자유로운 활동 무대로 벌거 벗기고 전면적으로 내어주는, '비즈니스 허브화'를 위한 숨막히는 입지 경쟁판에 뛰어들어 경쟁력 강화를 도모하고자 하는 제3차 신자유주의 구조조정 전략의 성격을 갖는다. 이는 양극화와 대외의존 심화를 통해 경쟁력 강화와 '선진화'를 추진하려는 전략이며, 민주화 시대 국민의 여 망에 부응하는 사회통합적인 선진화 전략, 다시 말해 민주적이고 사회 생태적인 복지사회 전략과 정면충돌한다. 선진통상국가 전략과 이를 기 초로 한 한미FTA의 돌진적 추진은 다음과 같은 심각한 문제점을 갖고 있다.

첫째, 개방 대 쇄국이라는 잘못된 흑백 이분법을 세운 연후에 개방 은 하면 할수록 좋다고 주장하는 개방 제일주의, 개방 물신주의에 엄청 난 함정이 있다. 단지 시장이 아니라 어떤 시장이냐가 문제이듯이, 어떤 개방이냐가 문제이기 때문이다. 개방 자체가 뛰어나게 정치적 성격을 갖고 있기 때문에 어떤 개방이냐가 정치적 의제로 되어야 한다. 하버드 대학의 대니 로드릭 교수가 적절히 지적한 것처럼, 한 나라가 세계시장 으로 무분별한 입지경쟁전에 깊이 빠져들면 들수록 경제적 주권과 민주 적 자기 통치, 경제운영에 대한 국민적·공공적 통제권은 희생되어야 하 는 '개방경제의 트릴레마(trilemma)'가 존재한다. 투기투자를 불문하고 외자유치를 위한 맹목적 입지경쟁에 나서 세계시장 속으로 깊이 빠져들 수록 그것은 강력한 족쇄, 이른바 '황금구속복'이 되어 국가경제, 사회 전체, 국민의 삶은 국내외의 자본 및 시장의 감시 및 명령 아래 놓이게 된다. 선진통상국가 전략은 바로 이같이 심각한 문제를 안중에 두고 있 지 않다.

둘째, 한국의 지난날 경험을 쇄국으로 망했고 개방으로 성공했다고 말하고 그 연장선상에서 생존과 선진화를 도모하기 위해서는 더 많은 개방과 미국시장 선점이 필요하다는 주장은 근거가 매우 박약한 난폭한 주장이다. 지난날 한국의 고도성장 전략에 대해 이를 쇄국이 아니라 개방을 했기 때문에 성공했다는 식으로 이분법적으로 말하는 것은 전혀 잘못된 이해다. 한국의 성장 성공은 무분별한 개방이 아니라 전략적이고 관리된 개방 때문이라고 보는 것이 정확하다. 뿐만 아니라 개방 대 쇄국의 이항대립론은 민주화 이후 한국경제가 걸어온 길이 주는 교훈을 망각하고 있다. 1997년 위기는 개방의 부족 때문이 아니라 김영삼 정부의 무분별한 세계화 전략이라고 하는 '전략 아닌 전략' 때문에 초래됐다. 1997년 위기 이후 한국경제는 개방의 부족이 아니라 개방의 과잉 때문에 그에 따른 양극화 심화, 국민경제의 불안정과 변동성, 미국경제와의 동조화 심화로 고통받고 있다.

셋째, 선진통상국가 전략은 글로벌화의 진전과 더불어 선진국의 발전 유형을 수렴하고 있다고 보면서 한국의 제도 및 관행을 미국식 신자유주의로 개조하고 이를 공고히 하자고 주장한다. 그러나 이것이 과연 한국경제 선진화를 위한 바람직한 길인지는 지극히 의심스럽다. 선진통상국가의 모습을 도출하기 위해 사례로 든 나라들(미국, 일본, 독일, 영국, 네덜란드, 아일랜드, 싱가포르)만 보아도 그렇다. 네덜란드의 경우에는 미국식 주주가치 자유시장 자본주의가 아니라 이해당사자 복지자본주의가 존재한다. 일본의 경우에 대해서도 널리 유포되어 있는 것처럼 이제는 낙후된 모델이라고 간주하는 것은 성급하고 잘못된 판단이다. 일본이 10년 불황을 딛고 다시 일어서는 저력을 잘 지켜봐야 한다. 따라서 세계화 속에서도 각국의 제도와 관행의 다양성은 유지되고 있고, 각국이 이 제도와 규범의 다양성, 문화적·역사적 다양성을 자국의 경제적·문화적 '비교제도 우위'로서 활용·발전시키고 있는 사실에 주목해야 한다.

3. 서비스산업 경쟁력 강화론의 허점과 위험

그렇지만 단지 선진통상국가 전략만이 문제가 되는 것은 아니다. 물론 선진통상국가 전략에서 국내 모든 제도와 관행을 미국식으로 맞추고, 동시다발적인 FTA 추진과 거대 경제권과의 FTA를 통해 수출시장을 안정적으로 확보하고 산업을 고도화하는 계기로 활용하는 등의 경제통합 효과를 극대화하는 방향이 잡히긴 했다. 그리고 한미FTA도 조만간 도래하게 되어 있었다고 봐야 한다. 그러나 그 일정은 뒤로 미뤄져 있었다. 지금 한미FTA는 밀실에서 결정되어, 너무나 준비없이 부실하게, 졸속으로 추진되고 있다. 이런 상황에서 등장한 것이 한미FTA를 통해 서비스산업의 경쟁력 강화를 도모한다는 논리다.

노무현 대통령은 한미FTA를 "경쟁력 향상을 위해 국내 서비스산업에 주는 충격 요법이다"라고 하면서, 한미FTA에서 한국의 '워싱턴컨센서스' 노선을 높이 천명한 바 있다. 이에 대해 청와대 비서실에서는 다음과 같이 해설하고 있다. "경제를 획기적으로 성장시킬 방도는 없는가? 일자리를 획기적으로 늘릴 방도는 없는가? 한미FTA는 이런 문제의식에 대한 전략입니다. 고용없는 성장을 극복하는 방법은 서비스산업을 활성화하는 것입니다. 교육, 의료, 금융, 법률 등 서비스업은 기본적으로 사람이 하는 일입니다(한미FTA가 체결되면 서비스업이 선진국 수준으로 업그레이드될 것입니다. 경제도 성장하고 고용도 늘어날 것으로 기대됩니다. 한미FTA는 한국경제의 경쟁력을 크게 높여줄 것입니다. 성장을 멈추면 양극화해소는 불가능합니다). 지속적인 성장을 위해 한미FTA, 꼭 필요합니다."

재정경제부의 보고서는 이렇게 말한다. "FTA는 고부가가치형 서비스산업 발전의 촉매제가 됨으로써 성장잠재력 확충에 기여. 금융, 의료,

교육, 회계 등 기업지원 서비스, 법률 등 고부가가치형 지식기반 서비스
는 개방을 통해 선진경영기법의 이전 및 경쟁을 촉진해 선진국에 비해
낮은 생산성 제고 가능, 그리고 한미FTA를 통한 사업 관련 서비스의 육
성은 제조업의 혁신 및 생산능력을 촉진하는 효과."

한미FTA 논리를 정당화하는 최고 국책기관인 대외경제정책연구원
에서는 이렇게 주장한다. "서비스 분야의 생산성 낙후는 서비스를 중간
재로 사용하는 제조업 및 여타 산업의 생산성 및 효율성에 부정적인 영
향을 주고, 나아가 국민경제의 발전을 저해하게 된다. 따라서 한미FTA
를 국내 서비스산업의 경쟁력 강화 계기로 삼을 필요가 있다."

한국개발연구원은 이렇게 말한다. "중국의 부상, 제조업 공동화, 고
용의 탈공업화, 고부가가치 서비스 활동의 중요성 증가 등 국내외 환경
여건의 변화를 고려할 때 어느 때보다 산업구조의 고도화가 필요하다.
향후 우리나라 경제성장의 관건은 지식기반 서비스의 육성을 통한 제조
업과 서비스업 간의 선순환 구조 구축에 있다. 한미FTA와 같은 능동적
개방 전략을 채택해 해외의 글로벌 스탠더드와 혁신 자원을 흡수하는
한편, 내부 제도개혁의 추동력을 확충하는 것이 필요하다."

그리고 자료조작의 의혹을 사고 있고 온갖 비현실적 가정 위에 '꿈
의 궁전'을 그리고 있다는 비판을 받고 있는 한미FTA 기대효과에 대한
대외경제정책연구원(KIEP)의 장밋빛 시나리오(CGE 모형)[2], 다음 〈자료
3〉에서 보는 바와 같이 서비스업의 성장 효과와 고용창출 효과에 압도

---

2) 일반균형연산(Computable General Equilibrium) 모형은 신고전파 경제학의 기본가정에 입각해
   설계된 분석모델로 완전시장경제와 완전고용을 전제하고 직접투자와 투기성 간접투자를 구분하
   지 않으며 기술격차를 포착하지 못한다는 점에서 그 예측력은 제한적일 수밖에 없다. CGE모형
   을 통해 도출된 결론은 참고용 이상의 가치를 지니기 어려운데도 정부가 이를 정책판단의 근거
   로 삼는 것은 자칫 심각한 문제를 야기할 수도 있다.

구 분	CGE 자본축적모형			
	생　산		고　용	
	생산성 증대효과 미고려	생산성 증대효과 고려	생산성 증대효과 미고려	생산성 증대효과 고려
농　업	-3.5% (2조 4천억 원↓)	-1.4% (9천억 원↓)	-3.5% (8만 8천 명↓)	-1.8% (4만 4천 명↓)
제 조 업	1.4% (5조 9천억 원↑)	5.4% (22조 9천억 원↑)	1.1% (3만 2천 명↑)	4.3% (12만 7천 명↑)
서비스업	1.9% (9조 3천억 원↑)	7.1% (34조 7천억 원↑)	1.2% (13만 7천 명↑)	3.9% (43만 5천 명↑)
합　계	1.3% (12조 8천억 원↑)	5.7% (56조 7천억 원↑)	0.5% (8만 2천 명↑)	3.1% (51만 8천 명↑)

출처 : 대외경제정책연구원, 「한미FTA의 경제적 효과 해설」, 내부세미나 자료(4월 11일), 대외경제정책연구원, 2006

적으로 의존하고 있음을 알 수 있다. 서비스업의 증대 효과가 가장 높고, 이것이 전체 효과를 선도하면서 농업의 감소 효과도 만회하는 것으로 되어 있는 것이다.

요컨대 한미FTA를 통한 서비스업 경쟁력 강화론은 다음과 같은 내용을 골자로 하고 있다. ① 한국경제는 그동안 제조업 중심으로 발전해 서비스업의 생산성과 경쟁력이 취약하다는 것, ② 이 때문에 경제 선진화의 한계에 부딪치게 됐을 뿐 아니라 고용없는 성장을 초래하게 됐다는 것, ③ 서비스업 경쟁력 우위 확보를 통해 중국의 추격 위협에 대응해야 한다는 것, ④ 미국은 지식기반 서비스업에서 세계 최고 강국이라는 것, ⑤ 한미FTA를 통해 미국에 대한 개방이라는 충격에 노출되면 경쟁 규율을 통해 이 분야가 획기적으로 발전될 것이고 양질의 일자리도 창출될 것이라는 것, ⑥ 그리고 개방과 함께 서비스에 대한 각종 규제도 대폭 완화해야 한다는 것 등이다.

그러나 이같은 논리와 추계는 얼마나 신뢰성이 있는가? 앞서 우리는 개방만능론이 무분별한 개방에 따른 경제적 주권과 민주적 자기 통치권의 희생을 안중에 넣지 않는다고 비판한 바 있다. 개방과 경제성장의 관련성 문제는 또 다른 쟁점이다. 경제성장의 역사적 경험과 오늘날의 경제학은 세계시장에의 개방과 시장경쟁이 한 나라 경제성장의 중요한 조건이 된다고 가르치고 있다. 후진·후발국의 산업화, 그리고 중진국의 선진화를 위해서도 개방은 중요한 필요조건이다. 그리고 우리의 당면 주제인 서비스업의 발전과 '후발성 이익'의 확보를 위해서도 개방은 필수적이라 하겠다. OECD는 물론 UNCTAD 보고서조차 개방이 서비스업 발전의 필요조건임을 역설하고 있다. 그러면 무엇이 문제인가? UNCTAD 보고서는 다음과 같은 중요한 지적을 하고 있다.

> 많은 개도국들이 일자리, 기술, 투자를 창출할 방안으로서 다자간 및 지역간 서비스무역 자유화가 가져올 수 있는 긍정적 효과를 기대하고 개혁과정에 착수했다. 그러나 외부 충격을 흡수할 수 있는 해당 경제의 능력을 고려함 없이, 무역 자유화 그 자체만으로는 기대한 결과가 초래되지 않는다는 데에 동의가 있어 보인다. 중요한 것은 적절한 규제적·제도적·경쟁적 틀을 구축하는 것이며, 이것이 무역 자유화가 유익한 결과를 낳을 수 있는 필수적 조건이다. 또한 개혁의 속도와 순서를 조절해야 한다는 것, 그리고 〔서비스의 국내 능력을 강화하기 위해〕 우회해 돌아가는 정책(flanking policies)이 요구된다는 것도 고려해야 할 고도로 민감한 쟁점이다. 전세계적인 범위에서 다수 서비스산업에서 집중이 증가하고 있는 것을 볼 때, 대외적 무역환경과 글로벌 서비스 공급자들의 지배적인 시장 위치 때문에 개도국의 개혁이 기대하는 유익한 결과를 얻지 못할 실질적 위험이 확실히 존재한다.[3]

이처럼 UNCTAD 보고서는 "한 가지 처방을 만병통치약으로 삼는 접근방식"의 부적절함을 경고하고 있다. 그러면서 서비스산업 개방과 관련해 다음과 같은 중요한 쟁점을 제기한다.[4]

- 서비스 개방이 필수서비스 접근권, 특히 최하층의 접근에 미칠 영향.
- 서비스 개방이 사회정책 목표, 예컨대 교육, 보건의료, 문화부문 등에 미칠 영향.
- 단기 구조조정 비용의 규모와 그것에 대처할 방안.
- 특정한 서비스 활동이 국제 경쟁력을 갖기 전에 일정 수준의 보호가 필요함을 감안할 때 국내 공급능력과 중소기업 발전에 개방이 미칠 영향.
- 국내 및 국가간에 있어서 서비스 개방이 분배에 미칠 충격.
- 외국인 직접투자가 개발에 미칠 충격.

이상에서 우리는 서비스업의 발전과 관련해 UNCTAD 보고서의 전략이 한국정부의 개방만능론과 얼마나 대조적인지, 한미FTA를 통한 충격요법론이 얼마나 위험을 자초하는 일인지 잘 알 수 있다. 사회정책·고용정책의 측면은 두말할 것도 없고, 산업정책·경쟁정책의 측면에서도 한국정부의 서비스업 발전론은 심각한 결함을 갖고 있다. 경제주권과 정치적 민주주의, 사회경제적 민주주의에 대한 불감증은 물론이거니와, 서비스업의 경쟁력 강화와 국민경제의 균형 있는 동반 성장의 견지에서 보아도 충격요법론은 중대한 허점을 갖고 있다.

---

3) Trade and Development Board, "Trade in Service and Development Implications", TD/B/COM.1/77, United Nations Conference on Trade and Development, Tenth session, Geneva, February 6~10, 2006, p.18. [www.unctad.org/en/docs/c1d77_en.pdf]
4) Trade and Development Board, ibid., p.5.

개방은 하나의 필요조건일 뿐이며, 잘못 단행된 개방은 큰 위험과 재앙을 가져올 수 있다. 아울러 투자협정상 이행의무부과조항 금지 때문에 경영 노하우 등 선진기법의 이전은 근본적인 한계를 가지고 있음을 알아야 한다. 국제자본이 서비스 분야를 지배하고 경쟁력이 취약한 국내 부문은 도태되어 국내 서비스의 자율적 기반은 더욱 약화되는 반(反)경쟁 효과, 또 신규투자보다 M&A가 주로 나타날 반투자 효과가 예상된다. 전문적 서비스의 특성상 양질의 대량고용이 창출될 근거도 희박하다. 가장 분명한 '기대 효과'는 금융의 투기화와 종속화의 심화이다. 그때는 론스타 같은 사태가 속출해도 속수무책일 것이다. 그리고 자본의 투기화와 주주가치 압박 때문에 중견·중소기업의 약화와 투자 부진이 심화될 가능성이 높다.

경제성장과 산업고도화 메커니즘을 작동케 하는 요체, 당면 한국 서비스산업 수입대체 정책의 요체는 적절한 개방과 더불어 투자 창출과 인적 자본의 육성을 위한 정부의 개입과 관리·유도에 있다. 그리고 개방의 속도와 순서의 적절한 조절이 필수적이다. 정부 개입과 관리, 그리고 여러 투자를 창출하고 효과적 경쟁이 작동하고 갈등을 조절하는 제도적·규제적 틀이 결합될 때 비로소 산업고도화의 길이 열린다. 또 그럴 때만이 시장/개방에 내재된 조절 실패와 위험을 극복하는 훨씬 차원 높은 경제적·사회적 협력 균형을 달성할 수 있는 길도 열릴 수 있다. 우리의 경제성장 경험과 발전전략에서 많은 교훈을 얻을 수 있는데도 이를 망각하고 있는 것을 보면, 노무현 정부의 한미FTA 충격요법이 얼마나 '워싱턴컨센서스'로 대변되는 시장-개방-세계화 만능론에 중독되어 있는지 알 수 있다. 오히려 중국의 행보가 사려 깊고 현명하다. 중국은 서비스 선진국인 홍콩, 마카오와 경제동반자협정을 체결하고 이 전문가들이 중국 전문가들을 육성하도록 하고 있다. 그리하여 대외 전면

자유화 이전에 지역협력을 통해 자국 서비스 경쟁력을 강화하는 길로 나가고 있다.[5] 또 중국은 무분별한 개방이 아니라 속도와 순서도 적절히 조절하고 있다. 금융개방은 아직 초기 단계에 있고 WTO 가입 후에도 진입제한을 통해 점진적 개방의 길로 가고 있다. 또한 외국 로펌의 국내 변호사 고용과 합작을 실질적으로 허용하지 않고 있다. 외국 로펌은 중국 변호사를 직원으로만 고용할 수 있고, 이 경우 중국 변호사는 중국법에 대한 법률서비스를 제공할 수 없다.[6]

우리 정부는 서비스산업의 경쟁력 제고와 성장 동력화를 추구한다고 하지만, 제조업과 서비스산업의 각각의 위상을 어떻게 가져가려고 하는지, 그리고 서비스산업에서 전략적 중심이 어디에 있는지, 다시 말해 한국산업 선진화의 구조를 정확히 어떻게 잡고 있는지에 대해 분명한 상도 제시하지 않고 있다. 그런 와중에 중국의 위협 때문에 서비스산업이 한국경제의 미래라는 식의 견해가 돌출적으로 제기됐다.

우리는 서비스업에서 높은 경쟁력을 가진 나라는 패권국의 지위를 가진 나라들(미국, 영국 등)이거나 지경학적으로 중개무역 국가로서 입지를 가진 특수한 나라들(네덜란드, 홍콩 등)임에 유의해야 한다. 그렇지 않은 나라들, 예컨대 독일, 프랑스, 핀란드, 아일랜드, 일본, 중국, 대만을 포함한 동아시아 대부분의 나라들은 산업의 근간을 여전히 제조업에 두고 있고, 그 구조의 고도화를 추구하고 있다. 정보화도 '서비스경제형' 모델이 아니라 '정보공업형'의 경로를 보여주고 있다. 일본은 영미형 경제의 서비스화 발전경로 대신에 하드웨어와 소프트웨어가 결합되

---

5) OECD에도 지역협력을 통해 무역전환을 일으키지 않고 다자협상보다 더 많은 이익을 얻을 수 있다는 주장이 제기된 바 있다. OECD 2000, "South-South Services Trade: A Scoping Paper", TD/TC/WP(2000)20/FINAL, OECD Working Party of the Trade Committee, November 14, pp.3~4.
6) 윤창인, 앞의 글.

는 제3상품군을 발굴해 첨단 제조업과 지식기반 서비스업을 동시에 발
전시키려고 노력하고 있다.

제조업이 취약한 단계에서 서비스의 국제분업에 기초한 경제성장
경로를 보이는 사례도 나타나고 있다. 인도 같은 경우가 대표적인데, 중
국과도 또 다른 이같은 발전패턴을 가능케 하는 것이 특히 서비스의 오
프쇼어링(해외로의 아웃소싱)이다. 그런데 오프쇼어링 대상지로 각광받
고 있는 지역은 주로 영어 사용국이며, 대량의 IT 전문인력을 경쟁력 원
천으로 하고 있음을 알아야 한다.

이밖에 싱가포르 경제의 서비스화를 거론하면서 이를 따라잡아야
한다는 식으로 많이 주장하는데, 싱가포르는 홍콩과는 많이 다르다는
점을 유의해야 한다. 싱가포르의 제조업 비중은 여전히 높다. GDP 대비
부가가치 비중은 1980년 29.1%→2002년 26.5%, 고용 비중은 30.1%→
18.2%이다. 홍콩의 경우 같은 기간 부가가치 비중은 23.6%→4.5%, 한
국의 경우 2001년 부가가치 비중은 33.1%, 고용 비중은 19.8 %이다. 또
한 싱가포르는 잘 알려져 있듯이 공공 임대주택이 일반화되어 있을 뿐
만 아니라, 의료 분야에서도 우리 정부의 선전과는 달리 높은 국가 부담
에 의해 포괄적 기초의료가 공적으로 제공되고 있다. 외국 로펌도 제한
적인 업무제휴와 합작만을 허용하고 있다. 싱가포르는 일반 통념과는
달리, 개방경제가 '큰 정부', 즉 튼튼한 공공부문과 결합됨으로써 지속
가능한 개방전략을 추구하고 있는 사례로 볼 만하다.

4. 한미FTA의 어두운 미래 : "우리는 또 다른 NAFTA를 원하지 않는다"

WTO 수준의 다자간 협상조차 짜증스럽게 여기고, 한미FTA를 NAFTA
이래 최대 FTA로 자리매김하면서 챙길 것을 모두 챙기겠다고 벼르는 미

국의 일방적이고 공격적이며 집요한 신자유주의와, 미국식 표준을 내면화하면서 벌거벗은 채 미국과 한 몸뚱이로 전면 경제 통합을 이루는 것만이 한국의 살 길이라고 외쳐대는 '우리 안의 신자유주의'가 만날 때 어떤 결과를 낳을까. 이는 예상하고도 남음이 있다. 진행되고 있는 경과를 보라.

정부는 이미 한미FTA 협상 개시 이전에, 약값 재평가 작업 중단, 스크린쿼터 축소를 비롯해 이른바 '4대 선결조건'이라 불리는 미국측의 요구를 순순히 받아줬다. 그 이전 일찍부터 수년간 의약품 워킹그룹(실무회의)에서 미국 대사관 관리들이 참석해 노골적인 압력을 행사하도록 용인했다. 본 협상에 임하는 한국의 협정문 초안은 우리의 주권적·공공적·민주적 목표와 관련된 사항은 방치한 채 미국식 투자협정을 비롯해 미국의 요구를 수용하기에 적합하게 만들어진 안이었다. 그것은 미국이 요구한 15개 협상의제를 전면수용해 미국과 협상을 유리하게 이끌 아무런 공격적 의제를 담고 있지 않았고 협상목표 자체부터가 막연하고 추상적이었다.[7]

예상했던 대로 워싱턴에서 열린 제1차 본 협상에서 미국정부는 집요하게 공세를 가해 오면서 미해결 쟁점이 남아 있는 한 어느 한 쟁점을 우선 타결하지는 않는 식으로 나온 반면, 한국은 협상진행 자체에 매달리는 태도를 보였다. 한국정부는 미국측의 요구를 대부분 받아들였지만 미국은 양보한 게 아무것도 없었다. 보도에 따르면, 금융서비스 분야에서 국경간 거래만이 아니라 한국 초안에는 없던 신금융서비스까지도 허용했다. 일반서비스 분야에서도 한국은 미국의 요구대로 국경간 서비스를 허용했다. 투자 분야에서는 투자의향 단계부터 외국 투자자에 대한

---

7) 김선희, 「한미FTA 한국 협정문 초안 심각한 문제 있다」, 『레디앙』, 2006년 6월 14일.

내국민대우와 현지인 및 현지 부품을 써야 하는 의무이행부과금지 등에 합의했다. 투자자-정부 제소권도 허용했다. 국가의 주권적·공공적 역할을 박탈·무력화하고 공적 제도 전반을 허물어뜨릴 수 있는 이 파괴적이고 치명적인 제도에 대해서 한국과 미국은 서로 100% 의견이 합치했다. 가히 '미국과 미국 간의 협상 아닌 협상'이라 해도 좋을 정도다. 의약품 분야에서 한국은 특허청과 식약청간의 특허권 정보 교환에 대한 미국의 요구를 긍정적으로 받아들였다.[8]

한미FTA 제1차 협상에서 '한미FTA 저지를 위한 미국원정 투쟁단'은 "우리는 또 다른 NAFTA를 원하지 않는다"고 선언했다. 그런데 한국 정부의 생각은 이와 정반대다. 정부는 IMF와 IBRD의 보고서를 들이대며 NAFTA의 멕시코가 성공 모델이라고 주장한다. 대미 수출은 제법 증가했지만, 낮은 성장률과 사회경제적 불평등의 심화, 두 국민으로의 양극 분열, 사회적 공공성의 파괴, 국민경제 주권의 잠식과 대외의존 심화, 국내 분업 연관의 파괴, 일자리를 찾아 국경을 넘는 엄청난 이민 대열, 문화적 다양성의 훼손 등으로 고통받고 있는 멕시코를 두고 말이다. 서로간에 인식과 전망에서 간극이 너무 크다. 그리고 앞으로 이 간극에서 오는 경제적·사회적·정치적·문화적 갈등과 불안정은 더욱 심화될 것이다. 이것만으로 이미 한미FTA는 실패했다. 과연 멕시코가 우리의 미래인가. 우리는 또 다른 NAFTA를 원하지 않는다.

---

8) 송창석, 「미국에 선물 주고 빈손 귀국……'첫 단추 잘못 끼웠다'」, 『한겨레』, 2006년 6월 12일.

한미FTA와 공공 · 행정서비스 시장화

박형모 · 전소희*

1. 들어가는 말

연일 전국을 강타하고 있는 한미FTA에 대한 각계각층의 심각한 우려 목소리에도 불구하고 노무현 정부는 '사회양극화 해소'와 더불어 '한미FTA 체결'을 2006년에 가장 우선적으로 추진해야 할 정책과제로 선정하면서, 밀실에서 협상을 추진하며 한미FTA 체결에 강공 드라이브를 걸고 있다.

지난 5월 12일 정부가 국회에 제출한 「한미FTA 협상목표 및 우리측 협정문 초안」의 주요 내용이 한 인터넷 언론을 통해 보도됐다. '비공개' 문서로 보고된 협상 초안문의 일방적 보도에 외교통상부는 난감해하며 공식적인 유감을 표했다. 이 초안은 22개 차트를 내용으로 농업과 제조업을 포함하여 금융, 환경, 정부조달, 서비스 일반 등을 포괄하고 있다. 이는 한미FTA가 사실상 사회전반에 대한 신자유주의 세계화의 결정판임을 드러내는 것으로, 그 영향은 가늠조차 할 수 없는 상태이다.

---

* 박형모(전국공무원노동조합 대외협력실장), 전소희(전국공무원노동조합 대외협력부장).

특히 농업과 제조업 등의 전통적인 상품무역부문 외에 날로 확장되고 있는 서비스시장이야말로 초국적 자본이 눈독 들이기에 충분한 규모를 형성하고 있고, 그중 공공의 이익을 담보해온 공공·행정서비스는 새로운 개척지로서 자본의 입맛에 딱 맞는 이윤추구의 대상이다. 흔히 '철밥통'이라 하는 공직사회도 예외가 아니다. IMF와 마찬가지로 신자유주의 정책을 전세계에 강제하고 있는 WTO와 FTA는 노무현 정부가 주창하고 있는 '작은 정부'와 '공공재정 삭감', 행정부문의 '경쟁과 효율성 제고'와 긴밀하게 맞물려 있으며, 구체적으로는 공직사회를 겨냥한 연금법 개악 및 총액인건비제 도입 등 각종 개악 조치, 그리고 전국공무원노동조합에 대한 지속적인 탄압과 같은 형태로 발현되고 있다. 즉 현재 공직사회를 재편하려는 정부의 시도는 초국적 자본의 이해를 관철시키려는 WTO, FTA와 직·간접적으로, 그리고 중층적으로 연결되어 있는 것이다.

다른 여타 서비스, 특히 기간산업과 교육 및 의료 등 분야와 마찬가지로, 공공·행정서비스는 WTO나 FTA 하에서 관세철폐의 대상이 아니라 비관세무역장벽철폐, 즉 서비스 자유화와 정부조달 시장개방 등 투자와 관련된 부분이다. 그렇기 때문에 한미FTA가 공공·행정서비스에 미치는 영향을 이해하기 위해서는 단지 국제 무역협정뿐 아니라 소위 '자발적 자유화 조치'[1]라 일컬어지는 국내법에 의한 자유화·시장화를 포괄적으로 봐야 한다.

---

1) '자발적 자유화 조치'(Autonomous Liberalization Measures)는 사실 WTO 용어이다. 국제 무역협정을 통해 직접 강제하는 자유화가 아닌 한 국가 정부가 알아서 먼저 진행하는 서비스부문에 대한 자유화를 의미한다. 즉, 먼저 자유화함으로써 자동적으로 무역협정에 귀속시키는 방식인 것이다. 이 글은 FTA를 다루고 있긴 하지만, 이 용어를 국내법을 통한 자유화를 총칭하는 개념으로서 사용하도록 하겠다.

2. 한국사회 공공 · 행정부문의 특징과 신자유주의 도입

공공부문[2]이 본질이자 생명으로 삼고 있는 '공공성' 의 원칙은 효율성이나 수익성의 원리와 양립하기 어렵다. 그렇기에 그동안 자본주의 경제체제 내에서도 소위 공공부문에 대해서는 국가가 직접 운영했으며, 사적 자본의 활동이 통제 또는 규제됐던 것이다. 이는 국가가 제공하는 서비스는 사회와 그 구성원에게 필수적인 서비스이며, '기간산업' 이란 말에서 볼 수 있듯이 그야말로 사회의 '기간' (基幹)이기 때문이다. 안정적인 수급과 가격 · 계층을 불문한 공평한 분배, 나아가 국가안보와 직결되는 부문인 것이다. 그렇기 때문에 설령 공공부문에 '효율성' 과 '경쟁력' 을 도입한다 하더라도 그 개념은 민간부문 또는 사기업과 달라야 한다. 공직사회는 특히 그렇다. 국가 정책을 일선에서 집행하는 공직사회가 '투명' 하고 '도덕적' 이어야 한다고 하는데, 이를 다른 말로 하면 사실상 '공공성' 을 최우선으로 삼아야 한다는 것을 의미하기도 한다.

정부가 비효율성과 비대성을 근거로 구조조정하려는 공직사회는 사실 OECD 소속 국가 중 그 규모와 지출 면에서 모두 매우 작다. 공무원 비율은 1.8%로 가장 낮은 수준인 일본의 절반 수준이며, 공무원 1인당 인구수는 54.9명으로 일본의 28.9명보다 두 배 높다. 또한 공공지출 규모 중 사회보호 관련 지출은 매우 낮고 국방비가 큰 몫을 차지하고 있다. 그럼에도 정부는 1997년 경제위기 때부터 줄곧 '비대한' 공직사회를 축소하고 공공지출을 삭감하며 공공서비스는 사적 자본에 넘긴다는 목표로 다양한 정책을 도입하고 있다. 이것이 의미하는 바는 정부가 주

---

2) 여기에서 공공부문이라 함은 공직사회를 비롯해, 국가독점기업 · 공기업과 그것이 제공하는 각종 공공서비스, 교육, 의료 등을 포괄하는 개념으로 사용한다.

장하는 '비효율성'과 이를 타파하기 위한 '수익성', '경쟁논리' 도입은 공직사회와 공공·행정서비스의 질 향상과 실제로는 관련이 없으며, 오히려 신자유주의의 논리, 즉 '사회 전반의 사기업화'에 근거하고 있다는 사실이다. 한미FTA는 바로 이런 맥락에서 봐야 하며, 그래야 공직사회를 비롯한 공공부문에 미치는 영향을 제대로 볼 수 있다.

기간산업과 의료, 교육 등은 IMF가 주문한 구조조정 핵심대상 중 하나로 지목되어 급속한 사유화·시장화의 경로를 밟아나갔고 시민사회와 노동조합의 반발이 있었기에 그나마 여론화되었지만, 공직사회와 공직사회가 수행하는 공공·행정서비스의 시장화·사유화에 대해서는 그다지 알려지지 않았다. 또 여론화되더라도 노동조합의 부재 또는 탄압으로 그간 아무런 문제제기 없이 일방적으로 진행됐다.

IMF 당시부터 정부는 꾸준히 국가기간산업 사유화와 공기업에 대한 경영 '혁신', 즉 신자유주의 정책을 도입해왔으며, 이는 공직사회도 예외가 아니다. 공직사회와 공공·행정서비스의 시장화·사유화와 구조조정은 크게 두 가지 방식으로 진행되고 있다. 첫째는 사기업의 전형적 방식인 노동비용 축소와 생산성 향상, 즉 (공무원)노동자의 노동조건 하향평준화와 작업장 통제 강화이며, 둘째는 각종 공공·행정서비스를 사유화하여 사업영역 자체를 축소하고 공공지출을 삭감하는 것이다.

3. 공직사회에 대한 노동자 노동조건 하향평준화와 작업장 통제 강화

IMF 직후부터 한국정부는 공직사회와 국가기관에 대해 경영혁신과 점검·평가제도를 도입해왔다. 작고 효율적인 정부를 구축한다는 논리로 공직사회에도 수익성 향상과 경쟁체제를 도입하는 것이다. 김대중 시절부터 "외환위기 극복, 국가경쟁력 강화, 비효율성 제거"라며 이데올로기 공세를 펼치면서 공공부문 구조조정에 착수했고, 1998년에서 2000년 사이 불과 3년 만에 핵심 공기업을 사유화했으며, 공무원 8만 명을 포함해 공공부문 노동자 14만 명을 감축했다. 2001년부터 항시적인 구조조정 단계로 들어서면서 김대중 정부는 기획예산처를 중심으로 공직사회에 대한 구조조정 지침을 하달했다. 예컨대 경영혁신과제수행평가를 통한 예산배정유보정책, 경영성과평가제도와 사장경영계약제 도입 등이다. 또한 2003년에는 정부가 행정개혁로드맵을 발표하면서 공직사회에 대한 대대적인 '수술'을 시작했다. '정부혁신로드맵', 총액인건비제도 입방안 등 공직사회 구조조정 계획이 그 핵심이다. 차별보상과 성과경쟁시스템을 도입하고 직업공무원제를 해체하기 위한 법제 정비작업을 진행하고, 동시에 공무원연금을 개악하려는 시도와 임금피크제를 통해 인건비를 절약하려는 움직임들이 동시다발로 추진되고 있다.

정리하면, FTA를 위시로 한 신자유주의는 긴축재정, 공공재정 삭감을 기본 거시경제 정책으로 하기 때문에, 이는 결국 공공부문에 대한 구조조정으로 이어지며 특히 공공부문 노동자들의 저항을 무마하기 위해 필연적으로 노동유연화와 노동권탄압 정책을 더욱 강화하게 된다. '축소된' 국가에 걸맞게 공직행정 조직을 재편하면서 '기업만이 살기 좋은 나라'를 만들기 위해 전국적인 기반을 조성하는 것이다. 결국, 공직사회는 국민에 의해, 국민을 위해 종사하는 것이 아니라 기업에 의해, 기업을 위해, 기업처럼 종사하는 형국으로 변하는 상황인 것이다.

4. 공공ㆍ행정서비스 민간위탁(사유화)

신자유주의가 공직사회에 침투하는 방식은 노동자 노동조건 하향평준화와 작업장 통제 강화뿐 아니라 공공ㆍ행정기관과 서비스의 민간위탁

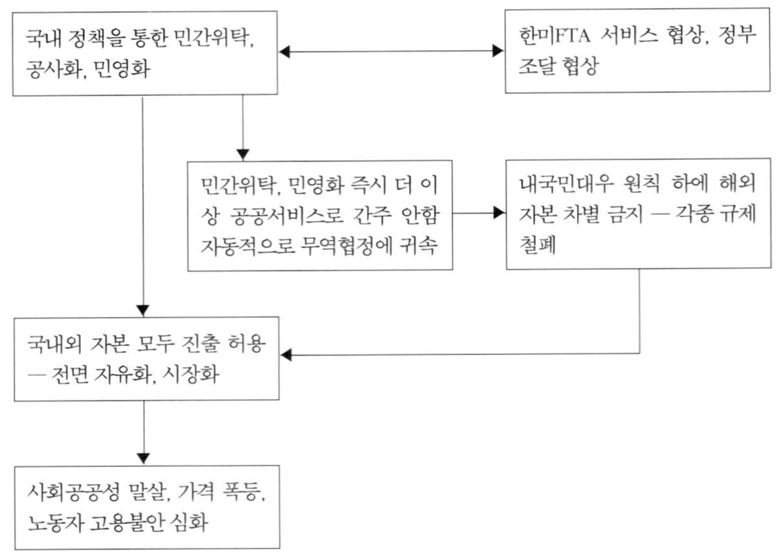

(사유화)로 진행되기도 한다. 원래는 공직부문에 속했던 국립대학, 지방자치단체가 운영해오던 상하수도와 도서관, 보육시설, 심지어 보건소가지도 사기업에 넘기고 있다. 이런 사유화는 한편으로 해당 기관에 종사하는 공무원노동자들의 고용불안정을 야기하며, 다른 한편으로는 공공서비스 붕괴와 요금 인상, 수급 불안정 등 국민적 불편을 가져온다.

1) 국립대학 특수(영리)법인화

정부는 2004년 말 대학구조개편안을 발표하면서 2009년까지 국립대학을 15개 줄이고, 입학정원도 총 95,000명(국립대학 12,000명, 사립대학 83,000명)을 줄이겠다고 했다. 이는 현재 비영리법인인 국립대학을 특수

(영리)법인으로 전환해 이윤 창출을 허용하겠다는 것이며, 결국 교육의 시장화와 공교육 체계 붕괴로 이어질 수밖에 없다. 정부는 물론 표면적 이유로 '세계화' 시대에 국립대학의 경쟁력 향상을 내세운다. 그러나 실제 이유는 '경쟁과 효율에 입각한 구조조정의 안정적 기반'을 조성하는 것이며, 교육시장화·개방화로 국내기업은 물론이고 해외자본에 새로운 이윤의 원천을 열어주려는 것이다. 나아가 신자유주의의 핵심적 거시경제 정책인 공공지출 삭감 원칙 하에 교육지출을 축소하고자 하는 것에 다름 아니다. 물론, 현재 정부는 WTO와 한미FTA의 교육부문 협상 대상을 성인교육 중심으로 하겠다고 주장하며, 6월 초에 진행된 한미FTA 1차 본협상에서도 미국측이 교육과 의료 부문에 관심없다고 표명했다는 점을 강조한다. 그러나 이미 교육시장화 정책은 국내법을 통해 광범위하게 진행되고 있으며, '내국민대우' 원칙과 이행의무부과 금지 등 해외 투자자에 대한 차별과 규제를 금지하는 한미FTA가 추진되면, 굳이 '교육'에 대한 관심을 표명할 필요도 없이 교육시장화는 순식간에 진행될 것이며, 미국 자본은 한국 교육체계 깊숙이 침투할 수 있을 것이다.[3]

이런 국립대 법인화와 전반적인 교육시장화는 국립대와 교육청 등 관련 기관에서 종사하고 있는 공무원노동자는 물론 교사와 교수 등 교

---

3) FTA가 WTO의 일반 원칙을 따른다고 했을 때, WTO 협정문을 통해 FTA가 어떻게 공공서비스를 허용하지 않는지를 보자. WTO의 '서비스무역에 관한 일반협정'(GATS)을 보면, 그 어느 곳에도 '공공' 서비스를 '자유화·사유화' 해야 한다고 명시되어 있지 않으며, 심지어 "정부의 권한을 행사함에 있어서 공급되는 서비스를 제외"(제1조 3항)한다는 구절까지 있다. 그러나 "정부의 권한을 행사함에 있어서 공급되는 서비스"의 정의는 "상업적 기초에서 공급되지 아니하며 …… (다른) 서비스 공급자와의 경쟁 하에 공급되지 아니하는 모든 서비스"인데, 한마디로 완전히 무료이며 오로지 국가가 아니면 제공할 수 없는 서비스만이 여기에 해당된다. 공공서비스 중에도 이 두 가지를 충족하는 서비스는 거의 없다. 더욱 문제적인 것은 "독점 및 배타적 서비스 공급자"(제8조)를 엄격히 제한하고 있다는 사실이다. 결국 우주항공이나 국방 등 특수한 서비스를 제외한 모든 서비스는 FTA 부속서에 명시되지 않는 이상 자동적으로 무역협정에 귀속되어 해외자본에 개방된다.

육주체들의 업무 성격이 변화할 것이며, 나아가 고용불안정과 구조조정
으로 이어질 수밖에 없을 것이다. 또한 공교육 붕괴, 교육비 폭등으로 교
육 불평등은 매우 심각한 상황에 이를 것이다.

2) 상수도 사유화

현재 물은 '블루골드'라 불릴 정도로 급속도로 성장하고 있는 새로운
'시장'이다. 전세계적으로 제조업과 기타 서비스부문이 포화상태에 이
르고 더 이상 이윤을 확보하기 어렵게 되자, 물은 그야말로 기업에게 새
로운 이윤의 원천으로 급부상하고 있는 것이다. 이에 초국적 자본은 물
산업 진출에 혈안이 되어 있으며, 세계 곳곳에서 물을 사유화하기 위한
'전쟁'이 진행되고 있다. 동시에 그렇기에 물은 전세계 사회운동의 핵심
의제로 부상하고 있기도 하다.

한국도 예외가 아니다. 정부는 이미 물, 즉 지방자치단체가 운영하
던 상수도사업을 수자원공사에 넘기는 형태('민간위탁')로 사유화를 추
진하고 있다. 정부는 2006년 2월 「물산업 육성방안」을 발표했는데, 본
방안에 의하면 상하수도부문을 2015년까지 20조 원 규모로 세계 10위
이상으로 육성하기로 한다는 것이며, 최근 국정홍보처 등을 통해 물이
미래의 첨단산업이기에 적극적으로 '시장'으로서 육성해야 한다고 주장
하고 있다.[4] 여기에서 핵심은 바로 민간위탁 즉 사유화이다. 환경부를
포함해 혹자는 수자원공사가 공기업이기 때문에 민간위탁은 사유화가
아니라는 논리를 펼치기도 한다. 그러나 한편으로는 FTA 공세 속에서
과연 수자원공사가 얼마 동안 공기업으로 남아 있을 수 있는지가 의문

---

4) 이치범, 「물 산업은 미래를 먹여살릴 첨단산업」, 『국정홍보처 뉴스레터』, 2006. 6. 5.

이며, 더군다나 언급한 바와 같이 FTA 논리상 아무리 공기업이라 하더라도 사기업과 경쟁체제를 도입하는 순간 더 이상 '국가가 독점적으로 제공하는 서비스'가 아니기 때문에 내국민대우 원칙 적용대상이 되면서 전면적인 사유화를 피할 수 없게 된다. 다른 모든 공기업이 걸어가고 있는 같은 길을 걷게 되는 것이다.

더욱 의미심장한 것은 대외경제정책연구원[5]에 의하면, 서비스업 전체의 연평균 성장률이 4.2%인 반면, 전기·가스·수도사업은 7.9%를 기록하고 있다는 점이다. 또한 이 세 분야는 미국과 비교해 다른 서비스업보다 노동생산성이 높은 것으로 나타나고 있다. 2003년 기준 전기·가스·수도사업에서 미국의 노동생산성은 한국의 60.6%에 불과했다. 즉 전기·가스와 더불어 수도사업이 높은 수익률을 내고 있는 '알짜배기 사업인 것이다. 이것이 의미하는 바는 정부가 내세우는 논리 즉 '비효율적이기 때문에 사유화해야 한다'는 논리가 허구적이라는 점이다. 물론 상수도가 현재 재정적자에 시달리고 있으며, 수돗물에 대한 국민들의 불신이 있긴 하다. 그러나 이는 상수도시설이 매우 낙후되었음에도 이를 보수하는 데 투자하지 않고 있기 때문이다. 즉 공공성을 유지·강화하고 질을 향상하기 위한 정부의 노력이 그동안 턱없이 부족했던 탓이다.

물 사유화의 대국민적 피해는 이미 물을 사유화한 세계 곳곳에서 처참하게 드러나고 있다. 물을 사유화한 모든 곳에서 해당 기관 종사자들은 고용불안정에 시달리고 있으며, 수도요금은 폭등하고 질은 오히려 나빠진 것으로 드러나고 있다. 예컨대 국제공공노련정책연구소(PSIRU)에 의하면, 유럽 전역에서 사유화정책이 강행되던 1996년과 2001년 사

---

5) 송영관, 「한미FTA의 영향 및 기대효과 : 서비스산업」, 출입기자 초청 한미FTA 세미나 발표자료, 대외경제정책연구원, 2006.

이 유럽 전력·가스·수도 고용률이 14% 감소했으며, 전력·가스·수도를 인수한 기업들은 핵심적으로 노동비용을 삭감(정리해고, 노동조건 악화, 노조 탄압, 노동유연화)함으로써 이윤을 증가시켰다는 사실을 발견했다. 또한 이윤논리에 의해 운영됐기 때문에 오히려 질은 하락하고 부정부패가 늘어났다고 보고하고 있다.[6]

물을 사유화한 이후 수도요금 폭등, 질 저하, 노동자 해고

• 아르헨티나 : 수도시설을 사유화한 후 파산했으며, 물 관련 노동자 7,600명 중 4,000명이 명예퇴직 당했다. 이후 신자유주의 정책에 대한 전국민적 저항으로 정권이 퇴진하고 새로운 좌파성향 정권이 들어섰다.

• 인도네시아 : 자카르카수도가 사유화되고 초국적기업에 넘어가면서 수도요금이 2001년에서 2004년 사이 연평균 35% 상승했다. 그러나 기업들이 여전히 손실에 대한 배상을 주장하자 자카르타 주지사는 2005년부터 6개월마다 수도요금 자동인상에 합의해줬다. 사유화 당시 노동자 1,000명이 정리해고됐으며, 노동조건은 현저히 악화됐다.

• 필리핀 : 사유화 이후 누수율이 증가했으며, 마닐라 지역 수도요금이 10배나 상승했다. 빈민층은 절대적 물 부족 현상에 시달리고 있는 실정이며, 이에 시민사회단체와 노동조합이 투쟁을 전개하고 있다.

• 우루과이 : 2000년부터 물 사유화가 시작됐다. 그 이후 수도요금이 10배 폭등했으며, 수질은 악화됐다. 기업의 방만한 운영으로 발생한 손실을 세금으로 채워야 했으며, 역시 시민사회단체와 노동조합의 끈질긴 노력으로 물 사유화를 금지하는 조항을 헌법에 넣는 데 성공했다.

---

6) David Hall, "Evaluating the Impact of Liberalisation on Public Services"(March 2005), Public Services International Research Unit.

• 볼리비아 : 코차밤바 지역의 물을 사유화하고 초국적기업에 넘긴 이후 수도값이 30배 폭등했다. 지역 주민들의 투쟁으로 초국적기업을 몰아내고 지역사회가 공동 운영하는 수도체계를 탈환했으며, 역시 신자유주의와 제국주의에 반대하는 광범위한 민중투쟁으로 새로운 정권이 들어선 상태이다.

• 남아공 : 1994년부터 지자체에 대한 보조금을 축소하고 물을 사유화하기 시작했다. 1994년부터 96년까지 요금이 600%나 인상됐으며, 천만 명 이상에 대한 물 공급이 중단됐다.

• 프랑스 : 물을 사유화한 이후 수도요금이 150% 인상됐다.

• 영국 : 1989년 10개 지역수자원기구를 완전 사유화했다. 1989년과 1995년 사이 수도요금 106% 인상됐는데 동시에 기업이윤은 692% 증가했다.

— 박하순 외, 「상수도 사업 구조개편 비판 연구보고서」, 『공무원노동총서03』, 전국공무원노동조합.

5. 한미FTA 정부조달 협상과 공공 · 행정서비스

현재 엄밀한 의미에서는 행정서비스가 명시적으로 무역협상 테이블에 오르고 있진 않다. 그러나 행정서비스는 위에서 본 바와 같이 국내법에 의한 자발적 자유화와 FTA 서비스협상, 나아가 정부조달협상의 그물망에 갇혀 이미 시장화 · 개방화의 경로를 밟아나가고 있다. 즉 정부는 국내외 자본의 압력 하에 이미 상하수도, 폐수처리 시설과 국립대를 사유화하고 있으며, 예전에는 오직 지자체나 중앙정부만 제공할 수 있다고 간주했던 행정서비스마저 이미 외주, 아웃소싱, 민간위탁 등을 통해 기업으로 이전하고 사유화의 수순을 밟아가고 있는 실정인 것이다.

보다 구체적으로 WTO[7]에 이어 이번 한미FTA를 통해 정부는 정부
조달 시장을 완전히 개방하겠다고 하고 있다. 정부는 정부조달 협상을
통해 550억 달러 규모(2004년 기준)에 이르는 한국의 정부조달 시장을
개방하겠다고 하는 한편, 한국 업체들이 미국 조달시장에 접근할 수 있
도록 하겠다는 것이다. 이런 측면에서 보면 정부조달 협상이 순전히 시
장접근의 문제로만 보일 수 있으며, 대국민적 영향은 없을 것으로, 오히
려 막대한 정부조달 시장에 한국 업체들이 뛰어들 수 있는 좋은 계기를
마련하는 것으로 보일 수 있다. 그러나 정부조달 협상은 업체들의 시장
접근 문제를 훨씬 더 뛰어넘는, 사실상 서비스협상과의 상호작용 속에
서 공공 및 행정 서비스에 막대한 영향을 미칠 것으로 예상된다.

먼저, 정부조달 협상은 단지 공산품이나 원자재에 국한된 것이 아
니라 각종 서비스도 포괄하고 있으며 그 범위에 아무런 제한이 없다. 또
한 서비스협상과 마찬가지로 내국민대우 원칙을 적용시키고 있다. 실제
로 WTO 정부조달협정이나 NAFTA 모두 명시적으로 범위를 '재화와
서비스'로 규정짓고 있으며, 중앙정부가 지방정부에 제공하는 재화와
서비스, 그리고 국가재정 관련 서비스를 제외[8]하고 있지만 사실상 모든
재화와 서비스를 그 포괄범위로 하고 있다. 이것은 정부의 구매 상대를
넓혀주는 것을 넘어 정부가 수행하는 서비스마저 외주 또는 민간위탁으
로 사기업에 넘길 수 있는 여지를 만들어주는 것이다. 특히, 현재는 5조

---

7) WTO의 정부조달협정(Agreement on Government Procurement)은 우루과이라운드 협상 결과
로 1994년에 이미 체결됐으며 38개국이 조인했다. 38개국에만 해당되던 정부조달 자유화와 탈
규제화를 더욱 확대하기 위해 WTO는 소위 '싱가포르이슈'에 포함시켜 도하개발의제(DDA)로
서 협상하려 했으나, 2003년 칸쿤 각료회의 당시 '싱가포르이슈'에 대해 개도국 및 최빈국들의
반발로 각료회의가 붕괴됐고, 결국 싱가포르이슈 네 가지 중 무역원활화만 DDA 협상에 포함시
키게 됐다. 한국은 WTO 정부조달협정에 이미 서명한 바 있으며, 최근 양자간 FTA체결을 통해
정부조달 '개방'이 급속도로 추진되고 있다.
8) NAFTA 1001조.

5천 500억 달러 규모에 이르고 날이 갈수록 커지고 있는 세계 정부조달
시장은 초국적 자본이 탐내는 시장인 것이다.

정부조달은 또한 국민의 세금을 가지고 정부가 구매행위를 하는 것
인 만큼 공공성이 중요한 분야이며, 그렇기에 여러 가지 규제를 통해 이
런 공공성을 유지해야 한다. 그러나 정부는 WTO 정부조달협정에 조인
함으로써 각종 규제를 철폐한 데에 이어 이번 한미FTA 정부조달 협상을
통해 정부조달에 대한 탈규제화를 더욱 가속화시킬 것이다. 한미FTA가
NAFTA와 마찬가지로 조건부과금지 조항을 담을 것으로 예상되기 때문
이다. 즉 장애인 등 사회적 소수자나 소규모영세업체를 우선 구매대상
으로 하는 조달의 공공적 성격이 금지되며, 노동과 환경규제를 적용할
수 없게 된다.

6. 마치며

정부는 최근 한미FTA, 그리고 특히 공공서비스에 대한 국민들의 우려가
높아짐에 따라 여러 경로를 통해 "한미FTA를 통해 건강보험이 손상되
는 일은 없도록 할 것"이며, "영리법인 의료기관이 한미FTA의 쟁점이
아니라고 판단"하고 있으며, "교육개방은 대학 및 성인교육을 중심으로
논의될 것"이고, "전기, 가스, 수도 등 공공서비스 분야는 …… 최대한
공공성이 훼손되지 않도록 한다"고 밝힌 바 있다.[9] 또한 1차 협상 결과
를 밝히면서 미국측이 교육과 의료에 대해 관심을 표명하지 않았다고
'자랑하듯' 발표했다.

---

9) 정부 관계부처합동, 「한미FTA Q&As : 최근 비판론을 중심으로」, 반(反)한미FTA운동 반박자료,
  2006.

그러나 이는 무역협정이라는 매우 어렵고도 전문적인 국제법 조항을 잘 알지 못하는 국민의 무지를 이용한 우롱일 뿐이다. 무역협정을 조금이라도 이해하는 사람이라면 부속서에 명시된 예외조항이 아니면 모두 자유화 대상이라는 사실을 알 것이다. 즉 관심을 표명하지 않았다고 해서, 협상에서 논의되지 않는다고 해서, 조항으로 명시된다고 하지 않는다고 해서 보호되는 것이 절대 아니다. 오히려 반대이다. 굳이 협상테이블에서 논의함으로써 불필요한 논란을 일으킬 필요가 없는 것이며, 이미 국내법을 통해 사유화의 경로를 밟아나가고 있는 것이다. 한미FTA는 이런 국내법에 의한 공공서비스 사유화를 국제 '법'으로 강제하는 것이며, 준영구적으로 존속시킬 수 있는 근거를 만들어주고 투자자를 국제적으로 보호해주는 협정이다.

그간 정부는 공공부문의 비효율성을 제고한다는 명분으로 공공부문의 비중을 축소하고 자율경쟁체제를 확립하는 한편, 사유화 또는 민간위탁을 추진하고 있다. 또한 동시에 인사 · 조직구조를 신자유주의 경쟁논리에 의거해 재편해가고 있다. 공공부문 축소와 공공서비스에 대한 사유화, 구조조정은 한편으로 35만 명에 이르는 공공부문 노동자들에 대한 고용불안정과 비정규직화로 이어질 수밖에 없으며, 공공서비스 축소 및 사유화는 안 그래도 심각한 빈부격차를 더욱 심화시키고, 헌법으로도 보장되어 있는 인권으로서의 공공서비스를 침해한다. 또한 국가와 정부가 국민을 위해, 국민에 의해 운영되는 것이 아니라 오로지 기업과 이윤에 복무하는 형국이 벌어질 수밖에 없으며, 이것은 근본적으로 민주주의 그 자체에 대한 공격이 아닐 수 없다.

한미FTA와 공공서비스 ─에너지를 중심으로 한 민영화 정책의 현실과 문제점

송유나[*]

1. 들어가며

검은 피와 푸른 금(Blue Gold)을 둘러싼 전쟁, 이것은 전세계의 일반적인 화두이다. 석유와 천연가스 확보를 위한 검은 피의 전쟁, 오염과 고갈에 의해 천정부지로 상품가치가 높아지고 있는 푸른 금을 둘러싼 물 시장의 팽창, 이런 모습은 그야말로 객관적인 현실이다. 현재 전세계적으로 에너지와 물을 둘러싼 경제적 재편은 확장되고 있으며, 이는 결과적으로 정치적 재편을 동반한다. 우크라이나로 이어지는 가스관을 봉쇄한 러시아 대통령 푸틴의 행보로 인해 전 유럽은 에너지 위기 정세에 직면했다.

그런데 베네수엘라, 볼리비아, 아르헨티나와 같은 남미의 국가들은 미국과 초국적 자본에 종속되어 에너지를 상납했던 치욕의 역사를 되돌리기 위해 에너지동맹을 선언했다. 심지어 에너지자원을 중심으로 카리브해 연안의 국가들을 지원하는 호혜적 연대를 시작하고 있다. 이런 남

---

[*] 에너지노동사회네트워크 사무처장.

미의 에너지동맹은 에너지안보 혹은 에너지주권이라는 시대의 화두에 있어 에너지의 정치적 독립이 얼마나 중요한 과제인가를 핵심적으로 말해주고 있다.

그러나 단지 한국사회만이 마치 표류하는 뗏목처럼 격변의 시기를 역행하고 있다. 전세계가 에너지안보와 주권이라는 화두를 부여잡고 신자유주의가 그토록 혐오하던 국유화의 길로 다시 돌아서고 있는 상황인데도 한국사회만이 유일하게 신자유주의 구조조정에 박차를 가하고 있다. 신자유주의의 강화, 그 폐해를 더욱 심화시킬 한미FTA를 통해 에너지나 물 등과 관련된 국가 기간산업의 민영화 정책을 완성하고자 시도하고 있는 것이다. 1998년 외환위기 이후 금융산업의 전면적 민영화는 론스타라는 괴물이 한반도를 유린하는 현실을 넋 놓고 목도할 수밖에 없게 했으며, 통신산업 민영화와 경쟁의 폐해는 이제 되돌리기조차 힘든 상황이다. 그나마 노동자들의 저항과 민영화에 반대하는 국민적 여론으로 인해 에너지산업은 적어도 공공적 영역으로 남아 있을 수 있었다.[1] 그러나 현재 다양한 양상으로 구조조정 정책이 관철되면서 에너지산업의 시장화와 경쟁구도는 상당 부분, 그리고 실질적인 측면에서 진척되어 있다.

오로지 매각을 위해 시도했던 발전산업 분할은 전력산업 전반을 왜곡시키고 있으며, 가스 직도입 허용과 민자발전시장의 확장, 신규 진입

---

1) 2003년 4월, 남동발전 매각 중단, 연이어 배전 분할 중단, 2004년 3분할 방식의 가스 분할 방식 종료에 이어 2005년 1월 철도공사와 철도시설공단으로 철도산업 역시 분할됐지만, 한국사회 전반에 민영화정책이 중단된 것은 사실이다. 그러나 결코 오해가 없어야 한다. 그동안 "중단"이라고 말했던 것은 단지 에너지 관련 노동자들과 철도 노동자들이 지속적으로 투쟁해 경영권 매각을 아직까지는 막고 있다는 점에서, 해당 주체의 노력과 역할을 강조하는 의미에서이다. 민영화는 완전한 시장개방을 의미하며 분할 매각방식이 아니어도 충분히 민영화될 수 있다. 자세한 내용은 다음 장에서 언급하도록 하겠다.

시장이 이미 법률적 효력을 가지고 무한히 열려 있는 상황에서 사적 자본의 에너지 잠식 능력은 날로 고양되어가고 있다. 더욱이 에너지산업 전반의 통합적·협력적 관계가 깨짐으로써 에너지의 안정적 공급 구조는 급격히 훼손됐다. 미국 캘리포니아주와 호주 빅토리아주의 전력대란, 영국의 에너지빈곤 등의 현실은 결코 남의 일이 아니다. 지난 해 여중생이 단전으로 인해 촛불을 켜고 자다가 불에 타 죽고만 사태가 바로 한국에서 일어났으며, 아직까지 원인규명조차 되지 않은 제주도와 여수 등 대규모 블랙다운 사태 역시 한국에서 빚어지고 있는 생생한 현실이다. 이렇듯 우리의 에너지산업은 소유의 영역에서만이라도 공공성을 지켜왔다는 점에 의의를 둘 수 있으나, 그 의의는 최소한의 것이었다는 점을 이제는 냉혹하게 받아들여야만 한다. 현재 추진되는 한미FTA는 지난 8~9년간 부단하게 지켜왔던 그 최단 저지선을 한순간에 허물고 말 것이기 때문이다.

한국사회에서 FTA가 주요한 쟁점이라는 사실은 분명하다. 쌀 수입 개방에 맞서 할복한 농민의 죽음에 의해, 그리고 스크린쿼터 폐지와 축소에 맞서 거리로 나선 영화인들의 투쟁에 의해 사실상 진작 체결됐을 법한 한미FTA 체결이 지연됐다. 이로 인해 한미FTA가 적어도 '심각한' 사안이라는 사실에 대해 국민적 공감대가 형성되고 있다는 점은 늦었지만 다행스럽다. 그러나 쌀, 의약품, 쇠고기, 스크린쿼터 등 소위 4개 쟁점사항 이외에 무수히 많은 다른 쟁점의 의미와 그 효과에 대해서는 오히려 잠잠하다. 이는 결과적으로 한미FTA가 미칠 엄청난 파장과 효과가 철저히 봉쇄당하고 있다는 것을 의미한다. 바로 에너지와 FTA의 관계가 그러하다.

FTA체결에 따른 에너지산업의 변화 양상, 그리고 현재 진행되는 협상의 구체적 쟁점은 전혀 언급되지 않고 있다. 민영화 저지와 사회공공성 쟁취에 선도적으로 나섰던 노동자들조차도 FTA와 민영화 정책의 연관성을 이해하지 못할 정도라면 국민적 공감대에 대해서 굳이 무얼 말하겠는가. 그야말로 현재의 협상 국면은 공공서비스 개방과 관련해 철저히 함구한 채 진행되고 있다. 더욱이 발설하지 않고 쟁점화하지 않는 일종의 '세련된 회피와 함구' 전략은 공공서비스 시장개방이 예외 혹은 제한조항일 것이라는 환상을 유포하고 있다.

그러나 이는 FTA협상을 관철시키기 위한 한국정부의 치밀한 전략, 기필코 관철하겠다는 강한 의지의 표출이라는 점을 직시해야 한다. 에너지는 결코 예외도 제한조항도 아니다. 에너지를 비롯한 공공서비스 영역은 자발적 개방이 진척되고, 실질적인 민영화 정책이 관철되면서 이미 충분할 만큼 시장이 열려 있다. 더욱이 외국인 투자지분 등 몇 가지 제한조항, 즉 미국이 내세우고 있는 '무역 장벽'은 오히려 현 정부가 특별히 꼬집어 예외조항으로 고집하지 않는 한 내국민대우, 이행의무금지 조항에 의해 철저히 무력화된다. 그러나 정부에게 조금이라도 의지가 있었다면 상황은 이렇듯 잠잠하지만은 않았을 것이다. 조용히, 시끄럽지 않게 공공서비스 영역을 내어주고자 하는 것이 현 정부의 전략이다. 정부의 세련된 협상전략은 이렇게 진행되고 있으며, 이것이 공공서비스 개방의 진실이다.

이 글은 우선 그동안 에너지산업 민영화 정책이 어떻게 추진됐으며 관철되어 왔는가, 그리고 민영화 정책과 시장개방에 대한 미국 등 초국적 자본의 압력이 어떻게 행사되어왔는가에 대해 살펴볼 것이다. 1998년부터 본격화된 민영화 정책은 당시 한미BIT 협상에서 미국측 요구에 철저히 부응한 결과와 정확히 일치한다. 또한 분할매각 방식의 민영화 정책이 중단되기는 했지만, 결과적으로 에너지산업의 시장개방이 심각한 수준으로 진척되어 있다는 사실을 이해해야 한다. 바로 이 점이 한미

FTA 협상에서 에너지 분야의 개방을 굳이 쟁점화하지 않는 양국 정부의 불순한 의도를 이해할 수 있는 주요한 고리이기 때문이다. 현재 에너지 산업은 시장개방의 형식으로 충분히 민영화의 효과를 누리고 있으며, 국내외 자본의 이해관계에 충분히 부응하고 있다.

다음으로는 공공서비스와 관련해 FTA협상에서 부각되어야만 할 주요 쟁점에 대해 살펴볼 것이다. 현재 정부는 마치 공공서비스가 협상의 대상이 아닌 양 포커페이스를 고집하고 있지만, 이미 공공서비스에 대한 시장개방은 상당히 진척되어 있고 이미 경쟁이 시작되고 있다. 특히 민영화를 관철시키고, 시장개방의 속도를 높이기 위한 국내 수준의 법적·제도적 근거가 충분히 마련되어 있다. FTA와 관련해 그나마 제한조건 즉 무역장벽이 될 사항조차 FTA의 '핵심 정신'에 의해 곧바로 무력화될 지경이다. 나아가 정부는 "최대한 공공성이 훼손되지 않도록"이라는 말을 되풀이하고 있지만, 에너지산업 개방의 효과가 얼마나 엄청난 결과를 초래할 것인가는 단지 몇 가지의 사례만을 살펴보아도 충분히 이해할 수 있을 것이다.

마지막으로 우리가 고민해야 할 것은 이런 추세에 대한 대안이다. FTA인가 아니면 공공성인가? 유럽 전역과 러시아, 그리고 남미에서 불고 있는 에너지 국유화 조치의 바람, 에너지안보와 주권이라는 시대적 화두는 에너지를 둘러싼 위기의 정세를 반영한다. 단지 한국사회만이 FTA체결에 급급해 이런 시대정신에 철저히 역행하고 있다. 에너지의 안정적 공급과 영유라는 에너지 공공성은 현재 요금인상과 노동권이라는 무척 중요한 사안조차 훌쩍 뛰어넘을 만큼 위기적 정세 속에 존재한다. 천연가스를 100% 수입하고 있으며 석유의 자급률이 3%에 불과한 한국사회는 중국과 인도의 성장에 따라 급증하고 있는 동북아 에너지 공급위기 사태에 현실적으로 맞닿아 있다. 이 속에서 우리는 FTA가 아니라

에너지의 공공성, 에너지라는 인권과 주권을 어떻게 사수할 것인가에
대해 함께 고민해보아야 할 것이다.

2. 공공부문 민영화 정책 : 전개과정과 변모양상

1) 공공부문 민영화와 한미FTA

공공부문 즉 공기업은 자본주의 발전 초기단계에 사적자본으로서는 감
당할 수 없는 영역이기 때문에 국가재정을 통해, 사실상 국민의 혈세를
통해 구축해온 영역 전반을 일컫는다. 철도, 항만, 도로, 통신, 전력 및
가스, 그리고 상하수도 등이 그것이다. 초기 투자비용이 막대하지만 자
본주의의 기본적 발전에 필수적이며 대다수 국민생활 영위의 근간이 되
는 것이 바로 공공부문이다. 그러기에 자본주의발전 초기에는 국가가
주도해 공공부문을 육성하는 것이 보편적인 경향이며, 사적 자본은 국
가의 수혜를 기반으로 해 자본축적을 감행한다. 그러나 공공부문은 국
민의 보편적 삶 즉 공공성을 대변하고 있음에도 자본축적의 직접적 토
대라는 점에서 항상 이중적 의미를 가진다.

　　본격적으로 공기업이 확장된 것은 1961년 박정희 정권에서부터이
다. 1962년에서 1977년까지 생겨난 공기업의 수는 22개에 이른다. 당시
전형적인 국가주도 개발독재 시스템은 외채를 기반으로 공적 부문의 양
적 성장을 통해 한국사회 자본축적의 기본 토대를 구축했다. 물론 1970
년대 들어 일부 공기업은 매각됐는데, 대한항공공사를 인수한 한진그룹
이 재계 10순위로 진입했고, 조선공사와 해운공사 및 광업제련 역시 매
각되어 사적 자본 확장에 기여했다. 전두환 정권이 들어서면서 공기업

에 대한 정부개입의 축소는 독점재벌 육성을 위한 정부의 지원과 긴요하게 결합됐다.

특히 이 시기에도 공기업 매각정책이 세계은행, 국제통화기금 등의 공기업 사유화 요구와 연결되어 있다는 점은 매우 시사적이다. 1978년에서 1988년까지 세계은행은 구조조정 기금 대여의 약 40%를 해당국가의 공기업 민영화를 대출조건과 연계시켰다. 이 시기에 몇몇 공기업과 대다수의 금융기관이 공기업에서 사기업으로 전환 즉 매각되기도 했고, 당시 석유공사 매각으로 SK그룹의 전신인 선경이 전격적으로 성장했다. 노태우 정권에서도 민영화가 추진됐으나, 당시 주식시장의 침체 등이 이어지면서 국민주 방식의 매각 정도에 그쳤다. 김영삼 정권 역시 1994년 2월 '공기업 민영화 및 기능조정 방안과 세부추진계획'을 발표하면서 주인 찾아주기 방식의 민영화를 추진했으나, 졸속적 추진으로 인해 실제 진척된 곳은 11개 정도였다.

김대중 정권이 집권하는 시점과 맞물려 터진 IMF 외환위기는 신자유주의 정책에 힘을 실어줬다. 대통령직 인수위원회에서부터, 그리고 신정부 100대 국정과제를 통해 '공기업민영화와 경쟁촉진을 통한 공기업 경영혁신 유도'를 주요한 과제로 설정하고 출발했다. 김대중 정부는 민간부문이 수행할 수 있는 부분에 대한 조속한 민영화, 독점 분야에 대한 경쟁체제의 도입, 자회사 및 비업무용 부동산 매각, 외주확대, 인력 및 조직 감축 등 민영화방안을 구체적으로 제시했다. 1998년 4월에는 기획예산위원회에서 '출연기관 경영혁신 추진지침'과 '공기업 경영혁신 추진지침'을 발표했으며, 7월 3일 공기업 민영화 계획을 새롭게 발표하면서 민영화 대상 사업장은 한국전력·석유개발공사 등 13개 정부투자기관과 한국통신·담배인삼공사·가스공사 등 19개 정부출자기관, 남해화학과 신세기통신 등 정부투자출자기관의 자회사 123개 등 모두 155

개에 달하게 됐으며, 민영화를 추진하는 기관으로 '공기업 민영화 추진 위원회'가 발족했다.

그런데 당시 민영화 추진 일정은 급속히 진행되고 있었던 한미BIT 협정과 무관하지 않다. 1998년 이후 정부의 민영화 정책과 한미BIT 진행과정은 시간적으로도 거의 일치하며, 미국측의 요구에 따라 기획예산처, 산업자원부 방침이 변화하고 있다는 점을 확인할 수 있다. IMF 이후 1998년 초부터 진행된 한미투자협정은 1999년 5월까지 세 차례 공식 실무협상과 여러 차례 비공식 실무협의를 열었다. 이 과정에서 '스크린 쿼터' 문제뿐만이 아니라 한국통신, 포항제철, 한국전력공사, 한국가스공사 등에 대한 민영화 요구가 매우 구체적으로 제시되어 있다. 미국측의 무리한 요구에 대해 해당 공기업과 산업자원부까지도 '유보' 해줄 것을 제안한 바 있지만, 당시 기획예산위원회는 이 요구를 일축했고 결국 미국측 요구에 부응했다.

1998년 7월 13일 산업자원부는 「한미투자협정(안)에 대한 검토」라는 문서를 외교통상부에 보냈다. 전기사업 및 천연가스도매업에 대한 즉각적 시장개방 요구에 대한 유보를 요청하는 내용이었다. "전기사업과 방사성 폐기물 관리사업, 핵연료주기사업 및 그 부대사업을 유보하고, 천연가스 도입과 인수기지 운영, 가스수송, 발전용 연료 공급 등의 천연가스 도입과 인수기지 운영, 가스수송, 발전용 연료 공급 등의 천연가스 도매사업을 유보하되, 2003년 전국 공급 사업을 위한 기본인프라가 구축된 이후 민영화를 검토하겠다"고 했다. 또한 1998년 8월 24일 다시 산업자원부가 외교통상부에 보낸 '한미투자협정 유보안'을 통해 유보의 의지를 재차 확인했다.

그러나 1998년 12월 17일 주미한국대사관은 미 국무부 및 무역대표부 등 미국정부의 한미투자협정 담당자를 접촉해 파악한 미국입장을 산업자원부 미주협력과에 보냈다. 그 내용은 "공기업 민영화의 최초단계에서 정부 지분 10%에 대해서만 내국인에게 우선 배정하고, 잔여분은 내외국민 차별을 없애며, 이후 단계에서는 외국인에 대한 차별적 요소를 완전 폐지하라. 또한 이런 방식으로 민영화 대상이 될 기업명단을 5개 미만으로 정해 미국에 제시할 수 있어야 한다"고 요구한 것이다.

결국 1999년 2월 3일 산업자원부는 외국인 지분을 제한하겠다던 종전의 입장을 철회했다. 발전자회사의 해외매각과 천연가스 도매업 분야를 미국의 입장을 받아들여 해외에 개방했을 때 내외국민을 동등하게 대우하겠다고 밝힌 것이다. 그리고 1999년 5월 1일 주미한국대사관은 산업자원부에 재차 문서를 보냈는데, "가스공사의 외국인 지분을 제한하겠다는 정부 입장에 대해 미국측은 미국 기업이 관심이 많고 공익성 확보를 위해 차별의 필요성이 없다"고 주장해 가스공사의 지분제한을 폐지할 것을 요구했다.

이렇듯 신자유주의 구조조정과 사유화, 그리고 FTA는 밀접하게 연관되어 있는 역사적 실체이다. 더욱이 국가의 에너지정책을 좌우하는, 국민의 보편적 삶 저변을 차지하고 있는 에너지산업에 대한 민영화는 이렇듯 미국과 사적 자본의 이해관계에 의해 좌지우지됐으며, 한국정부는 그 어떤 저항도 없이 순응한 것으로 보아도 무방하다.

2) 분할매각 방식의 민영화 추진과 중단

김대중 정부는 1998년 7월 8일 제1차 공기업 민영화 계획, 8월 4일 제2차 공기업 민영화 추진 계획을 발표하면서 매각에 박차를 가했다. 전력산업의 경우 1999년 1월 전력산업 구조개편 기본계획을 확정 발표했고, 같은 해 9월에는 한전의 발전부문을 6개사로 분할한다는 계획을 세웠다. 1999년 법안 통과가 유보됐으나, 2000년 6월 재상정해 12월 말 통과시키고 말았다. 결국 2001년 4월 2일 전력의 발전부문은 화력과 복합 5개사와 원자력 1개사 즉 6개로 분할됐고, 에너지 재앙의 전형인 미국의 캘리포니아와 유사한 전력거래소[2]가 설치되어 분할된 6개사 간 경쟁을 시작하게 됐다. 그러나 배전 분할이 중단되면서 현재 한국의 전력거래 시장은 발전회사 즉 공급 측면에서만 거래가 이뤄지고 있는 상황이다. 그런데 한전 하나로 존재하던 공기업이 한전과 발전 5개사 및 원자력 1개사, 그리고 전력거래소로 나뉜 상황에서 노동자 수는 늘지 않았으나 사용자측은 6~7배로 증가했다. 경쟁을 통한 효율을 강조하는 민영화 정책의 허구가 드러나는 중요한 대목이라 아니할 수 없다.[3]

여기서 우리는 분할매각 방식의 민영화에 대해 주목하도록 하자. 철도와 전력산업의 경우 민영화가 추진되는 시점에서부터 분할매각 방식을 채택했다. 이는 공기업 민영화의 주된 명분이 경쟁의 도입이었기에 철도와 전력과 같은 거대 공기업을 국내외 자본에 단순간 매각하는 일이 스스로의 명분을 훼손하는 일이기도 하지만, 자산가치가 높아 급

---

2) 이 글의 뒷부분에서 언론사(社)의 예를 통해 설명하고 있지만 전력거래소와 관련한 설명을 간단히 덧붙이도록 하겠다. 한국의 전력산업 민영화 정책의 핵심은 소위 전력거래소를 통한 양방향 거래 제도이다. 즉 발전부문이 분할되어 경쟁하고 배전 역시 분할해 경쟁하면서 전력거래소를 통해 "팔고 사는" 양방향 입찰 제도를 도입한다는 것으로, 캘리포니아 전력시장 구조와 유사하다. 그런데 전력거래소를 살펴보면 주식시장과 동일하다. 매 시간 공급가와 판매가가 끊임없이 유동하면서 가격이 매겨지는 방식이다. 이런 시장구조에서 전기 공급이 중단되는 사태가 발생하면 공급보다 수요가 우위에 서기 때문에 당연히 공급가격은 상승한다. 그러기에 공급능력이 있어도 가격 변동에 따라 공급을 조작하는 일이 가능해지게 된다. 캘리포니아 전력대란 사태에서 정전사태를 조소하며 공급과 가격을 조작한 것이 바로 엔론이다. 이와 관련하여 엔론에 대한 영상물이 「엔론 : 세상에서 제일 잘난 놈들」이라는 제목으로 한국에 들어왔으니 너무 큰 충격을 받지 않고 접하길 바랄 뿐이다.
3) 삼성동에 있는 한전 본사에 가보면 한국전력공사라는 사명 밑에 분할된 5개 발전회사와 1개의 원자력 회사, 즉 7개사가 열거되어 있다. CEO들이 6~7배로 늘어난 셈이다. 이것이 효율을 강조하던 분할의 실체이다.

박하게 매각을 성사시키기 위해서는 용이한 방식을 택할 수밖에 없었기 때문이다. 주식시장에 상정하는 매각 방식은 많은 시일이 소요될 수 있으며 당시 외환위기는 공기업을 팔아 외채를 상환한다는 목표 속에서 진행됐기 때문이기도 하다. 결국 당시 한미BIT 협정의 요구와도 부응해 졸속적으로 추진된 것이 분할매각 방식이다. 그러나 분할매각 방식은 영국과 호주 등의 방식을 그대로 모방한 것으로 당시 이미 영국과 호주에서는 민영화의 폐해가 심화되어 재국유화의 길을 걷고 있는 시점이기도 했다. 그러나 한국은 정부 정책대로 2001년 발전 5개사와 원자력은 분할됐으나, 2003년 4월 남동매각이 중단됐고 이후 배전 분할 역시 중단됐다. 철도 역시 2005년 1월 철도공사가 발족해 철도공사와 철도시설공단으로 나뉘게 됐다.

그러나 가스의 경우 생산부문이 전혀 존재하지 않으며, 가스공사는 도입과 도매 부문의 판매만을 수행하고 있다. 우리가 가정에서 접하는 소매 도시가스 분야는 사기업에 의해 지역독점 시장으로 운영되고 있는 한국적 특수성이 존재한다. 특히 가스의 도입은 20~30년에 이르는 장기 도입계약의 형태를 띠며, 수송선 디폴트[4]의 문제를 비롯한 안정적 수급 불안의 요인이 항시 존재한다. 이런 상황에서 정부는 가스공사를 3개로 분할해 매각하겠다고 발표했지만, 정부 스스로도 무척이나 혼란스러운

---

4) 가스산업은 참으로 복잡하고 어렵다. 현재 한국은 유럽과 같이 PNG 즉 파이프라인의 형태로 도입하는 것이 아니라 액화시켜 선박으로 도입하는 LNG이다. 그러하기에 수송선 건조 등 디폴트 문제가 중요한 사안으로 부각된다. LNG 도입은 소위 천연가스 매장 지역을 뚫어서 선박을 건조하는 전 과정을 포함하는 구조이다. 여기서 디폴트라는 것은 가스공사를 분할해 새로운 회사에 도입 및 수송 계약을 승계하는 경우 발생하는 모든 계약위반 혹은 채무불이행의 위험 전반을 일컫는다. 선박을 통한 수송계약만이 아니라 도입계약에서도 발생한다. "상대방의 동의 없이 계약 상 지위나 권리를 양도할 수 없다"는 도입계약의 해석상 디폴트에 해당한다. 이럴 경우 손해배상 이나 계약 해지 등 위험성이 존재한다. 결국 이런 위험성을 해결할 수 없었던 것이 분할방식의 가스산업 사유화 정책이었다.

지경에 이르렀다. 가스공사 민영화 방식은 끊임없이 부침의 과정을 겪었고 결국 3분할 방식이 불가능하다는 사실을 스스로 시인하게 됐다.[5]

결국 2003년 남동발전 매각이 중단되고, 2004년 배전 분할 역시 중단됐다. 그리고 3분할 방식의 가스산업 구조개편이 종국적으로 중단되면서 한국의 민영화 정책은 일견 중단된 듯이 보였다. 그러나 분명한 것은 분할매각 방식만이 생을 마감했을 뿐 민영화 정책 즉 에너지산업 시장개방은 결코 포기되지 않았다는 점에 있다. 분할매각 방식은 네트워크산업의 특성 자체가 분할을 통한 경쟁이 불가능하기 때문에 중단된 것일 뿐이다. 현재 가스공사가 담당하는 도입부문을 제외하고 소매 도시가스가 지역독점체제이지만, 내부 경쟁이 형성되지 않는 것, 아니 형성될 수 없는 것이 네트워크산업의 자연독점성 때문이다.

포항 도시가스의 가격이 낮다고 강원도 사람들이 포항 도시가스를 이용할 수 없다. 한국에서 물이 가장 깨끗하고 싼 춘천시의 물을 서울에서 이용할 수 없으며 페놀 사태로 유명한 마산시의 물을 회피하고 다른 지역의 물을 먹을 수도 없는 것이 현재의 구조이다. 친환경적 에너지 풍력발전인 제주도나 대관령 지역에서 생산하는 전기를 이용하고 싶더라도 별다른 방도가 없다. 호남선과 경부선을 경쟁시켜봤자 경쟁의 효과는 뻔하며 태백선과 같은 적자노선을 운영한다고 나설 사기업은 절대 존재하지 않는다. 이러하기에 민영화 이전 단계에 적자노선은 폐지되고 경쟁을 통한 효율을 외쳐도 수익성 없는 지역의 상수도나 전기 공급은 중단되기 쉽다. 이렇듯 네트워크산업은 그야말로 망 산업이기 때문에 경쟁이 도입되면 오히려 비효율이 증가한다. 효율성을 높인다고 적자

---

5) 자세한 논의는 다음을 참조하라. 송유나, 「정부의 가스 산업 구조개편 정책 검토 및 비판」, 김상곤 외, 『21세기 한국의 천연가스 산업 : 바람직한 발전 방향과 정책 제안』, 전국교수공공부문연구회, 2004.

노선에 투자할 사기업은 없으며 경쟁을 하겠다고 상수도관과 송전탑을 건설하는 어리석은 자본 역시 없다. 한국의 전력산업 보급률은 99%에 이를 정도로 높다. 도서지역과 산간 오지의 소중한 민중을 위해 송전탑을 건설할 수 있는 것은 공기업이기에 가능하다. 대략 송전탑 하나 건설하는 데 드는 비용이 200억 정도다. 투자 수익률은 전무하지만 이것이 공적 역할이자 공공성이다.

에너지산업의 분할매각 방식으로 다시 돌아가 고민해볼 때, 자본의 입장에서도 그리 매력적인 방법이 아니었다는 점이 드러난다. 더욱이 가스와 전력산업은 양 산업을 통합해 추진하는 것이 에너지부문에 진출한 사기업의 입장에서 훨씬 효과적이다. 전세계적으로 에너지산업의 수직적·수평적 통폐합 현상은 지배적인 경향이기도 하다. 더욱 흥미로운 것은 에너지산업 내에서만이 아니라 비슷한 네트워크 산업이자 수요 탄력성이 낮은 공공서비스인 물산업과의 통폐합 경향이 가속화되고 있다는 점이다. 이들 산업은 소위 공급을 위한 망이 필요하고 지역독점적인 성향을 띠고 있기 때문이다. 유럽이나 남미의 경우 전력 배관망과 가스망이 같이 깔리는 경우가 허다하며, 심지어 상수도 공급망까지도 함께 구축하고 있다. 전통적으로 가스 자본으로 시작한 사기업이 발전이나 전력시장 나아가 석유산업으로 진출하고 있으며, 전기를 공급하는 기업이 가스 생산과 운송에 뛰어들고, 세계 1위와 2위를 다투는 베올리아와 온데오 같은 초국적 물자본 역시 에너지산업에 진출하고 있다. 네트워크산업이기에 망을 설치하고 관리하기 위한 건축, 토목 산업이 함께 점점 통합하는 양상을 띠며, 심지어 통신과 케이블 시장까지 잠식해나가고 있는 실정이다. 즉 가스 배관망, 송·변전망 구축, 상하수도망을 함께 구축해가면서 이에 따른 건축과 토목, 통신 분야가 현재 수직적 통폐합 구도를 걷고 있는 것이 현실이다.

3) 에너지산업 시장화를 위한 법적 · 제도적 기반 구축

사실 1996년 김영삼 정권에서부터 "민자발전 사업[6] 기본계획"을 통해
발전사업의 독점적 구조를 풀고 시장개방을 이미 시작했다. 다소 주춤
했던 시장화 조치는 김대중 정권 들어 외국인 투자 유치라는 이름으로
구체화됐으며, 국내 민간 발전시장을 전면 개방하는 것을 최우선 과제
로 설정했다. 1998년 3월 24일 산업자원부는 민자 발전 사업에 대한 외
국인 투자 전면 개방을 선언했고 이 과정에서 국내외 에너지 자본의 복
잡한 자리다툼이 시작됐다. 1996년 민자발전사업자로 선정됐던 율촌발
전소는 원래 현대에너지가 부지와 장기 전력공급권을 가지면서 출발했
지만, 결국 다국적 에너지회사인 트랙테벨(Tractebel)에 70%의 지분이
넘어갔다. 다시 현대중공업 등 현대 계열사로 지분 환원의 과정을 거치
다가 결국 2001년 말 미국의 미란트 사가 100% 지분을 인수했다. 그러
나 미란트 사가 분식회계 사태 등으로 경영상태가 악화되어 사업 추진
자체가 불투명해지게 되자 결국 국내 사업을 철수했으나, 2002년 말 홍
콩의 MPC[7]가 100% 지분을 인수했다. 현재의 SK에너지와 GS에너지도
민간발전 사업계획에 의해 탄생했다. 이렇듯 전력산업과 가스산업의 분

---

6) 민자발전 시장을 IPP(Independent Power Plant)라고 명명한다. 한전에 의해 독점적으로 유지되
   던 한국의 에너지 산업에 IPP 시장이 본격화된 것은 김대중 정권에서부터이다. 그런데 사기업의
   시장 진입구인 IPP는 마치 소규모 분산형 전력공급 시스템에 기여하거나, 관료적 공룡인 한전을
   극복하는 독립적 구조라는 오해를 받기도(?) 했다. 그러나 민자발전은 당시 진입구가 전무했던
   에너지시장에 사기업이 진입하는 유일하면서도 효과적인 공간이었다. 현재 전체 전력 공급의
   13% 정도로 확장되고 있는데 역시 포스코나 SK, GS의 발전산업 부분이 포진하고 있다. 더욱이
   한국의 분할매각 방식의 민영화와 달리 동남아시아는 IPP 확장을 통해 민영화를 완성했다는 점
   에 주목하자.
7) MPC(Meiya Power Company) 1995년 설립된 회사로 중국 및 아시아 일부 국가에서 전력설비를
   개발·소유·가동시키고 있는 회사이다. 이 회사는 아시아 지역에서 선두적인 독립 전력회사 중
   하나로 중국과 대만 등에서 10개의 프로젝트에 투자하고 있는 회사이다.

할 사유화가 추진되고 있는 과정에서도 시장개방을 요구하는 자본의 입장은 철저히 관철되고 있었다.

비슷한 시기 산자부는 전기사업법 개정을 통해 전력산업에 대한 진입장벽을 완화했다. 특정전기사업제도[8]가 도입됐는데, '전기를 발전해 건물단위로 특정 공급지점의 소비자에게 전기를 공급' 할 수 있도록 허용하는 조치이다. 이는 자가용 발전설비 설치자라 할지라도 계열기업 등 자본적 관계와 밀접한 관계가 있는 상대방에게 잉여 전력을 공급할 수 있도록 한 것으로 이해하면 된다. 즉 포스코나 SK 등 자본의 입장에서 자가소비용으로 제한되던 전기 공급권이 설비 요건을 구비하면 자체적으로 전력거래를 촉진해줄 수 있는 제도라 할 것이다. 이런 전기 직도입 허용은 민자발전 시장 확대와 함께 전력산업 시장개방과 경쟁, 즉 민영화를 실질적으로 진척하는 주요한 기제가 되고 있다.

전력과 마찬가지로 가스 역시 김대중 정권 시절 이미 시장개방을 촉진하는 여타의 법적·제도적 정비가 완료됐다. 1998년 9월 석유사업법을 개정해, LNG 직도입이 종전의 사전 승인제에서 신고제로 바뀌었으며 현행법 상 '10만kl급 탱크 1기 보유 또는 임차' 라는 일정요건만 갖추면 누구나 직도입이 가능하게 되어 있다. 이에 따라 2004년 7월 포스코가 55만 톤을, SK가 60만 톤의 발전용 LNG 도입계약을 체결했다. GS 칼텍스 정유도 2008년부터 연간 150만 톤의 직도입을 승인받았다. 98년 석유사업법 개정이 당시 포철의 에너지사업 다각화 정책과 밀접히 연관되어 있으며, 포스코와 SK, GS의 에너지자본 직도입 허용과 확대 요구 역시 사적 – 초국적 자본의 로비에 의해 진행됐다.

---

8) 역시 LNG 직도입과 마찬가지로 신고제로 바뀌었다. 일반전기사업자의 전기공급이 요금 등 공급 조건이 인가제로 운용되는 데 반해, 특정전기사업자의 경우 특정한 공급지점의 전기소비자의 동의를 전제로 해 성립하는 사업으로 분류되어 요금 및 기타 공급조건은 신고제로 운용된다.

2004년 11월 산자부는 발전 사업자에게도 LNG 직도입을 허용해 가스공사와 함께 도입 경쟁을 시작하게 했다. 산자부는 2008년까지 필요한 500만 톤 정도의 물량을 발전 자회사와 가스공사가 경쟁적으로 도입하게 해 우위에 있는 계약 조건을 받아들이겠다고 했다. LNG 도입에 있어 가스공사와 5개 발전 자회사들 간의 실질적 경쟁체제를 도입한 것이다. 발전 자회사 입장에서 보면, 5개 발전사로 분할된 상황에서 분할을 통한 경쟁의 효과, 즉 비용절감을 가시적으로 내보일 수 있는 것은 연료비 하락밖에는 없다. 물론 발전 분할 이후 경쟁효과를 내기 위해 해당 노동자들에 대한 구조조정 및 노동과정에 대한 통제를 통해 발전비용을 감소하고자 하는 노력은 계속되고 있다.[9] 그러나 발전산업과 같은 거대 장치산업에서 노동비용이 차지하는 부문은 사실 높지 않다. 결국 모든 것이 연료비 절감인데, 결국 경쟁의 효과가 오히려 공급자의 권한을 강화하고 불필요한 비용을 상승시키는 폐해로 나타나고 있다. 이런 상황에서 LNG 도입권 확보는 발전 5개사 간 가격경쟁을 부추기고, 발전사 간 경쟁은 사적 자본의 경쟁과 결합해 에너지 전반의 시장화 강화의 주요한 변수로 작용하게 됐다. 그런데 LNG 도입의 경우 20~30년 장기계약, 수송선 디폴트 문제 등 다양한 사안이 결합되기 때문에 경쟁이 도입가격의 하락으로 직결되지 않는다. 오히려 2005년 7월 체결된 계약에서도 발전 5개사와 가스공사 간 도입 경쟁이 공급자 우위권을 확보해줬던 사실을 확인할 수 있었다.[10]

그런데 발전회사에 LNG 직도입이 허용되는 것은 아직까지 사적 자

---

9) 오버홀 공기 단축, 유지 보수 등을 소홀히 하는 등 현장에서 발생하는 문제는 끊이지 않는다. 이런 문제는 결국 발전산업 전반의 안정성을 위협하게 되어, 안정적인 전력공급 자체를 불가능하게 만든다. 구체적인 논의는 다음을 참조하라. 송유나, 「전력산업 구조개편과 노동조합의 대응」, 김상곤 외, 『21세기 한국의 전력산업』, 전국교수공공부문연구회, 2004.

본에게 허용되지는 않은 제한조건, 즉 '자가 소비용 혹은 발전용'이라는 제약이 풀려버린다는 것을 의미한다. 발전 자회사의 LNG 직도입은 연료를 직접 도입해 전력을 생산하고, 생산된 전력이 가정용 전기로 공급되는 것을 의미하기 때문이다. 결국 발전 자회사에 직도입을 허용하면, 이를 근거로 들어 사적-초국적 자본은 '자가 소비용 혹은 발전용'이라는 제약에 대해 차별과 불공정임을 근거로 들어 제약을 풀 것을 주장할 것이다. 결국 정부는 공정거래와 시장경쟁의 필요성을 주장하면서 시장을 자연스럽게 열게 된다. 결국 직도입 확장은 비단 가스산업에 완전 경쟁이 시작되는 것을 넘어, 가스를 통한 전기 생산, 전기 생산에 따른 전기 소매 판매를 허용하는 것을 의미하며, 전력과 가스 등 에너지시장의 완전 경쟁, 완전 개방으로 직결된다.

철도의 상황을 살펴보면 이런 현실에 대한 이해가 높아질 것이다. 1998년 민영화 정책이 본격화되면서 철도의 운영부문을 분할 매각하겠다는 것이 정부의 정책기조였다. 선로유지보수, 여객수송, 화물수송, 차량중정비 등 운영부문을 기능적으로 분할하고 호남선, 경부선 등 노선별로도 분할해 매각하겠다는 것이다. 2005년 1월 철도시설공단과 철도공사로 분할되기는 했으나, 기능별·노선별 분할 정책까지 관철되지는 못했다. 그러나 이후 제출된 철도사업법과 철도안전법을 보면 민영화의

---

10) 특히 발전 자회사가 경쟁체제로 유입되면서 기존의 국제입찰 방식이 아닌 개별협상 방식을 허용했고, 공급국가에서는 공사에 입찰한 가격정보 등 계약 내용의 누설을 우려해 전반적인 가스공사 구매절차의 투명성에 강한 의구심을 제기했다. 뿐만 아니라 가스공사의 협상 개시 이후에 발전자회사의 도입 추진이 승인됨으로써 공급자들은 LNG 도입 추진 주체에 대한 혼란 또는 가스공사의 협상 결정 권한 등에 신뢰성을 의심하기 시작했다. 그 결과 가스공사의 협상 주도권은 서서히 약화되기 시작했으며, 공급자들은 이 기회를 이용해 가스공사에 제시한 조건들을 철회하기 시작했다. 일례로 사할린 및 예멘은 입찰 당시 가격상하한제를 수락했으나, 발전자회사의 참여 이후 협상 과정에서 S-Curve 방식으로 변경하거나, 일정 유가 이상일 경우 가격 재협상을 요구하는 등 협상테이블에서 공급자측의 입지가 급속히 강화되기 시작했다.(가스공사 노동조합 성명서, 「산자부는 대국민 사기극 연출에 공식 사과하라」, 2005.)

'정신'이 고스란히 반영되고 있다. 철도사업법은 "철도사업을 기능별로 분화하고 철도산업의 운영 전반에 대해 국내외 자본의 참여를 보장하는 것"을 주된 내용으로 한다. 결국 철도산업에 "제3자 진입을 허용해 경쟁체제를 구축"하겠다는 것이다. 이와 함께 철도안전법에는 '기관사 면허 제도 도입'이 포함되는데 이 역시 기관사의 양성과 공급에 대한 철도 운영주체의 독점적 지위 해체를 그 실내용으로 한다. 이렇듯 철도사업법은 가스산업 직도입, 민자발전 확장, 전기 직도입 등과 마찬가지로, 신규 진입 시장의 확장을 통해 경쟁체제 구축의 토대를 마련하고 실질적으로 시장개방을 완성하고자 하는 살아있는 민영화 정책이라 보아야 한다.

4) 국내외 에너지자본의 동향

2001년 12월 거대 초국적 에너지자본인 엔론이 파산했다. 전세계가 깜짝 놀란 이 사태는 결국 부도덕한 초국적 자본의 현실을 보여주는 중대한 교훈이 됐다. 사실 엔론은 1985년 경영 상태가 좋지 않았던 2개의 천연가스 회사의 합병으로 탄생한 기업이다. 그러나 규제완화 방식의 캘리포니아 전력산업 민영화 정책으로 인해 엔론은 급격히 성장했다. 전력산업 규제완화로 1992년 도매전력시장이 형성됐으며, 엔론과 같은 에너지기업은 각종 로비를 통해 산업용 대형소비자에게 전력을 파는 업체로 군림하게 된다. 심지어 날씨 변동에 따른 보험서비스 등 다양한 파생상품을 만들어 전력거래시장을 주식시장과 동일한 시장으로 변모시키고 말았다. 예를 들어 겨울철 날씨가 온화하고 여름철 날씨가 서늘하다면 전력 사용량이 줄어들기 때문에 이와 같은 날씨 변동 리스크를 고려한 보험서비스 상품까지 만들어 전력거래시장을 주도하게 된다. 엔론이 부시 정권의 자금 조달책이었다는 사실은 유명하며, 캘리포니아 전력대란 당시 최대의 수혜자이기도 했다. 이로써 캘리포니아의 전력과 천연가스시장의 상당 비율이 엔론의 온라인경매를 통해 거래됐다.

캘리포니아 전력대란 당시 규제를 받지 않는 엔론의 에너지거래 자회사는 전력부족 사태를 충분히 활용해 공급을 조작하는 방식으로 전력거래시장을 다시 조작했다. 즉 전력부족 사태에 직면해 수요가 폭등할 때 공급을 늦추어 공급가격을 올리는 방식으로 엄청난 수익을 남긴 것이다. 이런 방식으로 엔론은 도매사업과 관련해서만 2000년 1/4분기 120억 달러에서 2001년 1/4분기 484억 달러로 수입이 4배 이상 증가했고, 거대 에너지자본으로 성장하게 됐다. 또한 엔론은 1998년에 다국적 수도회사인 아주릭스를 설립했는데, 이 기업은 폐수 자원을 운영·관리하고, 관련 서비스를 제공하면서 상수원 전반에 진입했다. 엔론은 아주릭스를 통해 영국의 웨섹스워터를 매입했고, 브라질 리우데자네이루, 독일의 베를린, 파나마의 상수도 민영화 정책을 주도하기도 했다.

이렇듯 규제완화의 방식이건 분할매각의 방식이건 민영화는 엔론과 같은 회사가 발전과 송전 선로를 굳이 소유하지 않더라도 전력을 판매하고 이윤을 남길 수 있다는 점을 시사한다. 엔론은 에너지가 상품으로 전락할 수 있는 모든 분야의 연구 투자에 진입해 에너지거래시장을 형성했다. 2000년에만 1010억 달러라는 수입을 올려 엔론은 미국의 일곱번째 대기업으로 급상승했고 최고의 에너지 브로커, 천연가스 트레이더로 군림했다. 결국 부도덕한 초국적 자본이 결국은 패망해야만 할 당연한 길로 떠났지만, 엔론이 파산됐다고 캘리포니아 등 미국의 주민과 엔론이 이윤 창출의 대상으로 삼았던 세계 각국의 민중들의 피해는 결코 보상받을 길이 없다. 한미FTA에서 미국이 주요하게 요구하는 확정기여형 연금은 엔론 노동자들의 연금구조이기도 했다. 그러나 엔론 계열사에 투자했던 노동자들의 연금은 엔론이 파산했기에 때문에 결국 흔

적도 없이 사라지고 말았다. 엔론의 노동자들은 직장도 잃고 연금도 잃었다. 이것이 부도덕한 자본 패망의 결과이다.

세계 1위에 군림하고 있는 에너지 초국적 기업 엑슨모빌에 대해 2000년 『글로벌 포춘』[11]은 세계에서 가장 큰 기업이자 지구상에 존재하는 약 22개의 국가보다 더 많은 수입을 올린 기업으로 평가한다. 엑슨모빌 다음으로 세계 2위 기업인 비피 역시 에너지에 중심을 둔 자본이며 현재 석유 정제의 대부분을 이들 두 기업이 담당한다. 프랑스에 본사를 둔 비방디와 수에즈[12]는 5개 대륙 130여 개국의 물 관련 기업을 소유하거나 지배하고 있다. 이들 물 자본에 좌우되는 인구가 현재 전세계계적으로 1억이 넘는다. 이런 거대한 자본이 노리는 것이 바로 한국의 에너지와 물이다. 현재 한국의 에너지산업 현황 역시 만만치 않은 정세이다.

포스코의 경우, 2000년 10월 4일 산업은행 지분매각이 완료되면서 담배인삼공사와 함께 완전 민영화된 기업으로, 2002년 3월 포항제철에서 포스코로 사명을 변경했다. 포스코는 민영화 이후 급속하게 외국인 지분이 확장되어, 2006년 현재 69%에 육박하고 있다. 특히 LNG 직도입을 SK와 공동으로 추진해 2004년 7월 광양에 독자적인 LNG 인수기지를 개통했다. 또한 공장 폐열을 이용한 지역난방 사업에도 진출했다. 더욱이 2006년 3월 국내 최대 민간 발전사인 포스코파워[13]의 지분 전량을 인수해 LNG 터미널과 자가발전 설비에 1800MW 상업용 발전기를 연계시키고 수직적 차원의 에너지공급 계통체계를 완비하게 됐다.

SK의 경우 더 복잡하다. 원래 계열사 중 에너지사업의 지주회사격

---

11) 사실 월마트의 경제규모만 해도 178개 국가 경제를 합한 수치보다 높다고 『글로벌 포춘』은 발표했다. 제너럴모터스는 홍콩이나 덴마크의 경제규모보다 높으며 포드자동차는 연간 매출액이 노르웨이나 태국의 총수입보다 높다.
12) 한국에 진출한 물 자본인 베올리아와 온데오는 이들 기업의 자회사이다.

인 SK 엔론은 1998년 12월, 당시 외자유치를 통한 구조조정 추진이라는 이름으로 미국 엔론으로부터 순수 지분 출자 형식으로 3억 달러 외자를 유치해, SK와 엔론이 각각 50%의 지분을 갖는 합작 가스회사로 1999년 1월에 설립했다. 그런데 엔론의 파산으로 SK는 지난해 11월 지분 1%를 늘려 51%로 경영권을 장악했고, SK E&S로 사명을 바꾸었다. 엔론의 나머지 지분 49%는 호주계 금융자본 맥쿼리가 인수했다. 현재 SK그룹은 에너지와 관련해 SK를 비롯해 SK가스, 대한도시가스, 부산도시가스, 청주도시가스, 포항도시가스, 구미도시가스, 전남도시가스, 강원도시가스, 익산도시가스, 대구전력, 익산에너지, 충남도시가스, 은광가스산업, 대한송유관공사 등을 소유하고 있다.

GS칼텍스는 GS와 칼텍스가 50대 50으로 지분을 출자해, 1967년 5월 19일 당시 호남정유주식회사로 국내 최초의 민간 정유회사로 탄생했다. 그런데 칼텍스는 2001년 11월 셰브런이 텍사코를 흡수·합병해 생긴셰브런 텍사코의 자회사로서 결국 셰브런 텍사코는 칼텍스를 통해 GS칼텍스 지분을 소유하고 있다. GS칼텍스의 제1대 주주로 50%를 소유하고 있는 것은 셰브런 텍사코가 된다. GS칼텍스는 극동도시가스, 서라벌도시가스, 해양도시가스 3개사의 경영권을 가지고 있으며, 강남도시가스와 경남에너지 2개사 지분을 가지고 있고, 독립 발전회사인 GS에너지와 GS파워의 지배권을 소유하고 있다. GS칼텍스는 추가적인 도시가스

---

13) 남동발전 입찰에 참여한 바 있는 한국종합에너지는 180만 Kw의 전력을 생산해, 총 발전설비용량의 약 3.2%를 차지하는 국내 최대 민간발전소이다. 현재 수도권 지역의 발전설비용량의 15%를 차지하고 있다. 한국종합에너지는 1969년 설립된 경인에너지가 전신이며, 1994년 한화에너지로 사명을 변경했다. 그런데 2000년 7월, 역시 외자유치의 일환으로 미국 엘파소와 전략적 제휴를 맺어, 50% 지분을 매각해 합작회사로 출범했다. 2005년 7월 다시 한국종합에너지의 지분 50%를 포스코가 매입해 포스코파워로 이름을 바꿨다가 올 3월 다시 나머지 지분 50%를 포스코가 매입했다.

사업 및 LNG 복합화력발전소 확장 계획을 밝히고 있다. 사실 GS는 전력산업 사유화 추진 과정의 최대 수혜자이다. 1999년 안양, 부천 열병합발전소를 매입해 2000년 9월 탄생한 것이 GS파워이다.[14] 특히 GS의 경우 GS파워와 GS에너지를 통해 2000년 들어 전력의 생산과 공급을 담당하기 시작해, GS칼텍스를 중심으로 한 에너지 다각화 및 사업 확장을 본격적으로 시작했다. 더욱이 현재 GS가 승인받은 LNG 직도입 물량은 포스코와 SK 물량을 상회하며, 추가적인 LNG 시장의 확보를 위해 독자적인 수송선 터미널 등을 건설하고 있다.

　이렇듯 국내에서 전개되는 에너지 사적 - 초국적 자본 동향 역시 매우 역동적이다. 이런 상황에서도 굳이(!) FTA가 우려스러운 것은 현재의 파괴적인 경쟁 구도에 종지부를 찍는 방식으로 작동할 것이기 때문이다. 시장화와 개방이 상당 부분 진척됐다 할지라도 소유권 여부 즉 공기업으로서 존재하는 한, 한전과 가스공사 등 공기업은 공공적 책무에서 자유롭지 않다. 상수도사업 역시 마찬가지이다. 그러나 FTA는 그 기본조차 철저히 유린하게 된다. 그러하기에 우리는 FTA와 관련한 공공서비스산업의 주요 쟁점에 대해 살펴보아야 할 것이다. 특히 시장개방이 공공성을 어떻게 한순간에 무너뜨리면서 파괴적인 효과를 빚어내는가 하는 점은 단지 몇 가지 사례를 보더라도 충분히 이해 가능할 것이다.

---

14) GS파워는 연간 95만Kw 규모의 전력을 생산하는 천연가스 복합화력발전소로 안양 및 부천 지역 22만여 세대에 냉난방을 공급하고 있으며, GS파워 지분은 GS칼텍스 정유가 100% 소유하고 있다. 사실 안양, 부천 열병합발전소 입찰 당시 SK는 엔론과, GS는 디벤디그룹의 달키아와 사이드 두 회사와, 에이이에스는 단독으로, 대성 역시 영국의 비지와 컨소시엄을 구성해 참여한 바 있다. GS 에너지 역시 GS칼텍스의 자회사로서, 발전사업 경쟁체제 도입을 위해 1996년 추진한 '민자발전 사업 기본계획'을 통해 같은 해 7월 국내 최초 민자발전 사업자로 선정됐다. 충남 당진 부곡에 54만Kw LNG 복합화력발전소를 2001년 4월 1일 완공해 전력을 생산하고 있는 중이다. 물론 현재까지는 생산하는 전력을 한국전력과 체결한 전력수급 계약에 따르고 있으며, 향후 20년간 전량 판매할 예정이다.

3. 한미FTA 체결과 공공서비스 민영화: 주요 쟁점

지난 5월 15일 외교통상부는 한미FTA 협상과 관련해 두루뭉술한 협정문 초안을 발표했다. 총 22개 챕터로 구성되어 있는데 상품과 무역 관련 6개, 서비스 투자 관련 6개, 기타 분야 5개와 일반사항 5개로 구성되어 있다. 그러나 에너지나 물 나아가 공공분야에 대한 언급은 전혀 찾아볼 수 없다. 그리하여 공공서비스, 특히 에너지는 마치 FTA의 협상 대상이 아닌 양 비춰지고 있다. 더욱이 4월 21일 정부 관계부처 합동이라는 명의로 제출된 「한미FTA Q&As」라는 자료를 보면, "전기·가스·수도 등 공공서비스를 외국자본에 팔아먹는다?"라는 질문에 대해 "일각에서 제기하는 공공서비스와 관련한 우려는 지나친 측면이 있음. 정부는 전기· 가스·수도 등 공공서비스 분야는 해당 공공서비스의 특성, 국민 경제적 중요성, 국제적인 관례, 자유화 필요성 등을 종합적으로 검토하되 최대한 공공성이 훼손되지 않도록 한다는 것이 기본 입장임"이라는 간략한 답변만을 제시하고 있을 뿐이다.

한미FTA가 체결되면 전기·가스·수도를 팔아치우고 말 것이라는 것이 정말 우리의 지나친 우려인가? 국민경제적 중요성과 국제적인 관례, 자유화 필요성을 검토한다는 것은 어떤 의미인가? 최대한 공공성이 훼손되지 않는다는 것은 과연 믿을 수나 있을 법한 이야기인가? 한 번 따져보도록 하자.

1) 정부는 전기 · 가스 · 수도를 실제로 팔고 있다!

2000년 12월 국회에서 통과된 전력산업 구조개편 촉진에 대한 법률, 12월 23일 전문 개정된 전기사업법을 통해 실질적으로 전력산업 전반을 개방하고 민영화하는 법적 근거는 2009년까지 유효하다. 이 법에 의해 2000년 4월 1일 발전 5개사와 원자력 1개사로 발전부문이 한전에서 분할됐다. 2003년 남동발전 매각, 배전 분할이 중단된 상황에서도 지속적으로 발전 매각을 위한 정부 의지는 확고하다. 더욱이 전력산업 구조개편이 통과되기 이전에 이미 전기사업법을 개정해 한전이 독점적으로 운영하던 전력시스템을 실질적으로 사적 자본에게 개방했다. 특정전기사업제도[15]를 통해 전기 직공급의 범위를 확대했으며, 이로써 민자발전사업(IPP) 시장이 확대되어 홍콩계 전력기업 엠피씨 등이 진출했고, 현재의 SK에너지와 GS에너지도 당시 IPP 확대 계획의 일환으로 탄생했다.

올해의 전기위원회 사업보고서만 보더라도 발전 매각(남동발전 매각)이 직시되어 있으며, 대한무역투자진흥공사(KOTRA) 산하 인베스트 코리아에서는 외자유치 정책의 일환으로 발전 매각이 추진되어야 한다는 강한 의지를 이미 밝힌 바 있다. 최근에는 집단에너지, 구역전기사업자, 소형 열병합 발전소 확장 등을 통해 IPP 시장을 확장하려는 계획이 구체화되고 있다. 집단에너지나 구역전기사업자, 소형 열병합발전소 등이 한국사회 공급 위주의 전력 시스템을 지역 분산형 시스템으로 전환하는 계기가 될 수 있다는 점에서 의미도 있겠으나 현재와 같이 전면적인 시장개방 국면에서는 결과적으로 사기업이 전력산업에 진출하는 것으로 귀결되고 만다.

가스는 더욱 심각하다. 2003년 2월 대통령직 인수위원회에서는 한

---

15) '전기를 발전해 건물 단위로 특정될 공급지점의 소비자에 대해 전기를 공급' 할 수 있도록 허용했으며, 자가용 발전설비 설치자가 계열기업 등 자본적 관계와 밀접한 관계가 있는 상대방에게 잉여전력을 공급할 수 있도록 하여 전기 직공급의 범위를 확대했다. 또한 일반전기사업자의 전기 공급이 요금 등 공급조건에서 인가제로 운영됐던 데 반해 특정전기사업자는 신고제로 운영된다.

국가스공사 체제를 유지하고 신규수요에 대해 민간기업의 진입을 허용한다는 방침을 세웠다. 즉 가스공사의 분할 매각은 수직분할에 대해서는 기존 안대로 추진하되 도입 도매부문의 3개사 분할인 수평분할은 포기한 것이다. 그러나 직도입을 허용하고 신규물량을 사적 자본에게 지속적으로 넘기는 방식으로 가스산업의 실질적 민영화는 오히려 빠르게 진척되고 있다. 정부는 이미 포스코, SK, GS에 가스 직도입을 허용해, 소매 도시가스와 석유류시장을 잠식하고 있는 이들에게 통합적 에너지 기업으로 거듭나는 계기를 마련해줬다. 가스 직도입을 추진하면 자연스럽게 도입 판매, 나아가 소매부문 판매사업으로 연결되며 또 다른 측면에서 발전 전원의 개방을 의미하기 때문이다. 이로써 에너지 시장 전반의 수직적·수평적 통폐합 경향은 가속화된다. 현재까지는 "자가 소비용"이라는 제한조항[16]이 있으나, 발전 5개사 직도입이 허용되면 사적 자본은 역차별이라는 근거로 반발할 것이 분명하다. 한미FTA의 내국인 조항은 역차별의 논리에 더없이 훌륭한 법적 근거를 마련해주게 된다.

더욱이 올 3월 상정된 도시가스사업법 개정안은 가스 공급시설 공동이용제를 개선해 효율적인 설비이용 기반을 조성할 것을 주된 내용으로 한다. 이는 실질적으로 사적 자본에게 망 설비 이용과 저장 시설 이용의 길을 열어주게 된다. 더욱이 가스산업뿐만이 아니라 전력산업의 경우 배전 분할이 중단됐기 때문에 역시 설비공동이용제가 아직까지 허용되고 있지 않다. 현재 사기업이 소유하는 발전회사는 자가소비용으로 쓰고 남는 전력을 한전에 되파는 형태로 존재해 전기 소매 공급권은 공

---

16) 2001년 1월 석유사업법을 개정해 종전 모든 LNG 수출입이 승인제로 되어 있던 것을 판매용이 아닌 자가소비용인 경우 신고사항으로 바꾸었다. 최근 도시가스사업법을 통해 자가소비용 직도입 물량의 규모와 조건 등을 조정할 권한을 산자부장관에게 일임해 직도입 물량의 확장 역시 매우 쉬운 길이 열렸다.

기업 독점으로 남아 있다. 그런데 가스에 설비공동이용제가 허용된다면 발전에 진출한 사기업 입장에서도 동일한 대우를 당연히 요구할 것이다. 어차피 가스와 발전에 진출한 자본은 같은 자본이기도 하며, 가스 설비공동이용제에 대해 공기업에 대한 특혜를 주장하며 동일한 경쟁시장 조성을 요구할 것이다. 내국민 조항은 바로 여기서도 적용된다.

수도는 어떤가. 2001년 3월 29일 수도법 제17조 3항의 개정이 공포되어 2001년 9월 29일자로 시행됨으로써 상수도사업의 민간위탁의 근거를 마련한 상황이다. 이 법에 따라 수도사업자인 지방자치단체는 "수도사업을 효율적으로 운영하기 위해 대통령령이 정하는 전문기관(한국수자원공사 등)에 수도시설을 위탁해 운영"할 수 있게 됐다. 대통령 직속 지속가능위원회의 물관리위원회에서도 '광역상수도와 지방상하수도의 유역별 통합 및 광역화, 수도산업 국제경쟁력 강화 방안'을 마련하겠다는 입장으로, 결국 수도사업에 시장 경쟁을 도입하고 상업주의적 운영 원리를 적극 도입하겠다는 동일한 결론을 보이고 있다. 이렇듯 전국 167개 지방자치단체에서 운영해오던 상수도사업을 민간위탁 방식으로 민영화하겠다는 것이 현 정부의 기본 방침이며, 논산·사천·예천·정읍 등 민간위탁이 이미 실시되고 있다.

현재의 상수도사업 민영화 방식은 경쟁력 있는 7개 특·광역시를 1단계로 우선 공사화하고, 다음으로 공사간 경쟁, 그 다음으로 완전 경쟁을 통해 2~3개의 수도사업자를 육성하고자 하는, 민영화 정책 그 자체로 이해해야만 한다. 그런데 물 산업의 경우 국내 상수도사업자가 수자원공사 이외에는 존재하지 않으며, 베올리아와 온데오 등 프랑스계 초국적 물 자본, 벡텔과 같은 미국계 물 자본과의 경쟁에서 우위를 점할 수 없다는 점은 분명하다. 특히 1995년 민선 지자체 이후 지자체의 재정 상태가 더욱 열악해지고 있는 상황에서 한국의 상수도사업의 경쟁력은 지속적으로 악화되고 있다. 그런데도 현재 진행되는 민간위탁 방식의 민영화는 결과적으로 정부나 지자체가 재원을 전량 공급하면서도 막무가내로 사업 분야를 떼어내는 방식의 시장개방 양태를 띤다. 에너지산업에서 확인했듯이 민영화의 방식은 다양한 경로로 진행된다. 그러나 민간위탁이라는 이름으로 추진되는 상수도사업 민영화는 법적 측면에서도 자본에게 유리하며 공적 소유를 연착륙하는 방향에서 사적 소유로 이전하는 방식이기 때문에 에너지산업에서 채택했던 분할매각 방식보다 훨씬 빠른 속도로 진행될 것이다. FTA와 관련해서는 특히 외국계 자본의 주요한 공략 지점이 될 가능성이 높다.

그런데 물 산업 전반에서 상수도는 일부분에 지나지 않는다. 하수도, 공업용수 처리, 건축과 토목 등 다양한 분야에 걸쳐 이미 국내 물 산업에는 사적-초국적 자본이 진출해 있다. 1997년 하수도 분야 민영화 실시 이후 전체 하수처리장의 57%(207개소 중 118개소)를 사적 자본이 운영하고 있으며, 2001년 이후 베올리아와 온데오 같은 초국적 물 자본이 이미 진출해 있다. 베올리아는 현대 대산공단과 하이닉스 반도체 공업용 수도를 2001년 인수했고, 삼성과 합작하여 인천 송도하수처리장 민자사업 협약을 체결했다. 온데오 역시 현대와 함께 부산 중앙하수처리장 턴키사업 사업자로 선정됐고, 한화와 함께 양주하수처리장 민자사업 협약을 2001년에 체결했다.

이렇듯 가스·수도·전기 등 국민의 삶과 밀접한 사회공공성의 제 영역은 현재 매각 혹은 시장개방이 진행 중에 있으며, 오히려 세련된 방식으로 사적 자본의 잠입 가능성이 충분히 열려 있는 상황이다. 가스·수도·전기를 팔지 않는다는 정부의 말은 거짓이며, 한미FTA는 자발적 개방을 이미 시작한 공공서비스산업의 완전 개방을 촉구하는 형태로 조용히 추진되고 있다 할 것이다.

2) 공공서비스 완전 개방을 위한 법적 근거 역시 충분히 진행되어 있다!

스크린쿼터나 쇠고기 수입제한, 농수산물 관련 관세 및 예외 조항, 약값 산정 등은 자본의 입장에서는 걸림돌, 즉 무역장벽이 됐다. 그러나 공공서비스는 관세와는 전혀 무관하다. 물론 공공서비스산업은 공기업이 담당했기 때문에 공공성을 지키기 위한 일종의 의무와 규제 등이 존재"했었다". 그러나 1998년 민영화를 적극 추진하는 과정에서 이미 사전조치로 여타의 법적 근거와 규제들이 충분히 완화됐으며, 지난 7~8년간 주요한 규제 및 법률적 정비가 거의 완성됐다는 점은 앞에서 충분히 살펴보았다.

한미FTA의 내국민대우, 최혜국대우, 이행의무부과금지[17] 등의 조항은 특히 에너지와 물과 같은 공공부문 민영화의 제한조치에 빗장을 여는 주요한 근거로 발휘될 것이다. 외국인 투자에 대해 "자국민 혹은 자국기업과 동등한 대우를 한다는 내국민대우와 제3국 기업(국민)과 동일한 대우를 해야 한다는 최혜국대우는 투자의 측면에서 그 어떤 제한도 없는 동등한 주권을 부여하는 조치이다. 한국 정부가 물과 전기·가스 요금 인상을 제한하는 공공적 규정을 취하거나, 상수도 보급 확장과 노후 설비 교체 등 주요 사업에 대해 중앙정부 차원에서 지자체를 지원한다면, 또한 재생가능 에너지 확대를 위한 의무이행을 부과하고 정부 차원의 육성과 지원책을 고수하게 되면, 이는 명백히 FTA 정신에 위배된다. 외국자본의 입장에서 내국민대우에 역행하는 차별이 되는 것이다. 현재 원자력발전과 화력발전의 경우 지역 주민에 대한 지원 등을 통

---

17) 이행의무부과금지 조항이란 각 조약국의 정부가 상대국 투자자가 투자사업체를 창설·취득·확장·경영·관리·운용하는 데 있어 어떤 의무나 약속도 강제할 수 없는 무서운 조항이다.

해 이윤을 공적으로 환원하는 의무규정 등이 존재하지만 이런 공적 환원은 이행의무부과에 해당한다. 더욱이 서비스업을 개방할 경우 후퇴를 할 수 없는 법적 제도인 후퇴금지의무 조항도 존재한다. 전기·가스·상수도를 개방하고 난 이후 외국기업의 환경파괴와 급격한 요금인상에 제동을 걸 수 있는 정부 권한은 전무한 것이 현실이다. 볼리비아에서는 상수도 민간위탁의 폐해로 인해 계약 해지를 시도했다가 국가가 제소되어 4천억 달러에 상당하는 위약금을 물어야 했으며, 캘리포니아에서는 엔론의 횡포로 전기요금이 천정부지로 뛰었지만 주정부는 속수무책일 따름이었다.

이런 상황에서 미국은 1998년 BIT 협상에서 가스와 전기 등 공기업에 대한 외국인 지분제한 철폐를 이미 요구했으며, 한국정부가 이에 굴복했다는 사실 역시 우리는 앞서 확인했다. 현재 한국정부와 미국에서 일부러 쟁점으로 부각시키지는 않고 있으나 한전과 가스공사에 대한 지분제한 철폐 정도가 현재 남아 있는 유일무이한 무역장벽이라 할 수 있다. 역시 미국은 한국전력을 언급하면서 국가기간산업에 대한 외국인 지분제한(49%)를 철폐할 것을 실제로 요구하고 있다.[18]

현재 한전은 증권거래법 200조에 의해 "공공적 법인이나 기업은 소유제한을 둘 수 있다", 증권업 감독규정에서 "종목별 발행주식 총수의 100분의 40을 넘지 못한다"고 되어 있어 40% 외국인 지분제한을 두고

---

18) 『한국경제』 2006년 3월 21일자 기사(김현석, 「한전 등 지분제한 풀어라」)를 보자. 재정경제부 고위관계자가 한미FTA 협상을 앞두고 미국이 한전과 같은 국가 기간산업에 대해 외국인 지분을 49%로 제한하고 있는 것을 풀어야 한다는 요구를 하고 있다며 이에 대한 대책을 고민하고 있다. 또한 아직은 미국 정부의 공식적인 요구를 받지 않은 만큼 FTA협상에서 이를 공식 의제화할지는 모르겠다고 했다. 현재 미국은 오히려 자국 산업에 대해서는 외국인 투자지분 제한을 적극적으로 추진하고 있다. 1988년부터 엑슨-플로리오 법을 통해 국가 기간산업으로 분류된 기업에 대한 외국자본의 인수 합병을 금지하고 있는 실정이다. 그러면서 한국에 대해서는 지속적으로 지분제한 철폐와 공격적 인수 합병을 시도해왔다.

있다. 또한 외국인투자촉진법은 외국인이 한전으로부터 매입하는 발전설비의 합계가 국내 전체 발전설비의 30%를 초과할 수 없다고 명시하고 있다. 2005년 9월 기준으로 한전의 지분은 정부 23.97%, 산업은행 29.99%, 외국인 29.33%, 기타 16.7%이다.[19] 민영화 조치로 인해 분할된 발전 5개사와 한국수력원자력은 현재 100% 한전이 주식을 보유하고 있다.

한국가스공사는 「공기업 경영구조개선 및 민영화에 관한 법률」 18조에 "주주 1인 및 특수 관계에 있는 자는 의결권 있는 발행주식 총수의 100분의 15 이내에서 정관이 정하는 비율을 초과하는 주식을 소유하거나 사실상 지배하지 못한다", 19조에 "외국인 또는 외국 법인에 의한 주식 취득에 관해서는 정관이 정하는 바에 의해 따로 이를 제한할 수 있다"고 규정되어 있다. 그리고 한국가스공사 정관 11조는 "외국인 또는 외국 법인이 전체로서 취득할 수 있는 공사의 주식 취득 비율은 공사가 발행한 주식 총수의 100분의 30을 초과하지 못한다"라고 규정하고 있다. 이로써 한국가스공사 외국인 지분제한은 30%이다. 한국가스공사의 현재 지분 구도는 정부 28.86%, 한전 24.46%, 지자체 9.86%, 자사주 7.62%, 우리사주 4.33%, 기타(외국인, 기관, 일반) 26.87%로 되어 있다.

그러나 외국인 지분제한에 대해 현 정부가 굳이 예외 조항으로 고집하지 않는 한 FTA가 체결되면 제한조치는 내국민대우 조항 등에 역행하기 때문에 무력하다. 그렇다면 이렇게 중요한 쟁점에 대해 굳이 언급하지 않는 현 정부의 태도는 무엇을 의미하는가. 걱정스러울 정도로 안

---

19) 물론 주식배당금도 꾸준히 늘어 2003년 20.6%에서 2004년 22.6%, 2005년의 경우 22.8%로 나타난다. 현재 한국의 모든 기업은 주주 이해관계에 의해 경영이 좌우되며 주식배당률이 지속적으로 늘고 있다. 한전의 발행주식이 6억 4천만 주로, 한 주당 대략 1,100원 정도라고 하면 지난해 외국인 주식 배당금은 2,009억 원 정도이다.

일하거나 아니면 미국측 요구에 순응해 문제될 사안에 대해 조용히 회피하고 있다는 해석 이외에는 다른 여지가 없다.

3) 공공성은 심각하게 위축되며, 그 결과는 심각하다!

공공성이란 "사람이 살아가는 논리대로 한다면" 계급과 계층, 소비의 능력과 지역적 불균등 여하에 구애받지 않고 살기 위해 에너지를 소비하고 물을 먹을 수 있는 권리를 의미한다. 공기, 식량과 마찬가지로 우리는 물과 에너지를 단 한시도 소비하지 않고 살아갈 수 없다. 그러기에 에너지와 물은 권리의 개념 즉 인권으로 바라보아야만 한다. 그러나 지난 8~9년간 정부와 자본이 고집해온 공공서비스 민영화는 이 기본 권리를 심각하게 위축시키고 있다. 1999년 전력산업 사유화의 일환으로 안양·부천 열병합 발전소가 매각되고 나서 해당 주민들은 30~40%의 급격한 요금인상을 경험해야 했다. SK가 소유하고 있는 포항도시가스는 최근 요금이 12%나 폭등했다. 군 단위 면 단위로 넘어가면 한국사회 상수도 보급률은 33%밖에 되지 않지만, 열악한 지자체 재정은 상수도 보급과 안정적 물 공급을 어렵게 만들고 있다.

　우리는 그동안 공공서비스 산업의 민영화가 공공성을 무너뜨릴 것이라고 누누이 밝혀왔다. 공공성 후퇴와 관련해서는 이미 전세계적으로 공공서비스산업의 시장개방과 민영화의 폐해로 증명된 바 있다. 이로 인해 현재 유럽 각국과 미국조차 국가기간산업에 대해서는 보호장치를 마련하고 있고 국유화가 대세로 자리잡아가고 있다. 그런데 한국사회는 FTA를 통해 민영화를 관철하고 공공서비스를 붕괴하는 정책으로 일관하고 있다.

　전력산업 구조조정 정책이 본격화된 2000년 이후 미국에서는 전력

가격의 급등과 정전사태가 빈발했다. 대규모 정전사태 발생으로 급기야 5월 22일 캘리포니아는 긴급사태를 선포했으나 이미 10만에 이르는 사람들은 전력공급 중단사태에 놓여 있었다. 사고가 지속되면서 전력가격은 천정부지로 뛰고 말았다. 2000년 6월 11~15일까지 5일 동안 샌디에이고 지역의 소매 전기요금이 무려 270%나 상승했지만 정부는 속수무책이었다. 2001년 1월 중순 사태는 더욱 심각해져서 18일에는 실리콘밸리의 중심지인 새너제이, 프리몬트, 샌프란시스코, 새크라멘토 등에 정전사태가 발생했고 비상 국면은 2주나 지속됐다. 당시 도매 요금은 약 10배나 인상됐고, 피크 타임에는 무려 30배까지 급등했다. 2003년 8월에도 뉴욕, 뉴저지, 펜실베이니아, 오하이오와 캐나다의 온타리오, 토론토에서도 대규모 정전 사태가 발생했다. 최초 고장 1시간 만에 정전이 급속도로 확산된 이 사태는 계통운영의 붕괴로 인해 발생한 전형적인 인재라 볼 수 있다.

2002년 초 통계로 영국의 16% 가정에서 에너지 빈곤문제가 발생했다. 약 4백만의 가정이 에너지 소비에 소득의 10% 이상을 쓰고 있는 상황이었고 높은 요금 때문에 매년 겨울 3만 명 이상의 추가 사망자가 발생했다. 더욱이 소위 선불제 형식인 현금 계량기가 가정에 설치됐는데 오히려 단전건수는 감소됐다고 한다. 계량기에 현금을 넣을 능력이 없는 가정에서 스스로 먼저 공급 차단을 했기 때문이다.

영국과 마찬가지로 노동조합의 해체를 야기했던 호주의 빅토리아 주에서는 민영화 이전에 2만의 노동자를 12,000명으로 줄였고 1992년에는 급기야 8,000명으로 줄였으며, 같은 해 정부는 가정용 전력가격을 10% 올리기도 했다. 이렇듯 매각 이전에 노동자를 정리해고하고 요금을 인상하는 것은 매각가치를 높이기 위한 전형적인 방법[20]이다. 결국 호주에서도 민영화 이후 정전 횟수가 30% 증가했다. 브라질 리우데자네이루의 배전회사는 프랑스전력청(EDF)과 미국의 에이이에스가 소유하고 있는데 1995년부터 2003년 사이 가정용 전력은 205%, 산업용 전력은 151%가 인상됐다.

그러나 더욱 심각한 것은 요금인상 문제만이 아니다. 앞서 캘리포니아 사태에서도 보이듯이 전력의 안정적 공급 구조가 해체되기 때문에 결과적으로 요금이 인상된다. 그러나 에너지산업의 경우 공급의 안정성 그 자체가 보장되느냐 아니냐의 여부가 공공성의 실내용이다. 지난 4월 초 제주도와 여수에서 빚어진 대규모 정전사태는 전력산업 사유화와 매각을 위한 부당한 조치가 전력이라는 민감한 네트워크산업의 유기적 관계를 심각히 해체했기 때문에 발생한 것이다. 이토록 민감한 것이 에너지산업의 현실 구조이다.

전력이 생산되어 일반 가정에 공급되기 위해서는 발전-송변전-배전이라는 시스템을 거친다. 발전소에서는 전력을 생산하고, 송변전은 생산된 전기의 전압을 바꾸어 지역으로 송전한다. 그리고 배전은 해당 지역과 가정으로 전기를 공급하는 역할을 한다. 그러나 전력산업 민영화를 위해 한국정부는 분할매각 방식을 택했고, 배전 분할이 중단됐지만 발전은 화력 5개사와 원자력 1개사로 나누어졌다. 그런데 네트워크산업의 계통은 통합적으로 밀접하게 연계되어야만 안정적이다.

현재 한국의 전력공급 구조는 발전 분할만으로도 전력산업의 위기에 봉착해 있다. 오로지 팔기 쉽게 분할한 현 시스템은 유기적으로 연계됐던 수직-통합적 시스템을 점차적으로 붕괴시키면서, 발전사 간 허구적인 경쟁 구도를 창출했다. 전력산업에서 나타나는 작은 사고가 커다

---

20) 영국 브리티시 에어웨이에서도 민영화 이전에 적자노선을 폐기했고 노동자 수를 5만 8천 명에서 3만 5천 명으로 줄인 바 있다.

란 광역정전, 소위 블랙다운 사태로 급속히 퍼질 수 있다는 점은 캘리포니아와 호주의 빅토리아에서 이미 밝혀진 바 있다. 더욱이 네트워크산업이기 때문에 사고가 발생했을 시 책임공방 사태가 빚어진다. 발전－송변전－배전 체계가 연관되어 있는 상황에서 고장사태 등 비상사태가 발생했을 경우 고장의 원인 자체가 복합적이어서 책임 여하를 가르기 어렵다. 그러나 통합적 체계가 깨지고 계통 운영의 연계가 무너진 상황에서 이제는 사고가 생기면 수십억에 이르는 손해배상 소송과 책임공방에 따르는 결과를 두려워해, 사고를 먼저 수습하기보다 책임을 회피하기 위해 전전긍긍하게 된다.

발전회사에는 계획예방정비라는 것이 있다. 2～3년에 한 번씩 기계를 다 뜯어보고 고치고 점검하면서 안정적으로 전력생산이 이루어지도록 하는 시스템이다. 그런데 발전회사를 5개로 쪼개 서로 경쟁을 하라고 하니 운영비용을 최소화시키기 위해 가장 중요한 유지·보수업무를 소홀히 하고 있다. 50일 동안 해야 할 계획예방정비를 비용을 줄이기 위해 30일로 줄이고, 2년에 한 번 할 것을 3～4년에 한 번 하여 비용을 줄인다. 결국 이 과정에서 마치 해당 주민만의 일로 조용히 스쳐지나갔지만, 제주도와 여수 등지의 대규모 정전사태는 이미 현실의 일이 됐다.

4. 에너지 위기 시대, FTA인가 에너지 공공성인가?

유가가 급속도로 뛰고 있으며, 에너지 고갈과 이에 따른 에너지 수급 문제에 대한 두려움은 이제 현실의 것이 되었다.[21] 물 역시 마찬가지이다. 세계 31개국이 물 부족 사태에 직면했고, 10억이 넘는 사람들이 깨끗한 물로부터 소외받고 있으며 30억 명의 인구가 하수시설조차 제대로 갖추지 못하고 살아가고 있는 것이 현실이다. 그러나 한국사회에서는 이런 위기 사태에 대해 심각할 정도로 무지하다. 유가가 급등하고[22], 천연가스를 둘러싼 위기가 확대되며, 물을 둘러싼 위기적 징후가 속속들이 밝혀지고 있음에도 한국사회는 천하태평하게 한미FTA에 매진하고 있다. 한국은 석유 사용량이 세계 6위이며 수입량으로는 세계 4위이지만 자주 개발 수준은 3%에 불과하다. 중동에 대한 원유의존도가 80%를 넘어서고 있다. 천연가스는 전량 수입에 의존한다. 물이야 자급자족하고 있다고 안위할 수 있지만 공급 위주의 개발정책은 국토를 유린하면서 수자원을 철저히 오염시켜왔다.

　　현재 전세계는 에너지안보와 주권, 에너지를 둘러싼 전쟁을 불사하고 있다. 유럽 각국은 자국의 에너지산업을 지키기 위해 에너지산업 사유화와 개방이라는 유로 디렉티브에 전면적으로 역행하는 재국유화 조치를 시행하고 있다. 신자유주의의 선도자이자 한국경제와 정치의 문을 비틀어 열고 있는 미국조차도 에너지와 국가기간산업에 대해 외국인 투

---

21) "최근 주요국의 에너지자원 확보 경쟁은 수요와 공급이 불균형을 이룬 데다 에너지자원이 중동과 러시아 등 지역적으로 편재되고 정치적으로 불안정한 것이 주된 요인이다. 이처럼 자원을 확보하기 위한 강대국간 경쟁이 심화되는 상황에서 군사력도 하나의 수단으로 동원될 소지가 있다." "중동의 불안으로 자원부국인 러시아의 위상이 매우 높아졌다. 러시아는 천연가스 매장량이 세계 1위로 26%를 차지하며, 6.1%로 석유 매장량 6위의 국가이다. 과거에는 핵무기로 세계를 지배했다면 이제는 에너지자원이 무기이다." 『서울신문』 3월 21일자에 실린 산자부 자원정책실장과 러시아 상무관의 발언(류길상, 「세계는 실탄 없는 에너지 전쟁중」)이다. 에너지산업에 대한 위기의식을 충분히 느낄 수 있다.

22) 골드만 삭스는 유가 급등에 대해 "신경제에 대한 구경제의 복수"라고 표현했다. 전세계가 신경제에 도취되어 구경제를 상징하는 석유 투자에 소홀했다는 것이다. 정보산업의 발전, 자동차산업의 확장은 석유 소비를 엄청나게 확장시켰으며, 철강가격 폭등이 석유시설 투자를 가로막았던 점이 없지 않다. 사실 투자가 금융투기화되어 생산부문에 투자되지 않은 것 역시 중요한 요인이라 할 것이다. 미국의 정유공장은 20년 동안 301개에서 153개로 줄었다. 그러나 중국과 인도, 파키스탄 등 동북아 인구의 비약적인 증대는 석유수요를 증가시켰다. 바로 수요와 공급의 불일치가 존재한다. 무엇보다 석유라는 자원 자체가 고갈의 위기에 놓여 있기 때문이다. 유가의 급등은 에너지 자본에게는 축복으로, 에너지 빈국과 대중에게는 뼈를 깎는 출혈을 의미한다(이종배, 「신경제 쏠림, 고유가 불렀다」, 『서울경제신문』, 2006년 1월 27일자 참조).

자 지분을 제한하는 엑슨-플로리오법을 가동하고 있다. 중남미의 좌파 정권들은 미국과 서구사회에 헐값으로 넘기던 에너지 공급 구조를 깨고 중남미의 연대를 통한 자립, 에너지 빈국에 대한 지원과 상호협력을 통해 새로운 대안 모색의 길을 가고 있다.

한국사회가 공기업 사유화를 오히려 더욱 적극적으로 추진하고 있는 데 반해 전세계적으로는 에너지 기업의 재국유화 혹은 국가차원의 관리 전략이 지배적이다. 러시아는 국영 석유기업 로스네프트를 통해 러시아 최대 석유 사기업인 유코스의 주요 생산부문을 인수했고, 천연가스 국영기업인 가즈프롬 역시 사기업을 인수했다.[23] 이로 인해 빚어진 에너지 사태는 유럽 전역을 초긴장하게 했다. 사실 푸틴이 우크라이나로 통하는 가스관을 봉쇄하고 천연가스 가격을 2배 이상 올리겠다고 한 것은 친미로 돌아서는 구소련 국가에 대한 일종의 응징이었다. 결국 더욱 긴장한 것이 유럽이다. 2020년이면 유럽 에너지 소비 중 러시아 천연가스 비중이 62%에 이를 전망으로, 유럽은 서러시아의 천연가스에 철저히 의존하고 있다. 유럽 전역은 마치 거미줄처럼 천연가스 배관망이 유기적으로 얽혀 있는 지역이기도 하다.

이런 상황으로 인해 올 1월 29일 스위스 다보스에서 열린 세계경제포럼에서도 에너지 문제는 핵심 사안이었다. 더욱이 3월에는 프랑스와 스페인, 폴란드에서 자국의 에너지기업에 대한 외국기업의 인수합병 시

---

23) 심지어 국영 무기회사 로소보로넥스포트를 통해 자동차산업에까지 개입했으며, 항공산업으로 진출하기에 이르렀다. 러시아 대통령 블라디미르 푸틴은 항공기 제조업체 이르쿠트의 알렉세이 표도로프 회장을 신설될 항공지주회사 유나이티드 에어크래프트의 대표로 지명했다. 그런데 이 유나이티드 에어크래프트는 산하에 7개 항공기 및 부품 제조업체를 거느리고 있는 지주회사이다. 회사 지분의 75% 역시 국가 소유로 항공제조산업이 사실상 정부 통제 아래 놓이게 되었다. 러시아 정부는 항공운항 분야에서도 국영항공사 아에로플로트를 통해 장악력을 확대하고 있는 상황이다.

도에 국가가 개입하는 사태가 이어졌다. 물론 EU는 개방에 역행하고 있는 이 국가들에게 경고장을 보냈다. 역시 신자유주의의 첨병인 영국은 이 국가들에 대해 "속좁은 애국주의"라며 조소를 보냈다. 그러나 채 한 달도 지나지 않아 러시아의 가즈프롬이 영국의 센트리카를 인수하겠다고 나서자, 영국 역시 국가의 개입을 허용하는 새로운 법안을 논의하기 시작했다.[24]

원래 EU는 2007년까지 가스와 전력시장을 완전자유화하고자 했다. 이것이 소위 EU 디렉티브이다. 그런데 2월에 독일 최대 전력회사인 에온이 스페인 에너지기업인 엔데에 대한 공개매수를 시도하자, 스페인은 "자국 에너지산업 관련 기업에 대해 10% 이상의 주식을 매입하는 경우 모든 과정을 열람할 수 있는 권한을 부여"했고, 이로 인해 사실상 에온의 엔데사 매입은 중지됐다. 이어 3월에는, 이탈리아의 전력회사 에넬이 프랑스의 수에즈를 인수 합병하려 했다. 이에 프랑스 총리가 직접 나서서 프랑스의 국영 가스공사인 가즈 드 프랑스(GDF)를 통해 수에즈를 합병하고 말았다.

이런 정세에서 EU 집행위원회는 25개 회원국들 중 에너지산업 개방이 지연되고 있는 오스트리아, 독일, 프랑스, 그리스 등 17개 회원국에게 28개의 위반사례를 지적하며 일제히 경고 서한을 보낸 바 있다. 그런데도 EU 에너지장관들은 3월 14일 전기와 가스 등 에너지시장에서 보호무역 장벽을 없애기 위해 에너지 규제권한을 부여해달라는 EU 집

---

24) 신자유주의의 그릇된 신화를 시작한 영국이라는 국가는 2003년 기업 자유화 법안을 통과시키면서 민간기업의 합병 문제에 대해 정부가 개입하는 것을 엄격히 금지했다. 기업의 합병이나 인수 문제에 국가가 거부권을 행사할 수 있는 유일한 이유가 "국가 안보를 위협한다고 판단할 때"라고 한다. 무한한 자유경쟁과 시장예찬론자인 영국 정부가 지금은 기업의 합병과 인수 문제에 개입하고자 한다. 바로 에너지기업의 인수합병에 대해서이다. "국가 안보"를 위협한다고 판단해서인 것이다.

행위원회의 제안을 거부했다.[25]

　　더욱이 중남미의 에너지동맹은 더욱 흥미롭다. 에너지자원이 풍부한 좌파 정권들은 자체 석유와 천연가스 생산과 가격을 통제하는 '페트로수르 계획'을 입안했다. 볼리비아는 미국과 서구 자본주의에 종속되어 헐값에 에너지를 넘기던 관행을 깨고 향후 5년 안에 에너지 독립을 이루겠다는 계획을 2월 4일 전격적으로 발표했으며, 남미의 1, 2위 석유와 천연가스 생산국인 베네수엘라와 볼리비아, 그리고 주요한 소비국인 아르헨티나와 브라질 4개국은 에너지연대를 강화해나가고 있다. 이에 따라 베네수엘라·브라질·아르헨티나를 잇는 천연가스관을 건설할 예정이며, 베네수엘라의 대통령 우고 차베스는 미국의 정유시설까지도 폐쇄할 의사를 밝히면서 오히려 중남미 개발도상국들에게 원유를 시장가격 이하로 공급하는 에너지동맹 즉 '페트로 카리브'를 가동하겠다고 밝힌 바 있다. 이렇듯 에너지를 둘러싼 국제적 정세는 역동적이며 위험하다. 한국사회만이 이런 에너지 위기 정세와 전혀 무관하다. 그러나 겉으로는 평온한 듯 보이는 한국사회는 결국 한미FTA를 통해 에너지산업을 내어주고 말 것이다.

---

25) 영국 에너지장관인 말콤 윅스는 브뤼셀에서 열린 3월 14일 에너지장관회의에서 영국과 프랑스, 독일 등 개별 회원국이 스스로의 에너지 정책을 유지하는 것은 매우 중요하다고 언급했다. 프랑스 역시 유럽 차원의 에너지 규제기구 신설에 대해 시기상조라고 발표했다. 이에 EU 집행위원장은 개별 회원국의 독점을 허물고 경쟁 보장을 위해 범유럽 차원의 에너지 규제 기구를 설립하는 방안 등이 포함된 에너지안보 공동대응 전략을 제시했다. 그러나 에너지 장관들은 새 EU의 에너지 정책이 회원국 주권을 존중해야 하며, 각국의 특수한 사정을 고려해야 한다는 점을 들어, 공동성명서를 채택해 EU 집행위원회의 제안을 거절했다(이상인, 「EU 에너지장관, 집행위 규제권한 확대안 거부」, 『국민일보』, 2006년 3월 15일 참조).

한미FTA와 한국교육의 파탄

이철호[*]

1. 교육개방, 교육의 영리산업화

1) 교육개방이란?

2006년 노무현 대통령은 신년연설에서 교육과 의료는 서비스산업이라며, 과감하게 개방하고 서로 경쟁하게 할 필요가 있다고 역설했다. 또한 대통령 임기 내 최우선과제가 사회양극화 해소와 한미FTA의 추진이라고 밝혔다. 교육과 의료의 서비스산업화와 개방화로 고학력 청년실업 문제를 해결할 것이며, 기득권의 해외소비를 국내로 이전시켜 사회양극화를 해소하겠다는 것이다. 이는 곧 교육과 의료를 영리산업화하겠다는 의미이다.

이에 대한 즉각적인 화답으로 2006년 2월 8일 교육부는 주요업무 계획을 통해 경제자유구역 등에 외국교육기관을 적극 유치하고, 외국대학(원)과의 교육과정 공동운영을 활성화하며, WTO DDA(세계무역기

구 도하개발의제) 및 FTA의 교육서비스 협상을 통해 고등교육과 성인교육 분야의 전략적 개방을 추진하겠다고 밝혔다.

그렇다면 교육의 서비스산업화와 교육개방을 통해 유학이민자 숫자가 줄거나 청년실업문제의 해결이라는 결과를 차치하더라도 교육개방의 정체가 무엇인지부터 분명하게 밝힐 필요가 있다.

교육을 개방한다는 것이 무엇인가? 이를 분명히 하기 위해 개방부터 생각해보자. 개방은 닫아놓았던 장벽을 제거해 소통을 자유롭게 하는 것이다. 현재 논의되는 소통의 수준은 국경을 넘는 것이다. 즉, 한 사회의 정체성과 지속가능성을 담당하고 있는 공교육체제가 사회의 경계를 넘어 이동하며 지배력을 행사하는 결과를 의미한다. 교육개방이란 교육이 국경을 넘는 무역의 대상이 되는 것을 의미한다. 이를 위해서는 교육자체가 상품으로 다뤄져야 하며, 상품이 유통되고 가격경쟁을 하는 시장이 전제되어야 하며, 영리산업화를 요구한다. 대통령과 교육부의 업무계획을 통해 밝히고 있는 교육개방의 의도는 교육을 국가가 국민에게 제공해야 할 공적 서비스 영역에서 제외하는 것을 의미한다.

신자유주의 세계화의 광풍은 상품무역을 넘어 각국의 유·무형의 장벽과 보호막을 걷어내고 인간의 삶 전반을 상품화하고 있으며, 그 대표적인 수행기구는 WTO다. WTO에서 서비스산업에 관한 협정인 GATS 규정에 의하면, 국가가 국민들에게 배타적·독점적으로 제공하는 공적 서비스는 개방 협상의 대상이 되지 않는다. 다시 말해, 상수도처럼 다른 영리기관과 이윤을 위해 상업적 경쟁을 하지 않는 공적 서비스는 개방에서 제외된다. 물론 개방할 대상을 선택하는 것은 해당국가의 의지에 달려 있다고 보아야 한다.

교육의 시장화·영리산업화로 교육은 이제 국민 모두에게 제공되어야 하는 기본권이 아니라 비용을 지불할 수 있는 수요자들이 선택해야 하는 문제가 된다. 교육개방은 지금 두 가지 경로로 추진되고 있다. 하나는 상품화와 영리산업화를 위한 개방의 정도를 국제적인 협상을 통해 결정하는 것이며, 다른 하나는 정부가 개방이 아니라고 극구 부인하고 있는 규제완화라는 미명의 자발적 자유화다. 국제적인 협상의 경우 각국이 처한 상황요인에 의해 개방의 진척 정도가 무척 느릴 수밖에 없다. 이에 한국정부는 신자유주의 모범생 기질을 유감없이 발휘해 협상과 함께 자발적 자유화를 통한 개방에 매우 적극적이다.

정부는 개방이 국제적인 대세이며 불가피하다는 논리로 위장해 국민들을 기만하고 있다. 그리고 경쟁체제가 없어서 공교육이 비효율적이므로 과감하게 경쟁체제를 강화해야 한다고 주장하는 목소리가 크다. 그들 중에는 외국교육을 과감하게 받아들여 국내교육의 질적인 발전을 가져와야 한다고 강하게 요구하는 이들도 있다. 이런 주장의 근거로 곧잘 이용되는 것이 국내 기득권층의 유학 이민이다. 교육을 무역수지의 차원에서 접근해, 국내 유학생들의 해외소비를 줄이기 위해서는 외국의 우수한 교육기관을 들여와야 한다는 것이다. 또 하나의 유력한 근거는 한국교육이 경쟁력이 없다는 것이다. 외국의 우수한 교육기관을 받아들임으로써 침체된 국내교육에 충격을 주어 한국교육의 경쟁력을 높여야 한다고 한다. 정부와 기득권층은 이런 이데올로기를 유포하며 교육의 시장화와 영리산업화 정책을 펼쳐내고 있다.

그러나 정부의 태도에 대해 문제를 제기하는 노동자·민중·시민사회는 현상에 대한 판단이 다르다. 걷잡을 수 없이 진행되는 빈곤의 확대와 비정규 노동의 증가, 돌이킬 수 없을 정도로 치닫고 있는 사회양극화 등의 위기를 극복하기 위한 노력을 더 이상 지체해서는 안 되는 절박한 지경이다. 이에 비정규 노동의 정규직화, 교육이나 의료 등 국민에게 제공해야 할 필수 공공서비스의 공공성을 확대해야 한다고 주장하고 있다. 그런데 정부는 이 위기에 기름을 붓고 있다. 전략적 유연성 합의, 평택미군기지 이전을 위한 군대의 동원으로 사회갈등과 국가적 위기는 심화되고 있다. 여기에 한미FTA는 불을 붙이는 것이며, 사회공공성이 파괴되고 사회양극화는 더욱 심화될 것이라 판단하여 전면적인 저지 투쟁을 전개하고 있다.

무엇보다 가장 큰 우려는 이런 차이를 줄이기 위한 소통의 과정조차 없다는 것이다. 정부는 국제협상을 체결하기 위한 기본적인 절차를 이행하지 않고 있으며, 의회는 자신의 역할을 망각하고 있다. 관련 산업 분야의 의견 수렴은커녕, 협상의 기본 내용은 비밀에 부쳐지고 있고, 반드시 거쳐야 할 공청회조차 하지 않고 있다.

2) 세계무역기구 도하개발의제

WTO체제 하에서는 서비스 무역협정인 GATS를 통해 교육 개방협상이 진행된다. GATS는 서비스 교역의 자유화에 반하는 규제들을 철폐하라고 요구한다. 따라서 각국이 유지하고 있는 문화다양성과 사회공공성을 지키기 위한 보호장치들은 GATS의 공격 대상이 되고 있어서 국내정책을 자의적으로 운용할 수 없다. 각국의 제한적 조치는 시장접근상의 제한적 조치와 내국민대우상의 제한적 조치로 구분된다.

시장접근상의 제한적 조치는 회원국의 서비스 및 서비스 공급자에 대해 불리하지 않은 대우를 부여하는 것을 의미한다. 내국민대우상의 제한적 조치는, 각 회원국은 다른 회원국의 서비스 및 서비스 공급자에게 서비스 공급에 영향을 미치는 모든 조치와 관련해 자국의 동종서비스와 서비스 공급자들에게 부여하는 대우보다 불리하지 않은 대우를 부여하는 것이다.

GATS에서 규정하는 공급형태는 4가지 모드(Mode)로 구분되며, 자세한 내용은 다음과 같다.

〈자료 1〉 GATS 협정에서 규정하고 있는 서비스 공급형태

구 분	정 의	교육서비스 사례
모드 1 : 국경간 공급	한 회원국 영토로부터 다른 회원국 영토로의 서비스 공급	원격교육(사이버대학)
모드 2 : 해외소비	한 회원국 영토에서 다른 회원국의 서비스 소비자로의 서비스 공급	해외유학
모드 3 : 상업적 주재	다른 회원국 영토에 상업적으로 주재함으로써 한 회원국의 서비스 공급자에 의한 서비스 공급	사립학교 분교 설립
모드 4 : 자연인 주재	다른 회원국 영토에 자연인이 주재함으로써 한 회원국 서비스 공급자에 의한 서비스 공급	외국인 교사

한국의 상황을 보면, 정부는 DDA협상 이후 2002년 9월부터 외국의 우수대학원을 유치하기 위한 계획을 추진하더니, 급기야는 교육단체들의 거센 반발에도 불구하고 2003년 3월 31일 WTO 1차 양허안을 제출했다. 이후 2005년까지 한국은 미국, 일본, EU, 호주, 뉴질랜드, 중국, 말레이시아, 태국, 인도네시아 등과 양자간 협상을 진행했으며, 이 중 일부 국가는 초·중등교육 및 언어교육의 개방을 요구했다.

칸쿤에서 열린 제5차 WTO 각료회의는 반세계화운동의 확산과 강력한 저항으로 무산됐다. 그 결과 농업협상은 결렬되고 싱가포르 이슈는 의제 상정에 실패했으며 서비스 분야는 논의조차 되지 못했다. 그러나 2004년 7월 말 DDA협상 골격(framework)에 관한 소위 '7월 합의문'(July Package)에 합의함으로써 DDA협상의 모멘텀(momentum) 회복을 위한 발판이 마련되고, 서비스 분야에서는 개선된 양허안을 2005년 5월까지 제출하기로 결정됨에 따라 한국정부는 2005년 5월 31일 WTO 2차 교육개방 양허안을 제출했다.

당시 양허안을 제출하면서 정부는 교육개방은 국제적인 대세이며 불가피하다는 위협을 서슴지 않았다. 현재 한미FTA 저지운동 진영에 대해 구한말 쇄국주의자라고 비난을 퍼부어대는 것처럼 말이다. 그러나 2005년 7월 정부가 보고한 자료에 의하면 WTO가 그렇게 압박했음에도 불구하고 마감시한이 2년이 지난 시기, 1차 양허안 제출 상황은 148개 회원국 중 교육개방을 포함한 양허안 수 30개에 불과하며, 2차 수정 양허안의 경우 교육부문을 포함한 양허안이 고작 12개에 불과하다. 이것이 정부가 말하는 대세와 불가피의 정체이다.

1차와 2차에 걸쳐 한국정부가 제출한 양허안 중 교육개방과 관련한 주요 내용은 다음과 같다.

〈자료 2〉 WTO DDA 교육개방 양허안 주요 내용

부 문	변경 분야	제1차 양허안	제2차 양허안(안)
고등교육	Mode1 내국민대우	제한 없음	미양허
	공동학위 운영분야 확대	첨단 과학기술, 기초과학, 국제학, 대학별 특성화 관련 분야	대학의 장이 필요하다고 정하는 분야
성인교육	Mode1 내국민대우	제한 없음	보건·의료 관련 서비스는 미양허
공 통	새로운 각주 추가	제한 없음	시장접근과 내국민대우에 관한 양허사항은 한국에서 전문직 자격의 취득 및 개업을 위한 학위 인정에는 적용되지 않음

2005년 12월 홍콩 각료회의 결과 2006년 4월 30일까지 농업 및 공업 분야 관세와 보조금을 감축하는 계수를 정하기로 했다. 서비스협정은 다자간 협상 등 새로운 협상 전술이 제시되고 이에 따라 향후 협상 일

정이 2006년 2월까지 복수적 양허요청서, 2006년 7월까지 수정 양허안, 2006년 10월까지 최종 양허안을 제출하도록 정해졌다. 이 일정에 따라 스위스, 호주, 뉴질랜드, 미국 등이 모여 복수적 양허 요청안을 2월 말 작성해 각국에 전달했으며, 한국정부 또한 이를 접수했다. 그러나 한국 정부는 이 내용을 국가기밀이라는 이유로 국민에게 공개하지 않고 있다가, 지난 3월 27일 스위스 제네바에서 복수적 R/O(Request/Offer)방식에 의한 협상이 개시되는 날 외교통상부 보도자료를 통해 "고등교육, 기타 교육 분야 중 사립교육 양허"라는 단 한 줄의 정보를 국민에게 제공하는 것으로 정부의 역할을 다하고 있다.

3) 자발적 자유화

자유화란 타자로부터 구속 또는 지배를 받지 않게 됨으로써 장애가 없어지는 상태를 말한다. 그런 의미에서 사상이나 표현의 영역에 있어서 규제가 완화되어 자유화된다는 것은 바람직하다. 그러나 경제영역에서의 자유화는 실질적으로 무역이나 외국환거래에 대한 국가의 통제를 완화 또는 철폐하거나 외국자본의 직접투자를 자유로이 할 수 있게 하는 것이다. 여기서 자유화란 정확하게 자본의 자유화(liberalization of capital transaction)이다.

자발적 자유화 조치는 WTO협상 완료 이전에 행하는 개방화·시장화 조치이다. 이는 상품과 자본의 진입을 위한 새로운 통로를 개설하거나 진입장벽을 철폐하거나 국내산업을 육성하거나 보호하기 위한 제반 정책을 중단하는 것으로 나타난다. 이를 위해 경제특구 등 특정 지역을 설정해 포괄적으로 직접 개방하는 조치를 하거나, 특정 분야에 관한 일련의 국내 진입장벽을 철폐하는 조치를 하기도 한다.

GATS의 '서비스부문 협상 가이드라인'에는 더 높은 수준의 자유화를 점진적으로 추진하되, 어떤 서비스 분야도 사전에 제외하지 않으며, 자발적 자유화에 대해서는 크레디트(credit ; 협상에서의 인센티브)를 인정한다고 되어 있다. 그러나 이 크레디트는 어떤 구체적인 내용도 정해지지 않은 것으로 WTO협상 자체를 추진하기 위한 유인책으로서 선언적인 의미를 가질 뿐이다.

그럼에도 한국정부는 자발적 자유화 조치를 매우 적극적으로 추진하고 있다. 이를 보면 한국정부가 자발적 자유화를 추진하는 목적은 서비스협상에서 유리한 위치를 차지해 국내 서비스산업을 보호하는 것이 아니라 다른 데에 있음이 틀림없다. 실제로 WTO에 양허안을 제출하면서 정부는 현실적으로 개방되어 있는 수준을 반영할 뿐 양허안에 추가적인 개방을 포함시키지는 않겠다고 말하고 있다. 다시 말해 자발적 자유화를 통하여 개방은 진행하고 양허안은 이를 문장으로 정리하는 수순이다. 그렇다면 국내법의 개폐를 통해 진행되는 진입장벽의 붕괴나 직접투자의 활성화, 교육의 영리산업화와 실질적인 개방은 이후 양허안의 가이드라인이 되어 공공영역의 사유화로 옥죄어올 것이다.

① 경제자유구역

경제자유구역은 「경제자유구역의 지정 및 운영에 관한 법률」에 의해 추진되고 있으며, 외국인 투자기업 경영환경과 외국인 생활여건 개선을 통해 외국인 투자를 촉진하고 국가경쟁력을 강화하기 위함이라는 명분 아래 현재 인천·부산·광양 지역이 지정되어 있다. 경제자유구역을 활성화하기 위해 외국인 투자자 자녀들을 위해 교육기관이 필요하다는 명분으로 외국교육기관 설립·운영 등에 관한 특별법과 그 시행령이 2005년에 통과됐다.

그러나 특별법을 통과시키려는 정부·기득권층과 이를 반대하는 교육단체들의 논쟁은 전혀 다른 내용으로 전개됐다. 당시 쟁점은 한국 학력의 인정 여부, 내국인 입학 여부, 결산상 잉여금의 송출 여부였다. 이 쟁점을 통해 외국교육기관의 성격을 다음의 문장으로 정리할 수 있다. '한국의 학생들을 대상으로, 한국의 학력을 인정받고, 영리를 얻고자 하는 것.' 이것이 바로 외국교육기관의 정체이다.

이는 이미 통과된 특별법 시행령의 주요 내용을 보면 사실로 판명된다. 그것은 내국인학생의 입학을 허용하고(정원의 10% 이내로 제한하지만 설립 초기에는 30%), 한국의 학력을 인정(국민공통 기본과정 교과 중 최소 2개 이상을 주당 2시간 이상 이수하면 인정)하는 것으로 하고 있다. 이에 더해 국가 또는 지방자치단체가 교지 및 시설의 전부 또는 일부를 지원해 외국학교법인이 설립·운영하는 공영형 외국교육기관을 설립하겠다는 계획도 밝히고 있다. 이 내용을 통해 보면 외국교육기관은 한국 학생들이 입학할 수 있도록 내국인 입학 비율과 학력 인정의 길을 터주면서도, 국내교육 관련법 적용이 배제(등록금, 선발, 교원, 교육과정 등)되며 설립 촉진을 위한 각종 혜택(세제, 부지공여, 재정 지원 등)을 부여받는 학교이다.

이에 따라 2006년 3월 8일 송도국제학교가 한덕수 부총리 등이 참석한 가운데 2008년 개교를 목표로 공사를 시작했다. 국내외 민간기업이 투자하고, 미국의 부동산법인이 서구식으로 운영하며, 9월 학기제이고, 유치원(1년)·초(5년)·중(3년)·고(4년) 등 교육체제가 한국의 교육법과 무관하다. 송도국제학교의 수업료는 미국 명문 사립학교와 맞먹는 연간 2,000만 원을 넘을 것으로 예상된다.

정부는 외국인 투자자들을 위해서 우수한 교육기관을 유치한다고 한다. 그러나 이미 한국에는 외국인을 위한 학교가 44개나 버젓이 존재하고 있다. 이 외국인학교들은 외국의 학생들이 외국의 교육과정으로 공부하고 외국의 학력을 인정받는 학교이다. 그렇기 때문에 국내 기득권층에게 유리한 기회를 제공하지 않는다. 이 때문에 정부는 외국인투자자 자녀들을 위해 외국교육기관이 필요하다고 하면서 기득권층을 위한 특별한 학교를 설립하고자 한 것이다. 또한 정부는 정보조작도 서슴지 않았다. 싱가포르와 상하이가 초·중등교육을 개방하고 있으며 외국인학교에 내국민 입학을 허용한다는 것으로 홍보했던 재정경제부와 교육부의 주장은 2005년 4월 국회 교육위원들의 현지 방문으로 허위임이 이미 드러난 바 있다.

② 제주특별자치도

2003년 10월 노무현 대통령이 제주평화포럼에서 특별자치도 구상을 처음 언급한 이래 제주특별자치도 설치는 급물살을 타기 시작해, 2005년에는 제주도를 넘어 전국을 뒤흔들었다. 제주특별자치도는 정부의 표현에 의하면 규제완화 등을 통해 사람·상품·자본의 이동이 자유롭고 기업 활동의 편의가 최대한 보장되는 "이상적 자유시장 경제모델"을 구축하기 위해 모든 규제를 네거티브시스템(Negative System)으로 전환하고, 법제·관행·문화 등 각종 제도에 있어 글로벌 스탠더드를 지향하며, 장기적으로는 '무비자, 면세, 무규제, 영어통용'을 달성하는 명실상부한 국제자유도시이다.

　국무총리실 제주특별자치도 추진기획단(단장 유종상 국무조정실 기획차장)은 2006년 4월 11일 「제주특별자치도의 설치 및 국제자유도시 조성을 위한 특별법 시행령(안)」을 입법예고했다. 입법예고하는 특별법 시행령(안)은 2006년 2월 21일 공포된 「제주특별자치도 설치 및 국제자유도시 조성을 위한 특별법」에서 위임된 사항 등을 규정하기 위한 것이다. 그 주요 내용은 제주특별자치도에 국제고등학교·자율학교 등을 경제자유구역 이상으로 개방해 설립하고 운영의 자율성을 대폭 부여해 다른 지역과 차별화하는 것이다. 교원임용에 있어서 경제자유구역의 경우 교원자격 미소지자는 교원임용이 불가능하나, 제주자치도의 국제학교는 한국의 교원자격증이 없더라도 전체 교원의 1/2을 넘지 않은 범위에서 교원으로 임용될 수 있도록 하고 있으며, 외국인 기간제교원은 국내외 교사자격증이 없더라도 기간제교원으로 임용할 수 있도록 교직을 개방하고 있다.

교육과정 또한 다른 지역은 과정 전체를 교육인적자원부장관 고시로 정하도록 했으나, 제주자치도의 경우에는 국민공통 기본교육과정(초등 1학년~고등 1학년)은 국어·사회과목을 제외한 총 수업시간의 1/2 범위 안에서 학교장이 자율로 정할 수 있게 하고 있다. 공교육의 기본인 교육과정과 교원양성 및 임용을 자발적으로 포기하고 있는 것이다.

또한 대학의 경우, 국내대학에 외국대학의 교육과정을 설치·운용할 수 있도록 개방의 수위를 전면 확대하고 있다.

③ 지역특구, 기업도시 등

재정경제부 지역특화발전특구는 제주국제자유도시나 경제자유구역에서의 개방과 별개로, 정해진 지역 내에 정해진 영역의 개방 조치로서 영어마을, 교육국제화특구 등 전국 27개 지역에 교육의 시장화·영리산업화가 진행 중이다. 지역특구법은 일반법보다 우선하는 특별법으로서의 지위를 인정받으며, 지역특구법에서 규제특례가 인정되지 않는 사항이라도 지자체가 새로 요구하면 추후 반영된다. 2005년 10월 현재 총 31개 지역특구가 지정됐고, 이중 서비스산업특구가 18개(58%)를 차지하고 있으며, 순천·창녕 등이 외국어교육특구로 지정되어 외국인교사 수입, 교육과정특례 등이 적용되게 됐다.

건설교통부 기업도시는 특정지역을 개발하는 데 기업이나 공공기관이 전권을 부여받아, 산업기반 조성과 주거에 필요한 주택·교육·의료·문화 등 기반시설들을 갖춘 도시개발을 추진하고, 개발 이익을 획득하는 것을 목적으로 하고 있다. 이를 위해 대규모 토지를 확보해서 효율적으로 도시를 개발할 수 있도록 시행자에게 토지수용권(매수청구권)을 부여하고 있으며, 교육기관과 의료기관 및 체육시설의 설치·운영에 관해서도 일부 특례를 적용하고 있다. 교육에서 학사운영에 자율성이 부여되는 자립형사립고·특수목적고 등 자율학교 설립이 가능하고, 외국학교법인에 의한 외국교육기관의 설립과 운영이 가능하도록 문을 열어놓고 있는 것이다.

이외에도 정부공공기관 이전과 맞물려 추진되고 있는 혁신도시 건설이나 주한 미군기지가 이전되는 평택 지역의 평택국제도시 건설 또한 지역개발을 이유로 교육의 영리산업화가 적극 추진되고 있는 예이다.

2. 한미FTA에 의한 교육개방

1) WTO GATS협상과 FTA에서의 교육개방

GATS는 궁극적으로 교육시장의 영리성을 추구하고 있다. 교육시장을 글로벌화해 영리 추구를 목적으로 하는 교육서비스 공급자의 활동 범위를 넓히려는 것이다. 앞에서 본 것처럼 GATS는 네 가지 공급형태를 규정하고 있다. 교육서비스의 경우에는 이런 공급형태가 중요할 뿐 아니라 학점 및 학위 인정, 교수 및 교사의 자격 인정 등이 중요한데, 이런 사항은 제16조의 시장접근이나 제17조의 내국민대우에 해당되지 않고 제 6조의 국내 규제에 해당된다.

FTA는 1950년대에 등장해, WTO 출범과 함께 전세계로 확산됐다. WTO체제가 존재함에도 불구하고 일종의 예외 조치인 FTA가 확산되는 원인은 먼저 지역주의에 반대해오던 미국이 태도를 바꿔 적극적으로 나선 데에 있다. 다음으로 WTO는 전체 회원국들이 협정에 동의를 해야 하고 각국의 이해가 다르기 때문에 진척속도가 느리다. 반면 FTA는 특정국가간 협정이어서 단기간에 타결이 가능하다.

보통 FTA는 GATS의 4가지 공급형태를 그대로 따른다. 그러나 4가지 공급형태 모두를 서비스로 다루는 GATS와는 달리 국경간 공급(모드 1), 해외 소비(모드 2), 자연인 주재(모드 4) 형태는 서비스부문에서, 상업적 주재(모드 3) 형태는 투자부문에서 다루고 있다.

〈자료 3〉 GATS와 FTA협상 내용 및 양허방식 비교

구 분		GATS	FTA
서비스 유형		서비스부문(모드 1~4)	서비스부문(모드 1, 2, 4) 투자부문(모드 3)
서비스	국민대우	동일	동일
	시장적 접근	현지주재 요구	현지주재 요구 금지
	양허	양허안에 대한 수량적 조치 기재	모든 수량적 제한 조치 기재
효력 및 적용국가		WTO 모든 회원국(양허사항은 FTA협상에 영향을 미침)	협상대상국(양허사항은 GATS 협상과 무관함)

출처 : 유현숙 외, 「FTA 교육서비스 협상 정책 연구」, 한국교육개발원 수탁연구, 한국교육개발원, 2004

FTA는 기본적으로 WTO의 예외인 양자간 특혜조치이므로 WTO 보다는 강한 수준으로 개방체제를 구축하려 하고 있다. 이를 보여주는 대표적인 것이 양허방식인데, 미국식이라 규정할 수 있는 FTA는 네거티

브 방식이다. 즉, 개방을 하려는 분야를 나열하는 것이 아니라 개방을 금지하는 분야의 리스트를 나열함으로써 강력하고 포괄적인 시장화를 추구하고 있다. 그러므로 FTA는 정부가 표현하는 대로 WTO+, 업그레이드 된 WTO이다.

2) 한미FTA 이전

자유무역협정은 과거에는 주로 상품(농산물 포함) 분야의 관세인하와 철폐를 위해 진행됐다. 그러나 90년대 후반 이후에는 서비스, 투자, 지재권, 정부조달 분야 등 대상범위가 확대되고 있다.

한국정부는 스스로 FTA 후진국이라 자처하고 있다. 이를 만회해 선진국을 따라잡아야 한다는 이유로 주요 교역대상국과 동시다발적으로 FTA를 추진하고 있다. 그러나 동시다발의 본질은 이렇다. FTA를 추진하기 위해서는 대상국의 산업체계와 자국의 산업체계에 대한 정밀한 분석이 선행되어야 하며, 자국의 이해 당사자들 의견을 반영해야 하고, 피해가 예상되는 부문에 관한 대비책을 마련해야 한다. 그런데 한국정부는 이런 능력도 계획도 가지고 있지 않다. 그렇기 때문에 동시다발로 할 수 밖에 없는 것이다. 이쪽 분야의 피해를 가지고 저쪽 분야에서 핑계를 대고, 또 저기가 무너지면 그 다음 어디쯤은 괜찮을 거라고 사기를 치려는 것이다. 이것은 미봉책을 넘어서 언 발에 오줌을 누는 짓이다.

그간 한국정부가 추진한 FTA협상에서 교육 내용을 보면, 칠레·싱가포르에 이어 일본·EFTA(유럽자유무역연합)·아세안 등과 교육부문 협상을 추진하고 있다. 한·칠레FTA 협상은 2004년 4월 비준안이 발효됐으며, 한·싱가포르FTA 협상은 2004년 11월 타결했다. 정부가 밝힌 바에 의하면 칠레, 싱가포르와의 협상에서 교육부문 양허 수준은 WTO

DDA협상과 같이 고등·성인교육부문의 일부에 한해 학교법인제도, 수도권 내 대학 설립 제한 등 현행법상의 제한을 유지하고 있다.

<자료 4> 한국과 싱가포르의 교육부문 양허 수준 비교

분 야	한 국	싱가포르
초·중등	미개방	미개방
고 등	제한적 개방 - 의료보건, 교사양성, 사이버대학 등 설립 제한 - 비영리학교법인만이 대학설립 가능, 수도권 내 설립 금지 및 정원 제한	다음의 경우를 제외하고 개방 - 의사양성교육기관의 설립·운영 제한 - 전문직개업과 관련한 대학학위의 인정 제한
성 인	제한적 개방 - 의료보건관련, 학위수여 성인교육 금지 - 교육감의 학원수강료 조정권한 유지	제한 없이 개방
기 타	미개방	제한 없이 개방

출처 : 교육인적자원부, 2005

한·일본FTA 협상은 2003년 12월 개시해 제6차 협상(2004. 11)까지 진행됐으나 이후 중단되었고 현재까지 기본 협정문에 대한 논의만 진행됐을 뿐, 교육 등 구체적인 서비스 분야는 논의되지 않고 있다.

2005년에는 한·EFTA FTA 협상을 1월부터 추진했고, 제3차 협상(2005. 5. 30~6. 2, 노르웨이 오슬로)에서 교육서비스 분야를 포함한 서비스 양허안을 교환했다. 이때 교육서비스 분야의 양허 수준은 DDA 제2차 양허안의 양허 수준에서 동일하게 진행됐다고 정부는 밝히고 있다. EFTA 회원국은 아이슬란드, 리히텐슈타인, 노르웨이, 스위스 등이다.

또한 한·아세안FTA 협상을 2005년 2월부터 추진하고 있다. 2005년에는 서비스 분야를 제외한 상품, 경제 협력 등의 분야에 대해 협상을 진행 중이다. 서비스 분야 협상은 2006년에 개시하기로 예정되어 있다.

아세안의 회원국은 브루나이, 캄보디아, 인도네시아, 베트남, 라오스, 미얀마, 싱가포르, 말레이시아, 필리핀, 태국 등이다.

한 · 캐나다FTA 협상은 2005년 7월 협상을 개시했으며, 이 외에 멕시코, 인도 등과 FTA 추진의 사전 타당성 검토를 위한 예비협의(공동연구)가 진행 중이나, 현 단계에서는 교육서비스 분야에 대해 구체적으로 논의된 바는 없는 것으로 밝혀지고 있다.

3) 한미FTA에 의한 교육개방

이번 한미FTA 협상에서 교육의 영리산업화가 어느 수준으로 진행될지 현재로서는 밝혀진 바가 없다. 한국정부가 구체적인 내용을 공개하고 있지 않기 때문이다. 의심스러운 것은 지금까지의 진행 과정을 미뤄보면 정부가 공개할 내용을 아예 가지고 있지 않을 수도 있다는 것이다. 미국이 협정문을 작성해 체결을 요구하면 그 요구대로 따라가는 것이 한국정부의 기본 방침인지도 모른다. 이를 증명이나 하듯이 정부는 협상이 진행되고 난 이후에야 부랴부랴 정책연구를 진행하고 있으며, 사전 의견수렴 절차도 진행하지 않았고, 심지어는 국가기밀을 이유로 2006년 2월 WTO DDA의 복수적 양허 요청안 등도 공개하지 않고 있다.

그러므로 현재의 정보 상태로는 이번 한미FTA 협상 상황을 미루어 짐작할 수밖에 없다. 예측의 근거는 대략 두 가지 방향을 설정할 수 있다. 하나는 미국이 그간 체결한 FTA의 내용을 보는 것, 또 하나는 WTO 양허 수준을 보아 판단하는 것이다. 그중 한국이 기존에 제출한 WTO의 양허안과 2006년 2월의 양허 요청안, 그리고 그동안 한미간에 진행된 양자간 협상의 내용을 검토해보면, 한미FTA 협상 내용은 이보다 강한 수준일 것으로 판단할 수 있다.

① 미국이 기존에 체결한 FTA에서의 교육 시장화

미국이 기존에 체결한 FTA에서의 교육시장개방 상황을 보면 미국은 지금까지 체결한 협정에서 교육서비스 중 공교육(Public Education)만을 유보했을 뿐 나머지 분야는 개방하고 있다. 여기서 말하는 공교육의 범주는 물론 한국처럼 초·중등교육 전체를 말하는 것이 아니라 공립학교 교육을 말하는 것으로 여겨진다.

〈자료 5〉 미국이 기존에 체결한 FTA에서의 교육시장 개방상황

체결국가(연도)	협상 체결 내용
NAFTA(1994)	• 캐나다 : 특별한 유보조항 없이 전면개방 • 멕시코 : 일부 개방유보조항 있음. 초·중·고등교육기관 설립은 제한적 범위 내에서 가능
싱가포르(2003)	• 초·중등교육 미개방, 고등교육은 의과대학 외 개방
칠 레(2003)	• 초·중·고등교육 미개방, 성인 및 기타 교육 개방 • 교육서비스 제공하는 자연인 또는 법인은 칠레 법체제를 따라야 함 • 교육체제 밖에서 이뤄지는 경영, 직업훈련, 교육컨설팅서비스(교육기술지원, 자문, 교육과정개발 등), 외국어 훈련 등은 개방

호 주(2004)	• 중등교육 이상 개방
	• 고등교육 관련, 다음 내용에 합의(2004. 5. 18 이면각서)
	  － 개별 교육기관의 학생선발, 등록금 책정, 교육과정 자율 보장
	  － 정부의 내외국 교육기관에 대한 차등 재정지원(보조금지원, 감세 또는 면세혜택 등) 가능

출처 : 교육인적자원부, 2006

② WTO 양허안을 준거로 한 판단

다음으로 WTO와 관련된 상황에 대해서 분석해보자. FTA는 WTO와 같은 다자적인 협상을 보완하는 기능을 하기 때문에 WTO에 의한 개방보다는 훨씬 높은 수준에서 시장화를 목표로 한다. 따라서 한미FTA에서는 한국이 이미 제출한 양허안의 내용보다 강력한 시장화가 추구될 것임을 예상할 수 있다. 그간 한국이 제출한 양허 수준을 보면 초·중등교육은 미양허함으로써 개방하지 않겠다는 의사표시를 했고, 고등교육에 대해서는 부분개방하기로, 성인교육의 경우에는 개방하되 제한을 두기로 정했다.

그러나 이러한 표현과 달리 한국의 교육은 실질적으로 상당히 개방되어 있다. 해외소비(모드 2) 및 향후 교육서비스 교역의 큰 영역을 차지하게 될 국경간 공급(모드 1)의 경우에는 현실적으로 거의 완전개방되어 있는 실정이다. 중학생 이하의 유학도 원칙적으로 해외소비가 금지되어 있지만, 실제로는 이미 광범위하게 이루어지고 있다. 또한 현재 대부분의 국내대학이 스스로의 필요에 의해 외국대학과 공동학위프로그램을 설치하여 운영하고 있다. 자연인 주재(모드 4)에 대해서도 양허안상에는 제한 규정이 있으나(수평적 양허 외에는 미양허), 실제로 외국인교수를 채용하는 것은 법적으로 허용되어 있는 실정이다(교육공무원법 10조 2항). 게다가 제주특별자치도 등에서 볼 수 있듯이 자발적 자유화의 확대는 외국인교사, 나아가 무자격자에게도 교직을 개방하는 결과를 가져오고 있다.

또한, 2006년 2월 복수적 양허요청안의 주요 내용은 (사립)고등교육서비스와 (사립)기타 교육서비스의 시장 접근상의 제한이 모드 1, 2, 3 모두 제한 없이 해제되며, 모드 4는 수평적 양허 외 미양허로 되어 있는 것으로 확인되고 있다. 문제는 사립이라는 규정이다. 한국의 사립교육은 역사적 특수성을 가지고 있다. 다른 나라처럼 공교육체제가 완비되어 있는 상태에서 사립이 보완 프로그램의 기능을 하는 것이 아니라 사립의 과도한 비중으로 인해 사립학교 자체가 공교육의 한 축을 맡아 수행하고 있다. 이런 상황에서 사립교육의 개방은 공교육 전체를 개방하는 것에 다름 아닌 결과를 가져올 수 있다.

③ 한미 양자간 협상의 주요 내용

WTO DDA협상과 관련해 또 하나 주목할 점은 양허안 제출과 별도로 한미 양자간 협상 진행상황이다. 정부가 밝힌 바에 의하면 2002년 7월과 10월, 그리고 2003년 7월에 한미 양자간 협상이 진행됐다.

〈자료 6〉 한미 양자간 WTO DDA협상 상황

국 가	양허요구사항	제1차 양허(2003)	제2차 수정양허(2005)
한 국	고등교육, 성인교육, 기타 교육	고등교육, 성인교육	고등교육, 성인교육
미 국	교육테스팅 및 훈련서비스를 포함한 고등교육, 성인교육, 기타 교육	성인교육, 기타 교육	고등교육, 성인교육, 기타 교육

출처 : 교육인적자원부, 2006

이 협상에서 양허가 요구된 내용은 위 표에 정리했으며, 주목할 것은 교육테스팅서비스와 훈련서비스의 정체다. 훈련서비스의 경우 만성적인 실업 문제와 연동되어 각종 정체불명의 새로운 자격증이 양산되고 이를 위한 사교육산업체가 난립할 것이다. 더 큰 문제는 테스팅서비스다. 테스팅서비스라는 개념이 TOEIC 등 성인을 대상으로 한 영어능력 인증시험 수준의 것이라면 현 상태에서도 더 이상 추가 개방이 필요하지 않을 정도로 개방되어 있기는 하나, 이와 관련한 사교육산업체의 추가 진출이 예상된다. 그러나 테스팅서비스의 정체가 교육과정의 다름을 무시하는 평가의 규격화, 나아가 학력인증이라는 데에까지 나아가면 이제 한국의 공교육은 파산선고를 맞은 것이나 다름없다.

④ 1차 본협상 협정문 초안

마지막으로 한미FTA 협상 진행상황을 보자. 2006년 6월 5일부터 9일까지 1차 본 협상이 미국에서 열리며, 이때 교환할 협정문 초안의 요지를 지난 5월 한국 정부가 국회에 보고했다. 그리고 한국에서 7월에 열릴 2차 협상부터 유보 내용이 협상될 것으로 예상된다. 공개된 한미FTA 협정문 초안의 요지에서 교육 분야와 연관된 내용을 살펴보자. 구체적으로 시장화하지 않을 내용은 부록서에 포함될 것이기에 아직은 알 수 없지만, 개방의 일반적인 수준은 서비스/투자 분야를 통해 확인할 수 있는데 그 내용은 다음과 같다.

서비스/투자 분야

투 자

- 양국간 투자 및 투자자에 대해 내국민대우를 부여하고, 투자 관련 이행의무 부과를 금지. 단, 특정 분야에서 차별조치가 필요한 경우 부속서상 유보목록에 기재해 허용.
- 중대한 국제수지 위기의 예외적인 상황에서 국경간 자본거래 및 송금을 제한하는 긴급제한조치 발동 가능한 권리 규정.
- 투자 관련 분쟁이 발생할 경우, 국내 사법절차 또는 국제중재를 이용한 적법 분쟁해결절차를 보장.

국경간 서비스 무역 / 일시입국

- 서비스교역 관련 일반적인 의무사항인 내국민대우, 최혜국대우를 부여하고, 시장접근 제한을 금지. 단, 상기 의무사항에 불합치하는 조치는 부속서 유보목록에 명기.
- 전문직 서비스 자격 상호인정을 위한 작업반 구성.
- 기업인(Business person)의 이동 원활화.
- 우리 전문직 종사자의 대미진출을 위해 별도의 전문직 비자쿼터를 설정.

이 내용을 보면 우선 포괄적으로 시장화와 영리산업화가 진행될 것
으로 예상할 수 있다. 어떤 제한 규정도 포함하고 있지 않기 때문이다.
이제 한미FTA가 무엇을 추구하며 어디로 가고자 하는지 분명해졌다.

3. 한미FTA, 공교육 파탄

1) 경제적 능력에 따른 교육기회의 차별

한미FTA를 저지하기 위한 투쟁에 부딪쳐 정부와 자본은 끊임없는 말 바
꾸기를 통해 진실을 은폐하고 대국민사기극을 펼치고 있다. 그 대표적
인 것 중의 하나가, 개방을 통해 일자리를 창출하고 사회양극화를 해소
할 수 있다는 것이다.

그러나 국민들은 분명히 알고 있다. 가뜩이나 공공성이 취약한 우
리 교육 현실에서 교육의 시장화·영리산업화는 학문의 기반 자체를 무
너뜨리며, 대학서열체제의 강화, 고교 평준화 해체, 한국 공교육의 골간
붕괴를 초래한다. 대학서열체제인 학벌사회에서 입시경쟁은 부와 권력
을 획득하기 위한 전쟁의 기능을 하고 있다. 개인과 가정은 동원할 수 있
는 모든 수단을 동원해 서열 상위의 대학에 진학하기 위한 전쟁을 치르
고 있다. 그런데 외국교육기관과 같은 특별한 학교들은 경제적 비용을
지불할 수 있는 소수 기득권층에게 경쟁에서 유리한 위치를 안정적으로
제공함으로써 교육으로 인한 차별과 불평등을 대물림하는 기제로 작용
할 것이다. 당연히 비용을 지불할 수 있는 자에게만 제공되는 차별적인
교육의 기회로 인해 교육차별은 더욱 확대되고, 사회양극화는 돌이킬
수 없는 극단으로 달려갈 것이다.

또한 제대로 된 외국의 우수한 교육기관은 전혀 진출할 전망이 없으며, 영리를 목적으로 한 저급한 업체들만이 난립할 것이다. 이들은 한국의 학생들을 유치하기 위해 한국에서의 교육과정을 해외유학을 위한 어학준비단계로 삼을 것이며, 이로 인해 오히려 외국유학이 늘어날 것이다. 특히 외국자본의 경우, 보다 많은 이익을 산출하기 위해 자국 내 일정한 교육과정을 이수해야 학위를 제공하는 사례가 많은데, 이 과정에서 현지에 설립한 분교는 유학생을 유치하기 위한 통로 역할을 담당하고 있는 경우가 대부분이다.

그러므로 정부와 기득권층은 7조 원에 달하는 외국유학으로 인한 무역수지 적자를 해소하기 위해 교육개방을 주장하고 있지만 결과는 더 많은 학생들을 조직적으로 유출하는 결과를 빚을 것이다.

2) 테스팅서비스, 그 파괴적 위험

이번 한미FTA로 미국의 교육기관이나 사교육산업체, 테스팅서비스 등이 한국에 진출했을 때 벌어질 상황은 파국적이다. 한국에 진출할 테스팅서비스는 아직 그 정체를 분명하게 드러내지 않았다. 따라서 서서히 윤곽이 드러나고 있는 미주 지역의 상황을 토대로 하여 그 결과를 짐작할 수밖에 없다.

NAFTA나 칠레의 경우를 통해 보면, 국가수준의 평가체제가 국경을 넘어 공급되는 상황을 충분히 예상할 수 있다. 예를 들어, 한국의 경우 국가차원의 수학능력시험이나 지역교육청 단위의 학업성취도 평가를 정부조달로 공개 입찰하고, 미국의 전문기관이 시행한다고 상상해 보라. 사실 지금도 SAT(Scholastic Aptitude Test)와 같은 테스트들이 특별한 규제 없이 시행되고 있다. 평가가 교육과정을 왜곡하는 한국의 교육 현실에서 이런 식의 학업평가제가 도입된다면 한국의 교육과정은 독자성을 상실해버리고 만다.

현재도 한국의 공교육은 입시체제에 종속되어 학력인정은 형식적인 절차에 그치고 있다. 이제는 수입된 사교육산업체나 준비가 가능한 학교들부터 미국의 학력을 동시에 인증받기 위한 탈법과 편법이 난무하게 될 것이다. 그 결과 한국의 교육과정 자체가 주변으로 전락되어버리고, 한국사회를 넘어서는 서열체제가 구축될 것이다.

광풍이라 일컬어도 될 만큼 영어교육 바람이 거세게 일고 있다. 지자체들은 우후죽순처럼 영어마을을 만들고 있고, 정부는 초등학교 1학년까지 영어교육을 확대하려 하고 있다. 이런 상황에서 원어민 강사들이 자격 검증절차도, 취업에 관한 통제도 없이 학교와 사교육 사업체를 점령해가고 있다. 이런 강요된 위협으로 인한 열풍에 교육개방이 겹치면 한국교육의 정체성은 심각한 위기를 맞게 될 것이다. 당연히 미국인 교사에 의해 미국의 교육과정으로 한국의 학생들을 교육하게 될 것이기 때문이다. 한미FTA에 의한 교육개방은 국민의 정체성과 민주사회 시민의 기본교육을 가르치는 초·중등학교를 미국에게 맡기는 것으로, 이로 인해 교육주권과 한국사회의 지속가능성을 포기해야만 하는 결과를 가져올 수도 있다.

2006년 5월 29일자 『한겨레』의 기사(박주희, 「집중탐구 한미FTA : 캐나다 ①위협받는 공공서비스」)는 우리에게 NAFTA 체결 이후의 캐나다 상황에 대해서 잘 보여주고 있다. 2006년 5월 캐나다 브리티시컬럼비아주(비시주)에서는 캐나다 교육부가 주관하는 시험을 교사노조가 거부하는 일이 벌어졌다. 교육부가 2000년부터 4~7학년 학생들을 대상으로 치르는 기초학력 평가시험을 비시주 교사연맹이 학부모들을 설득해 반대 캠페인을 벌인 것이다. 비시주 교사연맹(BCTF)의 연구 책임자인 래리 퀸은 "획일적인 평가 시험이 교실 안의 학습 내용까지 바꿔놓고 있다. 지금 정부가 쥐고 있는 평가권이 세계화, 특히 NAFTA 서비스규정에 따라 미국 기업의 영업활동으로 넘어갈지도 모른다는 걱정을 하고 있다"고 반대 이유를 밝혔다.

가장 큰 우려는 아직 기억에 선명한 정보인권 문제이다. 2004년 한국사회는 NEIS 도입을 둘러싸고 정부·자본과 교육·인권운동 진영 간에 갈등이 빚어졌다. 내용은 학교생활기록부를 기록하는 문제였지만 실제 갈등이 빚어진 지점은 학생과 교육에 관한 정보가 학교의 담을 넘어 사기업에 집적되는 문제였다. 테스팅서비스는 바로 이 문제와 직결되며 그 수준을 달리한다. 예를 들어 한국 학생이 미국 업체에 의한 테스트를 받게 된다면, 이 테스트 과정을 통해 한국의 학생들에 관한 정보가 국경을 넘어 집적되기 때문이다.

3) 대학의 영리법인화

한미FTA가 아니라 하더라도 교육개방이 가고자 하는 길은 교육의 영리산업화가 될 수밖에 없다. 대학교육의 공공성은 정부와 기득권에 의해 부정되고 있으며, 대학의 연구와 지식을 상품화하는 시도가 거세지고 있다. 여기에 더해 국립대 법인화, 대학 구조조정을 더하면 대학의 공공성을 언급하는 것은 시대착오적이라는 비난을 듣기에 충분하다. 이 때문에 저지 투쟁을 통해 이번 한미FTA 협정문에 문장으로 포함되지는 않는다 하더라도 실질적인 영리산업화는 급속도로 진전되고 있다.

영리를 목적으로 하는 외국법인이 설립하는 교육기관은 학생선발에 있어서 교육을 목적으로 하는 교육기관과 그 기준이 다를 수밖에 없다. 비용을 지불할 수 있는 계층에게만 교육기회를 제공하고, 비용을 지불한 만큼의 차별적인 서비스를 제공하는 것이 당연하다. 차별화된 교육서비스 결과로 이들 교육기관은 한국의 학생들을 상대로 장사한 잉여금을 송출할 것이며, 동일한 시장을 상대로 경쟁하고 있는 한국의 사립대학들이 이를 좌시할 수는 없을 것이다. 한국의 사립대학들 역시 이들 외국기관과 동일한 법적 지위의 보장을 요구하게 될 테고 그 요구의 정체는 대학의 영리추구를 방해하는 제도적 장벽의 제거가 될 것이다. 대학의 영리추구를 방해하는 가장 큰 장벽은 기부금입학제의 금지다. 이제 한국 내의 외국교육기관들, 한국의 사립대학들은 기부금 입학제를 실시하는, 나아가 교육부의 대학입시정책과 무관한 교육기관이 될 수밖에 없다.

2006년 5월 17일 한미FTA 민간대책위(공동위원장 한국무역협회 회장, 대한상공회의소 회장, 전국경제인연합회 회장, 중소기업협동조합중앙회 회장, 농협중앙회 회장, 전국은행연합회 회장) 차원에서 토론회가 열렸다. 이 토론회에는 '한미FTA가 교육서비스산업에 미치는 영향'이라는 제목을 단 송영식(한국대학법인협의회 사무총장)의 발제문이 포함되었는데, 그 내용은 충격을 넘어선다. 그 글의 핵심을 간추리면 다음과 같다.

우선 그는 한미FTA가 한국의 고등교육에 미칠 영향을 이렇게 예상하고 있다. 한미FTA가 성사되면 우선 미국 내의 고등교육 분야, 원격교육 분야 및 영리목적의 단기 교육·훈련과정 등이 한국 진출에 적극성을 보일 것이다. 진출 형식은 유수대학의 한국 내 분교설치, 국내대학과의 합작, 학생유치 기관설치 등일 것이다. 미국은 최소한 고등교육, 직업교육, 원격교육, 어학훈련 등의 분야에서 자국의 교육서비스 분야의 규제 수준을 요구할 것이고, 우리 정부는 경제자유구역 및 제주국제자유도시뿐만 아니라 전국적으로 적용되는 외국계 사학설립·운영에 관한 별도의 특별법을 제정해야 될 것으로 보인다. 이런 상황이 오면 역차별을 반

대하고 공평한 룰(rule) 적용을 요구하는 국내사학들의 목소리가 높아질
것이다.

송영식은 이에 대한 대책 마련이 시급하다며 한미FTA 체결 이전에
다음과 같은 조치를 시급하게 할 것을 요청하고 있다. 첫째, 개정 사립학
교법을 재개정해 영리법인 설립을 허용하는 등 사립학교법상의 규제를
최소한 일본 수준으로 대폭 완화하라. 둘째, 국내 사립대학 경상비의 일
정액을 국고지원 받을 수 있도록 사립대학 지원 교부금법을 제정하라.
셋째, 반민·반관 형식의 고등교육 평가전담기구를 설치하라. 넷째, 경
제자유구역 등에 설립하는 외국계 학교의 잉여금을 송출할 수 있도록
외국교육기관특별법을 재개정하라.

이런 예상은 대학개방 현황을 조사해보면 분명하게 드러난다. 한국
의 경우 경제자유구역과 제주특별자치도에 유수한 외국대학을 유치하
고자 갖은 노력을 기울였음에도 실패하고 있다. 특히, 제주도의 경우 미
국 조지워싱턴대와 2004년 8월 양해각서를 체결하고 학교 설립을 추진
하려 했으나 아무런 진척이 없다.

사실 국제적인 명성을 가지고 있는 유수의 대학들이 영리를 위해서
다른 나라에 진출한다는 것은 상식 이하의 일이다. 그런 수준의 대학들
은 학문과 연구에 중심을 두면서, 대학의 공공성을 훼손하지 않으려 하
기 때문이다. 반면 외국에 진출하는 대학들은 애시당초 영리를 목적으
로 설립한 부실한 교육업체이거나 원격교육기관들이다. 그 형태 또한
교수 등이 직접 진출하는 형태가 아니라 분교를 설립하여 교육과정만을
수출하고 본교의 학위를 남발하거나, 자매결연의 형태로 학생들을 교환
하거나, 공동학위제를 운영하거나, 주재 사무소만을 설치한 뒤 원격교
육으로 운영하거나, 그도 아니면 본국에 진출하기 위한 어학준비 과정
만을 운영하고 있다. 이런 대학들을 통해 국내의 대학교육을 발전시키

겠다는 정부는 도대체 한국대학이 어느 정도 수준이라고 판단하고 있다
는 말인가.

4) 교원노동 유연화

또 하나의 문제는 노동자 양성체계와 고용체계 자체의 변화이다. 이는
의료, 문화, 공공영역만이 아니라 전체 영역에 영향을 미칠 것이지만 우
선 교육부문에서 대표적으로 확인해볼 수 있다. 최근 통과된 외국교육
기관특별법은 교원의 자격 기준에 있어, 한국 교육기본법의 적용을 받
지 않는다. 이는 한국의 교원 양성과 자격체계에 적용을 받지 않는 교원
이 생긴다는 것이다. 게다가 정부가 자발적으로 추진하고 있는 원어민
교사의 확대 등과 연관지어 판단해보면 그 수량의 문제를 떠나 이는 일
반학교에 영향을 주지 않을 수 없다.

　　외국교육기관은 기업경영원리를 수용해, 최소의 자원으로 최대의
효과를 내는 방식의 운영이 자리를 잡게 될 것이다. 그 결과 교육기관의
사유화가 계속되고 교육노동자의 일상은 더욱 경쟁으로 내몰리게 된다.
교육노동자는 필연적으로 '평가'에 시달리고, 여러 가지 일을 함께 하는
노동이 늘어남으로써 노동이 불안정해지고, 교육노동자 사이의 경쟁이
심해져 갈 것이다.

　　외국학교에서 시작되는 교원자격의 유연화는 일반학교로 확대될
위험이 있다. 지금도 법정교원을 확보하지 않은 채 비정규직 교원이 확
대되고 있는 실정에서 비정규 교사노동의 문제는 앞으로 더욱 확산될
가능성이 높다. 결과적으로 교원임용에 있어 외국교육기관과 국내교육
기관의 역차별 시비는 필연적으로 교육노동의 유연화와 교육노동조건
의 강화로 이어질 수밖에 없다.

제주특별자치도의 학교나 윤곽을 드러내고 있는 혁신학교 등 특별한 학교들의 경우 산학(産學)겸임교사 등을 통해 교원 자격이 없는 이들에게까지 교직을 개방하고 있다.

2006년 5월 29일 캐나다를 현지 취재한 기사에 의하면 캐나다 비시주의 래리 퀸은 교육평가권이 상업화된 온타리오주의 사례를 들었다. 온타리오주 교육부는 2001년 교사자격증이 있는 교사들을 대상으로 5년 주기로 7개 분야에서 '교사 자질 평가제'를 시작했다. 주 교육부는 미국 뉴저지에 있는 교육테스트 서비스회사와 2년 동안 260만 달러에 계약을 맺어 시험 출제와 평가를 맡겼다. 주 정부가 바뀌면서 평가 결과는 폐기됐지만 NAFTA의 서비스규정에 따라 공립 교사에 대한 평가권이 미국의 사기업에 맡겨진 사례로 남았다.

그는 "비시주에서도 새로 뽑힌 교사들에 대한 심리테스트를 미국회사가 맡고 있다. 평가를 사설회사에 맡기는 것은 단순히 교육상업화의 문제가 아니다. 평가권을 이용해 정보를 축적한 교육기업이 캐나다 교육에 영향을 주게 된다는 점이다. 교육내용은 평가방식에 따라 좌지우지 될 수밖에 없다"고 말했다.

4. 한미FTA, 저지만이 대안

빈곤과 비정규노동의 증가로 인한 소득의 양극화는 소비의 양극화로 이어지고 있다. 이는 기득권층의 해외소비의 행태로 나타나는데, 그 주요한 양상이 교육과 의료이다. 부와 권력을 재분배하는 사회적 역할을 하는 교육에서 차별적 기회를 통해 권력을 대물림하려는 노력이 노골적으로 드러나고 있다. 교육 시장의 개방으로 인한 사교육 확대는 빈부의 차

이를 떠나 모든 사람들은 교육받을 수 있어야 한다는 인간의 기본권, 즉 교육의 평등권을 파괴할 것이다. 이는 사회적 양극화에 기름을 붓는 격이 될 것이며, 공공보건의료·사회안전망 등의 파괴와 함께 국민의 절대다수가 누려야 할 삶의 질을 파괴하는 결정적인 고리가 될 것이다.

그런데도 정부는 사회양극화를 해소한다, 또는 청년실업 문제를 해결한다 등의 미명하에 한미FTA를 통해 교육의 시장화·영리산업화를 강화하고 있다. 교육은 상품이 아니라 국민의 사회적 권리이다. 유럽의 교육·문화부장관들이 만장일치로 채택한 '브릭슨(Brixen) 선언서'나 유럽연합(EU)이 교육·문화 부문의 개방을 반대한 것을 보면 교육은 경제논리의 대상이 될 수 없다는 원칙을 강조하고 있다. 당연히 국가는 사회구성원들에게 균등한 교육의 기회와 자유를 보장해야 한다. 그 이유는 무엇보다 공교육은 시장화·상품이 되어서는 안 될 국민이 누려야 할 최소한의 복지 영역이기 때문이다.

나아가 교육개방은 대세나 불가피한 것도 아니다. 정부는 교육을 개방해 상품으로 교역하는 것이 국제적인 대세라고 선전하고 있다. 그러나 정부가 개방의 사례라고 제시하고 있는 싱가포르, 홍콩을 비롯한 대부분의 나라가 초·중등교육 개방을 허용하지 않고 있다. 또한 프랑스, 스웨덴 등 유럽의 여러 나라는 유치원에서 대학까지 무상으로 실시하는 공교육서비스를 강화하고 있다. 사실 교육개방에 적극적인 나라는 호주나 뉴질랜드와 같은 영어 수출국 일부에 불과하다.

교육은 다음 세대를 위한 노력이다. 지금의 삶이 차별적이거나 불평등하다면, 사회는 이를 극복하기 위한 노력과 함께 교육을 통해 다음 세대에는 차별과 불평등이 발생하지 않도록 준비해나가야 한다. 즉 교육은 현실적으로 존재하는 불평등을 극복하고 사회를 민주적이고 공동체적으로 통합하는 데 기여해야 한다. 이런 점에 비춰볼 때 우리 교육은 심대한 위기에 처해 있다. 교육으로 불평등을 극복하기는커녕 교육으로 인해 오히려 불평등이 심화되고 있기 때문이다.

교육기회의 불평등 현상을 말할 때 흔히들 생각하는 일차적인 요인은 경제적 차이에 의한 교육비 지출 정도로 생각하기 쉽다. 그러나 교육기회의 불평등은 교육에 접근하는 기회, 실제로 교육활동이 이뤄지는 조건과 과정, 교육을 통해 얻어지는 결과 등 교육의 전 과정에서 발생하고 있다. 하기에 교육 불평등을 극복하기 위한 노력으로 부와 권력의 획득 수단으로 전락해버린 교육의 공공성을 되찾아야 한다.

한미FTA는 교육시장화의 중간 기지이다. 설령 한미FTA저지 투쟁을 통해 초·중등교육 개방과 영리산업화의 속도를 이번에는 잠시 늦춘다 하더라도 정부와 기득권층은 교육을 영리산업화하려는 시도를 멈추지 않을 것이다. 한미FTA는 내용을 조금 고친다고 해서 문제가 해결되는 것이 아니다. 대안은 오직 중단하는 것뿐이다.

한미FTA가 국민건강에 미칠 영향

한미FTA저지 보건의료대책위원회 정책팀[*]

1. 총론

한미FTA는 국민생활의 다양한 측면에 매우 파괴적인 영향을 미치며 국민건강도 예외가 아니다. 한 사람의 건강은 그 사람이 누리는 사회적 권리와 밀접한 관계가 있어, 사회의 양극화가 심화되고 노동자와 평범한 사람들의 생활이 악화되면 민중들의 건강은 그 결과에 따라 악화된다. 세계보건기구를 비롯한 전세계의 권위 있는, 국민건강에 대한 수많은 보고서들이 지적하듯이 건강은 보건의료의 영역에서 해결될 수 있는 문제가 아니라 사회의 평등·소득·교육·주택, 그리고 무엇보다도 사람들이 일하는 노동현장에서의 노동조건에 의해 좌우되는 문제이기 때문이다. 따라서 한미FTA가 국민건강에 미치는 영향은 단지 보건의료의 영역에서만 다룰 문제는 아니다.

---

* 이 글의 필자는 다음과 같다. 우석균(건강권실현을 위한 보건의료단체연합 정책실장), 임준(노동건강연대대표, 가천의과학대학교 교수), 이진석(의료연대회의 정책위원, 서울대학교 의과대 교수), 신형근(건강사회를 위한 약사회 정책실장), 손미아(한국노동안전보건연구소, 강원대학교 의과대 교수). 책임 집필과 최종정리는 우석균이 했다.

한미FTA는 앞서 서술했듯이 우리 사회의 전 분야에 걸쳐 법적·제도적 변화를 불러올 범위의 협정이다. 무엇보다도 한미FTA는 '투자장벽'이라고 불리우는, 사회의 공공적 목적에 따라 기업의 이윤을 제한하는 공공제도와 자본에 대한 규제의 철폐를 목적으로 하는 협정이다. 한미FTA는 공공서비스, 즉 가스, 전기, 철도 등 운송, 통신서비스 부문의 사유화를 불러와 공공요금의 인상을 초래할 것이며, 교육과 의료서비스의 시장화를 불러올 협정이다. 이런 공공서비스의 사유화를 통한 서비스접근권의 제한은 평범한 사람들이 누릴 기본적 권리의 제한을 뜻하며, 이를 통한 생활조건의 악화는 곧 국민건강의 악화를 불러올 것이다.

또한 한미FTA에 따른 공공적 통제의 약화는 노동조건의 악화를 불러올 것이다. 노동조건의 악화는 곧 평범한 직장인들의 노동시간의 연장 및 노동강도의 강화를 불러온다. 이는 직장에서의 건강 악화를 불러온다. 다시 말해 한미FTA가 국민건강에 미치는 영향은 단지 보건의료제도의 변화에 한정되는 것이 아니라 훨씬 큰 범위에서 민중의 삶의 질에 미치는 영향 전체로서 보아야 할 문제라는 것이다.

물론 한미FTA는 좁은 의미에서의 보건의료제도나 직접적으로 건강에 영향을 미치는 제도의 악화를 일으킬 것이다. 이런 부분은 건강보험제도나 보건의료서비스의 제공으로 대표되는 의료서비스전달체계의 변화, 의약품제도의 변화, 산재보험제도 등의 노동안전제도의 변화, 식품안전관련제도 및 환경규제제도 등의 변화 등을 통해 살펴볼 수 있다. 그리고 우리는 사회의 공공제도나 기업의 공공적 규제를 제거하는 데 사용되는 투자자-정부 중재제도를 통해 국민건강의 악화를 초래할 많은 변화가 초래되어 왔음을 다른 나라의 FTA 사례 등을 통해 알 수 있다. 우리는 이에 대해 중요 부분들을 살펴볼 것이다.

이를 살펴보기 전에 먼저 최근 정부가 이야기하는 "교육과 의료는 한미FTA에서 예외"라는 말이 왜 허구인가를 살펴보고자 한다. 6월에 진행된 1차 협상에서 미측 협상대표 웬디 커틀러는 "교육과 의료부문에서 영리병원 허용을 통한 시장개방 요구를 하지 않을 것"이라고 말한 바 있다. 정부 또한 이전에 '미측이 교육기관과 의료기관의 영리법인 허용요구를 할 가능성은 적다'라고 말했다. 그러나 이를 교육과 의료부문 개방이나 시장화가 없다는 말과 동일하게 보거나 한미FTA에서 '교육과 의료는 예외'라는 의미로 선전하는 정부의 주장은 전혀 사실과 다르다.

첫째, 한미FTA 1차 협상에서 정부는 서비스부문의 개방을 열거주의(포지티브시스템)가 아니라 포괄주의(네거티브시스템)로 합의한 바 있다. 즉, 이런저런 부문이나 상품을 개방하겠다고 협정문에 언급하는 것이 아니라 협정문에 열거되지 않는 분야나 상품은 예외 없이 개방한다는 것이다.[1] WTO 서비스부문 양허안처럼 양허내용을 표시하는 것이 아니라 개방하지 않는 분야만 적고 나머지는 모두 개방한다는 것이다. 따라서 미국의 주장은 말 뜻 그대로 교육과 의료부문에서 "영리법인 허용을 통한 의료개방"만을 요구하지 않겠다는 말 이외의 것이 아니고, 다른 말로 하면 영리병원 허용을 제외한 교육과 의료부문의 개방은 모두 요구하겠다는 것 이상의 발언이 아니다. 이를 교육과 의료분야 전체가 예외라고 해석하는 것은 한미FTA 서비스부문 협정의 포괄주의 체계를 숨기는 일이다.

둘째, 미국이 굳이 영리학교나 영리병원 허용을 요구하지 않아도 한국정부는 이미 인천, 광양, 부산 등 세 곳의 경제자유구역과 제주도에서 외국인이 만든 기업이 교육기관과 의료기관을 설립할 수 있도록 허

---

1) 여기에 앞으로 개방 예외 부문을 추가할 수 없는 이른바 현상유지(stand-stil) 규정도 적용될 것으로 보인다.

용했다. 즉, 이 부분은 미국정부가 요구하지 않아도 한국정부가 알아서 시행한 내용이다. 교육운동이나 보건의료운동진영에서 이를 우려한 것은 한국정부에서 미국이 요구하지 않는데도 미국을 핑계로 '전국적 범위'에서 '국내 기업에게도 영리병원을 허용할 것'을 우려했기 때문이었다. 아니나 다를까 정부는 6월의 1차 본협상이 끝나기가 무섭게 열린 국민경제자문회의에서 경제자유구역 내의 외국인 설립 영리병원을 국내 병원에게도 허용한다는 추진방침을 발표한 바 있다.

셋째, 보건의료 분야의 핵심쟁점은 의료서비스 분야에서 다루어지지 않는다. 오히려 한미FTA에서 보건의료 분야의 핵심쟁점은 의약품, 민간의료보험, 식품안전 및 환경규제이다. 그런데 이 협상은 의약품은 상품무역 협상에서, 민간의료보험은 금융서비스 협상에서, 식품안전은 식품위생검역협정(SPS) 협상과 기술무역장벽에서 다루어지고, 환경규제는 다시 상품무역 협상에서 다루어진다. 그리고 투자자-정부 중재제도는 투자부문에서 다루어질 뿐만 아니라 이미 한국측 협상초안에 들어가 있으므로 이미 합의된 내용이다.

다시 말하면 교육과 의료가 한미FTA에서 예외라는 말은 정부의 거짓말이다.

이제 보건의료 분야의 핵심쟁점이 되는 몇 가지 사안을 요약해서 정리해보기로 하자.

먼저 의약품 분야이다. 한미FTA의 의약품 협상은 간단히 말해 약값의 폭등을 불러일으킬 것이다. 한미FTA에서 의약품 분야에 대한 미국측의 요구는 다음과 같다.

- 약가절감을 위한 어떠한 제도도 도입하지 말 것,
- 외국 신약을 선진 7개국 평균으로 해서 지금보다 두 배 이상 높일 것.

- 특허기간을 연장해 복제품의 생산을 원천적으로 힘들게 할 것.
- 정부사용(강제실시)의 사유를 제한할 것.

미국이 맺은 FTA에서 예외 없이 관철되는 분야 중 하나가 다름아닌 의약품 분야이고, 또 이번 한미FTA에서도 미국은 자동차와 의약품·의료기기를 묶어 17개 중 한 분야로 삼아 이 분야만큼은 자신의 의지를 관철시키겠다는 의지를 명확히 한 바 있다. 가장 최근 체결된 미·안데안 FTA를 통해 미국은 콜롬비아와 페루에 대해 이와 유사한 의약품 분야 협상을 강요해 관철했다. 페루 보건성은 미·안데안FTA가 페루의 약가에 미치는 영향을 FTA체결 1년 뒤 9.7%, 10년 뒤 100%의 추가부담이 있을 것이라고 평가하고 매년 70~90만 명이 필수적 의약품에 접근하지 못할 것이라고 추산했다.[2] 이를 한미FTA에 대입해 추산해보면 한미FTA 협상효과로 FTA체결 뒤 한국 민중이 추가로 부담해야 할 약값은 1년 뒤 최소 8천억 원, 10년 뒤 8조 원으로 추산된다. 이는 1년 뒤 한 가구당 다국적 제약회사에 추가로 더 주어야 할 약값이 6만 5천 원에 이른다는 것이다. 약값의 폭등이다.

다음으로 민간의료보험 분야이다. 한미FTA 협상은 민간의료보험에 대한 공적 통제를 불가능하게 할 것이다.

현재 미국은 금융서비스 협상에서 보험료율에 대한 규제를 완전히 폐지할 것과 모든 보험상품의 출시를 제한 없이 자유화할 것을 요구하고 있다. 한국정부는 금융서비스 협상에서의 이른바 포괄주의 원칙을 수용하려 하고 있고, 민간의료보험상품에 대해 별도로 협상할 계획을

---

2) Patricia Amat, "Song of the Sirens: Why the U.S.-Andean FTAs Undermine Sustainable Development and Regional Integration", Oxfam Briefing Paper 90, Oxford: Oxfam International, 2006. [www.oxfam.org/en/files/Song-siren/download]

가지고 있지 않은 것으로 알려져 있다.

현재 민간의료보험은 연 매출액 8~10조 규모로서 공적 건강보험 재정인 연 24조의 33~40%에 달하는 것으로 추산된다. 이는 유럽의 민간의료보험이 GDP의 0.5% 규모 정도인 것에 비춰보면 지나치게 비대한 규모이다. 민간의료보험 규모가 커지면 커질수록 공적 건강보험의 보장성 확대를 저해하는 것이 민간의료보험의 속성이니만큼 이토록 비대해진 민간의료보험의 규모 자체는 큰 문제이다.

더 큰 문제는 한국에서는 민간의료보험에 대한 통제가 거의 전무하다는 점이다. 민간의료보험의 천국이라 불리우는 미국조차도 민간의료보험에 대해 손해율을 80%로 규정하고 있다. 즉, 100원을 보험료로 받으면 80원은 가입자에게 돌려주라는 것이다. 이렇게 아무런 통제가 없어 민간의료보험의 규모가 이토록 비대해진 것이고 따라서 민간의료보험의 규제는 한국의 보건의료개혁에 있어 가장 시급한 과제이다.

최근 의료산업선진화위원회는 민간의료보험에 대해 보험상품 표준화를 통한 손해율 통제, 건강보험적용 의료서비스의 배제 등을 골자로 하는 입법안의 추진을 논의한 바 있다. 그러나 한미FTA가 체결되면 민간의료보험에 대한 통제는 사실상 불가능하다. 문제는 실손형 민간의료보험상품이나 그 이상의 민간의료보험상품이 제한 없이 출시될 경우 현재 의료비의 약 50%[3]를 보장하는 것에 불과한 취약한 공적 건강보험이 심각한 타격을 입는다는 것이다. 더욱이 민간의료보험에 대한 통제가 불가능하면 남미 국가들처럼 민간보험과 공적 건강보험이 경쟁형으로 되어 "부자를 위한 민간의료보험과 다수를 위한 취약한 공적 건강보험"

---

3) OECD, *OECD Health Data 2005: Statistics and Indicators for 30 Countries*, Paris: OECD, 2005.

의 1국 2의료제도가 되어 사실상 의료제도의 붕괴에 이를 수 있다는 점이다. 민간보험과 건강보험이 경쟁형이 되어 공적 건강보험 가입자의 상위 12%가 민간의료보험으로 이동하면 현재의 공적 건강보험 재정은 반으로 줄어든다. 현재 건강보험 혜택이 반으로 줄어들면 의료비의 25%만을 담당하는 공적 건강보험이 남는 것이다. 민간의료보험에 대한 규제가 없으면 중장기적으로는 공적 건강보험체계는 붕괴한다. 한미FTA는 결국 건강보험을 붕괴시키는 협정이다.

다음은 광우병 문제를 비롯한 식품안전제도이다. 한미FTA는 미국 농축산기업의 이익을 내세워 한미 양국민의 안전과 생명을 포기하는 협정이다.

한미FTA 사전협상으로 미국산 쇠고기 수입이 합의된 것은 잘 알려진 바다. 미국은 한미FTA 협상 전에 미국산 쇠고기 수입이 재개되어야 함을 여러 차례 공개적으로 천명한 바 있고 한국정부는 2006년 3월 쇠고기 수입 위생조건을 개정함으로서 이를 뒷받침했다. 이것만이 아니다. 3월에 미국에서 새로운 광우병이 발생했는데도 2006년 5월 미국에서 광우병에 대한 역학조사가 끝나지도 않은 시점에 미국산 쇠고기 수입재개를 선언했다. 가장 큰 문제는 광우병 위험이 있는 미국산 쇠고기 수입이 보건학적·의학적 관점에서 결정되는 것이 아니라 한미FTA 성사를 위한 사전 양보협상의 한 목록으로 취급됐다는 점이다.

물론 미국산 쇠고기는 광우병으로 안전하지 않다는 것이 근본적 문제이다. 이는 다음의 이유에서이다.

- 광우병 발생국가로부터의 쇠고기 수입은 금지되어야 한다.
- 미국의 동물성 사료금지조치는 영국에서 실패한 조치이고 유럽과 일본에서 시행하는 국제기준보다 미흡해 광우병 예방을 할 수 없는 조치이다.

- 미국의 검역조치는 유럽과 일본에서 시행하는 국제기준에 미달하는 조치로, 광우병 소를 가려낼 수 없는 조치이다.
- 한국의 수입위생조건은 일본의 조건과 비교해보아도 매우 미흡하다.

한국의 식품안전을 위한 위생검역제도 전체가 문제가 되고 있다. 미국이 한미FTA 협상에서 요구하는 SPS는 미국이 안전하다고 인정하는 농축산물을 한국에서 다시 검역할 경우 무역장벽으로 취급하기 때문이다. 또한 미국은 기술무역장벽협정을 통해 유전자조작식품 표시제도를 부당한 무역장벽제도로 규정, 이의 철폐를 요구하고 있다. 한미FTA 협상은 미국의 농축산 기업과 한국의 수입업자 및 대형 외식업체들의 이익을 위해 국민의 건강을 포기하는 행위이다.

또한 한미FTA 협상은 자동차 배기가스규제 완화 또는 폐지를 요구하고 있다. 이런 요구는 오랜 기간에 걸친 환경운동 등의 사회운동을 한순간에 물거품으로 만드는 조치이다. 이런 요구는 대형자동차에 대한 특별소비세 부과 폐지를 요구하는 미국의 요구와 동일하게 한국의 대기오염을 더욱 가속화시킬 것이고, 한국 국민의 건강을 해칠 것이다.

한미FTA는 노동자의 권리를 제한해 노동시간 연장, 노동강도 강화, 작업환경의 악화 등을 초래해 노동현장에서의 건강할 권리를 부정한다. 미무역대표부에서 발간한 『2006 무역장벽보고서』는 한국 노동자의 노동 3권과 고용안정의 권리를 무역장벽이라 규정했다. 이 내용은 한국정부가 제시하는 노사관계 로드맵과 다르지 않다. 한미FTA가 체결되면 한국의 평범한 직장인들은 기본적 삶의 자리인 일터에서 더욱 심각한 장애를 입게 될 것이다.

한미FTA는 투자자-정부 중재제도를 통해 한국의 보건의료제도나 환경규제제도를 무력화시킬 수 있는 독소조항을 포함하고 있다. 휘발유에 망간을 도입하는 것을 규제한 캐나다의 환경규제법은 에틸사가 자신의 영업이익이 침해된다며 국제중재심판소에 제소해 승소함으로써 무력화됐다. 망간은 대기 중에 노출됐을 경우 사람들의 공격적 성향을 높인다. 메탈클래드사는 상수원 구역에 쓰레기를 묻을 수 없도록 그린벨트를 설치한 멕시코 주정부를 상대로 제소하여 상수원을 오염시킬 권리를 얻었다.

중재재판까지 갈 필요도 없다. 캐나다의 뉴브룬스윅 주정부는 2004년 자동차보험료가 1년에 20%씩 치솟자 공공자동차보험을 도입하려 했으나 캐나다 보험협회가 영업이익 침해, 즉 간접적 기업몰수를 이유로 중재제소를 하겠다고 협박해 결국 제도도입을 포기했다. 다시 말해 한국정부가 암에 대해 건강보험 보장성을 강화하려 하면 암 보험을 파는 AIG가 영업이익을 침해당한다고 정부를 제소할 수 있게 되는 것이다.

이 투자자-정부 중재제도는 한미FTA의 핵심을 잘 보여주는 제도이다. WTO제도 아래서는 기업이 국가를 제소하려면 자국 정부를 이용하던지 아니면 상대 국가의 법원을 이용해야 가능했다. 그러나 FTA에서는, 특히 미국과의 FTA에서는 기업이 곧 상대 국가를 제소할 수 있고 이 재판은 UN이나 세계은행의 국제중재심판소에서 중재를 하며 이 중재는 3명의 패널에 의해 비공개 단심으로 진행된다. 주권 침해는 물론 기업에 대한 특별한 우대조치이다. 더욱이 문제는 이 투자자-기업 중재제도는 외국 기업에만 그 영향력이 있는 것이 아니다. 그 대상은 외국인이 투자한 주식과 특허, 외채 및 차관에까지 적용된다. 외국 주주가 있는 국내기업이 자신의 이익을 극대화하는 것은 물론, 차관을 이용한 국내재정운용까지 기업들의 이해에서 벗어날 수 없다. 한마디로 한미FTA는 기업의 이윤을 위해 자본에 대한 모든 공공적 규제와 사회공공제도를 무력화시키는 제도임을 이 투자자-국가 중재제도는 잘 보여준다.

2. 한미FTA는 약값을 폭등시킬 것이다

의약품 분야는 미국이 가장 역점을 두는 분야다. 미국의 제약산업은 세계에서 가장 강력하게 독점이 이루어져 있는 분야이며 세계에서 가장 큰 시장지분을 점유하고 있다. 한국에서의 의약품 비용은 2005년 기준으로 8조원이 지출되며 매년 15%씩 증가하는 높은 비용상승을 보이고 있다. 특히 보험재정 중에서 지출되는 비용은 2005년 기준으로 7조 2천억 원, 2000년보다 약 105%가 늘어나 건강보험재정의 30%를 차지하고 있다. OECD 국가들의 1인당 의료비 중 약제비가 차지하는 비율은 평균 17.8%인데 반해 한국은 28.8%로 약 11%나 높은 상태로서 불필요한 약제비 지출을 줄이는 것이 매우 긴요한 상황이다.

이런 상황에서 한미FTA가 체결되면 공적으로 보장되어야 할 의료서비스의 기본적 토대인 의약품의 가격상승을 초래해 국내 민중의 건강권을 심각하게 위협할 것이다. 또한 이 협정은 앞으로 진행될 다른 국가들의 모델이 됨으로써 결과적으로 전세계 민중들의 의약품 접근권을 심각하게 가로막는 문제가 될 것이다.

1) 국내 약가결정제도에 대한 영향

① 독립적인 이의신청기구의 설치와 약제비 결정의 제약회사 참여

현재 우리나라에서는 건강보험심사평가원의 약제전문평가위원회가 신약을 대상으로 '혁신적 신약'의 분류를 결정하고 있다.

미국측의 주장은 신약 중에서 소수의 제품만이 '혁신적 신약'으로 분류되어 있으며 이는 약제전문평가위원회가 과학적 자료나 품질을 토대로 혁신성을 평가하기보다는 경제적 사항 및 비용절감과 관련해 혁신

성을 평가하기 때문에 소수의 신약만이 국내에서 시판되고 일부는 받아들일 수 없는 가격으로 인해 한국시장에서 시판을 포기하고 있다고 주장했다.[4] 또한 2004년 4월에서 6월까지 신약 중 24%만이 A7 약가를 받은 것으로 나타났고, 한국의 A7 약가 적용기준이 너무 엄격해 약값의 혁신성을 제대로 인정받지 못했다고 주장하고 있다. 이에 따라 2005년 미국은 한국에게 미국 제약회사가 개발한 모든 신약에 대해 A7 약가 산정방법을 적용하라고 지속적으로 압력을 가했다.[5]

또한 미국은 보험약가 결정의 재검토를 위해 다국적 제약업체들이 문제제기할 수 있는 독립적인 이의제기기구의 확립과 일관된 기준 및 신약에 대해 좀더 유리한 A7 약가 산정을 인정하는 예전 결정들에 대한 재검토 등을 요구하고 있다.[6] 이 요구는 미국의 투명성 요구와 더불어 국내의 약제비제도를 흔들 수 있는 것이다. 이 조항을 받아들인 호주의 경우는 이미 의료급여제도라는 보험등재와 경제성 평가를 담당하는 기구가 안정화되어 있어서 어느 정도 방어기제가 형성됐으나, 아직 약제비 적정화를 위한 특별한 노력을 기울이지 않은 한국으로서는 이 조항이 크게 문제될 수 있다.

특히 이 조항이 추상적인 형태로 조인된다면 해석의 여부를 둘러싸고 소송 등 사회적 비용을 크게 치룰 수 있다. 이 조항은 이후에 기업이 국가를 상대로 소송을 제기할 수 있는 위반에 해당이 될 수 있기에 국가의 약제비 개선 노력에 제동이 걸릴 수 있다.

---

4) 마이런 브릴리언트·타미 오버비, 『2005년 정책보고서』, 주한미국상공회의소·미한재계회의, 2005, 26~27쪽.

5) The Office of the U.S. Trade Repressentative, *2006 National Trade Estimate Report on Foreign Trade Barriers*, Washington, D.C.: USTR Press, 2006, p.416.

6) USTR, ibid., p.415.

② 투명성 요구

주한미국상공회의소는 실거래가 상환제도의 시행이 미국 제약회사들에게 중대한 문제로 대두되고 있으며, 보험상환가에 공식적 보험상한가가 아니라 의료기관에 제공되는 제조업체의 실제 공급가격이 적용되어야 한다고 주장했다. 또한 현재의 실거래가 시행이 시행 세부사항에 대한 명확한 지침의 부재, 가격인하 결정에 대한 근거 자료의 비공개, 독립적 이의신청 절차의 부재 등으로 문제가 되고 있으며, 또한 주한EU상공회의소에서는 제약회사에서 관리할 수 없는 약국이나 도매업체에 대한 도매상의 할인판매와 같은 가격인하 조치에 직면하고 있다고 주장했다.[7]

이를 통해 유통체계의 개선을 요구할 것이고, 유통상의 문제로 인한 가격인하 요인[8]에 대해서는 제약회사가 책임을 지지 않도록 제도 개선을 요구할 것이며, 가격인하시 인하의 근거가 되는 자료를 제약회사에 공개하고 제약회사의 의견과 이의제기가 가능하도록 명문화해줄 것을 요구할 것이다.

그러나 투명성의 잣대는 공정하게 적용되어야 한다. 미국의 요구에 공공정책의 불투명성만 이야기되고 있지, 가격산정에 대한 합당한 근거와 가격협상에 대한 투명한 보장에 대한 것은 별로 없다. 투명성은 보험자뿐 아니라 기업에 대해서도 동일한 잣대로 작용해야 한다. 의약품의 비용-효과 데이터 제출과 가격협상과정을 투명하게 공개하는 등의 작업이 선행되거나 동시적으로 추진되어야 한다. 국내의 국책연구소 발표에도 이런 지적이 충분히 담겨 있다.[9]

---

7) 브릴리언트·오버비, 앞의 책, 27쪽; USTR, ibid, p.415.

8) 약국이나 도매업체에 대한 도매상의 할인판매, 약가 지불기간 단축(결제조건)을 위한 가격할인 등.

9) 이의경, 「보험의약품 분야 현안」, 『보건산업 분야 한미FTA 정책간담회』, 자료집(5월 8일), 한국보건사회연구원·한국보건산업진흥원, 2006, 37~48쪽

③ 약가절감 방안에 대한 간섭

주한미국상공회의소와 주한EU상공회의소는 3년마다 이루어지는 약가
재평가제도를 혁신적 제품을 겨냥한 차별적 비용절감정책으로 보고 있
다. 따라서 약가재평가시 가격인하뿐 아니라 가격인상 요인이 있는 경
우에는 가격이 인상되어야 하며, 가격 조정시에는 A7 평균가격과 비교
할 것을 주장하고 있다. 또한 재평가는 오리지널 약품이 제네릭 의약품
에 비해 더 많이 인하되는 차별적인 조치로 약가재평가에 대한 중단을
요구할 것이다. 실제 약가재평가에 의한 약가인하 품목의 비중은 국내
제약기업이 더 높게 나타나고 있다.[10]

또한 이 두 상공회의소는 보건복지부가 5월 3일 발표한 약제비 적
정화 방안에서 언급한 포지티브 리스트 도입과 경제성 평가에 우려하며
연기를 요청했고, 건강보험공단에 약가협상권과 등재권한을 부여한 것
에 대해 우려를 표명했다. 그리고 이들은 이미 예전에 약가절감방안으
로 준비했던 참조가격제[11] 도입에 대해서도 반대 입장을 표명했다. 또한
과학적 자료에 근거하지 않은 보험급여기준으로 인해 한국 환자의 혁신
적 의약품 접근이 장애를 겪고 있다고 지적하며 이의 시정을 요구하고

---

10) 이의경, 앞의 글, 40쪽.
11) 참조가격제는 의약분업 실시 이후 의사들의 처방이 수입약에 집중되자 정부가 국산약 사용을
늘리려고 창안한 일종의 약쿼터제이다. 의료보험을 적용하는 의약품을 동일 성분과 동일 효능
을 지닌 그룹으로 분류하고, 그룹별로 평균가격을 산정한 뒤 그 가격을 2배 이상 넘는 의약품에
대해 초과분을 환자가 부담하도록 한 것이다.
참조가격제에 대한 주한미국상공회의소의 자료에 따르면, 미국은 "예비프로그램의 형태와 범
위 그리고 미래의 참조가격제안에 대해서 한국과 명확히 상의할 것이며(『2002 무역장벽보고
서』), 2002년에 보건의료비용을 절감하기 위한 노력의 일환으로 한국은 새로운 '3년제 가격재
결정'과 '최저거래가제'를 도입했고 '참조가격제'에 대한 새로운 제안을 이슈화했는데 한국정
부는 이런 대책에 대해 미국과 상담하지 않았고, 그것은 연구에 기초한 미국 제약사에 대해 불
평등하게 부정적인 충돌을 일으키도록 위협한다고 지적했다. 미국정부는 참조가격제가 한국에
서 혁신약에 대한 접근의 불평등을 야기하고, 이 생산품에 대한 제약사를 차별한다는 이유로 계
속해 참조가격제에 대한 심각한 우려를 계속 표했다(『2003 무역장벽보고서』).

있다.[12] 이런 요구는 한정된 자원 속에서 최대의 효과를 내고자 하는 보험자, 즉 국민의 이해와 상충되는 것이다.

2) 의약품 특허와 관련된 사항

① '의약품 특허인정 지연'에 대한 보상으로 특허기간의 확대

무역관련지적재산권협정(TRIPs)에 의해서 부여되는 최소 특허기간은 특허출원으로부터 20년이다. 이 TRIPs의 특허기간조차 의약품 접근권에 대한 심각한 문제로 대두되고 있는 형편이다. 그러나 미국은 호주와의 FTA협상에서 특허의약품의 판매허가를 수여하는 데 있어서의 '비합리적인' 지연을 보상해주겠다는 조항을 삽입시켰다. TRIPs에서는 의약품 허가과정이나 특허신청에 있어서의 지연을 가지고 특허연장을 요구할 권한이 없음에도 미·호주FTA에서는 이런 조항을 삽입시킨 것이다. 이는 한미FTA에도 영향을 미칠 것이다. 미·싱가포르FTA나 CAFTA에서처럼 한국에서도 불합리한 지연에 대한 보상과 더 나아가 판매승인과

---

12) 건강보험심사평가원의 가이드라인에 관해서 미무역대표부는 이렇게 말하고 있다. "2001년 10월에 건강보험심사평가원은 비싼 의약품 비용 지표를 제정했고, 그것을 통해 병원과 진료소의 의약품 사용을 통제하도록 노력하고 있다. 병원과 진료소는 지침을 초과할 시 재정적으로 패널티를 받을 수 있다. 미국정부는 그와 같은 시스템이 한국의사들이 의약품의 안전성, 효능, 환자의 최선의 이해와 같은 더욱 적합한 고려에 근거해 의약품을 처방하는 것을 막고, 외국 제약사의 의약품을 차별하는 것에 대해 우려한다."(『2002 무역장벽보고서』) "보건의료비용을 줄이기 위한 노력의 일환으로 건강보험심사평가원은 몇몇 외국 제약사의 혁신약에 대해 부당하게 제한적인 상환가이드라인을 강요했다. 가이드라인을 설립하기 위한 과정은 불투명하고 항소의 과정이 없다. 미국정부는 2002년 내내 보건복지부와 건강보험심사평가원의 가이드라인에 대한 우려를 드높였고, 상환가이드라인을 개정하는 데 있어 투명한 과정을 발전시킬 것을 한국정부에 계속 촉구했다."(『2003 무역장벽보고서』) "정부-기업 활동그룹은 상환기준 확립절차에서 투명성을 개선시키는 연구사업을 시작했다. 한국은 다른 선진국에서 상환기준이 정립되는 방법을 조사하겠다고 약속했다. 2003년 2월 이후 한국정부는 또한 재상환할 의약품에 대해 제약회사에 미리 공지했다."(『2004 무역장벽보고서』)

정에서 나타나는 지연에 대한 보상까지 요구함으로써 특허기간을 연장시키려 할 것이다.[13] 이는 시장에 대한 지배력 강화로 보다 많은 이윤을 추구하기 위한 방식인 것이다.

특허만료 후 제네릭이 시장에 출시됐을 때 노바스크의 경우 2005년 상반기 점유율은 암로디핀제제 5mg의 전체 청구액 827억원의 66.5%를 점유했고, 아마릴의 경우 상반기 전체 청구금액의 49.8%인 223억원으로 나타났다. 이는 특허연장시 노바스크와 아마릴의 경우 연간 400억에 이르는 막대한 이익을 낼 수 있음을 나타내는 것이다. 이는 매년 두 자리 수의 성장률을 기록하고 있는 시장을 생각한다면 더욱 막대한 이익을 내는 것이고, 이는 우리나라 건강보험재정의 악화를 가져오는 결과를 가져올 것이다.

② 해치-왁스먼법

미무역대표부는 한미FTA에서 한국에 투자하는 미국인과 미국기업들에 대해 한국법이 아닌 미국법으로 다루어줄 것을 요청할 것이라고 밝히고 있다. 이를 보면 의약품 분야에 있어 한국에 해치-왁스먼법과 유사한 법률의 재정을 요구할 것으로 예상된다. 이 법은 제네릭 생산사들이 오리지널 의약품 생산회사의 안전성·유효성 데이터에 의존할 수 있도록 허락함으로써 제네릭 허가에 필요한 절차와 비용을 절약하게 했다. 이 법은 약식허가절차(Abbreviated New Drug Applicction, ANDA)라고 불리는, FDA에 제네릭 승인을 위한 지원절차를 간소화하는 방안도 도입해 제네릭이 특허만료와 거의 동시에 시장으로 출시될 수 있도록 도와주었다. 한편 제약사들이 연구개발을 하도록 고무하기 위해서 특허기

---

13) 권미란, 「FTA와 의약품 접근권」, 지식에 대한 민중의 권리 토론회(5월 12일), 2004.

간이 FDA승인과 임상시험 때문에 손실된 시간만큼 특허기간이 연장되도록 해주었다.

그라보우스키와 베르넌의 조사에 의하면 1984~89년까지 6년간 승인된 102개 신약의 실질적인 특허기간은 평균 10.8년이었고, 이 중 해치-왁스먼법에 의한 연장기간은 평균 1.8년이었다. 또한 1990~95년까지 6년간 승인된 126개 신약의 실질 특허기간은 평균 11.7년이었고, 이 중 해치-왁스먼법에 의한 연장기간은 평균 2.33년이었다. 1994~95년 동안 허가된 신약들은 거의 1984년 이후 특허가 출원된 약들로 연장가능기간을 2년으로 제한한 경과 규정의 적용을 받지 않았고, 이들의 평균 연장기간은 3년에 근접했다.[14]

이와 같이 해치-왁스먼법은 특허만료 후 제네릭의 생산을 쉽게 함으로써 사회적 비용을 줄이는 동시에 실질적인 특허기간을 연장해줌으로써 오리지널 브랜드사의 이익을 확대하는 결과를 낳았다.

③ 자료독점권

신약재심사제도에서는 한국정부에 의무적으로 재출해야 하는 회사의 제출자료와 관련해 4~6년간의 자료보호가 제공된다. 그러나 한국정부는 이 절차 외에는 의약품의 자료보호에 대해 WTO TRIPs에 따른 의무를 이행할 적절한 규제조항이 없으며, 이는 한국에서의 자료보호와 시행에 문제점으로 지적되고 있다. 따라서 미국은 이에 따른 적절한 배타적 자료보호권의 시행을 위한 조치로 이를 전담할 기구의 설립을 요구할 것이다. 하지만 제출된 자료가 TRIPs 39.3항 및 국내법에 따라 이미

---

14) Henry Grabowski and John Vernon, "Effective Patent Life in Pharmaceuticals", *International Journal of Technology Management*, vol.19, no.1/2, 2002, pp.98~120.

보장되고 있는 상황에서 별도의 기구설립에 대한 요구는 단호히 거부되어야 할 것이다.

④ 특허대상의 확대

TRIPs 27.3(b)항은 식물과 동물, 식물이나 동물의 생물학적 생산과정을 특허대상에서 제외하도록 허용하고 있다. 그러나 미국이 주도하고 있는 FTA에서는 27.3(b)항을 포함하지 않거나, UPOV(식물변종의 보호를 위한 국제협약)에 가입하도록 요구함으로써 식물변종의 특허가능성을 두고 있다.[15]

⑤ 특허추가에 의한 특허연장(Evergreening)

하나의 의약품이 나오기 위해서는 많은 특허조항이 걸려 있을 수 있다. 예를 들어 의약품의 화학적 조성물과 관련한 특허, 생산과정과 관련한 특허, 의약적 용법과 관련한 특허, 제형 혹은 조합에 대한 특허 등 많은 특허들을 가질 수 있으며, 또한 그 물질의 새로운 사용과 관련된 특허가 발부될 수도 있다.

이런 방식으로 제약회사들은 새로운 특허조항을 추가하면서 의약품에 대한 독점을 지속시킬 수 있는 것이다. 현재 TRIPs나 다른 국제적 규약에서는 이런 부가적인 부분에 대해 특허를 부여하고 받아들일 의무가 없다. 그러나 미·호주FTA에서는 이런 '새로운 사용' 조항을 포함해 특허의 연장이 가능하도록 하고 있다. 이는 이미 호주 국내법에 있는 내용임에도 미·호주FTA에서는 이런 내용을 삽입했다. 이는 다른 나라와의 FTA협상에 있어 이런 내용을 확산시키겠다는 미국의 의지로 볼 수

---

15) 권미란, 앞의 글 참조.

있을 것이다. 현재 우리나라는 이런 특허의 연장을 못하도록 되어 있다. 그러나 미국은 우리나라와의 협상에 있어서도 이런 조항의 삽입을 요구함으로써 제네릭의 시장출시를 막아 오리지널 의약품의 시장지배력을 지속하려는 노력을 할 것이다.

⑥ 특허와 의약품 허가 업무연계 문제

식품의약품안전청은 의약품의 안전성 및 효능 심사를 관장하고 있지만, 특허와 업무연계를 통해 경쟁사가 특허보호 중에 있는 제품을 판매하지 못하도록 하는 데 제 역할을 하지 못하고 있다. 따라서 국내 특허권자나 해외 특허권자들은 특허권의 침해가 발생한 다음에야 법원을 통해 구제를 도모해야 하는데, 이는 혁신적 의약품 등을 생산하는 제약업체에 상업적으로 막대한 부담을 초래하고 있다. 이에 대해 미한재계회의와 주한미국상공회의소는 한국정부가 특허와 관련한 연계체제를 구축함으로써 제품승인을 받고자 하는 업체는 해당 의약품이 기존의 특허권을 침해하지 않는다는 사실을 입증하고, 보건당국은 특허를 침해하는 제품의 판매승인을 하지 않아야 한다고 주장하고 있다.

미국은 식품의약품안전청과 특허청의 업무를 연계해서 특허권이 침해받지 않는다는 사실을 입증한 경우에만 제품을 승인하도록 요구하고 있다. 식품의약품안전청의 주업무는 안전성과 유효성을 검토하는 것이지 특허 업무를 담당하는 곳도 아니고 그럴 이유도 없다. 또한 사법부의 판례 및 정부조직법상 식품의약품안전청이 의약품 허가관리 업무를 수행하면서 타 기관의 업무를 연계해 처리하면 안 된다. 이들 부서를 서로 연계시켜 식품의약품안전청에 특허담당 업무까지 요구하는 것은 고유의 업무를 넘어서는 일이며 이는 국내 제네릭 의약품의 출시를 늦춰 오리지널 의약품의 독점권을 높이려는 의도로 생각된다.

3) 강제실시[16]와 병행수입의 제한

① 강제실시(compulsory license)의 제한

TRIPs의 규정에 따르면 제한적이기는 하지만 강제실시를 허용하고 있다. 그러나 미국이 주도하는 FTA에서는 이런 강제실시의 조건 및 범위를 공공의 비상업적 목적, 국가 비상사태 및 응급사태로만 제한하고 있다. 이는 정부 혹은 정부를 대신하는 제3자에 의한 생산·사용·수입만 인정함으로써 사적 부문이 강제실시를 사용할 수도, 강제실시로 인한 생산품을 판매하거나 수출할 수도 없게 하고 있다. 한미FTA는 사적부문에서의 경쟁을 촉진하기 위한 강제실시의 가능성을 차단할 것이며, 이는 우리나라에도 예외가 될 수 없을 것이다.[17]

② 병행수입 금지

제약회사들은 똑같은 의약품이라도 각 나라에 따라 서로 다른 가격으로 판매하고 있다. 병행수입은 이런 의약품을 특허권자의 허가 없이도 국

---

16) 특허권자의 의사에 상관없이 특허발명을 타인이 실시할 수 있도록 강제하는 것을 말한다. 특허의 강제실시는 특허권의 공정한 행사를 촉진하는 중요한 요소로 간주되어 특허에 관한 가장 기본적인 조약 가운데 하나인 파리조약에도 그 내용이 포함되어 있다. 또한, WTO/TRIPs에도 강제실시권이 포함되어 있는데, 몇 가지 엄격한 요건을 부가하고 있다.
① 특허권이 그 나라에서 3년 동안 실시되지 않고 있거나 적당한 조건이나 규모로 실시되지 않고 있는 경우 강제실시를 신청하는 자가 합리적인 조건으로 권리자로부터 허락 받을 노력을 했지만 합리적인 기간 안에 허락을 얻지 못할 것.
② 개개의 사안마다 심사해 강제실시권을 인정할 것.
③ 국가 긴급사태나 그밖에 극도의 위기상황, 또는 공공·비영리적 사용을 위해 필요할 것(이 경우에는 권리자로부터 허락 받을 노력이 전제로 되지 않음).
④ 강제실시가 승인되는 경우 그 범위와 기간은 목적 달성을 하는 데에 한정될 것.
⑤ 강제실시되는 권리는 통상실시권에 한정될 것.
⑥ 사유 종료시 곧 강제실시권을 종료할 것 등이 그것이다.
17) 권미란, 앞의 글 참조.

제시장에서 보다 싼 가격으로 구입할 수 있는 권리를 말한다. TRIPs에서도 허용된 이 조항으로 도하선언을 통해 각 회원국에 이런 권리를 부여하고 있다. 그러나 미·호주FTA에서는 이런 병행수입을 제한하고 있으며 이는 한미FTA에서도 똑같이 적용을 요구받을 것이다.

4) 비위반제소(Non-violation complaint) 도입

WTO체제는 분쟁해결을 위한 제소를 허용하고 있는데, 이는 GATT 규범을 명백히 위반하는 행위가 있거나(위반제소), 비록 GATT를 위반하지는 않았지만 어떤 체결국가의 무역관련 조치나 상황이 다른 체결국가의 기대이익을 침해했을 때 적용된다. 여기서 TRIPs 제64.3조는 TRIPs와 관련된 분쟁이 발생해도 비위반제소를 적용하지 않고 유보하도록 하고 있다. 그리고 협정 발효일로부터 5년 이내에 TRIPs 이사회에서 이를 검토하고 그 후 각료회의에서 결정하되, 회원국간의 합의를 이루지 못할 경우 2000년 1월 1일부터 비위반제소 및 상황제소 관련 규정이 효력을 발휘하게 된다.

그런데 2001년 11월 도하 각료회의에서는 비위반제소와 상황제소의 범위와 방식에 대한 검토를 계속하도록 하고 칸쿤 각료회의에서 권고안을 제출하도록 했으며, 그때까지는 비위반제소와 상황제소를 개시하지 않았다.[18] 최근 2005년 6월 TRIPs 이사회에서 페루, 아르헨티나 등은 홍콩 각료회의에서 비위반제소 및 상황제소를 TRIPs에서 배제할 것을 제안했으나 미국만이 유독 비위반/상황제소의 즉각적인 적용을 주

---

18) 남희섭, 「도하개발아젠다(DDA) 협상과 지적재산권 논의 동향」, 『네트워커』(통권2호/8월), 진보네트워크센터, 2003.

장했다. 결국 TRIPs상의 비위반제소 및 상황제소 적용기간은 다시 유예가 되고 차기 각료회의까지는 협정과 관련한 비위반제소 및 상황제소를 하지 않기로 합의했다(TRIPs 각료선언문).

예를 들어 NAFTA의 체결 이후 외국 기업이 규제로 피해를 입는다고 여기면 특별법정에 손해배상을 청구할 수 있다. 결국 멕시코의 경우 연방정부로부터 외국 기업들에 의해 지금까지 청구된 배상액만 1백 30억 달러(약 15조 6천억 원)가 넘는다. 반면 외국 기업의 행위로 피해를 입은 사람들은 국제법정에 제소하거나 보상을 받을 수 있는 길이 아예 막혀 있고 환경이나 건강, 안전에 있어서 아무리 중요한 규제도 NAFTA 앞에선 무용지물이었다.[19]

그동안 TRIPs 각료회의나 NAFTA, 홍콩 각료회의에서 보여준 미국측의 태도나 주장에 비추어보자면, 한미FTA에서도 미국측이 TRIPs와 관련된 분쟁 발생시 비위반제소를 적용할 것으로 예상된다.

5) 의약품 인허가 관련

① 가교시험 철폐 또는 간소화

미국은 한국인을 대상으로 중복되는 임상실험을 하도록 요구하는 것은 비용이 많이 들고 미국 의약품의 한국시장 접근을 늦춘다고 주장하고 있다. 중복되는 임상실험은 1999년 한국이 의약품국제조화회의의 가이드라인을 도입한다는 한국정부의 발표로 줄어들 것으로 예상됐으나 한국의 식품의약품안전청은 다른 아시아인들을 대상으로 한 임상실험이 한국인에게 적용되지 않는다고 관례적으로 여기고 있으며, 달리 증명되

---

19) 조지프 스티글리츠, 「'NAFTA 10년'의 쓰라린 교훈」, 『경향신문』, 2004년 1월 7일자.

지 않는 한 한국인에 대한 약효와는 다른 것으로 간주하고 있다고 주장하고 있다.[20] 즉, 개발된 지 3년이 경과하지 않았거나 개발국 이외의 시판국이 없는 신약 등에 대해 국내 임상(3상)을 의무적으로 해야 된다는 국내 규정을 폐지하라는 뜻이다. 현재에도 희귀 의약품이나 에이즈 또는 생명을 위협하는 질환에 사용되는 의약품, 진단용 또는 방사성 의약품, 민족적 요인에 영향을 받지 않는 의약품 등은 가교시험 대상에서 제외되고 있다.

약물의 민족적 감수성에 영향을 미치는 요인은 민족 내적요인(유전적·생리학적 요인 등)과 민족 외적요인(환경적 요인, 의료행태 등)으로 나뉜다. 분명히 이런 요인은 약물의 안전성과 유효성에 영향을 미치는 것이 분명하다. 더군다나 한국인과 같은 단일 민족에게는 민족적 요인이 나타날 수 있는 가능성이 충분하다.

따라서 가교시험의 축소 또는 폐지를 외치는 미국 제약사의 주장은 단순히 시장진입에 드는 비용 절감과 시간 단축을 위한 구실일 뿐이다.

② 원료의약품신고(Drug Master File) 관련

미국은 한국 식품의약품안전청의 DMF제도는 의약품 승인절차의 한 부분으로 의약품 원료 생산업체에 상당한 양의 생산관련 자료를 제출하도록 요구하고 있으며, 오래된 제품의 경우 자료제출의 어려움과 충분한 지적재산권에 대한 보호 결여, 자료제출 요구량 등의 측면에서 어려움이 있다고 주장하고 있다. DMF의 한 부분인 현지 실사는 여러 개의 약품원료(Active Pharmaceutical Ingredient)를 갖고 있는 연구중심 제약사에게 문제가 되고 있으며 한국 식품의약품안전청이 GMP를 준수하는

---

20) USTR, ibid., p.400.

회사들의 경력을 믿고 현지 실사를 위험기준 접근으로 하는 것을 고려하도록 제안했다.[21]

③ 수입의약품 품질관리(Quality Control) 관련

미국측은 한국 식품의약품안전청이 의약품 수입업자에게 시장에 출시하기 전 수입된 각 의약품 배치(batch)에 대해 풀세트로 품질관리실험을 수행하도록 요구하고 있고, 이어서 수입되는 배치에 대해서는 지역에서 발행된 실험성적서를 파일에 첨부하도록 요구하고 있다고 주장하고 있다. 그리고 수입업자들에게 한국에 있는 실험시설을 이용하도록 강요하고 있어서 종종 실험 자체가 불가능하거나 엄청난 비용이 든다고 주장하고 있다.[22]

6) 소결

의약품제도는 국가의 재정상태, 국민의 생활수준, 국가 보건정책의 방향 등을 종합적으로 판단해 수립하고 집행해야 하는 정부의 고유한 정책수단이자 주권에 해당하는 권리이다. 따라서 이런 약가결정제도와 건강보험에 관련한 사안 그리고 의약품 허가와 관련된 사항들은 FTA협상의 대상이 될 수 없음이 분명하다. 여러 토론회를 통해 정부에서도 이 부문에 관해는 의제에 올리지 않겠다고 이야기했다.

그러나 보건복지부 장관은 한미FTA와 약제비 상승은 무관하다는 의견을 이야기했다. 우리가 파악하기에는 한미FTA와 의약품의 가격과

---

21) USTR, ibid., p.400.
22) USTR, ibid., p.400.

는 매우 밀접한 관련이 있는데 어떤 근거로 이렇게 이야기했는지 이해가 되지 않는다.

국내의 의약품 가격제도를 잘 정비한다 하더라도 위에서 언급한 비위반제소의 도입, 독립적인 이의신청기구의 설치, 다양한 방법을 통한 특허의 연장 등이 도입된다면 약제비의 급격한 상승은 필연적이며 그 피해는 온전히 한국 국민에게 돌아갈 것이다.

3. 한미FTA는 민간의료보험 규제를 불가능케 하고 의료시장화를 초래한다

1) 의료산업화의 확산

현재 한국에서는 '의료산업화'로 일컬어지는 보건의료부문의 신자유주의 공세로 민중의 건강이 심각한 위기에 처해 있다. 정부의 핵심부로부터 제기됐던 의료산업화론은 언론사 등을 통해 확대 재생산되고 있고, 주무 부서인 보건복지부에까지 확대되고 있다. 더욱이 '의료의 질 저하' 문제를 거론하면서 '의료산업화' 또는 '영리법인화'가 대안인 것처럼 국민들을 현혹하고 있다.

그런데 이런 의료산업화 공세는 WTO의 DDA협상이 본격화되면서 이미 예상된 것이었다. 다자간 협상틀을 갖고 있는 WTO체제의 특성 때문에 협상 타결이 어려울 것이라는 전망도 있었지만, 의료시장 개방에 적극적인 정부의 태도를 확인하면서 의료산업화 공세의 파고가 만만치 않을 것임이 예상됐다. 그리고 마침내 2004년 말 송도 등 경제자유구역 내에 외국계 영리법인 개설과 내국인 진료를 허용한 경제자유구역법 개정에서 의료산업화의 실체를 확인하게 됐다.

시민사회운동진영은 정부가 경제자유구역법 개정을 통해 얻고자 하는 효과가 경제자유구역 내에 국한된 것이 아니고 주장했다. '외국인 편의시설 도모'라는 애초의 입법 취지를 부정하고 제안된 경제자유구역법 개정은 의료산업화에 걸림돌인 국내 법·제도의 개편을 요구하기 위한 정지 작업에 불과함을 지적했다.

그러나 재정경제부는 법개정이 경제자유구역에 국한한 것이기 때문에 문제될 것이 없다는 논리로 일관했다. 이런 정부의 주장이 얼마나 사탕발림에 불과한 것이었는가는 불과 1년이 채 걸리지 않았다.

현재 정부는 과거와 같이 민간의료보험 도입과 영리법인 허용을 시장개방 압력에 의해 어쩔 수 없이 선택해야 할 문제로 이해하지 않고 있다. 정부는 재벌과 보수 의료계의 논리를 그대로 받아들이면서 의료체계를 철저하게 시장중심적으로 재편하려 하고 있다. 이것이 과거 정부와 현 정부의 근본적인 노선 차이다.

그런데 의료산업화는 한미FTA를 계기로 공세의 고삐를 더욱 죄어 오고 있다. 의료시장개방의 문제도 한미FTA를 통해 부각될 가능성이 크다. 특히 정부는 의료시장개방이라는 외압을 들어 의료산업화의 공세를 강화할 것이 예상된다. 그러나 진정한 문제는 한국의 보건의료부문이 의료산업화를 논할 정도로 시장친화적이지 않은 것이 아니라 너무나 시장친화적이라서 심각한 위기상황을 발생시키고 있다는 점이다.

2) 위기의 보건의료

① 시장친화적 서비스공급체계

우리나라는 건강보험을 위시한 일부 재원조달 기전 및 영리법인을 인정하지 않는 일부 법적·제도적 장치를 제외하면 대부분 시장에 의해 수요와 공급이 조절되는 시장친화적 서비스공급체계를 갖추고 있다. 이런 시장친화적 서비스공급체계는 시장의 조건이 성립하기 어려운 보건의료의 특성으로 말미암아 보건의료의 위기라 칭할 수 있는 많은 문제를 발생하고 있다.

보건의료의 위기를 상징적으로 보여주는 것이 부적절한 공급과잉이라 할 수 있는데 급성기병상은 이미 공급이 과잉된 상태이고, CT·MRI·PET 등 첨단 고가장비의 보유가 세계 최고 수준에 이를 정도로 공급이 넘쳐나고 있다. 매년 수천 명의 의사, 한의사, 치과의사들이 배출되고 농촌보다 구매력이 있는 대도시에 집중되는 현상이 반복되고 있다. 그런데 이런 공급과잉은 필수적인 의료의 과소공급과 저소득층을 비롯한 취약계층의 '미충족 의료'를 동반한다는 점에서 매우 부적절하다고 할 수 있다.

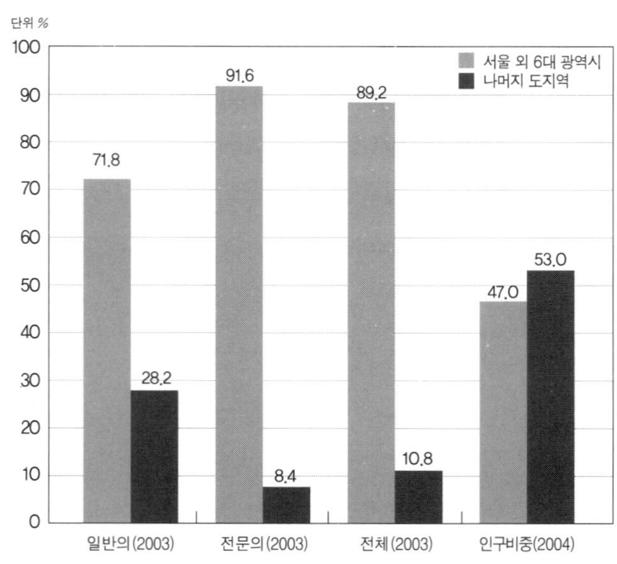

〈자료 1〉 의사인력의 지역적 분포 현황

출처 : 이상영·송현종, 『보건의료자원 수급 현황 및 관리정책 개선방안』, 한국보건사회연구원, 2003 ; 통계청 홈페이지(www.nso.go.kr)

또한 진료강도가 매우 높다는 점도 보건의료의 위기를 보여주는 하나의 징후라고 할 수 있다. 이는 건강보험이 의료공급자가 투자한 자본비용을 보전해주지 않고 경상비용만을 보전해주기 때문에 나타나는 현상이라고 할 수 있는데, 의료공급자들은 자본비용을 회수하기 위해 비정상적으로 진료강도를 강화하거나 비급여 항목을 확대하는 경향을 나타내고 있다. 더욱이 행위별 수가제도가 이런 공급자 유발수요를 더욱 증가시키는 방향으로 작동하기 때문에 진료강도의 강화가 나타난다고 할 수 있다.

이와 같이 무분별한 과잉공급과 경쟁의 심화, 부적절한 진료강도의 강화는 의사에 대한 환자의 불신으로 표출되고, 비정상적인 3차 의료기관(종합전문요양기관)의 집중으로 나타나면서 보건의료의 위기를 심화시키고 있다.

② 민간중심의 지배구조

이런 보건의료의 위기는 시장친화적일 수밖에 없는 보건의료의 구조적 취약성 내지 공공성의 부재와 긴밀하게 관련되어 있다. 이런 구조적 취약성의 대표적인 사례가 민간중심의 지배구조라 할 수 있는데, OECD 자료를 보면, 우리나라 공공부문 병상의 비중이 2000년 기준으로 8.1%에 불과할 정도로 민간부문이 압도적 우위를 점하고 있고, 다른 나라에 비해 공공부문의 비중이 극히 취약한 실정이다.

개인병원이 아닌 민간병원은 비영리법인의 형태를 띠고 있지만, 실제적인 지배구조를 보면 법인이사장이나 재벌기업의 오너에 의한 개인지배적 성격이 매우 강하다. 일반적인 서구의 비영리 민간병원과는 매우 다른 특성이다. 그 결과 서구의 비영리 민간병원은 자선적 성격이 강하고 대다수가 지역사회에서 공공적 역할을 수행하고 있는데 반해, 우

<자료 2> 주요 OECD 국가의 전체 병상 중 공공병상의 비율(병상 수 기준)

구 분	1960	1970	1980	1985	1990	1995	1997	1998	1999	2000
폴란드	—	—	—	—	—	99.9	99.8	99.8	99.8	99.2
캐나다	—	—	97.9	97.9	97.9	99.1	99.3	—	—	—
영 국	—	—	98.5	97.6	96.8	95.7	95.7	95.7	95.8	—
이탈리아	—	83.3	85.8	84.5	76.5	76.0	78.6	—	72.6	—
멕시코	—	—	—	—	—	68.6	74.4	73.5	—	70.0
프랑스	—	—	64.2	68.0	64.8	64.6	64.8	64.8	64.8	64.9
독 일	55.9	54.6	52.4	50.9	51.0	49.9	48.5	—	46.5	46.4
미 국	24.3	23.9	21.4	18.9	18.4	33.7	—	—	—	—
일 본	—	37.7	32.8	30.5	29.5	32.4	34.8	35.8	—	37.2
한 국	—	—	—	—	14.6	10.2	9.7	9.0	—	8.1

리나라 민간병원은 그렇지 못하고 이윤극대화 모형에 따라 운영된다는 차이를 보이고 있다. 이윤극대화를 추구하기 때문에 의료기관이 도시 지역에 집중되고, 치료 위주의 서비스가 제공되며, 건강보험에 적용되지 않는 비급여진료를 증가시키는 방향으로 움직이는 것이다.

우리나라의 공공보건의료기관을 의료기관 유형별로 살펴보면, 2001년 기준으로 종합병원 이상의 의료기간 57개소, 일반 병원급 의료기관 28개소, 요양 및 특수병원 24개소, 군병원 21개소, 보건소·보건지소·보건진료소 등 보건기관 3,400개소 등으로 구성되어 있다. 공공보건의료기관은 특수법인, 국립, 시·도립, 지방공사, 보건의료원 등 설립 및 관리운영 주체에 따라 다양하게 구성되어 있다. 그런데 이 중에서 공공병원은 보건기관을 제외하면 130개소에 불과하다. 2001년에 전체 병원

수가 1,134개소라는 점을 감안할 때, 전체 병원의 11.5%에 불과한 수준인 것이다. 특히 1997년 이후 공공병상은 늘지 않고 민간병상만 급속하게 증가하면서 전체 병상에서 공공병상이 차지하는 비중이 계속 감소하고 있다는 점에서 그 심각성이 크다.

인력도 국립대학병원을 제외할 경우 공공병원이 동급의 민간병원에 비해 적은 것으로 알려져 있다. 한국보건산업진흥원에서 조사한 바에 따르면, 국립대학병원이 주로 포함되어 있는 종합전문요양기관은 공공병원의 100병상당 인력이 174.5명으로 민간의 146.8명보다 높지만, 300병상 이상의 종합병원의 경우 공공병원의 100병상당 인력이 89.9명으로 민간병원의 106.4명에 비해 16.5명이 적은 것으로 나타났다.

〈자료 3〉 2000년 공공병원과 민간병원의 100병상당 직종별 인력 수 비교

단위 : 명

직종구분	일반병원						일반병원				특수병원	
	종합전문		종합병원				종합병원		병원		정신병원	
			300병상 이상		160~299병상		160병상 미만					
	공공	민간	공공	민간	공공	민간	공공	민간	공공	민간	공공	민간
의사직	55.0	37.8	14.0	19.1	10.8	11.3	11.0	11.2	8.1	7.9	1.9	2.3
간호직	59.0	60.2	38.9	48.5	37.5	43.7	38.9	44.1	29.7	36.7	11.0	12.3
약무직	4.1	2.8	2.0	2.3	2.3	2.1	1.6	2.8	2.1	1.9	0.5	0.7
영양직	4.5	4.5	4.1	4.0	2.3	4.2	4.4	5.1	2.9	5.5	0.7	2.5
의료기사직	17.4	15.8	9.1	11.7	9.3	10.4	10.2	11.6	10.0	11.4	0.9	2.3
사무/기술직	17.2	18.5	10.3	16.5	10.9	16.5	14.6	18.9	11.0	13.5	3.3	5.2
고용 및 기타	17.4	7.3	11.5	3.8	10.2	3.8	13.4	5.4	7.9	4.8	1.7	2.1
계	174.5	146.8	89.9	106.4	83.2	92.1	94.0	99.0	71.7	81.6	20.0	27.4

공공의료기관의 기능이 명확하게 정립되어 있지 않고 공공성 확보를 위한 체계나 기전이 확보되어 있지 않아서 민간의료기관과 기능의 차이를 찾기 어렵다는 점도 공공의료가 취약한 주요 원인으로 작용하고 있다. 상당수의 공공병원이 경영성과를 주요한 평가근거로 설정하고 있고, 경영수지 개선을 가장 핵심적인 병원 목표로 설정하고 있는 것이 대표적인 사례에 해당한다.

보건의료사업에 투여되는 정부예산 비중이 매우 낮다는 점도 공공부문의 취약성을 보여준 단적인 증거라 할 수 있다. 정부 일반회계 중 보건복지부 예산의 비중이 증가한 것은 사회보험에 투입되는 정부 부담금의 증가와 기초생활보장제도의 시행과정에서 발생한 복지급여의 증가에 기인한 것일 뿐 실질적으로 공공보건의료사업에 투여한 예산 비중은 갈수록 줄어들고 있다. 이런 사실을 통해 정부의 공공적 개입이 재원조달에 국한되고 있음을 확인할 수 있다. OECD 국가와 비교해보더라도 OECD 국가는 평균적으로 보건의료예산만 중앙정부 예산의 14% 이상

〈자료 4〉 연도별 중앙정부와 보건복지부 예산

단위 : 억원, 비

예산 및 기금	1996	1997	1998	1999	2000	2001	2002	2003
정부 일반회계(A)	584,981	639,621	732,260	805,099	887,363	991,801	1,096,298	1,151,323
보건복지부 일반회계(B)	23,707	28,512	31,127	41,611	53,100	74,581	77,495	85,022
보건의료사업 예산(C)	1,133	966	968	1,212	1,187	1,749	1,875	1,992
건강증진기금 출연금(D)	0	0	110	117	198	201	256	303
B/A	4.05	4.46	4.25	5.17	5.98	7.52	7.07	7.38
(C+D)/A	0.19	0.16	0.15	0.17	0.16	0.20	0.19	0.19
(C+D)/B	4.78	3.49	3.46	3.19	2.61	2.61	2.75	2.75

을 투입하고 있는 실정인데, 한국은 2001년 기준으로 1%에 미치지 못하는 0.45%에 그치고 있는 실정이다.

이렇듯 취약한 공공보건의료는 IMF 이후 더욱 가속화되고 있는 불건강의 심화에 대한 국가적 대처능력 상실로 표출되고 있다. 특히 민간부문의 공공성이 전무한 상황에서 문제해결의 전망을 매우 어둡게 하고 있다.

③ 공급의 양극화와 질 저하

우리나라는 의원과 병원이 모두 외래와 입원환자를 진료한다. 따라서 양자가 동일한 시장 안에서 경쟁함으로서 시장의 무정부성이 심하다는 특성을 갖고 있다. 그 과정에서 경쟁력이 취약한 1차나 2차 의료기관보다 3차 의료기관인 대형 병원으로 환자가 집중되는 '상방지향적'인 현상이 나타나고 있고, 병원의 대형화 추세로 이어지고 있다. 이렇게 대형 병원의 비중이 커지면서 의료이용뿐 아니라 인력을 포함한 자원배분의 왜곡이 심화되고 있다.

반면, 300병상 미만의 소형 병원은 '규모의 경제'에 도달하기 어려워 적정한 의료서비스의 질을 유지하지 못하는 양극화 현상이 발생하고 있다. 소형 병원이 경쟁에 살아남기 위해 300병상 이상 규모의 병원과 동등한 시설을 갖추려는 경향이 발생할 수밖에 없는데, 그 과정에서 소형 병원이 감당할 수 없는 비용이 발생하게 되고, 이런 비용을 상쇄하기 위해 시설의 질적 수준을 낮추는 악순환의 고리가 형성되는 것이다.

소형 병원은 생존을 위해 생산비용의 절감이나 매출의 증가, 또는 두 가지 모두를 부적절하게 강화하지 않을 수 없다. 소비자 주권이 작동하기 어려운 보건의료시장에서 이는 서비스의 질 저하와 의료비 상승 등 국민에게 직접적인 피해로 돌아갈 수밖에 없다. 따라서 대다수 병원

의 규모가 너무 작다는 현실은 한국의 보건의료체계에서 치명적인 악영
향을 미치게 되는 것이다.

④ 비용유발적인 의료전달체계

시장친화적 서비스공급체계에서 의원, 병원, 대형 병원 간에 역할과 기
능이 나누어지지 않고 의료전달체계가 형성되지 않아 무분별하게 경쟁
을 하게 되면, 의료시설 및 의료자원의 중복 투자와 낭비가 발생하게 된
다. 외국의 어느 유형에 비해서도 한국의 의료전달체계는 가장 비용유
발적인 형태를 가지고 있다고 해도 과언이 아닐 정도로 비효율적인 구
조를 갖고 있다.

비용유발적인 의료전달체계에서 자원의 배분은 매우 왜곡될 수밖
에 없다. 의료의 수요가 많은 도시에 의료자원이 집중되고, 급성기병상
은 공급이 과잉인 반면, 장기요양 병상은 공급량이 절대적으로 부족한
문제가 발생하게 되는 것이다.

결론적으로 보건의료의 위기를 논할 정도로 시장친화적인 보건의
료체계의 폐해가 심각한 상황에서 이런 문제를 해결하고 노인인구의 증
가와 같은 새로운 보건의료의 수요 변화에 능동적으로 대처하기 위해서
는 보건의료에 대해 지금과 전혀 다른 공공적 접근이 필요한데도, 정부
는 '의료산업화' 라는 독약을 국민들에게 강요하고 있다.

3) '의료산업화' 의 경과

① WTO DDA협상

2001년 11월 카타르의 수도 도하에서 개최된 제4차 각료회의에서
WTO 회원국들은 WTO체제 출범 이후 최초의 포괄적인 다자간 무역협

상인 도하개발의제(DDA)의 협상을 2004년 말까지 3년간 진행하기로 합의했다. 외교안보연구원에 따르면, "농업과 서비스 분야는 우루과이 라운드 이전에는 GATT의 예외 분야였고 WTO의 출범 이후에도 자유화 규범이 매우 미진하고 불완전한 분야였던바, 이제 DDA협상을 통해 보완이 이루어지게 되면 WTO 규범의 영역 확대와 효율성 제고를 통해 보다 효과적인 무역자유화가 추진될 수 있는 계기가 마련될 것"이라고 전망했다.

WTO DDA는 2004년 말까지 협상 종결을 목표로 하며, 2003년 9월 제5차 각료회의에서 협상 진전상황을 중간 점검할 예정이었다. 그러나 제5차 각료회의가 무산되고 이후 협상일정 또한 연기됐다가, 지난 2004년 8월 스위스 제네바에서 WTO 일반이사회가 DDA의 기본골격을 마련하는 데 합의했다. 그리고 2005년 12월 홍콩에서 열린 제6차 각료회의를 통해 세부원칙을 정했다. 외교통상부의 보도자료에 따르면, 2006년 상반기에 세부원칙에 대한 합의가 이루어진다면, 2006년 말 또는 2007년에 상반기까지 DDA협상 전체가 타결될 수 있고, 2008년에 DDA협상 결과가 발효될 것으로 전망하고 있다. 그렇지만, 각 국가간 이견이 좁혀지지 않을 가능성이 크기 때문에 협상이 장기화될 가능성도 배제하지 않고 있고, 이를 대비한 지역주의에 정책초점을 맞출 필요성이 있음을 제시하고 있다.

DDA협상안 중 보건의료서비스 분야와 관련된 시장개방의 쟁점으로 중요하게 논의됐던 것은 국가간 양허요구안이나 양허안 중 모드 3에 해당하는 '상업적 주재'에 대한 부분이었다. 이를 구체적으로 살펴보면, 영리병원의 진출과 설립에 대한 시장개방을 의미하는 것으로서 외국 의료기관의 진출과 자유로운 운영을 보장하고 그 이전에 이와 관련된 국내 규제를 완화할 것을 요구하는 것으로 모아진다. 즉, 외국의 의료기관이 우리나라에 영리목적의 의료기관을 개설해 서비스를 제공할 수 있도록 보장해야 한다는 것인데, 이때 국내 의료기관의 영리법인 문제가 주요한 장벽으로 작용하게 된다. 따라서 당연하게 비의사(의사면허를 갖지 않은 자) 및 영리목적 의료기관의 개설을 허용할 것인가의 여부가 쟁점이 될 수밖에 없다.

그렇지만 WTO DDA협상에서 보건의료서비스의 개방 문제는 전혀 논점이 형성되지 않았다. 제6차 각료회의에서 서비스 개방을 활성화하기 위해 양자 협상방식에서 복수적 협상방식, 즉 복수의 국가가 상대국의 특정 서비스 개방을 집단적으로 요청할 수 있도록 하는 방안을 마련해 양허수준을 높이자는 의견이 모아졌지만, 실제 의료서비스 분야에서 양허요구안이 제기될 가능성은 크지 않는 것으로 보인다.

그런데 정부는 양허요구안이 제시되지 않고 있는데도 DDA협상에 대응하기 위한 방안으로 일련의 규제완화정책을 비롯한 국내 서비스 발전방안을 구상하고 있다. 2004년 7월 재정경제부에서 발표한 서비스산업 경쟁력 강화 방안을 보면, 의료서비스 개방에 대비해 의료법인에 대한 자본 참여를 활성화하고 광고에 대한 규제를 완화해 서비스의 질적 개선과 대외 경쟁력을 높이겠다는 견해를 밝히고 있다. 결국 DDA협상 과정에서 전혀 논점이 형성되지 않았던 의료서비스시장 개방 문제가 의료산업화를 추진하려는 정부에 의해 규제완화의 근거로 활용됐다고 할 수 있다.

보건복지부가 내놓은 자료 중 보건의료서비스 분야 관련 각국의 1차 양허안 제출 동향 및 내용을 살펴보면, 실제로 2003년 당시까지 양허안을 제출한 25개 회원국 중 보건의료서비스 분야에 대해 새로이 양허한 회원국은 홍콩이 유일하다. 우루과이라운드 당시 이미 양허를 한 미국, EU, 폴란드, 노르웨이, 체코, 스위스 등 회원국들은 기존의 양허수준을 거의 그대로 유지했다. 홍콩의 경우에는 의료 및 치과서비스, 간호 및 조산 등 서비스, 병원서비스, 기타 인간보건서비스 등 보건의료서비스 관련 전 분야를 1차 양허안에 포함시켰지만, 내용면에서는 해외소비(모드 2)를 제외하고 개방하지 않았으므로 실질적인 개방을 했다고 보기는 어렵다.

일본, 캐나다, 아이슬랜드, 이스라엘 등 국가는 보건의료서비스 분야에 대한 양허여부를 1차 양허안에도 포함시키지 않았다. 각국이 제출한 1차 양허안을 기초로 미국, EU, 일본, 캐나다 등 4개 국가들과 양허안을 제출한 국가들이 양자협상을 가졌던바, 주요 4대 국가들이 보건의료서비스 분야에 대해 공공성을 이유로 양허하지 않거나 추가양허를 하지 않을 것을 밝혔다. 캐나다는 2001년 3월 WTO 사무국을 통해 보건의료, 공교육, 사회분야는 금번 협상의 대상으로 인식하지 않는다는 입장을 밝혔고, EU도 1차 양허안을 제출하면서 발표한 요약 및 설명문에서 "서비스 협상은 분야별 호혜주의에 의하며 진행되는 것이 아니며, 따라서 회원국은 타 회원국에 동일한 분야에 대해 동일한 수준의 양허를 할 의무가 없음을 밝히면서 공공서비스를 보호하기 위해 교육, 보건, 시청각서비스와 같이 공공성 및 문화적 다양성을 이유로 추가적인 양허나 타 회원국에 대해 동 분야에 대한 양허요구도 하지 않을 것"임을 밝힌 바 있다. 미국과 일본도 보건의료서비스 분야에 대한 논의를 원하지 않고 있으며, 특히 의료인력의 이동(모드 4)과 관련한 시장개방에 대해 부정적인 입장을 가지고 있는 것으로 판단된다.

② 경제자유구역법의 개정

2004년 12월 경제자유구역법 개정으로 경제자유구역 내에 영리법인 형태의 외국계 의료기관이 설립 가능하고 외국계 의료기관도 내국인에 대한 진료가 가능하게 됐다. 애초 경제자유구역 내에 외국인 의료기관을 개설하는 문제는 상주할 외국인의 생활 편의를 도모할 목적으로 제시됐지만, 점차적으로 싱가포르와 같이 의료를 적극적으로 산업화해 동북아 환자를 유치하는 의료허브로 발전시킨다는 논리로 발전했고, 이를 위해 외국의 유명 병원을 적극적으로 유치하기 위해 시장개방에 장애가 되는 관련 법·제도를 고쳐야 한다는 흐름이 형성됐다.

구체적으로 살펴보면 첫째, 국내 부유층의 해외 의료이용을 경제자유구역 외국인 병원을 통해 흡수하기 위해 경제자유구역 외국인 병원의 내국인 진료가 허용되어야 한다는 주장이 제기됐다. 둘째, 싱가포르의 해외 환자 유치, 중국의 국제의료단지 조성 등의 소식이 알려지면서 경제자유구역 외국인 병원을 해외 환자의 국내 유치를 촉진하는 계기로 삼자는 주장이 제기됐다. 셋째, 세계적으로 유명한 병원을 유치함으로써 경제자유구역의 대외적인 이미지를 제고하고, 이를 통해 외국인 투자를 촉진하기 위한 우호적 조건을 형성해야 한다는 주장이 제기됐다.

사실 우리나라는 이미 1995년부터 관련법의 제정으로 의료기관 시설에 대한 외국인 투자가 허용되어 있었다. 그러나 의료법 제30조 2항에 의해 국내 의료인 면허를 소지한 자, 국가/지방자치단체, 의료법인 또는 비영리법인만이 의료기관 설립이 가능하므로 외국 자본도 의료기관에 대해 비영리법인 형태로만 투자가 가능했고, 이런 조건에서 투자된 병원의 과실송금이 불가능하기 때문에 실질적인 해외투자는 전무한 상태였다.

재정경제부는 2002년 7월 동북아 비즈니스 중심국가 실현방안을 마련하면서 경제자유구역 내 외국 병원을 영리법인으로 하겠다고 발표했으나, 보건복지부 등이 반대하자 경제자유구역법에 외국인 전용 의료기관은 의료법에 의해 개설된 의료기관으로 본다고 명시해 비영리법인으로 제한했다. 그런데 이런 제한 규정으로 인해 실제로 경제자유구역 내에 유명 외국 병원의 진출이 가능하지 않고, 불법적으로 양해각서를 체결한 외국 병원에서 투자의 전제조건으로서 내국인 진료와 과실송금이 가능할 수 있도록 국내 법·제도 개선을 요구하자 경제자유구역법을 개정하게 된 것이다.

그런데 외국계 영리법인 설립과 내국인 진료 허용은 단순히 경제자유구역에 국한되지 않는다는 데에 문제가 있다. 첫째, 영리법인 형태의 국내 의료기관을 허용해야 한다는 주장이 훨씬 강화된다는 점에서 심각한 문제점을 안고 있다. 외국계 병원에 대한 내국인 진료와 자유로운 영리활동의 허용은 국내 병원들, 특히 대학병원 등 3차 의료기관들에게 불공정 경쟁을 강요하는 셈이 된다. 국내 병원들은 당연히 차별 철폐, 즉 영리 의료기관 및 자비부담 환자 진료 허용을 주장하는 근거가 된다. 둘째, 새로운 형태의 민간의료보험이 도입되는 계기가 될 수 있다는 점에서 그 심각성이 있다. 외국계 병원은 국민건강보험법상의 요양기관으로 규정받지 않기 때문에 병원과 직접 계약을 맺어 급여를 제공하는 민간의료보험이 도입될 가능성이 크다. 셋째, 실질적으로 건강보험의 요양기관당연지정제를 폐지해야 한다는 주장에 힘을 실어주는 꼴이 된다. 넷째, 이런 과정을 통해 건강보험에 탈퇴 요구가 커지게 된다는 점이다. 다섯째, 결국 이런 일련의 과정은 의료보장성의 약화로 이어질 수밖에 없고, 의료이용의 불형평성이 커지며, 국민의료비의 급상승하는 문제에 직면하게 될 가능성이 크다고 하겠다.

③ 제주특별자치도법 제정

제주특별자치도법은 2003년 평화포럼에서 대통령의 특별자치도에 대한 발언 이후, 2005년 5월에 제주특별자치도에 관한 정부의 기본구상안이 발표되면서 현실화되기 시작했다. 그런데 제주도민의 생활과 한국 지방자치제도 전반에 걸쳐 큰 변화를 초래할 사안이었는데도, 2년의 기간 동안 제주특별자치도에 관한 공식적이고 공개적인 토론이 전혀 이루어지지 않았을 정도로 절차상의 근본적인 문제점을 안고 있었다. 더욱이 제주도청이 제주특별자치도에 대한 기본계획을 발표한 2005년 8월 30일 이후 단 15일간의 형식적인 도민의사 수렴기간을 거친 후 바로 중앙정부에 안이 올라가고, 11월 4일 제주특별자치도특별법이 입법 예고된 후 5일만에 공청회가 개최되어 10일만에 입법예고가 종료되는 등 기본적인 행정절차도 제대로 지키지 않은 채 졸속으로 통과됐다.

이렇게 비민주적 방식으로 통과된 제주특별자치도법은 보건의료 측면만 보더라도 제주도민뿐 아니라 국민 전체에 미칠 영향이 심각한 주요 내용을 포함하고 있었다는 점에서 문제를 안고 있다. 제주특별자치도법은 경제자유구역과 마찬가지로 제주도에 외국 영리법인 병원의 설립과 내국인 진료를 허용했을 뿐 아니라, 의료광고 및 의료기관 부대사업을 광범위하게 허용하는 등 경제자유구역법보다 한발 더 나가는 의료시장개방 조치를 담고 있다.

제주특별자치도법의 최초 원안은 외국 영리법인뿐 아니라 국내 영리법인도 모두 인정하는 것으로 계획됐으나, 시민사회운동진영의 반대투쟁과 여론에 밀려 외국계 영리병원만 인정하는 것으로 그치게 됐다. 이런 측면만 보더라도 정부의 의료시장개방 움직임이 외국계 자본의 투자활성화에 국한되어 있는 것이 아니라 전반적인 의료산업화에 맞춰져 있음을 알 수 있다. 특히 정부가 경제자유구역법 개정 당시 더 이상의 확대는 생각하지 않고 있다는 발언을 1년이 채 지나지 않은 상황에서 스스로 부정하고 더 공세적으로 밀어붙이고 있다는 점에서 정부가 추진하는 의료시장개방이 목표하는 지점이 무엇인지를 명확하게 알 수 있다.

4) 민간의료보험의 현황과 공적 규제의 필요성

최근 정부는 실손형 민간의료보험 출시를 제도적으로 허용했다. 그리고 민간의료보험회사들은 실손형 민간의료보험 출시를 준비하고 있다. 그러나 출시 예정인 실손형 민간의료보험은 국민건강보험과의 갈등관계를 야기하는 한편, 정부가 주장하는 민간의료보험 활성화의 주된 근거였던 신의료기술 개발 촉진, 부가가치와 고용창출 등의 산업정책적 효과조차 사실상 기대하기 힘든 영역만을 담당하는 형태로 출시되려 하는 등 그 부정적인 효과만 극대화될 전망이다.

이에 따라 비대해져 있는 민간의료보험의 합리성을 제고하기 위해 보험상품의 표준화, 위험분산이라는 보험의 본질을 구현하기 위해 민간의료보험의 사회적 책임성 제고방안 마련, 관리감독체계의 개선에 따른 민간의료보험에 대한 정부정책의 공백 보완이 필요하다는 사회적 합의가 이루어지고 있다. 무엇보다도 민간의료보험 유형이 '본인부담 보충형'이 아니라 최소한 '부가급여 보충형'으로 전환되고 '실비보상'이 아닌 '정액보상'의 형태로 보험금이 지급되도록 민간의료보험의 역할과 영역이 설정되어야 한다는 주장이다.

이런 주장이 설득력을 얻고 있는 것은 현재 민간의료보험의 상황이 큰 문제점을 가지고 있기 때문이다. 국내 민간의료보험은 2005년 현재 연간 보험료 수입이 8~11조에 이르는 것으로 추정될 만큼 거대한 시장 규모를 형성하고 있다.[23] 또한 성인 기준으로 민간의료보험 전용상품 개인 가입률이 2005년 현재 53.1%, 민간의료보험 전용상품 구매자가 부

---

23) 이진석 외, 「민간의료보험의 실태와 영향 분석」, 연구보고서(6월), 국민건강보험공단, 2005 ; 정기택·곽창환·김양균, 「민간의료보험의 시장규모 및 재정효과 추정」, 춘계학술대회 발표문, 보험학회, 2005.

담하는 월평균 보험료가 9~10만원에 이를 정도로 가계경제에서 차지하는 비중이 적지 않다.[24]

그러나 이 같은 시장규모와 가계경제에서 차지하는 비중에도 불구하고, 현행 민간의료보험은 많은 문제점을 노정하고 있는 것으로 지적되고 있다. 첫째는 민간의료보험의 보장성이 지나치게 취약하다는 문제지적이다. 실제로 국내 민간의료보험 시장의 85% 가량을 점유하고 있는 생명보험사 민간의료보험 상품의 보험료 대비 혜택 비율(지급률)은 2003년 현재 60%대에 불과한 것으로 보고되고 있다.[25] 이에 반해 서구 선진국의 경우에는 민간의료보험 상품의 지급률이 80%대를 상회하고 있다.[26] 이 같은 지급률 격차는 단기계약 상품이 주류인 외국과 장기계약 상품이 주류인 국내 민간의료보험의 구조적 차이에도 불구하고, 국내 민간의료보험의 보장성이 지나치게 취약하다는 사실을 짐작케 한다. 민간의료보험의 세부 급여내용을 들여다보면, 보장성 측면의 문제는 더욱 두드러진다. 대부분의 민간의료보험 상품이 다빈도 질환이나 시술을 급여항목에서 제외하고 있고, 보험금 지급요건과 계약 초기에 질병이 발생할 경우의 보험금 삭감기간과 삭감률을 지나치게 엄격하게 적용해 소비자의 피해를 유발하고 있다.

둘째는 보험료 과다책정에 대한 문제지적이다. 관리운영비에 해당하는 부가보험료의 비중이 전체 보험료의 40%에 이르는 것으로 추정되고 있으며,[27] 보험료 산정의 기준이 되는 위험률과 할증률을 보수적으로

---

24) 이진석, 「국민건강보험과 민간의료보험의 바람직한 발전방안」, 『국민건강보험과 민간의료보험의 발전방안 모색』, 강기정(열린우리당) 의원 주최 공청회 주제문(2월 21일), 2006.
25) 보험개발원, 「민영건강보험의 리스크 관리방안」, CEO Report 2005-02(4월), 보험개발원, 2005.
26) Elias Mossialos and Sarah Thomson, *Voluntary Health Insurance in the European Union*, Brussels : World Health Organization, 2004.

적용하는 관행이 일반화되어 있다. 즉, 보험사고 발생의 예측 불가능성과 관리운영의 비효율성으로 인한 경제적 부담이 소비자에게 일방적으로 전가되고 있는 실정이다.

셋째는 부실한 정보제공에 대한 문제지적이다. 시중에 판매되고 있는 민간의료보험 상품의 종류는 적게는 백수십 종에서 많게는 수백 종에 이르는 것으로 추정되는데, 문제는 이들 상품의 보장성과 가격수준이 천차만별이라는 점이다. 게다가 이들 상품의 보장성과 가격을 합리적으로 비교할 수 있는 수단도 전무하다. 따라서 자신의 필요에 가장 적합한 상품을 적절한 가격으로 구매하는 소비자의 합리적 구매결정이 사실상 불가능하다. 이는 민간의료보험 상품 구매자를 대상으로 한 설문조사에서도 확인할 수 있다. 민간의료보험 상품을 구매할 때, 보장성이나 가격 등을 다른 상품과 비교해보았다고 응답한 비율은 전체 구매자의 45.9%에 불과한 것으로 나타났다. 그리고 다른 상품과 비교해보았다고 응답한 구매자의 94.5%가 보험 상품을 판매한 설계사, 해당 보험사의 홈페이지, 주위 사람 등을 통해 비교정보를 입수했다고 응답했다. 즉, 객관적인 상품비교를 통해 민간의료보험 상품을 구매하는 비율이 전무한 실정이다.[28]

결론적으로 현행 민간의료보험은 공보험의 공백을 보완하고, 국민의 의료비 부담을 덜어주는 역할을 제대로 담당하고 있지 못할 뿐 아니라 시장에서 거래되는 상품으로서의 합리성도 결여한 것으로 평가할 수 있다.

더욱이 출시 예정인 실손형 민간의료보험의 문제점은 더욱 크다.

---

27) 정보통계본부, 『2004년 보험통계연감』, 보험개발원, 2004.
28) 이진석 외, 같은 글.

생명보험사의 개인 단위 실손형 민간의료보험 상품 판매가 2005년 하반기부터 허용됐으며, 2007년 상반기 중으로 본격적인 상품 판매가 시작될 전망이다. 실손형 민간의료보험 상품은 손해보험사에 의해 예전부터 판매되고 있었으나, 전체 민간의료보험 시장에서 손해보험사가 차지하는 비중이 크지 않기 때문에 파급효과 역시 미미한 수준이었다. 그러나 전체 민간의료보험 시장의 대부분을 점유하고 있는 생명보험사가 개인 단위 실손형 민간의료보험 상품을 본격적으로 판매하기 시작할 경우, 그 파급효과는 국내 의료체계 전반에 미칠 것으로 예상된다.

민간의료보험 유형은 크게 중복형, 대체형, 본인부담 보충형, 부가급여 보충형으로 구분할 수 있는데, 현행 민간의료보험 상품과 향후 출시 예정인 실손형 민간의료보험 상품은 이 중에서 본인부담 보충형 민간의료보험에 해당한다.[29] 지금까지 알려진 상품 설계안에 따르면, 실손형 민간의료보험은 공보험의 법정본인부담금(외래, 입원)과 선택진료비, 상급병실료 차액 등을 주요 급여항목으로 상정하고 있다. 그런데 이 같은 민간의료보험의 영역 설정 하에서는 공보험과의 갈등관계 형성이 불가피하다.

---

29) '중복형'은 전 국민이 공적 의료보장제도의 수혜를 받지만, 민간의료보험에 가입한 당사자가 원할 경우에는 공적 의료보장제도의 수혜 권리를 일시적으로 포기하고 민간의료보험을 통해 해당 의료행위에 대한 비용부담을 하는 유형이다. '대체형'은 공적 의료보장제도의 적용을 받지 않는 사람을 대상으로 이들의 의료비를 보장하는 유형이다. 예를 들어 미국은 전 국민을 대상으로 한 공적 의료보장제도가 없고, 독일·네덜란드 등은 소득수준이나 직업 등에 따라 특정 계층에 대해서는 공적 의료보장제도를 적용하지 않거나 탈퇴할 수 있도록 허용하고 있다. '본인부담 보충형'은 공적 의료보장제도에서 제공하는 의료서비스를 이용하면서 발생하는 의료비 중의 본인부담금을 보장하는 유형이다. 현행 민간의료보험은 정액보상 방식을 채택하고 있지만, 공보험의 본인부담금을 간접적으로 보전하는 성격을 띠고 있기 때문에 '본인부담 보충형'에 가까운 유형이라고도 할 수 있다. 향후 출시 예정인 실손형 민간의료보험은 전적으로 '본인부담 보충형'이다. '부가급여 보충형'은 공적 의료보장제도에서 제공하지 않는 고급·부가서비스, 혁신의료서비스(효과성과 안전성은 입증이 됐으나, 비용-효과성이 입증되지 않아 공보험의 보장 영역에 포함되지 않은 신의료기술) 비용을 보장하는 유형이다.

가장 문제로 지적되고 있는 문제는 건강보험이 적용되는 분야에 대해 민간의료보험이 진출할 경우 민간의료보험사가 현재 정부(국민건강보험공단 및 심사평가원)가 담당하고 있는 병원의 진료비 심사를 담당하게 됨으로써 민간의료보험기업과 병원의 관계가 수직적으로 재편된다는 데 있다. 현재 공적 건강보험이 의료비의 50% 정도를 지급하고 있는 상황에서 민간의료보험사의 병원 진료내역 심사는 ①병원의 진료비 지출에 대한 적절하지 않은 방향으로의 억제를 유도하고, ②건강보험보장성의 확대를 막는 사회적 기반을 형성하며, ③민간보험사가 자신의 지출억제를 위해 병원을 수직적으로 종속시키는 방향으로 의료제도를 재편할 유인동기를 더욱 강하게 가지게 만든다.

특히 현재 민간의료보험이 무규제상태에 있기 때문에 보험상품의 표준화가 이루어지지 않은 상태에서는 이런 문제점들이 더욱 더 심화될 수 있다.

따라서 현재 상태에서 요구되는 것은 우선 민간의료보험의 사회적 책임성을 제고하는 것이다. 이는 민간의료보험이 이미 천문학적인 시장규모를 형성하면서 국민의료이용에 관련된 중요한 재원으로 자리 잡고 있으며, 공보험의 재정지출과 보장성 확대에도 직접적인 영향을 미칠 것으로 전망되기 때문이다. 또한 다수의 국민이 민간의료보험 상품을 구매하고 있음에도 불구하고 적절한 수준의 혜택을 받지 못하고 있으며, 가입자 보호장치도 미비하기 때문이다.

현재의 민간의료보험 상품은 고령자와 고위험군을 배제하거나 보험료를 차등 부과하는 등의 위험선택을 통해 보험의 본질인 위험분산 기능을 제대로 수행하지 못하고 있기도 하다. 특히, 고위험군을 배제하고 건강한 사람들을 선택적으로 가입시키는 위험선택과 정당한 근거 없이 다수의 질병을 급여대상에서 제외하는 것은 보험의 본질적인 목적인

'위험분산'에 위배되는 행태이다. 이에 각국 정부는 보험사의 비합리적이고 과도한 위험선택을 규제하고, 민간의료보험 상품에 대한 접근권을 보장하는 정책을 채택하고 있다. 만약 이 같은 정책이 시행되지 않는다면, 민간의료보험은 '보험'으로서의 가치와 존립근거를 더 이상 가지지 못하게 되며, 건강 취약계층을 배제함으로써 의료보장 혜택의 계층간 격차를 심화시키는 요인으로 작용하게 될 것이다.

그러나 각국 정부가 민간의료보험의 사회적 책임성을 제고하기 위한 정책을 수립·시행하고 있지만 우리나라의 경우에는 이를 위한 정부 정책이 부재하며, 전적으로 보험업계의 자율적인 판단에 의존하고 있는 상황이다. 연령과 건강상태, 장애여부에 따른 실질적인 위험선택이 이루어지고 있으며, 다빈도 질환/시술을 급여내역에서 제외하는 경향도 일반적이다. 그런데도 이에 대한 명시적인 정책이 제시되지 않고 있다. 또한 민간의료보험의 지급률 수준도 전적으로 보험업계의 자율에 의존하고 있는 실정이다.

외국 민간의료보험의 사회적 책임성 제고 방안

민간의료보험 지급률 하한선

- 미국의 경우, 1980년 사회보장법을 개정해 개인보험과 단체보험의 지급률 하한선을 60%, 75%로 의무화했다. 1990년에는 개인보험의 지급률 하한선을 65%로 상향 조정했다.
- 지급률 하한선에 미치지 못할 경우, 보험료 환불 조치.

의무급여 및 가입자에 대한 보호

- 미국: 의무급여 규정(정신건강, 약물오남용 등, 주에 따라 차이 있음)에 따라 기존 질병에 대한 급여 제외를 제한하고, 직장을 잃거나 직업을

바꿀 때 가입자를 보호한다. 단, 기존 병력자의 급여 제외기간, 기존 병력 조사기간, 급여 정지기간 등의 제한이 있다.

- 아일랜드, 스페인, 독일의 대체형 민간의료보험: 민간의료보험은 종신보장을 함.

위험선택과 선택적 탈퇴 방지

- 미국은 '가입개방기간'을 설정해 메디케어 수혜 시작 6개월 동안에는 병력과 건강상태에 관계없이 보충형 민간의료보험 가입을 허용한다. 그러나 '가입개방기간' 이후에는 선택적 탈퇴를 금지한다.
- 미국은 33개 주에서 고위험군을 위한 집단적 풀(pool)을 구성해 운영하고 있다.
- 보험사의 위험선택을 방지하기 위한 위험균등화계획(risk equalization scheme): 스위스, 아일랜드, 호주(65세 이상 노인과 연간 35일 이상 입원환자), 캐나다의 퀘벡 주(고가약제비), 독일(65세 이상 노인의 대체형 민간의료보험) 등이 위험균등화계획을 이미 시행 중이거나 시행할 예정이다.
- 네덜란드는 연령을 제외한 개인의 건강상태를 보험료 책정에 반영하지 못하도록 하고 있다.
- 룩셈부르크는 상호보험조합에서 판매하는 모든 상품에 대해서는 가입개방을 실시하고 있다.
- OECD('04): 가입개방기간 설정, 자동재계약 규정 신설, 기존 질병 중 제외대상 축소 등.

보험료 책정시, 집단율(community rating) 적용

- 미국: 집단보험은 개인 위험률 적용을 금지하고 있다. 개인보험도 뉴

욕 주, 메사추세츠 주, 펜실베이니아 주, 뉴저지 주 등 17개 주에서는 개인 위험률 적용을 금지하거나 건강상태에 따른 보험료 조정 액수를 제한하고 있다.

- 독일: 보험료 책정에 연방정부가 강력히 관여.
- 호주, 아일랜드, 덴마크, 프랑스(집단율 적용 상품에 대해서는 세제혜택), 영국(단체보험), 룩셈부르크(상호보험조합에서 판매하는 민간의료보험) 등에서도 집단율을 적용해 보험료를 산출한다.
- 네덜란드 : 민간의료보험시장의 평균 보험료 이상의 보험료를 부과하지 못하도록 보험료 한도를 설정하고 있다.

이에 대해서는 최소급여 항목의 설정, 기존 병력자 및 고위험군 보호방안의 마련, 위험균등화 프로그램의 마련, 개인의 건강상태에 따른 보험료 차등 부과의 제한, '보험료 대비 혜택 비율(지급률)'의 하한선 설정 등이 필요하다.

또한 민간의료보험의 관리감독체계 정비도 이루어져야 한다. 현재 민간의료보험은 금융당국 중심으로 이루어져 있으나 금융당국은 민간의료보험 상품이 가지는 '의료적' 특성을 고려한 정책 수립, 최근 쟁점이 되고 있는 공보험과의 역할설정에 대한 업무를 책임질 수 있는 능력과 권한은 갖추지 못하고 있다.

민간의료보험의 시장규모가 천문학적으로 형성되면서, 민간의료보험이 국민의료이용과 공보험에 미치는 영향이 증대하고 있다. 따라서 민간의료보험이 국민의료이용과 공보험에 미치는 영향을 면밀히 검토하고, 이에 대한 대책을 수립할 필요성이 늘어나고 있으나, 이 같은 사안역시 금융당국의 의제 영역이 아니다.

외국의 경우, 민간의료보험에 대해서는 보건당국이 관리감독 권한을 행사하거나 금융당국과 권한을 공유하는 것이 일반적이다. 미국의 경우 단체보험은 노동부, 금융상품으로서의 시장작동에 관련해서는 재무부가 관여하고 있으나, 국가보건정책에 관련된 사안이나 상품 표준화, 지급률 하한선 설정 등은 보건부의 입법조치에 의해 관리감독되고 있다. 이와 함께 보건부는 보충형 민간의료보험 전반에 대한 정보제공 업무를 담당하며, 매년 소비자 지침서를 발간하고 있다. 호주와 아일랜드의 경우에는 별도의 입법조치를 통해 보건부 산하에 민간의료보험사업에 대한 관리감독 업무를 수행하는 별도 조직을 두고 있다. 보건부는 민간의료보험에 대한 정책수립, 민간의료보험 관리감독기구의 임원 임명 권한을 행사하며, 관리감독기구는 민간의료보험 전반에 대한 관리감독 업무, 보건당국에 대한 정보제공 및 정책조언, 소비자에 대한 정보제공 및 민간의료보험 관련 통계 생성 등의 업무를 담당하고 있다.

법령에서 명시하고 있는 관리감독기구의 구체적인 역할은 다음과 같다.

• 호주의 개인건강보험행정협의회(Private Health Insurance Administration Council)는 민간의료보험의 표준화 업무, 민간의료보험 관련 정보공개, 민간의료보험 사업자의 재무상태에 대한 감사, 민간의료보험 관련 통계 산출, 보건부 장관에 대한 정보제공 및 정책조언을 수행한다.

• 아일랜드의 건강보험공단(The Health Insurance Authority)은 위험균등 프로그램의 집행 및 평가, 민간의료보험사의 등록 업무, 보건부 장관에게 민간의료보험 정책에 대한 자문, 민간의료보험에 대한 일반적인 모니터링과 연구, 민간의료보험에 대한 규제집행 및 관리감독, 보험소비자의 권익보호(상품 비교정보의 제공, 소비자 지침서, 민원상담, 소비자 조사 등)를 담당한다.

• 스페인, 네덜란드 등에서는 보험사의 재정 관련 문제를 금융당국이 관할하지만 국가보건정책과 연관된 사항은 보건부에 위임되어 있다.

〈자료 5〉 민간의료보험의 관리운영체계

구 분	미국(보충형 민간의료보험)	호 주	아일랜드
규제(실행) 기관	주 정부의 보험부 혹은 보건부/연방정부의 보건부	개인건강보험행정협의회	건강보험공단
근거법령	〈보충형 민간의료보험 관련〉 포괄예산조정법(OBRA), 1990 〈민간의료보험 전반〉* 매캐런-퍼거슨법, 1945 고용인퇴직소득보호법, 1974 건강정보보호법, 1996	국민건강법, 1953	건강보호법, 1994
설립연도	1992년(OBRA-90의 발효)	1989년	2001년
감독부처	연방정부의 보건부(노동부, 재무부 등도 관여)	보건부	보건부
감독부처의 권한	• 민간의료보험 관련 정책 수립	• 민간의료보험 관련 정책 수립 • 규제기관 위원 임명권 • 규제기관은 감독부처에 활동보고서 제출	
규제기관 예산	정부예산	보험사 부담	설립예산 : 보건부 운영예산 : 보험사 부담
기본 역할	• 민간의료보험에 대한 전반적 규제 업무	• 민간의료보험에 대한 전반적 규제 업무 • 보건당국에 대한 정보제공 및 정책적 조언 • 소비자에 대한 정보제공 및 관련 통계 생성	

*민간의료보험 전반에 대한 규제사항과 주 정부의 역할, 단체 민간의료보험에서의 가입자 보호 방안 등을 포함한 연방법

5) 한미FTA가 한국보건의료에 미칠 영향

한미FTA가 의료제도 분야에 미칠 수 있는 직접적인 영향은 제주도와 경제자유구역 이외의 지역에 있는 의료기관을 비영리기관으로 지정하고 있는 현행 비영리법인 의료기관제도를 변경하여 모든 지역에 영리병원을 허용하는 것, 또는 건강보험제도와 관련해 모든 의료기관이 건강보험적용을 받는 제도(건강보험 의료기관당연지정제) 및 모든 국민이 건강보험에 가입하게 하는 제도(건강보험 전국민 강제가입제)를 폐지하는 것 등이다.

그러나 이런 직접적인 의료제도의 변경이 아니고도 현재 비대해져 있는 민간의료보험에 대한 공적 규제를 불가능하게 하는 것만으로도 제도의 변경 없이 한국의 의료제도를 손쉽게 시장화할 수 있을 만큼 한국의 의료제도는 이미 시장화되어 있다는 것이 문제이다. 그리고 한미FTA는 후자, 즉 제도의 변경 없이 민간의료보험에 대한 규제를 불가능하게 하는 방향으로 추진될 것이다.

① 영리병원을 허용할 경우

FTA란 관세 철폐뿐만 아니라 비관세조치, 투자, 서비스 및 경제협력을 포함해 무역과 관련된 규제나 장애물을 없애고 양국간 원활하고 개방적인 무역을 가능케 하는 협정이다. 한미투자협정(BIT)의 선례를 통해 볼 수 있듯이, 미국이나 우월한 지위의 국가가 자국 중심의 협정을 강요하는 경우가 많다. 특히 WTO체제를 통해 신자유주의 공세를 강화하고자 했던 전략이 다자간 협상틀에 묶여 실질적인 효과가 발휘되지 않자 미국은 공세적 자유주의로 일컬어지는 미국식 FTA를 통해 자국의 이해를 관철해나가고 있다.

만약 미국이 주도하는 방식의 한미FTA가 체결되면 미국의 기업활동을 무조건적으로 보장해야 하고, 또한 이를 위해 각종 규제를 철폐해야 한다. 이는 기본적으로 노동, 환경, 보건 및 안전기준 등의 준수 의무를 적극적으로 완화하는 것을 핵심 내용으로 삼게 된다. 여기에서 특별한 예외조항을 두지 않는 한 의료업 또한 예외가 될 수 없다.

물론 현재 한미 양국 정부는 "영리병원 허용을 통한 의료개방" 추구를 허용하지 않겠다고 언명하고 있다. 이것이 사실이라면(사실이기를 바란다) 한미FTA는 영리병원을 직접 허용하는 형태로 허용하지는 않을 것으로 판단된다. 다만 한국정부는 한미FTA를 통해서이건 아니건 간에 국내외 영리법인의 의료기관 개설을 전국적으로 허용하는 것을 최종 목표로 삼고 있는 것을 명확한 목표로 삼고 있다. 어떤 경우에든 영리병원의 허용은 의료기관간 경쟁의 격화와 의료비 상승, 그리고 의료이용 및 건강의 불형평성 증가라는 폐해가 발생할 것이 확실하다.

병원협회는 영리법인 허용에 따른 긍정적 효과로서 병원산업 구조의 효율성이 제고되고 민간자본 유치를 통한 혁신을 기대해볼 수 있다는 장점을 제기하고 있다. 그러나 단기적으로 경쟁이 격화되면서 중소병원의 도산이 증가하고, 장기적으로 영리법인들이 국민건강 향상이라는 미명하에 단물 빨기(Cream Skimming) 현상이 일어나는 등 부정적 효과도 함께 제시하고 있다. 치과협회도 치과의료서비스의 특성상 서비스시장의 개방으로 생산성 향상과 양질의 값싸고 다양한 서비스가 제공되는 방향으로 발전하지 못할 것이라는 비판을 제기하고 있다. 또한 의료서비스의 민간의존도를 높이고 취약한 공공의료부문을 약화시킬 것이라는 부정적 영향을 제시하고 있다. 간호협회 역시 현재의 국내 역량을 고려할 때 미국과 일본의 가정간호기관, 조산시설, 노인요양시설이 진입하게 될 경우 경쟁력이 취약할 것으로 평가하고 있다.

이상과 같은 의견을 종합해볼 때, 한미FTA를 통해서이건 아니건 간에 영리법인의 인정 또는 의료서비스시장의 개방이 이루어진다면 단기적으로 과잉공급의 문제가 파생되고 의료기관간의 경쟁이 격화되어 일부 국내 의료기관이 도산할 것으로 판단된다. 첨단경영기법 또는 전문적인 노하우 및 자본력으로 무장한 외국의 의료기관에 비해 경쟁력이 취약한 일부 국내 의료기관의 도산은 피하기 어려울 것으로 보인다. 그렇게 될 경우 공공의료의 영역을 더욱 축소해야 한다는 목소리가 커질 것으로 예상된다.

의료서비스의 수요 측면에서 볼 때 보건의료서비스의 과잉공급과 경쟁의 격화는 오히려 보건의료비용을 커지게 할 것으로 보인다. 다만 서비스의 질은 높아질 수 있는 여지가 존재한다. 그러나 서비스 질의 상승이 비용을 고려한 적정 질의 상승을 의미한 것인가에 대한 문제는 남아 있다. 또한 영리법인을 허용하게 될 경우 건강보험이 적용되는 필수의료보다 부가적인 의료서비스가 급성장할 가능성이 크기 때문에 비용 증가와 함께 의료서비스의 질에 있어서 불균등성이 심화될 것으로 보이며, 소득계층간 불형평성 문제가 더 커질 것으로 예상된다. 더욱이 전반적인 의료비용의 상승으로 이어지게 될 경우 저소득계층의 미충족 의료가 더 커질 것으로 예상된다. 그렇게 될 경우 수요 측면에서 공공의료의 필요성이 더 커질 것으로 판단된다.

또한 영리법인의 인정 등 시장개방이 커지게 될 경우 현실적인 역관계를 고려할 때 공공의료기관의 비중을 축소하자는 목소리가 공공의료의 필요성을 압도할 것으로 판단되므로 전반적으로 공공의료부문의 약화가 예상된다.

영리병원의 인정과 의료기관 개설자격의 제한 규정이 폐지되면, 외국의 자본은 막강한 자본력과 첨단 경영기법을 바탕으로 국내의 여러

의료기관을 인수·합병하거나 지분참여 등 다양한 형태로 진출할 것으로 예상할 수 있다. 또한 직접적인 경영이 아니라 경영, 정보, 재무·회계만을 지원해주는 병원체인의 진출도 가능하다. 만약 외국 자본이 광범위하게 유입되면 의료기관의 통폐합·대형화가 가속화되는 가운데 기존의 중소 병원, 의원뿐 아니라 대형 병원들도 운영이 어려워지고 상당수 의료기관이 문을 닫거나 이전할 가능성이 크며, 의료기관의 경영·관리 혁신 요구가 커질 것으로 생각된다. 경영혁신의 요구는 대형 병원, 의료법인보다 중소 병원이나 의원에서 더 클 것으로 보이며, 생존을 위해 연계를 통한 경영효율화를 꾀할 가능성이 크다. 따라서 의료기관의 통폐합을 통한 대형화와 함께 중소 의료기관의 연합이 동시에 출현할 가능성이 높으며, 외국 기관의 진출도 직접적인 진출뿐만 아니라 자본투자, 경영, 정보, 재무·회계 등 지식기반의 진출 등 다양한 형태로 나타날 것으로 생각된다.

이와 같이 한미FTA를 통한 정부의 '의료산업화' 전략은 현재 발생하고 있는 보건의료의 위기를 증폭시켜 의료양극화와 사회양극화를 더욱 가속화하는 계기가 될 것이다. 따라서 '의료산업화'는 결코 대안이 될 수 없고 보건의료체계를 공공적으로 개편하는 것이 현 시기 정부가 추진해야 할 과제가 되어야 한다.

② 민간의료보험에 대한 규제철폐

한미FTA에서 미국이 요구하는 바는 금융서비스의 현행 열거주의 허용 형태를 포괄주의로 바꾸어 일부 상품을 제외하고 모든 금융상품을 자유롭게 판매하자는 것이다. 그런데 여기에서 말하는 금융상품에 민간의료보험이 포함되어 있다는 점이 문제이다.

앞서 지적했듯이 민간의료보험은 현재 지나치게 비대해져 있어 공

적 건강보험의 영역을 침범하고 있고 표준화나 공적 규제가 없어 직접
적으로 소비자의 이익에 장애가 되고 있다. 민간의료보험에 대한 공적
규제가 절실히 필요한 상황이다. 그런데 한미FTA에서 미국이 요구하는
것은 현재 금융당국이 간접적으로 규제하고 있는 보험률 규제의 철폐를
요구할 정도의 전면적 규제철폐이다. 이는 한국정부와 미국정부가 동시
에 추진하고 있는 금융서비스의 개방이 포괄주의(네거티브시스템)로 시
행될 때에는 불가피하게 이루어질 수 밖에 없다.

따라서 한미FTA는 곧 민간의료보험에 대한 공적 규제조치의 전면
철폐를 의미한다. 결국 한미FTA는 직접적으로 한국의 의료제도를 변화
시키는 데까지 이르지는 않을지 몰라도 민간의료보험에 대한 공적 규제
철폐라는 우회로를 통해 한국의 건강보험제도를 마모시키고 중장기적
으로는 한국의 건강보험제도 및 의료제도 전체를 시장화하고 상업화하
는 계기로 작동할 것이다.

6) 한미FTA와 의료시장화

현재 정부는 의료산업화가 국민에게 미칠 영향에 대한 심도 깊은 평가
와 연구, 그리고 의견수렴을 거치지 않은 채 WTO DDA와 한미FTA라
는 외적 조건을 활용해 밀어붙이기로 일관하고 있다. 앞서 살펴본 바와
같이 현재 한국사회가 안고 있는 보건의료의 위기를 극복하기 위해서는
현재와 같은 시장친화적 의료체계를 공공적으로 재편하는 것이 중요하
지 '의료산업화'를 추진하는 것은 더욱 더 깊은 수렁으로 국민들을 몰아
가는 것과 같다.

따라서 현재 진행되고 있는 한미FTA 협상은 보건의료 측면만 보더
라도 전면적으로 재고되어야 하고, 별도의 대책마련이 선행되어야 한

다. 보건의료를 포함한 공공적 성격을 갖는 분야는 일반 산업에 비해 상대적으로 해당 국가의 특수성이 쉽게 인정되는 부문이기 때문에 한미FTA에서 완전하게 예외로 인정되어야 한다. 그러나 앞서 살펴보았듯이 의료 분야가 완전히 예외로 인정되는 한미FTA는 사실상 불가능하다. 따라서 현재 상황에서 한미FTA는 중단되어야 한다. 더욱이 의료의 공공성이 취약한 한국의 상황에서 한미FTA의 체결을 통한 의료의 시장화는 그 심각성이 매우 클 수밖에 없다. 따라서 한미FTA 협정을 체결하려는 노력보다는 의료의 공공성 확대를 위한 보건의료체계의 재편이 우선되어야 한다.

4. 한미FTA는 식품안전제도를 무너뜨릴 것이다

1) 광우병과 한미FTA

한국정부의 사실상 요식행위에 불과한 미국 도축장 및 수출가공업자 현지조사로도 문제점이 드러나 미국산 쇠고기 수입이 지연되고 있으나 머지 않아 미국산 쇠고기가 수입될 것으로 예상된다. 그러나 가장 단순한 한 가지 질문, 즉 과연 미국산 쇠고기는 광우병으로부터 안전한가라는 질문에 한국정부, 또 미국정부는 대답을 하지 못하고 있다.

국민의 생명과 안전을 지킬 의무가 있는 한국정부는 미국산 쇠고기 수입결정과정에서 객관적이고 합리적인 근거를 제시해 국민을 안심시키기는커녕, 국민을 더욱 불안에 떨도록 만들었다. 지난 2006년 3월 13일 앨라배마 주에서 광우병이 발생한 후에 보여준 한국정부의 태도는 특히 그 정도가 심하다. 애초 한국정부의 미국산 쇠고기 수입재개 결정과정과 미국에서 새로운 광우병 소가 발생한 이후의 수입결정과정은 한 마디로 대국민 사기극이라고 부를 수밖에 없는 의혹과 거짓말로 점철되어 있다.

① 치아조사는 세번째 광우병 소 나이를 8살 이상이라고 확증하는 근거가 될 수 없다

2006년 3월 13일 미국 앨라배마 주에서 확인된 세번째 광우병 소에 대해 미국정부는 또 한번의 요식행위에 불과한 역학조사를 거친 후, 1997년 8월 이전에 출생한 소이므로 다른 미국 소들의 광우병 위험은 극히 적다는 결론을 내렸다. 그러나 1997년 8월 이후의 소가 안전하다는 주장은 별도로 치더라도 이 광우병 소가 8살 이상이라는 결론조차 과학적 근거가 전혀 없다.

이번에 발생한 광우병 소는 출생기록이나 품종등록 문서가 전혀 없었고 개체인식을 위한 어떠한 표시도 없었다(인식표, 피부문신, 스프레이 등. 〈자료 6〉).

이 경우 치아조사만으로 소의 절대 연령을 판정할 수 없다는 것이 과학적으로 확립된 견해다. 캐나다식품검사국의 '국가 광우병 감시 프로그램'(〈자료 7〉)은 "소의 나이를 확증할 때 품종등록 문서와 같은 추가적인 문서가 제공되지 않는다면, 치아조사만으로 소의 나이를 30개월령 미만인지 그 이상인지를 증명할 수 없다"라고 명시하고 있다. 일본이 이력추적제 도입 전에 모든 소를 대상으로 광우병 검사를 한 이유도 치아를 통한 나이 확인이 불가능하기 때문이었다.

소의 나이가 5살이나 6살이 넘을 경우 나이 판정은 신뢰할 수 없는 근사치에 불과하다. 사실이 이러함에도 한국 농림부는 "미국 광우병 감염소의 나이가 최소 8년 이상이라는 것은 전문가가 아니라도 어렵지 않게 알 수 있다"는 황당하기 그지없는 대국민 사기극을 벌였다.

출처 : http://www.sbranch.com

앨라배마 주의 한 농장에 있는 산타거트루드 종의 소 사진. 개체별 인식을 위해 귀에 붙이는 인식표(이표)가 붙어 있으며, 피부에도 스프레이로 숫자를 표시하고 있다.

〈자료 7〉 캐나다식품검사국의 '국가 광우병 감시 프로그램'

Canadian Food Inspection Agency   Agence canadienne d' inspection des aliments

National
Bovine Spongiform Encephalopathy(BSE) Surveillance Programs
Terms and Conditions

SCHEDULE A

2. **Terms and Conditions – Producer**

The Producer shall, it consideration of a payment by the CFIA as set out under article 5 of Schedule A:

A. Complete both the Canada and Alberta BSE Surveillance Programs General Information Form and Part A, the Agreement Form of the National Bovine Spongiform Encephalopathy(BSE) Surveillance Program the to the satisfaction of the CFIA;

B. Where the age of the bovine cannot be verified to be 30 months or greater on the basis of an examination of dentition, provide additional documentation acceptable to the CFIA to establish the age of the bovine (for example breed registration documents);

② 미국 현지조사단 파견은 국민의 눈을 가리기 위한 요식행위에 불과하다

정부는 미국 현지조사를 통해 미국 도축장과 수입가공시설을 현지점검할 수 있는 것처럼 선전하고 있다. 그러나 지난 5월 6일 파견한 미국 현지시설 위생점검단은 사실상 미국산 쇠고기 수입을 위한 요식절차에 불과하다. 국립수의과학검역원은 지난 3월 9일 "시간이나 인력을 고려해 …… 3개조 7명으로 구성된 조사단이 2주간의 일정으로 신청 작업장의 50% 정도만 현지점검할 방침"이라고 밝힌 바 있다. 그러나 이번에 파견한 조사단은 3월의 계획보다 조사인원 1명이 더 늘어났을 뿐 일정은 똑같다. 그런데 정부는 이 조사단이 37개소의 미국 도축장과 가공장을 "철저하고 깐깐하게" "100% 방문조사"할 수 있다고 말하고 있다.

③ 미국산 수입쇠고기가 30개월령 이하인지 아닌지 알 수 있는 방법이 없다

30개월령 이하에서도 광우병에 걸린 소는 영국과 일본에서 여러 마리 확인된 바 있다. 그러나 백보를 양보해 정부가 주장하는 대로 30개월령 이하의 쇠고기가 안전하다고 치자. 미국산 쇠고기가 30개월령 이하인지 아닌지 한국정부는 어떻게 확증할 것인가? 소에 대한 이력추적제를 도입하지 않은 유일한 광우병 발생국가 "미국 내 전체 사육두수 중 월령 감별이 가능한 것은 15~20%"일 뿐이다(《자료 8》).

이 상황을 잘 알고 있는 농림부는 2006년 3월 6일 고시한 '미국산 쇠고기 수입위생조건'(《자료 9》)에서 어처구니없게도 미국산 쇠고기 월령을 '문서증명'이 없을 경우 근거 없는 '치아검사법'으로 판정하겠다는 규정을 포함시켜 불합리한 수입조건을 합리화했다. 일본은 광우병 발생국가임에도 이력추적이 되지 않는 소는 수입불가라는 조건을 관철하려고 끝까지 노력한 바 있다. 이 점에서 광우병 미발생국가임에도 그런 노력도 하지 않은 한국농림부의 수입위생조건은 심각한 직무유기이다.

<자료 8> 농림부 가축방역협의회 자료

가축방역협의회
협의자료

BSE관련 미국산 쇠고기 안전성 검토

2005. 11. 29.

농 림 부
축 산 국

— 미국 내 전체 사육두수중 월령감별이 가능한 것은 15~20%

※ 미국 내 도축연령은 전체의 80~85%기 15~20개월령이 차지하지만
일본과 합의한 A40등급(17개월령 이하)은 쇠고기 생산량의 8% 이하

○ BSE 발생시 신속하고 철저한 추적 및 쇠고기의 안전성 확보를 위
하여 미국 소의 개체식별 시스템의 조기구축이 필요

<자료 9> 미국산 쇠고기 수입위생조건

농림부고시 제2006-15호
가축 전염병예방법 제34조 및 같은 법 시행규칙 제35조에 따라 미국산 쇠고
기 수입위생조건을 다음과 같이 제정고시 합니다.

2006년 3월 6일
농 림 부 장 관

미국산 쇠고기 수입위생조건

11. 도축소는 나이를 확인할 수 있는 서류 또는 치아감별법(dentition)
에 의하여 30개월령 미만으로 판정된 것이어야 한다.

④ 미국산 쇠고기 수입조건은 국제수역사무국(OIE) 규정보다 강화된 조건이 아니다

농림부는 미국산 쇠고기 수입조건이 국제기준보다 강화된 조건이라고 밝혀왔다. 농림부는 "30개월로 나이를 제한했고, 다른 나라와 다르게 뼈와 내장 등을 수입조건에서 제외하면서 순수한 살코기만을 들어오게 해…… 국민 건강이 최우선으로 고려됐다"는 주장을 반복하고 있다. 그러나 이것은 사실과 다르다. "30개월 이하의 소에서 뼈가 제거된 근육"이라는 조건은 국제기준보다 강화된 조건이 아니라, OIE 규정과 정확히 같다(OIE article 2.1.13). 오히려 일본은 20개월령 이하로 수입조건을 강화시켰으며, 홍콩의 수입조건도 뼈 없는 쇠고기였다.

⑤ OIE 규정 자체가 비과학적이며 심각한 문제가 있다

더욱 큰 문제는 국제수역사무국의 기준이 더 이상 쇠고기가 안전하다는 근거가 되기 힘들다는 점이다. 새롭게 밝혀지고 있는 과학적 사실들은 광우병의 원인이 아직 확실하게 밝혀지지 않았다는 점이며, 결국 광우병은 최대한의 사전예방원칙을 지키는 것만이 가장 확실한 예방법이라는 것이다.

예를 들어 OIE 규정은 30개월 미만의 소는 안전하다고 규정하고 있으나 30개월 미만의 소에서도 영국에서는 19건, 일본에서는 2건의 광우병이 발생했다. 또 애초에 광우병 발생국가에서는 수출입이 금지됐던 OIE 규정이 미국에서 광우병 발생이 확인된 후 "광우병 발생에 상관 없이 30개월령 미만의 쇠고기"로 바뀌었다. 이런 사실에 비추어보면 미국의 압력에 의해 OIE 규정이 바뀌었다는 의심을 하지 않을 수 없다. 또한 일본과 유럽은 광우병 발생국가임에도 OIE 규정과 상관없이 미국산 쇠고기를 수입하지 않고 있으며 호주와 뉴질랜드 또한 미국산 쇠고기 수입을 하지 않고 있다(〈자료 10〉).

<자료 10> 특정위험부위(SRM)의 정의 및 제거방법

구분		OIE	미국	EU	일본
SRM	정의	모든 소의 편도 및 회장원위부 〈BSE 위험관리국〉 30개월령 이상 소 : 두개, 뇌, 눈, 척수, 척주	30개월령 이상 소 : 두개, 뇌, 눈, 삼차 신경절, 척수, 척주, 배근신경절 모든 소의 소장 및 편도	12개월령 이상 소 : 두개(하악제외, 뇌, 안구포함), 척수, 척추, 배근신경절 모든 소의 장전체, 편도 및 장간막	모든 소의 두부(혀, 볼살 제외), 척수, 척추, 회장 원위부, 배근신경절
	제거 방법	식품, 사료, 비료, 화장품, 약품 및 의료기구로 교역금지	상기 부위를 식품에서만 배제	상기 전 부위를 제거·폐기	상기 전 부위를 제거·폐기

⑥ 미국산 쇠고기는 광우병으로부터 안전하지 않다.

미국산 쇠고기는 광우병으로부터 전혀 안전하지 않다. 이 근거로 1997년 8월에 취한 광우병 예방조치가 이미 영국에서 실패한 조치이며 미국 조차도 불완전성을 인정한 조치라는 점, 미국 내 검역조치의 문제점은 미국정부 스스로도 인정한 조치라는 점을 우리는 여러 차례 정부에게 지적한 바 있다(〈자료 11, 12〉).

- 광우병은 되새김 동물(소, 양, 염소 등)로 만든 사료를 되새김동물에게 먹여 발생하는 것으로 파악되고 있으나 되새김 동물이 아닌 포유류도 광우병(Transmittable Spongiform Encephalopathy, TSE)에 감염되거나 미발현 보유자(carrier)로 기능하는 것이 알려지는 등 발생원인이 정확히 밝혀지지 않은 질병으로 사전예방의 법칙이 중요함.

- 미국의 경우는 최신 연구에 따른 사료금지 정책을 취하지 않고 있는 것은 물론이고, 광우병 발생국가임에도 불구하고 다른 광우병 발생국가들, 즉 유럽이나 일본이 취하고 있는 정책도 시행하지 않고 있음. 미

<자료 11> 광우병 발생국가의 동물성 사료 금지정책

동물성 사료 금지조치 내용	영국	미국	경과
1단계 : 되새김 동물(소)에게만 동물성 사료 금지(돼지, 닭에게는 허용)	1988년부터 1990년까지 시행	1998년 4월부터 시행	영국에서 시행 후 광우병소 27,000마리 신규 발생, 폐기(교차오염)
2단계 : 모든 농장동물에게 광우병 위험물질(SRM) 동물성 사료 금지	1990년부터 1996년까지 시행	2004년 입법예고. 축산업계 반발로 뇌, 척수만으로 금지범위 축소 2005년 입법예고	영국에서 시행 후 광우병소 13,000마리 신규 발생, 폐기(교차오염)
3단계 : 모든 농장동물에게 동물성 사료 금지	1996년부터 시행		현재 유럽과 일본에서 시행

국은 이미 영국에서 광우병 전파 차단에 실패한 정책으로 확인된 정책을 취하고 있음

• 현재 미국은 되새김 동물에 대한 동물사료금지 조치(Ruminat Feed Ban)를 1997년부터 사료금지정책으로 채택하고 있음. 그러나 이 정책은 이미 영국에서 1988년 7월부터 1990년 9월까지 시행했다가 계속 광우병 소가 발생해 실패한 정책으로 확인된 것임(2만 7천 두의 소에서 발생). 이는 '교차오염'(cross contamination) 때문임. 미국처럼 되새김 동물에게는 동물성 사료를 금지하고 다른 포유류(돼지)나 가금류(닭)에게는 되새김 동물로 만든 사료를 공급하는 정책을 취하게 되면 사료 제작공정에서 사료가 섞이거나 농장에서 실수나 고의로 사료가 뒤바뀌거나 섞이는 일을 방지하지 못함. 농장에서는 돼지나 가금류용 사료가 더 싸기 때문에 소에게 동물성 사료를 고의로 주는 경우가 발생함.

그러나 한국정부는 이에 대한 어떠한 근거도 대지 않은 채 미국산 쇠고기는 안전하다고 주장하고 있다. 심지어 가축방역협의회 위원들은

2005.2.25. 미의회 회계감사원 보고서

- 현재의 미흡한 동물성 사료 금지정책도 제대로 시행되는지 확실하지 않음.

- 미식약청(FDA)은 동물성 사료 금지조치를 준수해야 할 업체 수가 몇 개인지 파악하지 못하고 있음.

- 동물성 사료 금지조치를 시행하고 있다고 밝힌 14,800개 축산농장 중 2,800개가 1999년 이후 한번도 준수여부에 대한 검사를 받지 않음. 또한 이 중 400개는 규정위반이 의심됨.

- 외국 수출용 사료에 '동물성 사료 사용금지' 라벨이 부착되지 않음(멕시코에서 미국에 수입된 소의 경우 미국 소로 간주되는데 이 소들은 동물성 사료 금지조치에서 제외).

- 사료에 대한 금지물질 포함여부를 통상적으로 샘플을 채취해 검사하는 과정 없음.

2005.8.12. 미식약청

- 6,000개 작업장 중 1,036건 규정 미준수.

2005.8.15. 미농무부(USDA)

- 미국의 소비자단체인 푸드앤워터와치, 퍼블릭시티즌 등의 정보공개 청구로 공개.

- 2004년 1월부터 2005년 3월까지 광우병 관련 규제 위반 사례는 모두 829건.

- 총 829건 가운데 460건은 연방정부의 육류 검역 프로그램인 'HACCP' 위반.

- 460건의 위반 사례 중 275건은 검역 프로그램에서 광우병의 위험성과 광우병을 유발할 수 있는 '특정위험물질' (SRMs)에 관해 아예 언급을 하지 않은 점이 발견.

- 24개주 63개 도축장에서 나이 판정을 엉터리로 한 사례가 무려 86건이었음.

- 특정위험물질이 제거됐는지에 대한 기록이 아예 없는 사례가 100건이나 적발됨.

2005.8.18. 미농무부 감사관 보고서(USDA OIG)

- 광우병 소에 대한 예찰미흡, 기록관리 부적절.

- 중추신경계 이상 보이는 소 680두 중 162두만 검사.

2006.2.1. 미농무부 감사관 보고서(USDA OIG)

- 도축장 SRM 제거 관리 부적절.

- 광우병 검사방법이 육안으로만 이루어짐.

- 2004년 6월~2005년 4월 감사대상 도축장 12개소 중 2개소에서 29마리의 주저앉는

소(광우병의 주 증상은 소가 주저앉는 것임)를 식육처리 했으며 이 중 20마리의 원인은
밝혀지지 않음.

- 육안 검사도 5~10%의 추출검사만으로 이루어짐.

미소비자연맹 보고서(Consumers Union's comments on FDA Docket No. 2002N-0273: Substances prohibited from use in animal food and feed, December 20, 2005)

- 미농무부 보고서는 그 자체가 큰 한계를 가짐.

- 30개월 이상의 소 : USDA에 검사된 소들의 나이는 공개되지 않고 있어 USDA 검열 프로그램 결과의 타당성을 믿기 어려움. 소들이 광우병 증상을 보여 이를 발견할 확률은 소의 나이에 따라 증가함. USDA에서 특히 7살 이상의 소들을 실제로 검열했는지 여부가 중요하나 어디에서도 확인될 수 없음.

- 광우병 고위험 지역범위 : 지금까지 발견된 두 사례는 텍사스 주와 워싱턴 주에서 발견됨. USDA는 캐나다와 접하고 있는 주와 텍사스에서 별도의 샘플을 취해야 하나 USDA는 이 지역에서 어떤 별도의 샘플도 취하지 않았다. 북서태평양 지역 샘플은 USDA의 지역 샘플 목표치의 76%밖에 채취하지 않아 미국 내 6지역 중 가장 낮다. 샘플률은 1% 내외임.

- 동물이 보이는 병의 징후 : USDA는 소를 검사할 때 중추신경계 질환의 증상을 보이는가의 여부로 소를 검열했다고 함. 그러나 OIG리포트에 따르면 그런 증상을 보이는 동물은 거의 없었음. 그 이유로서 지적할 문제점은 도살장에서 USDA 검사자가 소를 보기 전에 중추신경계 질환을 보이는 소들을 자체적으로 사전검열하거나 도살장으로의 수입 자체를 거부했을 수 있음. 즉, USDA 검사자는 테스트할 동물들을 선별하는 것조차 실패했을 수 있음. 또한 USDA에서 검사한 87%의 소는 정제가공시설에 도착했을 때 이미 불분명한 이유들로 죽은 상태였음. 즉, 고위험군에 대한 검사 자체가 안 이루어지고 있음.

- 이런 USDA 검열 프로그램의 많은 허점들 때문에 미국 내 광우병 소들이 검열되지 못했을 가능성이 큼.

일본의 경우 수입조건이 전혀 안 지켜짐

- 2006년 1월 24일 수입재개 후 즉시 중단. 척수가 포함되어 있었고 20개월이 아니라 30개월 소였음.

- 수출업체에는 미농무부의 검사관이 상주하고 있음. 검사필 증명서가 붙어 있음.

"광우병 쇠고기를 먹는다고 모두 광우병에 걸리지 않는다"든가, 어떤 식품도 "용인할 만한 위험성이 있다"라는 식의 망언만 늘어놓고 있다. 이런 인식은 "미국 가서 LA갈비도 먹는데 한국에서 미국산 쇠고기를 수입하는 것이 뭐가 문제냐"는 쇠고기 수입업자들의 궤변을 정당화시켜줄 뿐이다. 미국의 최대 소비자단체인 소비자연맹이나 퍼블릭시티즌도 미국산 쇠고기가 안전치 않다는 캠페인을 벌이고 있으며 일본과 유럽정부들도 똑같은 인식을 가지고 있다.

⑦ 정부는 국내 유통단계의 안전망도 갖추지 않고 쇠고기 수입을 재개하고 있다

모든 조치가 없다 하더라도 최후의 방비책으로 국내 소비자들이 미국산 쇠고기를 선택하지 않을 수 있는 권리는 있어야 한다. 그러나 한국정부는 이런 안전망조차 갖추지 않은 채 미국산 쇠고기를 수입하려 한다. 현재 한국에서는 쇠고기 소매점의 원산지 표시제가 사실상 유명무실해 외국산 쇠고기가 국내 쇠고기로 둔갑하고 있다. 음식점이나 쇠고기 원료 식품의 원산지 표시제도도 전혀 시행되지 않고 있으며 2007년부터는 큰 음식점에서만 쇠고기 원산지 표시제도가 시범실시될 예정이다. 일본의 경우 미국산 쇠고기 수입재개 전에 유통과정부터 소비자에게 전달되는 체계까지 미국산과 국산 쇠고기를 완전 분리하는 안전망을 만든 후 수입을 재개했다.

한국정부는 이처럼 아무런 근거도 없이 철저한 대국민 사기극을 바탕으로 미국산 쇠고기 수입을 강행하려 하고 있다. 또한 한미FTA에서 미국정부는 한국의 수입농축산물 검역조치, 유전자조작식품(GMO) 표시제 등을 무역장벽으로 규정해 이를 철폐하라고 요구하고 있다. 한미FTA는 광우병 쇠고기 수입을 비롯해 한국의 식품안전 전체를 위협하고 있다.

한미 양국정부는 축산업자와 쇠고기 유통업자들의 이익을 위해 국민의 건강을 희생시키는 미국산 쇠고기 수출입을 즉각 중단해야 한다. 또한 광우병에 노출된 미국산 쇠고기의 수입을 강요하는 한미FTA는 중단되어야 한다.

2) 그 외 식품안전정책과 한미FTA

미국정부는 현재의 식품위생검역협정을 미국 농축산물기업에 보다 더 유리하게 개정해 기업의 이윤을 위해서는 공중의 건강이 피해를 보아도 문제가 되지 않는다는 입장을 취하고 있다. 대표적인 것이 미국 농축산물 안전기준인 GARS를 한국정부에게 수용하라고 하는 것이다. 이것을 받아들일 경우, 미국정부가 안전하다고 규정하면 한국정부는 이를 다시 검역하는 것이 불가능하게 된다. 이는 한국정부가 자국민의 건강을 외부의 전염병이나 유해물질로부터 보호하기 위한 최소한의 장벽을 제거하는 것이다.

그뿐만이 아니다. 예를 들어 조류독감이 미국에서 발생해도 지역화 원칙에 따라 특정 주에 조류독감이 발생하지 않으면 수입을 거부할 수 없는 조건을 미국정부는 요구한다. 이는 구제역이나 광우병에도 적용될 수 있다.

유전자조작식품의 경우, 미국정부는 (식품위생검역협정을 이용해서 또는 기술무역장벽을 이용해) 미국의 생명공학기술을 이용한 식품은 기술이 다르니 라벨링할 수 있다고 주장하며 한국의 유전자조작식품 표시제도 폐지를 요구한다. 이는 미·스위스FTA가 유전자조작식품의 생산과 수입을 거부하는 국민투표의 결과로 결렬됐음을 볼 때 그 중요성이 얼마만큼 큰 문제인지를 알 수 있다.

이런 식품안전제도의 파괴는 보건학이나 의학에서의 기본적인 법칙, 즉 안전하다고 확실시 되지 않는 물질은 인체에 사용해서는 안 된다는 사전예방의 법칙(또는 신중의 법칙)을 완전히 무시하는 것이다. 다시 말하면 무역을 위해서는 인간의 건강은 포기되어도 상관없다는 주장으로 한미FTA가 무엇을 노리는가가 명확히 드러난다.

5. 결론

총론에서도 서술했고 의약품제도, 의료시장화, 식품안전제도에서도 살펴보았듯이 한미FTA는 한마디로 국민건강에 대한 재앙이다. 정부가 영리병원을 통한 의료시장개방이 없다고 주장한다고 한들 이미 이 세 분야에서만 한미FTA가 체결되어도 약값이 폭등하고, 민간의료보험에 대한 규제가 철폐되고, 의료시장화가 촉진되며, 식품안전제도가 완전히 망가진다. 이것만 보아도 한미FTA는 체결되어서는 안 된다.

또한 그럴 가능성은 전무하지만 이 세 분야가 모두 한미FTA에서 완벽히 제외된다 할지라도 기업들은 투자 분야의 FTA 조항을 이용해 자신들의 이윤을 방해하는 모든 규제나 공공제도를 제거할 수 있다. 예를 들어 미·안데안FTA에서 투자자는 다음과 같은 조항들을 통해 자신의 권리를 지킬 수 있었다.

- 최혜국대우, 내국민대우.
- 시장지분이나 미래의 영업이익을 간접적인 기업몰수로 인정.
- 투자를 기업이 투자한 주식뿐만 아니라 외채 및 차관, 특허 지재권으로 확대해 인정.

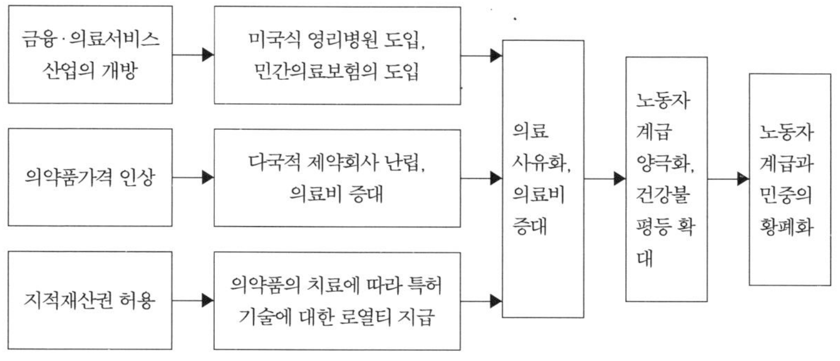

- 고용의무, 국산부품 사용의무 등의 이행의무부과금지.
- 투자자-정부 중재제도.

반면, 정부와 평범한 일하는 사람들은 바로 투자자가 권리를 더 얻는 만큼 자신의 기본권을 박탈당한다. 그리고 이런 투자자의 '권리'는 투자자-정부 중재제도를 통해 관철된다.

더욱이 미국의 다국적 기업들의 모임인 비즈니스라운드테이블은 2006년 6월 7일의 자체 보고서를 통해 한미FTA가 미국이 맺은 모든 FTA를 뛰어넘어야 한다고 주장하고 있는 형편이다.[30]

한미FTA는 국민건강에 어떤 영향을 미치는가? 한미FTA는 국민의 삶의 다른 모든 부분과 마찬가지로 기업의 이익을 위해 민중의 건강권을 포기하는 협정이다. 정부는 이런 구체적 내용을 국민에게 알리지 않은 채 비민주적 방식으로 한미FTA에 대한 장밋빛 전망만 내놓고 있다.

---

30) Business Roundtable, *Real Liberalization in the U.S.-Korea FTA : Moving Beyond the Traditional FTA*, Washington, D.C.: Business Roundtable, 2006.

그러나 한미FTA는 세계적 시민단체인 옥스팜이 미·안데안FTA를 두고 지적했듯이 '사이렌의 노래'이다. 매혹적이고 감미로운 유혹이지만 따라가면 결국 괴물에게 잡혀 죽음밖에 남는 것이 없는 노래. 이것이 바로 한미FTA이다. 민중과 평범한 사람들의 건강한 삶을 위해서는 한미FTA 협상은 당장 중단되어야 한다.

한미FTA와 금융서비스
― 한국 금융산업에 미치는 영향을 중심으로

이종탁[*]

미국이 투자와 금융서비스 분야에 상당히 신경을 쓰고 있다는 사실은 이미 잘 알려져 있다. 미국 금융(투기)자본의 힘과 요구가 그만큼 거세고 부시 정부와 FTA 협상단도 이 사실을 잘 알고 있다. 무엇보다 투자와 금융이야말로 자본과 시장을 움직이는 혈관과 같으므로 미국으로서는 투자와 금융서비스 협상에 전력을 기울일 것으로 보인다.

그런데 외환위기 이후 우리 사회 일각에서는 외국인 투자를 무조건 환영하는 분위기가 없지 않다. 외국인 투자를 유치하는 것이 필요하다는 인식은 사회 전반으로 확산되어 있다. 게다가 외환위기 이후 이미 금융산업은 상당히 개방된 상태이다. 이런 상황들이 한데 어우러지면서 한미FTA를 통해 미국의 투자가 늘어나고, 금융부문에 글로벌스탠다드를 도입하는 좋은 계기가 되리라는 기대도 없지 않다.

하지만 투자와 금융서비스 분야의 개방은 결국 한국경제의 혈관을

---

[*] 이 글은 한미FTA저지 금융부문 공대위에서 진행한 내부 워크샵 자료를 바탕으로 금융부문 공대위 정책연구팀 간사를 맡고 있는 본인 이종탁(산업노동정책연구소 부소장)이 총괄 정리한 것에 불과하다. 그러므로 이 글의 실질적 생산자는 금융부문 공대위 정책연구팀의 이종태(금융경제연구소 연구위원), 이한진(사무금융 정책국장), 정명희(금융노조 국제부장), 정종남(투기자본감시센터 기획국장), 전대석(금융부문 공대위 집행위원장, 사무금융연맹 수석부위원장)이라 할 수 있다.

미국에게 내주는 결과를 초래하고 있다. 론스타가 외환은행을 인수·매각하는 과정에서 미국 투기자본은 막대한 이익을 얻은 대신, 한국 금융산업은 만신창이가 됐고, 금융산업 노동자들은 극심한 고통에 내몰려야 했다. 한미FTA에서 금융서비스 분야의 협정이 미국의 입장대로 진행된다면 이보다 더한 상황이 벌어질 수 있다는 것이 이 글의 입장이다.

이런 생각을 입증하기 위해서 이 글에서는 우선 한미FTA에 담길 금융서비스 관련 내용을 조목조목 살펴본 후, 한미FTA의 체결이 제1금융권과 제2금융권에 미칠 영향을 구체적으로 살펴보고자 한다. 이를 통해 우리가 왜 한미FTA에 반대하는지 명확하게 드러낼 것이다.

1. 금융시장 개방과 한국 금융산업의 재편

1) 금융개방 현황

한국은 1996년 OECD 가입과 1997년 IMF 긴급자금지원 협상과정에서 자본시장을 중심으로 한 금융서비스시장이 전격 개방된 상태이다. 그동안의 추진 내용을 살펴보면 다음과 같다.

- 1992년 외국인 주식 10%까지 소유 허용.

- 1998년 5월 주식·채권에 대한 외국인 투자 완전자유화(일부 제외).[1]

- 현지법인 및 합작법인 설립 자유화(단, 보험업의 경우 기존 보험사와의 합작 불허).

- 1999년 해외소비(증권업, 외환거래) 및 금융서비스의 '국경간 공급' 서비스 허용.[2]

- 2001년 1월 자본거래에 대한 네거티브시스템 도입(외환업무에 대

한 각종 제한의 폐지).

- 2006년 비거주자의 원화자금조달을 위해 외국기업의 국내증시 상장 및 단기 원화증권발행 허용.
- 외국인 투자 사전등록제 폐지.[3]

이처럼 증권·투신·은행의 일부 해외소비와 국경간 공급거래 및 기존 보험사와의 합작불허만 제외하면 거의 대부분이 개방돼 있는 상태이다.

〈자료 1〉 금융산업 각 부문별 개방추진 과정

괄호 안 숫자는 연월임

	은 행	생명보험	손해보험	증 권	투자신탁	투자자문
지점설립	○ ('50. 5.)	○ ('87)	○ ('45)	○ ('90. 11.)	○ ('96. 12.)	○ ('95. 12.)
현지법인 신 설	○ ('98. 4.)	○ ('87)	○ ('97. 1.)	○ ('98. 4.)	○ ('98. 5.)	○ ('97. 12.)
합작법인 설 립	○ ('83. 1.)	○ ('87) 기존보험사와 합작불허	○ ('97. 1.) 기존보험사와 합작불허	○ ('90. 11.)	○ ('96. 12.)	○ ('97. 12.)
기 존 사 지분참여	동일인 지분 한도 존재	폐지 ('96. 5.)	○	한도전면폐지 ('98. 5.)	한도전면폐지 ('97. 1.)	한도전면폐지 ('98. 5.)
ENT기준 (경제수요심사)	폐지 ('93)	폐지 ('97. 1.)	폐지 ('97. 1.)	폐지 ('96)	폐지 ('97. 1.)	없음
금 융 업 영위요건	없음	영위사실 존재해야	영위사실 존재해야	영위사실 존재해야	10년	영위사실 존재해야
지점 설치시 사무소 전치주의	폐지 ('96. 8.)	없음	없음	폐지 ('95. 5.)	폐지 ('98. 12.)	폐지 . ('97. 1.)
국경간 거 래[4]	일부허용	○ ('97. 1.)	일부허용	×	×	○ ('98. 12.)

출처 : 양두용, 「국내금융서비스 협상 현황 및 이슈」, 한미FTA 설명회 자료(4월 5일), 전국은행연합회, 2006

---

1) 2005년 12월 현재 증권거래법상 한국전력은 40%, 전기통신법상 사업자는 49%, 공기업민영화 법상의 한국가스공사 및 방송법상의 사업자는 49%, 신문법상 사업자는 30%, 항공법상 사업자 는 49.99%까지 허용.

2) 수출입 적하보험, 항공보험, 장기상해보험, 여행/선박, 재보험과 투자자문업, 신용정보업, 신용 평가업에 대해 허용.

3) 외국인 투자집단과 대표투자자의 금융감독원 신고제도가 폐지된 반면, 이들의 계좌를 증권사가 관리하면서 거래내역을 감독기관에 사후보고하는 제도가 생겨났다.

4) 재정경제부는 2006년 2월 17일 '자본시장 통합법' 제정을 발표하면서 국경간 거래에 대한 규제 를 밝힌 바 있다.

2) 금융개방 이후 한국 금융시장 현황

① 투기적 투자자본에 놀아나는 한국경제

IMF 외환위기 과정에서 아무런 대책이나 규제도 없이 무분별하게 자본
시장을 전격적으로 개방한 결과, 한국 주식시장의 외국인 투자 비중은
2004년 기준 40.1%로 세계 최고 수준이다. 외국인 주식소유 비중이
40%를 웃도는 나라는 핀란드, 멕시코, 헝가리 등으로 세계적으로도 매
우 희귀한 현상이라 한다. 거기다 초국적 금융자본은 국내 상장기업에
두루 고르게 투자하기보다는 50여 개 내외의 우량기업에 집중적으로 투
자하고 있어, 국내 대주주 지분을 감안하면 이들의 한국 금융시장 지배
력은 실질적으로 60% 이상을 상회한다고 할 수 있다.

　　구체적으로 외국인 투자현황을 보면, 외국인의 직접투자는 21%에
불과하고, 투기성이 강한 증권투자가 전체 외국인 투자 비중의 51%를
차지하고 있다(2004년 말 기준). 여기에서 동일인 지분 10% 이상의 지분
성 증권투자는 배제된 수치이다(이런 투자는 직접투자로 분류된다).

　　증권투자는 대부분 단순 자본이득 차원의 주식투자가 대부분이다.
이 경우 단순하게 시세차익을 겨냥한다. 국내 증권업과 보험업에 진출
해 있는 외국자본들은 아직까지는 자본이득 위주의 주식투자 형태를 취
하고 있다. 하지만 소버린과 칼아이칸, 헤르메스 등의 사례에서 보듯이
자본이득을 위한 투자자본들은 주식과 선물시장을 오가며 시세차익을
올리는 데 혈안이 되어 있으며, 때로는 적대적 M&A를 시도하면서 자신
이 투자한 주식의 가격을 올렸다가 되파는 행태도 서슴지 않는다. 한마
디로 극단적인 투기성을 가감 없이 드러내고 있다.

　　직접투자는 지분성 투자와 공장설립형 투자로 분류할 수 있다. 앞
서 말한 바와 같이 동일인 지분 10% 이상인 경우가 지분성 직접투자

단위 : 억 달러, 괄호 안은 구성비(%)

구 분	2002년 말	2003년 말	2004년 말	2004년 중 증감액		
				거래요인	기타요인	합 계
직접투자	626.6(22.4)	660.7(19.2)	877.7(21.0)	81.9	135.1	217.0
증권투자	1,175.8(42.0)	1,687.1(49.0)	2,138.7(51.1)	167.8	283.8	451.7
기타투자	998.4(35.6)	1,094.0(31.8)	1,167.2(27.9)	44.3	29.0	73.3
합 계	2,800.7(100.0)	3,441.7(100.0)	4,183.6(100.0)	293.9	447.9	741.9

출처 : 경제통계국 국제수지팀, 「2004년 말 국제투자대조표(IIP) 편제결과(잠정)」, 보도자료(9월 5일), 한국은행, 2005

단위 : %

구 분 \ 연 도	1997	1998	1999	2000	2001	2002	2003	2004	2005
M&A	10.0	16.7	15.7	14.1	16.9	23.2	31.3	48.2	45.6
Greenfield	90.0	83.3	84.3	85.9	83.1	76.8	68.7	51.8	54.4

출처 : 무역투자진흥과, 「2005년 외국인 직접투자 동향 및 2006년 전망」, 보도자료(1월 4일), 산업자원부, 2006

(M&A투자)로 분류되고 있는데 IMF 구조조정 이후 이 비율이 급격히 증가해 2005년 현재 전체 직접투자액의 45.6%를 점하고 있다. 공장설립형(Greenfield) 투자 비율은 1997년 직접투자의 90.0%에 달했으나 이후 점점 감소해 2005년 현재에는 직접투자의 54.4%에 머물고 있다.[5]

지분성 M&A투자는 채권자가 아니라 주주로서 막대한 영향력을 행사하게 된다. 이들 자본은 주식투자나 채권투자에 머물지 않는다는 점에서 증권투자와 다르지만 단기수익에 집중한다는 점에서 큰 차이는 없

---

5) 일반적으로 신주취득이나 자산 혹은 사업부문의 취득은 M&A의 범주라고 할 수 있다. 하지만 산업자원부가 작성하는 직접투자 중 M&A 비율은 구주취득만을 대상으로 한다. 10% 이상의 신주취득이나 자산 혹은 사업부문의 취득은 공장설립형(Greenfield) 투자로 분류된다. 그러므로 상식적인 M&A의 기준에 근거할 경우 순수한 공장설립형 투자 비율은 훨씬 줄어들 것이다.

다. 이들은 경영권을 행사하거나 주요 주주로서의 권한을 행사하면서 주식투자로 얻는 자본이득과 그 이상의 초과수익을 추구한다.

외환은행을 인수한 론스타의 사례에서 볼 수 있듯 M&A 투자자본들은 헐값에 해당업체를 인수한 후 '글로벌스탠다드'라는 자의적 잣대를 들이대며 맹목적인 구조조정을 실시해 단기간에 기업가치를 상승시키고, 자본시장에서 주식가격이 상승하면 다시 기업을 매각하는 방식으로 엄청난 초과이익을 얻고 있다. 또한 무상증자나 유상감자 등을 통해 주식가격을 올리거나 초기 투자자본을 초단기간에 회수하기도 한다. 그리고 대주주 혹은 주요 주주로서 경영권 프리미엄이나 고율의 배당금을 요구해 막대한 수익을 얻기도 한다.

② 외국자본의 수중에 떨어진 한국 금융산업

급격한 금융시장 개방 탓에 한국 금융산업은 외국자본의 실질적인 지배를 받는 처지가 됐다. 은행권의 경우 민영화를 앞둔 우리금융지주를 포함해서 외국인 지분율이 60%를 웃돌고 있다. 제2금융권은 은행에 비해 외국인 지분율이 현격하게 낮다. 증권업의 경우 외국인 지분율이 평균 12.4%, 손해보험업의 경우에는 18.0% 수준에 머무르고 있다.

이처럼 제2금융권에 대한 외국인 지분율이 낮은 이유는 현재 국내 증권업과 보험업의 겸업화·대형화 정도가 취약하고, 산업 내에 존재하는 각종 규제 및 '포지티브' 체제로 인해 한국 금융업체의 지분투자 혹은 경영권 확보에 큰 매력을 느끼지 못하기 때문으로 보인다.[6]

---

6) 정부가 추진하는 자본시장 통합법이나 보험산업 규제개혁안이 정부안대로 강행되면서 한미FTA 가 미국의 의도대로 진행될 경우 외국투자자본의 입장에서는 관련 금융업체의 경영권을 직접 행사해 얻는 이익에 관심을 가질 수 있다. 그럴 경우 IMF 외환위기 이후 은행에서 벌어졌던 무차별적 M&A가 증권업과 보험업계에서도 나타날 것이다.

*SC제일은행 및 씨티은행은 2005년 말 기준

은 행		증 권	
회사명	지분율	회사명	지분율
국민은행	84.57	NH투자증권	0.58
기업은행	20.11	SK증권	1.71
대구은행	66.72	교보증권	0.45
부산은행	62.93	대신증권	38.97
신한지주	63.40	대우증권	9.11
외환은행	73.26	동부증권	2.40
우리지주	10.02	동양증권	16.80
전북은행	31.68	메리츠증권	2.35
하나지주	79.93	미래에셋증권	12.56
SC제일은행	100.00	부국증권	2.73
씨티은행(한미)	99.91	브릿지증권	0.60
평균	62.96	삼성증권	31.44
손해보험		서울증권	15.91
LIG손해보험	17.17	신영증권	31.67
그린화재	0.08	신흥증권	15.70
대한화재	0.43	우리투자증권	12.86
동부화재	21.24	유화증권	3.17
메리츠화재	34.29	하나증권	7.82
삼성화재	53.31	한국금융지주	43.55
신동아화재	0.91	한양증권	10.48
쌍용화재	0.88	한화증권	1.84
제일화재	7.72	현대증권	9.15
코리안리	45.58		
현대해상	16.09	평 균	12.36
평 균	17.97		

출처 : 금융감독원 전자공시시스템

〈자료 5〉 주요 금융지주사 주요주주 및 관계회사 지분보유 현황(2006년 3월 31일 기준)

금융지주사	관계사명	지분율	주요주주
신한지주	신한은행	100.00	BNP파리바 S.A. 5.6% BNP파리바룩셈부르크 (BNP파리바 자회사) 3.77%
	조흥은행	100.00	
	굿모닝신한증권	100.00	
	신한생명	100.00	
	신한카드	100.00	
	신한캐피탈	100.00	
	신한투신	50.00	
	제주은행	62.00	
우리지주	우리은행	100.00	예금보험공사 77.97%
	광주은행	99.90	
	경남은행	99.90	
	우리투자증권	30.00	
	우리자산운용	100.00	
하나금융지주	하나은행	100.00	안젤리카인베스트먼트 9.89% 골드만삭스 9.34% 프랭클린템플턴 8.13%
	대한투자증권	100.00	
	하나증권(하나은행자회사)	65.48	
	하나생명(하나은행자회사)	50.00	
	대한투신운용(대투자회사)	100.00	

출처 : 금융감독원 전자공시시스템

③ 미국의 투자 확대

1992년 자본시장 개방 이후 본격적으로 외국인들의 주식투자가 시작됐으며, IMF 경제위기 이후 급속도로 확대되고 있다. 여기에는 크게 두 가지 요인이 영향을 미쳤다. 하나는 IMF 협약과정에서 한국 기업의 주식에 대한 외국인 투자한도가 26%→55%→100%로 확대된 것이다(일부 공기업 제한). 그리고 기업의 구조조정 과정에서 많은 기업들이 헐값으로 매각됐던 것도 하나의 요인으로 꼽을 수 있다. 그 결과 증권거래소 상장기업에 대한 외국인 투자 비중은 1992년 말 4.9%에서 1996년 말

〈자료 6〉 국적별 유가증권시장 상장주식 보유현황(2005년 말 기준)

단위 : 만 주, 억 원

국 가	주 식 수	시 가	
미국	195,476	1,221,337	(50.0%)
영국	50,943	270,078	(11.1%)
룩셈부르크	29,545	160,970	(6.6%)
싱가포르	18,303	125,805	(5.1%)
케이만아일랜드	22,821	80,707	(3.3%)
네델란드	12,439	66,828	(2.7%)
아일랜드	11,345	52,985	(2.2%)
벨기에	32,837	47,591	(1.9%)
캐나다	8,243	44,637	(1.8%)
호주	6,683	31,666	(1.3%)
기타	80,694	340,787	(14.0%)
소 계	469,329	2,443,391	(100.0%)

※주식투자기준(직접투자분 제외)이며, 시가란의 괄호는 외국인 보유주식 시가총액 대비 해당국가 보유 비중임.　　출처 : 금융감독원 전자공시시스템

〈자료 7〉 국가별 증권투자자금 순유입동향

단위 : 백만 달러

구 분	미 국	영 국	일 본	기 타	소 계
'92~'96년	6,286	2,826	92	7,395	16,599
비 중	37.9%	17.0%	0.6%	44.6%	100.0%
1997년	1,833	-490	29	-518	854
1998년	2,056	436	92	2,197	4,781
1999년	1,790	-75	255	3,527	5,497
2000년	8,328	1,218	177	1,586	11,309
2001년	2,948	619	61	3,880	7,508
2002년	496	-916	-99	-308	-827
2003년	4,752	689	-10	8,091	13,522
2004년	3,891	-206	35	5,585	9,305
2005년	2,675	-2,474	186	-2,815	-2,428
'97~05년	28,769	-1,199	726	21,225	49,521
비 중	58.1%	-2.4%	1.5%	42.9%	100.0%

출처 : 국제국 외환분석팀, 「2005년중 외국인 증권투자자금 유출입동향」, 보도자료(1월 27일), 한국은행, 2006

13.0%로, 2005년 말에는 39.7%로 급격히 증가했다.

이렇게 외국인 투자가 증가하는 가운데 미국 자본이 1997년에서 2005년까지 전체 순유입자금의 58.1%를 차지하며 시장을 주도하고 있다. 증권거래소 내 상장기업 국가별 주식보유도 미국이 50%를 점하고 있다.

2. 한미FTA 금융부문에 대한 미국의 접근

1) 미국이 한미FTA 금융서비스부문을 강조하는 이유

미국이 여러 나라와 FTA를 체결하면서 투자와 금융서비스부문에 특히 신경을 쓰고 주목했음은 주지의 사실이다. 한국과의 FTA협상에서도 이런 모습이 연출될 것이라는 점은 뻔하다. 그렇다면 왜 미국은 FTA협상에서 투자와 금융서비스부문에 심혈을 기울일까? 그 이유를 먼저 짚어 보도록 하자.

미국이 FTA에서 투자와 금융서비스부문에 상당한 노력을 기울이는 것은 무엇보다 미국 자본주의에서 금융산업이 차지하는 비중이 결코 작지 않기 때문이다. 금융서비스부문은 지금 현재 미국 경제성장의 가장 중요한 성장동력으로 작용하고 있다. 미국 총 GDP의 약 8%를 금융부문이 차지(2004년 기준 9,274억 달러)하고 있으며, 수출은 218억 달러로 통신(2%), 교육(6%), 법률서비스 수출액을 초과한 상태이다. 이것은 1990년대 초 수출액의 3배에 달한다. 금융서비스의 무역흑자 규모도 169억 달러로 1990년대 초에 비해 3배 이상 성장했다. 금융서비스부문 고속 성장의 이면에는 달러 기축통화국가로서 생산과 분리된 금융자본이 형성되어 있다는 점이 큰 영향을 미쳤다. 이 금융자본들은 미국의 울타리를 넘어 전세계 각국의 국경을 넘나들며 이윤을 수취하는 활동을 하고 있다. 그 결과 미국이 해외에서 벌어들이는 수익의 25% 이상, 그리고 민간서비스부문 수출수익의 약 50%를 금융서비스부문이 차지하고 있다. 금융서비스부문 종사자의 임금지급액수는 미국경제소득의 약 9%를 차지하며, 금융서비스는 전문 비즈니스서비스 업무와 함께 미국의 가장 전문화되고 특화된 부문이다. 그러므로 미국이 FTA협상에서 다른 나라들에게 금융서비스시장의 개방을 요구하고, 투자에 대한 협정을 요구하는 이유는 자국의 금융서비스산업을 성장시키고 금융자본을 살찌우겠다는 의도이다. 금융서비스산업의 성장은 곧 미국경제의 성장과 미국사회의 안정을 도모하는 큰 기둥이 된다.

둘째, 다른 어떤 나라에 비해서도 상대적으로 우위에 있는 금융서비스부문을 매개로 FTA를 체결하면 금융서비스 외의 산업부문에 대한 지배력도 동시에 높일 수 있기 때문이다. 다음 페이지의 〈자료 8〉에서 볼 수 있듯이 금융서비스부문은 여타산업에 비해 후방연쇄효과는 크지 않지만, 전방연쇄효과는 사업서비스부문과 함께 가장 높다. 즉 타산업의 생산유발요인이 생길 때 금융서비스부문의 수요가 증가하게 되어 금융이 타산업의 중간재로 이용되는 경우가 높다는 것을 의미한다. 그러므로 한국처럼 제조업 비중이 높은 국가와 FTA를 체결할 경우 금융을 지배하게 되면 제조업의 가치창출과정에 직접적으로 개입해 거대한 부가가치를 창출할 수 있다. 결국 미국은 금융서비스의 비교우위를 무기 삼아 FTA를 통해 다른 국가의 산업 전반에 대한 지배력을 넓히려는 목적을 갖고 있는 것이다.

셋째, 자본가의 소유권을 철저하게 보호하고 그들의 수익을 회수할 수 있도록 보장하는 안전판 역할을 금융부문이 담당하고 있다. 1994년

〈자료 8〉 각 산업별 영향력 계수 및 감응도 — 28개 통합부문 (대분류) 기준

부문 \ 연도	영향력 계수[1]			감응도 계수[2]		
	1990	1995	2000	1990	1995	2000
농림/임업/어업	0.861	0.879	0.884	1.240	1.088	1.046
광업	0.855	0.858	0.855	0.752	0.697	0.638
제조업	1.113	1.083	1.055	1.206	1.156	1.169
전력/가스/수도	0.837	0.891	1.008	1.085	1.082	1.184
건설	1.063	1.136	0.851	0.803	0.773	0.685
서비스	0.843	0.858	0.851	1.054	1.172	1.148

출처:김상조, 「한미FTA 금융서비스 협상의 위험요소」, 『한미FTA, 왜 문제이며 어떻게 대응할 것인가』, 한미FTA 시민단체 토론회 자료(4월 26일), 참여사회연구소, 2006

1 영향력 계수란 어떤 산업부문의 생산물에 대한 최종수요가 1단위 증가할 때 전 산업부문에 미치는 영향, 즉 후방연쇄효과(backward linkage effects)의 정도(산업별 생산유발 계수)를 전 산업 생산유발 계수 평균에 대한 상대적 크기로 나타낸 계수이다. 특정부문의 생산에 국산중 간재가 많이 투입될수록 영향력 계수는 크게 나타난다. 일반적으로 철강, 수송장비 등과 같이 생산유발효과가 큰 산업일수록 영향력 계수도 커진다.

2 감응도 계수란 모든 산업부문의 생산물에 대한 최종수요가 각각 1단위씩 증가할 때 어떤 산 업이 받는 영향, 즉 전방연쇄효과(forward linkage effects)의 정도(특정 산업의 생산유발 계수) 를 전 산업 생산유발 계수 평균에 대한 상대적 크기로 나타낸 계수이다. 생산물이 다른 산업 의 생산에 중간재로 많이 사용될수록 감응도 계수는 크게 나타난다.

미국자본이 멕시코와 NAFTA를 체결한 뒤 멕시코의 정치적 불안정과 재정적자의 누적 문제가 발생하고 자본가들의 투자에 대한 불확실성이 증대되자 금융부문이 자본가들의 원리금 회수에 안전판 역할을 담당했 다. 이 예에서 알 수 있듯이 미국정부는 FTA를 체결해 미국의 각종 연기 금, 사모펀드, 헤지펀드가 해외에서 안전하게 활동할 수 있도록 만들어 금융자본의 이익을 보장하려는 전략을 숨기고 있다. 실제로 미국은 칠 레·싱가포르와 FTA를 체결하면서 연기금이나 퇴직보험 등에 자국의 금 융자본이 참가할 수 있도록 하는 내용을 담아냈다.

넷째, 미국은 FTA를 제2의 플라자합의[7]를 이끌어내는 용도로 이용

하고 있다. 2005년 미국의 무역수지적자는 7,258억 달러(GDP 대비 5.8%)에 이르고, 2006년도 재정수지적자는 4,230억 달러(GDP 대비 3.2%)에 달할 것으로 예상되고 있다. 2004년 말 기준으로 볼 때, 미국의 순(純)대외부채는 2조 5,422억 달러(GDP 대비 21.7%)로 기축통화국가인 미국으로서도 감당하기 어려운 상황이 연출되고 있다. 그런데 이런 경상수지적자의 약 40%가 중국 혹은 중동의 산유국들에게서 발생하고 있다. 그래서 미국은 중국의 위안화에 대한 평가절상 압력을 강화해왔다. 이에 따라 중국은 2006년 내에 변동환율제도로의 전환을 표명했으나 위안화 평가절상 정도는 미지수이다. 이런 상황에서 미국은 한·중·일이 FTA를 체결하기에 앞서 한미FTA를 체결함으로써 원화의 평가절상 기조를 유지하는 한편, 한중간 환율정책의 동조화를 이끌어내 미국경제의 충격을 한국에게 떠넘기려 의도하고 있다.

2) 한미FTA 금융서비스부문에 대한 미국의 요구

한국의 금융시장이 거의 대부분 개방되어 있음에도 불구하고 초국적 금융자본이 한미FTA를 통해 얻고자 하는 것은 무엇일까? 첫째, 초국적 금융자본의 보다 자유로운 활동을 보장받는 것이다. 미국은 한미FTA를 통해 자국의 금융제도나 금융환경을 한국시장에 그대로 이식하려 하고 있

---

7) 플라자합의는 1980년대 초 고금리 정책으로 국제자본의 미국 유입이 늘어 달러화 강세가 나타나고, 이것이 미국의 경상수지 적자규모를 위험수준에 이르게 만들자 1985년 G-5 재무장관들이 모여 달러화 약세에 협조·합의한 것을 일컫는다. 이 합의로 독일 마르크화와 일본 엔화가 7~8% 절상됐고, 미 달러가치는 30% 이상 급락했다. 1995년 4월에는 역플라자합의도 있었다. 1990년대 일본이 장기침체에 들어서자 G-7 국가들이 모여 엔화 절하 유도에 합의한 것이다. 그에 따라 달러화 강세가 유지됐다. 역플라자합의에 의거 달러화 가치가 절상되는 과정에서 아시아 국가들은 외환위기를 맞이했으며, '강한 달러, 약한 아시아 통화'라는 구도가 재현됐다.

<자료 9> 한미FTA 금융서비스부문 미국측 주요 요구사항

출 처	요 구 내 용
미한재계회의/ 주한미국상공회의소 『2005 정책보고서』 중에서	1. 보다 개방화된 겸업주의 금융시스템으로의 전환 → 은행, 증권, 보험부문간 장벽 축소 및 제거 2. 한국 금융서비스시장 내에서 공정한 경쟁과 동등한 경쟁기회 보장 → 준 정부 금융기간(우체국, 농협, 축협, 수협 등)에 민간기업과 동일한 법규, 세제, 기준 적용 3. 현재의 '포지티브' 규제환경에서 '네거티브' 규제환경으로 전환 4. 금융서비스부문에서 보다 개방화된 글로벌 영업기준으로 전환 → 금융감독원 거시규제 추구(지침, 관행의 형태로 나타나는 통제 제거) 5. 금융서비스부문 노동시장 유연성 증대 6. 세제의 단순화 및 예측가능성 증대(세율과 과표 축소)
미국무역대표부 (USTR) 「2006 무역장벽보고서(한국편)」 중에서	1. 보험과 은행 시장에서 우체국에 대한 불공정한 특혜 폐지 2. 우리은행과 한국산업은행의 민영화 3. 외국계 금융기관 지점의 본점 자본금 사용 허용 4. 외국계 금융기관이 정통한 신상품 및 신금융서비스 도입할 때 사전승인 폐지 5. 기업이나 금융기관에 의한 외환거래 또는 파생상품거래에 관한 제약 폐지 6. 학교, 고기 도매업, 정부소유기업, 여러 유형의 미디어(정보통신, 케이블 및 위성방송 등)에 대한 외국인 투자제한 폐지 7. 노동시장 문제 해결 및 노사분쟁 축소, 규제 투명성 강화 등 8. 한국가스공사 및 인천국제공항서비스 민영화 요구

다. 금융서비스부문에 대한 미국의 주된 요구가 개방화된 겸업주의 금융시스템으로의 전환, 포지티브 규제환경에서 네거티브 규제환경으로의 전환이라는 점에서 이를 쉽게 확인할 수 있다.

둘째, 투자원금은 물론이고 투기적 수익 회수와 관련한 안정망을 확보하는 것이다. 한미FTA가 포괄하게 될 양자투자협정(BIT)이 이런 안전판 역할을 수행하게 될 것이다.

셋째, 초국적 금융자본은 한국시장 내부에서 초국적 금융자본의 파이를 키우려 하고 있다. 이는 한국의 미개방 영역(의료, 교육 등)에 대한

분 야	쟁점사항	비 고

보험업	1. 법과 규정상 외국보험사의 신규 진입을 제한하진 않지만, 2001년 이후 설립인가가 전혀 없었음.
	2. 한국 보험사와의 업무제휴, 한국계 보험전문가의 고용에는 제한이 없지만, 선진국 보험시장의 관행과는 상당한 차이가 존재.
	  1) 우체국의 보험사업과 저축사업의 차별시정.
	    - 법인세, 지방세 면제 혜택.
	    - 정부의 자산보증.
	    - 보험, 은행사업에 직접 참가하지만 예금보험료 부과 면제 혜택.
	    - 금융감독전문기관이 아닌 정보통신부가 감독.
	    - 신규 상품 및 신규 직원 교육의 차별.
	    - 보험판매직원에 대한 교육 및 시험자격 면제.
	  2) 업무제휴방식에 의한 방카슈랑스가 가능하나 은행과의 직접적 결합 불가능(상품개발 등).
	  3) 생보업, 손해사정업, 보험계리업, 보험대리/중개업 등에 대한 국경간 공급서비스 허용.
	  4) 주택보증보험 독점 폐지.
		한국은 아시아의 2번째 시장: 2005년 3월 말 보험료 기준 587억 달러의 시장임.

은행업	1. 일부 은행의 정부지분 과다 보유, 그러나 민영화 계획을 구체적으로 제시하지 않음.
	  - 예금보험공사의 우리금융지주 79% 보유.
	  - 예금보험공사의 산업은행 67.7% 보유.
	2. 외국계 은행지점의 경우 본점 자본금 불인정으로 본점차입금에 의존해 영업하고 대출한도 적용 시 영업의 제한도 받고 있음.
	  - 개인소비자대출한도 및 외국환거래한도 제한, 자본적정성 및 유동성 요구조건의 제약, 중소기업 및 비4대 재벌에 대한 대출한도 등.
	3. 개인과의 외국환거래 및 자본금계정거래는 대다수 규제완화됐으나, 기업과 금융기관과의 외국환거래 및 파생상품거래에 대해서는 아직 규제가 존재.
	4. 감독규제의 투명성 부족.
	5. 외국계 은행의 전문역량이 집중되어 있는 신금융상품서비스에 대한 허가요건 존재.
	6. 여론을 의식한 규제도입 시도.
	  - 2005년 1월 국회가 은행이사선임에 관한 국적성, 거주성 요건 요구사례 제시.
		금융감독위원회는 국제신용도가 일정수준 이상이거나 높은 수준의 감독을 받고 있는 외국계 은행지점에 대해 본점 자본금을 인정하기로 최근 발표했음.

증권, 투신	1. 비거주자의 국내 증권거래시 장내거래 의무 존재. 2. 외국 수익증권의 국내사 판매대행 의무 존재. 3. 비건전성 장애 존재.	현재 장외거래인 경우 금감위 허가 사항임. 국내증권사를 이용하지 않을 경우 재무부장관 허가사항(시장접근 제한).
금융 섹터 공통	1. 네거티브시스템으로 변경. 2. 국경간 공급서비스 허용. 3. 신금융서비스 허용. 4. 금융거래수익에 대한 불투명한 과세. 5. 신상품 및 서비스에 관한 승인절차 복잡. 6. 감독당국의 규제완화.	
투자	1. 국영기업, 미디어(통신서비스 제공자, 케이블 및 위성서비스 운영), 학교, 쇠고기 도매업에 대한 외국인 투자제한. 2. 우리은행 민영화 계획 발표 지연. 3. 한국가스공사, 인천국제공항서비스 민영화.	

출처 : The Office of the United States Trade Representative, *2006 National Trade Estimate Report on Foreign Trade Barriers*, Washington D.C. : USTR Press, 2006

추가 개방이나 정부 소유의 공공기업 민영화(우리은행, 산업은행, 한국가스공사, 인천국제공항, 우체국 등 준정부 금융기관), 외국인 투자제한 기업의 한도 철폐 등의 형태로 나타난다.

2006년 3월 31일 미국무역대표부가 발행한 『2006 무역장벽보고서』에서는 각국별 무역규모와 직접투자 등의 주요 내용과 함께 무역자유화를 위한 장애사항을 자세히 열거하고 있다. 이 보고서는 미국의 7번째 수출시장으로 한국의 중요성을 강조하고 있다.

또한 미한재계회의 때 주한미국상공회의소가 제출한 『2005년 정책보고서』의 내용 역시 『2006 무역장벽보고서』와 겹치는 부분도 있지만 금융시스템의 더 자세하고 깊숙한 부분까지 검토해 요구사항들을 제시하고 있다.

3) 미국의 FTA 금융서비스 관련 주요 내용

미국이 다른 나라와 체결한 FTA 협정서는 크게 두 개의 부분으로 되어 있다. 협정본문과 부속서가 바로 그것이다. 협정본문에서는 내국민대우 및 시장접근에 대한 일반적 약속과 분야별(농업, 의류, 원산지 표시, 투자, 금융서비스 등) 약속을 정한다. 부속서는 협정본문에서 정하고 있는 혜택, 책임과 의무에 대한 구체적 약속, 일정 기간의 유보, 불합치 조항 등 기타 상세한 내용을 정하고 있다. 이 중에서 금융서비스와 관련되는 협정서의 내용은 다음과 같다.

1. 내국민대우 : 외국 투자자, 외국 금융기관, 금융기관에 대한 외국인 투자, 국경간 서비스 공급자에게 자국의 투자자, 금융기관, 금융기관에 대한 투자, 서비스 공급자와 동등한 자격을 부여하고 대우를 해주는 것을 의미한다.

2. 최혜국대우 : FTA 상대국의 투자자, 금융기관, 금융기관에 대한 투자, 국경간 금융서비스 공급자가 다른 교역국에 비해 열등한 차별을 받지 않을 권리를 의미한다.

3. 시장접근 : 정부는 금융기관 수, 금융서비스 거래량 또는 자산총액, 금융서비스 매출액, 금융서비스 사업의 수, 특정 금융서비스의 고용인원, 서비스 제공에 대한 법적 형태를 제한하지 않아야 한다.

4. 국경간 거래 : 상업주재가 이뤄지지 않은 상태의 국경간 금융서비스 제공자에게도 내국민대우를 허용해, 자국민이 특정한 금융서비스를 이용할 수 있도록 하는 조치이다. NAFTA 방식에서는 국경간 거래에 대한 일부 금융서비스의 개방을 명시하도록 하고 있다.

5. 투명성 : 투명성이란 FTA회원국의 투자자 보호를 위해 정보를 공시해야 하고, 규제조치를 취할 경우 상대회원국에 보고해야 하는 의무사항이다. GATS 방식 및 NAFTA 방식에서는 규제의 투명성을 모두 명시하고 있는데, 특히 NAFTA 방식은 상대국이 새로운 조치를 채택하고자 하는 경우 이해당사자들의 의견제출을 허용하는 '권고'(Best Endeavors) 조항까지 포함하고 있다.

6. 분쟁해결 : 분쟁해결절차 및 해결기구를 명시하고 있다. 투자자 대 정부의 분쟁은 투자규정(BIT 2004)의 분쟁해결절차에 따르며, 금융서비스 예외조항이 문제가 될 경우 금융서비스위원회에서 조정한다. 정부 대 정부의 분쟁은 금융서비스규정에 의거해 양국간 협의 또는 양국간의 합동위원회에서 해결한다. 여기서 가장 문제가 되는 것은 BIT 2004년 규정에 의해 투자자가 상대국의 정부에 소송을 제기할 수 있다는 독소조항이다. 외교통상부가 최근 발표한 초안내용에는 이 조항을 유예받지 못하고 자국의 사법절차 또는 국제법에 따라 분쟁해결을 모색하는 것으로 되어 있다.

7. 신금융서비스 : 신금융서비스란 자국에 설립된 협상대상국 금융기관이 자국에는 없는 금융서비스를 자국에서도 제공할 수 있도록 허용한다는 의미이다. NAFTA 방식에서는 상대국의 금융상품개발서비스가 다른 회원국에서도 내국민대우 조건에 의거해 허용되어야 한다고 규정하고 있으며, 새로운 법제정 절차도 필요하지 않음을 명시하고 있다. 한국이 싱가포르나 EFTA(유럽자유무역연합)와 맺은 FTA에서는 아직까지 신금융서비스를 허용하지 않고 있다. 그러나 한·캐나다FTA 추진에서는 캐나다측이 이를 요구하고 있는 상황이어서 한미FTA에서도 요구될 가능성이 높다. 그러나 미국·싱가포르FTA에서는 일정 조건 아래 신금융서비스를 개방했는데, 그 전제조건이란 자국의 금융기관에도 공급을 허용하는 신금융서비스이어야 하고, 공급을 허용할 때에도 별도의 법제정이나 개정이 필요 없는 부문만 가능하고, 건전성 차원에서의 규제는 항시 가능하도록 명시했다.

8. 경영진·이사진 등 필수인력의 이동허용(자연인의 이동) : 경영진이나 금융서비스를 돕기 위한 필수인력의 일시적 입국을 허용하고 금융기관 경영진의 국적제한이나 거주요건 등을 면제해야 한다는 조항이다.

9. 예외조항 : 정부의 규제내용이나 조치 중 FTA와 합치되지 않는 내용은 명시할 수 있도록 되어 있다. 유보에는 현행유보와 미래유보 두 가지가 있다.[8] 또한 건전성 규제 및 거시경제정책 운용상의 조치도 포함된다. 즉, 금융시스템 통합과 안정확보를 위해 건전성 규제를 할 수 있다. 또한 중앙은행이나 정부의 통화정책, 환율정책과 관련된 조치는 의무예외를 받을 수 있다. 그리고 국가가 심각한 경상수지적자 또는 대외

---

8) 현행유보는 특정 분야에서 현 정부정책에 배치되는 FTA 협정사항을 유보하는 것이고 미래유보는 FTA체결 후 새로운 규제조치를 도입할 수 있도록 미리 유보해두는 것이다.

분 야	미국·싱가포르FTA	미국·칠레FTA	미국·호주FTA
은행	• 18개월 이내에 모든 서비스가 가능한 은행설립 허가, 3년 이내에 도매은행 설립허가 • 허가 받은 은행은 첫해에 30개, 2년 이내에는 무제한으로 점포개설 가능 • 현지법인은 2년 반 이내에 ATM Network에 접근가능	• 매우 제한된 경우를 제외하고 지점설립과 현지기업에 투자 가능	• 은행에 대한 인수심사와 관련해서는 현재의 적격심사 유지
보험	• 현지법인, 지점 또는 합작법인 설립 허용 • 해상항공운송보험(MAT), 재보험, 이들 보험의 중개에 대한 국경간 공급시장 개방 • 보험서비스에 대한 감독기관의 사전 승인절차 폐지	• 보험사에 대한 법적 형태 제한폐지 • 현지법인, 지점, 합작법인 형태 모두 허용 • 해상항공운송보험(MAT), 재보험, 이들 보험중개에 대한 국경간 공급시장 개방 • 보험서비스에 대한 감독기관의 사전 승인절차 폐지	• 생명보험사 지점 추가개설 허용 • 해상항공운송보험(MAT), 재보험, 이들 보험의 중개서비스, 기타보험 부수업무, 금융정보 데이타처리 서비스, 금융자문서비스에 대한 국경간 공급 허용 • 보험금융기관에 대한 인수심사와 관련해서는 현재의 적격심사 유지
증권	• 신설형태 또는 현지회사의 인수형태를 통해 자산 포트폴리오관리, 증권서비스 허용 • 포트폴리오 매니저들의 현지주재에 대한 조건완화 • 금융정보, 자문, 자료처리서비스에 대한 국경간 공급시장 개방	• 매우 제한된 경우를 제외하고 지점을 설립하고 현지기업에 투자를 할 수 있음. • 금융정보, 데이터처리, 금융자문서비스에 대한 국경간 공급시장 개방. 단, 제한된 예외인정	• 금융정보데이타처리서비스, 금융자문서비스에 대한 국경간 공급 허용 • 포트폴리오관리서비스 국경간 공급서비스 허용
섹터 공통	• 연기금의 자산운용서비스 제공을 허용	• 민영화된 임의연금저축사업에 금융서비스 제공 허용	• 금융서비스기관에 대한 투자의 적격심사 면제 • 은행과 보험부문을 제외한 금융서비스기관에 대한 인수투자는 금액이 8억 호주달러 이하면 적격심사 면제 • 특수한 금융기관 또는 특수한 법적 형태로 신금융서비스의 국경간 공급을 할 경우는 허가 • 인가제도 및 감독의 투명성 제고를 위한 기준 개선 • 감독당국은 보험상품의 신속한 도입 보장 • 비회원국에 대한 건전성 규제는 가능하나 그 이유는 회원상대국에 통지해야 함 • 두 나라 간의 금융서비스 통합 위해 금융서비스위원회 설치
투자			• 호주에 대한 모든 형태의 투자는 FTA의 조항 적용 • 대부분의 적격심사는 면제. 단, 투자형태에 대한 심사대상의 여부 및 제한은 현재 계획 중에 있음. • 투자자와 정부 간 분쟁중재에 대한 절차는 FTA에서 채택하지 않음. 두 나라 간의 오랜 경제적 협력관계, 법적 관습, 상대국 투자자에 대한 신뢰를 바탕으로 해결. 그러나 투자 관련 정부 대 정부의 분쟁해결 절차는 유효함.

출처 : The Office of the United States Trade Representative, *2006 National Trade Estimate Report on Foreign Trade Barriers*, Washington D.C.: USTR Press, 2006의 자료를 정리

재정상의 어려움이나 위협에 처할 경우 경상계정 또는 자본계정거래에 대한 제한조치를 취할 수 있다.

미국이 각국과 FTA를 체결하면서 다루었던 금융서비스 관련 내용은 앞 페이지의 〈자료 11〉에서 살펴볼 수 있다.

3. 한미FTA 금융서비스부문의 쟁점과 파급효과

1) 금융서비스 개방 방식

FTA협상에서의 금융서비스 개방 방식은 자유화 기재 방식에 따라 크게 GATS(General Agreement on Trade in Services, 서비스교역에 관한 일반협정) 방식과 NAFTA 방식으로 구분할 수 있다.

GATS 방식은 '내국민대우', '시장접근', '최혜국대우' 분야에서는 개방할 분야를 기재하는 열거주의 방식(positive list approach)을 취하고, 자유화 대상 분야에서는 제한조치만을 기재하는 포괄주의방식(nagative list approach)을 취한다. 즉 업종개방은 열거주의 방식, 개방된 업종에 대한 규제는 포괄주의 방식을 적용하는 것이다. 반면 NAFTA 방식은 국경간 거래와 해외투자 관련규정을 별도로 두고, 부속서에 유보나 불합치조치[9]가 표기되지 않으면 개방을 허용하는 포괄주의 방식을

---

9) 불합치조치(Non-conforming Measures)란 내국민대우, 상업적 주재, 이행요건, 고위경영자 및 이사회 국적요건 등 서비스 및 투자 협정문 규정에 의해 부과되는 것과 일치하지 않는 조치를 말한다. 불합치조치는 현행유보와 미래유보로 구분된다. 현행유보는 현존하는 정부조치를 부속서에 별도로 기재해 협정상의 의무에서 벗어나기 위한 장치로 장래에는 현존하는 것보다 더 규제적인 방식으로 개정이 불가능하게 되어 있다. 미래유보는 새로 추가적인 규제를 도입하기 위해 협정상의 의무를 배제하는 방식으로 현존 규제보다 강력한 규제조치 도입이 가능하다.

취하고 있다. 즉 업종개방 및 규제가 모두 포괄주의 방식이며 협정체결 후에 추가적인 자유화조치가 자동적으로 협정에 반영되는 구조이다.

우리나라의 경우 싱가포르 및 EFTA와의 FTA에서는 GATS 방식을 적용한 바 있다. 아직 한국은 제반 규제 및 금융법 체계가 열거주의 방식으로 되어 있는 탓이다. 한미FTA와 관련해서는 미국이 기본적으로 NAFTA 방식을 채택하고 있는 데다가, 최근 우리 정부가 금융법 체계를 포괄주의 방식으로 개정하는 작업을 추진하고 있어 어떤 방식의 접근이 이뤄질지는 미지수다.

일부에서는 NAFTA 방식(포괄주의)을 선택할 경우 국내외 국가간의 형평성 문제나 감독규제의 이원화 발생 가능성 등 많은 불확실성이 존재한다며 GATS 방식을 채택해야 한다고 말한다. 기존의 미·호주, 미·싱가포르FTA에서도 상업적 주재는 포괄주의 방식을, 국경간 거래는 열거주의 방식을 취하는 혼합 방식을 채택했기 때문에 우리도 이런 방식을 선택해야 한다는 것이다.

하지만 한미FTA가 어떤 방식을 취한다 하더라도 실질적인 개방의 내용 및 파급효과는 동일할 수밖에 없다. 미국이 여타 국가들과 체결한 협상문을 통해 판단할 때 금융부문 약정은 공통적으로 내국민대우, 최혜국대우, 시장접근(또는 금융기관의 설립), 국경간 거래, 신금융서비스, 임원 및 이사회, 규제의 투명성, 분쟁해결절차 등을 공통적으로 포괄하고 있기 때문이다.

GATS 방식에서는 국경간 공급과 해외소비를 구분하고 있으나 최근에는 그 구분이 점차 모호해지고 있다. 금융서비스의 경우 물리적 실체가 없고, 전자상거래 등 인터넷을 이용한 거래가 점차 증가하고 있기 때문이다. NAFTA 개방방식에서는 국경간 거래가 GATS 방식에서의 자연인의 주재(모드 4), 해외소비(모드 2), 국경간 거래(모드 1) 등을 포괄하고 있다.[10] 미국이 그간 타국과 체결한 협정서의 구조 및 내용으로 볼 때 결국 한미FTA 금융서비스 부문에서의 주요 쟁점은 ①국경간 거래 ② 신금융서비스 개방에 집중될 것으로 보인다. 상업적 주재에 대한 개방이란 상대국에 대해 법인이나 사무소를 손쉽게 설립할 수 있고 영업을 제약 없이 할 수 있게 해주는 것을 말하는데, 우리나라는 상업적 주재에 대해서는 비교적 개방을 많이 한 상황이다.

2006년 5월 15일 외교통상부가 발표한 한미FTA의 협상목표에 의하면 상업적 주재에 대해서는 네거티브시스템을 채택하기로 결정했고, 국경간 거래에 대해서는 소비자보호 강화를 위한 내용을 반영해 포지티브시스템을 유지하기로 했다. 이는 다음의 문제점을 갖고 있다. 첫째, 금융의 기능은 효율적으로 자금을 중개하고 필요한 곳에 배분해주는 것인데도 금융과 자본은 자율시장, 완전경쟁시장의 원칙에 의해 움직이게 된다. 시장에서 자금의 투기현상이나 병목현상이 발생할 경우, 금융기관자산의 대부분이 개인담보대출에 사용되거나 부동산 투자에 사용되어도 '이행의무부과금지'[11] 조항이 효력을 발휘하면 중소기업에 대한 대출비율 유지, 근로자의 고용승계의무, 내국인의 일정 비율 고용의무, 노동기본권 보장, 환경기준 준수의무 등 거의 모든 의무준수사항으로부터 자유롭게 된다. 조항에 위배되기 때문에 정부는 아무런 조치를 할 수 없다. 또한 중소기업에 대한 대출비율 유지 등으로부터도 자유롭게 되기 때문에 오히려 국내 은행은 심각한 역차별에 부딪힐 것이다.

---

10) 최근 미국이 체결한 싱가포르, 칠레, 호주와의 FTA에서는 상업적 주재가 포괄주의(네거티브) 방식, 국경간 거래가 열거주의(포지티브) 방식을 취하는 혼합적 접근이 이뤄졌다.
11) 이행의무부과금지란 상대회원국이 투자한 금융기관이 특정한 사업을 경영하거나 국내 기업을 인수한 외국인 투자자에게 국가에서 부과하는 어떤 의무나 약속도 강제로 이행토록 할 수 없게 한 조항이다.

2) 겸업주의 금융시스템으로 개방

1933년까지 미국에서는 은행이 유럽의 은행들처럼 전통적인 은행업무
와 증권업무를 겸업했다. 그 이전에는 은행과 증권사간의 방화벽이 없
었다. 그래서 은행업무와 증권업무 자체의 서로 상반되는 특성, 영역간
의 과다경쟁 등의 이유로 금융버블과 함께 1929년 대공항이 발생하여 1
만 개 이상의 은행이 도산하며 금융제도의 붕괴위기를 맞기도 했다. 결
국 1933년 글래스-스티골법이 제정되어 은행의 증권인수 및 증권거래
가 금지되기에 이르렀다.

　　보험사와 증권사는 글래스-스티골법 이전 은행업무가 허용되지 않
았음에도 불구하고 사실상 저축기관과 같은 제2금융기관(non-bank)을
통해 은행업에 진출했다. 심지어 상업은행을 인수해 상업대출부문을 따
로 떼어 매각하는 방법을 통해 제2금융기관으로 전환하기도 했다. 대부
분의 보험사들은 자산운용부문을 전문화하기 위해 투신사를 자회사로
보유하고 있다.

　　미국 생명보험상품의 은행을 통한 판매 비중은 10%에 불과하다.
그 이유는 주마다 보험업법이 상이하고, 대출연계 보험판매가 엄격히
규제되고 있으며, 보험브로커와 전문 보험대리점이 발달한 관계로 큰
성장을 못하고 있기 때문이다. 따라서 미국의 은행들은 여기에 대한 대
안으로 보험대리점에 대한 매수전략을 강화해 주로 연금보험을 판매하
고 있다.

　　한국의 경우에는 자본시장통합법에 따라 이전의 기관별 규율방식
에서 기능별 규율제도로 전환해 포괄주의 규율체제를 도입하기로 발표
했다. 따라서 은행업법, 보험업법, 금융투자업과 자본시장에 관한 법(가
칭), 서민금융관련금융법으로 분야를 나누고 선물거래법, 자산운용업

〈자료 12〉 은행업의 겸업 내용

구분	주요 내용	근거법령
고유업무	• 예적금의 수입 또는 채무증서의 발행 • 대출 또는 어음의 할인 • 내국환, 외국환	• 은행법 27조 • 동법시행령 18조의 2
부수업무	• 채무의 보증, 어음인수 • 상호부금 • 국공채의 인수 매출 • 국공채 및 회사채 매매 • 환매조건부채권 매매 • 팩토링 • 보호예수 • 신용정보 서비스 • 부동산 임대 • 파생금융상품 거래 • 기업경영, 구조조정 및 금융에 관한 상담 및 조력 • M&A 중개, 주선, 대리 • 전자지급수단의 발행, 판매 및 대금의 결제 • 유동화자산의 관리 및 채권추심업무의 수탁 • 수익증권, 보험상품의 판매	• 은행법 27조 • 시행령 18조의 2 • 시행규칙(재경고시 2003-13)
겸영업무 (금감위 허가사항)	• 신탁업법에 의한 신탁업무 • 여신전문금융업법에 의한 신용카드업무 • 간접투자 자산운용업법에 의한 자산운용회사·판매회사 업무	• 은행법 28조 • 동법시행령 18조의 3

출처 : 금융감독위원회 홈페이지(은행법 및 관련규정)

〈자료 13〉 증권업의 겸업 내용

구분	주요내용	근거법령
고유업무	• 유가증권의 자기매매 • 유가증권의 위탁매매 • 유가증권의 인수, 매출, 모집 또는 매출의 주선	• 증권거래법 2조 8항
부수업무	• 유가증권 및 지분의 평가 • M&A 주선 또는 중개 • CD 매매와 중개 • 사채모집의 수탁 • 유가증권거래 관련 대리인 업무 • 기업경영, 구조조정 및 금융에 관한 상담 및 조력 • 유가증권의 대차거래와 그 중개, 주선 또는 대리 • 유가증권의 보호예수 • 수익증권, 보험상품 판매	• 증권거래법 51조 1항 • 시행령 36조의 2
겸영업무 (금감위 허가사항)	• 선물거래법에 의한 선물거래 • 장외파생상품의 거래와 중개, 주선 또는 대리 • 간접투자자산운용업법에 의한 투자자문과 투자일임업 • 신탁업법의 규정에 따른 신탁업	• 증권거래법 51조 1항 • 시행령 36조의 2

출처 : 금융감독위원회 홈페이지(증권거래법 및 관련규정)

<자료 14> 보험업의 겸업 내용

구분	주요내용	근거법령
고유업무	• 보험계약의 체결과 이행	• 보험업법 2조
부수업무	• 보험수리 • 보험사고 및 계약 조사 • M&A 중개, 주선, 대리 • 대여금고 • 수익증권 판매 • 간접투자자산운용업법에 의한 자산운용회사 업무 및 판매회사 업무 • 대출 • 유가증권의 자기매매 • 파생상품 자기매매	• 보험업법 11조 • 106조 • 시행령 16조
겸영업무 (금감위 허가사항)	• 유동화자산의 관리(당해 보험사의 보유자산) • 신탁업법에 의한 신탁업	• 보험업법 11조 • 시행령 6조

출처 : 금융감독위원회 홈페이지(보험법 및 관련규정)

법, 증권거래법, 신탁업법, 종금업법, 기타 금융투자업법 등을 모두 묶어 「금융투자업과 자본시장에 관한 법」으로 통합했다.

이렇게 4가지 분야로 분류된 금융 관련 법률에 따라 각 분야별 겸업화 내용이 다르다. 금융지주회사 방식에 의한 분야간 겸업화는 이미 완전히 허용되고 있고 업무제휴방식(아웃소싱)도 핵심업무 외에는 모두 허용이 된 상태이다. 따라서 현재의 겸업화 논의는 내부겸영을 어느 정도까지 허용할 것인가가 중요한 논쟁거리이다.

정부가 2006년 2월 발표한 「금융투자업과 자본시장에 관한 법」(가칭) 제정방안에 따르면, 각 분야별 겸영업무의 영역을 모두 금융투자업 하나로 묶고 동일한 금융기능(금융기능은 금융투자업, 금융투자상품, 투자자를 조합으로 정의)에 대해서 동일한 규제를 적용하는 기능별 규율로 전환함으로써 투자자를 보호하겠다고 한다. 미국과의 FTA가 이루어질 경우 금융지주회사 방식이나 자회사 방식으로는 금융투자업에 대한 모든 분야가 가능해지고 심지어 내부겸영 방식으로도 <자료 13>에서 보는 바

와 같이 종합금융 분야(머천트뱅킹)을 제외한 대부분이 허용될 것으로 보인다.[12]

따라서 국내 금융기관들의 내부통제시스템, 각 영역간의 방화벽이 제대로 설치되지 않은 현재의 미숙한 현실을 고려하면, 외국의 금융기관들은 이런 것을 빌미로 IT전산센터, 내부통제시스템구축 및 관리 등의 백오피스 업무를 모두 해외의 저임금 국가(인도, 필리핀, 말레이시아 등)로 이전할 가능성이 높다. 심지어 외국의 금융기관들은 자체적인 감독시스템, 회계처리시스템 등을 갖추겠다고 주장할 것이다. 이는 모든 금융시스템이 미국식 기준으로 획일화되는 것을 의미한다.

3) 은행의 사영화(민영화)

미국이 우리은행과 국책은행인 산업은행 등의 민영화를 요구하는 것은 런던금융시장이나 뉴욕금융시장과 같은 거대한 동북아 금융허브를 추진하려는 것으로 보이며, 한국에 민영화 자금을 위한 대체자본이 없는 것을 알고 있는 미국 월가의 사모펀드들은 한국의 금융기관들을 바이아웃 형식을 통해 매입하려 하거나 투자를 통해 금융시장에 대한 지배력을 넓히려고 하고 있다.

따라서 론스타의 외환은행 인수건은 미국 월가의 사모펀드들에게

---

12) 재정경제부의 자본시장통합법 제정방안의 주요 내용은 ①현재 자본시장의 모든 금융업(매매업, 중개업, 자산운용업, 투자일임업, 투자자문업, 자산보관관리업) 상호간 겸업을 허용함으로서 '대형금융투자회사' 육성, ②금융상품 포괄주의로의 전환, ③금융투자회사의 송금, 결제 등 부가서비스 제공 허용, ④펀드운용과 관련한 규제의 대폭 완화 등을 담고 있다. 요컨대 그간 자본시장에 존재하던 각종 규제를 대폭적으로 철폐하는 것을 주요 내용으로 하고 있는 것이다. 보험산업 규제개혁안은 아직 공식적인 발표가 없어 구체적인 내용은 알 수 없으나 대체적으로 자본시장통합법과 같은 맥락일 것으로 추정된다.

정부유효소유지분율			1995년 정부유효소유지분율		
10대 은행	국책은행 제외한 10대 은행	세계 평균	OECD 평균	OECD 평균 (영미 제외)	국책은행 제외 10대 은행(한국)
28.75%	20.95%	41.57%	29.46%	33.68%	38.27%

출처 : 금융경제연구소, 『우리은행 민영화 과제와 대응방안』, 연구보고서(5월), 전국금융산업노동조합 우리은행지부, 2005

는 관심의 대상이 될 수밖에 없었는데, 이미 이들은 한국의 사모펀드 시장이 육성되기 전에 어떻게든 고수익을 창출하기 위해서 FTA를 통해 압박을 가하고 있다. 2005년도 기준 미국의 사모펀드 규모는 2003년도에 비해 2배가 증가한 1,396억 달러로서, 주식형 뮤추얼펀드의 규모인 1,358억 달러를 앞질렀다. 반면 2000년 12월 도입된 한국의 사모펀드 규모는 2005년 6월 현재 1조 2천억 원으로서 미국의 1%의 수준에 머무르고 있다.

따라서 정부는 국책은행이나 공적자금은행들에 대한 효율성과 수익성 제고라는 목적을 달성하기 위해서 무조건적인 민영화를 추진하기보다는 관치금융이나 낙하산 인사 등 비효율적인 지배구조와 정책에서 벗어나 좀더 투명하고 생산성 있는 모습을 국민들에게 보여주고 신뢰를 회복하는 것이 더 나을 것이다. 또한 장기적인 계획을 갖고 국내자본을 육성한 후 점차적인 민영화를 추진하는 것이 바람직하다.

4) 상업적 주재의 포괄주의 방식 허용

상업적 주재를 통한 거래는 국제금융서비스 거래의 대부분을 차지하고 있는데 그 요인을 분석해보면 다음과 같이 정리할 수 있다. 첫째, 금융기관들이 해외에서 영업을 함으로써 자국 및 타국 또는 양국 모두에서 규제를 피할 수 있는 이점이 있다. 둘째, 금융기관들은 상업적 주재를 통해 자국 내에 존재하는 지점설립이나 상품범위 등에 대한 규제도 피할 수 있다. 셋째, 미국의 은행들은 1999년 폐지된 「글래스-스티골법」 제정으로 인해 증권관련 영업을 할 수 없어 이를 피하기 위한 수단으로 해외에서 영업체계를 유지한 것이 대표적인 사례이다. 넷째, 국제무역의 빠른 성장에 따라 다국적 회사의 성장이 두드러졌고 이 기업들의 해외투자와 관련해 은행서비스를 제공할 기관이 필요하게 됐다. 심지어 조세회피 지역에 대한 수요도 증가했다.

현재 은행부문의 상업적 주재에 대해서는 거의 개방되어 있고 양허표상 일부의 제한이 남아 있는 상태이다. 미국이 요구하는 내국민대우에 위배되는 부분을 꼽자면, 외국계 은행 한국지점의 경우 본점 자본금이 인정되지는 않지만 국내에 투자된 실질금액은 자본금으로 인정됨으로써 영업상의 제한을 받고 있는 부분이다. 즉, 개인소비자대출 한도책정상의 불이익, 외국환거래한도의 제한, 자본적정성 및 유동성에 대한 요구조건에 있어서의 불이익, 중소기업과 비4대 재벌기업에 대한 대출의 불이익이 주요 쟁점으로 남아 있다. 이는 중소기업에 대한 대출규모를 늘리라는 의미인지 중소기업 대출비율을 폐지해 달라는 것인지 요구내용이 불분명하다. 그러나 모든 정황을 살펴보면, 중소기업에 대한 대출비율에서 자유롭게 해달라는 요구일 것으로 예상된다.

한미FTA에서 이 부분을 인정해줄 것을 요구하고 있는데, 본점 자본금이 인정될 경우 그 파장은 너무도 클 것으로 보인다. 미국은행과 한국계 은행의 자본금과 자산규모만 해도 몇 십 배의 차이가 존재하는 것이 현실인 지금 공정한 게임이 될 수 없는 이치이다.

외국계 은행의 국내 시장에 대한 지배력은 급격히 상승할 것이다. 조달금리에서도 국내 은행과의 차이가 상당하기 때문에 막강한 자금력과 저렴한 금리로 국내 금융시장에서 비교우위를 점할 것이다.

국내 중소기업에 대한 대출규모는 총 대출잔액에서 보면 거의 제로에 가까우므로 사실상 중소기업 대출은 배제될 가능성이 높다. 비교적 안정적이고 수익성이 좋은 개인소비자 대출에 대한 여신규모는 기하급수적으로 늘어날 수 있으며, 수익성 위주의 영업형태를 국내 시장에 더욱 전파하게 될 것이다. 사실상 기업과 금융기관과의 외국환거래와 파생상품에 대한 한도가 존재하지만, 본점 자본금을 인정할 경우 이에 대한 영업한도는 상상력을 초월하는 규모로 증가할 가능성이 높다.

따라서 국민경제에 부정적인 결과를 가져올 것이고 공공성은 아예 포기해야 할 것이며 외국환거래의 급속한 증가로 외환위기가 재발할 가능성도 없지 않다. 외국계 은행 지점에 대한 본점 자본금 인정을 미국도 자국 내에서 인정하지 않고 있을 뿐 아니라 국제결재은행(BIS)의 바젤위원회 은행감독 핵심원칙에서도 외국계 은행 지점의 감독상 차별성을 인정하고 있어 독일, 프랑스, 싱가포르, 대만 등이 본점 자본금을 인정하지 않고 있다.

5) 국경간 거래의 개방

① 정의 및 자본이동

국경간 금융서비스란 일국에 위치한 금융회사가 타국에 거주하는 소비자에게 지점, 자회사, 현지법인, 또는 합작형태의 상업적 주재 없이 공급하는 금융서비스를 의미한다. 그러나 그 거래가 금융서비스를 제공하는 국가에서 발생하는지, 아니면 금융서비스를 이용하는 국가에서 발생하는지 구분하지 않고 있다. 또한 자본이동과 관련은 있지만 항상 자본이동을 수반하는 것은 아니다. 예컨대 국경간 예금, 대출, 증권매매의 경우

자본이동이 수반되지만 투자자문이나 금융정보제공의 경우 자본이동은 일어나지 않는다. 보험의 경우에도 보험금 지불이 발생하는 경우에만 자본이동이 발생하게 된다.

② 국경간 거래의 추세

현재 각국의 WTO협상 양허안에서는 해상보험, 항공보험, 재보험 등 일부를 제외하고는 국경간 금융서비스 거래를 양허하지 않고 있다. 그러나 IT기술의 발달과 FTA의 확산으로 급격한 속도로 증가추세에 있다. 국제적 거래규모는 거래 자체가 직접 관찰되지 않기 때문에 금융기관의 중개비용으로부터 추정할 수밖에 없다. 특히 전자금융의 확산 등으로 인해 총체적인 자료로 국경간 금융서비스의 거래규모를 파악하는 것은 불가능하다.

그동안 국경간 거래는 비교적 전문지식을 갖춘 고객들을 위한 도매금융 분야에 집중되어 왔는데 향후로도 기술혁신의 속도와 규제환경의 변화에 따라 지속적인 성장세를 보일 것으로 전망된다. 그러나 소매금융 거래는 상당 부분 제한되어 왔는데, 상업적 주재를 통해 더 쉽게 고객과 접촉할 수 있고 전문적 의견과 지식을 제공할 수 있는 특성이 있기 때문이었다. 향후 고객과 금융서비스 제공자 사이의 관계, 법규 및 제도, 세금체제 등의 차이에 따라 소매금융부문의 상업적 주재에 대한 의존도는 당분간 지속될 것으로 보인다. 특히 생명보험 등 집중적인 자문을 필요로 하는 부문과 금융회사의 자금관리 등은 상업적 주재 형태가 계속 이어질 것이다. 그렇지만 향후 젊은 세대들의 생활패턴이나 금융서비스의 이용추세를 보면 소매금융부문의 국경간 거래는 상당한 성장세를 보일 것으로 예상된다. 그 예로 영국의 프루덴셜(UK Prudential)은 1998년 인터넷 전업은행인 에그은행(Egg)을 설립해 대규모 소매금융(주로 저축, 대출) 및 신용카드업무를 영위하고 있으며 고속의 성장세를 유지하고 있다. 그러나 일반적으로 소매금융 고객들이 도매금융 고객들보다 전문지식이 부족하므로 규제의 필요성은 소매금융부문이 도매금융부문보다 더 크다.

③ 한국의 현행법 체계

한국은 현재 상업적 주재를 통한 금융서비스 제공을 전 업종에 걸쳐 개방해놓고 있지만, 국경간 공급을 통한 거래는 투자자문, 생명보험, 일부 손해보험서비스만 제외하고는 은행과 증권 대부분을 금지하고 있는 상태다. 법을 통한 국내 규제는 공급자에 대한 규제와 수요자에 대한 규제로 나눌 수 있는데, 공급자에 대해서는 은행법·증권거래법·보험업법 등의 개별업법을 통해서, 수요자에 대해서는 외국환거래법을 통해서 규제하고 있다.

〈자료 16〉 현행법상의 국경간 거래 규제 내용

구분	은행법	증권거래법	보험업법	외국환 거래법
내용	• 상업적 주재를 통한 은행업 영위에 대해서만 규정 • 국경간 거래에 대해서는 규정하지 않음	• 증권서비스의 공급을 명시적으로 금지 • 선물거래법도 국경간 선물거래 서비스 공급금지 • 선물거래업에 대한 해외소비를 제한 • 국경간 투자자문업, 투자일임업 서비스 공급은 원칙적으로 허용	• 국경간 생명보험, 항공해상보험, 재보험의 거래에 대해 명시적으로 허용	• 거주자(법인 또는 개인)의 해외예금을 금액에 따라 제한적으로 허용 • 거주자의 비거주자로부터의 외화증권 취득 및 법인의 외화차입과 외화증권발행 허용

출처 : 금융감독위원회 홈페이지(보험업법 및 관련규정)

④ 예상되는 문제점

은행법은 국경간 거래를 금지하고 있는데 비해 외국환거래법은 이를 제한적으로 허용하고 있다. 그런데 외국환거래법은 재무건전성이 양호한 기업의 단기차입을 허용하고 있는데 이는 국경간 은행서비스 거래에 해당되기 때문에 국경간 거래를 금지하고 있는 은행법과 상충되고 있다.

한국은 국경간 거래를 원칙적으로 허용하고 있지 않기 때문에 이에 대한 규제와 감독체계가 전무한 상태이다. 이런 경우 금융서비스 제공국가의 감독당국에 의존할 수밖에 없다. 한미FTA의 경우에는 미국의 규제와 감독시스템을 수용할 가능성이 높은데 각국의 규제감독시스템을 먼저 살펴보자. 그리고 미국이 현재 채택하고 있는 국경간 거래에 대해 알아보는 것이 필요하다

국경간 은행업무의 경우, 제공되는 서비스의 도매/소매의 형태 여부, 예금수취, 신용공여(대출 등), 고객유치 등의 포함 여부에 따라 국가별로 상당히 상이한 감독방식을 취하고 있는데 미국은 외국 은행이 미국 내에서 '영구주재'(permanent presence) 수준의 영업을 하지 않는다면 국경간 은행업을 허용하고 있다. '영구적 주재'의 결정 여부는 예금유치 여부 및 방법이다. 즉, 은행업무가 사무소 유지 또는 본격적인 은행업 수준에 이르지 않을 경우 국경간 거래는 허가되나, 이를 넘어설 경우 외국 은행은 이용국가의 면허를 취득해야 하며, 상업적 주재를 통해서 서비스를 제공해야 한다.

국경간 증권업의 경우에는 시장위험에 많이 노출되어 있기 때문에 소비자 및 투자자의 보호 문제가 특히 중요성을 가지므로, 은행업이나 보험업에 비해 이용국가의 규제감독에 더욱 의존하고 있다. 제공국가의 규제를 기초로 국경간 거래를 허용한 국가는 독일, 스위스, 영국으로 매우 제한적인 반면, 벨기에(소매의 경우), 캐나다, 이탈리아, 일본은 상업

적 주재가 없는 국경간 증권업을 금지하고 있다. 호주, 벨기에(도매), 네덜란드, 미국은 면허취득 혹은 이용국가의 규제적용 아래 국경간 증권업을 허용하고 있다. 그러나 캐나다, 이탈리아, 일본, 미국은 도매투자자를 대상으로 국경간 증권업에 대한 금지나 이용국가의 규제적용을 예외로 두고 있다.

보험업의 경우, 해상항공 및 운송보험과 재보험은 국제적인 집합화(pooling)의 필요성 때문에 국경간 거래가 전세계적으로 허용된다. 하지만 이용국가별로 약간의 제약이 가해지는데, 특히 미국에는 외국보험사에 대한 등록요건이 존재한다. 소매보험의 경우에는 체코, 독일, 일본, 멕시코, 노르웨이 등이 국경간 소매보험상품판매를 금지하고 있다. 스위스·캐나다·스웨덴은 고객유치 활동이 포함될 경우, 영국은 생명보험 영역에 있어서 이미 지정된 보험업자가 아닐 경우 생명보험판매가 금지되어 있다. 호주와 벨기에는 광고에 의한 소비자 보호를 위해 제공국가의 규칙을 적용하고 있으며, 벨기에와 네덜란드는 건전성 규제를 목적으로 외국보험사의 재무건전성을 요구하고 있다.

그러므로 한미FTA의 경우 이미 재정경제부와 외교통상부가 밝힌 대로 법인투자자에 대한 거래는 허용될 가능성이 높고 개인투자자나 소비자를 위한 국경간 거래는 홈쇼핑 등에 의한 고객유치 판촉행위를 제외하면 예금수취, 신용공여(대출 등), 펀드상품 등 각종 상품을 금융기관이 직접 판촉하는 형식으로 허용될 가능성이 존재한다.

이에 따른 문제점으로는 서비스 이용국가와 제공국가 간의 차이를 어떻게 조율하느냐가 대단히 중요하다. 한미FTA 같은 경우에는 초창기부터 제공국가의 감독기준을 적용하는 경우나 처음에는 이용국가의 규제방식을 따르다가 규모가 커지면서 제공국가의 규제방식으로 나아가는 방식을 택할 것으로 생각된다. 그러나 어떤 방식을 택하든 국경간 거래는 가상공간에서 이뤄지는 것이므로 운영위험, 평판위험, 법적위험, 유동성위험, 국가위험, 외환위험 등 각종 위험에 직면할 수 있다.

한국의 금융당국이 과연 이런 각종 위험을 평가하고 통제하고 모니터링할 수 있는 체계를 갖추고 있는가에 대해서는 전문가들조차 의구심을 갖고 있다. 따라서 규제감독 방법의 혼란으로 국내 소비자보호, 금융시스템의 안정이 위협을 받을 수 있다.

굴지의 외국금융사들은 국내 시장을 급속도로 잠식할 것이다. 조달금리를 무기로 국내의 소비자들에게 고수익 상품을 내놓으면 누가 그런 수신상품을 사지 않겠는가? 결국 국내 소비자의 부가 고스란히 미국으로 이전되는 효과가 발생할 수밖에 없는 구조이다.

고용창출과 선진금융기법으로 그나마 국내에 기여하는 상업적 주재와는 달리 국경간 거래는 그 특성상 시장개방에 따른 부수적 효과도 기대하기 힘들다. 국내외 자금이동이 증가해 이에 따라 통화정책의 수행에 어려움이 증대되면 상시적인 유동성 위험에 노출될 것이다.

6) 신금융서비스 개방

우리나라가 최근 호주, 싱가포르, EFTA와 맺은 FTA에서는 아직까지 신금융서비스를 허용하고 있지 않다. 그러나 한미FTA에서는 미국측이 이를 강력하게 요청하고 있다. 또한 한국측이 금융허브 추진이라는 명분을 내세운 탓에 미국측에 더욱 강력한 명분을 제공하고 있다. 또한 NAFTA 방식에서는 상대국의 금융상품개발서비스가 다른 회원국에서도 내국민대우 조건에 의거 허용되어야 한다고 규정하고 있으며, 새로운 법제정 절차도 필요하지 않음을 명시하고 있다.

먼저 신금융서비스 중에서 파생금융상품이 차지하는 비율이 높다.

<자료 17> 파생금융거래별 잔액규모

단위: 10억 달러

	2003년 12월 말		2004년 6월 말	
	국내 은행	미 국	국내 은행	미 국
선도 및 선물거래	153.8 (48.7%)	44,083 (62.0%)	177.9 (39.9%)	47,785 (62.4%)
옵션거래	133.8 (42.4%)	11,393 (16.0%)	232.3 (52.2%)	11,827 (15.5%)
스왑거래	27.4 (8.7%)	14,605 (20.6%)	34.2 (7.7%)	15,710 (20.5%)
신용파생거래	0.7 (0.2%)	1,001 (1.4%)	0.7 (0.2%)	1,202 (1.6%)
총　계	315.7	71,082	445.1	76,524

출처 : 은행국 분석총괄팀, 「파생금융거래의 국제비교와 위험평가」, 보도자료(9월 15일), 한국은행, 2004

<자료 18> 장내 장외별 파생금융거래 잔액규모

단위: 10억 달러

	2003년 12월 말				2004년 6월 말	
	국내 은행	미국	일본	BIS 가맹국	국내 은행	미국
장내거래	9.6 (3.0%)	6,946 (9.8%)	9,157 (38.5%)	36,734 (15.7%)	9.6 (2.2%)	6,480 (8.5%)
장외거래	306.1 (97.0%)	64,135 (90.2%)	14,606 (61.5%)	197,177 (84.3%)	435.4 (97.8%)	70.044 (91.5%)

출처 : 은행국 분석총괄팀, 「파생금융거래의 국제비교와 위험평가」, 보도자료(9월 15일), 한국은행, 2004

따라서 현재 파생금융거래의 양국 비교를 해보는 것이 중요하다. 2004년 6월 말 기준으로 국내 은행의 파생금융거래 잔액은 4,451억 달러로 미국 상업은행의 76조 5,240억 달러와 비교하면 0.6%에 불과하다. 2003년 말 기준으로 보면 일본의 1.3%, BIS 가맹국의 0.2% 수준에 불과하다. 영역별 비중을 보면, 미국은 금리파생거래가 87%, 일본은 92.1%이다. 반면에 한국은 원화가 국제통화로서의 결제기능이 낮아 환율위험에 많이 노출된 관계로 통화파생거래가 54.8%로 가장 높다.

국내 은행은 미국의 상업은행에 비해 옵션거래의 비중(52.2%)이 높다. 이는 금리파생거래보다 환율변동성에 대한 헤지(hedge, 위험회피)를 위해 통화파생거래를 많이 이용하고 있기 때문이다. 또한 2004년 6

월 말 현재 국내 은행의 장외거래 비중은 97.8%로 미국(91.5%), 일본(61.5%)에 비해 상대적으로 높다. 장외거래는 거래상대방의 신용리스크에 노출되어 있다는 점을 감안할 때 국내 은행의 거래위험도가 미국 및 일본에 비해 상대적으로 높다.

그러므로 신금융서비스 개방에 대한 문제점을 짚어보면 다음과 같다. 첫째, 원화가 국제적 결제기능을 담당할 수 있는 여건이 되어 있지 않다. 따라서 시장을 개방하더라도 국내 은행들은 통화파생거래에 당분간 매달릴 수밖에 없기 때문에 미국은 다양한 상품개발을 통해 국내 시장을 잠식할 것이다. 또한 거래규모에서도 미국의 거래규모는 한국의 170배이다.

둘째, 열거주의에 근거한 한국의 법체계와 포괄주의를 채택하고 있는 미국의 법체계로 인해 국내 금융회사에 대한 역차별 문제가 발생할 수 있다.

셋째, FTA 상대국의 모든 금융서비스뿐만 아니라 장래에 출시될 가공의 금융상품에 대한 개방까지 포함하고 있으므로 절대 허용해서는 안 된다.

넷째, 소비자 보호를 위한 감독체계와 분쟁해결제도를 정비하지 않았을 경우 그 불이익이 모두 소비자에게 돌아가게 된다. 또한 소비자 분쟁해결기구간의 네트워크가 부족하고 전문성이 낮아 그 피해는 상상을 초월할 것이다.

따라서 정부가 신금융서비스에 대해 포지티브 방식을 허용하겠다는 방침을 밝힌 것에는 다음과 같은 의도가 있는 것으로 보인다. 우선 한국은 원화통화의 국제화를 점차적으로 추진하면서 현재 그 비중이 높은 통화관련 파생상품과 금리관련 파생상품의 균형을 맞추려 한다. 장외거래의 비중이 높음으로 인해 발생하는 신용리스크를 줄이기 위해 현재

막 걸음마 단계에 있는 신용관련 파생상품을 개발하고 비중을 늘리리라 생각된다.

그렇다면 미국·싱가포르FTA의 방식대로 최소한의 전제조건을 붙여야만 할 것이다. 그 조건은 ① 자국의 금융기관에도 공급을 허용하는 신금융서비스 허용, ② 별도의 법제정·개정이 필요 없는 신금융서비스만 허용, ③ 건전성 차원의 규제는 항시 가능 등이다. 이 조건 외에도 한국의 파생상품시장(통화관련, 금리관련, 신용관련, 기후와 자연관련 등)의 거래규모가 일정한 수준에 이를 때까지는 적어도 5~10년의 유예를 받아야 할 것이다.

7) 농협, 수협, 우체국의 신경(神經)분리

2004년 12월 농림부는 농업협동조합법을 개정하면서 농협개혁을 추진하고 있다. 농협개혁의 초점은 농업중앙회의 지배구조 개선과 신경분리(신용부문과 경제부문의 분리)를 통한 경쟁력·효율성 제고라는 시장자본주의의 논리에 속하는 내용이다.

경영개혁을 위한 지배구조 개선의 주요 내용을 살펴보자. 첫째, 농협중앙회장의 신분을 상임에서 비상임으로 전환하고 전무이사제를 신설해 회장이 담당하던 교육지원사업을 담당케 한다. 그리고 대표이사 및 전무이사에게 소관 집행간부 및 직원의 임면권을 부여한다.

둘째, 회장과 대표이사를 제외한 이사 수의 2/3 이상을 조합장 중에서 선출하도록 되어 있는 규정을 1/2 이상으로 변경해 조합장이 아닌 이사의 수를 확대할 수 있도록 했다. 또한 대표이사로 하여금 소관별로 이사회 내에 소이사회를 설치해 소관업무의 사업계획·자금계획 등 예산결산에 관한 사항을 의결할 수 있는 권한을 주되 소이사회의 의결 내용이 법령이나 정관 또는 이사회의 의결 내용에 위배될 때에는 이사회에서 다시 의논할 수 있도록 했다.

셋째, 기존의 품목조합연합회에는 품목조합만 가입할 수 있었으나 지역조합 등이 준회원으로 가입할 수 있고, 조합간 사업연합방식으로 공동사업을 하고자 하는 경우 농협법상 법인인 사업연합회로 인정한다. 한편 단위조합이 연합회의 양곡종합처리장, 농산물산지유통센터 등 시설물에 출자하는 경우 현재 자기자본의 20% 이내에서 출자할 수 있던 것을 자기자본 범위 내에서 출자가 가능하도록 했다.

넷째, 조합장 선거의 경우 조합자율로 선거관리위원회에 위탁할 수 있게 됐고, 선거부정이 우려되는 조합에 대해서는 중앙회장이 선거관리위원회에 위탁을 결정할 수 있도록 했다. 또한 불법선거에 대한 처벌수준을 강화했다.

다섯째, 자산 2천억 원 이상인 조합에는 상임이사를 의무도입하고 자산 500억 원 이상 조합은 외부 회계감사를 받도록 의무화했다.

여섯째, 중앙회 총회(대의원 대회)에서 조합이 갖는 의결권(1조합 1표)을 조합원 수에 따라 3표까지 차등 부여해 1,500명 미만은 1표, 3,000명 이하는 2표, 3,000이상은 3표를 인정했다.

이와 같은 지배구조에 관한 법률은 2005년 7월 1일부터 시행됐으나 신경분리에 관한 사항은 농협중앙회가 2006년 6월까지 자본금 확충 및 운영개선방안, 신용사업과 경제사업을 전문적으로 수행하기 위한 법인설립방안 및 기한설정, 교육 및 지원사업비 조달방안 등을 농림부에 제출하도록 요구하고 있다. 또한 외부에 연구용역사업을 추진 중에 있다. 그러나 신경분리에 대한 결정은 그리 쉽게 단기간의 기한을 정해놓고 결정할 사항이 절대 아니다. 막상 신용부문과 경제부문을 분리했을 경우 경제부문의 막대한 적자부문을 어떻게 할 것인가에 대한 정부의 정책이 먼저 결정되어야 할 것이다(수협의 경우도 마찬가지다).

또한 한미FTA에서의 논쟁점은 규제감독의 불투명성과 이원화, 민간은행과 동등한 법규·세제 및 기준의 적용이라는 요구이다. 이는 조직 자체가 장기적인 계획을 갖고 개혁을 실시해 조직을 재정비하는 차원에서도 이뤄질 수 있다. 그러나 협동조합이란 태생부터가 지금의 신자유주의적인 정신과는 상반되는 개념이다. 그런 의미에서 협동조합 자체가 절대로 FTA의 협상대상이 될 수도 없고, 협동조합조직을 주주의 이익을 대변하는 주식회사로 전환하라는 요구는 한국의 자주적인 주권을 침해하는 요구이다. 농협이나 수협은 그 특성상 농림부와 해양수산부의 감독을 받을 수밖에 없고, 신용사업부문은 금융감독위원회의 감독을 받을 수밖에 없다. 투명성만 제고되면 되는 것이지 어느 기관의 규제감독을 받든 이것은 협상대상도 아니고 간섭대상도 절대 아니다.

그렇다고 하더라도 법적으로 신경사업이 분리되었을 경우 당장 문제가 되는 것은 무엇인지 짚어보자.

첫째, 농협의 경우 신용사업·경제사업·공제사업 등 총 8개 회계분과로 구분되지만 자본금을 따질 때 중앙회 전체 자본금을 신용사업 자본금으로 인정해준다. 따라서 각 회계분과별로 자본금을 쪼개는 경우 BIS 자기자본비율이 8~9%대로 하락할 수 있다.

둘째, 지금까지는 회원조합 채권에 대한 위험가중치 계산에서 20%를 적용했기 때문에 각각 자산의 위험도에 따라 위험가중치를 계산하는 타 은행과 차이가 존재했다. 그러나 신경사업을 분리할 경우 민영은행과 동등한 경쟁을 해야 하기 때문에 당장 경쟁력을 갖출 수 없다.

미국은 새로운 WTO 농업협상을 통해 자국의 통상이익을 확보하려는 차원에서 자국이 경쟁력을 확보한 농산물의 수출기회를 확대시키고자 국내 및 수출보조의 상당 수준 감축, 관세인하 및 시장접근 물량의 대폭 증량, 그리고 새로운 기술을 응용한 농산물 생산과 교역 증대에 따라 발생 가능한 통상마찰의 축소 등을 주요 협상목표로 제시하고 있다. 다만 미국의 농업보조금은 본격적인 협상을 앞두고 급격히 증가하고 있다. 비록 미국이 WTO에 제출한 협상제안서에 무역 및 생산왜곡적 국내보조의 감축과 허용대상보조의 규율 재정립에 대한 기본 입장을 표명하고는 있으나 캐나다의 국내보조 상한설정이나 케언즈 그룹(농산물 수출보조금을 지급하지 않는 나라들의 모임)의 품목별 감축대상보조의 축소 등 과격한 주장에 비하면 약한 수준이다. 이는 새로운 WTO 농업협상에 중요한 시사점을 던져주고 있다. 우선 UR 협상 이후 미국의 직접지불, 소득안정 지원, 재해보상 등 허용대상 농업보조는 매우 큰 폭으로 증가했으며, 종종 감축대상 국내보조적 성격을 갖는 정부지원도 크게 증가해왔다. 그에 따라 새로운 WTO 농업협상에서 미국의 입지는 상대적으로 취약해졌다고 볼 수 있다. 따라서 새로운 WTO 농업협상에서 미국은 국내보조금 감축에 관한 협상을 심도 있게 취급하지 않고 시장개방 분야와 수출보조금 감축 분야의 협상에 중점을 둘 것으로 판단된다. 그러니 한국정부도 미국의 요구를 받아들일 것이 아니라 국내보조금과 투명성, 효율성을 어떻게 제고할 것인가가 중요하다.

4. 금융산업의 미래와 한미FTA

1) 한국 금융산업의 미래

한미FTA의 체결로 한국이 금융산업에서 얻는 이익은 전무하다. 한국의 금융서비스가 미국의 금융시장에서 비교우위를 선점할 수 있는 부분이 전혀 없으므로 서비스무역창출 효과도 기대할 수 없다.

한미FTA는 미국에 의한 한국 경제주권의 강탈이다. 다시 한번 말하지만 미국은 한미FTA를 통해 자본이동을 보다 자유화하고 초국적 금융자본의 소유권을 철저하게 보장하는 것, 즉 수익구조 다원화와 투기적 수익을 안정적으로 회수하는 것을 목표로 하고 있다. BIT를 포괄하는 한미FTA가 체결된다면 현재 우리 사회 일각에서 제기되고 있는 초국적 금융자본의 투기적 행태에 대한 규제방안(한국판 엑슨-플로리오법 제정 등)도 사실상 무용지물이 되리라는 것을 알아야 한다. 한미FTA 속에는 '후퇴금지의무'[13] 조항이 있기 때문이다. 결국 FTA를 통해 '후퇴금지의무'나 '이행의무부과금지' 등이 효력을 발휘하게 되면 국민경제 전반에 대한 정부통제력이 상실될 수밖에 없는 것이다. 이는 미국에 의한 한국 경제주권의 강탈이다.

게다가 주주의 이익 극대화 시도에 따른 탈법적·반노동자적 행위가 생길 가능성도 크다. 초국적 금융자본은 다음과 같은 점에서 공통성을 지닌다. 첫째, 장기적 관점에서의 계속기업(going concern) 원칙을 위배하는 방식으로 회사의 이윤을 착취한다. 당기순이익을 크게 웃도는 범위 내에서 고액배당을 하거나 무상증자-유상감자를 통해 투자금을 회수(브릿지증권, 만도기계 등)한다. 특히 비정상적 구조조정으로 이윤을 짜내고 이를 탈취하는 탈법적 행위는 초국적 금융자본이 기업을 정상적으로 운영하려는 의지가 없다는 반증이다. 둘째, 초국적 금융자본은 건전한 노사관계와 기업문화를 파괴한다. 합법적 노동운동 탄압이나 임·단협 무시, 비정규직 양산, 극단적 연봉제 실시 등이 그 실례들이다.

---

13) 한미FTA를 통해 관세를 인하/철폐하거나 서비스업을 개방한 경우 그에 대한 후퇴를 할 수 없다는 내용으로, 만약 특정 공공산업에 대한 외국인 투자한도를 50%로 했다면 이후 어떤 병폐나 문제가 발생한다 하더라도 한국정부나 국회가 사후적으로 이를 제한할 수 없게 된다.

2) 금융 노동자에 미치는 영향

① 노동유연성 심화—미국식 노동시장 고착화

현재 금융권에서는 비정규직이 절반을 차지하고 있는 상황인데도, 미국은 금융노동자의 조합활동이 막강하다고 불평하면서 더욱 더 자유로운 채용과 고용을 요구하고 있다. 가장 큰 불평은 미국의 대형은행이 국내 은행을 인수합병하면서 노동자의 고용승계의무, 내국인의 일정 비율 고용의무로부터 자유롭지 못하다는 것이다.

최근 EU 통합에 따른 여러 연구조사에서 논의되고 있는 모형 가운데 북유럽 국가의 노사모델은 효율성·생산성 모두에서 최고의 점수를 얻어 활발히 검토되고 있다. 그런데 한국은 사회복지와 후생이 OECD 국가 중에서 가장 낮은 국가인데도 노동자의 권리를 가장 약화시키는 영미형 모델을 한미FTA를 통해 한국의 노동시장에 확고히 뿌리내리게 하려는 것이다. 이는 국민들을 우롱하고 자학하는 행위로 볼 수밖에 없다. 결국 이에 대한 혜택은 모두 몇몇 대재벌 다국적 기업의 주주들 배만 불려줄 것이다. 이미 한국의 노동시장은 하방경직화된 시장이기 때문에 다시 예전의 상방안정화된 시장으로 되돌아간다는 것이 불가능한 한계에 직면해 있다.

정부가 추진하는 비정규직에 대한 입법제정에도 미국의 입김이 강하게 반영된 것으로 보이는데, 특히 미국측은 한국의 사유제한이나 고용의무 조항을 강력하게 비판하고 있다. 다년제 고용계약을 추진해줄 것을 주문한 것도 지금까지 정부의 정책추진과 동일한 선상에서 이뤄지고 있다.

더구나 비정규직 입법제정 시도나 한국형 액슨-플로리오법을 제정하게 될 때 한미FTA는 막강한 힘을 발휘하게 된다. 이 법들이 제정되면

2004년 BIT를 그대로 반영한 FTA 의무조항('이행의무 강제금지' 조항)에 위배되기 때문에 국내에 진출한 다국적 은행들은 이 조항을 걸어 한국정부를 상대로 손해배상 청구까지도 할 수 있다. 따라서 한국정부는 FTA의 면제조항에 비정규직 입법내용을 허용받아야만 한다. 그리고 금융산업의 공공성을 인정받아 액슨-플로리오법과 같이 거부권을 행사할 수 있는 권한을 구비해야만 한다.

② 실업보험제도 개선 요구—확정기여형 퇴직연금보험제도

미국은 자유로운 채용과 해고를 위해 노동시장의 유연성을 제고하고자 노동자의 실직보험제도를 개선해줄 것을 요구하고 있다. 특히 퇴직연금 제도의 확정기여형제도를 권유하고 있는데, 이는 노동자의 채용에 따른 고용주의 부담을 덜어주려는 의도로 보일 뿐만 아니라 앞으로 커질 연금보험시장에서 미국의 투자은행, 보험사, 자산운용사가 위탁운용의 혜택을 노릴 수 있게 만들려는 것이다.

③ 노사분쟁의 감소 요구와 노사분쟁에 대한 규제감독의 투명성 제고 요구

사실 한국 금융노동자의 노사분규는 다른 OECD 국가와 비해 그리 높은 편이 아니다. 더구나 한국 노동운동의 역사와 문화가 유럽이나 미국과는 다른 배경을 가지고 있음을 알아야 한다. 한국은 노사민주주의가 이제 조금씩 의식 변화와 함께 태어나고 있는 상황으로, 유럽같이 노동자의 경영참여가 당연하게 여겨지는 곳과는 풍토가 판이하게 다르다.

이와 같이 척박한 토양에서 인간의 기본권리와 노동권을 요구하는 노동자의 권리를 다른 나라가 간섭해야만 하는가? 미국은 유럽의 강대국노동조합에게도 노동자의 경영참가라든가 기업의 사회적 책임 요구를 모두 포기하라고 요구하는가? 그렇지 않다. 결국 FTA를 통한 압력은

강대국이 약소국에 요구하는 불평등한 요구일 뿐이다.

또한 한국의 노사문화를 이해하고 수용하려고 시도하기보다 자국의 노사관계와 동일시하려는 것은 강대국의 자만이다. 지금까지 한국의 노동운동은 정치세력화를 통한 운동이 아니라 노동자의 권리와 민주주의를 위해 투쟁한 운동이었다. 따라서 이미 오래 전부터 노동운동이 정치세력화와 입법참여를 통해 규제와 감독시스템을 만들어온 국가들과는 차이가 존재한다. 더구나 ILO 핵심기준도 제대로 준수하지 않은 국가로 국제적으로도 노동시장에 대한 인정을 받지 못하고 있는 미국이 다른 나라의 노동시장이 어떻느니, 노사분규에 대한 규제의 투명성이 어떻느니 말할 자격은 없다.

한미FTA 통신부문 주요 쟁점에 대한 대응방안

변장석[*]

1. 우리나라 정보통신기술 및 서비스산업 이해

우리의 정보통신기술과 서비스는 고도화된 정보통신망을 기반으로 최고의 기술력, 첨단의 정보통신 서비스(Wibro, 위성, 지상파DMB, HSDPA)를 통해 세계 정보통신시장을 주도하고 있다. 현재 우리나라 가구당 초고속 인터넷 보급률(74%), 이동전화 보급률(75%)은 세계 1~2위의 보급률을 보이고 있다.[1]

ITU(국제전기통신연합)는 "한국의 정보통신분야에 더 이상 권고할 것은 없다"라고 그 기술력의 우수성을 평가하고 있고, OECD는 "한국은 초고속인터넷부문에서 구미 선진국을 제치고 OECD국가 중 가장 앞서 나가고 있다"고 언급한 부분에서도 알 수 있듯이 세계 첨단 통신기술의 표준화, Testbed(신제품 시험무대) 및 상용화를 통해 "한국에서 통하면

---

[*] 한국노총 한미FTA저지 대책위 통신분과 위원.

[1] OECD 2005년도 통계자료(초고속인터넷 사용자) : 우리나라는 인구 100명당 24.9명으로 2001년부터 4년 연속 1위를 기록, 2위는 네덜란드(19명), 3위는 덴마크(18.8명)이며, 일본은 15명으로 8위, 미국은 12.8명으로 12위를 기록하고 있다.

<자료 1> 연도별 정보통신산업의 생산 추이

단위 : 억 원

구분	1999	2000	2001	2002	2003	2004
정보통신서비스	245,433	315,980	363,288	429,764	416,045	459,941
정보통신기기	867,938	1,058,850	990,909	1,277,243	1,415,789	1,649,117
S/W 및 컴퓨터 관련 서비스	64,986	107,316	147,268	182,228	184,396	186,588
합계	1,178,357	1,482,146	1,501,465	1,889,235	2,016,230	2,295,646

세계에서 통한다"는 통신강국의 입지를 확고히 하고 있다.

또한 국내 IT산업이 국내 총생산(자료 1)에서 차지하는 비중도 매년 증가하여 지난 5년간 GDP 증가의 40% 이상을 차지하고 있다.

하지만 우리나라 유·무선을 대표하는 기업인 KT, SK텔레콤의 경우 미국의 다국적 통신회사인 AT&T(SBC)나 버라이즌, 스프린트 넥스텔에 비해 자본 경쟁력이 대단히 취약하다.

세계 정보통신시장은 점차 유선, 무선, 방송의 통합과 융합의 흐름 속에서 사업자간 M&A를 통해 대형화되고 있으며, 정보통신서비스는 단순 음성, 메시지 전달 수단을 넘어 관련 콘텐츠, 문화 사업의 영역까지 미치는 효과가 점차 확대(IPTV, 통방 융합형 서비스)되고 있다.

2. 한미FTA 주요 쟁점사항

한미FTA 1차 협상에서 논의된 내용은 통합협정문에 나타난 "기술선택의 자유"에 대한 부분을 제외하고는 현재까지 자세히 공개되고 있지 않다. 하지만 미 무역대표부(USTR) 자료, 미국의회 보고서(CRS) 등에 나

타난 의견들을 종합해보면 다음과 같은 쟁점사항들이 주요 의제로 논의
될 것으로 예측된다.

1) 망 사용 및 시장접근 내국민 지위 부여

미국은 우리나라 통신산업에 투자하거나 기존의 구축된 망을 이용함에
있어 내국민과 동일한 차별 없는 포괄적 지위를 요구하고 있다. 하지만
현재 국내 유선, 초고속인터넷부문에서 지배사업자인 KT와 무선부문의
지배사업자로 지정된 SK텔레콤이 부담하고 있는 지배적 사업자 의무사
항(요금 규제, 보편적 서비스, 망 공동이용, 재판매)의 적용에 대하여는 미
국의 경우 시내, 장거리 사업자만을 지배사업자로 지정하고 있는 자국
기준을 적용하여 무선사업자를 지배적 사업자 의무조항 범주에서 제외
시킬 것을 요구할 것으로 보인다.

이는 국내사업자와 외국사업자 간에 역차별의 요소가 될 것이며,
지배사업자 의무사항이 배제될 경우 장기적으로는 요금 인상으로 인한
통신사용자의 부담이 가중될 수 있으며, 정보통신서비스의 보편성, 공
공성이 훼손되어 도시, 농촌, 도서지역 간 정보격차(Digital devide)가
심화될 것으로 보인다.

2) 기술선택 중립성

미국측은 우리의 첨단 정보통신서비스 기술이 정부의 직·간접적인 개
입에 의해 기술표준 제정 및 라이센스, 장비 개발이 이루어지고 있어 미
국기업의 한국시장 진출에 어려움이 있다고 보고, 한국정부에 기술중립
성을 유지하고 기술선택을 민간의 자율에 맡길 것을 요구하고 있다.

정부 주도의 정보통신 산업정책과 기술표준화는 자율적인 기술선택을 저해하는 요인이 될 수 있으나, 한정된 주파수 자원의 효율적 이용과 민간기업 간의 상호 중복투자 방지를 위한 정부의 조정기능 그리고 정보통신산업이 가지고 있는 대규모 연구개발 투자, 장치산업의 특성을 고려하여야 한다.

또한 현재 민간사업자의 자율적 기술선택과 독자적 연구개발을 통한 상용화까지의 연구개발 경쟁력이 미국의 거대 통신회사에 비해 취약하므로 이런 점들을 감안하면 정부 주도의 기술선택은 일정 부분 장점이 있음을 알 수 있다. 이에 대한 예로 CDMA의 세계최초 상용화, Wibro, DMB서비스는 한국시장에서의 성공적인 상용화를 기반으로 우리나라의 자체 기술과 표준으로 세계시장으로 진출하고 있다. 민간사업자의 기술선택의 자유는 사업자의 연구개발 경쟁력 강화가 선행되어야 하며, 규제 중심의 정부 정보통신정책은 점차적으로 축소가 요구된다.

3) 외국인 소유지분 제한(핵심 쟁점사항)

우리나라 기간통신사업에 대한 현행 "외국인 투자한도 49%(전기통신사업법) 제한"규정을 폐지하고 외국인이 아무런 규제 없이 우리의 통신서비스 사업에 자유롭게 투자할 수 있도록 미국측은 완전개방을 요구하고 있다.

먼저, 정보통신망은 국가의 중추 신경망을 구성하고 있는 점을 감안할 때 기간통신망이 외국인에게 지배될 경우 국가 안보적 차원과도 직결됨을 우려하지 않을 수 없다. 우리의 정보통신산업은 수익구조가 건실하여 안정적이고 고수익을 낼 수 있는 투자처로서의 메리트(고배당 요구)가 있으며, 사업자의 대형화 추세에 따른 M&A(단기수익 극대화)에

<자료 2> 주요국 적대적 M&A 방어제도

구분	미국	영국	프랑스	일본	한국
주식 대량보유 신고제	○	○	○	○	○
외국인 투자 사전규제	○	○	○	○	×
차등 의결권	○	○	○	○	×
독약처방(Poison Pill)	○	×	○	○	×
의무공개 매수제	×	○	○	×	×
황금주(Golden share)	×	○	○	○	×

노출되어 있다.

다국적 거대자본이 적대적 M&A를 시도할 경우 이를 방어할 국내 자본 규모나 지배구조가 취약하여 미래 신규설비, 서비스에 재투자하기보다는 경영권 방어를 위한 비용으로 충당될 것이며, 단기 경영 성과 위주의 경영 효율성의 논리로 중장기 설비투자가 배제되고 인력 구조조정, 사업부제 분사, 아웃소싱이 추진되면 우리 근로자의 고용불안, 근로조건의 악화를 초래하게 될 것이다. 결과적으로 단기 이익 위주의 경영과 투기성 자본이 이익을 실현한 후 자본을 철수하게 되면 우리 통신산업의 중장기 발전 기반은 심각하게 훼손될 것이 분명하다.

이를 방지하기 위하여 대부분의 국가는 주요 기간통신사업자의 일정 지분을 국가가 보유하고 있으며, 미국의 경우 외국인의 지분제한(미 통신법 310조, 20% 제한), 공익성 심사제도(FCC, Exon-Florio법)를 통해 외국인 지배를 원천적으로 배제하고 있다.

우리나라의 경우 전기통신사업법(6조)에 의해 49%로 외국인 소유를 제한하고 있으나 제한 범위가 크며, 공익성 심사기준도 "국가안전보

국가	외국인 지분 한도 주요내용
미국	무선설비 보유 사업자에 대하여는 20%까지만 외국인 직접투자 한도 허용. 20% 미만이라도 실질적 경영권 행사를 위한 통제지분이면 공익성 심사. 전체 사업자가 유무선 설비를 보유하고 있어 지분제한 한도는 전체 사업자가 공익성 심사 대상.
호주, 캐나다	정부가 지분 50% 이상 보유. 외국인 지분제한 33%.
프랑스, 독일, 일본	정부가 지분 30% 이상 보유. 외국인 지분제한 33%.
한국의 KT	2002년 5월 정부 보유지분(28.4%) 전량 매각. 정부 보유지분 없음. 외국인 지분제한 49%.

※OECD국가의 경우 외국인 지분제한 규정이 우리보다 완화되어 있다 하더라도 정부가 일정지분을 보유함으로써 정부의 통제권 행사가 가능함을 알 수 있다.

장, 공공의 안녕 및 질서 유지"로 포괄적으로 정의되어 있어 실효성 있는 공익성 심사기준 마련이 필요하다.

하나로텔레콤의 경우 외국자본(뉴브리지컨소시움)에 의한 실질적인 경영권이 행사되고 있으며, 이로 인한 인력 구조조정, 감자 등이 시행된 바 있다. 따라서 기간통신사업자의 외국인의 경영권 행사를 위한 통제 지분에 대하여는 보다 강화된 공익성 심사가 적용되어야 한다.

3. 외국인지분 개방에 따른 국내외 사례

1980년대 정부 주도의 민영화 성공사례로 평가되며, 한국통신의 민영화에 많은 영향을 준 뉴질랜드텔레콤(NT)의 민영화와 시장의 완전개방이 가져온 결과를 우리는 고찰해볼 필요가 있다.

<자료 4> 민영화 이후 뉴질랜드텔레콤(NT) 의 종사자 수 변화와 배당 추이

연도	종사자(명)	배당비율	순익$NZ(백만 원)	자본지출$NZ(백만 원)
1989	18,144		235	603
1990	16,263		257	770
1991	**14,925**	60%	332	749
1992	13,562	85%	402	666
1993	12,338	104%	458	521
1994	9,257	110%	528	416
1995	8,308	91%	625	435
1996	8,526	89%	746	569
1997	8,710	96%	770	696
1998	8,136	94%	815	587
1999	7,799	102%	822	564
2000	5,717	103%	783	869
2001	5,242	56%	643	1,525
2002	4,822	300%	188	778

출처 : 한미FTA 연구단, 「한미FTA의 경제적 효과 해설」, KIEP, 2006

　　민영화 이후 1990년 NT의 주식은 미국 거대 통신회사인 아메리테크(SBC)와 벨 애틀랜틱(Verizon)에 100% 매각되었다. 외국인 소유지분 한도 49.9% 제한에 묶여 잔여지분이 민간에게 매각된 후 양사는 49.9%의 대주주(잔여 주주는 15% 이상의 소유지분 없었음) 지분을 자격으로 10여 년 동안 경영권을 행사하면서 인력 구조조정(16,200명→4,800명), 사업부제 분사화, 아웃소싱, 고배당(경영권 행사 이후 순이익의 평균 90% 이상), 로컬 지역 투자 기피(보편성, 공공성 파괴) 등 구조조정과 자본의 이익실현에만 관심을 기울여 정보통신기반 약화의 폐해를 남겼다. 그리고는 2002년 완전 자본철수를 하게 되는데(자료 4), 이런 사례는 NT에서만 찾아볼 수 있는 것이 아니고 초창기 한솔(018), 신세기(017)에 투자했던 외국지분도 2000년도 초반 M&A를 통한 지분 차액을 챙기고 철수했던 사실이 있다. 현재 하나로텔레콤에 투자하고 있는 뉴브리지 컨소시엄의 경우도 장기투자보다는 M&A를 통한 투자이익 실현 후 철수에 대한 우려를 낳고 있다.

4. 한미FTA 쟁점에 대한 한국노총의 입장

한국노총은 미국이 강력하게 요구하고 있는 주요 쟁점사항들이 통신산업의 공익성과 보편성(시장성이 없는 농어촌, 지방투자 외면)을 훼손하고, 통신사용자의 편익을 감소시키며(요금인상), 기간통신산업을 지배하게됨에 따라 산업기반을 붕괴(단기투자, 구조조정)시킬 우려가 있다고 판단해 절대 받아들일 수 없는 입장임을 분명히 밝힌다.

　미국자본의 유입으로 재원조달 방법이 다양화되고, 현재 한계(외국인 소유지분 KT: 45%, SKT: 49%)에 차 있는 통신산업에 대한 투자 활성화가 이루어지면서 단기적으로 주가 상승 등을 불러올 수는 있지만, 현재 기술 우위를 기반으로 한 우리의 통신산업이 미국의 대규모 자금을 기반으로 한 다국적 회사와의 경쟁에 취약하기 때문에 M&A를 통해 기간통신산업이 외국자본에 종속될 우려가 크다. 이 경우 그 부정적 파급효과는 통신산업뿐만 아니라 문화, 콘텐츠 산업 등 국민생활 전반에까지 광범위하게 미칠 것이다. 이는 세계 최고의 기술력과 최첨단의 정보통신서비스 경쟁력을 바탕으로 미래에 막대한 수익을 올릴 수 있는 적극적 기회를 우리 스스로 포기하는 것이나 다름없다.

한미FTA 협상을 통해 미국은 자국의 자본, 서비스 경쟁력의 절대적 우위를 바탕으로 우리 통신시장에 대해 완전한 접근(내국민 지위)과 예외 없는 포괄적 개방(네거티브 리스트)을 요구할 것으로 보인다. 특히 현재도 외국인 지분한도 49%로 외국인에 대한 개방수준이 OECD국가의 평균을 상회하고 있는 상황에서 "외국인 소유지분 한도를 폐지"하게 되면 우리 기간통신산업은 적대적 M&A에 휘말려 그 근간이 붕괴될 수 있으므로 결코 수용할 수 없다.

국가 중추 신경망(국가 안보), 공공성을 강화하기 위하여 국가의 기간통신사업자 지분 보유, 공익성 심사의 실효성을 담보할 수 있는 법적·제도적 장치 마련이 시급하다 하겠다.

한미FTA가 영화와 문화예술에 미칠 악영향

심광현[*]

까를로스 까레라스는 영화감독 경력 17년차로, 이강택 피디의 표현에 따르면 '천재' 다. 그동안 4년에 하나씩 영화를 4편 만들었는데 만드는 족족 상을 타 골든글로브 상과 오스카 상 황금종려상까지 받았다. 그런데 그는 지금 영화를 전혀 만들지 못하고 있다. 멕시코 영화산업의 인프라가 다 무너졌기 때문에 영화감독이라는 이름조차 유명무실할 지경이다. 현재 까를로스 감독은 먹고 살기 위해 광고제작을 하고 있다.[1]

1. 스크린쿼터 축소와 PRE-FTA, FTA, POST-FTA의 삼중전략

위의 인용문을 통해 한눈에 알 수 있듯이 한때 제3세계 영화의 리더로서 수준높은 영화 유산과 전통을 자랑해온 멕시코 영화산업은 13년 전 한

번 잘못 내린 정책판단으로 회생의 길이 보이지 않는 침체의 늪에 빠져 있다. 멕시코는 1993년 나프타(NAFTA) 체결 당시 캐나다와는 달리 문화를 협상대상에서 제외시키지 못하고 스크린쿼터를 축소하기로 결정했다. 방송의 경우 언어가 다른 관계로 국내 제작 프로그램이 강세를 보이고 있었고 영화의 경우 개방 이전부터 미국영화가 실질적으로 장악하고 있다고 판단하여, 쿼터를 내주는 대신 핵심산업에 대한 투자를 유치하는 것이 유리하다고 정책적 판단을 내렸기 때문이다. 이에 따라 30%를 유지하던 스크린쿼터를 매년 5%씩 축소하여 1998년에는 완전히 폐지했다. 그 결과 나프타 체결 직전인 1993년 연간 53편의 멕시코 영화가 제작됐으나 스크린쿼터가 완전히 폐지된 1998년에는 10편의 영화가 제작됐고, 시장 점유율은 0.6%에 불과하게 됐다. 상황이 이렇게 악화되자 1999년 1월 멕시코 정부는 영화법을 개정, 멕시코 영화가 제작되면 제작 후 6개월 이전에 상영되도록 정했으나 이 법은 지켜지지 않고 있다. 이미 헐리우드 영화가 멕시코 영화시장의 90% 이상을 점유했고, 배급의 95%를 장악하고 있기 때문이다. 2003년 영화계 인사들과 일부 정치인들이 나서서 영화관람료 중 1페소씩을 걷어 국산영화 지원기금으로 쓰자는 방안을 추진했지만 역시 실패하고 말았다. 미국영화협회(MPAA)의 압력으로 멕시코 정부가 직접 개입해 무효화시켰기 때문이다.[2]

그런데 이렇게 멀쩡하던 멕시코 영화산업을 파탄지경으로 몰아간 나프타의 재앙이 이제 아시아 영화의 리더로 2000년대에 들어 세계적 주목을 받아온 한국 영화산업에 재연되기 시작하고 있다. 한미FTA 체결을 위해 한국정부가 한국 영화 발전의 생명줄 역할을 해온 스크린쿼터를 50% 축소해버렸기 때문이다. 지난 2월 3일 한미 양국이 한미FTA 협

---

2) 영화진흥위원회 정책연구팀, 『한미투자협정과 스크린쿼터』, 영화진흥위원회, 2003, 88~91쪽.

상 개시를 기습 발표하기 1주일 전, 구정을 앞둔 1월 26일 한국정부는 스크린쿼터 50% 축소 결정을 발표하고, 3월 7일 국무회의에서 영화진흥법 시행령 개정을 통해 쿼터 축소를 법적으로 확정했다. 이에 따라 금년 7월 1일부터 한국영화 스크린쿼터는 연간 146일에서 73일로 축소 운영된다. 98년 이래 한미투자협정 체결의 선결조건으로 미국이 끈질기게 제기해온 스크린쿼터 축소/폐지 요구에 노무현 정부가 드디어 무릎을 꿇은 것이다.

그런데 이상하게도 노무현 정부는 스크린쿼터 축소가 한미FTA 협상과는 전혀 무관하다고 줄기차게 주장하고 있다. "쿼터 축소 결정은 한미FTA와 무관하며, 한국영화가 이제 충분한 경쟁력을 갖추었기 때문에 더 이상 보호막에 갇힐 필요가 없다"는 정책적 판단에 근거한 것이라는 주장이다. 그러나 한국정부의 이런 주장은 2006년 2월 9일 미국 국회에 제출된 CRS(미의회조사국) 보고서의 다음 내용과는 상충된다.

미국-한국 경제 관계는 2006년 2월 2일(미국 현지시각)에 쌍무적 자유무역협정(FTA)를 만들기 위한 협상 계획을 발표하면서 양쪽 진영에 중요한 점으로 발전하게 됐다. 이 발표에는 4개 영역에 대한 남한의 양보가 들어 있었다. 소고기, 자동차, 의약품, 그리고 '스크린쿼터'가 그것이다. 미 통상 대표부의 로버트 포트만은 만약에 한국정부가 이 분야들에 대해 양보를 하지 않았다면 FTA협상은 시작될 수 없었다고 말한다. 만약 협정이 타결된다면 이것은 1992년의 NAFTA와 비교될 만한 미국의 가장 큰 규모의 FTA가 될 것이다.[3]

---

3) Mark Manyin, "South Korea-U.S. Economic Relation: Corporation, Friction and Prospect for a Free Trade Agreement", *CRS Report for Congress*, The Library of Congress, 2006.

미의회보고서에 한미FTA 협상 개시를 위해 한국정부가 양보했다고 서술되어 있는 4대 통상 쟁점 중에서 스크린쿼터에 대한 양보가 다른 3대 쟁점들에 비해 가장 마지막으로 구정 연휴 직전에 이뤄졌고, 바로 구정휴가가 끝나자 협상 개시 발표가 있었다는 정황에 비추어 보면 한국정부의 주장이 새빨간 거짓말임은 명백하다. 그런데 미의회보고서와 여타의 공식 문건과 미국정부 관료들의 확언에도 불구하고, 또한 98년 이래 지난 8년간 스크린쿼터 사수 투쟁 과정에서 미국측 공식발언을 통해 거듭 확인되어 왔음에도 불구하고, 또 한덕수 외교통상본부장을 비롯한 재경부 관료들의 발언을 통해서도 줄곧 확인되어 왔음에도 불구하고(한국영화인들이 쿼터 축소에 반대하여 한미투자협정 체결이 성사되지 못하는 것은 국익을 가로막는 집단이기주의라는 비판), 이제 와서 노무현 정부가 스크린쿼터 축소가 한미FTA의 선결조건이라는 명백한 사실을 강하게 부인하는 이유는 무엇인가?

이와 같은 노무현 정부의 황당한 태도에는 몇 가지 심각한 위험이 내포되어 있다. 우선 한미FTA를 구걸하기 위한 "굴욕적 사전 퍼주기"라는 명백한 책임을 회피하는 데서 발생하는 정부와 국민의 관계에서 전제되어야 할 기본적인 신뢰 상실의 문제가 있다. 정부가 정책결정의 근거에 대해 공개적으로 말 바꾸기를 하고 책임을 회피하는 것은 더 이상 정부가 대국민 책임을 지지 않겠다는 것을 공표한 것이나 다름없다. 한마디로 막 나갈 수 있다는 얘기다. 이와 연결된 또 다른 위험은 정부의 주장 그 자체에 담겨진 포괄적인 함의이다. 스크린쿼터 축소가 한미FTA와 무관하게 한국정부의 정책적 필요성에 따른 결정이라면 이는 향후에도 한미FTA의 체결 여부와 무관하게 한국정부의 내부적인 정책적 결정에 따라 스크린쿼터의 추가 축소나 심지어 폐지도 가능할 수 있다는 것을 의미하기 때문이다. 이제까지 제기된 정부측의 주장들을 검토해보면 그럴 가능성이 매우 높다는 점을 확인할 수 있다.

그 하나는 노무현 대통령이 직접 언급했듯이, 한미FTA의 궁극적 목
표는 무역수지 개선에 있는 게 아니라 "외부의 충격에 의한 구조조정"에
있다는 주장[4]이며, 다른 하나는 "미국이 요구하든 요구하지 않든 우리가
경쟁력 확보를 위해 이런 분야에서 어떤 개혁을 해나갈 것이냐 하는 문
제는 우리의 판단과 결정에 달려 있다"는 주장이다. 이는 1차 본협상을
끝내고 귀국한 김종훈 수석대표의 6월 19일 청와대 브리핑에 적시된 말
이다. 여기서 김종훈 수석대표가 말하고 있는 "이런 분야"란 교육과 의
료 분야를 말한다.

> 양측이 상호 입장을 밝히는 과정에서 미국측은 우리 국내의 찬반 동향
> 을 면밀히 관찰하고 있음을 숨기지 않았고, 특정 이슈에 대해 때 이른
> 입장을 밝히기도 했다. 그 대표적인 예가 교육시장과 의료시장 개방 문
> 제이다. 협상 과정에서 미국측은 우리에게 '한국의 교육시장과 의료시
> 장의 현행 시스템을 변경하거나 또는 그런 방식을 통한 시장개방에 관
> 심을 두고 있지 않다'는 점을 밝혔다. 당초 국내 일각에서는 정부의 거
> 듭된 설명에도 불구하고, FTA로 말미암아 우리 교육시스템과 의료시
> 스템이 붕괴할 것이라는 우려를 표명해 왔다. 그러나 이번 협상을 계기
> 로 그런 우려가 근거 없다는 것이 확인됐다.[5]

---

4) 금년 5월 아랍에미레이트를 방문 중이던 노무현 대통령은 5월 14일 두바이에서 가진 동포간담
회에서 'FTA 가지고 물건 얼마 더 팔고 그러기보다 그것을 미국 수준으로 끌어올리기 위해 미국
과 하려 한다'고 주장한 바 있다. 이 발언은 4월 대외경제연구원의 수치 조작 논란 이후 대미무
역이 한미FTA로 인해 흑자에서 적자로 돌아서는 것이 명백히 확인된 이후 나온 대통령의 공식
발언으로, 한미FTA의 목표가 무역수지 증대에 있는 게 아니라 한국사회를 미국식으로 바꾸는
데 있다는 것을 대통령이 직접 공표한 발언이다.
5) 김종훈, 「한미FTA 협상 수석대표 : 긴 여정을 위한 첫걸음, 원칙 지켜나갈 것」, 『청와대브리핑』
(6. 19),대통령 비서실, 2006.

충격적인 발언이다. 그동안 우리사회에서 일반적으로 예상되던 것과는 달리 미국측이 우리의 교육과 의료 시장 개방에 관심이 없기 때문에 FTA체결로 말미암아 우리의 교육과 의료 시스템이 붕괴될 것이라는 우려는 기우에 불과하다는 것이다. 하지만 이런 주장은 2001년 11월 이후 시작된 DDA(도하개발의제) 협상에서 미국측이 교육과 의료 등 서비스 시장 전반에 대해 강력하게 개방을 요구해온 사실과는 완전히 상충되는 것이다. 과연 미국측이 교육과 의료 시장 개방에 "관심이 없다"고 주장했을까? 김종훈 대표의 "전달"이라 미국측에 공개적인 확인을 요구할 부분이다.

그러나 이보다 더 중요한 문제는 "미국이 요구하든 요구하지 않든 우리가 경쟁력 확보를 위해 이런 분야에서 어떤 개혁을 해나갈 것이냐 하는 문제는 우리의 판단과 결정에 달려 있다"는 주장이다. 미국의 요구와 무관하게 경쟁력 확보를 위해 스크린쿼터 축소를 결정했다는 주장과 논리적으로 동일한 구조를 취하고 있는 부분이다. 이런 주장을 그대로 밀고 나가면 다음과 같은 결과가 초래될 수 있다. 우리 스스로 경쟁력 확보를 위해 교육, 의료 시장을 개방한다면 결국 현행의 공교육 및 건강보험 시스템의 붕괴를 초래할 것이지만 그것은 한미FTA와는 직접 관계가 없다는 얘기다.

이런 맥락을 종합적으로 짚어 보면 미국측이 교육과 의료 시장 개방에 관심이 없다고 김종훈 대표가 대신 말을 흘리는 것은, 우리 정부측의 협상전략이 이번 FTA협상에서 교육과 의료 시장을 사수하겠다는 것이 아님은 물론이거니와 오히려 국내 FTA 반대론자들이 국민들에게 한미FTA의 폐해를 설명할 때 대표적인 사례로 들고 있는 근거를 일시적으로 무력화함과 동시에 FTA에 대한 화살의 과녁을 다른 곳으로 돌리려는 데 역점을 두고 있다는 추론이 가능하다.

여기서 극히 우려되는 부분은 스크린쿼터를 포함한 4대 쟁점에 대해 취했던 정부의 노골적이고도 뻔뻔한 태도가 이제는 교육과 의료 시장 개방에 대해서도 동일한 방식으로 나타나고 있다는 점이다. 그리고 이런 태도는 최근 멕시코 경제의 파탄 원인이 나프타에 있는 것이 아니라 나프타를 체결한 후 그에 걸맞은 내부개혁이 이뤄지지 않았다는 데에 있다고 설명하는 정부측 주장과도 일맥상통하고 있다. 6월 7일 청와대 브리핑에는 "FTA는 우리 경제문제를 모두 해결해 주는 만병통치약이 아니다. …… 한미FTA는 그것대로 하고, 우리는 경제구조개혁이나 체질개선을 별도로 해 나가야 하고 그것은 우리 몫"이라는 재경부의 주장(김성진 국제업무정책관)이 실려 있다.[6] 또 이 글에서는 나프타 체결 이후 멕시코 경제에 많은 문제가 나타난 것은 나프타 때문이 아니라 적절한 시기에 경쟁력 제고를 위한 구조조정 노력을 소홀히 한 결과라는 분석에 강조점을 두고 있다. 그리고 이런 주장들은 삼성경제연구소의 *CEO Information* 555호의 주장과도 상통하고 있다. 한미FTA를 빨리 체결하는 것도 중요하지만 한미FTA 체결 이후에도 그에 포함되지 못했던 사안들에 대한 지속적인 내부 구조조정(POST-FTA)이 반드시 병행되어야 그 목적을 달성할 수 있다는 주장이 그것이다.[7]

여기서 말하는 내부 구조조정이나 체질 개혁이라는 것은 곧 그동안 전개되어 온 신자유주의 시장논리를 한국사회 전 분야에 최대한 강도

---

6) 선경철, 「FTA가 우리 경제 만병통치약은 아니다」, 『청와대 브리핑』(6. 7), 대통령 비서실, 2006.
7) 곽수종, 「한미FTA의 정치경제학」, *CEO Information*(제555호/5월), 삼성경제연구소, 2006. 이 보고서는 멕시코의 경우 나프타 협정 발효 후 5년간은 이전에 비해 성장이 증대했으나 2000년대에 들어서는 협정 개시 이전보다 낮은 1.9%대로 성장이 위축된 것은 정부가 내부개혁을 소홀히 했기 때문이라고 지적하면서, 이를 교훈으로 삼아 한미FTA 추진의 경우 FTA에 모든 것을 걸기보다는 강력한 내부 구조조정이라는 "POST-FTA" 정책을 미리 준비해야 한다고 주문하고 있다. 이 보고서의 발간을 전후로 정부측에서도 이와 유사한 주장들이 제기되고 있다.

높게 관철시켜 나가는 것을 의미한다. 노무현—김종훈—청와대 브리핑—삼성경제연구소의 보고서 등으로 연결되는 이런 주장들은 한미 FTA 문제를 감싸고 있는 보다 거시적인 맥락을 환하게 조망할 수 있도록 해준다. 다시 말해 해수면 위에서 한미FTA라고 하는 큰 파도가 밀려오고 있지만 더 무시무시한 것은 해수면 아래에서 조용히 진행되고 있는 신자유주의 구조조정이라는 거대한 해일의 운동이며, 이 거대한 운동이 이전부터, 현재에도, 그리고 앞으로도 계속해서 한국 사회 전체를 뒤덮을 것이라는 점이다.

이런 거시적 맥락에서 살펴보면 앞서 말한 4대 현안의 "미리 퍼주기" 또는 "사전 개방" 이외에도 여러 유사한 사안들의 상호연관성이 포착될 수 있다. 외국 부동산 취득 자유화와 외환송금 자유화, 제주도 자치도시와 국제자유도시 조성을 위한 특별법 통과(2006년 2월 9일), 비정규직 노동자의 양산을 초래할 비정규직 법안의 노동환경상임위원회 강행 처리(2006년 2월 27일), 314개 공공기관에 대한 기획예산처의 예산통제권 강화 관련 법안의 국회 상정, 국립대 법인화를 위한 특별법 국회 상정 등이 바로 그것들이다. 이렇게 보면 4대 현안이란 훨씬 더 크고 넓은 "사전 개방" 조치라는 빙산의 일각에 불과한 것이라고 할 수 있다. 이 거대한 "사전 개방"의 빙산은 미국이 그동안 우리에게 공식적으로 요구하지 않은 것들(혹은 미국과 암묵적으로 비공식 합의한 것들)이므로 우리 정부의 주체적 결단의 산물이라고 할 수 있다. 또한 POST-FTA라는 개념적 틀 하에서 한미FTA 체결(또는 결렬) 이후에도 우리 정부는 미국의 공식적 요구와 무관하게 주체적 결단에 의해 "사후 개방" 조치들을 단행할 가능성이 높다.

이와 같은 여러 흐름들을 정리하여 일반화하면 오늘날 한국사회는 3가지 유형의 동시적인 압력에 직면하고 있다고 할 수 있다. ①PRE-

FTA(사전 개방조치), ②한미FTA 본 협정에 의한 개방, ③POST-FTA (사후 개방과 대내 구조조정)라는 세 흐름이 바로 그것이다. 현재 대다수 언론들은 ②에만 초점을 맞추고 있다. 또 반대측에서도 ②를 저지하면 문제가 해결될 것이라고 생각하기가 쉽다. 그러나 정작 무서운 것은 ② 가 화려한 스포트라이트를 받고 있는 동안 무대 뒤에서 ①과 ③을 진행 시키고 있는 정부의 일관된 신자유주의적 개방 작전이다. 이런 문맥에 서 다음과 같은 경우의 수들이 예측 가능하다. 만일 한미FTA가 체결된 다 하더라도 나프타의 교훈을 들먹이며 우리 정부는 한미FTA 협정에 포 함되지 않은 부분에 대해 ③의 정책을 대대적으로 관철해 나갈 것이며, 만일 ②가 결렬된다면, 오히려 ①의 토대 하에서 ③에 역점을 두고 신 자유주의 정책을 완성해가는 방식을 예측해 볼 수 있다. 물론 후자의 경 우에는 ③의 명분이 약화되어 많은 저항에 직면하겠지만, 현재 진행 중 인 ①이 효과를 발휘하여 저항 자체를 무력화할 가능성도 배제하기 어 렵다.

현재 정부가 추진 중인 한미FTA가 무서운 점은 바로 이 전략의 입 체적 성격과 비공개적 성격에서 비롯된다. 정부 입장에서 ②는 그 자체 로도 중요하지만 무엇보다도 ①과 ③을 추진할 수 있는 대내 정치적 명 분을 제공한다는 면에서 매우 귀중한 "외부 충격"이라고 할 수 있다. 노 대통령과 정부 관료들이 기회가 있을 때마다 한미FTA의 궁극 목표가 "외부 충격에 의한 구조조정"이라고 강조하는 이유가 바로 여기에 있다. 그런데 이런 맥락에서 우리가 주의를 기울여야 할 지점은 다음과 같은 가능성이다.

1. 현재와 같이 국민적 저항이 거세질 경우 한미 두 정부는 ②에 총 력을 기울이는 대신 저항이 적은 범위 내에서 "적당히" 체결하고 오히려 ③의 전략에 역점을 둘 가능성이 높다는 것이다.

　2. 아니면 ②의 조기 타결을 유보하고 쟁점으로 남겨 놓은 채 시간을 끌면서 ①의 전략을 계속해서 확대해나갈 가능성도 있다.

　스크린쿼터 문제 역시 이런 거시적 맥락에서 살필 때 다음과 같은 상황에 처해 있다고 할 수 있다. ① 스크린쿼터 축소는 미국의 입장에서 보면 한미FTA 협상 개시의 가장 중요한 선결조건의 하나였지만, 한국정부의 입장에서는 한미FTA와 무관하게 경쟁력 강화를 위해 자체적으로 내린 결정이다. ② 이번 스크린쿼터 축소는 한미FTA와 무관하게 한국정부의 자체적인 정책적 필요에 의해 이뤄진 만큼 앞으로도 한미FTA와 무관하게 한국정부가 스크린쿼터를 추가 축소하거나 폐지할 수 있다. 이 때문에 항간에서 오해하고 있듯이 한미FTA 본 협상에서 스크린쿼터 문제가 더 이상 논란이 되지 않고 있고, 7월 1일부터 스크린쿼터가 73일로 축소될 것이므로 앞으로 영화 분야는 더 이상 문제될 게 없는 것이 아니라 오히려 스크린쿼터 문제는 한미FTA와 무관하게 지속적으로 문제시될 수 있다.

　이런 맥락에서 보면 스크린쿼터 축소는 앞으로 모든 분야에서 나타날 사전개방 혹은 사후개방이라는 정부의 자체적인 구조조정의 선례인 셈이다. 이와 같은 자체적인 개방 및 구조조정 정책은 교육과 의료만이 아니라 아직까지 특별히 논란이 되지 않고 있는 방송과 신문을 포함한 시청각미디어 분야와 문화산업과 예술 분야 전반에도 공히 적용될 수 있을 것이다.

　따라서 이 글에서는 스크린쿼터 문제를 통해서 막 드러나기 시작한, 이와 같은 안과 밖, 위와 아래에서 동시에 진행되고 있는 다중 전략의 본질을 철저하게 규명해내고, 이 전략을 저지하지 못했을 경우 앞으로 문화 분야 전반에서 드러나게 될 폐해에 대해 예측해보는 데 주력하고자 한다.

2. 영화와 시청각미디어 분야에 대한 미국의 공세

최근 미국은 FTA를 추진하면서 문화 분야에 대해서는 이전과는 달리 상당한 양보를 허용하는 것처럼 보인다(이에 대해서는 다음 절에서 자세히 살펴도록 하겠다). 그러나 미국은 한국에 대해서는 다른 양상의 압력을 가해 왔다. 한미FTA 협상 개시의 전제조건으로 현행 40%의 한국영화 의무상영일수 비율의 20% 축소를 요구해 왔기 때문이다. 부분적으로 협정 상대국의 문화정책을 용인하던 미국이 이 문제가 해결되어야 FTA 협상에 들어갈 수 있다는 강한 압력을 행사한 것은 그만큼 한국의 스크린쿼터가 간단한 문제가 아님을 증명한다.

스크린쿼터 문제는 더 이상 한국과 미국만의 문제가 아니다. 미국의 압력에 맞서 문화정책을 지켜냄으로써 자국 영화산업의 발전을 이뤄낸 한국의 사례는 국제사회의 귀감이 되고 있기 때문이다. 또한 미국이 적극적으로 반대했음에도 2005년 10월 '유네스코 문화다양성 협약'이 국제사회의 압도적인 지지로 채택된 상황에서 미국은 이런 흐름을 더 이상 방관할 수 없는 지경에 몰렸기 때문이다. 더구나 중국 정부가 2002년 WTO에 가입하면서 개방압력에 대비해 한국의 스크린쿼터를 벤치마킹하여 66.6%의 스크린쿼터제를 신설하는 등 여러 나라로 스크린쿼터제가 전파될 가능성도 매우 높아졌다. 미국이 줄기차게 한국의 스크린쿼터 축소를 요구해온 것은 바로 한국의 스크린쿼터가 세계적인 모범이 되어 각국으로 확산되어 나가고 있는 대세를 방치할 경우 세계 영화시장에서의 미국의 압도적 우위가 점차적으로 약화될 수 있기 때문이다.

그러나 한국정부가 스크린쿼터 50% 축소라는 사전조치를 단행한 후 현재 진행 중인 한미FTA 본협상 과정에서 영화부문에 대한 별도의 추가요구는 안 나오고 있다. 일단 일차 목표를 달성했기 때문일 것이다.

하지만 FTA 협상을 개시하기도 전에 "FTA와 무관하게" "영화계와 일체 상의 없이" 정부가 자발적으로 146일을 73일로 줄이는 식의 사전 무장 해제조치를 단행했기 때문에 FTA체결 이후에도 "FTA와 무관하게" "영화계와 일체 상의 없이" 자발적으로 73일마저 없애버리는 사후 무장해제도 충분히 가능할 것이다. 우리 정부 입장이 애당초 FTA와 스크린쿼터를 분리시켜 놓았으니, 미국이 FTA체결 이후 협정문 부속서와 무관하게 비공식 압력을 넣는다면 우리 정부가 자발적으로 스크린쿼터를 폐지하는 "몽땅 퍼주기"를 할 가능성은 얼마든지 있다. 17도 이상의 술 광고 규제라는 세세한 사항까지 문제삼는 미국이 이번 보고서에서 그들의 최대 전략산업인 헐리우드에 최대 장애물의 하나인 스크린쿼터가 여전히 20%로 유지되고 있는 것에 대해 침묵하는 데에는 이런 숨겨진 속셈이 있다고 보아야 할 것이다. 그럴 경우 세계시장 2% 정도의 점유율을 차지하고 있는 한국영화가 세계시장의 85%를 장악하고 있는 헐리우드와 문자 그대로 "홀딱 벗고 맞장 떠야"하는 상황에 처하게 될 것이다.

일각에서는 이럴 경우 헐리우드가 한국영화 제작에 투자할 가능성도 있지 않을까를 점치고 있다. 한국영화가 한류 열풍을 통해 아시아 시장에서 갖고 있는 경쟁력을 그대로 계승하여 아시아 시장으로의 진출을 확대할 수도 있지 않겠냐는 추측이다. 그러나 한국영화와 헐리우드 직배영화의 경쟁력을 비교해 보면 이런 가능성은 극히 낮다. 한국영화 제작 분야에서 극장수입은 전체 매출의 75~80%를 차지하는 중요 수입원이다. 이에 반해, 미국영화 제작·배급 분야에서 한국 내에서의 극장 수입은 여러 창구 중 하나로 전체 매출에서 차지하는 비중은 1%도 되지 않는다. 즉 순수제작비 1,300억 원(1억 3천만 달러)의 미국영화는 자국에서의 극장 수익과 DVD 등의 부가판권 수익을 통해 투자비용을 회수하고 나면, 국내영화시장에 대해서는 추가로 소요되는 5천만~10억 원

구　　분	한국영화	직배영화
평균 투입비용	평균 제작비 41억 원	P&A비용 6억 원
손익분기점	33억 원(관객수 110만 명)	6억 원(관객수 20만 명)
관객 100만 명 시 추가 투입가능한 마케팅비용	-3억 원	24억 원

정도의 프린트 및 홍보 마케팅(Print & Advertisement, P&A) 비용만을 회수하면 손익분기점을 넘을 수 있다. 반면에 한국영화는 30억 원 이상의 제작비의 80% 이상을 국내시장에서 회수해야만 한다.

이렇게 심한 수익성의 격차를 놓고 볼 때 헐리우드 자본이 손해를 감수하면서까지 한국영화 제작에 투자한다는 것은 특이한 경우가 아니고서는 기대하기 어렵다. 물론 아시아 시장에서의 한국영화의 수출 증대 가능성을 놓고 투자하는 경우를 예상할 수도 있으나, 최근 들어 한류 열풍이 사그러들고 있어 한두 건의 예외적인 경우를 제외하고는 일반화하기 어렵다고 할 수 있다.[8]

스크린쿼터 축소가 한국 영화산업에 미칠 악영향은 여러 선행연구를 통해 충분히 예측되어 왔다. 김휴종의 「스크린쿼터제와 한국 영화산업」은 미국과 북미자유무역협정(NAFTA)을 체결하면서 자발적 자유화

---

8) 경쟁력이 충분하다고 스크린쿼터를 대폭 축소한 한국영화의 일본 수출에 비상이 걸렸다. 한류 수출의 주력인 일본 수출은 2004년 4천만 달러, 2005년 7천 5백만 달러였지만, 금년에는 6월 초까지 4백만 달러에도 못 미치고 있다. 지난해까지는 완성되기도 전에 일본으로 입도선매되던 한국영화가, 올 초부터는 완성본 보고 얘기하자는 식으로 태도가 바뀌면서 수출에 비상이 걸린 것이다. 이로 인해 한국영화의 제작비 조달에도 비상이 걸렸다. 또 금년 들어 한국영화의 관객 점유율도 급감하고 있는데, 1월 77.8%, 2월 68.4%, 3월 66.3%, 4월 45.8%, 5월 33.9%로 지속적으로 점유율이 줄어들고 있다.(한겨레, 「사설 : 한국영화의 위기는 작품성의 위기다」, 『한겨레』, 2006년 6월 10일)

조치로 스크린쿼터를 단계적으로 축소하여 영화산업이 붕괴한 멕시코의 사례를 들면서 스크린쿼터 축소가 한국영화 제작 위축, 추가적인 스크린쿼터 축소의 악순환으로 이어져 결과적으로 한국 영화산업이 붕괴할 것이라고 분석하고 있다.[9] 이해영 외 '스크린쿼터 경제효과 프로젝트팀'의 연구보고서는 지난 10년간의 한국영화 실질 상영일수와 허위 상영일수 자료에 기초해 이를 회귀분석하여 스크린쿼터제의 경제적 효과를 분석하고 있다. 이에 따르면 스크린쿼터 현행 146일 상영, 한국영화산업 규모 2조 6248억 원을 기준으로 할 경우, 스크린쿼터 1일 축소할 때 영화시장의 규모는 약 327억 9600만 원 감소하고, 10일 축소시 약 3084억 3200만 원, 20일 축소시 5736억 6800만 원, 30일 축소시 약 7955억 5800만 원, 40일 축소시 9741억 5300만 원, 그리고 50일 축소시 1조 1094억 5200만 원 감소할 것이라는 결과를 내놓고 있다.[10] 뿐만 아니라 문화관광부의 「문화산업 대미 개방에 따른 영향 분석 : 한미FTA를 중심으로」 역시 영화와 방송을 우리나라 문화산업 가운데 대미 경쟁력이 가장 취약한 산업으로 평가하면서 영화산업의 무역장벽이 완화되면 대미 수입증가율이 대미 수출증가율을 크게 상회하여 문화산업 중 국내생산 대비 무역수지가 가장 크게 악화되는 것으로 분석하고 있다. 이상의 연구결과들은 스크린쿼터 축소와 같은 추가적인 영화시장 개방이 한국 영화산업에 치명적인 결과를 초래하리라는 것을 명시적으로 보여주고 있다.[11]

---

9) 김휴종, 「스크린쿼터제와 한국 영화산업」, 원용진·유지나·심광현 편저, 『스크린쿼터와 문화주권』, 문화과학사, 1999.

10) 이해영 외, 「스크린쿼터제의 경제적 효과와 한미투자협정(BIT)」, 스크린쿼터 경제효과 프로젝트팀 연구보고서, 스크린쿼터문화연대, 2004.

11) 한국문화관광정책연구원, 「문화산업 대미 개방에 따른 영향 분석 : 한미FTA를 중심으로」, 내부자료(11월), 문화관광부, 2005.

스크린쿼터가 축소되더라도 방송에서 한국영화 쿼터를 유지할 가능성은 남아 있지 않을까라는 일말의 기대가 있을 수 있다. 그러나 방송 부문에 대해서도 그간 항간에 떠돌기만 했던 위협이 드디어 명문화되기 시작했다. 4대 통상현안 해소 이전까지는 방송에 대해 침묵하고 있던 미국이 금년 3월 31일 무역장벽에 관한 무역대표부의 연례보고서에서 한국의 방송 규제에 대해 구체적이고 명확한 해제 요구를 개시하기 시작했기 때문이다. ①외국 프로그램의 월별 공중파 TV 방영비율 20% 상한선에 대한 해제 요구, ②외국 프로그램의 연간 공중파 TV 방영률 중 영화 75%, 애니메이션 55%, 대중음악 40%의 상한선 해제 요구, ③외국인의 공중파 TV 투자금지 조항의 해제 요구, ④케이블 TV의 경우 채널당 외화 방영시간이 총 방영시간의 50%를 넘어서는 안 된다는 규제의 해제 요구, ⑤외국인의 케이블 TV와 관련된 시스템 사업자·네트워크 사업자·프로그램 공급자의 지분 49% 상한선 조항 해제 요구, 위성 방송의 경우 33% 상한선 해제 요구, ⑥외국 프로그램의 위성 재송신을 원할 경우 한국방송위원회 사전승인을 받아야 하는 규정 해제 요구, ⑦외국 재송신 위성채널의 수를 총 위성채널 수의 20%로 제한한 규정의 해제 요구, ⑧외국의 재송신 채널의 광고와 더빙에 대한 규제 해제 요구, ⑨한국방송광고공사의 해체 요구 등이 그것이다.

요약하면, ①공중파TV·케이블TV·위성TV 등 모든 방송매체의 소유 제한 규정의 철폐, ②방송매체를 통해 전파되는 모든 프로그램에서 외국 콘텐츠의 비율을 제한하는 모든 쿼터제의 철폐를 요구하고 있는 셈이다. 만일 ①방송사에 대한 외국인 소유 제한 규정은 그대로 유지한 상태에서, ②프로그램 콘텐츠에 대한 제한을 해제할 경우, 막대한 제작비를 들인 미국의 고품질 방송 프로그램과 경쟁할 만한 한국의 프로그램은 몇 손가락 꼽을 정도에 불과할 것이고, 대다수 프로그램들은 미국 프로그램으로 대체될 가능성이 높다. 그러나 ①의 소유규제마저 해제될 경우에는 사정이 판이하게 달라질 수밖에 없다. 금융개방 이후 국내 최대 은행인 국민은행을 포함해 대다수 은행이 외국인 소유로 돌변한 상황을 고려해 볼 때 유사한 상황이 방송에도 적용될 수밖에 없다. 방송은 가장 중요한 광고시장으로 미국산 상품의 전시장 역할과 미국식 문화와 이데올로기 전파의 최적합 매체이므로 미국의 거대자본이 군침을 흘릴 수밖에 없다.

물론 미국의 거대자본이 한국의 방송사를 소유하고, 방송 프로그램 쿼터제가 모두 사라진다 하더라도 한국의 제작자들이 좋은 프로그램, 경쟁력 있는 프로그램을 만들기만 한다면 뭐가 문제겠느냐는 반문이 가능할 것이다. 한국정부가 한미FTA와 무관하게 스크린쿼터 축소를 결정한 정책적 근거가 바로 여기에 있으므로, 방송에 대해서도 얼마든지 같은 논리를 펼칠 수 있다.

그런데 정부가 내놓은 경쟁력 논리는 그야말로 모순적이다. 한편으로 서비스시장을 개방해야 한다고 주장하는 이유가 세계 최고 수준인 미국의 서비스업을 수용하여 형편없이 수준이 낮은 한국 서비스업의 경쟁력을 높이기 위한 것이라고 주장하면서, 다른 한편으로는 한국의 영화산업은 이미 충분한 경쟁력이 있으므로 보호장벽을 없애야 한다고 주장하기 때문이다. 교육이나 의료 등 공공서비스 분야의 보호 장벽을 낮추거나 없애려는 이유가 한국 서비스 분야의 경쟁력이 낮기 때문이라면, 한국영화의 보호장벽인 스크린쿼터를 낮추거나 없애려는 이유는 한국영화의 경쟁력이 높기 때문이라는 것이다. 경쟁력이 낮건 높건 결국은 개방을 해야 한다는 결론으로 귀착되고 있는 것이다. 그렇다면 이렇게 정부가 '이현령비현령'으로 써먹는 경쟁력 개념의 실체를 확인해보도록 하자.

3. 한미 양국간 영화적 경쟁력 비교

일반적인 제품에서도 양질의 상품을 개발했다고 물건이 다 잘 팔리는 것은 아니다. 유통망을 확보하지 못했거나 소비자가 쉽게 볼 수 있는 진열대에 배치되지 못할 경우 아무리 질 좋은 상품이라도 팔리지 않을 수 있다. 일반상품은 그래도 오랜 시간에 걸쳐 다양한 유통 루트(백화점, 대리점, 직영점, 홈쇼핑, 전자상거래 등)를 확보하여 점차 소비자에게 선보일 기회를 확보할 수 있다. 하지만 영화는 제작된 후 극장에서 1차적으로 상영되지 않을 경우 소비자에게 평가받을 수 있는 기회는 극히 제한된다. 물론 비디오·DVD나 케이블 방송도 있지만 여기서도 소비자들의 접근은 극장 개봉작품, 특히 흥행작품 위주로 이뤄지고 있어 극장개봉 흥행작에 끼지 못한다면 비집고 들어갈 자리가 거의 없는 게 현실이다.

　이런 점에서 영화의 경쟁력을 좌우하는 필요조건은 제작보다 배급-상영이라고 할 수 있다. 이에 더하여 미국영화 배급업자는 국내 배급업자에 비해 극장과의 교섭력에서 우위를 점하고 있다. 한국영화 제작·배급업자는 1차 시장인 한국시장에서 매출의 75~80%를 해결해야 하는데 반해, 미국영화 제작·배급업자에게 한국영화 시장은 부가판권시장이자 전체 매출에서 차지하는 비중이 1%도 되지 않는다. 평균 순수제작비 1,300억 원(1억 3천만 달러)인 미국영화는 미국시장 극장수익과 DVD 등의 수익을 통해 이미 회수되고, 부가수익 시장인 한국시장 진출을 위해 추가로 소요되는 3,000만~1억 원 정도의 자막·더빙 비용과 마케팅 비용만을 회수하면 되는 데 반하여, 한국영화는 30억 원 이상의 순수제작비와 마케팅 비용의 70% 이상을 한국시장에서 회수해야 하는 막대한 차이가 있다. 또 한국영화는 연간 80편 내외가 제작·상영되는 데 반하여 미국영화는 연간 800여 편이 제작되고 이 중에서 흥행이 검증되거나 보편적 정서로 다가설 수 있는 영화로 판단되는 영화 150~200편 가량을 한국시장에 소개한다. 이런 수익구조 차이로 인해 100명 좌석의 스크린에 한국영화는 평균 30명 이상이 들고 미국영화는 20명이 채 안되는데도 불구하고, 서울에서 극장은 한국영화의 경우 극장수익의 50%를 분배받고 미국영화는 60%를 분배받는다.

이런 구조적 차이 속에서 스크린쿼터 일수가 73일로 축소되는 것은 미국영화 배급업자들이 사용할 수 있는 전략의 다양성을 확대하게 해준다. 한국 상영을 위해 소요되는 비용이 극히 적기(1/30 정도) 때문에 회수 부담도 적어 적극적으로 부율(극장-배급사 간에 극장 수입을 나누는 비율) 덤핑 등을 실행할 수 있다. 현재에도 안정적 공급이 가능한 콘텐츠의 충분한 수량 때문에 극장에게는 가장 중요한 공급처로 인식되는 상황에서 부율 덤핑과 같은 메리트까지 제공될 경우 극장은 더욱 미국영화 배급업자를 우대하게 되어 한국영화 상영 기회를 줄이게 될 것이다. 때문에 아무리 완성도 높은 양질의 한국영화라고 해도 이익과 안정적 콘텐츠 측면에서 유리한 헐리우드 영화에 밀려 아예 상영될 기회를 상실할 위험이 높은 것이다.

그 외에도 배급사의 비공식 압력으로 극장들이 자유로운 선택을 하기 힘들다는 점도 지적할 수 있다. 1998년 좌석 점유율 80% 이상을 유지하면서 순항하던 한국영화 「여고괴담」이 돌연 극장에서 간판을 내려야 하는 사태가 발생했다. 헐리우드 영화인 「고질라」를 상영해야 했기 때문이다. 물론 극장 입장에서는 「여고괴담」을 상영하는 것이 더 나을 수도 있었을 것이다. 하지만 「고질라」를 상영하지 않아 헐리우드 배급사와 좋은 관계를 유지하지 못할 경우에, 이후 해당 배급사의 흥행작들을 상영하지 못하게 될 것을 우려한 극장측의 판단으로 흥행이 잘 되던 한국영화의 상영이 중단된 것이다. 스크린쿼터제도가 유지되는 상황에서도 이런 일이 벌어지는데, 하물며 절반으로 축소, 나아가 폐지됐을 때 어떤 일이 벌어지겠는가? 보다 많은 자본이 투여되고 매일같이 전국민을 상대로 전파되는 방송의 경우 이와 같은 구조적 압력은 더욱 강화될 것이다. 그 결과 매일 국민들이 보는 방송에서 한국 프로그램은 점점 찾기 힘들어질 것이다.

이렇게 배급 측면에서 한국영화의 경쟁력이 형편없이 뒤질 수밖에 없다는 점 외에, 다른 측면에서도 한국영화와 미국영화는 비교가 불가능할 정도의 큰 격차를 안고 있다. 2004년 기준 미국의 대한 영화수출액은 5,360만 달러인 반면 한국영화의 대미 수출은 230만 달러를 기록하여 5,130만 달러의 적자를 보이고 있다. 규모로는 약 25배의 격차가 난다. 연도별 적자폭도 매년 꾸준히 증가하는 추세로 영화산업은 한미무역에 있어 매우 심각한 수준의 적자산업임을 알 수 있다.(자료 2)[12]

그러나 통상 수입영화의 단가는 프린트 비용만 계산하기 때문에 흥행 후 송금되는 약 50%의 할리우드 직배사 로얄티 또한 수입가에 포함되어야 한다. 2004년 미국영화 중 5대 메이저 배급사의 로얄티는 402억 원, 곧 4천만 달러에 달하는데, 이를 포함하면 영화산업 대미 무역적자는 위의 5,130만 달러보다 배 이상 증가하게 된다(자료 3).

〈자료 2〉 한미간 영화수출 현황

단위: 백만 달러

구 분	2001년	2002년	2003년	2004년
한 국	1.2	0.9	4.5	2.3
미 국	34.9	40.8	50.6	53.6
수 지	-33.7	-39.9	-46.1	-51.3

출처 : 문화관광부, 「영상정책자료」, 2005년12월

---

12) 이해영, 「한미FTA와 스크린쿼터」, 비공개 연구보고서, 영화진흥위원회, 2006.

〈자료 3〉 미5대 직배사 로얄티 송금액

단위: 억 원

	2001년	2002년	2003년	2004년
유나이티드 인터내셔날 픽처스	114	29	13	37
이십세기폭스코리아	16	105	67	123
워너브러더스코리아	88	95	181	152
소니픽처스릴리징코리아	64	149	87	49
월트디즈니컴퍼니코리아	45	36	57	41

출처 : 문화관광부, 「영상정책자료」, 2005.12

아울러 스크린쿼터 축소와 관련해 가장 자주 인용되는 시장점유율을 한미간에 비교해보았을 때, 2004년 기준 한국영화의 자국시장 점유율이 59.4%인 데 반해, 미국영화의 자국시장 점유율은 93.9%를 보이고 있다. 그나마 한국영화의 자국시장 점유율은 세계시장에서도 매우 특이한 사례라고 할 수 있다(자료 4).

한국정부는 50% 이상의 점유율을 자랑하는 한국영화는 스크린쿼터 없이도 충분히 경쟁력이 있다고 말한다. 그러나 바로 이 점유율의 신화야말로 허다한 착시현상을 유발하는 가장 큰 요인이다. 미국영화의 자국영화 점유율은 매년 95% 선에서 형성되고 있으며 미국영화의 세계시장 점유율이 약 85%인 데 비해, 한국영화의 세계시장 점유율은 고작 1.5%를 좀 넘는 수준에 불과하다. 한국영화가 매년 70~80편 가량 생산

〈자료 4〉 한미 자국영화 시장점유율 비교

단위: %

	2001년	2002년	2003년	2004년
한 국	50.10	48.30	53.49	59.40
미 국	94.30	96.30	95.10	93.90

출처 : 영화진흥위원회

미국의 경우 달러 표시 매출액을 원화로 환산

	사업체당 종업원 수(명)		종업원 1인당 매출액(백만 원)	
	한국(2004)	미국(2004)	한국(2004)	미국(2004)
도소매	2.8	13.2	180.3	468.8
음식숙박	2.6	17.9	32.3	55.6
부동산임대	3.6	6.0	66.4	215.5
사업서비스	11.5	15.9	62.1	96.0
교육서비스	4.0	8.7	35.3	89.3
보건사회복지	8.2	21.4	57.4	100.4
문화오락운동	2.9	16.8	78.9	96.0
기타 서비스	1.8	6.5	21.4	110.5

출처 : 통계청 KOSIS 서비스업 통계조사, US Census Bureau(2002)

되는 데 반해 미국영화는 매일 한 편씩 상영해도 2년이 걸리는 600~800편을 생산한다는 사실을 은폐하고 있는 것이다.

또한 영화산업은 서비스업으로 분류된다. 그런데 서비스시장 개방과 관련 교육, 의료, 오락문화(영화 포함), 법률회계·컨설팅, 전문디자인 등 한미간 비즈니스 서비스 분야를 비교할 때, 첫째, 한국은 규모면에서 영세하다. 즉 문화오락운동 분야의 업체당 취업자 수가 미국은 16.8명인데 비해 한국은 2.9명에 불과, 5배 이상의 규모 차이를 보인다(자료 5). 둘째, 생산성 수준을 보더라도 종업원 1인당 매출액을 비교해 볼 때 전문디자인 서비스의 경우 미국의 34% 수준이며, 법무 및 회계서비스의 경우 36% 수준, 경영컨설팅 52%, 병원업 61% 등에 그치고 있다. 특히 문제가 되는 영화산업은 미국의 44%로서 서비스산업 전반이 그렇듯 매우 심각한 비교열위에 있다는 것이다(자료 6).

「왕의 남자」를 보기 위해 영화관을 통째로 빌렸을 정도로 이 영화에

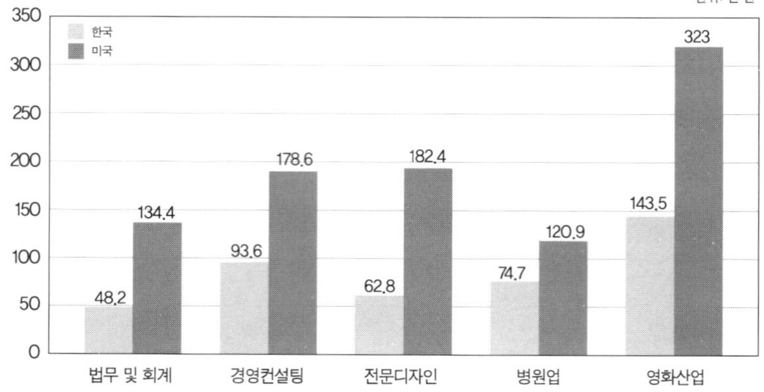

<자료 6> 한미 서비스업 생산성 비교(종업원 1인당 매출액)

출처 :조용수, 「한미FTA와 한국서비스업 경쟁력의 현주소」, 『LG주간경제』(4월 26일), LG경제연구원, 2006

매료됐던 노무현 대통령은 2006년 3월 23일 국민과의 인터넷 대화에 「왕의 남자」의 배우 이준기를 초청하여 대화를 나눴다. 그는 스크린쿼터 축소 이유를 묻는 이준기에게 "40~50% 점유율을 지켜낼 자신이 없냐?" 고 되받아치면서, "그러다가 죽어버리면 어떻게 하냐고 하지만 자신감을 갖고 가자. 열심히 하면 된다"는 동문서답을 반복했다. 「왕의 남자」가 「태극기 휘날리며」의 1,170만 명을 깨고 1,200만 명을 넘어선 것이 한국 영화가 미국영화에 충분한 경쟁력을 갖고 있는 증거이고, 이런 경쟁력을 가졌으니 쿼터 같은 구시대적 보호장치는 불필요하다는 얘기다.

그러나 이런 착각은 필요조건(배급 경쟁에서의 실패를 보완하는 장치)과 충분조건(상영 기회가 주어졌을 때 발휘되는 제작 경쟁력)을 혼동한 데서 비롯된다. 앞서 말했듯이 스크린쿼터는 최소한의 상영 기회를 제공하는 필요조건이지 흥행이라는 최종 결과를 보장하는 충분조건은 아니다. 스크린쿼터라는 필요조건이 없었으면 「왕의 남자」라는 양질의 경쟁력 있는 저예산(이라 마케팅 비용이 적고 와이드 릴리스가 불가능한) 영화가 애당초 극장에 장시간 걸릴 기회 자체가 제공되지 않았을 것이고,

그렇다면 오늘의 1,200만 명이라는 흥행 결과 자체가 불가능하다. 다시 말해서 필요조건(배급경쟁력)이 충족되어야 충분조건(제작경쟁력)도 충족될 수 있다는 말이다. 이런 점에서 스크린쿼터야말로 「왕의 남자」, 「동막골」, 「너는 내 운명」 같은 저예산의 신인 감독/배우들의 '경쟁력 있는' 콘텐츠가 대중과 접할 수 있는 최소한의 기회를 제공하는 "공정하고 자유로운 경쟁"의 필요조건인 것이다. 이런 사정을 거꾸로 뒤집어 흥행이 됐으니 이제 쿼터를 없애자는 것은 앞으로 더 많은 「왕의 남자」, 「동막골」, 「너는 내 운명」 같은 양질의 저예산 콘텐츠의 숨통을 애당초 끊어버리자는 것이나 마찬가지인 것이다.

4. 디지털 네트워크 시대의 미국의 문화분야 FTA 전략 변화

그러나 영화를 포함한 시청각/미디어 분야에서는 더 이상 스크린쿼터로는 대응하기 어려운 새로운 문제상황이 다가오고 있다. 디지털네트워크 시대의 도래가 그것이다. 미국은 2007년 1월부터(다소 늦어질 것으로 보이지만) 미국 전체 상영관에서 영사기를 없애는 대신 온라인 상영방식으로 전환할 준비를 진행 중이며, 우리도 2007년 중반경부터 온라인 상영 방식을 본격화할 준비를 하고 있다. 또 대형 PDP, LCD TV 모니터의 상용화와 더불어 디지털방송이 본격화되고 있고, 'DMB―휴대폰―인터넷―PC―TV'의 디지털 네트워크화도 가속화되고 있다. 이럴 경우 영화와 방송의 구별이 무의미해지며 모든 영상 프로그램은 전자상거래와 동일한 방식으로 취급될 수밖에 없게 된다. 이럴 때 스크린쿼터나 방송 쿼터라는 장치만으로 미국 영상산업의 거센 파도를 막아낼 수 있을까?

최근 미국이 체결한 FTA의 내용을 살펴보면, 문화 분야에서 미국의

FTA 전략이 상당히 변화하고 있음에 주목할 필요가 있다. 1998년까지만 해도 문화상품에 대한 미국의 공식입장은 문화상품이 다른 상품과 별다른 차이가 없기 때문에 무역협정에서 다른 일반상품과 동일하게 취급해야 한다는 것이었다. 2000년 말, 이런 입장은 변화를 보이기 시작했다. 당시 미국정부는 WTO 서비스무역 이사회(WTO Council on Trade in Services)에 제출한 의견에서 "2000년 현재 시청각산업 분야는 우루과이라운드 협상이 한창이던 시기와는 현저히 다르며, 그 당시 협상은 주로 영화의 제작·배급과 시청각 상품 및 서비스의 지상파 방송에만 치중했다. 특히, 오늘날 같은 디지털 시대에 영상기술의 발달 가능성이 무한히 커지면서 개인의 문화적 정체성을 뚜렷이 하고 시청각서비스 분야의 무역을 좀 더 투명하고 예측가능하며 개방적으로 바꿀 수 있게 됐다"고 주장했다.[13] 유럽이나 캐나다 등의 나라들이 견지했던 '문화적 예외'(문화는 무역협정의 논의대상에서 배제한다는 원칙)를 무너뜨리고, 자국문화 보호를 위해 각국이 시행하던 다양한 문화정책을 자유무역을 저해하는 비관세장벽으로 규정하여 폐지를 위해 애쓰던 이전과는 달리, 새롭게 도래한 디지털 환경이 문화상품의 무역을 보다 자유롭고 개방적으로 만들 것이라는 기대와, 또 그래야만 한다는 의지를 드러낸 것이다. 이런 의지는 이후 미국이 체결하는 FTA에서 구체적인 모습을 드러냈다. 미국의 새로운 협상전략이 지닌 주요 특징은 네 가지로 정리할 수 있다.[14]

첫번째 특징은 무역협정의 양허표를 작성하는 데 있어서 네거티브 방식을 채택한 것이다. 포지티브 방식이 협정 대상국이 양허표에 기록

---

13) Ivan Bernier, 'The Recent Free Trade Agreements of the United States as Illustration of Their New Strategy Regarding the Audiovisual Sector", *Media Trade Monitor*, September 16[www.mediatrademonitor.org].
14) Bernier, ibid.

한 분야에 대해서만 자신의 의무를 이행하도록 하는 방식인 데 반해, 네거티브 방식은 모든 분야에 대해 자신의 의무를 이행하되 양허표에 유보 및 예외사항으로 기재한 분야만 의무 이행에서 제외하는 방식이다. 네거티브 방식은 특정 분야를 협정 대상에서 제외하고자 할 때 많은 부담을 안게 되는 방식이다. 포지티브 방식의 경우 제외하고자 하는 분야를 양허표에 기재하지 않으면 되지만 네거티브 방식은 이 분야를 유보 및 예외사항으로 기재하는 데 대해 협정 상대국의 동의를 얻어야 하기 때문이다. 네거티브 방식의 도입으로 문화산업이 충분히 발달하지 못해 이 분야에 대한 이해관계가 뚜렷하지 않은 대부분의 개발도상국의 경우, 문화 분야를 협정대상에서 제외시키지 못하고 협정의 일반 의무를 그대로 받아들일 가능성이 더욱 커졌다.

두번째 특징은 보조금에 대해 보다 완화된 입장을 취한 것이다. 미국이 체결한 최근의 FTA는 모두, 정부가 지원하는 융자, 보증, 보험을 비롯하여 정당이 지원하는 보조금 및 지원은 내국민대우, 최혜국대우의 의무에서 제외된다고 명시하고 있다. 이것은 미국이 보조금 문제의 현실을 인정한 것이라 볼 수 있다. '서비스무역에 관한 일반협정'(GATS) 차원에서도 보조금이 서비스무역에서 초래할 수 있는 왜곡효과를 방지하기 위해 다자간 규범을 마련하려는 시도가 있었으나, 이 문제가 가지는 복잡한 성격 때문에 협상에 진전이 없었다. 문화산업 분야에서, 특히 영화·방송·음반을 포함하는 시청각서비스 산업에서 대다수의 나라는 보조금 지원 없이 자국 콘텐츠를 제작하는 것이 불가능한 상황이다. 그럼에도 불구하고 보조금 지원을 제한하려 든다면 강력한 반발에 부딪힐 수밖에 없다는 것을 미국 역시 잘 알고 있는 것이다. 또 다른 이유는 미국의 시청각산업의 규모와 자국시장의 규모에서 찾을 수 있다. 엄청난 규모의 자국시장에서 투자자본 회수가 가능한 미국의 시청각산업은 추가수익을 얻을 수 있는 부가시장인 해외시장에서 지역적으로 조정된 가격으로 시청각 콘텐츠를 공급하는 개별가격정책을 사용할 수 있다. 때문에 다른 나라에서 자국 콘텐츠 제작에 지원하는 보조금이 미국의 시청각산업에게는 별다른 위협이 되지 않는 것이다.

세번째는 전통적 기술과 연관된 시청각산업 분야에서 무역장벽의 철폐를 주장했던 기존의 요구를 포기한 것이다. 각 나라별로 미국과 FTA를 체결하면서 자국의 시청각산업 분야의 기존 정책을 유지한 사례를 살펴보자. 칠레는 케이블이나 위성방송을 제외한 공영 텔레비전에서 40%를 자국 콘텐츠로 편성하도록 규정한 정책 등을 유지했다. 싱가포르는 방송서비스에서 문학 및 예술작품으로 이뤄진 연속물 편성에 대한 권리와 인쇄매체의 배급과 출판에 대한 권리를 유보했다. 중미자유무역협정 6개국 중 조금 늦게 참여한 코스타리카와 도미니카공화국의 경우, 해외에서 제작된 라디오 프로그램이 자국 라디오 방송에서 전체 프로그램의 50%를 초과하지 못하도록 규정한 정책과 해외제작 프로그램이 자국 텔레비전 방송 프로그램의 60%를 초과하지 못하도록 규정한 정책, 또 시청각산업에서 내국인 및 업체가 최소한의 소유권을 보유하도록 규정한 여러 정책을 유지했다. 그러나 나머지 4개국(과테말라, 온두라스, 엘살바도르, 니카라과)은 미미한 몇 가지 유보사항만을 두어 사실상 시청각서비스를 완전 개방하는 결과를 초래했다. 호주의 경우 복잡하고 세밀한 여러 유보조항을 뒀다. 텔레비전 방송에서 전체 프로그램의 55%를 자국 프로그램으로 편성하도록 한 정책, 라디오 방송에서 최대 25%까지 가능한 콘텐츠 쿼터제, 방송 및 신문의 외국투자에 제한을 두는 기존 정책 등을 유보했다. 모로코는 라디오 및 텔레비전 방송의 투자에 관한 정책을 채택, 유지할 권리 등을 유보했다. 각 나라별로 협상력에 따라 다양한 편차가 있기는 하지만 문화정책을 용인하지 않던 미국의 기존 입장을 고려해보면 상당한 양보를 한 듯 보인다. 그러나 온라인이나 비 방송 분야에서 새로운 정책을 채택할 수 있는 기회는 철저히 봉쇄되고 있다.

네번째 특징은 미국의 전략의 핵심으로 디지털 네트워크를 문화적 보호주의에서 완전히 분리한 것이다. 미국이 최근 체결한 FTA는 전자상거래를 하나의 장에서 다루고 있다. 이 장에서 전자수단을 이용한 서비스의 공급은 시장접근, 내국민대우, 최혜국대우의 의무를 따르도록 규정하고 있고, 디지털상품은 관세부과 금지, 내국민대우, 최혜국대우의 의무를 따르도록 규정하고 있다. 문화상품 및 서비스의 대부분, 그 중에서도 시청각상품 및 서비스는 모두 디지털화가 가능하고 디지털화가 진행되고 있는 중이다. 미국이 전자상거래에 대해 철저히 자유무역의 의무를 따르도록 한 것은 앞으로 다가올 디지털 환경에서 분명히 문화적 성격을 지니고 있는 콘텐츠를 단지 전자수단에 의해 제공된다는 이유로 문화적 보호주의에서 완전히 분리시키기 위한 전략이다. 지금도 미국문화에 의한 획일화가 우려되고 있는데, 만약 전자상거래에 대한 미국의 의도가 관철된다면 미국 이외의 나라들은 자국문화를 생산할 수 있는 최소한의 기반마저도 무너지게 될 것이다.

이상의 특징을 종합해 보면, 미국이 보조금이나 기존의 문화정책을 부분적으로 인정하면서 전자상거래에 대해서는 최대한의 자유화 의무를 부가하고 있음을 알 수 있다. 앞으로 다가올 디지털 환경에서 기존의 정책들은 언젠가는 사라질 것이기 때문에 이를 미국의 양보로 볼 수는 없을 것이다. 또 미국은 네거티브 방식의 도입으로 문화적 예외를 막는 데 성공했다. 문화 분야의 다양한 유보조항이 설정됐지만 문화산업 전체를 협정 대상에서 배제시킨 나라는 하나도 없었다. 호주·싱가포르 FTA에서는 문화산업을 포괄적인 유보조항에 포함시켜 문화적 예외의 원칙을 지켰던 호주가 미국과의 FTA에서는 비록 세밀한 유보조항을 설정했지만 문화적 예외를 견지하지 못한 것이 대표적 사례일 것이다.

한미FTA가 앞으로 문화 분야에 미칠 진정한 위험은 바로 여기에 있다. 안과 밖에서, 위와 아래에서 동시에 진행되는 이중 공세가 바로 아날로그와 디지털이라는 두 차원에서도 동시에 진행되고 있기 때문이다. 스크린쿼터는 아날로그 시대의 중요한 보호장치였음에 틀림없고, 디지털 영상 네트워크가 극장에서 텔레비전과 PC에 이르기까지 유비쿼터스 방식으로 일반화되기까지 앞으로 3~4년은 일정 부분 효력을 발휘할 것이다. 하지만 그 이후 온라인으로 개개인에게 직접 연결될 네트워크 방식에 대해서는 이렇다할 대책이 없다는 것이 문제이다. 2006년 6월 5~9일 워싱턴에서 개최된 한미FTA 1차 협상에서 전자상거래 부문에 대해 온라인 상품에 대한 무관세 관행을 당분간 유지하기로 합의한 것은 향후 이 분야에 대해 정책적 대책이 전무하다는 점을 잘 보여주고 있다.

5. 한미FTA가 문화산업과 공공문화 서비스에 미칠 악영향

2005년 말 문화부의 「문화산업 대미 개방에 따른 영향분석」 연구보고서에 따르면 한국의 문화산업 대외 경쟁력은 한류열풍이 입증하는 대로 최근 들어 비교우위에 있음에도 불구하고, 대미경쟁력은 매우 취약한 상태이며, 한미FTA를 체결할 경우, 인쇄부문을 제외한 전 종목(게임, 영화, 방송, 출판, 음반)에서 대미무역수지는 큰 폭으로 하락할 것으로 나타나고 있다.[15] 인쇄부문은 실질적으로 콘텐츠 분야가 아닌 노동집약적 하청산업이다. 연구대상 중 오로지 인쇄분야만 무역수지가 흑자로 나타나는 전망이 나온 것은 이 부분을 제외하고는 한국문화산업 전반이 콘텐츠 생산기지에서 노동집약적 하청기지로 전락할 가능성을 시사하는 대목이다.[16] 그런데도 문화부는 어차피 FTA는 덕 보는 종목이 있고 망하는 종목이 있게 마련이므로 우리가 할 수 있는 건 피해를 최소화하는 것뿐이라고 말하고 있다.

정부는 미국과의 FTA가 선택할 수 있는 유일한 길이며, 문화부문도 예외가 아닌 것처럼 이야기하지만, 실질적으로 문화는 통상협정의 대상이 될 수 없고, 주권국가는 자국문화 진흥을 위한 문화정책을 시행할 주권을 가진다는 것이 미국을 제외한 전세계가 동의하여 채택한 유네스코 「문화다양성 협약」(2005년 10월)의 주요 골자이다. 그럼에도 불구하고 우리 정부는 한미FTA 체결을 위한 사전 양보의 일환으로 스크린쿼터를 자진 축소, 통상 증대를 위해 자국문화 진흥을 위한 문화정책적 주권을 전격 포기함으로써 지난 10월 정부 스스로 동의한 바 있던 「문화다양성 협약」을 4개월 만에 뭉개버린 바 있다.

스크린쿼터 문제를 통해 드러난 정부의 반문화적인 정책결정은 향후 문화산업 분야에서 예상되는 무역수지상의 손실에 못지않게 문화 분야의 비관세 장벽에 해당하는 국내 문화정책의 골간을 크게 흔들 것이라는 예측을 가능하게 한다. 특히 우려스러운 점은 한미FTA의 본 협상에서 문화 분야의 쟁점들이 직접 거론되지 않고 있다는 사실이다. 앞서 언급했듯이 이는 문화 분야가 본 협상보다는 사전개방과 사후개방 조치에 의해 해체-재구성될 가능성이 높다는 것을 의미할 수 있기 때문이

---

15) 한국문화관광정책연구원, 「문화산업 대미 개방에 따른 영향분석 : 한미FTA를 중심으로」, 107~109쪽. 이 보고서는 CGE 모형 분석 결과 한미 양국 간에 문화산업의 완전개방은 모든 분야에서 무역수지의 악화를 가져오므로 모드 2 혹은 모드 3까지의 단계적 개방이 유리할 것이라고 제안하고 있다. 그러나 이 보고서에서도 인정하고 있듯이 CGE 분석은 미래의 양국의 산업구조 변화에 따른 영향을 반영하고 있지 않기에 향후 무역구조 변화에 의해 결과가 얼마든지 바뀔 수 있다고 할 때, 개방에 따른 실제 피해는 더욱 커질 수 있다고 보아야 한다.

16) 목수정, 「자유무역의 파고, 문화로 뛰어 넘기」, 『한미FTA와 문화 예술 : 자유무역의 파고, 문화로 뛰어넘기』, FTA저지범국민운동본부, 2006.

다. 특히 정부가 한미FTA를 체결하려는 목적이 무역수지 개선이 아니라 한국 경제와 사회 시스템을 미국 수준과 방식으로 구조조정하고 체질개선하는 데 있는 만큼 한국의 문화산업과 문화예술 분야에도 동일하게 미국식 구조조정과 체질개선을 위한 정책변화가 강요될 것이기 때문이다. 물론 정부는 이런 정책변화가 미국의 요구가 아니라 우리 스스로의 자율적 필요에 입각한 것이라고 주장하고 있다.[17]

이런 맥락에서 돌이켜 보면 문화 분야에서도 오래 전부터 PRE-FTA 구조조정 정책이 시행되어 오고 있었다는 사실에 주목하게 된다. 정부는 IMF 외환위기를 빌미로 1999년 봄 공공기관 민영화의 전단계로 설명될 수 있는 책임운영기관제도를 도입하고, 2000년 김명곤 신임 예술감독 취임 직전, 국립극장을 책임운영기관으로 바꾸어 버린 바 있다. 그에 따라 김명곤 예술감독은 재임기간 동안 국립극장의 운영과 프로그램을 개선하는 것보다는 각종 이벤트를 통해 후원회를 조직하고 재정 자립도를 높이는 데 더 많은 시간을 할애했다. 이후 1년여의 저항 끝에 국립현대미술관이 문화기관 중 두번째 책임운영기관으로 전환된 후 적잖은 진통과 잡음을 내고 있다. 국립중앙박물관 역시 책임운영기관으로의 전환을 준비 중에 있다. 책임운영기관제도는 말 그대로, CEO 한 사람에게 경영전반에 관한 전권을 주고, 그가 재정자립도, 객석점유율 등에 있어서 책임지고 경영을 하도록 하며, 여기서 성과가 좋으면 한 개인에게 많은 경제적 보상을 내리는 방식이다.[18]

---

17) 이런 방식의 구조조정이 계속되면 앞으로 한국정부에는 문화부가 존재할 필요가 없게 된다. 미국에는 문화부가 없다. 미국식 시스템은 민간에게, 혹은 개인의 기부를 통해 문화영역이 굴러가게 한다. 미국에서 마케팅을 배운 사람은 많아도 문화정책을 배운 사람을 찾기 힘든 건 그 때문이다. (목수정, 같은 글)

18) 목수정, 같은 글.

이에 한 술 더 떠, 기획예산처는 그동안 추진해온 공공기관 지배구조 선진화 방안에 입각하여 지난 3월 23일 '공공기관 운영에 관한 기본법 제정안'을 입법예고하고 내년 1월부터 시행할 수 있도록 추진할 계획임을 밝혔다. 방만하고 비효율적인 공공기관에 대해 일원화된 지배구조를 마련하고 효율화할 계획이라고 밝혔지만, 이는 시장논리로 획일화된 가치 기준에 입각하여 공공기관에 대한 관리체계 및 통제의 핵심인 인사권(비민주성)과 예산권(시장화)을 일원화한다는 계획이다. 이 계획이 실행되면 국내 314개 공공기관 및 공기업 전반의 공공성의 파괴와 왜곡이 나타나게 될 것이다.

아직까지 미국은 문화 복지와 공공문화 서비스에 대한 시장개방 요구를 제기하고 있지는 않다. 앞서 청와대 브리핑 방식으로 말하자면 미국은 "미국식으로 문화 시스템을 변화시키는 데 관심이 없다"고 할 수 있다. 그러나 미국의 요구나 한미FTA와 무관하게 우리 정부가 스스로 PRE-FTA, POST-FTA 정책을 시행해가고 있기 때문에 문화 분야는 다른 분야처럼 쟁점으로 떠오르지도 못한 채(그에 따라 사회적 주목도 받지 못한 채) 신자유주의적 구조조정과 체질개선의 큰 파도에 휩쓸려 나가고 있는 셈이라고 할 수 있다. 그 결과 그동안 부족하나마 힘겹게 구축해온, 문화 복지와 문화 공공서비스의 틀이 붕괴하게 될 것이다. 그럴 경우에도 문화산업과 문화교류는 계속될 것이다. 다만 자연스럽게 미국의 문화산업과 국내의 대자본이 주도권을 잡은 문화산업과 미국화된 문화의 교류만이 이뤄질 따름이겠지만 말이다.

이 경우 최대의 문제로 부각될 부분은 문화콘텐츠 분야에서 나타날 지적재산권 압박 부분이다. 스크린쿼터 축소의 배후 세력이 미영화협회(MPAA)인 것처럼, 지적재산권 분야에서도 미국의 다국적기업들은 미국이 추진하는 양자·지역 무역협상에 적극적으로 개입하며 지적재산권

협상에서 기술적인 우위를 확보하고 협상을 주도하고 있다. 그 결과 지적재산에 대한 보편적 접근보다는 미국의 다국적 기업의 이익을 확대하는 방향으로 지적재산권의 국제규범이 강화되고 있다. 미국통상대표부(USTR)의 민간자문위원회의 위원들은 타임-워너, 미국음반협회(RIAA), 미국출판사협회(AAP), 미영화협회(MPAA) 등을 대표하는 기업 인사들로 구성되어 있다. 한국측 입장을 대변할 대표단은 이미 문화적 관점을 결여하고 있고, 문화관광부 역시 스크린쿼터 축소를 자율 결정한 형편이라 문화 분야에 대한 방어 논리를 이미 포기한 상황이다. 이에 따라 문화 분야의 지적재산권 협약에서 미국기업인들의 목소리가 거의 여과없이 반영될 가능성이 매우 높다.[19]

만화/애니메이션 산업 역시 지난 97년 외환위기를 겪으면서 예외 없이 심한 충격을 받은 게 사실이다. 특히 만화부문은 출판시장의 붕괴와 함께 2006년 현재까지 이렇다 할 돌파구가 보이지 않을 정도로 암울한 상황이다. 새로이 주목받고 있는 학습교양만화와 온라인만화가 그나마 버팀목이 되고 있으나 구체적인 계약 현실로 들어가면 비일비재하게 벌어지는 저작권의 침해 사례와 오히려 떨어지고 있는 원고료 등 외형에 비하여 실상은 그리 밝지만은 않다. 애니메이션업계의 경우는 최근 10년간 영화산업에 대한 관심이 커지면서 100억 단위의 극장용 애니메이션이 제작되는 등 비교적 활발하게 자본이 투자되기도 했으나 상업적인 흥행의 실패라는 벽에 부딪히면서 홀로서기를 할 수밖에 없는 현실로 내몰렸다. 그러나 다행스럽게도 2005년 7월부터 방송 총량제가 제도화되어 최소한의 창작 애니메이션 제작의 발판이 마련됐고, 올해 초 문광부에서 발표한 애니메이션 중장기 발전전략을 통하여 도약의 계기를 마련할 수 있지 않을까 기대를 하고 있다.

하지만 한미FTA 체결에 따라 방송쿼터가 축소되거나 폐지될 경우

만화를 그리려면 일본이나 유럽으로 가야 할 판이라는 자조적인 농담이 유행하고 있다. 캐릭터부문 역시 시장의 대부분을 외국 제품이 80~90%를 차지하고 있는 상황에서 공적인 지원이 얼마나 절실한가는 캐릭터 연계프로그램 제작 지원, 캐릭터 라이센싱 비즈니스 활성화, 캐릭터 산업 백서 발간, 캐릭터 페어 개최 등등 콘텐츠 진흥원의 사업목록만 보더라도 쉽게 알 수 있다. 만화나 캐릭터부문이 주로 공적 지원의 문제라면 상대적으로 좀더 직접적인 피해를 입는 것은 애니메이션부문이다. 현재 시행 중인 방송총량제의 경우를 보자. 전체 방송시간의 1%를 신작 국산 애니메이션으로 의무 방영하는 이 제도가 없어질 경우 30분물 26부작 기준으로 총 28편의 작품이 바로 우리 눈앞에서 사라진다. 가뜩이나 하청이 대부분을 차지하는 현실에서 창작 애니메이션에 대한 희망이 무너지는 것이다. 26부작 한 편에 투입되는 인원이 1년에 약 200명이므로 5,600여 명의 일자리가 없어지는 것이다. 더구나 대학의 만화, 애니메이션 학과에서 매년 6,000여 명씩 졸업하는 학생들 또한 오갈 곳이 없게 된다. 매출액으로 환산하면 순제작비 1천억 원과 만화, 캐릭터 등 부가 매출액 1조 원 정도가 사라지는 것이다.[20]

6. 한미FTA가 기초예술에 끼칠 직간접 피해

얼핏 보면 기초예술부문만큼은 한미FTA와 무관해 보인다. 미국도 이미 개방되어 있는 기초예술부문에 대해서는 군소리도 하지 않고 있고, 예

---

19) 목수정, 같은 글.

20) 신성식, 「한미FTA가 만화 애니메이션 캐릭터 부문에 미치는 영향」, 『한미FTA와 문화 예술 : 자유무역의 파고, 문화로 뛰어넘기』, FTA저지범국민운동본부, 2006.

술시장 자체의 규모도 작아 별로 큰 피해가 예상되지 않아 보인다. 하지만 앞서 언급한 바와 같이 PRE-FTA, POST-FTA 정책의 일환으로 공공문화 정책이 민영화·시장화 방향으로 계속 진행되고 있어 기초예술 분야도 큰 타격을 받을 수밖에 없다. 공공문화 기반시설과 국공립예술단체에 의존해 온 공연예술 분야의 경우가 대표적인 예이다.

공연예술 분야는 국공립예술단체의 책임운영기관화와 민영화로 인해 큰 타격을 받을 수밖에 없다. 그럴 경우 국민과 지역시민의 가장 기초적인 문화향유권 보장이라는 공익적 기능을 담당해오던 예술단체는 공공성을 상실한 채 공연관람료 인상 등의 수익 위주로 운영상의 변화를 모색할 수밖에 없을 것이다. 세종문화회관의 경우 99년 재단법인 설립과 더불어 대관료와 입장료가 대폭 상승했으며 산하 예술단체의 공연 위주로 시민의 문화향유권을 확대해 나가기보다 외부작품(외국의 유명 작품 포함)을 유치하여 고급 브랜드하겠다는 목표를 설정해왔다. 대관료가 높으면 입장료 또한 동반 상승할 수밖에 없는 구조가 악순환되고 있다. 산하 예술단체의 운영은 장르별로 차별화시켜 독립화시키거나 없애겠다는 목표를 설정하고 있으며(「세종문화회관 예술단체 운영체제 개선방안」, 2005 ; 「세종문화회관 발전전략보고서」 2004), 실례로 2005년 산하단체에서 독립법인화한 서울시립 교향악단은 시장의 정치적 야망과 결합된 부분도 있지만 앞으로의 공연예술계의 향방을 가늠해 볼 수 있는 사건이라 할 수 있다.[21]

수익성을 최우선으로 삼는 공연예술 경영정책에 의해 공연예술 프로그램은 인기영역과 비인기영역으로 구분되어 포섭과 배제의 논리에

---

21) 이중덕, 「한미FTA가 공연예술계에 미치는 영향」, 『한미FTA와 문화 예술 : 자유무역의 파고, 문화로 뛰어넘기』, FTA저지범국민운동본부, 2006. 이하 공연예술에 관한 부분은 이 글을 요약한 것이다.

따라 비인기영역은 점점 사장되어 갈 것이다. 이는 곧 예술분야에서 문화다양성의 파괴를 의미한다. 국내외 대자본과 수익성을 바탕으로 한 대형 예술단체들이 국내 공연시장을 잠식해 가면서 이미 세계적으로 흥행성이 보장된 안정적인 작품들만이 경쟁에서 살아남아 유통되어질 것이다. 이런 흐름은 공연예술 시장의 왜곡과 공연예술가들의 소득 불평등과 양극화 확대를 초래할 수밖에 없다. 최근 한국 공연예술계의 주류가 국내 창작물보다는 세계시장에서 이미 흥행성을 인정받은 뮤지컬과 오페라 작품들로 구성되어 있고 대자본과 결합하여 점차 대형화하는 추세에 있다는 사실도 바로 이런 흐름의 강화 추세를 반영하는 것이다. 세종문화회관은 이런 흐름을 반영하여 뮤지컬단은 산하단체에서 제외시키고 무용과 국악은 통합 축소 운영하고 합창은 폐지하겠다는 계획을 세운 바 있다.

공연 분야의 예술교육은 초중고에서는 교양과목 정도로 명맥만을 유지(그마저도 몇몇 장르에 한정)할 뿐이며, 실제로 예술계에 종사할 인재들을 육성하는 전문예술교육은 철저하게 사교육 시장에 맡겨져 있다. 이런 상황에서 교육개방이 가속화될 경우 국내 예술교육은 철저하게 미국식 시장교육 시스템에 의해 잠식되고 교육인프라 자체가 미국에 의해 재구축되어 나갈 것이다. 나아가 도제식으로 이뤄져 온 전통예술 분야의 교육과 전수는 공연시장의 수요가 적어지면서 더욱 위축되어질 것이고, 고유한 민족적 정서를 담보하고 있는 전통예술 분야의 공연 역시 시장논리에 의해 부침을 거듭하게 될 것이다.

또한 우려되는 것 중의 하나는 미국이 제작한 공연물에 대한 지적재산권 발동으로 국내 공연예술의 기반 자체가 붕괴되는 것이다. 국내의 공연예술 시장이 점차 미국에 의해 지배당할 경우 미국이 한국에서 직접 공연물을 창작하고 여타의 작품들을 모두 배급하는 방식이 확산될 수 있다. 미국의 공연제작자들에 의한 창작공연, 그것도 우리 전통을 소재로 하여 공연물을 창작하여 그 작품에 지적재산권을 발동한다면 국내 제작자들에 의해 제작된 여러 형식의 전통예술작품들마저 위협받을 수 있고, 비슷한 류의 창작물은 자칫 표절시비에 휘말릴 수도 있다. 이 때문에 우리의 전통소재마저 우리 맘대로 무대에 올리지 못할 수도 있고, 문화 정체성은 심하게 왜곡될 수밖에 없다.

나아가 전통예술을 비롯한 기초예술 분야의 점진적인 몰락과 더불어 대중가수 공연과 엔터테인먼트 산업에 초점을 맞춘 공연만이 비대해질 것이다. 물론 이렇게 공연 분야가 산업화하여 일시적인 일자리 창출을 가져올 수는 있다. 그러나 이는 여타 분야가 그러하듯이 일시적인 비정규 형태의 질 낮은 저임금 일자리에 불과할 것이다. 결국 대다수 예술가들은 비정규직 노동자로 전락하고 미국과 한국의 문화예술자본가들의 이윤만을 극대화시킬 것이다.

문학과 미술 등 여타의 기초예술 분야는 공연예술처럼 공공문화정책 의존도가 낮으므로 별다른 피해가 없을 것이라고 생각할 수도 있다. 하지만 한미FTA는 중산층 붕괴와 소득양극화를 심화시키기 때문에 기초예술 부문 전반에 막대한 직간접적인 폐해를 야기할 것이라는 점에도 주목해야 한다. 양극화가 가속화되면 창작 차원보다는 오히려 독자와 관객의 수가 급감한다는 문제가 발생하기 때문이다. 주지하듯이 문학시장의 주된 고객은 부자들이 아니라 중산층이다. 그러나 한미FTA를 통해 재벌이 주도하는 제조업 일부를 제외하고는 1, 2, 3차 산업의 대다수가 붕괴하거나 위축된다면(이마트가 들어오면 동네 슈퍼가 문을 닫듯이), 대다수 중산층이 붕괴되고 사회적 양극화가 가속화되므로 문학 독자들의 숫자는 자연히 줄 수밖에 없다. 또 막강한 자금력을 가진 미국출판사들의 직배(한글로 번역 출판, 직배)가 이뤄져 신문-방송에 대대적인 광고를 해댄다면, 번역문학이 국내 문학시장을 장악하는 것은 시간문제다. 나아가 이런 흐름이 이미 FTA 전부터 대두되어 확산되어가고 있는 영어공용화론과 결합될 경우 한글 사멸 위험도 높아지게 된다. 우리말이 고사될 경우 한국문학은 발 디딜 기반이 완전히 상실될 수밖에 없다. 이미 수많은 외국어학교가 세워졌고, 부자들은 조기유학을 보내고 그보다 경제력이 낮은 학부모들은 방학 때를 이용해서라도 자녀들에게 영어 연수를 시키고 있다. 게다가 금년 3월에는 송도 특구에 교육과정 전체에 대해 자율권을 가진 영리법인 형태의 외국인 학교가 착공식을 가진 바 있어, 2008년에 개교할 경우 이 학교 정원의 30%로 허가된 한국인 입학생들은 초등학교부터 영어로 교육을 받게 될 전망이다. 또한 시청각미디어 분야의 개방으로 미국식 프로그램이 우리의 일상을 지배할 경우 경쟁력 있는 언어에 대한 요구가 더욱 확산되고, 우리말을 버리고자 하는 시도들이 빈번해질 것이다. 모국어로 말하는 것은 유치하거나 천박한 것으로 치부될 것이다. 이를 통해 자발적으로 경제주권과 군사주권을 내준 만큼 모국어의 자리도 내주게 될 것이다.[22]

미술시장은 부자들이 주도하기 때문에 문학과는 경우가 다르게 보일 수 있다. 그러나 이는 하나만 알고 둘은 모르는 얘기이다. 강남 부자들의 소득이 늘어날수록 최고급 명품의 수입은 크게 증가한다는 것이 IMF 위기 이후 명품시장의 확실한 흐름이다. 명품 중에서도 가장 고가의 명품인 미술품 시장에서는 이런 경향이 더욱 가속화될 수밖에 없다. 실제로 98년 이후 국내작품의 미술시장은 크게 위축됐다. 그러나 더 큰 문제는 그나마 다수 국내 미술가들에게 생명줄 역할을 해온 공공미술시

---

22) 송경동, 「한미FTA와 문학에 대한 짧은 단상」, 『한미FTA와 문화 예술 : 자유무역의 파고, 문화로 뛰어넘기』, FTA저지범국민운동본부, 2006.

장이 미국 작가들에 의해 크게 잠식당할 가능성이 높다는 점이다. 멀리 예상할 것도 없이 청계천에 30억 원 규모의 공공미술작품을 미국의 노장 올덴버그에게 서울시가 맡긴 사례를 생각해 보라. 나아가 미술학원과 미술대학의 경우에도 교육개방으로 미국의 유수 대학에서 분교 형태로 대학과 입시학원을 직접 설립하고 미국인 교·강사들이 가르칠 경우, 그나마 공교육과 사교육으로 생계를 유지하던 미술가들 역시 대대적인 타격을 받게 될 것이다. 이는 원어민 강사들에 의해 영어학원이 점유되는 것과 같은 이치다.

그러나 한미FTA가 기초예술 분야에 미칠 폐해는 여기서 그치지 않는다. 앞서 언급한 폐해들이 예술작품의 창작과 유통과 소비를 둘러싼 직접적인 폐해들이라면 국민 모두와 함께 기초예술 분야 종사자들이 일상생활에서 받게 될 간접적인 폐해도 고려해야 한다. 이 분야의 종사자들은 여타 분야보다 기초생활 보장조차 없는 경우가 허다하기 때문에 교육과 의료 및 물과 에너지 분야의 공공서비스가 붕괴될 경우 심각한 위기에 처할 것이다. 교육개방은 국내의 많은 사립대학의 붕괴와 더불어 유수 사립대학의 등록금 인상을 부추길 것이다. 이미 이화여대의 경우 연간 등록금이 990만 원에 달하고 있다. 미국 대학 분교가 설치될 경우 경쟁을 위해 국내 유수대학의 등록금 역시 수천만 원대로 크게 오를 것이다. 재정적으로는 극빈층에 가까운 대다수 예술가들이 이런 상황에서 자녀를 대학에 보낼 수 있을까? 이 뿐이 아니다. 의료개방은 한국 의료제도의 미국화를 의미하고, 미국의 의료보험은 민영화되어 있기 때문에 현재와 같은 50% 국가보조금도 사라질 것이다. 그 대신 질 높은 고가의 의료서비스가 들어오겠지만 오직 강남 부자들만이 접근 가능하며 대다수 인구는 돈이 없어 양질의 의료 서비스에 접근이 불가능한 상황에 직면할 것이다. 가난한 예술가들은 더욱더 접근이 어렵지 않을까? 전기와 상수도, 철도와 버스 같은 일상적인 공공서비스도 100% 개방으로 민영화될 경우 질은 높아져도 가격은 더욱 높아질 것이고, 그럴 때 이를 부담할 수 있는 고객은 누구인가? 이런 피해들은 일일이 열거하기 힘들다. 이런 상황이 전개된다면 향후 예술가를 지원하려는 젊은이들의 숫자는 점점 줄어들게 되어 결국 한국의 기초예술은 고사하게 될 것이다.

7. 신자유주의 세계화 VS 대안적 세계화

금년 2월 문화관광부와 재정경제부는 스크린쿼터 축소에 따른 피해를 완화하기 위해 수천억 원대의 지원금을 포함하여 다양한 대책을 마련하겠다고 약속한 바 있다. 그러나 내용을 들여다보면 이는 국민을 기만하는 행위에 불과할 따름이다. 영화계에 쿼터 축소를 이유로 지원을 약속한 기금 2천억 원만 해도 그렇다. 이는 이미 고갈 단계에 와 있는 영화진흥금고의 재원을 충당하기 위해 전부터 요구됐던 것으로 스크린쿼터와 관계없이 문광부가 해결해야 했던 과제였다. 극장 수익의 5% 징수안 또한 스크린쿼터 축소 발표 훨씬 이전에 영화계가 제안했던 금고 충당 방안이었다. 게다가 2007년 영화부문에 지원하겠다는 1천억 원도 기획예산처가 새로운 예산을 배정하는 방식이 아니고 문화관광부 기존 예산에서 할당할 것이라 한다. 이럴 경우 다른 문화부문 예산이 줄어들어 문화계로부터 영화계로 원성이 쏟아질 가능성도 높다. 기초예술과 문화교육, 생활체육의 진흥 등을 위해 문화예산은 최소한 지금보다 두 배 이상이 증액되어야 함에도 불구하고 오히려 이 부문의 예산을 깎아 영화 부문에 특별지원을 하겠다는 정책은 결국 문화다양성과 문화적 공공성의 마모를 획책할 따름인 것이다.

문화관광부가 또 하나의 대안으로 제시한 투자/배급과 극장간 부율 개선 역시 진의가 의심스러울 수밖에 없다. 대만은 90년 이후 WTO 가입을 위해 외화쿼터를 폐지한 결과 90년 초반 자국시장점유율 35%에서 98년 5%로 떨어졌다. 동시에 제작환경이 급속히 위축되면서 90년대 초반 50편에 이르던 제작 편수가 96년 이후 20편 내외로 급락하면서 만성적 콘텐츠 부족에 직면하게 됐다. 그 결과 헐리우드 직배사인 컬럼비아는 부율을 8:2까지 요구하고 나섰다. 부율조정을 통해 투자/배급 부문의 수익률을 높이겠다는 문화부의 의지는 스크린쿼터 축소를 전제한 상태에서 한국영화시장을 지배하게 될 헐리우드 직배사의 수익률 제고를 오히려 부추기는 것일 수밖에 없다.

정부는 영화인들이 대안 없이 집단이기주의에 사로잡혀 스크린쿼터 축소 반대만 주장하고 있다고 흑색선전을 남발해 왔다. 그러나 영화인들은 한국영화 발전의 필요조건의 하나인 쿼터만이 아니라 다양한 충분조건이 시급하다고 주장해 왔다. 배급만이 아니라 제작과 상영 등 모든 차원에서 다양한 충분조건이 충족되어야 한다. 영화와 문화예술은 21세기 문화의 세기를 이끌어갈 공공적 자원이자 문화경제의 엔진이므로 IT, BT 산업에 상응할 만큼의 충분한 사회적 투자가 필요하다. 영화인들은 오래동안 영화 다양성 증진을 위한 예술영화전용관과 시네마테크의 대폭 증설 및 관련 전문배급회사 지원, 독립저예산영화 제작지원 대폭 확대, 수익률 개선을 위한 부율 합리화와 완성보증보험제도, 전산망 완비 등을 지속적으로 요구해 왔다. 그러나 경제관료들은 문화적 공공성에 대한 인식이 전적으로 결여되어 있을 뿐 아니라 오히려 투자의 선결조건으로 쿼터 축소를 은밀히 요구해 왔다. 스크린쿼터는 본래 세계영화 시장에서 민족영화의 다양성을 확보하려는 정책이며, 정부가 이를 지켜온 것이 아니라 영화인들과 문화예술계, 사회운동단체들이 연대하여 지난 8년간 힘든 싸움을 통해 사수해온 정책이다. 그러나 정부는 영화문화 다양성 증진과 산업합리화를 위해 정부가 지켜야 할 최소한의 의무를 방기해왔을 뿐 아니라 이런 정책의 선결조건으로 스크린쿼터 축소를 요구해왔을 따름이다. 이래 놓고도 과연 정부라고 할 수 있을까?

우리의 입장은 국수주의나 쇄국론이 아님은 물론이거니와 무조건적인 반세계화도 아니다. 우리가 주장하는 것은 약탈적 세계화, 빈곤의 세계화, 양극화의 세계화를 반대하는 대안적 세계화이다. 전자의 세계화란 오직 자본의 관점에서 자본의 자유로운 이동과 이윤추구를 위한 세계화일 뿐이다. 그러나 「문화다양성 협약」에 찬성한 150여 개 국가들이 생각하는 세계화는 이와 같은 미국식 세계화가 아니다. 미국을 제외한 대다수 국가들의 입장에서 스크린쿼터제도는 자국의 문화주권을 지키면서 상호교류를 보장할 수 있는 대단히 모범적인 사례로 인식되고 있다. 이 때문에 스크린쿼터는 각국의 벤치마킹의 대상이 되고 있다. 세계화의 표준이 미국식 세계화라는 생각이야말로 가장 반세계화적 관점이자, 다양하고 풍부한 세계적 교류의 길들을 일방적으로 독점하려는 제국주의적 세계화일 뿐이다.

각국의 문화다양성과 문화복지와 공공서비스를 존중하는 세계화를 상상하는 것은 불가능한 일일까? 각 국가와 공동체가 자신의 정체성을 최소한도로 보장하는 수준에서 교류하는 세계화를 상상하는 일이 과연 국수주의로 매도당할 만한 것인가? 지난 10월 제33차 유네스코 총회에서 통과된 「문화다양성 협약」("문화적 표현의 다양성 보호와 증진협약")은 이와 같은 대안적 세계화가 결코 불가능한 것이 아님을 만천하에 공표한 것이다. 그러나 한국정부는 아직 검토가 끝나지 않았다는 이유로 국회의 비준절차를 미루고 있다. 미국은 GATS 안의 문화적 다양성을 보호하는 명시적 규정을 만드는 데 반대하는 입장을 갖고 있고, 「문화다양성 협약」에도 154개 회원국 중 이스라엘과 함께 반대표를 행사했다. 이는 미국식 신자유주의 세계화의 길이 얼마나 좁고 반세계적이며 문화다양성 보호와 증진을 위한 대안적 세계화의 길이 얼마나 넓고 보편적인 요구인가를 단적으로 보여주는 사례이다.

현재 한국과 미국정부 및 양국의 초국적 자본과 보수세력들이 강력한 동맹체제를 구축하고 추진 중에 있는 한미FTA(PRE-FTA, FTA, POST-FTA의 입체적 전략을 포함하는 한미FTA)는 초국적 자본의 이익에만 부합할 뿐, 한국의 국민경제를 해체하고 대미종속의 심화를 가져올 뿐 아니라 사회적 양극화 심화를 통해 민중의 생존권과 환경 전체를 파괴할 대재앙에 다름 아니다. 초국적 자본의 이익과 부자들만의 서비스 혜택을 "국익"과 "소비자 혜택"으로 둔갑시키는 저들의 사기행각에 맞서 한미FTA와 신자유주의 정책을 즉각 중단시키는 것이야말로 사회적 양극화를 해소하고 민중의 삶의 질 향상에 기여할 대안적 세계화로 나아가기 위한 첫 걸음이다.

FTA의 게임과 시청각·미디어 분야 개방, 연대의 운동전략

전규찬[*]

1. 시청각·미디어 공대위의 태동

2006년 3월 8일 국내 미디어문화운동을 주도해온 노동네트워크, 매체비평우리스스로, 문화연대, 미디어세상열린사람들, 미디어연대, 민주언론운동시민연합, 언론개혁기독교연대, 언론정보학회, 인터넷언론네트워크, 전국언론노동조합, 전국미디어운동네트워크, 지역방송협의회, 한국기자협회, 한국방송광고공사 노동조합, 한국방송기술인연합회, 한국방송프로듀서연합회, 한국여성민우회, 한국인터넷기자협회 등 20여 개 단체들이 한미FTA저지 시청각·미디어 공동대책위원회 출범을 선언한 바 있다.

이 자리에서 참석 단체들은 "한미FTA 협상의 어떤 속임수도 방송을 포함한 시청각·미디어의 귀중한 문화적·공공적 가치를 빼앗을 수 없다!"고 못박았다. 한미FTA를 가히 무모하다고 할 정도로 졸속·일방 추진하는 정부의 이해할 수 없는 태도를 비판하면서, "21세기형 한미경

---

* 문화연대 미디어문화센터 소장, 시청각·미디어 공대위 공동집행위원장.

제안보 합병협약"이라고 부를 수 있는 한미FTA에 대한 전면적인 거부 의지를 분명히 밝혔다. 또한 한미FTA가 보통사람들, 즉 노동자·농민, 중산층, 중소기업을 위한 것이 아닌, 국내외 소수 재벌과 다국적 기업을 위한 '서비스'에 불과한 협약임을 정확하게 폭로했다. 그리고 미국이 협상 개시 조건으로 내세운 스크린쿼터 축소를 받아들인 정부와 이를 강요한 미국, 그리고 그 배후에 있는 양국 재벌 및 다국적 자본의 음모를 규탄하면서, 민주적 공적 영역이면서 자주적 삶과 문화다양성의 보루라고 할 수 있는 시청각·미디어 분야는 개방에서 반드시 지켜낼 것임을 약속했다.

사실 미국은 시청각·미디어 분야의 개방과 관련해서, 지금까지 '드러내면서 동시에 숨기는 이중전략'을 구사해왔다. 우선 미국은 오랜 기간 동안의 물밑 작업을 통해 스크린쿼터 축소를 확실히 관철시켰다. 또한 통신 분야에 대해서도 적극적인 관심을 보였다. FTA협상 과정에서 가장 집중할 서비스협상 분야라면서, 개방의 욕심을 노골적으로 드러냈다. 이처럼 한쪽에서는 확실하게 자신의 의지를 드러내면서도, 방송과 관련해서는 목소리를 공개하지 않고 있다. 이런 강온전략은 미국측의 입장에서 볼 때 당연한 선택이다. 방송과 같은 민감 항목을 건드림으로써 협상 초기부터 한국사회 내 논란과 반대 여론을 불러일으킬 의도가 없기 때문이다.

한편 국내에서도 한미FTA와 관련해 방송은 개방에서 제외될 것이라는 이야기가 지배적이다. 한미FTA에서 방송은 빠질 것이라는 일종의 낙관론이다. 협상 당사자인 방송위원회 등을 통해서 유포되는 이런 낙관론은 대중의 무관심과 무지 속에 한미FTA를 밀어붙이고자 하는 신자유주의 정권과 자본의 선택, 이를 지지하기에 바쁜 수구신문들의 의도, 그리고 진지한 의제 대신에 월드컵과 같은 표피적 이벤트로 시청률 끌어울리기에 바쁜 방송사들의 구조적 무지 및 의도적인 무관심과 맞물리면서 사회적으로 의제화할 수 있는 가능성을 원천적으로 봉쇄하는 효과를 가져왔다.

시청각·미디어 분야 공대위가 결성된 이유가 바로 여기에 있다. 스크린쿼터 문제와 쌀을 비롯한 농업문제 사이(in/between)의 시청각·미디어 서비스 문제가 결정적으로 간과될 수 있음을 간파한 것이다. 침묵의 고리를 깨고, 현실에서 나타날 문제를 정확히 드러내며, 그것을 혁파할 출구를 찾기 위한 운동 네트워크의 형성이었다. 한미FTA저지 시청각·미디어 공대위는 미국이 시청각·미디어를 한미FTA 협상의 주요 의제로 제기할 것이며, 따라서 이에 대한 대응전략을 마련하는 것이 시급하다는 정세분석에서 출발했다. 이를 위해 시민사회와 학계가 결집해 사회적 공론화를 위해 노력해야 한다는 데 인식을 같이했다. 스크린쿼터 축소 때처럼 뒤통수를 맞지 않기 위해 미리 준비해야 한다는 위기의식이 그 토대였다.

2. 시청각·미디어 개방 압력의 현실론

미국이 시청각·미디어 서비스 분야를 이번 한미FTA 협상에서 절대 배제하지 않을 것이라는 사실, 오히려 방송을 협상의 핵심 쟁점 중 하나로 가져갈 것이라는 사실은 여러 가지 측면에서 설득력을 지닌다. 첫번째, 경험론적으로 볼 때 미국이 방송을 한미FTA 협상 의제에서 제외할 것이라고 기대하는 것은 근거가 부족하다. 미국은 지금까지 외국과 FTA를 추진함에 있어 방송을 포함한 시청각·미디어 분야의 개방을 포기한 적이 없다. 결과와 무관하게, 방송 등 시청각·미디어를 반드시 협상의제에 포함시켰던 것이다.[1] 가장 최근에 체결된 미·호주FTA의 경우도 그렇다. 문화적 예외를 내세워 방송을 협상에서 애당초 배제시키는 전략은 쉽게 통하지 않는다는 사실을 확인하게 된다. 그런데도 미국이 한미 FTA의 경우에만 유독 방송을 제외할 것이라고 바라는 것은 지나친 선의의 기대이며, 조소를 자초할 비현실적 발상이다. 그런 소박한 '예외주의'의 기대는 100% 완전개방과 100% 시장 '자유화'를 꿈꾸는 제국/자본의 질서에 어울리지 않는다. 낭만적이라 할 수 있는 판단의 후진성은 '문화다양성 협약'과 관련된 대목에서도 되풀이된다. 미국은 이스라엘과 더불어 유네스코 협약에 반대한 두 나라 중 하나다. 자신이 반대한 협약을 미국이 지킬 리 만무한 것이며, 한국 국회도 아직까지 문화다양성 협약을 비준하지 않은 상태다. 30개국에서 비준해야 국제 협약으로 자격을 갖추게 될 이 협약은 비준하지 않은 나라에 대해서는 구속력이 없다. 따라서 미국이 문화다양성 협약 때문에 방송개방을 요구하지 않을 것이라는 것은 정말 공허한 기대에 불과하다.

두번째로, 미국이 시청각·미디어 분야의 개방 요구를 포기할 것이라는 기대는 이론적으로도 전혀 맞지 않다. 시청각·미디어가 후기자본 (주의) 축적전략에서 핵심 분야가 될 것이라는 전망은 이미 이론뿐만 아니라 현실 속에서 상식으로 통한 지 오래다. 국내에서도 '한류' 등의 경험을 거치면서 '영상산업'의 경제적 가치를 정부와 관변단체, '전문가'들이 한 목소리로 강조한 바 있다.[2] 공업의 지배에서 서비스 및 정보 지

---

1) 싱가포르와 캐나다는 미국과의 FTA협상에서 각각 방송과 '문화 상품'을 제외하기로 했다(싱가포르의 경우, 통신 분야는 개방하기로 합의했지만). 이런 결과는 가만히 주어지는 것이 아니라 사전 논리의 마련과 논쟁, 협상을 통해 얻어낸 것으로 보는 게 옳다. 더욱 흥미로운 사실은, NAFTA에서 미국과 오랫동안 문화적 정체성 논쟁을 벌여온 캐나다가 얻어낸 '문화적 예외'(cultural exemption/exception)가 미국과 멕시코 간에는 적용되지 않는다는 점이다.

배로의 이행, 즉 '경제의 탈근대화 과정'이 이뤄지고 있다는 전망은 좌파 진영에서도 공감하는 바다. 바로 그 '정보화'의 주축이 시청각·미디어 분야다. 지식과 정보, 연예와 오락, 광고 등 방대한 범위의 '서비스'들을 중심으로 한 탈산업화경제, '정보경제'의 시대란 다름 아닌 시청각·미디어 경제의 시대라고 해도 지나치지 않다.[3] 미국을 연결고리로 한 제국/자본이 잠재력 높은 동북아시아 한국에서 황금의 땅 엘도라도를 지나칠 리 만무하다. 이런 경제적인 이유와 더불어 시청각·미디어는 자본의 양식을 재생산하고 사회적 관계를 구성하며 주체(성)를 생산하는, 비물질적 생산의 순환을 책임질 결정적 의미생산의 포인트이기도 하다. 제국의 하드파워는 의사소통(communication)의 '소프트파워'와 병행하며, 자본의 팽창은 이념의 뉴테크놀로지 확산과 공진한다. 요컨대 제국/자본은 텔레비전을 포함한 '표현기계'(machine of expression) 없이는 한마디로 작동이 불가능하다. 미국이 그런 전략적 장치를 포기하리라 기대하는 것은 제국의 시대에 한참 뒤처진 난센스다.

세번째, 현실적으로도 미국은 이미 시청각·미디어 분야의 개방을 사실상 요구했다. 이는 다시 두 가지 측면에서 그러하다. 우선 스크린쿼터 축소를 협상의 전제조건으로 관철시킨 점, 그리고 통신을 개방의 핵심 분야로 이미 강조한 점이 이를 확인시켜 준다. 영화와 통신은 방송과 더불어 시청각·미디어의 영토를 구성하는 세 개의 꼭짓점이다. 통신과 관련해서, 미국 무역대표부(USTR)는 의회에 통보한 소위 '협상 통보문'을 통해 최대 관심 분야로 제시하는 등 노골적이고 적극적인 관심을 표명했다. 이는 단순히 통신의 문제에 그치지 않는다. 탈규제와 신자유주

---

2) 국내 통신방송 시장규모는 2002년을 기준으로 대략 40조 원 안팎, 이에 비해 미국은 1000조 원에 이르는 것으로 파악되고 있다.
3) 질 들뢰즈 외, 서창현 외 옮김, 『비물질노동과 다중』, 갈무리, 2005 참조.

의, 방·통융합의 목소리가 높은 상황에서, 기간통산사업자의 외국인 지분제한율(49.9%)을 풀고, 그리하여 국내 통신회사를 소유할 수 있게 된다면,[4] 이를 통해 자연스럽게 방송사까지도 소유할 수 있게 됨을 뜻하는 것이다. 요컨대 미국은 통신이라는 한국의 고도성장 시장 그 자체를 장악하는 동시에, 그와 연계된 방송까지도 진출하는 일종의 '우회 전술'(de tour strategy)을 택했다고 보는 것이 옳다. 통신시장 개방을 통한 방송 빗장풀기, '쓰리쿠션의 묘략'이라고 할 수 있겠다. 영화-통신-방송으로 이어지는 시청각·미디어의 삼각 영토에서 이미 한쪽 지점(영화)을 사실상 무력화시켰고, 통신을 다음 타격 지점으로 획정해놓은 상태에서, 자연스럽게 방송은 잠재적 표적이 될 수밖에 없다. 자동적으로 불안해질 수밖에 없다. 통신을 개방해도 방송은 안전할 것이라는 안일한 인식 대신에, 통신 자체를 시청각·미디어의 결정적 접점으로 간주해 반드시 지켜낼 것이라는 합의와 공약이 중요한 것도 바로 이 때문이다.

영화와 통신은 이미 개방(요구)의 실재 현실에 직면해 있다. 마지막으로 방송만이 아직 잠재적 개방의 상태로 남아 있는 것이다. 중요한 것은 방송 개방의 요구가 일종의 '잠재적 현실'(potential reality)에 해당한다는 것이다. '잠재적 현실'은 이뤄질 리 만무한 비-현실이 결코 아니다. 가능성을 지닌 또 하나의 현실이다. 표면 아래 잠복해 있지만, 계기가 주어지고 조건이 갖추어지면 지금 당장이라도 '실재적 현실'(actual reality)로 변이할 수 있다. 따라서 잠재적인 상태에 있다고 해서, 가시화되지 않았다고 해서 현실이 아니라고 말하는 것은 지적으로 순진

---

4) 인도의 경우, 통신산업의 외국인 지분한도를 최대 74%까지로 상향 조정한 후, 미국과 유럽의 거대통신자본이 대거 유입되기 시작했다. 이에 주목해 캐나다는 유무선 통신기업에 대해 20%, 일본은 NTT의 경우 33.3%(NTT 정부 지분 47%), 프랑스는 무선 20%(FT 정부 지분 54%) 등 지분제한을 마련해 두고 있다. 통신에서의 개방 압력과 관련해 시청각·미디어 분야의 총체적 방어전략에 있어 참조할 만한 대목이다.

할 뿐만 아니라 현실적 감각이 매우 떨어지는 태도다. 방송과 관련해서도 미국정부가 아직까지 개방을 직접 요구하고 나오지 않았다고 해서 협상에서 제외됐다고 기정사실화하는 것은 인식적 오류에 해당한다. 미국은 언제든지 방송을 직접 언급할 수 있으며, 비판적 현실주의의 운동은 그렇게 가시화됐을 때뿐만 아니라 그 이전의 비가시적 상태에서도 잠재태의 움직임을 예의주시한다.

이런 관점에서, 이미 의미심장한 사건들이 발생했다. 잠재해 있던 미국측의 방송 개방 요구가 점차 구체적인 모습을 갖추어가기 시작한 것이다. 방송 개방, 시청각·미디어 분야의 총체적 개방 요구를 향한 빠른 행보는 '미국측'이라는 범주에 전위로 나선 미국정부뿐 아니라 그 배후, 제국/자본의 진짜 주인인 다국적기업을 정확하게 위치시킬 때 더욱 명료해진다. FTA의 진짜 주체인 다국적 자본은 영화와 통신을 통해 이미 방송, 더욱 나아가 시청각·미디어 전 분야의 개방 요구를 선언했다고 해도 과언이 아니다.

실제로 지난 3월 워싱턴에서 열린 미국무역대표부의 한미FTA 관련 공청회가 이를 잘 보여준다. 『조선일보』의 워싱턴 특파원은 공청회의 모습을 "마치 공부하는 세미나 같았다"라고 묘사했다. "얼마 전 우리 외교통상부가 주최한 공청회가 일부 과격 단체들의 단상 점거로 무산된 것과는 너무나 대조적인 모습이었다. 폭력과 고성 대신 대화와 타협으로 문제를 풀어가는 미국정부와 이익단체들이 부러웠다. 우리가 먼저 개방해야 할 부분은 다름 아닌 '공청회문화'인 것 같다"라고 자신의 인상을 피력했다.[5] 공청회가 미국정부와 이익단체들이 한미FTA와 관련, 한국측에 요구할 내용에 관해 매우 진지하게 의견을 교환하고 정리하는 전

---

5) 최우석, 「이런 공청회를 보고 싶다」, 『조선일보』, 2006년 3월 16일.

략적 소통의 장이었음을 잘 보여주고 있다. 문제는 주미 한국대사관 경제공사까지 참석해 "FTA는 전체적으로는 한국경제에 긍정적 효과를 줄 것"이라고 진술했다는 공청회 논의의 내용이다. 이에 대해 『연합뉴스』의 윤동영 특파원은 이날 공청회에서 "미·한재계위원회와 주한미국상공회의소를 대표한 리처드 홀월 알티코 부회장은 미디어와 방송을 포함해 통신, 법률, 금융, 회계, 컴퓨터, 시청각, 속달 등 서비스전반에 걸친 제약 철폐를 주장했다"고 보도했다. 아울러 "특히 방송 분야의 경우 외국물 방영을 제한하는 쿼터제와 더빙 및 외국방송 광고의 재송출에 대한 제한 등의 폐지를 요구했다"고 덧붙였다.[6] 한마디로 방송의 소유와 편성, 광고[7]의 완전한 개방, 시청각·미디어 전 분야의 총체적 개방을 요구한 것이다. 물론 이는 결코 새로운 이야기가 아닌, 미국무역대표부의 『무역장벽보고서』를 통해 반복되어 오던 것이었다.

3. 한미FTA 시청각 · 미디어 개방협상의 쟁점들

한국의 방송시장은 2004년 현재 7조 7700억 원 수준으로, GDP(779조 원)의 약 0.99%를 차지한다. 그럼에도 불구하고 미국과 대비해 6.3%, 심지어 일본과 대비해서도 20% 수준에 그치고 있다. 대미수출은 매우 낮아 전체 수출의 0.7%에 그치고, 반대로 수입에서 미국의존도는 80.2%(47,004천 달러)로 절대적이다. 규모나 무역수지 측면에서 한국의 방송

---

6) 「미업계, 한국 미디어·방송 외국인 제약 폐지 요구」, 『연합뉴스』, 2006년 3월 15일.
7) 광고 문제와 관련해, 김종훈 수석대표는 한 라디오 프로그램 인터뷰에서 미국이 한국의 방송시장 개방문제를 통상 현안으로 제기하고 있다고 솔직히 토로한 바 있다. 「미, 한국 방송광고시장 개방 요구할 것」, 『동아일보』, 2006년 2월 11일.

시장은 아직까지 미국 방송시장과 비교도 되지 않는다. 이런 상황에서 산업적·문화적 이유 등을 고려해 한국은 오랫동안 시장접근 및 내국민 대우 등의 관련 규제를 해왔다. 개방 속도도 여타 부문에 비해 상대적으로 매우 느린 편이었다. 한국은 우루과이라운드 협상 이후 지금까지 시청각·미디어 서비스 분야의 6개 세부 항목 중에서 영화와 비디오 제작·배급과 음향·녹음 등 2개 부분에 대해서만 양허한 상태이다. 영화 상영, 라디오 및 텔레비전 제작과 전송서비스, 그리고 기타 시청각서비스에 관해서는 양허하지 않았던 것이다. 보다 구체적으로 매체별(지상파방송, 지역종합유선방송[SO], 위성방송, 방송채널사용방송[PP]), 장르별(영화, 애니메이션, 대중음악) 국내방송쿼터 및 1개 국가 쿼터 범위를 법령에서 정하고 세부사항을 방송위원회가 고시 운용토록 하고 있다. 이런 프로그램쿼터에 덧붙여 지상파방송(지상파 DMB 포함), 중계유선방송, 보도 및 종합PP 등 금지업종, 위성방송업(위성 DMB 포함) 33% 허용, 종합유선방송사업과 방송채널사용방송의 49% 허용(독립제작사의 경우 제한 없음)과 같은 외국인 투자제한을 두고 있다.

이런 국내방송 보호조치들이 미국정부에 호의적으로 받아들여질 리 만무하다. 그리하여 미국은 다양한 경로로 외국인 투자제한, 외국방송쿼터 및 외국방송 재전송 송신규제 철폐를 요구하고 있다. 전미영화협회(MPAA), 아시아태평양케이블방송협회(CASBAA) 등 '이해당사자'들, 보다 정확히 말해 해외시장 확대를 꿈꾸는 다국적 미디어복합기업들의 요구가 절대적으로 반영된 것이다. 이런 동조의 모습은 앞서 언급했듯이, 매년 미국무역대표부가 소위 각국의 무역장벽을 취합하여 내놓는 『무역장벽보고서』에서 보다 구체적으로 드러난다. 2005년 보고서는 다음과 같이 매우 포괄적인 분야에 걸쳐 상세한 내용을 담고 있는데, 이를 통해 한국 방송시장 개방에 대한 의지를 분명히 드러내고 있다.

• **광고** : 한국은 세계에서 12번째로 큰 광고시장이다. 그렇지만 시장은 고도로 제한된 채로 남아 있다. 방송시간이 국가가 후원하는 한국방송광고공사(KOBACO)를 통해 배타적으로 팔리기 때문에, 광고주들과 그들의 대행사들은 텔레비전에 광고하기 위해 KOBACO를 통해야만 한다. 법은 KOBACO의 독점을 끝내기 위해 1999년에 통과됐지만, 이들 법의 보완은 지연되고 있다.

• **지상파 TV에 대한 외국콘텐츠 쿼터** : 한국은 수입프로그램들에 할당될 수 있는 월별 방송시간을 최대 20%로 제한함으로써 지상파 방송 영역에서 외국인 투자자의 활동을 제한하고 있다. 현재 한국은 일년 기준, 영화는 최대 75%, 만화는 최대 5%, 대중음악은 최대 40%로 수입 프로그램의 방송을 제한하고 있다. 지상파 텔레비전 사업에 대한 외국인 투자자의 투자는 허용되지 않고 있다.

• **케이블 TV에 대한 외국콘텐츠 쿼터** : 한국은 대부분의 외국물 방송 시간을 채널당 50%로 제한함으로써 케이블 TV 영역에서 외국 참여를 제한하고 있다. 방송 영화에 대한 일년 쿼터는 70%, 애니메이션은 60%로 정해졌다. 이런 제약은 외국인의 접근과 한국영화, 애니메이션 산업의 발전을 제한하고 있다. 한국정부는 또한 케이블 TV와 관련된 종합유선방송사업자(SO), 전송망사업자(NO), 방송채널사용사업자(PP)의 외국인 소유를 49%로 제약하고 있다.

• **외국 재송신** : 통합방송법은 해외 방송업자의 위성 재송신을 원하는 한국 사업자들이 방송위원회(KBC)로부터 허가를 얻기 위해서는 외국 프로그램공급자와 계약을 해야 한다고 명기하고 있다. 외국 재전송 채널들은 사업 채널 총 수의 10%로 제한되어 있다. 이 인위적인 제약은 그렇지 않다면 한국 소비자들에게 서비스될 수도 있는 국제방송의 양을 제한하고, 방송 영역에서 외국인 투자를 제한하고 있다.

• **음성 더빙과 지역 광고에 대한 제약** : 현재까지 외국 재전송 채널들의 더빙과 지역(한국) 광고에 대한 제약들이 존재하고 있다. 이 제약들은 방송법을 보완하는 방송위원회 규칙으로 정해져 있으므로 쉽게 개정될 수 있다. 한국어로 더빙을 허용하는 것(자막을 만들어 내보내는 것이 목표 시청자에게 잘 맞지 않는 경우, 특별히 긴급 뉴스와 어린이 만화영화)은 한국 소비자들이 방송에 쉽게 접근할 수 있도록 할 것이다——이는 더 많은 스튜디오-제작 관련 직업들과 해외투자를 창출함으로써 한국경제에 도움을 줄 것이다. 외국 재전송채널에서의 지역(한국) 광고 금지는 한국시장에서 외국 재송신채널의 장기간 생존력을 제약하고 있다. 외국 재송신채널은 그들의 콘텐츠를 방송하고 한국 시청자들에게 적절한 광고를 보여주는 것은 물론 재정적 안정성을 확보하기 위해 지역(한국) 광고를 게재할 수 있도록 허용돼야 한다.[8]

한미FTA 협상과정에서 바로 이런 미국의 목소리가 제기되지 않으리라고 보는 것은 무리다. FTA라는 것이 단순한 정부간 협상이 아니라 이들을 내세운 재계 즉 자본의 협상임을 고려할 때 특히 그러하다. 미·호주FTA의 경우에도 방송을 비롯한 시청각·미디어 분야는 매우 중요한 논쟁점 중 하나였던 것으로 알려지고 있다. 물론 미국이 호주 정부에 대해 자국 프로그램 쿼터의 철폐, 방송시장의 개방 등을 강력하게 요구했기 때문이다. 이 분야에서 "모든 조항의 완전 철폐를 고집했다"는 호주측 설명이 협상 당시의 절박한 상황을 잘 드러낸다. 시청각·미디어 분야의 완전개방을 앞세워 압박한 후, 여타 분야와 연계해 타협하는 게 미국측의 협상전략인 셈이다. 1차 협상이 끝난 현 시점까지 협상진행 과정

---

8) 임동욱, 「한미FTA가 방송영상시장에 미치는 영향」, 한국방송학회·KBS공동세미나, 2006.

과 내용에 관한 정확한 정보가 공개되지 않고 있지만, 이번 한미FTA에서 방송을 포함한 시청각·미디어 서비스 분야가 결정적 쟁점일 것임은 틀림없는 사실이다. 물론 미국이 취할 협상 카드는 다양할 수 있다. 멕시코의 사례에서 볼 수 있듯이, 미국은 지상파 TV를 양보하는 대신에 뉴미디어의 개방을 요구할 수 있다. 호주에서처럼 뉴미디어 중에서도 앞으로 중요해질 부문에만 주력할 수도 있다.

실제 미·호주FTA에서는 최종 협상을 통해 시청각·미디어 서비스 관련 부분에서 상업지상파 TV와 라디오뿐만 아니라, 디지털과 쌍방향 TV를 포함하는 유료 뉴미디어 분야에 대해 호주 정부의 일정한 '통제능력' 보유를 인정하는 유보조항을 뒀다. 그러나 미국은 호주 정부가 규제할 수 있는 뉴미디어를 오디오와 쌍방향 비디오 서비스로만 한정함으로써 E-시네마와 같은 나머지 분야에 관해서는 미국에 활짝 길을 열어 놓은 것이다. 미 정부 보고서는 이와 관련해 개방을 막아냈다는 호주 정부와는 매우 다른 평가를 내린 바 있다. "이번 FTA는 방송과 시청각 서비스 분야에 있어 케이블과 위성, 인터넷을 포함하는 다양한 분야에 걸쳐 미국영화 및 방송 프로그램의 시장접근을 향상시킬 중대하고 전례 없는 조항을 포함하고 있다"고 호주와의 시청각·미디어 서비스 분야의 협상 내용을 정리하고 있는 것이다. 실제 방송 분야에서의 미국의 FTA 협상전략이 최근 들어 지상파 TV를 떠나 디지털콘텐츠 쪽으로 옮겨가고 있다는 분석 보고서들이 나오고 있다. 지상파 TV가 지닌 문화적 예민성 때문이라기보다는, 디지털콘텐츠 등의 유통부문이 결국 미래 미디어산업의 총아가 될 것임을 간파했기 때문이라고 봐야 하겠다. 또한 싱가포르의 경우처럼 방송을 포기하는 대신에 통신에 집중할 수 있겠다. 그렇지만 시청각·미디어 서비스 분야를 포기하리라고 기대하는 것은 현실적이지 않다.

4. 공개적 소통, 사회적 합의의 배제

사태가 이러함에도 국내에서는 지금까지 낙관론이 지배적이었다. 그 내용을 정리해보면 다음과 같다. 첫째, "한국정부가 문화주권과 관련된 방송에 대해서는 문화보호 차원에서 보수적인 입장"이라는 것이다. 정부가 협상에 잘 대처해 나가서 방송은 반드시 지켜낼 것이기 때문에 신뢰를 갖고 지켜보자는 신중론이다. 두번째는, 미국도 방송에 대해서는 개방을 요구하지 않을 것이라는 시각이다. 한국이 스크린쿼터를 양보하고 미국이 방송을 포기하는 식으로 일종의 교환이 이뤄졌다는 해석이다. 이와 관련해『디지털 타임스』는 다음과 같이 보도하고 있다.

> 양국의 요구조건이 명확히 제시되지 않은 상황이지만, 이미 우리 정부가 미국측에서 보호무역주의라고 줄기차게 주장해온 스크린쿼터 일수를 축소하기로 공식화한 데다, 지난해 말 유네스코에서 문화다양성 협약이 채택된 점 등 때문에 미국의 방송시장 개방 요구는 높지 않을 것이란 관측이다.[9]

이를 종합해보면, 한국측의 비개방 입장이 분명하고 미국이 스크린쿼터의 소득 및 문화다양성 협약 등을 고려한다면 방송 분야의 개방은 넘어갈 수 있다는 것이다. 스스로 방송과 통신에서 우리보다 훨씬 엄격한 외국인 소유제한 비율을 정해놓고 있는 상황에서, 일방적으로 이 분야의 개방을 강요하지는 않으리라는 전망과도 연결된다. 결국 한미FTA

---

9) 한지숙, 「한미FTA 협상(방송분야) : '문화보호' 보수적 입장, 방통융합 부가서비스 개방도 논란」,『디지털 타임스』, 2006년 2월 7일.

는 방송을 비껴갈 것이며, 또한 방송에 끼칠 영향은 별로 크지 않을 것이라는 판단이다. 『디지털 타임스』도 "방송 외에 광고의 경우 어느 정도 시장개방이 이뤄져 있어 FTA로 인한 파급 효과는 크지 않을 것으로 관측된다"며 시청각·미디어 분야에 대한 짧은 전망을 낙관적으로 마무리지었다.

그런데 더욱 심각한 문제는 방송위원회의 불투명한 행보다. 방송위원회는 지금까지 방송시장을 무역협상에서 전면 양허한 사례는 거의 없었다는 태도로 일관하고 있다. 하지만 이를 거꾸로 생각해보면, 부분적인 개방은 매우 흔했음을 암시한다. 두번째로, 미국도 방송사업에 대한 외국인 투자에 대해서는 직접투자 20%, 간접투자 25%, 공익성 심사 등의 엄격한 제한을 두고 있는 점을 내세웠다. 일방적으로 한국 방송시장에 대해서만 개방을 요구하지는 않을 것이라는 암시였다. 결국 이는 한미FTA 협상에서 방송은 개방대상에서 제외될 것이라는 낙관론으로 이어진다.

그렇지만 이 경우에도 '방송'을 어떻게 정의하는지 여부에 따라 의미는 전혀 다르게 읽혀질 수 있다. 실제 '방송'의 정의 자체가 FTA를 통해서 새롭게 결정된다. 미·호주FTA에서 '공영방송'(public service)은 전혀 새롭게 정의됐다. 상업적 기반으로 이뤄지거나 여타 상업 방송사들과의 경쟁을 통해 이뤄지는 서비스는 모두 '공영방송'의 범주에서 배제됐던 것이다. 그리하여 호주를 대표하는 공영방송 SBS의 광고와 ABC 제작물의 시장 내 마케팅은 '공영적'이지 않은 것으로 간주되어 보조금 문제가 불거졌다. 미·호주FTA가 공영방송을 전혀 건드리지 않는다고 한 호주 정부의 설명과 달리, 매우 심각한 효과를 가져올 수 있는 시비였다. ABC측이 공영방송 범주를 '상업적 기반으로 이뤄지지도 않고, 하나 혹은 복수의 서비스 제공자들과의 경쟁을 통하지도 않은 서비스'로 정

의하고 있는 FTA협상 내용에 주의할 것을 지적하면서 개념의 재수정을 요구한 것도 이 때문이었다.[10]

　　FTA는 이처럼 방송의 개념 자체를 바꿀 정도로 근본적이다. 이는 또한 한국의 공영방송 체제와도 직결된다. FTA 협상과정에서 공영방송을 직접 건드리지는 않는다 하더라도, 개념 자체를 해체 혹은 축소시킴으로써 사실상 유명무실하게 만들어버릴 수 있기 때문이다. 그리고 이는 신문과 방송의 교차 소유, 재벌의 방송 참여, 광고시장의 자유화 등을 통해 다공영체제의 해체로 이어질 수 있다. 시청각·미디어 공대위가 출범하고, 방송위원회에 '한미FTA 특별위원회'를 구성하라고 제안한 이유도 바로 여기에 있다. 학계와 시민사회, 방송위원회를 포괄하는 기구를 통해 문화적·사회적으로 예민한 시청각·미디어의 개방 압력을 예측하고, 이에 대한 전략적 대응 방안을 마련하며, 이를 위해 외국의 자료에 대해 보다 심도 있는 조사와 객관적인 검토를 함께 해보자는 생산적 제안이었다.

　　한미FTA는 단순한 무역규제 완화와 관련된 협상 차원을 훨씬 넘어 매우 총체적이고 근본적이라는 점에서 급진적(radical)인 사건이다. 특히 방송을 포함한 시청각·미디어 서비스 분야는 결코 일부 업계와 신자유주의 정부의 판단에 맡겨둘 수 없는 사회 전체적인 사안, 보편적인 문화의 문제로서 공개적이고 투명한 의견 수렴을 절대적으로 필요로 한다. 소수 '전문가'들의 판단에 맡겨질 수 없는 문제로서, 시청각·미디어는 그 공공적 성질에 맞춰 합리적인 절차에 따라 개방 및 협상의 논의가 이뤄져야 한다. 그럼에도 불구하고 방송위원회는 공대위측의 특별위원

---

10) Australian Broadcasting Corporation, *Submission 130*, p. 2 ; *Supplementary Submission 85*, p.10.

회 구성 제안을 최종적으로 거부했다. 대신에 형식적인 '자문단'이라는 것을 꾸려, 여론 수렴의 구색을 맞추려고 하고 있다. 정부의 한미FTA 추진 방식과 전혀 다를 바 없다.

물론 방송위원회는 "방송을 개방 대상에서 제외하고 신규매체의 출현 등을 고려해 미래 조치까지 유보해야 한다"는 '기본입장'을 반복한다. 시청각·미디어 공대위의 질문에 대한 서한 답변에서, 방송위는 "일본과의 투자보장협정(BIT)이나 칠레, 싱가포르, 유럽자유무역연합(EFTA)와의 자유무역협정에서도 이와 같은 협정이 관철됐으며, 현재 진행중인 WTO DDA, 캐나다, 인도, 멕시코, 미국 등과의 FTA에서도 같은 입장을 관철해나갈 것"이라고 밝혔다. 미국도 공익적인 측면을 감안해 지상파방송과 기간통신의 외국인 투자를 엄격히 규제하고 있다는 사실의 강조도 빠뜨리지 않았다. 미국이 "국내방송 편성의무, 재송신채널의 더빙 및 광고 금지, 방송사업에 대한 외국인 투자제한 등에 관한 문제 제기를 지속적으로 해오고 있으며, 방송위원회는 WTO 서비스협상과 한미통상현안점검회의에서 우리 입장을 미국측에 설명"한 바 있다고 했다. 이번 한미FTA에서 방송시장 개방에 관한 사항은 "방송위원회가 결정"하고 있음을 분명히 밝히면서, "이를 관철하기 위해 신중하고 내실 있는 준비를 해나가고 있음을 양지"해주기 바란다고 답변을 마무리했다.[11] 시청각·미디어 공대위와의 간담회에서도 방송위 담당자들은 이와 같은 내용을 되풀이하면서, 매우 흥미롭게도 한미FTA 협상에서 방송을 포함한 시청각·미디어 서비스 분야가 쟁점 중 하나가 될 것이라고 밝혔다. 2006년 3월 8일 시청각·미디어 공대위가 출범하면서 방송개방협상은 시작됐고, 그래서 철저히 준비해야 한다는 주장이 타당했음을 사후적으로 확인하게 되는 순간이었다. 동시에 대화를 기피하고 졸속으로 협상을 추진하는 정부의 일방주의를 확인하는 순간이기도 했다.

5. 총체적 대응, 적극적 교전의 수칙

한미FTA는 '국익'을 위한 절대선이라는 노무현 정권의 주장, 신자유주의 국가의 구호를 인정할 수 없듯이, 잘 하고 있으니까 믿고 따라와 달라는 방송위원회의 '선의'를 쉽게 받아들일 수는 없다. 타협과 제휴뿐만 아니라, 견제와 비판의 관계가 필요하다. 방송을 포함한 시청각·미디어 분야의 개방을 저지한다는 원칙에 대해서는 공유하면서도, 그 실현을 위해 다중적인 교전이 필요한 것이다. 사실 미·호주FTA에서 시청각·미디어 서비스 분야 협상 과정 및 결과는 우리에게 시사하는 바가 매우 많다. 무엇보다 중요한 것은 미국과 협상을 벌인 정부의 발표를 전적으로 신뢰할 수 없다는 사실이다. 협상 과정이 불투명한 상태에서, 해석의 차이가 잔존하기 때문이다.

또한 미·호주FTA를 전후로 한 호주 시민사회 내부의 강력한 저항 움직임에 주목할 필요가 있다. 호주의 경우, 방송 프로듀서뿐 아니라 영화 제작자, 예술가들이 방송개방을 한목소리로 반대했다. 방송이 영화 제작자들에게 매우 중요한 영역이고, 방송을 잃는 것은 호주의 많은 창작자·예술가들의 재능을 잃는 것과 같다는 데 의식을 공유했기 때문이다. 그들은 방송과 영화의 상호교차적 관계를 시청각·미디어라는 보다 큰 범주 내에서 정확히 이해하고 있었던 것이다. 이는 개방을 위한 미국측의 준비가 얼마나 이론적·논리적·전략적으로 치밀한지를 고려할 때 더욱 중요해진다. 요컨대 미·호주FTA 사례는 FTA가 방송을 포함한 시청각·미디어를 핵심 내용으로 포함한다는 점, 따라서 이에 대한 정확한

---

11) 방송위원회, 「한미FTA 관련 질의에 대한 답변」, 한미FTA저지 시청각·미디어 분야 공동대책위원회 공개질의에 대한 답변서, 2006.

정보 파악과 분석 및 구체적 대책과 전략 마련을 위한 노력을 서둘러야 한다는 점을 우리에게 가르쳐준다. 또한 영화, 방송, 통신을 '시청각·미디어'로 통합해 FTA협상의 핵심 분야로 이해할 필요가 있으며, 영화와 방송, 나아가 예술 전 분야의 통합된 응대가 필수적임을 말해준다.

이런 준비를 통해 거대/독점 자본의 대리자 역할을 수행하는 미국에 맞서고, 인·민의 주권과 다중의 이익이라는 관점에서 정부의 효과적인 대응을 촉구하고 무능한 대책을 지적하며, 방송계·영화계·예술계 구성원들의 적극적이고 책임 있는 참여를 촉구해나가는 지속적인 교전을 서둘러야 한다. 교전의 수칙과 관련해서는, 무엇보다 원칙과 이념의 재발견이 우선적으로 필요하다. 그것은 미디어와 문화의 다양성을 보호할 필요성, 이를 실행하기 위한 공영방송 체제의 존립 필요성, 미디어 다양성과 공익성을 실현하기 위한 사회 규제적 개입의 필요성이라는 세 가지 원칙으로 정리될 수 있겠다.

이런 원칙들은 결코 '민족문화' 보존이라는 국수적 관점이 아니라, '차이와 공통된 것의 교집합으로서 문화'라는 문화사회, 문화민주주의의 관점에서 지켜져야 한다. 이는 문화다양성과 인권, 공영방송의 밀접한 연관성을 검토할 때, 공영방송의 위상에 대한 끊임없는 자본의 이념 공세를 검토할 때, 이에 대항할 수 있는 공영방송 규제 철학의 구체적 표방 노력이 부진함을 고려할 때, 크게 관심을 기울여야 할 대목이다. 이를 위해 문화다양성 협약의 국회 비준을 무엇보다 시급히 이뤄내야 한다. 물론 그렇더라도 FTA협상에서 방송의 '문화적 예외' 주장을 관철시키거나 방송을 협상에서 제외시키는 것은 결코 쉽지 않을 것이다. 그러나 확고한 원칙과 전략을 갖고, 다중의 튼튼한 합의 및 지지에 기초해 협상에 나서는 것은 여전히 중요하다. 시청각·미디어 '서비스'의 공적인 성격을 강조함으로써 시청각·미디어를 협상에서 지켜내야 하는 것이다.

이를 위해 방송과 영화, 통신, 광고를 포함한 미디어·시청각 전분야의 운동역량을 끌어모아 포괄적인 연대의 조직화를 이루어내야 할 시점이다. 집중력을 발휘할 수 있는 네트워크 운동의 활성화가 중요하다. 한미FTA를 포함해 미국이 체결을 시도하는 모든 FTA는 방송을 포함한 시청각·미디어 분야를 '자유화' 하는 것, 공익성 및 문화다양성 실현을 위한 사회 규제책과 정부 지원책들을 무효화하는 것을 핵심으로 한다. 시장 내 경쟁과 소비자의 자유로운 선택을 그럴듯한 명분으로 내세우지만, 실제로는 다국적 거대 미디어·오락 자본, 독점적 문화산업에 의한 전지구적 지배를 목표로 한다. 자본의 네트워크, 즉 제국의 구축 의지인 것이다. 지금과 같이 제어되지 않은 상태에서 한미FTA가 추진된다면, 미국의 요구에 앞서 (혹은 그에 응답해) 한국사회 내부의 상업미디어 자본과 조중동 등 수구매체가 적극 시장 '개방' 과 탈규제화, 상업화의 신자유주의 공세로 조응할 공산이 높다. KBS를 포함한 공영방송의 위기론, 겸업 금지 등 방송부문 규제의 '완화' 목소리를 높일 것이다.

이렇게 내·외부 자본의 연합이 이뤄질 경우, 공영방송체제는 자동적으로 와해될 수밖에 없으며, 그렇게 될 경우 그 효과는 단순히 방송의 차원에 그치지 않는다. 사회적 소통을 책임지는 공적 영역의 붕괴를 초래하는 것이고, 민주주의의 위기를 자초하는 일이며, 사회 그 자체의 해체를 의미하는 것이다. 우리가 방송을 결코 산업적인 시각이 아닌 정치경제적이고 사회문화적인 각도에서 이해해야 하는 이유, 그리고 한미FTA에서 방송을 절대 양보해서는 안 되는 이유가 바로 여기에 있다.

문화적 다양성과 대화적 합리성을 근간으로 하는 민주주의는 한미FTA의 절대체제와 양립할 수 없다. 전자의 주인인 다중의 선택은 후자의 주인인 자본의 명령, 그리고 이를 중간에서 전달하기 바쁜 정부의 설명에 희생될 수 없다. 이에 동의하는 모든 단체와 인·민의 역능이 조직적으로 결합되어야 한다. 학계와 기존 언론개혁운동진영, 그리고 진보적 미디어운동 단체들 사이의 연대에 기초한 시청각·미디어 공대위가 지속적으로 활동해야 한다. 그럼으로써 사회적 역능(puissance)으로서 자본의 권력(power), 그 일방적 통행에 '중지!' 선언을 해야 한다. 요컨대 적극적 교전의 시점이다. 자본의 네트워크에 대항해 민주적으로 구성된 '다중의 네트워크'로 맞서야 한다. 방송위를 상대로 형식적 '자문단'이 아닌 실질적 공청회를 요구하며, 국외 선진적 미디어문화운동 세력과의 접선, 전략적 제휴을 더욱 적극 모색해야 한다. 한미FTA저지, 한미FTA에서의 방송을 포함한 미디어·시청각 분야 개방 반대라는 분명하고 확고한 원칙을 전제로 한 연대다. 제국/자본의 질서와 인·민/다중의 문화는 결코 공존할 수 없다. 따라서 분명한 선택이 필요하다. 시청각·미디어 공대위는 자본을 위한 서비스가 아닌 다중을 위한 서비스, 즉 공적 서비스를 지켜나갈 것이다. 그럼으로써 문화다양성과 공적 영역들로 구성되는 민주주의를 존속시키도록 한다. 학계와 시민사회, 방송노동자들과 더불어 시민 모두가 방송개방 저지, 시청각·미디어 서비스 개방 저지, 한미FTA저지에 나서야 하는 이유다.

한미FTA와 법률서비스시장 개방

권경애[*]

1. 서론

법률시장 개방 협상이 진행되던 2004년 여름, 서울지방변호사회와 법무부가 소속 회원과 서울 소재 중대형 로펌 및 외국 로펌, 사내 변호사를 둔 국내 대기업들을 상대로 법률시장 개방과 관련한 설문조사를 실시한 바 있다.[1] 국내 변호사들의 65% 이상이 법률시장 개방에 반대하는 것으로 나타났는데, 국내 변호사들은 법률시장이 개방되면 수임료 인하 등 긍정적 효과는 불투명한 반면, 동업·고용이 허용될 경우 국내 법조계가 외국 로펌에 예속되는 결과를 초래할 것으로 내다보고 있다. 개방에 반대하는 변호사들 중 61%가 로펌 근무자들로, 특히 21인 이상의 로펌에 근무하는 변호사가 46%에 달했다. 이들은 독일과 프랑스의 경우 법률시장 개방 이후 영미 로펌과 회계법인에 자국의 로펌이 거의 합병되거나 해체되는 등 심각한 후유증을 겪었으며, 일본은 1987년 우리 개방안과

---

* 변호사, 새로운사회를여는연구원 통상팀장.

1) 신연수, 「다가온 법률시장 개방 변호사는 반대, 기업은 찬성」, 『법률신문』, 2004년 8월 17일.; 윤상원, 「법조계, 법률시장개방 공동대응키로」, 『법률신문』, 2004년 9월 10일.

유사한 수준으로 법률시장을 개방한 후 올해 말까지 17년에 걸쳐 단계적으로 개방폭을 확대한 사례가 있으므로 우리나라도 일본과 같은 이행기간이 필요하다는 의견이 지배적이다. 법무부도 여러 연구용역을 통한 검증을 거쳐 단계적인 개방을 피력하고 있다. 그러나 한미FTA는 현재 우리나라 법률시장을 황폐화시킬 핵폭풍을 예고하고 있다.

2. 법무서비스의 정의 및 범위

1) 법무서비스의 정의

넓은 의미의 법무서비스(legal service)에는 "법무전문직에 의한 법률 자문과 소송대리 서비스를 비롯한 판사, 검사, 법원 공무원 등에 의한 일체의 활동"까지 포함한다. 좁은 의미의 법무서비스는 넓은 의미의 법무서비스에서 "정부권한의 행사에 의해 공급되는 서비스"를 제외한 개념이다.[2] 즉 "변호사에 의한 법무서비스 및 변리사, 법무사, 행정서사 등에 의한 법무서비스"를 의미한다. 법무전문직의 중요 분야인 공증업무가 법무서비스의 개방대상에 포함되는지는 논란이 있다.

2) 법무서비스의 분류 및 범위

WTO의 GATS상의 서비스 분류 기준은 UN 산출물분류(CPC : Central Product Classification)의 서비스업종분류표를 사용한다. 이에 따르면

---

2) WTO 서비스무역에 관한 일반협정(General Agreement on Trade in Services : GATS) 제1조 3항 (b)에서는 정부권한행사에 의해 제공되는 서비스는 GATS의 적용대상에서 제외하고 있다.

법무서비스는 ①형법과 관련된 법률자문과 변호서비스, ②형법 외의 사법절차에서의 법률자문과 소송대리서비스, ③준사법적 심판기관 및 위원회 등의 법정 절차에서의 법률자문과 소송대리서비스, ④법률문서 작성 및 증명서비스, ⑤중재와 조정서비스, ⑥기타 법률자문 및 정보서비스로 구분된다. 법률서비스 공급자는 자신들이 권한이나 자격을 갖고 있는 분야에 관해서만 면허를 받을 수 있다(제한적 면허방식). 그런데 CPC의 서비스업종분류표는 법무서비스 무역의 현실을 제대로 반영하고 있지 못하다. 이런 이유로 WTO 회원국들은 서비스양허표 작성시 '외국 변호사들에게 허용되는 업무범위'를 기준으로 다음과 같은 분류를 사용한다. 즉 본국법, 자격취득국법, 국제법, 주재국법 등 네 가지의 '법 영역'과 법률자문과 소송대리로 나뉘는 '서비스 형태'를 기준으로 하는 ①본국법 및 자격취득국법에 대한 자문 및 소송대리, ②국제법에 대한 자문과 소송대리, ③주재국법에 대한 자문 및 소송대리, ④법률문서 작성 및 증명서비스, ⑤기타 법률자문과 정보서비스 등의 분류이다.

3) 법률시장 개방 수준의 구분

법률시장 개방으로 가장 큰 영향을 받는 분야는 일반적으로 기업법과 국제법 분야다. 반면에 주재국법인 국내법의 경우 대부분의 국가가 현지 법률가의 자격요건 취득이라는 높은 장벽을 설정하고 있기에 실제 개방의 영향을 적게 받게 된다. 그러나 만약 외국 변호사에게 합작법률회사(Joint Law Venture)와 정식법무제휴단체(Formal Law Alliances)를 허용하거나 주재국 변호사의 고용을 허용한다면 사정은 달라진다.[3] 외

---

3) 고준성, 「법무서비스 교역 및 시장 현황」, DDA 간담회 토의자료, 2002.

국 변호사에게 본국법, 자격취득국법, 국제법에 대한 업무수행만을 허용해 가장 낮은 수준의 개방을 한다고 해도 주재국 변호사와의 합작·고용이 가능하다면 전면개방의 효과와 다르지 않기 때문이다.

고준성 산업연구원 산업세계화팀장은 「법무서비스시장 개방의 효과 및 영향 분석」이라는 논문에서 법률시장 개방 수준을 구분하고 있는데,[4] 우선 법률시장 개방의 수준에 영향을 미칠 수 있는 제한과 규제를 다음과 같이 분류하고 있다.

① 외국변호사에게 허용되는 업무의 범위.

② 시장접근 제한(국적요건, 법인형태 제한, 외국인 지분율 제한 등).

③ 내국민대우에 대한 제한(동업·합작·고용 제한, 거주요건 등).

④ 국내규제(등록요건 제한, 복수전문직 간의 동업규제 등).

이 가운데 법률시장 개방에 가장 중요한 영향을 미치는 요소는 첫째, 외국 변호사에게 허용되는 업무의 범위, 둘째, 내국민대우에 대한 제한 중에서 주재국 변호사와의 동업·합작의 제한 및 주재국 변호사의 고용 제한, 셋째, 복수전문직 간의 동업규제 등을 꼽는다. 그런데 복수전문직 간의 동업은 대다수 국가가 금지하고 있으며, WTO나 FTA에서 규제 철폐 대상이 되기에는 시기상조이다.

외국 변호사에게 허용되는 업무 범위를 기준으로 가장 높은 수준은 일체의 자문과 대리를 허용하는 것이고, 가장 낮은 수준의 개방은 외국 변호사의 본국법과 자격취득국법 및 국제법에 대한 자문만을 허용하는 것이다. 주재국 변호사와의 동업·합작의 제한 및 주재국 변호사의 고용 제한은 법률시장 개방에 영향을 미치는 가장 민감한 사안이다. 가장 낮

---

4) 고준성, 「법무서비스시장 개방의 효과 및 영향 분석 : 전면개방과 부분개방 간의 비교를 중심으로」, 산업연구원 연구의뢰논문, 법무부 국제법무과, 2006.

은 수준의 개방은 섭외법무사건 등의 특정 업무에 한정해 합작과 고용을 허용하는 것이다. 가장 높은 수준은 합작법률회사의 허용뿐만이 아니라 주재국 로펌의 인수·합병(M&A)과 주재국 변호사의 고용까지 허용하는 것이다. 이에 따르면 2003년 3월 우리나라가 WTO에 제출한 제1차 양허안은 외국 변호사의 본국법·자격취득국법·국제공법에 대한 자문 허용, 외국 로펌의 국내지사 설립 허용을 내용으로 하는 비교적 낮은 수준의 부분개방에 해당한다고 볼 수 있다.

3. WTO 법률시장 개방협상 논의 동향 및 주요국 법률시장 개방 현황

1) WTO 법률시장 개방협상 논의 동향

1991년 '우루과이라운드'에서 시작된 법률시장 개방문제는 한미FTA로 법조계 전반에 지각변동을 예고하고 있다. 제2차 세계대전 후 1948년 출범한 GATT는 원래 관세 등 무역장벽을 철폐해 자유무역을 증진할 것을 목적으로 한 것이다. 그러나 1986년 시작된 우루과이라운드는 각종 서비스 분야가 자유화 협상에 포함되면서 그 규제범위가 대폭 확대됐는데 그 결과 GATS가 제정됐다. WTO 출범 후 2000년 2월부터 협상이 재개된 서비스협상은 건설, 통신, 해운, 유통, 금융, 시청각, 교육, 법률 등 12개 분야 155개 세부업종에 대한 자유화를 논의했다. 그후 2001년 카타르 도하에서 열린 제4차 WTO 각료회의에서 도하개발의제(DDA) 협상이 출범하면서 법률서비스시장 개방 논의가 본격화됐다.

우리나라는 2003년 3월 시장개방계획을 담은 제1차 양허안을 제출하고, 2005년 5월 말에 제2차 양허안을 제출했다. 우리나라에 법률서비스에 대한 양허요청을 한 나라는 미국, EU, 호주, 캐나다, 뉴질랜드, 스위스, 일본, 중국, 대만, 싱가포르, 파키스탄으로 11개국이다. 이 국가들은 공통적으로 외국 변호사의 외국법에 대한 자문서비스 허용을 요청했다. 또 국내 변호사와의 동업은 물론 고용까지 허용할 것을 요청하고 있는 나라는 미국, EU, 호주, 스위스, 캐나다, 일본, 대만이다. 뉴질랜드는 국내특허 출원 등 지적재산권 관련 서비스의 개방을 요청했다.

우리나라의 제1차 양허안은 제한적 면허방식으로 외국 변호사에게 자격취득국법 및 국제공법에 대한 자문서비스 제공을 허용하는 외국법자문사(Foreign Legal Consultant, FLC) 제도를 도입하고, 외국 로펌의 국내지사 설립은 허용하되 국내 변호사의 고용이나 동업·합작은 금지하는 것을 주요 골자로 한다. 제2차 양허안은 국내지사가 사업계획과 재정기반 유지를 위해 수익적 활동을 할 수 있다는 내용이 첨가되는 선에 그친다.

2) 우리나라 법률시장 개방 및 규제 현황[5]

현재 우리나라는 WTO에 가입된 국가 중 법률시장을 개방하지 않은 국가에 해당한다. 그러나 OECD 가입 협상의 일환으로 법률서비스시장 개방이 쟁점으로 부각되자 몇 가지 자발적인 조치를 취했다. 즉 1996년 변호사법 개정을 통해 외국인의 국내 변호사 자격취득을 인정했고, 1997년에는 외국인 투자에 관한 재경원 고시를 개정해 국내 변호사 자격을 취득한 외국인의 경우 법률사무소 개설 등에 관한 투자를 허용했다. 현재 법무부는 2005년 8월, '외국법 자문사법 제정 특별분과위원회'를 출범시켜 2006년 4월까지 아홉 차례에 걸쳐 회의를 개최하고 우리나

---

5) 법무부 홈페이지(http://www.moj.go.kr)의 '법률시장 개방대비' 페이지 참조.

라가 WTO에 제출한 제1차 양허안에서 허용하고 있는 외국법 자문사제도 도입 준비를 하고 있다.

3) 각국의 법률시장 개방 현황[6]

① 일본

일본은 1987년 「외국 변호사에 의한 법률사무 취급에 관한 특별조치법」을 시행해 외국법 사무변호사제도를 도입하고 자격취득국법 및 제3국법에 대한 자문업무를 허용하기 시작했다. 또한 일본 내 법률사무소 개설을 허용했으나 일본 변호사와의 동업·고용은 금지했다. 그러나 일본은 이 법을 개정해, 일본 변호사와 외국 변호사의 특정 공동사업에 대한 동업을 제한적으로 허용했고(외변법 제3차 개정), 섭외사건 등에 한해 5년 이상의 실무경력을 가진 일본 변호사는 외국 변호사와 계속해서 파트너쉽을 유지하며 사건을 처리할 수 있도록 허용했다.

② 중국

중국은 1992년 북경 등 19개 시(市)에 외국 로펌의 대표사무소 설립을 허용하고, 자격취득국법 및 국제법에 대한 자문을 허용했으나, 중국 변호사와의 동업·고용은 불허했다. 2002년에는 중국법 관련사무를 중국 로펌에 장기위탁·처리할 수 있도록 업무제휴를 제한적으로 허용하면서, 상호주의는 폐지했다. 2004년 11월 현재 공식 허가받아 중국에 진출한 외국 로펌은 192개에 달한다.

---

6) 국제법무과, 「법률시장 개방협상 동향 및 대응방안」, 국제법무과, 2005 ; 김형준, 「법률시장 개방협상현황과 대응방안」, 『월간 법조』(3월호), 2005.

③ 싱가포르

싱가포르는 2000년 외국 로펌과 싱가포르 로펌 간의 합작법률회사(Joint Law Venture, JLV)와 정식법무제휴단체(Formal Law Alliances, FLA)를 허용했다. 합작법률회사는 5년 이상 금융업무에 종사한 경력 변호사로 구성되고, 5인 이상의 싱가포르 변호사가 소속되어야 하며, 외국변호사 지분파트너 수가 싱가포르 변호사 수를 초과해서는 안 된다는 등의 등록요건을 부과했다. 또한 합작법률회사에 소속된 외국 변호사가 기업, 금융, 은행업무에 관한 싱가포르 법에 대해서도 업무를 수행할 수 있도록 허용하고 있다. 그러나 위와 같은 폭넓은 개방 이후에 오히려 외국 로펌의 진출이 줄어들었다. 1998년 69개였던 외국 로펌이 2004년 9월에는 59개로 줄어든 것이다. 아시아 금융위기 등이 주요 원인이지만 싱가포르 국내 로펌과 영미계 로펌의 운영방식 차이도 주요 원인으로 지적된다. 한편 합작법률회사의 초기 설립 비용과 외국 로펌의 수임료 관행으로 금융 관련 법률서비스의 비용이 상승하고 이에 동반해 싱가포르 국내 로펌의 수임료도 상승한 것으로 보고된다.[7]

④ 미국

미국은 뉴욕 등 24개 주에서만 외국법 자문사제도로 법률시장을 개방하고 있으며, 나머지 주에서는 외국 변호사의 법률사무 취급이 금지되어 있다. 법률시장이 개방된 주에서는 자격취득국법 및 국제법에 대한 자문, 미국 변호사와의 동업·고용이 허용되는 경우가 대부분이다.

⑤ 독일[8]

독일의 경우는 비영어권 국가의 법률시장 개방이 어떤 영향을 가져오는지를 극명하게 보여준다. 독일은 1977년부터 EU 회원국 출신의 변호사들에게 최소 3년간의 변호사 활동경력을 조건으로 독일의 필기 및 구두 적응테스트를 거쳐 영구적으로 독일의 변호사로 활동할 수 있도록 허용했다. 나아가 2003년 3월부터는 원자격취득국에서 인정되는 전문직 명칭을 이용해 어떤 시험도 통과하지 않고도 독일 내에서 외국법과 국제법 관련 자문활동을 할 수 있도록 허용했다. 또한 GATS규정에 따라 WTO 회원국 출신 변호사에게 제한된 범위의 자격취득법에 대한 자문을 허용하고 독일변호사와의 국제적 파트너쉽 형성을 허용하고 있다.

4. NAFTA 의 법무서비스 무역에 관한 규정[9]

1) NAFTA 의 법무서비스 협상 경위

지난 1991년 NAFTA 협상이 본격화되면서 법무서비스 무역이 협상에 포함되자, 멕시코 변호사협회는 이에 대한 반대의사를 분명히 했다. 멕시코 변호사협회는 외국 법률가와 외국 로펌 규제에 대한 규칙을 제정할 권한을 멕시코 정부로부터 위임받고 있었다. 멕시코 변호사협회는 자국의 법률시장이 개방에 대한 준비가 되어 있지 않다고 판단했다. 그러므로 현행대로 멕시코의 31개 주가 법률시장 개방에 대한 권한을 행사해야 하고 중앙정부가 NAFTA에 법무서비스 협정 체결을 해서는 안된다는 입장을 밝혔다.

　　반면 미국과 캐나다의 경우, NAFTA가 체결되기 전 이미 외국법 자문사에 관한 규칙을 채택한 주들이 많았고, 멕시코의 법률시장 개방에

---

7) 문재완·박종백, 『법률시장 개방국들의 외국변호사 관리감독제도』, 법무부, 2005.
8) 김형준, 앞의 글 참조.
9) 다음을 참조하라. 고준성, 『자유무역협정의 법적 고찰』, 법무부 국제법무과, 2003.

대한 압력으로 NAFTA를 이용하고자 했다. 결국 미국변호사협회의 주도하에 법무서비스가 NAFTA에 포함되었다.

2) NAFTA의 외국법 자문사에 관한 규정

NAFTA는 외국법 자문사에 관해서 두 가지 규정을 두고 있다. 그 하나가 NAFTA 제12장 서비스무역에 관한 규정이고, 다른 하나는 전문직 서비스에 관한 부속서 1210.5조와 각국의 양허표로 이뤄진 부속서 Ⅰ, Ⅱ, Ⅳ이다. 또한 NAFTA에 속한 각국은 외국법 자문사에 대한 규칙의 채택을 요구받게 됐다.

① NAFTA 부속서 1210.5조

동조는 각국에 다음을 요청하고 있다.

1. 다른 체약국의 법률가에게 본국법에 관한 업무를 허용할 것.
2. 외국법 자문사 허가를 위한 원칙·기준과 외국법 자문사에게 허용되는 조합 및 파트너쉽 형태에 관한 공동권고안을 도출할 것.
3. 각국 전문직단체에 공동권고안 개발에 관한 협의를 장려할 것.
4. 외국법 자문사 허가를 위한 공동절차를 개발할 것.
5. 공동권고안과 공동절차의 채택을 권장할 것.
6. 위 사항을 NAFTA 자유무역위원회에 매년 보고할 것.

② 각국의 양허표

미국과 캐나다의 양허표는 1994년 발효된 각국의 외국법 자문사규칙에 따라 외국법 자문사 면허를 발급한 미국과 캐나다의 관할 영역에서 서비스를 제공하는 것을 허용하고 있다. 멕시코는 양허표에서 NAFTA 부속서 1210.5조에 따른 의무에 대해 조건을 달아 외국법 자문사 규정을 제한적으로 받아들였다. 즉 ① 멕시코에 설립되는 로펌에 대한 외국인 소유권지분에 관한 제한, ② 외국인 자문사 면허발급에 관한 상호주의 제한이 그것이다.

③ 외국법 자문사에 관한 모델규칙

3개국의 전문직 단체는 1996년 5월 16일 공동권고안을 부속서 II-D에 첨부시켰고, 3개국의 각 주(州)는 모델규칙에 가입하는 절차를 통해 모델규칙의 채택 여부를 결정하게 된다. 즉 각 주는 같은 규칙의 채택을 거부할 수 있고 수정채택도 할 수 있다. 모델규칙의 주요 내용을 쟁점별로 요약하면 다음과 같다.

(가) 외국법 자문사에게 허용되는 업무 범위

1. 소송업무는 주재국법이 허용하는 경우를 제외하고는 주재국의 법원과 행정기관에서 대리행위를 할 수 없다.
2. 중재에서 중재인과 법률상담을 할 수 있다.
3. 본국법에 대한 자문은 허용된다.
4. 자격취득국법에 대해는 상호주의에 따라 허용된다.

(나) 합작 및 고용

외국법 자문사가 주재국의 변호사를 고용할 수 있고 주재국 법률가의 외국법 자문사를 고용할 수 있도록 허용하고 있다. 다만 합작 형태에 대해서는 합의를 도출하지 못하고 각 체약국별로 다른 규정을 채택했다. 각 국은 지부설립, 파트너쉽과 이익약정, 외국법 자문사 파트너의 지분율에 대해 각기 다른 수준의 개방을 약속했다.

5. 법률서비스 국제무역 현황

1) 법무서비스의 국제무역화

법무서비스의 주요 수요자인 기업의 경제활동이 국제화되면서 법무서비스의 국제무역은 급속히 증가했다. 특히 다국적기업 등의 국제활동에 대한 법률자문 수요가 증가하여 이 부문이 가장 유망하고도 수익성 있는 법무서비스 영역이 되고 있다. 또한 신자유주의 세계화의 속성상 국제금융 및 자본시장의 성장과 거대화로 자본의 국제적 이동과 거래가 증가하여 법무서비스의 국제무역이 촉진되고 로펌의 대형화·국제화가 촉발되었다. 즉 국제무역의 지속적인 증가와 기업구조조정의 상시화, 민영화 및 국경간 기업의 M&A 증가, 새로운 금융기법의 등장, 기업법·경쟁법·지적재산권법 등 새로운 국제적 영역의 법률수요 증가와 함께 로펌도 대형화·국제화되고 있는 것이다.

2) 영미계 로펌의 법률시장 장악

대부분의 국제거래뿐만 아니라 이와 관련된 자문이나 분쟁 또한 영어로 이뤄지므로 영미계 로펌들은 언어, 법률, 지식에서 절대적인 경쟁력 우위에 있다. 최근 발표된 OECD보고서에 의하면 매출액 기준 세계 100대 로펌 중 최상위 98개는 미국(69개), 영국(17개), 호주(7개), 캐나다(5개)의 로펌이다. 국제적 법률서비스 시장에서 영미계 로펌은 시장을 거의 장악하고 있을 뿐 아니라 최근 들어 더욱 성장세를 보이고 있다. DDA 협상에서 미국, 영국, 호주 등이 우리나라를 포함한 법률시장 미개방국에 대해 거센 압력을 가하는 이유를 짐작할 만한 지점이다.

특히 독일의 경우 시장개방 후 영미계 로펌에 의해 시장이 잠식되어 독일 내 10대 로펌 중 순수한 독일 로펌은 헨가이어 뮐러 1곳뿐이다. 또한 90년대 중반 이후 10년 사이에 변호사 수가 두 배 증가하면서 2002년도에는 16%의 변호사가 자격증을 반납했고 변호사 중 10%는 부업을 가지고 있다고 한다. 미국경제분석국(Bureau of Economic Analysis)의 자료에 의하면 미국의 2002년 법률서비스 수출액은 31억 4300만 달러(약 3조 700억 원)에 달한다. 또한 영국 통계청의 자료에 의하면 영국 로펌의 해외 사무소 수입을 제외한 2002년도 법률서비스 수출액이 18억 3800만 파운드(약 3조 800억 원)인데, 이는 영국 통신서비스 수출액과 맞먹는 수치이며, 1997년과 비교해 약 100% 가량 증가한 액수이다. 이는 독일, 프랑스 등 다른 EU 국가들의 로펌을 지속적으로 흡수·합병하는 등의 방법으로 이뤄낸 성장한 결과이다.[10]

3) 미국의 법무서비스 해외거래[11]

① 법무서비스 해외거래 추이

법무서비스의 최대 수출국인 미국은 모드 1, 모드 2, 모드 4를 포함하는 국경간 무역[12]을 통한 수출이 2000년 32억 3천만 달러임에 비해 해외

---

10) 다음을 참조하라. 김형준, 「법률시장 개방협상과 향후과제」, 서울지방변호사회, 2005.

11) 이 장의 논의에 대해서는 고준성, 「법무서비스 시장개방의 효과 및 영향 분석」을 참조하라.

12) 서비스는 상품과 달리 4가지 모드(mode)로 공급된다. ①모드 1(국경간 공급) : 원격진료, 원격교육 등 통신수단을 통한 서비스 공급. ②모드 2(해외 소비) : 해외유학, 해외치료, 해외관광 등. ③모드 3(상업적 주재) : 자회사나 법인설립 형태의 서비스 유형. ④모드 4(자연인 이동) : 자회사 임원·회계사의 이동 등 자연인의 이동. 국경간 무역은 이중 모드 1, 모드 2, 모드 4에 의한 무역 일체를 의미한다. 해외 자회사 거래는 해외시장에서 다국적회사에 의해 설립 또는 인수된 자회사를 통한 서비스무역을 가리킨다. 이는 서비스무역 통계를 위한 구분인데 해외 자회사 거래는 외국법인에 의한 현지판매로 국제수지의 의미상 국제무역에 포함되지 않고 다만 주재국의 서비스 매출을 의미한다. 그렇지만 GATS에서는 서비스의 국제무역으로 분류된다.

자회사 거래를 의미하는 모드 3에 의한 수출은 8억 6천만 달러에 그치고 있어 그 비중이 상대적으로 낮다.[13] 이는 주재국이 외국 로펌의 현지 자회사 설립을 허용하지 않는 경우 법적으로는 달리 진출할 방도가 없다는 것을 의미한다. 달리 말하면 국경간 무역은 시장개방조치가 없어도 음성적으로도 교역이 가능하지만 해외 자회사 거래는 음성적인 거래가 불가능하다는 것이다.

한편, 해외 자회사 거래를 의미하는 모드 3에서는 미국이 다른 회원국을 상대로 일방적인 초과매출을 기록하고 있다. 심지어 프랑스, 독일, 일본, 호주 등은 모드 3을 통한 미국 내에서의 법무서비스 매출실적이 1999년부터 2002년까지 전무한 것으로 조사되고 있다. 이들 법무서비스 거래에 있어 미국 로펌이 절대적으로 비교우위에 있음을 의미한다. 다만 미국 로펌과 유일한 경쟁 상대인 영국 로펌은 미국 자회사를 통해 1999년 1천 2백만 달러, 2000년 1천 4백만 달러의 매출을 기록해 일정 수준의 매출을 올리고 있으나, 영국에 설립된 미국계 로펌의 2002년 매출액 3억 3천 7백만 달러에 비교하면 1/24에 불과한 실정이다.

② NAFTA 회원국 간의 법무서비스 무역

미국의 캐나다에 대한 법무서비스 수출액은 1998년 1억 5천 8백만 달러에서 2003년에는 3억 2천 6백만 달러로 2배 이상 증가했다. 반면 수입의 증가는 1998년 3천 6백만 달러에서 2003년 6천만 달러로 증가한 데 불과했다. 캐나다는 5배가 넘는 수입초과를 기록하고 있는 것이다. 반면 멕시코에 대한 미국의 법무서비스 수출액은 2003년 3천 9백만 달러, 수입액은 2천 3백만 달러이다. 멕시코의 대미 서비스 수입초과가 2배에

---

13) 고준성, 「법무서비스 교역 및 시장 현황」, DDA 간담회 토의자료, 2002.

미치지 못하는 것은 다른 체약국에 비해 제한적인 개방만을 한 것에서 기인한다.

③ 미국과 한국의 법무서비스 교역

우리나라의 경우 법률시장이 거의 미개방 상태임에도 불구하고 대미서비스 수입이 1998년에는 7천 6백만 달러, IMF 상황이던 1999년에는 8천 2백만 달러로 최고치를 기록했고, 2003년에는 5천 8백만 달러를 기록하고 있다. 이는 멕시코보다 오히려 2배 가량 높은 수치로 현재 국경간 무역이 음성적으로 이뤄지고 있음을 보여준다. 이는 곧 모드 1, 모드 2, 모드 4에 의한 국경간 무역은 단속과 규제가 어렵다는 것을 의미할 뿐만 아니라, 우리 기업의 해외 법무서비스에 대한 수요가 적지 않음을 반증한다.

6. 법률시장 개방의 효과[14]

1) 개관

미국은 WTO 협상과정에서 우리나라에 가장 높은 수준의 개방을 요구했고, 한미FTA 예비협상 과정에서도 이와 같은 의사를 밝힌 바 있다. 외국 로펌의 합작과 고용까지 허용하는 수준의 개방을 요구하는 그들은 법률서비스의 전반적인 수준 향상, 외국인 투자 유치의 확대, 법률서비스의 비용 감소, 법률가의 고용기회 향상 등 처우개선 등을 개방의 이유로 들고 있다. 그러나 오히려 준비 없는 전면적 개방은 국내법률시장의

---

14) 이하의 논의에 대해서는 김형준, 앞의 글 참조.

기반 붕괴, 법률문화의 상업화, 국내법학교육의 파행 등의 결과를 가져
올 것이다.

2) 전면개방과 기업의 경쟁력 강화, 외국인 투자 확대 효과

법률시장 개방론자들은 국제거래가 증대하는 상황에서 외국 로펌의 진
출로 기업들의 사업환경의 법적 안전성과 예측가능성이 증대하고, 따라
서 외국인 투자 유치에 긍정적인 효과가 있을 것이라고 주장한다. 다국
적 기업들이 자문계약을 맺고 있는 외국 로펌의 합작, 고용을 높은 수준
에서 개방하자는 주장의 논거이다. 또한 국내 기업도 원스톱(one-stop)
서비스를 제공받아 경쟁력이 제고된다는 것을 논거로 든다. 그러나 한
국에 진출한 외국기업 52개사의 CEO를 상대로 한 2002년 11월의 조사
에 따르면 국내투자의 저해요인으로 노동시장 경직성, 지나친 행정규제
등을 들고 있을 뿐[15] 법률시장 개방문제는 언급조차 되지 않고 있다.

외국기업들은 현재도 별다른 어려움 없이 사안에 따라 외국 로펌의
서비스를 받을 수 있다. 따라서 우리나라가 법률시장 개방과 관련해
WTO에 제출한 제1차 양허안의 내용처럼 외국 로펌의 지사 설립 허용
만으로도 다국적 기업과 국내기업의 법률자문의 제공은 충분하다. 외국
로펌과 국내 로펌의 사안별 제휴를 허용하는 등의 수준만으로도 충분히
만족스러운 서비스를 제공할 수 있는 것이다. 개방의 첫 단계부터 원스
톱 서비스 제공을 이유로 합작·고용을 허용해야 기업들의 경쟁력이 강
화되고 외국인 투자가 유치된다는 주장은 현실성이 없다. 중국의 경우

---

15) 정미경, 「동북아 비즈니스 중심국가 전략 : 외국기업 50개社 CEO설문」, 『동아일보』, 2002년 11
월 11일.

도 우리나라 양허안과 동일한 수준의 개방을 하고 있으나, 외국인 투자 유치는 날로 증가하고 있다.

3) 국내 법률시장의 기반 잠식

우리나라 변호사업의 규모별 분포를 보면 2001년 기준으로 50명 이상의 대형로펌은 16개에 불과하고 10인 이하의 영세 사업체가 90% 이상을 차지하고 있다. 반면 세계 상위 10위에 포함된 미국계 로펌의 변호사 수는 평균 약 1,500명 수준이다. 미국이 WTO와 한미FTA에서 요구하는 높은 수준의 개방을 수용한다면, 독일의 사례가 보여주듯이 미국 로펌은 자금·조직·언어·법률지식과 노하우의 절대적 비교우위를 바탕으로 우리나라 로펌을 인수·합병하여 초토화할 것이다. 그렇게 된다면 예를 들어 한미FTA 통합협정문에서 도입을 약속한 '투자자-국가 소송제도'에서 우리나라의 공공정책을 지지하고 소송대리를 할 수 있는 국내 법률회사조차 존재하지 않게 되고, 결국 우리는 선택의 여지도 없이 미국 로펌에 정부의 대리를 의뢰할 수밖에 없을 것이다. 미국의 다국적기업과 자문계약을 체결하고 그들의 이익을 대변해왔던 대부분의 미국 로펌이 우리의 입장을 대변할 리 만무하다.

지난 쌀협상 과정에서 외교통상부가 세계 7위의 미국계 로펌인 시들리 오스턴(Sidley&Austin)에게 WTO 규범 해석에 관한 자문을 의뢰한 바가 있다. 농업협정에 협상시한과 관련한 법적 공백이 있었기에 법률해석의 여지가 대단히 넓었고 그만큼 법적 해석은 중요했다. 협상시한에 대한 시들리 오스턴의 자문내용은 협상시한에 쫓기는 우리측에 힘을 실어주는 해석이 아니었고, 우리나라는 양보하지 않아도 되는 것까지 양보하며 협상을 서둘러 마쳐야 했다.

4) 법률서비스 비용의 증가와 법률문화의 상업화

영미계 대형 로펌은 고객의 이익을 가장 우선시한다. 미국의 변호사들은 고객의 이익과 사법적 양심이 충돌하는 경우에도 법의 정신에 따라 판단하기보다는 법률의 맹점을 찾아내서 고객에게 유리한 서비스를 제공하는 것을 당연하게 여긴다. 이는 아직까지는 법률서비스의 공공성을 보장하고자 하는 우리나라의 법률문화와 차이가 있다.

만약 미국 대형 로펌이 진출해 합작과 고용이 허용된다면 능력있는 변호사들에게 고액의 연봉을 제시하며 스카우트를 할 것이다. 그러나 미국 로펌은 투자비용을 회수하기 위해 승소율만을 능력평가의 기준으로 하고 있으므로, 이곳에서 생존해야 하는 변호사들에게 사법적 양심과 법률서비스의 공공성을 요구한다는 것은 불가능에 가깝다. 결국 이런 법률문화는 국내 법률서비스 전반에 전이될 것이다.

또한 세계적인 법률서비스를 제공한다는 미국 로펌이 저가로 서비스를 제공할 리 만무하다. 영미계 로펌은 시간당 비용 청구 관행으로 수임료가 높은 것이 실상이다. 또한 최근의 법무부 실태조사를 보면 싱가포르와 독일 등에서도 외국 로펌의 진출로 법률서비스 비용이 전반적으로 증가한 것으로 나타나고 있다.

5) 변호사업계 전반의 수입 감소와 양극화

미국 로펌의 진출로 국내 변호사의 취업기회가 확대되고 법률시장이 확대되어 변호사 수입이 증가된다는 것이 정부의 전면개방 논리다. 그러나 외국어에 능통하고 전문성이 있는 일부 소수의 변호사만이 미국 로펌의 스카우트 대상이 될 것이다.

외국 로펌의 진출로 국제거래 업무영역을 잠식당한 국내 로펌간의 경쟁도 치열해져서 국내의 대형 로펌이 기존 중소 로펌이나 소규모 법률회사가 담당하고 있던 영역까지 업무범위를 확대할 것이다. 외국 로펌에게 국내 변호사의 고용과 합작을 허용한다면 그나마 남아 있던 우리나라 법률회사는 전반적으로 수입이 감소할 것이다. 독일의 경우도 자국 로펌이 해체되거나 합병되면서 변호사의 평균수입이 상당히 감소해 2002년도에는 16%가 자격증을 반납했고 변호사의 10%가 부업을 가지고 있다고 할 정도이다. 변호사업계도 심각한 양극화 현상을 겪게 되는 것이다.

그러나 변호사 수입의 감소가 곧바로 변호사 비용의 감소로 직결되지는 않는다. 외국 로펌이 잠식한 법률서비스 영역의 비용은 오히려 증가할 것이다. 또한 국내법과 관련된 법률서비스 수요가 갑자기 증가하지 않는 상황에서 그 시장을 분할하게 될 국내 법률회사들은 수임사건의 급격한 감소로 오히려 사건당 수임료를 삭감하는 데 한계가 있을 것이다.

6) 국내 법학 교육의 왜곡

법률시장 개방으로 경쟁력을 갖추려는 국내 법학도들이 미국의 로스쿨(J.D., L.L.M 등) 과정을 이수하고 미국변호사 시험에 응시하려 할 것이다. 국내 법학대학원의 제도가 정착되기도 전에 국내 법학도들이 미국 로스쿨로 진출할 것은 시간문제이며, 사실상 국내 법학교육은 미국 법학대학원 진학 준비과정 수준으로 왜곡될 것이다. 또한 연간 5천만 원에 달하는 학비를 감당하고 미국 법학대학원을 졸업한 변호사들이 저렴한 서비스를 제공할 리는 만무하다.

7. 결론

WTO를 통해 이미 우리나라에게 전면적인 개방을 요구했던 미국은 한미FTA에서도 높은 수준의 개방을 요구할 것이다. NAFTA에서도 외국법 자문사가 주재국의 변호사를 고용할 수 있고 주재국 법률가가 외국법 자문사를 고용할 수 있도록 허용하고 있다. 법률시장을 개방했던 미국(1974년 뉴욕주 최초 개방), 영국(1972년 최초 개방), 일본(1987년 최초 개방)도 모두 수차례에 걸쳐 점진적인 자유화를 추진했다. 일본만 하더라도 1987년 외국법 자문사에게 외국법 자문만을 허용하는 수준에서 개방하고 그후 17년 동안 10차례의 관련법 개정을 통해 자국 법률서비스의 경쟁력을 제고하기 위한 방안을 모색하면서 단계적으로 조심스럽게 개방 범위를 확대했다. 미국은 세계 법률시장을 장악하고 있다. 세계 100대 로펌 중 미국 로펌이 69개이다. 미국 로펌은 세계 최고의 법률서비스 매출액을 기록하고 있다. 미국과의 FTA로 법률시장을 개방한다는 것은 국내 법률시장을 일시에 통째로 미국 로펌에 내어준다는 의미이다.

우리나라는 현재 WTO에 법률시장 개방에 관한 양허안을 제출한 상태다. 미국에 대해서도 이런 수준에서 개방을 허용할 수 있을 것이다. 만약 그런 수준으로 합의할 자신이 없다면 한미FTA에서 법률시장 개방은 협상에서 제외시켜야 할 것이다. 그러나 정부의 현재 협상 태도를 보면 한미FTA에서 법률시장 개방 의제를 제외시킬 의도는커녕 WTO 양허안 수준의 개방에 대한 합의를 도출하겠다는 의지조차 찾아볼 수 없다. 그러므로 관련부처인 법무부의 단계적인 개방 주장조차 완전히 묵살되고 몇몇 관료들의 무지하고 성급한 판단에 의해 진행되는 반(反)국가적 한미FTA 협상은 당장 중단되어야 한다.

4부

지적재산권과 전자상거래

한미FTA와 투자

이해영[*]

1. 한미투자관계

1) 대한(對韓) 외국인 투자의 구조

투자의 완전 자유화는 FTA의 가장 중요한 목표 가운데 하나이다. 더구나 그간 한미투자협정(BIT)을 둘러싼 한국사회 내의 갈등과 관련해, 특히 약 4조 5천억 원 가량의 M&A를 통한 투기이익에 대해서도 사실상 과세전망이 불투명한 론스타의 사례는 사안의 심각성이 어떤지를 잘 보여준다.[1] 물론 투기자본 규제에 대해서는 국민적 공감대가 형성되어 있

---

* 한신대학교 국제관계학부 교수, 한미FTA저지 범국민운동본부 공동정책기획연구단장.

1) 산자부는 「2003년 외국인직접투자 실적(잠정)」(이혜원, 「2003년 외국인직접투자 실적[잠정]」, 산업자원부 내부자료[1월 6일], 산업자원부 투자진흥과, 2004)이라는 보도자료에서 다음과 같이 밝히고 있다. "2003년은 외국인투자유치의 재도약을 위한 기반을 다진 한 해로 평가할 수 있음. 조세, 입지, 현금보조 등 인센티브의 확대, 경제자유구역 및 인베스트 코리아의 출범 등 외국인투자 정책과 제도를 대폭 확충. 세계적인 경기침체 및 이라크 전쟁 등으로 전세계 FDI(외국인 직접투자)가 전반적으로 위축된 상황에서도 한국의 도착기준 FDI는 증가세를 시현"(같은 글, 1쪽). 또한 산자부는 "**외환은행**(!), 하나로통신, SK전력 등 대형 프로젝트의 투자실적이 4/4분기에 집계됨을 감안할 때, 금년 전체 도착기준 외국인 투자는 전년 대비 30% 내외 증가할 것으로 전망"(같은 글, 7쪽. 강조는 인용자)했다. 이런 외국인 투자의 증가는 "한국의 투자환경에 대한 외국인 투자가의 인식 개선 및 신고 프로젝트를 실제 투자로 연결하기 위한 집중적인 노력에 기인"했다고 자평하면서, "천만 불 이상 신고 프로젝트에 대해서는 인베스트 코리아 내 전담인원을 지정, 실제 투자

<자료 1> 외국인 투자 현황

단위 : 억 달러(%)

투자구성	2002년 말	2003년 말	2004년 말	2004년 중 증감액		
				거래요인	기타요인	합 계
직접투자	626.6(22.4)	660.7(19.2)	877.7(21.0)	81.9	135.1	217.0
증권투자	1,175.8(42.0)	1,687.1(49.0)	2,138.7(51.1)	167.8	283.8	451.7
기타투자	998.4(35.6)	1,094.0(31.8)	1,167.2(27.9)	44.3	29.0	73.3
합　　계	2,800.7(100.0)	3,441.7(100.0)	4,183.6(100.0)	293.9	447.9	741.9

출처 : 경제통계국 국제수지팀, 「2004년 말 국제투자대조표(IIP) 편제결과(잠정)」, 보도자료(9월 5일), 한국은행, 2005

다고 할 수 있다. 하지만 이미 미국은 그간 한국사회 내에서 논란이 되어온 BIT 표준안, 즉 'BIT 1994'를 2003년에 대대적으로 수정하고 보완해서 'BIT 2004'라는 신모델을 마련한 바 있다. 기존의 'BIT 1994'에다 금융서비스를 포함시켜 대부분의 규정들을 대폭 강화한 안이다. 한미FTA는 바로 이 'BIT 2004'를 사실상 거의 그대로 포함하고 있기 때문에, 이미 투기자본 문제와 관련해 제기되어온 수많은 문제들이 한미FTA에 대해서도 거의 유효하다고 볼 수 있다.

그렇다면 먼저 대한 외국인 투자의 구조적 문제점을 지적해둘 필요가 있다. 2004년 시가총액 기준 외국인 국내주식보유는 40.1%로서 명실상부 세계 최고수준이다. 하지만 그 외국인 투자의 구성을 보면 2004

실행까지 모니터링 및 애로사항 해결 등을 통해 도착률을 제고"(같은 글, 7쪽)하겠다고 했다. 여기서 말하는 외국인 투자가란 **"론스타(외환은행 및 극동건설 경영권 인수)**, 이베이(옥션 증액투자), 뉴브리지(하나로통신 지분참여), 레만 브라더스(우리엘비오차 증액투자), 리어 오토모티브(한일 증액투자) 등"(같은 글, 4쪽. 강조는 인용자)의 미국기업을 말하는 것으로, 결국 이 말은 산자부를 비롯한 정부의 "집중적인 노력"을 통해, 론스타와 같은 투기자본을 FDI라는 명목으로 적극 유치했음을 의미한다. 론스타 사례는 현(現)정부의 외국인투자 유치가 어떤 결과를 초래했는지 너무나 잘 보여주는 사례라 하겠다.

<자료 2> 투자형태별 외국인 직접투자 동향

단위 : %

투자형태	1997	1998	1999	2000	2001	2002	2003	2004	2005
M&A	10.0	16.7	15.7	14.1	16.9	23.2	31.3	48.2	45.6
Greenfield	90.0	83.3	84.3	85.9	83.1	76.8	68.7	51.8	54.4

출처 : 산업자원부

년 말 기준으로 직접투자가 21%에 불과한 데 반해, 대부분 투기성이 강한 증권투자가 51%의 비중을 차지한다(자료 1). 즉 한국에 대한 외국인 투자시장은 직접투자는 과소한 반면, 투기적인 간접투자는 과다한 구조적 기형성을 띠고 있다.

외국인 직접투자 역시 투자형태로 볼 때 그나마 건전성 FDI라 할 공장설립형(Greenfield)보다는 M&A의 비중이 IMF 이후 급속히 증가해 2005년 현재 45.6%에 달한다(자료 2). 여기서 산자부의 M&A 비율산출은 구주취득(구주는 이미 발행되어 있는 주식, 증자를 통해 새로 발행된 주식은 신주)을 기준으로 하고 있기 때문에,[2] 외국인에 의한 자국기업의 자산이나 사업부문 취득까지를 포함하는 일반적 M&A 기준을 적용할 때 실제 M&A 비율은 이보다 훨씬 높을 것으로 예상된다.

---

2) 아래 '투자유형별 외국인 투자 현황'(자료 3)이라는 산자부 자료에서 알 수 있듯이 신주가 구주보다 10배 정도 많다.

<자료 3> 투자유형별 외국인 투자 현황

단위 : 건, 백만 달러

투자유형	2001년		2002년		2003년	
	건수	금액	건수	금액	건수	금액
신　주	3,016	8,775	2,128	8,191	2,262	4,630
구　주	290	1,901	259	714	277	1,758
장기차관	34	616	15	196	22	79
합　계	3,340	11,292	2,402	9,101	2,561	6,467

출처 : 산업자원부

<자료 4> 국경간 M&A(1990~2004)

단위 : 백만 달러

국가	판매자					구매자				
	1990~1995년	2001년	2002년	2003년	2004년	1990~1995년	2001년	2002년	2003년	2004년
한 국	217	3,648	5,375	3,757	5,638	376	175	98	662	409
중 국	339	2,325	2,072	3,820	6,763	280	452	1,047	1,647	1,125
싱가포르	622	4,871	556	1,765	1,190	703	16,516	2,946	5,018	11,638
동아시아	2,749	18,828	9,991	14,106	16,743	3,014	3,800	6,280	6,730	5,027
아시아 및 오세아니아	4,757	34,395	17,293	21,654	24,820	5,531	25,265	13,840	18,533	20,604
개 도 국	12,561	85,755	44,410	40,166	54,700	9,128	55,687	27,540	31,069	39,509
세 계	117,889	593,960	369,789	296,988	380,598	117,889	593,960	369,789	296,958	380,508

출처 : UNCTAD, World Investment Report, 2005

유엔무역개발회의(UNCTAD)의 「세계투자보고서 2005」(자료 4)에서 볼 수 있듯이 한국기업에 대한 M&A 금액은 2004년에 56억 달러에 달해 싱가포르의 5배 수준이며, 규모에서 우리와 비교되지 않는 중국의 67.6억 달러에 육박하는 수준임을 알 수 있다.

2) 미국의 대한 FDI

외국인 직접투자를 국가별로 볼 때, 미국이 차지하는 비중은 부침이 있지만 2004년에 37.0%를 차지해(자료 5), 미국은 여전히 한국에 대한 최대 투자국의 지위를 갖고 있다. 반면 수출입은행에 따르면 2004년 한국의 대미 직접투자액수는 2003년 약 10억 달러에서 30%가량 증가한 825건, 약 13억 달러로 같은 시기 미국의 대한 직접투자 약 47억 달러의 1/3에도 미치지 못하고 있다.

<자료 5> 지역별 외국인 직접투자 동향

단위 : 백만 달러, 괄호 안은 %

국 가	2002년	2003년	2004년
미 국	4,500(49.4)	1,240(19.2)	4,725(37.0)
일 본	1,404(15.4)	541(8.4)	2,249(17.6)
E U	1,680(18.5)	3,062(47.3)	3,005(23.5)
중 국	249(2.7)	50(0.8)	1,165(9.1)
기 타	1,269(13.9)	1,575(24.4)	1,626(12.7)
전 체	9,102(100)	6,468(100)	12,770(100)

출처 : 산업자원부

<자료 6> 외국인 증권투자자금 유출입 추이[1]

구 분	2001년	2002년	2003년	2004년	2005년[P]				
					1/4분기	2/4분기	3/4분기	4/4분기	연중
순유입	75.1	–8.3	135.2	93.1	–0.9	–11.4	6.0	–18.0	–24.3
유입	439.8	653.8	815.7	1,160.4	345.9	313.1	392.0	429.8	1,480.8
유출	364.7	662.1	680.5	1,067.3	346.8	324.5	386.0	447.8	1,505.1
환율[2]	1,290.8	1,251.2	1,191.9	1,144.7	1,022.5	1,008.0	1,029.2	1,037.0	1,024.3
KOSPI[3]	693.7	627.6	810.7	895.9	965.7	1,008.2	1,221.0	1,379.4	1,379.4

1. 비거주자 증권투자전용 대외계정 입출금 실적 기준
2. 기간평균, 원/달러환율(매매기준율)   3. 기말기준

출처 : 외환전산망

3) 미국의 대한 포트폴리오

다음 간접투자를 보자. 매년 급속히 증가하고 있는 외국인 증권투자자금 총유출입 규모는 2005년 기준 약 3,000억 달러에 달하고 있다. 이를 다시 순유입규모로 본다면 매년 심한 차이를 보이고 있음을 알 수 있다 〈자료 6〉. 이는 유입되는 외국인 포트폴리오 투자에 투기적 속성이 있음

〈자료 7〉 외국인 증권투자 잔액 및 비중 추이

구 분		2001년 말	2002년 말	2003년 말	2004년 말	2005년[p]				2005년 중 증감
						1/4분기	2/4분기	3/4분기	4/4분기	
주 식	거래소[1]	713.3 (36.6)	785.4 (36.0)	1,195.2 (40.1)	1,672.9 (42.0)	1,849.8 (41.9)	1,873.0 (41.0)	2,266.0 (41.3)	2,572.8 (39.7)	899.9 [△2.3]
	코스닥[2]	40.9 (10.4)	33.1 (10.5)	45.2 (14.4)	46.4 (15.4)	52.7 (13.5)	59.1 (13.4)	73.8 (14.2)	94.7 (13.5)	48.3 [△1.9]
	합계	754.2 (32.1)	818.5 (32.8)	1,240.4 (37.7)	1,719.3 (40.1)	1,902.6 (39.6)	1,932.1 (38.6)	2,339.8 (39.0)	2,667.5 (37.2)	948.2 [△2.9]
채 권		3.3 (0.1)	5.5 (0.1)	14.8 (0.3)	30.7 (0.5)	41.7 (0.6)	38.6 (0.6)	42.6 (0.6)	43.5 (0.6)	12.8 [0.1]
합 계		757.5	824.0	1,255.2	1,750.0	1,944.3	1,970.7	2,382.4	2,711.0	961.0

1. 상장주식 중 직접투자에 따른 보유분 포함(시가총액기준)
2. ( )안은 외국인 보유 비중, 〔 〕안은 2005년 중 증감.

출처 : 금융감독원

을 잘 보여준다. 특히 2005년의 경우 2002년 -8.3억 달러의 순유입을 기록한 이래 처음으로 -24.3억 달러의 순유입을 보이고 있다.

특히 간접투자라 하더라도 주식 대 채권의 비중이 2004년 말 기준으로 1,719억 달러 대 30.7억 달러로 아예 비교가 불가능한 수준이라는 것에 주목해야 한다(자료 7). 나아가 소유비중에서도 외국인이 주식을 소유하는 비중이 40%인데, 채권의 소유비중은 불과 0.5%이다. 다시 말해 한국의 외국인 투자는 직접투자의 경우 M&A, 포트폴리오 투자의 경우 주식, 즉 손쉽게 단기차익을 노릴 수 있는 부분에 집중되어 있고, 계속해서 집중되는 경향을 보이고 있다고 할 수 있다.

한국에 대한 외국인 포트폴리오 투자자를 국가별로 볼 때 2005년을 기준으로 미국이 6,946명(37.5%)이고 영국이 1,491명(8.1%)으로 이 두 나라가 전체의 45.6%를 차지한다(자료 8). 국적별로 증권시장에서의 2005년 매매동향을 보더라도 사실상 미국과 영국계 자본이 시장의 매수

<자료 8> 외국인 투자자 등록 현황

단위 : 명

국 가	2001년	2002년	2003년	2004년	2005년(비중(%))
미 국	5,001	5,430	5,814	6,394	6,946(37.5)
영 국	1,130	1,228	1,320	1,424	1,491(8.1)
일 본	1,066	1,151	1,243	1,323	1,480(8.0)
캐 나 다	610	716	835	934	1,018(5.5)
대 만	577	597	615	641	669(3.6)
말레이지아	509	535	549	560	586(3.2)
아일랜드	364	402	445	491	532(2.9)
기 타	3,603	4,069	4,514	5,132	5,777(31.2)
소 계	12,860	14,128	15,335	16,899	18,499(100.0)

출처 : 금융감독원, 2005년 중 외국인 투자자의 증권매매동향, 2006년 3월

<자료 9> 국적별 유가증권시장 매매 동향(2005년)

단위 : 억 원, 결제기준

국 가	매 수(a)	매 도(b)	순매수(a-b)
미 국	420,654	391,202	29,453(△99.6)
사 우 디	15,661	7,177	8,484(△28.7)
룩셈부르크	98,546	90,086	8,460(△28.6)
캐 나 다	22,033	17,187	4,847(△16.4)
호 주	24,616	19,956	4,660(△15.8)
프 랑 스	25,101	21,471	3,630(△12.3)
노르웨이	15,618	12,141	3,477(△11.8)
버진아일랜드	15,572	20,902	△5,330(18.0)
독 일	72,817	80,627	△7,810(26.4)
말레이지아	23,048	33,842	△10,794(36.5)
네델란드	49,559	61,060	△11,501(38.9)
싱가포르	76,809	96,832	△20,023(67.7)
영 국	367,632	396,960	△29,328(99.2)
기 타	373,475	381,258	△7,783(26.3)
소 계	1,601,142	1,630,701	△29,559(100.0)

( )는 외국인 순매수 총액 대비 해당국가 순매수 비중(%)

출처 : 금융감독원

<자료 10> 국적별 유가증권시장 상장주식 보유 현황(2005년 말 기준)

단위 : 만 주, 억 원

국　　가	주 식 수	시　　가
미　국	195,476	1,221,337 (50.0)
영　국	50,943	270,078 (11.1)
룩셈부르크	29,545	160,970 (6.6)
싱가포르	18,303	125,805 (5.1)
케이만아일랜드	22,821	80,707 (3.3)
네델란드	12,439	66,828 (2.7)
아일랜드	11,345	52,985 (2.2)
벨 기 에	32,837	47,591 (1.9)
캐 나 다	8,243	44,637 (1.8)
호　주　·	6,683	31,666 (1.3)
기　타	80,694	340,787 (14.0)
소　계	469,329	2,443,391 (100.0)

주식투자기준(직접투자분 제외). 시가의 괄호는 외국인보유주식 시가총액 대비 해당국가 보유비중(%)

와 매도를 주도하고 있음이 확인된다(자료 9). 한국의 유가증권 국가별 보유현황을 보더라도 미국 투자자가 전체 시가의 50.0%를 차지하고 있으며, 영국(11.1%), 룩셈부르크(6.6%), 싱가포르(5.1%) 등이 그 뒤를 잇는다(자료 10).

4) 한미간 포트폴리오 투자의 비교

한미간 직접투자부문에서의 과도한 불균형은 포트폴리오 투자와 관련해서 그 격차가 더욱 확대되어 드러나고 있다. 〈자료 11〉과 〈자료 12〉를 보면, 2003년 기준 미국의 대한 포트폴리오 투자는 534억 달러에 달하

<자료 11> 미국의 대한 포트폴리오 투자(미국 자료로부터 IMF가 산출한 액수 기준)

단위 : 백만 달러

주 식		장기채권		단기채권		총 계	
1997년	2003년	1997년	2003년	1997년	2003년	1997년	2003년
4,425	49,121	10,760	4,217	0.5 이하	91	15,185	53,429

출처 : IMF, *Coordinated Portfolio Investment Survey*(CPIS)

<자료 12> 한국의 대미 포트폴리오 투자(한국 정부가 IMF에 보고한 액수 기준)

단위 : 백만 달러

주 식		장기채권		단기채권		총 계	
1997년	2003년	1997년	2003년	1997년	2003년	1997년	2003년
125	961	1,182	6,963	749	38	2,055	7,961

출처 : IMF, *Coordinated Portfolio Investment Survey*(CPIS)

는 데 반해, 같은 기간 한국의 대미 포트폴리오 투자는 79억 달러로 약 여덟 배의 차이가 난다. 더구나 미국의 대한 포트폴리오 투자가 압도적으로 주식에 집중되어 있는 반면, 한국의 대미 포트폴리오 투자는 장기채권에 집중되어 있음을 알 수 있다. 이 모든 것이 보여주는 것은 결국 미국계 금융자본이 한국 자본시장의 구조적 문제점을 심화시키는 경향을 주도하거나, 그렇지 않다 하더라도 최소한 문제의 주요 당사자 가운데 하나라는 점이다.

최근 한미경제관계는 기존의 전통적인 제조업 중심에서 자본거래와 서비스산업 중심으로 재편되고 있다. 따라서 한미FTA의 주요한 부분이 될 투자 부분은 앞으로 그 중요성이 커질 전망이다. 그런 점에서 한미 투자관계가 과도하게 FDI보다는 포트폴리오에 집중되어 있을 뿐만 아니라, FDI 중에서도 그린필드보다는 M&A에, 포트폴리오 중에서도 채권보다는 주식에 편중되어 있다는 사실은, 한미FTA가 '제2의 IMF'를

단위 : 백만 달러

구분 \ 연도	1990	1991	1992	1993	1994	1995
포트폴리오	3369	12741	18041	28919	8185	−10140
FDI	2549	4742	4393	4389	10972	6963

출처 : IMF, *International Financial Statistics*, October 1996

초래할 수 있다는 가상 시나리오가 단순한 기우가 아닐 수 있음을 보여주고 있다. 이와 관련하여 1994년 NAFTA 발효 이후 멕시코를 덮친 페소화 위기[3] 당시의 포트폴리오 자금과 FDI 자금의 흐름을 보여주는 〈자료 13〉은 시사하는 바가 매우 크다. 자료를 분석해보면, 1991년, 1992년, 1993년 각 당해 연도의 대멕시코 포트폴리오 투자 비중은 총유입자금의 63%, 76%, 85%를 차지한다. 그리고 그 중 60%는 채권투자였다. 오직 1994년 NAFTA가 발효되는 해에만 FDI가 포트폴리오를 능가했다. 1995년 대부분의 포트폴리오 자금은 멕시코에서 빠져나갔다.

〈자료 14〉에서 볼 수 있듯이 외국인들이 1998년부터 2003년 11월 27일까지 약 6년간 한국의 증권시장에 투자해 얻은 평가차익은 89조 5천억 원에 이르는데, 이는 한국 일년 예산의 75%에 이르는 천문학적인 액수이다. 특히 1992년 4.9%에 불과하던 상장기업의 외국인 지분율이 외국인 지분제한이 철폐된 현재, 시가총액 기준으로 약 40%에 이르고 있음은 우려를 자아낼 만한 상황이라고 할 수 있다.[4]

외국인에 의한 한국 금융시장의 과도한 잠식은 다양한 문제점을 야기하고 있다. 첫째, 경제위기 이후 구조조정 과정에서 헐값에 기업과 은

---

3) Sandra Polaski, "Jobs, Wages and Household Income", NAFTA's Promise and Reality: Lessons from Mexico for the Hemishphere, Washington D.C.: Carnegie Endowment for International Peace, pp.11~26, 2003.

단위 : 억 원

구분 \ 연도	1998	1999	2000	2001	2002	2003
전년말 시가총액	103,580	256,334	765,905	565,585	936,982	931,607
연도말 시가총액	256,334	765,905	565,585	936,982	931,607	1,356,300
증감(a)	152,754	509,571	−200,320	371,397	5,375	424,693
순매수(b)	57,586	15,162	113,871	74,470	28,986	125,490
평가차익(a−b)	95,168	494,409	−314,191	296,927	23,611	299,203

출처 : 증권거래소. 『한겨레신문』 2003년 12월 1일

행의 주식을 구입한 외국자본이 구조조정의 일정 성과를 앉은 자리에서 고스란히 받아먹고 있는 것이다. 예를 들어, 과거 한미은행의 주주가 된 칼라일이나 제일은행을 인수한 뉴브리지 캐피탈은 각각 5천억 원과 4천억 원의 평가차익을 얻은 것으로 평가되고 있고, 최근 외환은행 매각에 나선 론스타는 4조 5천억 원에 달하는 평가차익을 거둘 전망이다.

둘째, 은행산업에 대한 외국자본의 과도한 지배구도가 국민경제를 심각하게 위협하기 시작했다는 점이다. 한국은행의 보고서[5]에 의하면, 한국 은행산업에 대한 외국자본의 점유율은 30%(총자산 기준)에 이르고 있는데, 이 비율은 아시아 최고수준이며 선진국의 평균 20% 이하보다도 월등하게 높은 수준이다.[6] 외국자본이 인수한 은행이 기업금융보다는

---

4) 주요국의 상장주식 중 외국인 주식보유 비중(시가총액 기준)은 미국(11.0%), 일본(19.0%), 영국(32.0%), 독일(14.0%), 스웨덴(39.0%), 멕시코(46.0%), 대만(20.0%)순이다. 따라서 한국의 40.1%는 스웨덴과 멕시코와 더불어 세계 최고 수준이라고 할 수 있다(「사설 : 외국인이 증시에서 34조 벌었다는데」, 『조선일보』, 2003년 12월 25일자 참조).

5) 은행국분석총괄팀, 「외국자본의 은행산업 진입영향 및 정책적 시사점」, 보도자료(12월 21일), 한국은행, 2003.

6) 이 보고서에 따르면, 외국 자본의 은행산업 점유율은 아시아의 경우 한국(30%), 말레이시아(19%), 필리핀(15%), 일본(7%), 중국(2%) 순이며, 선진국의 경우 영국(46%), 미국(19%), 스위스(11%), 캐나다(5%), 독일(4%) 순이다.

소매금융에 주력하고 있으며, 그 수익성도 국내은행과 별 차이가 없다는 점에서, 외국자본의 유입이 기대와는 달리 국내 은행산업의 경쟁력 강화로 귀결되지도 못하고 있으며, 기업의 투자자금 창구라는 은행 본연의 기능도 제대로 수행하고 있지 못하다고 평가할 수 있다.

또한 은행산업에 대한 외국인 지분의 확대는 LG카드 문제 같은, 금융위기의 여파 속에서도 자기 이익만을 추구하는 무임승차(free ride) 문제가 발생할 가능성이 있다는 점에서 크나큰 비판에 직면해 있다. 과거 LG카드의 채권은행 중에서 외국인 지분이 많은 외환은행과 한미은행이 정부의 지원정책에 반기를 들고 LG카드에 대한 지원을 거부한 적이 있다. 물론 국가가 나서서 개별 기업들에게 이래라 저래라 지시하는 발전주의 국가 시기는 이미 끝났지만, 금융당국이 금융계를 관리하고 규제할 수 없는 상황은 '거버넌스(Governance)의 부재'라고 할 수 있다. '거버넌스의 부재'는 무정부상태나 혼란을 의미한다는 점에서 은행산업에서 외국인 지분의 확대는 명확하게 문제점을 내포하고 있다.

그러나 가장 심각한 문제점은 외국인 포트폴리오 투자가 확대됨에 따라 한국기업이 외국인 투자자로부터 경영권을 지키기 위해 신중한 대처를 해야 하고, 외국인 투자자의 단기배당 요구에도 민감하게 반응해야 하는 상황에 직면해 있다는 것이다. 외국인 투자자에게 기업의 경영권이 넘어가는 최악의 상황에 직면하지 않도록 대응하고, 외국인 투자자의 단기배당 요구에 부응하는 경영을 하다보면, 한국기업이 장기적인 안목과 전략을 기반으로 투자를 추진하기가 쉽지 않다는 것이다.

한마디로 증권시장에 대한 외국인 투자자의 지분확대는 한국기업의 경영권 보호 노력과 단기 이익을 쫓는 경영으로 귀결되어, 기업의 투자위축과 장기적인 성장전략의 부재를 불러오고 있는 것이다. 따라서 어찌 보면, 신자유주의식의 투자자유화가 외국인 투자의 확대로 귀결되어 한국의 경제성장에 이바지했다기보다는 한국기업의 투자위축과 장기전략의 부재라는 상당히 우려되는 상황을 초래한 것이라고도 볼 수 있는 것이다. 현재 한국의 성장잠재력이 고갈되어 가는 근본원인 중의 하나가 바로 한국 증권시장에 대한 외국인 투자의 과대 성장과 과도한 점유율이라고 할 수 있는 것이다.

우리가 이미 살펴본 바와 같이 미국형 FTA, 즉 한미FTA의 투자 조항은 해외직접투자만 자유화시키고 보호하는 것이 아니라 포트폴리오 투자 또한 자유화하고 보호한다. 따라서 위에서 살펴본 외국인 포트폴리오 투자의 문제점을 염두에 둘 때, 한미FTA가 초래할 결과는 현재로선 예측조차 어려운 실정이다. 만일 한미FTA가 발효되면, 정부가 외국인 포트폴리오 투자를 관리하거나 규제할 수 있는 여지는 더욱 협소해질 것이 자명하다. 이런 요인들을 모두 고려해볼 때, 한미FTA의 투자 조항은 한국의 외국인 포트폴리오 투자에서 최대의 구성비율을 차지하고 있는 미국의 대한 포트폴리오 투자의 악영향과 문제점을 개선하고 극복하기 위한 정책이라기보다는 오히려 보호하고 조장하는 측면이 강한 정책이라고 평가할 수 있다.

2. 한미FTA 투자 조항의 문제점

한미FTA의 투자 및 금융서비스 장에 포함될 가능성이 매우 높은 미국의 BIT 표준안, 즉 'BIT 1994' 와 'BIT 2004' 의 각 조항을 중심으로 한미FTA 투자 조항의 문제점을 살펴보자. 특히 다음의 투자 관련 조항은 IMF 외환위기 이후 장기간에 걸친 한미BIT 협상이 스크린쿼터 문제를 제외하고 사실상 완료되었다는 점에서 미국형 FTA상의 다른 조항들과 다른 의미를 갖는다. 앞서 언급한 것처럼 미국형 FTA는 다음의 BIT 표준안을 포함하고 있다.

1) 투자의 정의

먼저 'BIT 1994'에서 말하는 투자의 정의부터 살펴보자. 'BIT 1994'의 1조 (d)항에는 이렇게 나와 있다.

국민 혹은 기업에 의한 '투자'는 모든 종류의(every kind of) 투자를 의미하며, 그 투자는 그 국민 혹은 기업에 의한 것으로, 직접 혹은 간접적으로 소유 혹은 통제되는 것이며, 다음 같은 형태의 투자를 포함한다.

i. 기업.

ii. 기업 내에서의 지분, 주식 및 다른 형태의 지분 참여, 채권, 회사채 및 다른 형태의 채권상 권리.

iii.턴키 계약(건물 같은 것을 바로 사용할 수 있도록 완전히 준비해 인도하는 계약), 건설 혹은 경영 계약, 생산 혹은 이윤분배 계약, 면허 혹은 유사한 형태의 계약하의 권리와 같은 계약상 권리.

iv.부동산과 같은 유형의 자산, 리스 및 저당, 유치권, 질권과 같은 권리를 포함하는 무형의 자산.

v. 저작권 및 이에 관련된 권리, 특허권, 식물의 다양성에 대한 권리, 산업디자인, 반도체 설계디자인에 관한 권리, 노하우 및 기업비밀 정보를 포함하는 사업비밀, 상표권 및 상호권을 포함하는 지적재산권.

vi.면허 및 허가와 같이 법에 따라 부여되는 권리.

이렇게 본다면 사실상 경제적 가치를 가지고 있거나 가지게 될 유무형의 거의 모든 것이 무제한적으로 '투자' 개념에 포함되는 것이다. 이미 여기서부터 투자와 투기(speculation)의 구분은 사실상 불가능해진다. 명백히 투기적 목적을 가진 해외 단기성 자금이 국내에 유입되더라도 그것을 통제할 수 있는 방법이 법적으로 원천봉쇄된다는 말이다. 한국경제는 이로써 만성적 불안요인을 안을 수밖에 없다. 뿐만 아니라 여기서 언급된 지적재산권은 당장 문제가 된다. 1957년에 제정된 우리 저작권법에 따르면 1957년 이후의 저작물만 보호대상이 되는데, 미국은 1996년 자국법 개정을 이유로 1946년 저작물부터 소급해 적용할 것을 요구하고 있다. 심지어 미국은 'TRIPs +', 즉 저작권자 사후 50년이 아니라 70년까지 저작권을 보호하도록 한미FTA에서 요구할 예정이다.

이에 비해 'BIT 2004'는 먼저 "선물, 옵션 그리고 기타 파생상품"을 투자에 포함시키면서 그 폭을 더욱 확장하고 있다. 나아가 투자의 정의에 있어서도 "투자자가 직접 혹은 간접적으로 소유 혹은 통제하는 모든 자산(every asset)"이라고 규정함으로써 '자산' 개념을 적극 도입하고 있다. 나아가 'BIT 2004'는 BIT의 적용 범위와 대상(2조)에 대해 이전과 달리 "국영기업 혹은 체약국 일방이 국영기업에 파견한 모든 규제, 행정 혹은 정부 권위를 행사하는 기타 인물, 그리고 체약국의 정치적 하부단위", 다시 말해 공기업, 공기업 근무 직원, 지자체에도 투자 조항이 적용된다고 명시함으로써 그 범위와 대상을 대폭 확장하고 있다.

2) 내국민대우/최혜국대우

한미BIT와 이전의 투자보호협정과 비교해볼 때, 결정적인 차이 가운데 하나는 한미BIT에서는 투자 목적으로 기업을 설립하거나 취득하는 투자 전 단계(pre-establishment)에서부터 '내국민대우'가 적용된다는 점이다. 이와 관련해 'BIT 1994' 2조 1항에서는 "적용투자의 창설, 취득, 확장, 경영, 관리, 운용, 매각, 및 다른 형태의 처분에 관해 각 체약국은, 동일한 상황에서, 자국민 혹은 자국 기업에 의한 자국 영토에서의 투자에 대해서 부여하는 대우와 동일한 대우를 부여하는 것(이하 "내국민대우"라고 한다)과 제3국의 기업 혹은 국민에 대해 부여하는 대우와 동일한 대우를 부여하는 것(이하 '최혜국대우'라 한다) 중 가장 유리한 대우를 부여해야 한다(이하 '내국민/최혜국대우'[national and most favored nation treatment]라 한다). 각 체약국은 자신의 국영기업이 재화와 용역을 공급함에 있어 적용투자에 대해서 내국민대우 및 최혜국대우를 부여하도록 해야 한다"라고 하고 있다.

"동일한 상황에서, 동일한(no less favorable) 대우" 원칙이라는 내국민대우/최혜국대우에 대한 규정은 'BIT 2004'에서는 그 기본 골격은 그대로 유지한 채 적용 대상을 ①투자자, ②적용투자, ③지자체로 체계화·세분화하여 별도로 규정하고 있다(3, 4조). 특이한 것은 5조 최소대우기준(minimum standard of treatment)으로서 일반적인 "관습국제법"에 따른 외국인에 대한 "공정·공평한 대우"를 별도로 규정함으로써 "외국인의 경제적 권리와 이익"에 대한 보호를 보다 철저하게 보장하고자한다는 점이다.

물론 과거에도 한국이 다른 나라와 BIT를 체결할 때 내국민 및 최혜국대우는 존재했다. 그러나 한미BIT의 경우와는 달리 투자는 어디까지나 정부의 '허가' 사항이었다. 그러므로 이 조항은 한국 국가의 경제주권에 대한 심각한 '제약'이라 할 만하다. 국가는 거시경제적 관점에서 자국 경제의 균형발전을 위해 투자가 요구되는 부문이나 지역을 선택할 권리를 박탈당하는 것이다. 이런 측면에서 볼 때 한미BIT에는 분명한 위헌 소지가 있다. 예를 들어 한국의 헌법 120조 1항에 따르면 "광물 기타 중요한 지하자원, 수산자원, 수력과 경제상 이용할 수 있는 자연력은 법률이 정하는 바에 의해 일정한 기간 그 채취, 개발 또는 이용을 특허할 수 있다"고 규정하고 있으며, 2항은 "국토와 자원은 국가의 보호를 받으며, 국가는 그 균형있는 개발과 이용을 위해 필요한 계획을 수립한다"라고 규정하고 있다. 다시 말해 BIT에서 사용하는 투자개념에 따라 경제적 가치가 있는 유무형의 모든 것이 투자의 대상이 된다고 할 때, 헌법 120조 1항에서 규정하고 있는 "지하자원, 수산자원, 수력과 경제상 이용할 수 있는 자연력" 또한 그런 투자의 대상이 된다. 그러므로 이에 대한 외국자본의 투자에 대해 국가는 특허권을 행사할 수가 없다. 그런데 여기서 헌법 120조 2항에서 규정하고 있는 것처럼 "국토와 자원"에 대한 "균형있는 개발과 이용"을 목적으로 한 국가의 "계획"은 필요에 따라 국내자본은 물론이고 외국 투자자본에 대해 일정한 의무와 조건을 부과하는 것을 의미한다. 이때 국가의 이런 조치는 필연적으로 BIT 6조의 의무부과 금지 조항과 충돌할 수밖에 없고, 그렇다면 'BIT 1994' 6조는 그 자체로 위헌적일 수밖에 없다는 결론이 도출된다.[7]

또한 이 조항은 예컨대 G5나 G7과 같이 비슷한 발전 수준에 있는 국가의 기업간 경쟁에서는 그나마 공정할 수 있을지도 모른다, 그러나 경제력의 수준에서 현격한 차이가 있는 2개 국가의 기업이 동일한 대우

---

7) 'BIT1994' 부속문서 4항에서는 이렇게 규정하고 있다. 조약 적용의 예외에 관한 "3항에도 불구하고, 각 체약국은 다음 영역에서 적용투자에 대해서 내국민대우를 부여하기로 합의한다. 정부소유 토지의 광업권에 대한 임차 혹은 정부소유 토지를 경유하는 파이프라인의 임차", 즉 한미 BIT는 지하자원의 광업권을 한국측 예외조항에서 원천적으로 배제하고 있다. 그러나 현행 한국 법률에 따르면 외국인 또는 외국법인은 광업권을 향유할 수 없도록 되어 있고, 특히 필요하다고 인정될 경우 "국회의 동의"하에 상공부장관이 이를 허락할 수 있는 것으로 되어 있다. 만일 여기에 대해 국회가 동의하지 않을 경우 BIT의 논리에 따른다면 내국민대우에 관한 협정위반이 되어 국가는 미국 투자자에게 막대한 보상금을 지급해야 할지도 모른다. 그러나 광업법 6조의 관련 조항은 1999년 2월 법 개정을 통해 삭제됐다.

를 받는다는 것은 이미 그 자체로 불공정을 내포하는 것이라는 데에 문제가 있다.

'BIT 1994' 15조는 이 조약이 체약국의 지자체와 같은 하위 정치단위에도 적용됨을 규정하고 있다. 여기서 또한 문제가 되는 것이 1항(b)의 내주민(內州民)대우 문제이다.

미합중국의 주, 준주 혹은 속령에 의해 부여되는 대우와 관련해, 내국민대우란 동일한 상황에서 미합중국에 거주하는 국민 혹은 미합중국의 주, 준주 혹은 속령의 법률 혹은 규칙하에서 적법하게 구성된 기업의 투자에 대해서 부여되는 대우와 동일하다는 것을 의미한다.

즉 연방국가로서의 미국의 특성을 고려해볼 때, 예를 들어 A주와 B주 또는 A주와 속령이 투자자에게 부여하는 대우가 다를 수 있다. 만일 A주가 B주에 비해 투자보장의 정도가 낮을 경우, A주에 투자한 한국 기업은 B주에 투자한 한국 기업에 비해 열등한 대우를 감수할 수밖에 없을 것이다. 그러므로 표준안에서 미국이 의미하는 내국민대우란 결국 내주민대우에 불과한 것이다. 이 조항은 한미BIT가 담고 있는 또 하나의 전형적인 불평등성을 여실히 보여주는 대목이다.[8]

3) 고위경영자 및 이사회

먼저 'BIT 1994'에서 규정된 '투자자'의 지위에 대해 살펴보자(7조).

1. (a) 외국인의 입국 및 체류에 관한 법에 관해, 각 체약국은 투자의 창설, 발전, 관리 혹은 투자의 운영에 관한 조언을 위해 그들 혹은 그들

을 고용하는 타방 체약국의 기업이 상당한 양의 자본 혹은 여타 자원을 책임지거나 책임지고 있는 중에 있는 경우, 다른 체약국의 국민을 자국의 영토에 입국시키고 체류하도록 허가해야 한다.

(b) 각 체약국은 1항 (a)하의 입국허가를 부여함에 있어 노동검정테스트나 이에 동일한 효과를 갖는 절차를 요구하거나, 인원의 수를 제한해서는 안 된다.

2. 각 체약국은 적용투자가 국적에 관계없이 최상위경영자를 그들의 선택에 따라 고용할 수 있도록 해야 한다.

'BIT 2004'는 아래와 같이 국적조항을 규정한다(9조).

1. 각 체약국은 적용투자국 기업의 고위경영진이 특정 국적의 자연인을 지명하도록 요구하지 못한다.

2. 이런 의무는 투자자가 자신의 투자에 대한 통제권을 행사할 수 있는 권리를 실질적으로 방해하지 않는 한에 있어서, 체약국의 일방은 적용

---

8) 외교통상부는 2004년 7월 「한미 투자협정(BIT) 개관」이라는 자료를 통해 주로 그간 필자에 의해 제기됐던 문제점들을 '반박'하면서 이 부분에 대해서는 다음과 같이 답변하고 있다.
"미국의 내국민대우란 내주간(內州間) 대우로서 불평등성을 내포한다는 주장.
• 연방제 국가의 특성에서 비롯되는 것으로, NAFTA 협정 및 MAI에서도 동일 내용이 나타나고 있으며, UR/GATS 협상과정에서도 협상그룹 의장 선언문에 의해 이를 공식 인정.
• 미국의 경우, 미연방 헌법 1조 8항에 따라 외국과의 무역, 투자 등 통상과 관련되는 사항은 미연방의회의 권한으로서 주로 연방법 적용 대상 —— 따라서 각 주정부가 타주 출신 기업을 차별할 수 있는 경우는 그 조치의 효과가 해당주의 경계를 벗어나지 않는 미미한 범위에 불과하며, 만약 지방정부가 경제적 중요성이 있는 외국 또는 다른 주와의 경제활동(무역, 투자)에 관해 차별조치를 하는 경우, 미연방 헌법 1조 8항 위반.
• 외국인 투자자에게 'in-state' 대우를 부여하면서 타주 출신 내국인에게 'out-of-state' 대우를 부여하면 타주 출신 내국인에 대한 역차별 결과."(통상교섭본부, 「한미투자협정(BIT) 개관」, 내부자료, 외교통상부, 2004)
결국 이 말은 미국 헌법이 그러하니 우리가 양해하자는 말일까?

투자국 기업의 이사회 다수, 혹은 그 위원회에 특정 국적 혹은 그 체약국 영토 내 거주민을 지명하도록 요구할 수 있다.

위에서 언급한 것처럼 BIT는 최고경영진에 대한 국적조항을 무효화함으로써, 예컨대 특정 국가기간산업 관련 공기업의 장(長)이나, 신문·통신·잡지 등 현행「정기간행물의 등록 등에 관한 법률」,「방송법」등에서 규정하고 있는 국적조항은 별도로 유보리스트에 명기되지 않을 경우 사문화되어야 한다.[9] 이는 미국의 초국적 자본의 이해를 정확히 반영한 것에 다름 아니며, 나아가 투자자와 그에 고용되어 있는 외국인, 즉 핵심인력에 대해 입출국과 체류여부에 대한 제한을 완전 제거함으로써 사실상 외교관에 맞먹는 면책특권을 부여하고 있는 것이다. 특히 현행「전기통신사업법」은 KT 등 국내 기간통신 사업자의 외국인 지분이 49%를 넘지못하도록 규정하고 있는데, 유보리스트에 포함되지 못한 공기업의 경우 BIT에 따른 '내국민대우' 조항으로 인해 이런 지분제한 역시 철폐되어야 한다.

---

9)「정기간행물의 등록 등에 관한 법률」

2조 (용어의 정의) 이 법에서 사용하는 용어의 정의는 다음과 같다. 〈개정 91.12.14, 95.12.30〉

(1) '정기간행물'이라 함은 동일한 제호로 연 2회 이상 계속적으로 발행하는 신문, 통신, 잡지, 기타 간행물을 말한다. 〈시행일 96.7.1〉

9조 (결격사유 등) 다음 각호의 1에 해당하는 자는 정기간행물의 발행인 또는 편집인이 될 수 없다. 〈개정 95.12.30〉

(1) 대한민국의 국적을 가지지 아니한 자.

(2) 대한민국에 주소를 두지 아니한 자.

「방송법」

2조 (용어의 정의) 이 법에서 사용하는 용어의 정의는 다음과 같다. 〈개정 91.12.14〉

(1) '방송'이라 함은 정치·경제·사회·문화·시사 등에 관한 보도, 논평, 여론과 교양·음악·오락·연예 등을 공중에게 전파함을 목적으로 방송국이 행하는 무선통신 송신을 말한다.

9조 (결격사유 등) 다음 각호의 1에 해당하는 자는 방송국의 장이나 편성책임자가 될 수 없다. 〈개정 90.8.1〉

(1) 대한민국의 국적을 가지지 아니한 자.

4) 이행의무(performance requirements)강제금지

이행의무강제에 대한 금지조항(6조) 역시 문제가 된다. 먼저 'BIT 1994'를 보자.

각 체약국은 적용투자의 창설, 취득, 확장, 경영, 관리, 운용의 조건으로서 다음과 같은 어떤 조건(정부의 허가 혹은 인가를 받는 것과 관련된 의무 혹은 약속도 포함된다)도 명령하거나 강제해서는 안 된다.

(a) 어떤 수준 혹은 비율의 내국 생산량을 달성하도록 하거나 혹은 국내에서 생산되거나 어떤 형태로든지 국내에서 비롯된 상품 또는 용역을 구매하거나, 사용하거나 다른 형태로 특혜를 주도록 하는 조건.

(b) 생산, 수출의 특정한 양 및 가치 또는 외화의 획득과 관련해, 재화 혹은 용역의 투자에 의한 수입을 제한하는 조건.

(c) 일반적으로 혹은 특정한 시장지역을 정해 재화 혹은 용역의 일정한 종류, 수준, 비율을 수출하도록 하는 조건.

(d) 생산, 수출의 특정한 양 및 가치 또는 외화의 획득과 관련해, 상품 혹은 재화에 의한 판매를 제한하는 조건.

(e) 선언 혹은 판단된 경쟁법 위반행위를 시정하기 위해 법원, 행정법원, 혹은 경쟁당국에 의해 집행되는 명령, 조건, 약속에 따르는 경우를 제외하고 기술, 생산공정 혹은 다른 독점적 지식을 체약국의 영토 내에 있는 국민 혹은 기업에게 이전하라는 조건.

(f) 체약국의 영토 내에서 특정한 유형, 수준 비율의 연구개발을 이행하라는 조건.

이런 조건은 일시적 혹은 계속적으로 이익을 제공받고 부가되는 조건은 포함하지 않는다.

BIT 가운데 가장 논란이 되는 문제점 가운데 하나인 이행의무강제금지 조항은 'BIT 2004'에서도 이전보다 훨씬 자세하게 규정되어 있다 (8조). 즉 이전과 마찬가지로 의무 투자의 조건과 관련된 "명령, 강제"는 금지될 뿐만 아니라, 투자에 따른 의무로 인해 "혜택의 수용 혹은 혜택의 지속적 수용"을 "제약"(condition)하는 것도 금지된다. 그렇지만 다른 한편으로는 "기술, 생산공정, 특허이전"(8조 1항 f)에 관한 한 지적재산권협약(TRIPs), 경쟁법, 환경, 수출장려, 대외원조, 정부조달과 관련한 이행의무 요구는 부분적으로 용인된다.

그러나 흔히 FDI의 경제적 기대효과로 정부당국에 의해 가장 자주 언급되는 선진 기술, 첨단경영기법의 전수 등은 사실상 BIT를 전혀 이해하지 못한 데서 비롯되는 발상에 불과하다. 나아가 해당 국가의 자국 발전전략에 입각한 여러 정책수단, 예컨대 기술이전, 현지 생산품(local content) 사용 의무, 구 수출자유지대 경우처럼 국내생산물의 전략 수출 의무 등은 완전히 금지된다. 그리고 바로 이 6조에 근거해 문제가 되는 것이 스크린쿼터제다.[10] 즉, 극장업에 투자한 투자가에게 한국 정부가 「영화진흥법」에 의거해 영화산업 보호를 위해 부과한 국산영화 의무 상영 일수라는 현지 생산품(local content) 사용 의무를 부과할 수 없다는 것이다. 또한 제지회사를 인수한 외국 투자자는 한국의 「재활용촉진법」에 입각한 원료 55% 이상의 폐지 사용 의무 역시 사라진다. 그런데 이행의무금지와 관련해서 사회복지부문과 노동부문에 미칠 영향은 더욱 심

---

10) 흔히 오해되고 있는 것처럼 BIT가 문제삼는 것은 단지 스크린쿼터제만이 아니라 쿼터제 일반이다. 여기서 당장 문제가 제기되는 것이 방송쿼터제이다. 「방송법시행령」에 따르면 지상파의 경우 월방송시간 전체의 80%, 그 외 방송사업의 경우에는 50% 범위 내에서 국산 프로그램을 방영해야 한다(시행령 57조). 또한 매월 전체방송시간의 40% 이내에서 외주제작 방송프로그램을 방영해야 한다(시행령 58조). BIT의 6조 (a)항의 의무이행 강제금지 조항에 따르면 스크린쿼터제뿐만 아니라 방송쿼터를 포함한 일체의 쿼터제는 금지된다.

각하다. 인수 합병된 국내기업의 실업 및 노동조건에 있어, 국내기업을 인수한 외국자본은 이 조항에 따라 '고용승계', '내국민 일정비율 고용', '노동기본권 보장', 그리고 '환경기준' 등의 의무로부터 사실상 자유롭다. 이는 특히 한일BIT 협상 당시 소위 '진지(眞摯)조항'을 통해 일본측에서 정리해고 관련 노동법을 문제삼는 것이나, 주한 미상공회의소가 한국 노동법상의 정리해고 요건인 '경영상의 불가피한 사유' 조항에 시비를 거는 것과 같은 맥락이라 할 수 있다.

5) 수용과 보상

지나치게 넓게 설정된 해당국 정부 투자자산의 수용(expropriation)과 그에 대한 보상 규정 역시 우려를 낳고 있다. 'BIT 1994' 3조의 1항과 2항을 보자.

> 1. 체약국은 공익 목적을 위해서가 아니고는 수용 혹은 국유화와 거의 동등한 조치를 통해 직접 혹은 간접적으로, 적용투자를 수용하거나 국유화해서는 안 된다. 그 수용은 비차별적 방법으로 행해져야 하고, 즉각적이고 충분하며 유효적절한 보상이 주어져야 하며, 적법절차 및 2조 3항에 규정된 대우의 일반원칙에 부합해야 한다.
> 2. 보상은 지체없이 이뤄져야 한다. 그 보상액은 수용행위가 이뤄지기 바로 직전 수용 투자의 공정한 시장가격과 동등해야 하고, 완전히 현금화할 수 있으며 자유로이 송금할 수 있어야 한다. 공정한 시장가격은 수용일 이전에 수용행위가 알려졌기 때문에 일어난 가치의 변동을 반영해서는 결코 안 된다.

여기서 이른바 '공익적 목적'의 범위와 내용이 불확실하기 때문에, 이 조항은 해당국 정부의 직접 수용뿐만 아니라, 간접적 수용의 범위까지도 포함하는 외국인 투자자산에 대한 사실상의 수용 금지라 할 만하다. 이로 인해 해당국 정부나 지방 자치정부가 사회적 또는 환경보호적 이유에서 외국인 투자자산에 대해 취하는 어떤 조치도 간접적 수용으로 해석될 위험을 감수해야 하고, 따라서 국내 투자자산은 거의 신성불가침적인 것으로 변할 수 있다는 우려가 제기된다. 이와 관련한 대표적인 사례는 1997년 4월 캐나다의회가 미국의 에틸사(Ethyl Corporation)가 생산한 벤진첨가제(MMT)가 환경 및 건강에 유해하다고 판정해, 이의 수입과 운송을 금지시킨 조치에 대한 에틸사의 대(對)캐나다 제소사건이다. 에틸사는 이런 조치가 향후 예상 이득에 대한 수용이자 기업 명망성에 대한 훼손이라는 이유로 북미자유무역협정(NAFTA)에 의거해 캐나다정부를 상대로 2억 5천만 달러의 손해배상을 청구했고, 결국 1998년 6월 캐나다 정부는 수입금지 조치를 철회하고 천만 달러의 배상금을 지급해야만 했다.

마찬가지로 한국정부가 환경보호라는 공익적 목적으로 외국인이 투자한 부동산에 대해 그린벨트를 설정한다거나, 투기억제라는 공익적 목적으로 토지거래허가제를 실시할 경우,[11] 이 모든 조치는 BIT에 따라 간접 수용에 해당되어 한국정부는 막대한 손해배상금을 지급해야 하고, 결국 이는 국민에게 세금으로 전가될 것이다. 따라서 에틸사의 사례가 명백히 보여주는 것처럼, 수용에 대한 포괄적 정의는 앞서 언급한 투자에 대한 지나치게 넓은 정의와 더불어 국가의 공익적 목적을 실현하기 위한 공적 기능을 제한할 수밖에 없다.

---

11) 국제연대정보정책센터, 『한미BIT 자료집』, 국제연대정보정책센터, 1998.

특히 'BIT 2004'와 관련해 가장 주목을 끄는 대목이 바로 이 수용과 관련된 부분이다(6조). 'BIT 1994'와 마찬가지로 "공익적 목적"을 제외한 직접적 혹은 간접적 수용을 사실상 금지한다는 점에서 신모델도 큰 차이는 없다. 그러나 'BIT 2004'는 6조 수용과 보상조항에 대한 별도 부속서(부속서 B)를 마련해 지금까지 애매하게 남겨져 있던 "간접 수용"에 대해 적극적인 개념 규정을 시도하고 있다.

수용과 보상에 언급된 두번째 상황은 간접수용이다. 이는 체약국 일방에 의한 형식적 명의이전이나 명백한 점거는 없지만 직접수용에 준하는 효과를 가진 조치나 일련의 조치들을 말한다.

(a) 특정한 사실적 상황에서 체약국 일방의 조치나 일련의 조치들이 간접수용에 해당되는지 여부를 결정하기 위해서는 다른 여러 요소들 가운데 무엇보다 아래에 대한 사안별, 사실에 기초한 심사가 요구된다.

i. 체약국 일방의 조치 혹은 일련의 조치가 투자의 경제가치에 역행하는 효과를 미쳤다는 사실 하나만으로는 간접수용이 발생했다는 점을 입증하지 않는다 하더라도, 정부조치의 경제적 영향.

ii. 정부조치가 명백하고 합당한 투자 기대에 개입한 범위.

iii.정부조치의 성격.

(b) 예외적 상황을 제외하고, 공중보건, 안전, 그리고 환경 등과 같은 정당한 공공복지의 목적으로 계획되고 적용된 체약국 일방의 비차별적 규제조치는 간접수용을 구성하지 아니한다.

일반적으로 수용은 직접수용과 간접수용으로 대별된다. 여기서 특히 문제가 되는 것이 간접수용인데, 이는 다시 '점진적 수용(creeping)'과 '규제적 수용'으로 나누어볼 수 있다. '규제적 수용'이란 환경이나 공공질서와 같은 공익적 목적으로 행해지는 정부당국의 규제조치를 의미하는 것인 데 반해, '점진적 수용'이란 이와 달리 규정하기 애매하다. 그렇지만 흔히 이 점진적 수용에는 기업의 강제적 주식매각, 경영에 대한 간섭, 규제당국에 의한 경영진의 임용, 노동력이나 원자재 등에 대한 접근 거부, 자의적이거나 과대한 조세부과 등이 해당된다.[12]

규제적 수용이 일반적인 국제규범상에서 용인되는 것이라 할 때 문제가 되는 것은 역시 점진적 수용이라 할 수 있다.[13] 예컨대 정부투자 공기업에 대한 정부의 경영진 교체는 경우에 따라 얼마든지 점진적 수용으로 해석될 여지가 있고, 이 경우 투자분쟁조정 절차에 회부될 가능성도 결코 배제할 수 없다. 수용에 대한 이런 폭넓은 해석과 특히 'BIT 2004'는 정부조치의 경제적 영향, 그 조치의 범위, 성격 등에 대한 광범위한 심사 가능성을 규정해놓고 있다. 따라서 「부속서 B」는 결국 외국인 투자자, 여기서는 미국 투자자에게 한국정부의 경제정책에 대한 심사권한을 백지위임한 것과 다를 바 없는 대표적인 독소조항이 될 우려가 있다. 아울러 BIT의 현금보상 원칙은 "재정형편상 부득이한 경우" 채권 지급도 가능하도록 규정하고 있는 「토지수용법」과 「징발법」 같은 국내법과도 충돌함을 지적해둘 필요가 있다.[14]

6) 투자분쟁 해결 절차

앞서 언급한 것처럼 BIT에 따르면 투자자는 일종의 치외법권적 지위를 갖는다. 마찬가지로 BIT는 특히 투자분쟁시 이들에게 놀라운 권한을 부여하고 있다. 우선 'BIT 1994' 9조 1항을 보면, "이 조약의 목적실현을 위해, 투자분쟁은 이 조약에 의해 적용투자에 관해 창설되고 인정된 투자인가, 투자합의 혹은 부여된 어떤 권리에 대한 주장된 침해와 관련해서 또는 이로부터 생겨나는, 체약국과 다른 체약국의 국민 혹은 기업(a national or company) 사이의 분쟁을 의미한다"라고 하고 있다.

한미BIT는 기본적으로 국가간의 관계를 규율하기 위한 국제법적 효력을 갖는 조약이다. 그런데 이 BIT는 이처럼 체약국 국적을 가진 개인(a national) 또는 사기업에 상대편 국가를 제소할 수 있는 국제법적 권능을 부여하고 있다. 바로 이 점이 BIT에 내포된 전형적인 신자유주의의 표현이라고 볼 수 있는 대목이다. 기존의 국제관계는 절대주권으로 무장한 국가간 관계에 기초하고 있다. 마찬가지로 국제법 역시 극히 예외적인 경우, 즉「국제인권규약 B규약」, 그것도 해당국가가 개인청원 절차에 관한 의정서에 서명한 경우에 한해 개인의 국제법적 인격성을 인정하고 있다. 그러나 BIT는 개인이 투자자적 개인인 한에 있어 개인

---

12) 장승화, 『양자간 투자협정 연구』, 법무부, 2001.

13) 외교통상부는 이 문제에 대해 여전히 안이하고 아전인수격인 해석을 하고 있다. "양자 투자협정 문안상의 수용 등에 따른 보상 규정으로 인해 체약국이 광범위한 의무를 부담한다는 주장. 미국이 현재 추진중인 양자투자협정 표준 문안 개정안에서는 공중보건, 환경 등 정당한 목적을 추구하기 위한 규제조치는 일반적으로 수용에 해당하지 않는다고 규정하는 등 **수용의 범위를 축소함으로써** 향후 동 개정문안이 채택되는 경우 환경 규제 등과 관련해 정부가 조치를 취하더라도 투자자가 수용으로 주장, 보상청구를 할 수 없게 될 것으로 예상."(통상교섭본부, 앞의 글. 강조는 인용자)

14)「토지수용법」45조 (손실보상)

　4. 1항의 규정에 의한 보상은 다른 법률에 특별한 규정이 있는 경우를 제외하고는 현금으로 지급한다.〈신설 91.12.31〉

　5. 4항의 규정에도 불구하고 기업자가 국가, 지방자치단체, 한국토지공사 기타 대통령령이 정하는 정부투자기관 및 공공단체인 경우로서 다음 각 호의 (1)에 해당되는 경우에는 당해 기업자가 발행하는 채권으로 지급할 수 있다.〈신설 91.12.31, 95.12.29〉

　(1) 토지소유자 및 관계인이 원하는 경우

　(2) 대통령령이 정하는 부재부동산소유자의 토지 또는 비업무용 토지로서 보상금이 대통령령으로 정하는 일정금액을 초과하는 경우 그 초과하는 금액에 대해 보상하는 경우

「징발법」22조의 2 (보상금의 지급)

　1. 징발재산에 대한 보상금은 현금으로 지급하되 국가의 재정형편상 부득이한 경우에는 국무회의의 심의를 거쳐 징발보상증권(이하 "증권"이라 한다)으로 지급할 수 있다. 다만, 보상금액 또는 그 단수가 증권의 액면가 미만인 경우에는 현금으로 지급한다.

의 국제법적 주체성을 광범위하게 인정하고 있다. 개인은 투자자인 한 국가와 동등한 권리를 가진다는 것이다. 투자는 이로써 인권이 갖는 보편성을 획득하게 되고, 근대 주권국가의 위상은 투자자로서의 개인의 위상으로 급락하고 있다. 어떤 의미에서 BIT에서 규정되어 있는 투자자로서의 개인은 신자유주의의 국제법적 완성 시도라 할 만한 것이다.

투자자 개인 또는 사기업은 분쟁발생시 상대편 체약국을 2항 (a) 체약국의 법원 혹은 행정법원, (b) 적용 가능하고 사전에 합의된 분쟁해결 절차에 의해 제소할 수 있다. 그러나 여기까지는 일반적인 국제관행에 해당된다. 문제는 다음에 있다.

(a) 관련 국민 혹은 기업이 제2항 (a) 혹은 (b)에 의해 제소하지 않고, 분쟁 발생시로부터 3개월이 지났으면, 관련 국민 혹은 기업은 다음 방법에 의해 구속적 중재절차에 분쟁해결을 구할 수 있다.

i. 1965년 워싱턴조약으로 설립된 상설 국제투자분쟁중재센터(ICSID).
ii. 분쟁 일당사자가 위 조약에 가입하지 않았을 경우 위 센터 부속기관.
iii. 국제연합 국제통상법 위원회(UNCITRAL) 중재규칙.
iv. 분쟁의 양 당사자가 합의했다면, 다른 중재기관이나 다른 중재규칙.

WTO는 분쟁해결 메커니즘을 제대로 갖추고 있지 않았던 GATT에 대한 문제제기에서 출발해, NAFTA의 사례를 고려하면서 「분쟁해결에 관한 규칙 및 절차에 대한 양해」(DSU)와 같은 별개의 분쟁해결제도를 갖추고 있다. 이는 대다수 양자간 통상협정에서도 원용된다. 그런데 여기서 특기할 것으로는 NAFTA의 경우 분쟁의 유형에 따라 다원적인 분쟁해결 메커니즘을 갖추고 있다는 점이다.

즉 첫째, 통상적인 분쟁의 경우와 관련 정부 대 정부의 차원에 적용되는 규정이 있다. 둘째, 반덤핑 및 상계관세와 같은 특정 조치나 투자 및 금융서비스와 같은 특정 부문에 적용되는 분쟁해결 절차가 있다. 셋째, 정부조달·지적재산권·원산지 결정 등에는 체약국의 국내분쟁해결 절차를 '우선' 이용하도록 하고 있으며, 마지막으로 환경 및 노동과 관련한 분쟁해결 절차가 있다.[15]

이 중 오랫동안 국제사회에서 치열한 논란이 되어온 부분이 두번째 투자분쟁 해결 메커니즘과 관련된 NAFTA 11장이다. '국제법상의 '반혁명' 이라 할 NAFTA의 11장(투자)은 이후 1990년대 후반 이 NAFTA 11장의 세계화를 의도한 '다자간 투자협정'(MAI) 반대 캠페인 당시 국제시민사회의 격렬한 반발을 야기한 원인 가운데 하나였다. 투자자 대 투자유치국가 사이의 분쟁해결 절차가 문제였다. 다시 말해 UN인권헌장을 제외하고 역사상 최초로 개인에게 상대국 정부를 상대로 소송을 제기할 수 있는 자격을 부여했다는 것이다. 물론 이때의 개인은 투자자를 의미한다.

이미 과거 미 BIT의 표준안(BIT 1994)에서 성문화되어 양자간 투자협정에도 적용된 이 조항은 나아가 미 BIT 신 표준안(BIT 2004)에 와서 더욱 확장되고 체계화되기에 이른다. 이미 한국에서도 과거 BIT 논란과정에서 한국 검찰 실무진의 반대에 직면하기도 했던 이 조항은 분쟁발생 후 일정한 기간이 경과한 뒤에도 분쟁해결이 되지 않을 경우, 제3심급 특히 세계은행 산하 국제투자분쟁조정센터(ICSID)에 제소할 수 있는 길을 열어, 사실상 투자유치국의 현지법원을 우회할 수 있는, 즉 이를 무력화시키는 문을 열었다.

그러므로 끊임없이 투자유치국 국가와의 재판관할권(jurisdiction)

---

15) 고준성, 『자유무역협정의 법적 고찰』, 법무부 국제법무과, 2003, 357~358쪽.

논란을 야기시키고 있는 이 사안이 한미FTA에서는 어떻게 처리될지가 각별히 유의해야 할 대목이다. 흥미로운 점은 미·칠레FTA, 미·싱가포르FTA의 경우와 미·호주FTA 경우를 비교해볼 때, 투자자 대 투자유치국가 사이의 투자분쟁 해결절차가 상당한 차이를 보인다는 점이다.

미·호주FTA 협정문 11장 16절 '투자자 대 국가의 분쟁해결 협의'에 따르면, 그 1항에서 "체약국 일방의 투자자에게 본 장의 범위 내에서 제기된 문제에 대한 이의와 관련 중재(arbitaration) 회부를 허용"한다고 되어 있다. 그리고 이 경우 협정문 21장에 규정된 합동위원회(Joint Committee)의 협의와 다음으로 정해진 '절차규칙'에 따른 중재 패널을 통해 분쟁을 해결하도록 명시되어 있다. 여기에 ICSID 등을 통한 분쟁해결은 언급되어 있지 않다.

미·싱가포르FTA의 경우는 15장에 별도의 투자관련 장을 설치하고, 이 장의 Section C '투자자 대 국가간 분쟁해결'에서 사건발생 후 6개월이 지나면 투자자는 ICSID에 제소할 수 있음을 분명히 하고 있다(협정문 15장 14절 5조).

미·칠레FTA의 경우, 협정문 10장의 Section B '투자자 대 국가간 분쟁해결'에서 투자분쟁이 협의(consultation)와 협상(negociation)을 통해 해결되지 않고 6개월이 경과했을 경우, 투자자는 ICSID를 통해 중재재판에 회부할 수 있음을 명시하고 있다(협정문 10장 15절 5조).

실제 ICSID에 제소된 중재건의 상당수가 재판관할권에 대한 치열한 공방으로 전개된다는 점에서 투자자, 즉 사적 당사자의 투자유치국 정부에 대한 제소권의 인정 여부는 상당히 심각한 결과를 초래할 수 있다. 아무튼 미국이 최근 체결한 3개의 FTA를 놓고 보더라도 협상국에 따라 미국은 매우 다른 분쟁 해결절차를 채택하고 있음을 알 수 있다. 위 칠레, 싱가포르와의 FTA상 투자분쟁 해결은 미국의 'BIT 2004'의 그것과 거의 차이가 없다. 'BIT 1994'와 비교해 'BIT 2004'의 가장 큰 차이는 바로 이 투자분쟁 조항이다. 'BIT 2004'는 위의 내용과 골격을 유지한 채 아예 「2장(Section B)」을 별도로 분리해 23조부터 36조에 걸쳐 투자분쟁 조정 및 중재 절차의 처음 협의와 협상에서 마지막 중재판정에 이르기까지 매 단계를 세세한 부분까지 규정하고 있다. 그리고 「3장(Section C)」(37조)에서는 2장, 즉 투자자 대 국가에서 규정되지 않은 국가 대 국가 사이의 투자분쟁 해결절차를 규정한다.

그런데 문제는 특히 천문학적 비용을 요구하는 ICSID 투자분쟁 사례들이다.[16] 1960년대 창립된 이래 2004년 11월까지 ICSID에 의해 처리된 투자분쟁건수는 총 86건이며, 현재 계류 중인 사건은 2004년 11월 말 현재 총 85건이다. 그런데 계류된 사건을 연도별로 보면 1997년 2건, 1998년 2건, 1999년 1건, 2000년 2건, 2001년 8건, 2002년 14건, 2003년 30건, 2004년(11월 말) 25건 등, 2000년까지 매년 1~2건에 불과했던 투자분쟁이, 매달 1~2건으로 폭증하고 있음을 알 수 있다.[17] 그리고 특

---

16) 홀워드-드리미어는 특히 최근의 고비용 ICSID 소송사례로 미국 에틸사 대 캐나다의 1300만 달러, 메타넥스사 대 미국의 9억 7천만 달러, 로윈사(캐나다) 대 미국의 5억 달러, 미 메타클래드사 대 멕시코의 1600만 달러 등을 들고 있다. 여기서 홀워드-드리미어는 지금까지 ICSID 소송사례에 초국적 기업이 개도국을 상대로 제소한 것이 압도적이었던 반면, 최근에는 초국적 기업이 선진국 정부를 상대로 하는 소송이 발생하고 있음을 들어 BIT의 비용에 관심을 환기시킨다(Mary Hallward-Dreimeier, "Do Bilateral Investment Treaties Affect Foreign Direct Investment? Only a Bit ⋯⋯ and They Could Bite", *Policy Research Working Paper*, no.3121. August 31, Washington, D.C.: The World Bank, 2003. [econ.worldbank.org/files/29143_wps3121.pdf]).

17) 자세한 내용은 www.worldbank.org/icsid/cases 참조. 외교통상부의 상황인식이 얼마나 안이하고 부정확한지는 아래 언급에서도 여실히 드러난다. "ICSID에 중재재판을 청구하는 것은 분쟁의 마지막 단계에서 취하는 조치로서, 실제로 1965~2000년 기간 중 투자자가 투자협정에 근거해 ICSID에 국가를 상대로 소송을 제기한 건수는 40건 정도에 불과할 뿐 아니라 우리의 경우에는 사례가 전무하며 전세계적으로 양자 투자협정이 2천 개 이상인 현실에 비추어볼 때 중재재판 회부는 극히 드물게 활용 중." "중재재판 회부는 극히 드물게 활용 중"이라는 외교통상부의 주장과는 전혀 달리, 2001년 이후 ICSID회부는 특히 초국적 기업에 의해 가장 빈번하게 활용 중인 투자분쟁 "해결" 절차라 볼 수 있다.

히 흥미로운 것은 피소국 대부분이 제3세계의 개도국들이라는 점이다. 총 85건 가운데 32건이 아르헨티나 정부를 상대로 한 것이며, 멕시코 정부를 상대로 한 소송은 5건, 칠레 3건, 콩고 3건, 그 외 몽고, 이집트, 엘살바도르, 파키스탄, 가봉 등 아시아, 아프리카, 라틴아메리카의 제3세계 국가와 루마니아, 헝가리, 폴란드, 우크라이나 등 구소련과 동구권의 체제전환국들이 그 대상들이며, 청구자들은 거의 예외없이 초국적 기업들이다. 이 중 미국이 피소국인 경우는 단 1건인데 그것도 캐나다 기업 뢰벤(Loewen)사에 의해서였다.

이처럼 ICSID자료를 통해 확인되는 것은 BIT의 투자분쟁 해결절차는 대부분 초국적 기업의 경영상의 실패를 제3세계 투자유치국 정부 및 해당국 민중들에게 전가시키는 메커니즘으로 기능하고 있다는 점이다.

한미BIT도 이처럼 투자자로서의 개인이나 사기업이 국가를 제소할 수는 있지만, 반대로 국가가 해당 투자자와 기업을 제소할 수는 없다.[18] 또한 국내기업보다 해외기업이 명백히 우위에 있다. 이는 국내기업이나 국내 투자자가 국가를 상대로 하여 위에 언급된 국제중재절차에 회부하는 것이 원천적으로 불가능한 반면, 해외기업은 언제든지 규정된 절차에 따라서 상대 국가를 제소할 수 있기 때문이다. 즉 한미간에 엄연히 존재하는 경제력의 격차를 감안할 때, 한국 국가에 대해 미국기업(혹은 미국 투자자)은 한국기업(혹은 한국 투자자)과 비교해 명백한 우위에 서게 된다.[19]

---

18) 이 경우 가능한 방법은 오직 체약국 정부를 상대로 제소하는 것인데, BIT 2004는 이를 위해 38조 국가 대 국가의 분쟁해결 절차를 별도로 마련하고 있다.
19) 대표적인 '투자자 대 국가' 소송사례로 UPS 대 캐나다, 에틸 대 캐나다, 아주릭스 대 아르헨티나, 벡텔 대 볼리비아 건을 들 수 있다(자세한 것은 Aziz Choudry, "Bilateral Trade and Investment Deals: BIT's A Serious Challenge for Global Justice Movements", *ZMagazine*, vol.16, no.12, December, 2003. [zmagsite.zmag.org/Dec2003/choudry1203.html] 참조).

중재판정은 그 자체로 "최종적(final)이며 구속적(binding)"(9조 6항)
이다. 즉 재심의 여지가 없으며, 따라서 지체없이 집행되어야 하고 국가
는 이에 대해 사전 준비의 의무가 있다. 그리고 투자자가 입은 손실에 대
해 국가는 설사 투자자에 대해 채권이 있다 하더라도 부분적이 아닌 전
면적인, 보증이나 보험 등을 통하지 않은 직접적인 보상의 의무가 있다.

이처럼 미국형 FTA의 투자 조항은 특히 투자분쟁에 대한 중재의 국
제법적 구속력을 대폭 강화했고, 또한 그 절차에서도 해당국 법원보다
는 해외 국제기구를 통한 최단기간 내의 중재를 명백히 선호하고 있다.
그 결과 BIT는 투자영역에 대한 법치국가의 재판관할권을 박탈함으로
써 국가주권의 공동화를 가속화시키는 결과를 가져온다.

7) 예외 혹은 '비상응조치'(non-conforming measures)

'BIT 1994' 14조는 BIT 적용의 예외를 다루고 있다. "이 조약은 체약국
이 국제평화 및 안전의 유지, 회복, 자국의 필수적 안전의 보호에 관해
그 의무를 수행하기 위한 필요한 조치를 취하는 것을 방해하지 않는다."
이와 마찬가지로 'BIT 2004'도 "핵심적 안보"(18조)에서 국가안보, 국
제평화 및 안보, 안보이해의 보호를 위한 조치에 예외를 인정한다.

그렇다면 여기서 문제가 되는 것이 한미간 협상과정에서 가장 논란
이 많은 문제 가운데 하나인 이른바 일시적 외환거래 제한 조치, 즉 세이
프가드(safeguard) 문제이다. 위에서 보듯이 미국 표준안은 국제평화,
국가안보, 즉 군사적 측면에 대한 예외를 제외하고, 예컨대 IMF 등 첨예
한 외환위기나 경제위기 상황에서 국가의 일시적 외환거래 제한조치를
전혀 인정하고 있지 않다. 반면에 미국이 주도하고 있는 다자간 투자협
정(MAI)의 경우는 이와는 달리 심각한 지불불능상황이나, 또는 "예외적

상황에서 자본 흐름이 거시경제적 조정이나 특히 통화 및 환율정책상에 심각한 어려움을 초래하거나 또 초래할 수 있을 때"에 한해, 그리고 IMF의 허락과 체약국들의 동의, 6개월 간격의 심사를 조건으로 한시적으로 자본거래 제한을 인정한다.[20]

물론 다자간 투자협정의 경우에도 그 자체로 볼 때 지극히 불충분한 예외의 인정이라고 할 수 있다. 그러나 그나마 이런 미미한 예외마저 한미BIT에서는 인정되지 않는다는 것이 문제이다.

그렇지만 우리가 주목해야 할 것은 현재와 같이 온라인을 통해 전 세계 주식시장이 리얼타임으로 연결되어 있는 현실에서, 환투기에 대응하기 위한 해당 국가의 유일한 정책수단인 세이프가드조차 투기성 단기자본의 반응속도를 따라잡기에는 터무니없다는 점이다. 이미 자본유출이 종결된 뒤 발동된 세이프가드라면 사실상 아무런 실효를 거두기가 어렵다. 그러므로 문제의 핵심은 이런 위기상황뿐만 아니라, 평상시에 투기자본의 진출입을 통제할 수 있는 환안전망을 구축하는 데에 있다.

'BIT 1994' 부속문서는 우선 미국측의 예외조항을 적시하고 있다.

1. 미합중국 정부는 다음에 열거된 사업분야 및 사안에 대해서 적용투자에 대한 내국민대우의 예외를 채택하거나 유지할 수 있다.
원자력, 관세사, 방송, 일반통신망, 무선국 허가, 통신위성, 국가가 지원하는 대부, 보증 보험을 포함한 보조금; 북미자유무역지대 협정 1102조, 1108조에 의한 국가적 혹은 지방적 조치, 해저케이블 가설
최혜국대우는 위에 열거된 사업영역 및 사안에 대해 부여될 수 있다.

---

20) Stefan Welzk, "Visionen des MAI: A Brave New Corporatist World?", Blätter für deutsche und internationale Politik, Januar, no.40, 1999, S.40~50.

2. 미합중국 정부는 아래 열거된 사업영역 및 사안에 대해 내국민대우 및 최혜국대우에 대한 예외를 채택하거나 유지할 수 있다.

수산업, 항공 및 해운 운송업 및 이에 관련된 활동, 은행업·보험업·증권업 및 다른 금융업(만약 조약 상대방이 모든 혹은 특정한 금융서비스에 대한 받아들일 만한 약속이행에 착수하면, 미합중국정부는 예외를 그에 따라 제한하고, 예를 들면 북미자유무역지대협정과 동일한 조건의 대우에 상응하는 특정한 의무를 고려할 수 있다).

다자간 투자협정에 준거해서 볼 때 예외조항은 협정 체결시점까지 신청된 것에 한하고, 이후의 추가 등재는 불가능하다('stand-still' 원칙). 그리고 일정 기간이 경과한 뒤 가능한 사후변경은 이 예외 리스트에 첨가하는 방식이 아니라, 오직 삭제하는 방식으로는 가능하다('roll-back' 원칙).[21] 그러므로 조약 체결 뒤의 재협상은 원칙적으로 있을 수 없으며, 따라서 이 예외조항의 리스트를 작성하는 일은 실무적으로 극히 중요하다. 이 예외조항과 관련해서 'BIT 2004'는 상당한 형식상의 변화를 보인다. 우선 '비상응조치'라는 명칭(14조)으로 이를 규정하고 있는데 이전과는 달리, 첫째, 내국민대우, 최혜국대우, 이행의무, 고위경영진 및 이사 각각의 항목을 세분해서 체약국이 각각에 대해, 둘째, 중앙정부, 지자체 각각의 수준에서 '비상응 조치', 곧 예외를 둘 수 있고 이를 별도의 부속서에 명기하는 훨씬 복잡한 방식을 채택하고 있다.

대개의 통상협상의 경우, 이 예외조항은 언제나 가장 논란이 되는 부분 중 하나이다. 그런데 EU와는 달리 미국은 미·요르단FTA를 제외하고 모든 나라와의 FTA에 '미늘톱니'(ratchet), 곧 역진방지 메카니즘

---

21) Welzk, ibid., S.46.

을 도입하고 있다. 쉽게 말해 예외에 일단 등재된 부문은 사후에 이전보다 더욱 규제적 방식으로 재규제할 수 없다는 말이다. 위에서 언급한 스탠드-스틸이나 롤백과 유사한 메커니즘이라고 보면 되겠다.

아무튼 과거 한미간 BIT실무협상에서 가장 논란이 된 것 가운데 하나는 공공부문, 즉 한국의 공기업 문제이다. 한국측 입장에서는 가능하면 이 예외조항에 많은 것을 포함시키기를 원한다.[22]

그렇다면 우선 'BIT 1994'에 들어 있는 공기업 관련 조항을 보자. "각 체약국은 자신의 국영기업이 재화와 용역을 공급함에 있어 적용되는 투자에 대해서 내국민대우 및 최혜국대우를 부여하도록 해야 한다." (2조 1항) "이 조약상의 체약국 의무는 그 체약국에 의해 국영기업에 위임된 어떤 규제적·행정적 권한 혹은 다른 정부기관의 권한을 행사함에 있어 그 국영기업에도 적용된다."(16조 2항)

한마디로 미국측은 공기업에 대해서도 BIT의 내국민대우가 적용되어야 한다고 못박고 있다. 시장성이 아니라 공공성을 목표로 하는 공기업이 외국자본에 인수될 때 그 사회적 역기능은 자명한 일이다. 기업으로서의 이윤추구와 그것의 공공성이라는 이중성에서 볼 때, 공기업은 단순히 시장 논리만으로 설명되지 않는 측면이 있다. 만일 공기업 민영화가 특히 외국 자본에 의한 민영화로 귀결될 때, 그 결과는 대단히 우려할 만한 것이다. 먼저 미국 자본은 경제자유구역의 사례가 보여주듯 규

---

22) 한국정부는 미국측의 예외조항이 사실상 공개되어 있음에도 불구하고 BIT협상 당시 한국측 예외조항 공개를 거부한 바 있다. 대표적인 행정편의주의이자 비밀주의 사례이다. 그런데 미국측 자료에 따르면 한국의 투자 완전 제한품목은 라디오 및 TV 방송, 부분제한은 벼, 보리재배, 육우사육업 및 도매업, 연근해 어업, 신문발행업, 뉴스제공업, 잡지 및 정기간행물 발행업, 핵원료처리, 발전, 송전, 배전, 정기항공운송, 부정기항공운송, 기간통신사업, 국내 상업은행, 투자신탁회사, 케이블 네트워크, 케이블 및 기타 프로그램 배급, 위성 방송업, 방사성폐기물처리 등이다(www.buyusa.gov/korea/en/investmentclimate.html).

제완화 특권을 향유할 것이며, 나아가 공공서비스의 질적 저하와 요금 인상은 당연히 예상되는 수순이다. 이것은 단순히 경제적 문제만은 아니다. 공기업에 의해 제공되는 각종의 서비스는 한국 민주주의의 물적 기초의 역할을 하고 있다. 그렇다고 할 때 공기업 민영화로 초래되는 공공영역의 축소와 위기는 한국 민주주의의 동요로, 그리고 실업으로 인한 사회적 불안정과 연동될 가능성이 높다. 한국 국가기능의 공동화와 사회적 해체, 그것은 공기업 민영화 이후 예상되는 최악의 결과이다.

8) 투자협정의 유효기간

한미BIT는 10년간 효력이 지속되고, 이 기간 중의 투자에 대해서는 다음 10년간 유효하다. 또한 조약이 발효되는 시점에 기투자된 부분에 대해서도 조약은 적용된다. 한미FTA의 경우 별도의 유효기간이 적용될 것이지만 일단 여기서는 투자협정의 사례를 참고해둘 필요가 있다.

1. 이 조약은 비준서를 교환한 지 30일 후에 그 효력이 발생한다. 이 조약의 효력은 10년간 지속되며, 2항에 의해 종료되지 않는 한, 효력이 계속 지속된다. 이 조약은 발효 이후에 창설되거나 취득된 적용투자뿐만 아니라 발효 당시에 이미 존재하던 적용투자에 대해서도 적용된다.
2. 체약국은 처음 10년이 끝날 무렵 서면통지를 보내 이 조약을 종료시킬 수 있으며, 그후 1년간 유예기간을 두고 종료시킬 수 있다.
3. 조약 종료 후 10년 동안, 이 조약의 모든 다른 조항은 종료일 전에 취득 혹은 창설된 적용투자에, 적용투자의 창설 및 취득에 관해 이 조항들이 연장되는 경우를 제외하고는 적용된다.

'BIT 2004' 역시 여기에 대해서는 거의 아무런 차이가 없다. 아무튼 대부분의 투자자본이 단기간에 회수된다는 점에서 볼 때, 이 최소 20년 규정은 투자자본에 대한 과잉보호라는 점에서 납득하기 어려운 조항이다.[23] 이 말은 결국 한국 국가에 대해 미국의 투자자본이 20년에 걸쳐 규정력을 발휘한다는 의미로 이해될 수밖에 없다.

9) 금융서비스

'BIT 2004'의 가장 두드러진 특징은 금융서비스(20조)가 완전히 새롭게 추가된 점이다. "본 조약의 여타 조항에도 불구하고, 각 체약국은 투자자, 예금자, 정책입안자 및 금융서비스 공급자가 신용상의 의무를 지고 있는 개인의 보호를 포함한 건전성(prudential) 사유로 혹은 금융시스템의 통합성과 안정성을 확보하기 위해, 금융서비스와 관련된 조치를 취하거나 유지하는 것을 방해받지 아니한다. 이런 조치들이 본 조약의 여타조항과 일치하지 않을 시, 이 조치들은 본 조약하에서 발생하는 체약국의 약속 혹은 의무를 회피하기 위한 수단으로 사용되어서는 안 된다." 아울러 "본 조약의 11조 2항 '투명성과 공개'에도 불구하고, 각 체약국은 실행가능한 범위에서 (a) 금융서비스와 관련하여 일반적으로 적용될 모든 시행예정인 규제를 사전에(in advance) 공표해야 하며, (b) 시행예정인 그런 규제에 대해 발언(comment)할 수 있는 합당한 기회를 이해당사자와 상대국에 제공해야 한다"라고 하고 있다.

외환위기를 경험한 바 있는 한국경제의 입장에 볼 때 금융시스템의 붕괴를 막기 위한 '건전성 규제조치'의 필요성은 오래 전부터 지적되어

---

23) 다자간 투자협정(MAI) 역시 20년간 유효하다. 그러나 BIT와는 달리 '5년/15년' 조건이다.

온 것이다. 나아가 금융투기화의 위협에 직면한 국제금융시장의 현실에서 볼 때, 투기자본을 그 근원에서 통제할 수 있는 새로운 구조를 마련하는 일은 시급한 과제라 볼 수 있다. 그런 점에서 'BIT 2004'에서 언급하고 있는 금융서비스 부분에서의 건전성 규제조치의 인정은 새롭지도, 또 실효성이 있을 것으로 보이지도 않는다. 다시 말해 이미 투기성 투자마저도 BIT의 적용대상이 되어 있는 조건에서 규제당국이 취할 '건전성 규제'마저 '투명성'이라는 미명하에 '사전에 공표'해야 할 의무를 진다면 그 규제조치의 정책적 실효성은 사실상 담보되지 못한다. 잘해야 사후약방문식의 규제가 과연 어떤 효과를 가지겠는가.

3. 소결 : 한미FTA와 투자금융

한미FTA를 통해 부과될 과도한 투자자 보호가 과연 외자유치에 어떤 경제적 효과를 가져다 줄 것인가. 이와 관련해서 이미 나와 있는 경험적 연구결과는 "미미하거나 거의 없다"는 수준이다.

홀워드-드리미어는 OECD 가입국과 31개의 개도국 사이에 체결된 BIT에 대한 분석을 통해 BIT가 과연 추가적인 FDI를 유발했는지 조사한 결과를 제출한 바 있다(자료 15). 즉 BIT 체결 3년 전과 3년 후를 비교해보았을 때, 협정체약국에서 의미있는 FDI 증가가 확인되지 않는다는 것이다.

이런 상황에서 한미FTA를 체결했을 경우 과연 정부가 주장하는 것처럼 FDI가 그렇게 증가할 것이라고 볼 충분한 경험적 근거는 여전히 불확실하다. 오히려 한미FTA의 투자 조항은 사실상 미국이 주도하는 한국 자본시장의 투기화를 가속화하고, M&A 혹은 포트폴리오의 가중을

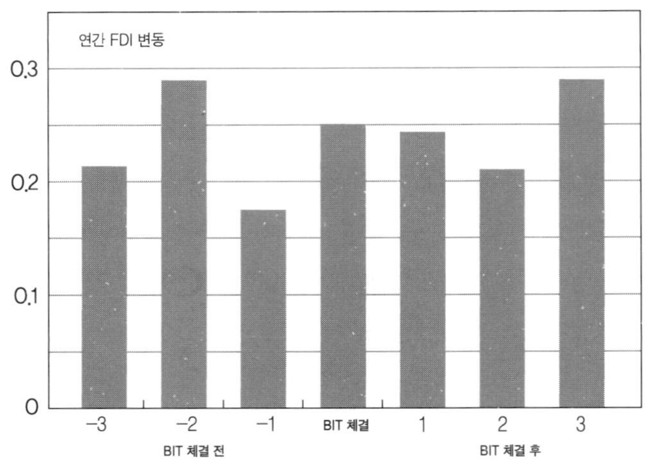

출처 : World Bank, *Global Economic Prospects 2005*, p. 107

초래할 가능성이 더 높아 보인다. 이 경우 한미FTA는 FDI를 유치하는 것이 아니라 이들 투기성 자본의 보호장벽만을 강화시키는 결과를 가져올 것이다.

그렇다고 할 때 한미FTA를 통해 그나마 유지되는 대미 상품수지 상의 흑자기조가 무너지고, 투자금융부문의 투기화가 가속화되며, 나아가 여기에 대미 서비스교역 상의 적자누적까지 맞물린다면 오히려 예상가능한 최악의 시나리오가 연출될 가능성도 배제할 수 없다는 결론이 나온다.

한미FTA와 지적재산권[1]

남희섭[*]

1. 지적재산권이란 무엇인가?

지적재산권(이하 지재권)은 정신적 창작물을 다루는 제도로 여러 법률을 통해 구현된다. 산업·기술 분야의 창작물은 특허법으로 다루고, 문화·예술 분야의 창작물은 저작권법으로 다룬다. 특허법이나 저작권법은 창작자에게 창작물에 대한 독점적 재산권을 인정하는데, 그 이유는 창작을 장려하고 창작의 결과물이 사회적으로 널리 사용되도록 하려는 것이다. 이것은 다른 재산권과 지재권이 구별되는 중요한 차이점이다. 예를 들어, 내가 입고 있는 옷에 대해 재산적 권리를 인정하는 이유는 여러 사람과 옷을 나누어 입도록 하기 위한 것이 아니지만, 지재권은 지적창작물을 여러 사람과 나누도록 하기 위해 일시적으로 창작자에게 재산적 권리를 인정하는 것이다. 이처럼 창작물의 공유와 사회적 확산을 위한 목적으로 인정되는 지재권은 인간이 자신의 신체나 생명에 대해 갖는

---

* 변리사, 지재권분야공동대책위원회.
1) 정보공유라이선스 ⓦ 이 글에는 '정보공유라이선스 2.0: 허용'(http://freeuse.or.kr/license/2.0/hy/)이 적용됩니다.

자연적인 권리와는 달리 법률 규정을 통해 인위적으로 만들어낸 제도적 권리이며 일종의 특권이다.

인간의 창작물 전체에 대한 독점적 권리를 전제로 삼는 지재권은 모든 기술 영역과 문화·예술 영역에 영향을 미친다. 특허법은 컴퓨터, 통신, 반도체, 자동차, 소프트웨어, 제약, 화학 등의 분야에서 기술 지식의 생산과 유통을 통제할 수 있는 권한을 특허권자에게 부여하기 때문에 기술 지식의 생산과 사회적 확산이나 유통 방식에 영향을 준다. 저작권은 출판물, 시, 소설, 영화, 음악, 미술, 건축과 같은 분야의 창작적 표현물을 사회 구성원이 향유하고 접근하는 방식을 통제할 수 있다. 따라서 특허권이나 저작권의 내용을 어떻게 구성할 것인지는 독점적 권리 보장과 창작물의 사회적 활용이 균형을 이루는 지점에서 결정해야 한다. 만약 이런 균형을 무시한 채 창작자의 독점적 권리만 강조하면 지식과 정보의 사회적 활용이 억제되고, 이와 반대로 지식의 사회적 활용만 강조하면 창작 활동이 위축될 수 있다.

그런데 현재 지재권은 권리의 강화에만 편중되어 있고, 개별 국가의 사회·문화·산업·기술적 차이에 상관없이 전세계적으로 모두 일률적인 보호 수준을 강제하고 있다. 이처럼 지구적 차원의 지재권 강화는 자본의 세계화나 신자유주의적 경향에 따른 것으로 기업이 자신의 이해에 적합한 방향으로 정보와 지식을 통제할 수 있도록 만든다.

원래 지재권은 이를 창작한 개인이 인간으로서의 존엄을 표현했다는 내재적 가치 때문에 인정되는 권리이다. 그런데 현재 시행되고 있는 지재권 제도는 지적 창작물을 유용성이나 가격으로 그 가치가 평가되는 경제적 상품으로만 취급해 창작적 표현의 가치를 보호하는 것이 아니라 창작에 투자된 자본을 보호하는 제도로 변질됐다. 또한, 지재권 제도는 개인 창작자를 보호하는 역할보다는 다국적 기업이 전세계시장을 독점하는 도구로 작용하고 있다. 그 결과 지재권은 건강권이나 생명권과 같은 기본적 인권과 충돌할 뿐만 아니라, 과학기술에 접근하고 이를 이용할 권리를 차단하며, 개발자의 권리나 농부의 권리와 충돌하고, 문화생활에 참여할 권리를 제약하며, 정보인권을 침해한다. 지재권이 이처럼 위험한 제도로 변질된 가장 큰 이유는 지재권을 무역(trade)과 연계했기 때문이다. 그리고 이는 미국을 주연배우로 내세운 다국적 기업들의 작품이었다.

2. 한미FTA 지재권 협상에서 미국이 노리는 것

미국은 한미FTA 협상을 통하여 한국에 미국의 지재권 제도를 이식하려고 한다. 미국 통상법은 FTA 지재권 협상의 목적이 상대국에게 미국법과 유사한 지재권 보호 기준을 만드는 것이라고 밝히고 있다. 이런 목적을 통상법에 둔 이유는 지재권 보호 기준을 미국과 동일한 수준으로 강화함으로써 미국 기업들이 이익을 볼 수 있기 때문이다. 2005년 12월의 미국의회 보고서에는 FTA가 지재권의 보호 확대로 미국의 이익을 높이는 효과적인 수단이며, 소프트웨어·음악·동영상·의약품 분야에서 지재권의 보호 수준을 높이면 미국 산업의 무역수지가 개선되고, 혁신 상품과 서비스에 대한 미국의 국내 가격이 줄어들 것이라는 전망이 담겨 있다.

의약품 분야에서 이런 전망은 이미 현실로 나타나고 있다. 2005년 전세계 의약품 시장의 규모는 약 6천억 달러로 2004년에 비해서 7% 성장했다. 그런데 미국과 유럽 시장의 성장은 4%에 불과한 반면, 개발도상국은 큰 폭으로 성장했다(브라질 41%, 중국 20.4%). 이것은 브라질과 중국에서 갑자기 의약품의 소비량이 늘어났기 때문이 아니라, 개도국에서의 의약품 특허 강화로 의약품의 가격이 높아졌기 때문이다. 또한 미국 상무성은 다른 나라에서 약가 통제를 하지 못하게 했을 때, 미국 제약사들이 특허권으로 얼마나 더 이익을 볼 수 있는지 조사해 이를 토대로 남의 나라 약가에 간섭하고 나선다. 아래의 〈자료 1〉은 11개 OECD 회원국가(프랑스, 독일, 캐나다, 영국, 일본, 호주, 이탈리아, 스페인, 벨기에, 네덜란드, 스웨덴)에서 약가 통제를 하지 않을 경우, 2003년에 267억 달러의 특허의약품 수입 증가가 있을 것으로 예상한 미상무성 보고서의 일부이다.

〈자료 1〉 조사대상 OECD 회원국(11개국)의 특허의약품 소득 추정치 총액(표준단위 활용), 2003년

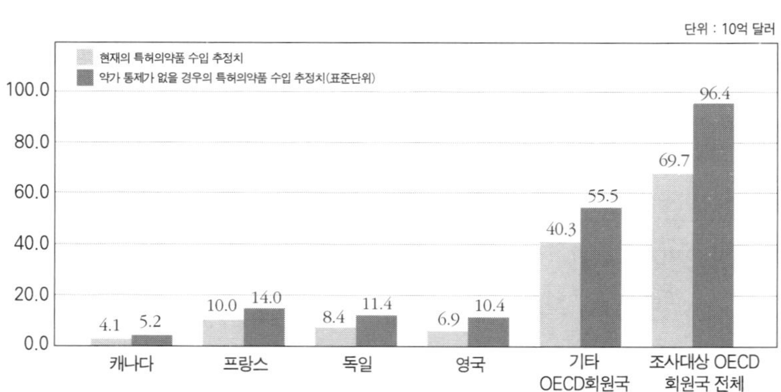

출처 :U.S. Department of Commerce calculation based on data from IMS Health, IMS MIDAS(TM), Q4/2003

2006년 3월에 발행된 세계무역기구(WTO)의 보고서에 따르면, 2004년 한해에만 미국이 지재권 로열티로 얻은 수입이 513억 달러(약 60조 원)에 달한다. 지재권 로열티 수입이란 지재권 이용료를 말하는 것이므로, 지재권 상품 자체를 판매해 얻은 수익까지 합하면, 미국이 지재권으로 얻는 수입은 로열티 수입의 수십 배에 달할 것이다. 만성적인 무역수지 적자로 허덕이는 미국 입장에서 지재권은 그야말로 황금알을 낳는 거위인 셈이다. 또한 미국은 지재권 관련 산업 규모도 어마어마하다. 저작권 산업만 예로 들어보면, 2002년에 미국 저작권 관련 산업(도서, 신문, 영화, 음악, 텔레비전 방송물, 컴퓨터 프로그램 등)이 미국의 GDP에서 차지하는 비중은 약 6%이며 총액은 6,266억 달러이다. 이는 호주, 아르헨티나, 네덜란드, 대만의 총 GDP를 넘는 규모이며, 2002년 당시 한국의 GDP인 5,469억 달러보다도 약 800억 달러나 더 큰 엄청난 규모이다. 수출량도 2002년에 892억 6천 달러로, 화학·식품·육류·자동차·항공기 등의 다른 산업분야를 앞선 것으로 나타났다.

이에 비해 세계은행은 지재권을 국제기준에 따라 강화했을 때 가장 손해보는 국가로 한국을 지목했다. 다음 페이지의 표(자료 2)에서 볼 수 있는 것처럼, 트립스협정(지재권 보호를 전세계로 확장한 무역기구설립협정의 부속협정으로, 미국이 주도하는 FTA는 트립스 협정보다 지재권 보호를 더 강화한 '트립스-플러스'를 내용으로 한다)을 완벽하게 적용했을 때 한국은 특허권 대여 순수익이 -153억 달러로 적자폭이 가장 크다. 이는 중국의 3배에 달하는 수치이다.

그런데 한국정부는 이런 통계는 절대로 발표하지 않는다. 지재권을 강화하는 것이 우리 경제발전에 반드시 필요하다는 홍보에만 주력할 뿐이다. 왜 그럴까? 한국의 지재권 관련 부처는 지재권을 강화했을 때 이득을 보는 이해집단 가운데 하나이기 때문이다. 가장 대표적인 지재권 관련 부처인 특허청을 예로 들어보자. 특허청은 100% 자체수입으로 세출을 충당하는 특별회계로 운영되는데, 2003년 세입 1,813억 원 가운데 지재권자들이 내는 수수료로 번 수입이 1,600억 원으로 86%에 달한다. 지재권이 강화되면 수수료 수입이 더 늘어나 특허청은 이익을 보는 것이다.

<자료 2> 무역 관련 지적재산권협정(TRIPs)과 각국의 득실

단위: 백만 달러

국 가	특허권 대여 순수익	미국 소유 FDI(직접투자) 자산 변동	해외 지사를 통하지 않은 미국의 특허권 등 사용료 수입
미 국	19,083	–	–
독 일	6,768	–1,180	100
스위스	2,000	–102	0
프랑스	3,326	–	–
호 주	1,097	–275	2
아일랜드	18	–267	14
뉴질랜드	–2,204	–83	4
포르투갈	–282	97	–
그리스	–7,746	51	–
네덜란드	241	–1,503	32
스페인	–4,716	–341	47
일 본	5,673	–2,533	783
영 국	2,968	–1,369	69
캐나다	–574	–2,396	69
파나마	–	309	–
이스라엘	–3,879	6	0.6
콜롬비아	–	1,190	–
남아프리카공화국	–11	25	11
한 국	–15,333	270	388
멕시코	–2,550	3,465	148
인 도	–903	139	63
브라질	–530	3,505	124
아르헨티나	–	721	64
칠 레	–	1,062	–
중 국	–5,121	687	–
인도네시아	–	1,966	181

※트립스협정 완전 이행 시 각국의 기술사용료 수입과 직접 투자 변동 추정치임.

출처 : 세계은행, 2002

3. 한미FTA가 미치는 영향

미국은 1970년대 장기불황을 거치면서 헤게모니가 약화되고 일반 제조업 분야에서 한국, 브라질 등 신흥공업국의 도전을 받아 무역수지 적자가 증가하자, 세계 패권을 회복하고 자본의 위기를 극복하려는 치밀한 전략의 일환으로 지재권을 무역과 연계한다. 그리고 다자협정과 양자협정을 통해 상대국에 강요하는 방식으로 이를 실현해가는데, 그 직격탄을 맞은 것이 바로 한국이다.

　1982년 미국 정부는 지재권을 많이 보유하고 있던 미국 기업들의 요구에 따라 한국, 헝가리, 멕시코, 싱가포르, 대만을 상대로 이들 국가의 특허법, 상표법, 저작권법에 대한 일련의 쌍무회담을 시작한다. 헝가리와 대만, 싱가포르로부터 더 강력한 지재권 보호 약속을 받아내는 등 초기 작업이 성공하자 미국 정부와 기업들은 통상 관료를 통한 쌍무회담이 외국에 더 큰 압력을 줄 수 있고 지재권과 통상정책을 연계하면 좋은 결과를 얻을 수 있다는 생각을 가지게 된다. 결국 미국 레이건 대통령은 1985년 10월 16일 한국의 지재권 침해 사례에 대해 미국 통상법 제301조에 따른 조사를 지시하고 1985년 11월 4일 미국 무역대표부가 조사권을 발동하면서 한국은 미국과 본격적인 지재권 협상을 시작한다. 불과 10개월의 짧은 협상 기간을 거쳐 한미 양국은 1986년 7월 21일 한미무역실무회담에서 지재권 관련 통상협상의 일괄 타결을 발표하고 그해 8월 28일 한미지재권양해각서를 체결한다. 이 양해각서에 따라 한국은 미국의 문화자본과 제약자본들이 만든 지적 '상품'의 무역자유화를 위한 내용을 전면 수용하는 대대적인 법 개정을 단행한다.

　1986년의 한미 지재권협상 결과는 "전승국이 패전국으로부터 노획물을 독점하는 것과 같다"는 조롱에 가까운 비판을 받았을 뿐 아니라,

한국 경제관료 사이에서도 '항복문서'로 통하는 미국만을 위한 예외조치가 이뤄졌다. 이처럼 한국정부가 지재권 분야에서 미국에게 굴복한 이유는 정치적 기반이 취약한 당시 5공화국 군사정권이 미국에 의한 보복조치는 곧 정치체계의 안정기반과 직결된다는 인식을 하고 정치적 잠재력과 인식기반이 약한 지재권 개방을 선택했기 때문이다. 이처럼 20년 전에 무역보복을 무기로 한국을 굴복시켰던 미국은 한미FTA를 통해 더 강력한 지재권 보호를 요구한다. 미국의 요구는 구체적인 법조문 형태로 실현될 텐데 이렇게 되면 앞으로 한국에서 지재권 제도를 개혁하기 위해서는 미국 의회의 허락을 받아야만 하는 상황이 될 것이다. 또한 저작권 기간이 연장되거나 저작물 접근 자체가 통제됨으로써 민중의 정보에 대한 접근권과 문화향유권을 심각하게 위협하고, 저작권 제도의 본질을 뒤흔들게 된다. 그리고 특허권이나 데이터 독점권이 강화됨으로써 직접적으로 유발되는 약가폭등은 민중의 부담 증가, 경제적 불평등에 의한 의약품 분배의 불평등을 심화할 것이다. 더욱 심각한 것은 의약품 개발·생산·유통에서 초국적 제약자본이 점점 더 독점적인 지위를 점하게 되고, 필요한 약이 무엇인지, 어떻게 생산할 것인지, 필요한 약을 제때 먹을 수 있는 방법은 무엇인지에 대해 민중이 스스로 결정하고 통제할 수 있는 시스템이 전멸하는 두려운 상황이 초래되리라는 점이다.

4. 쟁점별 분석

1) 저작권 분야

미국은 저작권 분야에서 ㉠ 저작권 보호기간을 20년 더 연장할 것, ㉡ 기술적 보호 조치를 강화할 것, ㉢ 일시적 저장을 저작권의 하나로 인정할 것, ㉣ 온라인서비스제공자의 책임을 강화할 것, ㉤ 도서관의 저작물 이용을 제한할 것, ㉥ 저작권 침해를 권리자의 고소 없이도 처벌할 것, ㉦ 저작권 침해행위에 대한 단속을 강화하고 권리구제를 좀더 쉽게 만들 것 등을 요구하고 있다. 이런 요구들은 모두 미국의 문화 자본이나 미디어, 소프트웨어 기업들의 이윤을 확대하기 위한 것이다. 저작권 보호기간 연장은 저작권자의 독점이익 회수 기간을 늘리는 결과를 가져오게 되고, 일시적 저장의 인정이나 기술적 보호조치는 저작물을 보고 듣는 행위와 디지털 환경에서 저작물에 접근하는 행위까지 저작권자가 통제할 수 있도록 해 로열티를 징수할 대상이 확대된다.

① 저작권 보호기간의 연장

현재 국제조약에서 요구하는 저작권 보호기간은 저작자 사후 50년이다. 한국 저작권법도 마찬가지이다. 그런데 미국은 1998년 저작권 보호기간을 저작자 사후 70년까지 연장하는 법을 통과시키고, 이 법을 토대로 싱가포르, 호주 등과 체결한 자유무역협정에서도 저작권 보호기간을 연장했으며 한국에도 동일한 요구를 하고 있다. 미국의 저작권 기간연장법은 월트디즈니사의 강력한 로비로 만들어진 것으로 '미키마우스법'이란 조롱을 받았다. 미키마우스는 1928년 「증기선윌리」에 처음 등장한 이후 2004년에 저작권이 만료될 운명이었는데, 이 법으로 수명이 2024년까지 늘어났다.

현행 저작권법의 50년도 너무 긴데, 미국의 요구대로 저작권 보호기간을 70년으로 늘리면 저작권을 영리 목적으로 활용하는 기업들의 독점 이윤을 20년이나 더 보장해주는 결과가 된다. 원래 저작권에 보호기간을 정한 이유는 한정된 기간 동안의 독점권을 주어 창작자의 창작 의욕을 높이는 한편, 한정된 기간이 지난 후에는 저작물을 공공영역으로

환원시켜 공공의 이익과 조화를 이루기 위한 것이다. 저작권의 보호기
간을 70년으로 연장하는 것은 사실상 저작권을 영속적인 권리로 만드는
꼴이다.

② 기술적 보호조치

기술적 보호조치란 저작권자가 자기의 권리가 침해되는 것을 막기 위해
기술적으로 취한 조치를 말한다. 한국의 저작권법은 이런 기술적 보호
조치를 무력화하는 장치를 생산하는 경우 저작권 침해로 취급한다. 그
런데 미국은 권리 침해를 막기 위한 조치 이외에 저작물에 접근하는 것
을 통제하는 조치까지도 기술적 보호조치로 인정하라고 요구한다.

원래 저작권은 저작물과 관련된 모든 행위를 통제할 권한을 저작권
자에게 주기 위한 것이 아니다. 저작물을 생산하거나 유통하는 행위를
권리자가 통제하도록 해 경제적 보상을 받도록 하려는 것이다. 따라서
저작물에 접근해 이것을 읽고, 보고 듣는 이용자의 행위는 원래부터 저
작권의 내용이 아니었다. 그런데 미국의 요구처럼 저작물에 접근하는
것을 통제하는 기술적 보호조치를 인정하면 원래 저작권법이 의도했던
것 이상으로 권리를 확대하는 모순이 생긴다.

한편, 저작권을 보호하더라도 일정한 경우 공정이용이라 하여 그
권리를 제한한다. 개인적이고 비영리적으로 저작물을 복제하는 행위나,
비영리적 공연, 학교 교육 목적의 저작물 사용, 도서관의 저작물 이용,
일정한 범위 내에서의 저작물 인용의 경우에는 저작권자의 허락이 없이
도 저작물의 이용이 가능하다. 기술적 보호조치는 이런 저작물의 공정
이용을 금지하는 효과가 있다. 따라서 기술적 보호조치 문제에서는 공
정이용에 해당하는 경우 기술적 보호조치를 해제할 의무를 권리자에게
지우는 것이 더 중요하다.

③ 온라인서비스 제공자의 책임

인터넷 환경에서는 저작물의 유통이 전기통신망과 온라인서비스를 매개로 일어난다. 저작물은 저작권자의 허락을 얻어 합법적으로 유통되는 것도 있지만, 저작권자의 허락없이 복제되어 유통되는 것들도 있다. 전기통신망 사업자나 호스팅 서비스, 검색 서비스 제공자는 이런 저작권법 위반 저작물의 유통사실을 알거나 알 수 있는 위치에 놓여 있다. 따라서 이런 저작물의 유통을 통해 경제적 이득을 취하는 온라인서비스 제공자(OSP)에게 이용자의 저작권 침해에 대해 어떤 책임을 지울 것인지가 문제된다. OSP의 책임을 너무 강화하면 저작물의 온라인 유통에 차질이 생기기 때문에, 디지털 정보의 원활한 소통을 보장하면서도 저작권자의 권익을 보호하기 위한 방편으로 각국의 저작권법은 일정한 경우에 OSP의 책임을 제한하는 규정을 두고 있다.

한국의 저작권법은 ㉠기술적으로 불가능한 경우, ㉡침해 사실을 알고 즉시 서비스를 중단한 경우, ㉢권리자의 고지에 의한 중단의 경우 OSP의 책임을 제한한다. 이 경우 OSP는 권리자의 요구에 응해 침해자의 개인정보를 제공해야 하는 의무를 지지 않는다. 오히려 권리자의 요구에 응해 개인정보를 제공하면 「정보통신망 이용촉진 및 개인정보보호에 관한 법률」 위반이 된다.

그런데 미국은 권리자가 OSP에게 고지할 때 자신이 권리자임을 소명하지 않더라도 OSP가 권리자의 요구에 응하도록 하고, 권리자에게 침해자의 개인정보를 제공해야 한다고 주장한다. 권리자임이 밝혀지지도 않은 상태에서 OSP가 권리자의 요구에 응하게 한다면, 허위의 권리행사가 생길 수 있다. 또한 OSP가 권리자에게 침해자의 개인정보를 제공할 의무를 부담하는 것은 사생활의 자유를 침해할 우려가 있다. 수사목적 등 중대한 공익적 목적상 개인정보를 수집하는 경우에도 법원의 엄격한 심사에 따른 영장에 의하는데, 저작권자의 사익을 위해 다른 개인의 천부인권이라 할 수 있는 사생활의 자유를 쉽게 양보할 수는 없다.

④ 일시적 저장

인터넷을 이용할 때 이용자의 컴퓨터에 나타나는 화면은 서버 컴퓨터에 있던 데이터가 이용자의 컴퓨터에 잠시 저장되어야 가능하다. 이것을 일시적 저장이라고 하는데, 하드디스크에 있는 프로그램을 실행할 때 컴퓨터의 메모리(RAM)에 프로그램의 일부가 저장되는 것도 일시적 저장이다. 인터넷에서 음악이나 영화의 스트리밍 서비스를 받을 때에도 일시적 저장이 일어난다.

미국은 일시적 저장을 디지털 환경에서 가장 중요한 저작물 이용의 하나라고 하면서, 컴퓨터의 메모리에서 일어나는 저장에도 저작권이 미쳐야 한다고 주장한다. 만약 미국의 주장처럼 일시적 저장을 저작권자의 권리로 인정하면 디지털 환경에서 저작물에 접근할 때마다 저작권자에게 미리 허락을 받아야 하는 극단적인 상황이 생길 수 있다. 현행 저작권법에서 영리를 목적으로 하지 않고 저작물을 개인적으로 이용하는 경우에는 저작물을 복제할 수 있는데, 이처럼 개인적 이용이 아닌 경우 예를 들어서 신문기자가 기사를 작성하기 위해 인터넷을 검색하는 행위나, 대학교수가 연구 과제를 수행하기 위해 인터넷으로 자료를 찾는 행위, 작가가 글을 쓰기 위해 인터넷을 돌아다니는 행위들이 모두 저작권 침해 행위가 된다.

일시적 저장을 전면적으로 인정하면, 저작권자에게 저작물에 대한 접근통제권을 부여하는 꼴이다. 일시적 저장은 디지털 환경에서 저작물을 보는 행위, 저작물을 듣는 행위에 반드시 수반되며, 저작물의 전달을 단순히 매개하는 과정에서도 일어난다. 따라서 모든 일시적 저장을 저작권법의 복제 개념에 그대로 수용하면, 애초에 의도하지도 않았던 저작물 접근 행위나 매개 행위에 대한 통제권을 저작권자에게 인정하는 결과가 된다.

또한 일시적 복제를 복제권 개념에 수용하지 않더라도 일시적 저장이 일어나게 하는 행위를 통제함으로써 저작권자의 권리를 충분히 보호할 수 있다. 예컨대, 서버에 저장된 소프트웨어를 클라이언트 컴퓨터로 이용할 때 클라이언트 컴퓨터의 RAM에서 소프트웨어의 일부가 잠시 저장되지만, 이런 일시적 저장을 직접 통제하지 않더라도 서버에 저장된 소프트웨어를 클라이언트가 이용하도록 전송하는 행위 자체를 통제함으로써 저작권자의 권리 보호가 가능하다. 또한, 스트리밍 서비스인 경우에도 서비스 제공자의 복제 행위나 전송 행위를 규율할 수 있고, 브라우징 과정에서 일시적 저장이 일어나는 경우에도 브라우징 대상이 되는 서버 컴퓨터의 저작물을 통제함으로써 저작권자의 권리 보호를 충분히 할 수 있다. 다시 말하면, 일시적 복제가 디지털 환경에서 점차 증가하는 저작물 이용 행위이고, 이를 통제할 권한을 저작권자에게 주지 않아서 문제라는 미국의 주장은 저작권자에게 초과 이윤을 보장하자는 것에 지나지 않는다.

⑤ 도서관 면책 조항

미국은 도서관의 저작물 이용과 관련해 ㉠저작물을 디지털화할 경우 미리 권리자에게 통지할 것, ㉡도서관의 면책 조항은 어문저작물에만 적용하고, 방송물, 실연, 음반에는 적용하지 말 것을 주장한다.

국내 저작권법에서 도서관 면책조항의 핵심은 저작권자로부터 허락을 얻지 않고, 소장된 자료를 디지털화할 수 있는 것이다. 미국의 요구대로 저작권자에게 미리 통지를 해야 한다면 이는 곧 국내 저작권법의 디지털 도서관을 위한 면책조항의 삭제를 의미하는 것이다. 또한, 면책대상이 어문저작물에만 적용된다는 것도 문제이다. 도서관에 소장된 자료는 어문저작물에 한정되지 않는다. 다양한 방송물, 음반물 등은 도서관 이용자에게 중요한 정보원이다. 국내 저작권법의 도서관 면책조항은 "도서, 문서, 기록 그 밖의 자료"에 적용된다고 규정해, 모든 유형의 저작물을 도서관 면책대상으로 하고 있다. 미국의 요구대로 면책대상을 어문저작물에만 한정할 경우, 도서관에 소장된 방송물, 음반물 등 비어문저작물 이용은 상당히 위축될 것이다.

⑥ 처벌강화 및 친고죄 폐지

미국은 USTR 보고서에서 2004년에는 한국을 우선감시대상국으로, 2005년과 2006년에는 감시대상국으로 열거하고, 지재권법의 집행을 강화해야 한다는 주장을 계속하고 있다. 대표적인 내용은 상설적인 단속업무와 처벌강화 및 저작권법상 친고죄 조항의 폐지이다. 원래 저작권은 개인의 사권이기 때문에 권리자 개인의 의사를 존중한다는 뜻에서 친고죄로 규정하고 있다. 권리자가 처벌을 원하지 않을 경우에는 국가기관이 나서서 저작물을 사용한 자를 처벌할 필요는 없기 때문이다. 권리자는 오히려 잠재적으로 자신의 저작물이 이용되는 것을 원하고 있을 수도 있고, 또한 저작권이 공익적 측면에서 지식정보산업의 발전에 지대한 영향력을 가지고 있다면, 권리자의 의사에 반하지 않는 한 이를 최대한 사회적으로 활용가능하도록 하는 것이 필요하다. 권리자의 의사에 반하지 않을 경우 지적인 창작물이 널리 이용되는 것은 사회적인 손실이 아니라 효용이다. 저작권 침해는 결국 저작물을 이용하는 행위로서 통상의 절도와 달리 저작물의 사회적 효용을 높이는 순기능도 가지고 있으므로, 저작권자의 의사와 상관없이 처벌하는 것은 불합리하다.

2) 특허권 분야

① 강제실시권 요건 제한

강제실시란 특허권자의 의사에 상관없이 제3자가 특허발명을 이용할 수 있도록 하는 것을 말한다. 미국은 강제실시를 3가지 경우에만 가능하도록 제한할 것을 주장한다. 첫째, 행정절차나 사법절차에서 불공정행위로 판정된 행위를 시정하기 위한 경우, 둘째, 공공의 비상업적 사용의 경우, 셋째, 국가 비상사태 등, 기타 극도로 긴급한 상황의 경우에만 강제실시가 가능하도록 해야 한다는 것이다.

미국이 주장하는 단 3가지 경우에만 가능하도록 강제실시의 범위가 대폭 축소되면 공공정책의 실패로 이어질 가능성이 높다. 도하각료회의를 통해 전세계 국가가 합의했던 의약품 수출을 위한 강제실시도 불가능하게 되며, 특허권자의 특허 불실시나 불충분 실시의 경우에도 강제실시가 불가능해지고, 국가 비상사태에 이르지 않는 한 공공의 이익을 위해서 강제실시가 필요한 경우조차 특허권자의 허락을 받지 않고는 발명을 사용할 수 없게 되는 것이다.

② 병행수입 금지

병행수입이란 동일한 특허권이 여러 나라에 존재하는 경우, 어느 한 나라에서 특허권자가 적법하게 유통한 특허품을 제3자가 다른 나라로 수입하는 것을 말한다.

원래 특허권자가 특허품을 판매해 이득을 취했다면 그 특허품에 대해 다시 권리를 행사하는 것은 허용되지 않는다. 왜냐하면 특허품을 판매해 이득을 취하는 순간 특허권은 소모 또는 소진(exhaustion)됐기 때문이다. 문제는 이런 권리소진의 범위를 한 나라로만 제한할 것인가 아니면 국경을 무시한 국제소진을 인정할 것인가에 있다.

특허품의 병행수입은 최대한 넓게 인정하는 것이 바람직하다. 왜냐하면 특허권자가 국경을 넘어 이중으로 이득을 취하게 할 수는 없기 때문이다. 또한, 특허품의 병행수입을 인정하면 소비자는 가장 싼 물품이나 상품을 수입할 수 있고 결국 가격이 하향 평준화되어 소비자의 이익에도 부합할 뿐만 아니라, 진정한 의미의 무역자유화라는 개념에도 더 적합하다. 더욱 중요한 점은 특허품 병행수입을 허용할 것인지 말것인지는 미국과 협상을 해 정할 사안이 아니라 국내의 사정을 고려해 한국이 자유롭게 결정할 사안이라는 것이다. 또한 미국의 자국법("Science, State, Justice, Commerce, and Related Agencies Appropriations Act")도 앞으로 FTA협상에서 무역대표부가 상대국에게 병행수입의 금지를 요구할 수 없도록 정하고 있다.

③ 심사지연으로 인한 특허권의 기간 연장

특허권을 취득하려면 등록 여부에 대한 특허청의 심사를 거친 후 등록 절차를 밟아야 한다. 미국이 체결한 FTA에는 특허청의 심사에 장기간이 걸린 경우 그 기간만큼 특허권의 존속 기간을 연장하는 규정이 있다. 그런데 미국이 체결한 FTA를 보면, 미국법의 심사지연 '3년' 보다 더 짧은 2년을 특허권 기간 연장의 근거로 한 사례가 더 많다.

미국이 체결한 FTA 사례와 같이 심사청구일로부터 2년 또는 3년 이상의 심사 기간이 걸린 경우 특허권의 기간을 연장하는 제도를 도입하면, 한국에서는 대부분의 특허권이 연장되는 결과가 생긴다. 더 큰 문제는 특허청이 심사 지연을 줄이기 위해 심사처리 기간을 단축할 경우 부실 권리가 양산될 가능성이 매우 높다는 점이다. 특허청이 평균 3년에 가까운 심사 처리 기간을 거쳐 등록한 특허의 약 30%가 나중에 잘못 등록된 것이라고 밝혀졌다. 이런 통계만 보더라도 등록된 특허의 유효성 그 자체에 심각한 문제가 있는데, 심사 기간을 단축하면 부실한 심사로 이어지고 등록특허의 신뢰성은 크게 떨어질 것이다. 또한, 현재 특허청 심사관의 1인당 연간 처리 건수가 미국의 경우 70여건이지만 한국은 이보다 5배나 많은 350여건이라는 점만 보더라도 특허심사의 품질을 높이기 위한 특별한 조치 없이 심사처리 기간만 단축하는 것은 부실한 특허권를 더 많이 양산하는 결과를 가져올 것이다.

3) 의약품 관련 분야

①식약청의 의약품 허가 과정의 특허 연계

미국은 수년 전부터 한국 식약청이 특허를 침해한 의약품을 판매 허가 해주는 문제가 있다는 주장을 해왔다. 식약청이 의약품 허가 업무를 하는 과정에서 특허 침해 여부를 조사할 수 없는 이유는 크게 2가지다. 첫째, 특허 침해 여부는 식약청의 고유 업무와 아무런 관련이 없기 때문에 식약청은 그런 업무를 할 능력이 없으며 특허 침해를 판단할 업무 능력을 갖출 필요도 없다. 어느 의약품이 특허를 침해했는지 여부는 특허청은 물론 법원조차도 쉽게 판단할 수 없는 매우 어려운 사안이다. 둘째, 등록된 특허의 유효성을 신뢰할 수 없다. 즉, 특허청에 의해 등록된 특허권 중 상당수가 나중에 무효로 판정나며, 특허권자가 제기한 침해 주장이 잘못된 것이라고 판단되는 사례가 매우 많다.

등록특허의 유효성에 문제가 있고 특허권자의 주장을 믿을 수 없다는 점은 미국이 더 심각하다. 미국의 경우 1989년부터 1996년까지 18년 동안 239건의 특허침해 소송에서 다루어진 299건의 특허 중 무려 46%가 무효로 처리됐다. 또한, 의약품 특허 침해의 경우 무려 73%의 사건에

서 특허권자가 패소했다. 이 가운데, 특허침해가 아니라는 판단이 56%
이고 특허가 무효라는 판단이 46%이다.

② 데이터 독점권

데이터 독점권은 다국적 제약사가 가장 중요한 지재권 중 하나로 취급
하는 사안인다. 여기서 말하는 데이터는 주로 의약품의 허가를 받는 과
정에서 제출된 자료(안전성·유효성에 관한 자료, 임상시험 자료 등)이며,
농약의 판매 허가를 얻기 위해 제출된 자료(시험성적서)도 포함한다.

'데이터 독점권'은 '데이터 보호'와 구별되는 개념인데, 국제 조약
(트립스협정)에는 데이터 독점권은 없고 데이터 보호 규정만 있다. 즉,
트립스협정 제39.3조(시험결과에 대한 특칙) "회원국은 신규 화학물질을
이용한 의약품 또는 농약품의 판매를 허가하는 조건으로 작성에 상당한
노력이 소요된 미공개 시험결과 또는 기타 자료의 제출을 요구하는 경
우, 이런 자료를 불공정한 상업적 사용으로부터 보호한다"고 하여 데이
터 보호만 규정하고 있을 뿐, 데이터 독점권을 인정할 의무를 부과하고
있지 않다. 그런데 미국은 무역보복을 무기로 데이터 독점권을 퍼트리
고 있다. 1996년에는 데이터 독점권을 문제삼아 호주를 상대로 스페셜
301조 조사에 착수했고, 1997년에는 아르헨티나, 그 다음 태국과 대만
을 상대로 통상압력을 가해왔다.

트립스협정 제39.3조에 따른 보호는 한국의 「부정경쟁방지 및 영업
비밀보호에 관한 법률」(이하 「영업비밀보호법」)을 통해 엄격하게 이뤄지
고 있다. 또한 의약품의 임상시험 자료 등에 대해서는 약사법에 별도 규
정을 마련해 식약청 공무원들에게 자료 공개금지 의무를 부과하며 이를
위반한 자는 3년 이하의 징역이나 1천만 원 이하의 벌금형에 처한다.

데이터 독점권 제도는 한국에서 이상한 형태로 운영하고 있어서 이

것을 바로 잡는 것이 시급하다. 신약은 허가를 받더라도 일정한 기간이 지나면 재심사를 받아야 한다. 정말로 안전하고 유효한지를 다시 심사하는 것이다. 그런데, 4년 또는 6년의 신약 재심사 기간 동안 제3자가 동일한 의약품의 허가를 받으려면 신약 제약사가 제출한 자료와 동등 이상의 자료를 내야만 한다. 신약의 재심사라는 제도의 취지와는 전혀 상관없이 자료의 독점권을 인정한 것일 뿐만 아니라, 동등 이상의 자료라는 것도 잘못된 규정이다. 신약에 대한 자료를 공개하지 못하도록 되어 있는데, 무슨 자료를 냈는지도 모른 채 동등 이상의 자료를 어떻게 낼 수 있겠는가? 게다가 이런 규정은 약사법에는 없고 식약청의 고시에만 들어 있을 뿐이다. 상위법에 아무런 근거도 없는데, 훈령에 불과한 식약청 고시에서 데이터 독점권을 인정하는 것이다.

데이터 독점권은 특허권과 별개로 새로운 독점권을 창설해 의약품의 접근권을 제한하고 경쟁을 차단하는 문제가 있다. 실제로 특허권이 만료됐으나 데이터 독점 기간이 남은 품목은 2003년에만 100건이 넘는다. 이처럼 데이터 독점권은 특허권과 별개로 다국적 제약사의 시장독점을 보장해 제네릭(Generic ; 특허보호를 받지 않는 의약품의 통칭) 제약사의 시장 진입을 막는 장벽의 역할을 하며, 그 결과 고가의 의약품 독점 가격이 최소한 5년 동안 유지되어 환자들의 의약품 접근권을 심각하게 침해한다.

또한, 데이터 독점권을 인정하면, 후발 제약사들도 모두 임상시험을 반복해야 하는 결과를 낳는데, 이것은 불필요한 중복 시험을 강제하는 것이고, 의학적으로도 비윤리적이다. 왜냐하면, 이미 안전하고 유효하다고 판단된 의약품에 대해 중복 시험을 강요하는 것은 사회적인 낭비이고, 환자들은 반복 시험의 대상이 되어야 하며, 일정 기간 동안 제네릭 의약품의 시장 진입을 막아 환자들이 의약품을 값싸게 구입할 기회를 차단하기 때문이다. 미국 식약청조차도 제네릭 의약품이 안전하고 유효하다면 이것을 다시 시험하게 하는 것은 쓸모없고 비윤리적이라고 한 바 있다.

③ 트립스협정과 공중의 건강에 대한 도하각료선언문

2001년 11월 14일 카타르 도하에서 세계무역기구(WTO)는 '트립스협정과 공중의 건강에 대한 각료선언문'(이하 '도하선언문')을 채택했다. 도하선언문은 ㉠회원국이 공중의 건강을 보호하기 위해 취한 조치를 트립스협정이 방해하지 않으며 방해할 수 없다는 점과, ㉡공중의 건강을 보호하기 위한, 특히 의약품에 대한 접근권을 높이기 위한 WTO 회원국의 권리를 지지하는 방식으로 협정이 해석되고 이행될 수 있다는 점을 분명히 했다. 또한, 공중의 건강을 보호하기 위한 구체적인 조치로서 도하선언문은, ㉠회원국은 강제실시권을 부여할 권리를 가지고 강제실시권을 부여할 조건을 결정할 자유가 있으며, ㉡일정한 조건 하에서 지재권의 소진문제(병행수입 문제)를 각국이 자유롭게 결정할 수 있다는 점을 밝히고 있다.

따라서 FTA 지재권 협상에서도 강제실시나 병행수입에 대한 각국의 주권 재량을 인정한 도하 선언문의 원칙이 훼손되지 않도록 해야 한다. 미국의 통상법도 도하선언문을 존중하는 것이 지재권 분야의 협상 목적이라고 명시하고 있다(19 USC §3802(b)(4)(C)).

4) 분쟁해결규정과 비위반제소

미국은 FTA 지재권 협정을 위반하지는 않은 경우라도, 협정으로부터 기대했던 이익이 침해되거나 무효화된다면 분쟁절차를 개시하도록 요구하고 있다. 이것은 어느 한 당사국이 협정문을 위반했을 때 제기되는 분쟁과는 차원이 다른 것으로 '비위반제소'라 한다. 원래 WTO 체제는 분쟁해결을 위한 제소를 허용하면서 첫째, GATT 규범을 명백히 위반하는 행위가 있거나(위반제소: violation complaint), 둘째, 어떤 체약국의 무역관련 조치나 상황이 GATT를 위반하지는 않지만 다른 체약국의 기대이익을 침해한 경우(비위반제소; non-violation complaint)의 2가지로 구분하고 있다. 그런데 WTO 체제하의 트립스협정 제64.3조는 비위반제소가 지재권에는 적용되지 않는 것으로 유보하고, 협정 발효일로부터 5년 이내에 트립스 이사회에서 비위반제소 문제를 검토한 후 각료회의에서 결정하는 것으로 했다. 2005년 홍콩 각료회의까지 트립스 이사회와 각료회의는 비위반제소 문제에 대한 확정된 결론을 내지 못했고, 그 대신 비위반제소의 범위와 세부절차에 대해 트립스 이사회가 검토를 계속하고, 그동안 WTO 회원국은 트립스협정에 따른 비위반제소를 하지 않는다는 합의를 했다.

지재권에 대한 국제조약이나 협정 등이 비위반제소와 무관하다는 데에는 전문가들의 견해가 일치한다. 트립스 이사회에서 비위반제소 문제를 논의할 때에도 이것을 트립스협정에 적용해야 한다는 주장을 편 나라는 미국 단 한 나라뿐이었다. 유럽과 캐나다는 비위반제소가 어떤 영향을 미칠지 신중한 검토를 하기 전에는 이를 도입할 수 없다고 주장했으며, 개도국은 모두 지재권에 대한 비위반제소를 인정할 수 없다는 입장이었다. 미국이 비위반제소의 인정을 주장하는 주된 목적은 트립스협정 제8조에 따라 국민의 건강과 생명을 지키려는 개도국 정부의 조치를 무력화하기 위한 것이다. 이처럼 일방적인 논리와 다른 국가의 공공정책을 파괴하려는 의도로, 협상력이 약한 나라를 상대로 한 FTA에서 미국이 관철한 독소조항 '비위반제소'가 한국의 지재권 분야에 가능하도록 하는 것은 절대 용납할 수 없는 일이다.

비위반제소의 가장 심각한 문제는 제소의 원인이 되는 '기대되는 이익의 무효화 또는 침해'의 의미와 범위가 막연하고 불분명하기 때문에 무분별한 분쟁이 가능하고, 다국적 기업들은 이 조항을 근거로 다른 나라 정부의 합법적인 조치 예를 들면, 세금 부과, 광고 규제, 불공정거래 행위에 대한 시정 조치 등을 문제로 삼을 수 있으며, 공공의 이익을 위해 새로운 경제, 문화, 환경, 보건 정책을 도입하는 것이나, 저작물의 공정이용을 넓게 인정하거나 특허권의 권리범위를 좁게 해석하는 법원의 판결들이 모두 비위반제소의 대상으로 될 수 있다. 또한, 일방적인 분쟁절차의 개시가 가능하기 때문에, 특허법이나 저작권법에서 인정하고 있는 권리 제한 조치들이 억제될 수 있고 다국적 기업의 제소를 피하기 위해 공공 정책이 위축되고 주권이 훼손되는 결과가 생길 수 있다.

5. 결론

미국이 한미FTA에서 지재권을 강조하는 이유는 바로 자국의 법률을 한국에 이식하고 미국의 문화자본과 산업자본의 이익을 극대화하려는 것이다. 미국 통상법은 FTA의 목적이 미국과 동일한 지재권 규범을 상대국에게 강요하는 것이라고 명시하고 있으며, 미의회 보고서에서도 상대국의 지재권 보호를 강화하면 자국 산업의 이윤율을 높일 수 있을 것이라고 한다. 이처럼 뚜렷한 목표를 가지고 상대국에게 가장 공격적인 내용을 요구하는 미국에 비해 우리 정부는 한미FTA를 위한 아무런 준비도 하지 않았다. 협상 개시를 선언하고 1차 공식 협상을 불과 한 달 앞둔 시점에서 열린 국회토론회에서 한국측 협상 수석대표는 미국이 저작권 보호기간을 70년으로 연장하라고 하는데, 우리는 아직 검토 중이라는 답변을 할 정도였다. 문화관광부와 특허청, 보건복지부도 이제서야 한미 FTA에서 미국이 지재권 분야에서 무엇을 요구할지, 우리 사회에 어떤 영향을 미칠지 외부 연구용역을 의뢰하는 지경이다. 이렇게 준비도 안 된 한국 정부가 미국에 4대 선결과제를 미련없이 내어주고 FTA를 하자고 미국에 매달리는 이유를 정말 이해할 수 없다.

미국이 다른 나라와 체결했던 FTA나 미국 무역대표부의 무역장벽 보고서, 스페셜 301조 보고서 등을 통해 드러난 내용만 보더라도 한미 FTA를 체결하면 한국사회는 미국 연방의회가 제정한 법률을 시행하는 그야말로 주권을 포기하는 상황이 될 것이다. 그 결과 한국 사회의 사회·경제·문화적 토양은 무너질 것이고 정보나 지식에 접근할 민중의 권리와 의약품에 대한 환자의 접근권은 여지없이 파괴될 것이다.

한미FTA와 전자상거래

박덕영[*]

1. 서 론

우리나라는 현 정부 들어 적극적인 FTA(자유무역협정) 정책을 추진하고 있다. 칠레, 싱가포르, EFTA(유럽자유무역지역 : 스위스, 노르웨이, 리히텐슈타인, 아이슬란드), ASEAN 등과 이미 FTA를 체결했거나 협상을 타결 지었으며, 현재 미국·캐나다·멕시코 등 수개국과 협상을 진행 중에 있다. 최근까지 우리의 가장 큰 시장이었고, 지금은 중국에 이어 두번째로 큰 교역상대국인 거대시장 미국과의 FTA는 경제적인 면에서 뿐만 아니라 국제정치적·지역안보적 측면에서도 매우 중요한 역할을 할 것으로 보인다.

기본적으로 FTA를 WTO가 추구하는 다자주의 무역정책에 상충하는 것으로 보는 견해도 있지만, 최근 주요 무역 국가들은 일반적으로 WTO의 문제점 혹은 미비점을 보완하는 도구로 FTA를 활용하는 추세에 있다. 즉 149개국에 이르는 WTO 회원국들이 상품은 물론이고 서비

스와 지적재산권, 투자 등을 모두 아우르는 보다 적극적인 무역자유화에 대한 합의 도출이 어려워지자 이런 원칙에 합의하는 나라들끼리 먼저 WTO Plus 방식의 무역자유화를 위한 FTA를 체결하는 것이 근래 국제사회의 흐름이 되었고, 우리나라 역시 이 흐름에 적극 동참하고 있다.

미국은 현재 단일경제권으로는 세계 최대 시장이다. 또한 미국은 한국에게는 단순히 시장 이상의 정치적·외교적 의미를 지니고 있다는 것이 엄연한 현실이다. 이에 한미 양국 정부는 금년 2월 3일 한국과 미국 간에 FTA체결을 위한 협상을 개시할 것을 선언했다. 미국 통상법상의 무역촉진권한(trade promotion authority) 규정에 따라 의회에 90일의 기한을 부여한 후인 5월 이후에 협상 개시가 가능함에 따라 양국 정부는 6월 5~9일 미국 워싱턴에서 제1차 협상을 갖는 것을 필두로 금년 중에 다섯 차례의 협상을 통해 12월 최종적인 협상타결을 이끌어내는 것을 목표로 현재 협상을 진행 중에 있다.

미국은 그동안 전자상거래 분야에서 자국 산업의 탄탄한 우위를 바탕으로 매우 공세적인 입장을 취해왔고, 한미FTA 협상과정에서도 같은 입장을 취할 것으로 보인다. 그동안 미국이 체결한 FTA 중 미국·호주FTA가 전자서명과 인증 문제까지도 포함하는 가장 광범위한 내용을 담고 있으며 한미FTA 초안도 비록 공개되지는 않았지만 미국·호주FTA와 유사한 내용을 담을 것으로 보인다.

우리 정부가 지난 5월 국회에 보고한 내용에 따르면 한미FTA는 총 22개의 장(chapter)으로 구성되어 있고, 전자상거래는 별개의 장 하나로 구성되어 있다. 미국·호주FTA에서와 마찬가지로 한미FTA 초안의 전자상거래 장은 먼저 일반조항을 두고, 적용범위, 디지털 제품 중 전자적 전송물에 대한 영구적 무관세 문제, 전달매체에 담긴 디지털 전송물의 관세평가문제, 디지털 전송물에 대한 비차별대우, 즉 최혜국대우 원칙과

내국민대우 원칙 및 그에 대한 적용예외 규정, 디지털 제품, 전달매체 등
의 정의 규정, 전자서명과 전자인증, 온라인 소비자보호 문제, 서류 없는
무역 등을 규정할 것으로 보인다.

이번 한미FTA 협상에 임하면서 우리 정부는 영화, 음악, 게임 등 우
리가 어느 정도 경쟁력이 있다고 생각되는 분야와 SW 등 열세에 있는
분야 등의 이익 균형을 고려해 우리의 입장을 정해야 할 것이다. 아울러
이번 한번으로 FTA협상이 종료되는 것이 아니라, 향후 중국 등 개도국
과의 FTA협상도 앞두고 있으므로 제반 상황을 전반적으로 고려해 협상
방안을 마련해야 할 것이다.

이하에서는 한미FTA 찬반 여부를 떠나 중립적인 학자의 입장에서
WTO의 전자상거래 논의동향을 먼저 살펴보고, 지금까지 체결된 주요
FTA 협정의 전자상거래 장에서 무엇이 중요한 이슈가 되고 있는지를 살
펴보고자 한다.

2. WTO 협정과 전자상거래

1) GATT와 GATS 상의 전자상거래 규정

GATT는 상품무역 일반에 관한 다자간 무역협정으로 1947년 채택되어
현재는 WTO 협정 부속서 1A에 규정되어 있고, GATS는 서비스무역 일
반을 대상으로 하는 최초의 다자간 무역협정으로, 1994년 UR 종결시
채택되었다. GATT나 GATS가 별개의 전자상거래 관련 규정을 두고 있
는 것은 아니며, 디지털 재화의 성격을 상품으로 규정하느냐, 서비스로
규정하느냐에 따라 적용되는 협정이 달라지고, 이에 따라 각국의 이해

관계가 달라지기 때문에 특히 전자적 전송물의 분류 문제가 현재 WTO에서 중대한 논의대상이 되고 있다. 우리나라는 주요 FTA 협상국과 수출입에 있어서 경쟁우위와 열위품목이 유사하게 나타나고 있어 뚜렷하게 '상품으로의 분류', 혹은 '서비스로의 분류'를 주장하기보다는 국제적 논의동향의 흐름을 적절히 따라가는 것이 바람직할 것으로 보인다.

〈자료 1〉 GATT와 GATS 규범상 차이

GATT	GATS
일반적인 의무(최혜국대우, 내국민대우)	분야별 구체적 개방약속에 따른 개방
수량제한의 금지	시장접근 제한하는 경우 수량제한 허용
관세 부과 전제	관세 언급 없음
국경간 상품교역을 대상으로 함	자연인의 이동 및 상업적 주재 고려
세이프가드 등 규정	없음

출처 : 한국전자거래진흥원, 『2005 e-비지니스 백서』, 371쪽

2) WTO 전자상거래 논의동향

① 논의의 발단

WTO에서 전자상거래에 관한 논의가 시작된 것은 1998년 2월에 있었던 WTO 일반이사회에서였다. 이 논의에서 미국은 인터넷을 통한 가상세계는 재화의 물리적 이동을 구분하는 지리적 이동선(geographic lines of transit)이 결여되어 있기 때문에 관세부과가 사실상 어려우므로 전자상거래에 관해서는 이른바 자유무역지대를 선언해 무관세환경을 위한 국제규범을 제정할 것을 제안했지만 대부분의 국가들은 소극적인 태도를 보였다. 이는 관세 수입이 미미하고, 이미 전자상거래 시장의 기반을 구축해 급속한 발전을 보이고 있는 미국 등의 선진국들이 전자적 전송

물을 서비스 교역으로 취급하려는 경향을 보이고 있는 반면에 관세를 외화획득의 주요 수입원으로 하고 있는 개발도상국들은 전자상거래 관련 기반시설 구축 및 인적·제도적 능력 개발에 더 관심을 가지고 있기 때문이었다.

1998년 5월 20일 제네바에서 개최된 제2차 WTO 각료회의에서 전자상거래에 관한 연구 프로그램을 통해 전자상거래에 의해 제기된 국제거래와 관련된 문제들이 검토되기 시작했으며, 세계무역에 서 전자상거래의 중요성이 증가함에 따라 WTO 회원국들은 전자상거래에 대한 선언문을 채택하게 된다. 1998년 제2차 각료회의에서 미국은 제3차 각료회의까지 관세부과 효과가 있는 신규조치를 취하지 않도록 시한부 동결조치를 선언하자고 제안했고, 그 결과 각료회의는 미국의 제안을 수용한 「전자거래에 관한 각료 선언」(Declaration on Global Electronic Commerce)을 채택했다. 이 선언은 WTO 일반이사회로 하여금 전자상거래로부터 야기되는 모든 무역관련 이슈를 검토하기 위한 포괄적인 계획안을 마련하도록 요청했다.

1998년 9월 25일 일반이사회는 작업 계획(Work Program)을 수립했는데, 이 작업 계획은 주요 쟁점으로 인터넷 등 전자적으로 전달되는 전송물에 관한 정의 및 분류와 전자적 전송물에 대한 관세유예 또는 무관세의 영구화 문제를 살피고 있다. 1998년 각료회의 선언문은 일종의 유예조항(moratorium)을 포함하고 있었는데, WTO 회원국들은 전자적 전송물에 대해 관세를 부과하지 않는 관행을 유지해야 한다는 내용이었다. 또한 WTO 회원국들은 이런 그들의 관행을 차기 각료회의 때까지 유지할 것을 요청하고, 매번 각료회의를 통해 유예결정을 하고 있는데, 이렇게 각료회의에 의해 결정된 전자적 전송물에 대한 무관세 조치는 현재까지도 계속 유지되고 있다.

② 전자적 전송물의 분류 문제

전자상거래는 상품무역, 서비스무역, 그리고 이 두 가지 이외의 기타 형태의 특성을 지닐 수도 있다. 전자적 전송물(electronic transmission)에 대해 GATT 또는 GATS 중 어느 쪽의 기준을 적용해야 하느냐의 문제가 중요한 이유는 보다 확실한 기준이 없거나 너무 경직된 규범을 채택하는 경우, WTO가 추구하는 자유무역에 장애가 될 수 있기 때문이며, 분류 문제가 해결되지 않을 경우 동종성과 기술 중립성, 그리고 원산지 문제 등도 해결될 수 없기 때문이다. 뿐만 아니라 전자상거래로 인한 개발도상국들의 재정적 손실은 없는지, 전자상거래와 전통적인 거래 형태 간의 관계가 개발도상국들에게 단기적인 불이익을 주지는 않는지, 그리고 전자적 전송물에 대한 관세유예조치가 가져올 수 있는 장기적인 영향은 무엇인지 등을 알아보기 위해서도 전자적 전송물에 대한 개념 정의가 명확히 이뤄져야 할 것이다.

종전에는 유형적 형태로 공급되다가 이제는 인터넷에서의 다운로드 또는 업로드를 통한 전자적 형태로 거래가 가능해진 소위 디지털 정보(digitalized information) 혹은 전자적 전송물(e-products)로 칭해질 수 있는 내용 기반의 전송물들, 예컨대 디지털화된 도서, 음악, 비디오 및 소프트웨어 등에 대해, 최근의 WTO 연구보고서는 전자적 전송물이 점차 유형적인 아날로그 영역을 대체할 것이라는 점은 인정하고 있다.

그러나 구체적으로 국제통상 면에서의 대처방안에 대해서는 의견 일치를 보지 못하고 있는데, 왜냐하면 이것들은 원래 디스켓, CD, 테이프, 종이 등 유형적 매체에 저장되어 거래되어 왔으나 컴퓨터 기술의 발달로 온라인상에서 거래될 수 있게 되면서 여러 가지 법률 문제를 야기하고 있기 때문이다. 그 중 하나는 거래 당사자의 확인이 곤란하고, 거래되는 양이 소량인 경우가 많으며, 인터넷상의 경제행위를 특정 장소와 연관짓기 힘들다는 것 때문에 기존의 과세방식을 전자상거래에는 적용할 수 없다는 점이다.

전자상거래의 분류문제와 관련해 전자상거래에 적용 가능한 체제가 무엇인지에 대한 중요한 문제가 제기되고 있다. 첫째, 기존의 WTO 협정만으로 전자상거래에 의해 발생되는 통상적 문제를 모두 포괄할 수 있는지, WTO 통상규범을 적용하는 경우에도 GATT 적용을 받는 상품으로 볼 것인지 아니면 GATS 적용을 받는 서비스로 볼 것인지, 둘째, 현존하는 WTO 규범이 부적절하다고 판단될 경우에 현존하는 규범을 개정할 것인지 아니면 상황에 맞게 확대 해석할 것인지, 셋째, 상품 또는 서비스가 아닌 제3의 것으로 분류될 경우 새로운 규범을 마련해야 하는지, 그리고 그 필요성은 어느 정도까지인지 등의 문제가 발생하게 된다.

디지털 정보 혹은 전자적 전송물과 관련한 법적 문제점 고찰에 있어 그 전제가 되는 것은 전자적 전송물의 법적 성격을 무엇으로 볼 것인가이다. 모든 전자상거래를 상품으로 취급한다고 가정했을 경우, GATT 체제가 적용될 것이다. 그러나 인터넷 관련 서비스는 GATS에서 다루고 있으며, 특히 기존에 오프라인 상에서 서비스로 분류되고 있는 일들을 각 관할국 사이에서 전자적 전송의 형태로 전달할 때에는 일반적으로 서비스로 분류하는 경향이 일반적이다.

전자상거래 분류 문제에 대한 각국의 입장을 보면 미국, 일본은 문제가 되는 전자적 전송물에 대해 GATT 적용을 선호하며, EU, 싱가포르 등은 GATS 적용을 선호해 아직은 국제적으로 일관된 입장이 도출되지 않고 있다. 국가간의 이해관계가 통일되지 않는 이유는 전자상거래와 전자적 전송물을 어떻게 분류하고, 정의하느냐에 따라 무역상의 이익이 크게 달라지기 때문이다.

우리의 FTA협상 대상국인 미국은 전자상거래에 대한 보다 광범위한 무역자유화를 촉진할 수 있는 GATT가 GATS보다 무역자유화에 도움이 된다는 입장을 취하고 있다. 전자적 전송물을 서비스로 보는 접근 방식에 따르면, 불필요하고 부당하며 무분별한 제한을 만들어낼 우려가 있고, 전자상거래를 GATS의 범주로 분류하면서 다른 분야에서의 양허 수준을 무효화함으로써 기존의 양허 수준을 축소하거나 타협해서는 안 된다는 것이다. 결국 전자적 전송물의 취급이나 분류는 당해 상품, 서비스, 지적재산에 적용되는 전통적인 취급보다 불리하게 적용되어서는 안 된다는 것으로, 전자상거래 시장은 새로운 것으로 계속 진보·발전하고 있으므로 이런 새로운 현상의 지속적인 성장과 발전을 잠재적으로 후퇴하게 할 수 있는 조치들에 대해서는 반대하고 있다.

3. FTA 협정상 전자상거래 주요 쟁점사항

1) 디지털제품(digital product)의 개념 정의

학계는 물론 각종 국제기구에서 나름대로의 정의를 하고 있으나, 전자상거래 혹은 디지털제품에 대한 통일적인 정의는 존재하지 않고 있다. 현재 디지털제품의 정의에 있어서 미국은 자국의 전자상거래 상에서의 경쟁력 우위를 바탕으로 포괄적인 광의의 정의를 추구하고 있다. 우리 나라의 경우 시장상황을 고려해 우리나라가 디지털제품의 순수출국에 가깝다면 미국의 입장에 동조하되, 순수입국에 가깝다면 보다 좁은 의미를 가지는 협의의 정의가 바람직하다.

미국·칠레FTA와 미국·호주FTA는 디지털제품에 대한 매우 구체적인 정의 규정을 두고 있다. 일반적으로 디지털제품이란 디지털로 인코드(encode)된 컴퓨터 프로그램, 텍스트, 비디오, 이미지, 음반 및 기타 상품을 의미한다. 미국·호주FTA에서는 전자적으로 송신되는지에 여부를 개의치 않는데 반해, 미국·칠레FTA에서는 디지털로 인코드되는 것뿐만 아니라 전자적으로 송신될 것을 요구하고 있다. 이에 따르면 CD, DVD, 등의 전달매체(carrier medium)에 고정되어 있는 경우에 미국·호주FTA에서는 디지털제품으로 분류되지만, 미국·칠레FTA에서는 그렇지 않다. 이는 디지털 전송물의 범위를 어디까지로 볼 것인가의 문제에서 매우 중요한 차이점이라고 할 수 있다.

미국·칠레FTA 및 미국·호주FTA, 한국·싱가포르FTA 모두 디지털제품이 GATT가 적용되는 재화인지, GATS가 적용되는 용역인지에 대한 WTO의 논의에 영향을 미치지 않는 것으로 규정하여, 향후에 있을 국제적 논의에 따른 합의의 가능성을 열어두고 있다. 또한 전자화폐와 같은 금융수단(financial instruments)의 디지털화된 표현(digitized representation)을 제외시키고 있는 것도 공통적이다.

우리나라는 현재 CD, DVD, 소프트웨어 등 매개물을 통해 수입되는 제품에 대해서는 그 콘텐츠가 비록 디지털 제품이라 하더라도 상품으로 분류하고 있다. 따라서 현재의 제도와 FTA체결 후 국내법규의 개정필요성 여부, 관세수입 등을 고려한다면 한미FTA 협상에서 무관세 처리되는 디지털제품의 정의와 관련해 전자적으로 송신될 것을 요구하는 미국·칠레 형을 주장하는 것이 바람직할 것으로 보인다.

2) 전자적 전송물에 대한 관세 부과 문제

디지털제품에 대한 관세부과 문제는 디지털제품의 분류 문제와 밀접하게 연관되어 있다. 만약 디지털제품이 GATT의 적용을 받는 상품으로 분류된다면 상품 분야에서의 논의를 통해 관세율을 정하는 문제가 이론적으로는 존재하지만, GATT 적용을 받지 않는 서비스로 결론이 난다면 관세부과 논의는 할 필요가 없다. 그러나 현재 WTO 각료회의 결정에 의하면 디지털제품의 전자적 전송에 대해서는 관세를 부과하지 않고 있으므로 향후 관세화로 가지 않는 이상 FTA체결 여부와 관계 없이 관세부과 문제는 존재하지 않게 된다.

따라서 상품으로 분류되는 경우 이론적으로는 온라인으로 전송되는 디지털제품에 대한 관세부과 여부 및 기준 등이 문제되나, 기술상의 한계로 인해 아직까지는 물품을 추적하고 관세권을 확보하는 것이 어려운 실정이다. 전자상거래 촉진의 취지상 모든 WTO 회원국이 당분간 무관세 관행을 연장하는 것에 대해서는 동의하고 있으나, 향후 무관세 관행의 영구화 여부에 대해서는 국가별 입장이 대립하고 있다. 미국은 처음부터 계속 새로운 전자상거래 시장의 지속적인 성장과 발전을 잠재적으로 후퇴시킬 수 있는 조치들에 반대하며, 이 문제가 자유무역에 장애가 되지 않도록 규제를 완화할 수 있는 방식으로 해결되기를 기대하고 있다. 미국은 전자적 전송물에 서비스적 요소가 많다는 것을 인정은 하지만, GATT 대 GATS적 접근 방법에 있어서는 GATT에 의한 규율이 보다 많은 장점을 갖고 있다는 입장을 취하고 있다.

한편 한국·싱가포르FTA는 전자상거래 관련 무역장벽 제거차원에서 상대국으로부터 전자적으로 전송되는 디지털제품에 대해서는 무관세 혜택을 부여하기로 되어 있다. 다만 디지털 제품의 영구적 관세유예 문제는 WTO 각료회의의 무관세관행 유지 결정이 번복될 경우 관세를 부가할 수 있는 가능성을 유보하는 이면각서(side-letter) 형태로 규정하고 있다. 미국·싱가포르FTA 제14.1조는 미국측의 입장이 전적으로 반영되어 있어, 전자상거래에 대한 무역장벽의 전면 철폐 및 사용이나 개발에 대한 장벽 철폐 등이 규정되어 있다.

정부는 앞으로의 국제적 논의에 있어 국내산업의 경쟁력 및 향후 관세 부과기술의 개발추이와 함께 경쟁국들의 무관세 경향 등을 고려해 무관세 영구화 여부를 결정해야 할 것이다. 최근 한류열풍으로 온라인 게임, 드라마, 영화 등 디지털콘텐츠의 해외진출이 활성화되고 있으나 디지털콘텐츠 산업 전반의 대외경쟁력 분석 및 향후 발전추세에 대해서는 종합적 검토가 필요하다.

실제적으로 국제사회에서는 영어로 된 콘텐츠가 보다 경쟁력이 있는 데다가 미국은 현재까지 소프트웨어, 영상콘텐츠 등에서 경쟁력 있고 다양한 콘텐츠를 확보하고 있다. 따라서 한미FTA 협상에서는 영구 무관세의 언급을 피하고 앞으로의 기술발전에 따라 검토·협의할 수 있는 여지를 남겨두는 문구를 협정문에 포함시켜야 할 것이다. 만약 협상 과정에서 영구 무관세화를 회피하기 어렵다면 한·싱가포르FTA의 경우와 같이, 무관세를 규정하되 단서 조항을 두거나 이면각서를 통해 향후 WTO 논의동향에 따라 변경될 수 있음을 규정해두는 것이 바람직할 것이다.

3) 서비스의 전자적 공급과 기술중립성

WTO, OECD 등은 전자상거래의 정의에 있어서 기술중립성을 언급하고 있다. 기술중립성이란 정부가 기술표준이나 상품을 정책적으로 결정하여 시장에 영향을 미치는 것을 제한하고, 시장 스스로 표준이나 상품을 결정한다는 의미이다. 국제통상법에 있어서 기술중립성이란 기술은 그 자체로서는 하나의 도구에 불과하며, 구체적으로 GATS상의 양허는 "모든 기술 수단(cable, wireless, satellites)에 의해 제공되는" 서비스에 적용되며, 서비스 제공을 위해 사용된 기술에 관계없이 특정한 서비스가 양허표 상에 기재된 대로 개방되고 적용되어야 함을 의미한다.

미국은 기술중립성을 온/오프라인상의 차별 없는 취급으로 이해하며, 전자상거래를 공격적으로 확장하려는 입장을 유지하고 있고, 이에 미국과 FTA를 체결하는 각국이 미국의 입장을 받아들인 것으로 보인다. EU는 GATS의 기술중립성 원칙에 대해 달리 정하지 않는 한 서비스 제공을 위해 사용된 기술에 관계없이 특정한 서비스가 양허표상에 기재될 때 양허가 이뤄지고, GATS의 최혜국대우와 내국민대우 원칙을 적용하기 위한 '동종 서비스'(like service)의 유사성은 당해 서비스가 전자적으로 전송되는지의 여부와는 관계가 없다고 보고 있다. 주요 FTA에서 서비스의 전자적 공급과 관련해 서비스의 국경간 거래, 투자 및 금융서비스 장에서 전자적 수단을 이용한 서비스의 공급에도 그 장의 의무조항이 적용되어야 함을 규정하고 있는데, 이는 일종의 기술중립성의 다른 표현이라고 볼 수 있다.

4) 디지털제품과 원산지규정

① 원산지의 개념과 원산지규정

원산지(Country of Origin)란 물품이 생산된(동식물이 성장한) 나라 또는 물품의 국적을 의미한다. 주로 원재료의 공급국 또는 실질적 가공국 및 주요한 공정 수행국을 기준으로 결정되고, 자본의 투자국, 디자인 수행국, 기술의 제공국, 상표의 소유국 등과는 무관한 개념이다.

원산지규정(Rules of Origin)이란 물품의 국적이라고 할 수 있는 원산지를 결정하는 기준으로서 법령이나 행정규칙을 의미하며, 원산지 판정기준, 원산지 확인절차, 원산지 표시, 위반시 조치 등을 규정한다. 일

반적으로 사용하는 제조국, 조립국, 수출국, 경유국, 생산국, 가공국 등
이 상식적 개념이라면 원산지는 원산지 규정의 적용을 통해 결정되고
각종 무역정책수단에 활용되는 법적·행정적 개념이라고 할 수 있다.

기업들의 글로벌 생산(Global Manufacture) 확대 등 경제의 세계화
(Globalization)가 가속화될수록 물품의 국적을 의미하는 원산지 결정이
각종 무역정책수단(Trade Measures)으로 활용된다. 특히 FTA 협정체결
국 사이에서는 원산지 기준에 의거, 역내 원산지로 인정받느냐 여부에
따라 관세특혜 부여여부가 결정되므로 중요한 의미를 가진다. 원산지규
정은 그 규정이 속한 무역제도의 목적에 따라 특혜규정과 비특혜규정으
로 구분할 수 있다. 특혜규정이란 '수입물품이 특혜관세 혜택을 받기 위
한 조건'을 정한 것으로, 한 국가가 특정국에 대해 일방적으로 관세우대
하는 경우와 국가간 협정에 의해 당사국 쌍방이 상호 우대하는 경우로
나뉜다. FTA는 쌍방적 특혜규정의 대표적인 예이다.

② 자유무역협정(FTA)과 원산지규정

WTO 원산지 협정 등 세계적으로 사용되고 있는 원산지 판정기준은 완
전생산기준과 실질적 변형기준으로 구분된다. 완전생산기준(Wholly
Obtained Criterion)이란 어떤 물품이 전적으로 1개국 내에서 생산되는
경우 당해 생산국을 원산지로 하는 것이며, 실질적 변형기준(Substantial
Transformation Criterion)이란 물품이 2개국 이상에 걸쳐 생산되는 경
우 물품의 실질적 변형을 일으키는 공정을 수행한 국가를 원산지로 하
는 것을 의미한다.

양자간 FTA에 적용되는 특혜 원산지규정 제정협상에서는 어느 정
도까지 공정을 수행해야 무관세 혜택을 줄 것인가를 결정하며, 이 경우
양국간의 산업경쟁력 수준, 교역규모를 기초로 수출활성화, 투자촉진,

우회수입방지 등이 종합적으로 고려된다. 따라서 양국간의 산업경쟁력 수준과 교역규모를 면밀하게 분석하는 작업이 선행되어야 하며, 이를 바탕으로 교역활성화 대상 품목은 원산지 기준을 완화하고, 우회수입방지나 투자유치 필요성이 있는 품목의 경우 원산지 기준을 강화하는 방향으로 제정할 필요가 있다.

FTA 원산지규정은 양허안 협상을 통해 무세화 물품으로 결정되더라도 원산지 협상에서 역내산으로 인정되지 않으면 혜택에서 배제된다는 점에 중요성이 있다. 예를 들어, 한·칠레FTA 양허안 협상을 통해서 철강을 무관세로 규정해도 원산지규정 제정시 열연강판을 냉연강판으로 만드는 공정에 원산지를 인정하지 않으면 일본에서 열연강판을 수입해, 우리나라에서 만든 냉연강판은 원산지가 일본이 되어 무관세 혜택을 받지 못하게 되는 것이다.

③ 전자상거래와 원산지규정

FTA 효과를 극대화하기 위해서는 해당국 제품만을 역내산으로 인정하고 제3국으로부터의 우회수입을 방지할 수 있는 원산지규정이 필요하나, 디지털제품의 전송거래에서 원산지 규명을 위한 기술적 장치들이 충분히 확보되어 있지 않아 실제 집행에는 문제가 발생할 것으로 예상된다. 따라서 제3국의 우회수출 방지, 관세수입의 확보뿐만 아니라 소비자간 분쟁해결 등에 있어서도 원산지규정이 중요하므로 정부는 이에 대해 명확히 언급할 필요가 있다. 이는 FTA의 효과가 양국의 기업이 아닌 제3국으로 파급되어서는 안 되기 때문이다.

그러나 국제적으로 전자상거래에 적용할 원산지 기술 및 규정을 별도로 마련하기는 어려운 것이 현실이므로 타 분야에서 적용되는 원산지규정과 동일한 내용으로 규정하거나 향후 원산지규정 문제를 추가로 논의하도록 하는 방안으로 협상의 전략을 수립해야 할 것이다. 즉, 디지털 제품의 제조, 생산지 또는 그 생산자, 연출자, 배급자 등을 기준으로 원산지를 판단할 수 있는 정의가 포함되어야 할 것이다.

거래 현실로 볼 때 인터넷을 통해 전송되는 디지털제품은 거래 당사자의 자발적 신고가 없다면 현실적으로 전송 자체의 발생을 식별하기 어렵고, 이미 WTO 각료회의 유예조치를 통해 무관세 관행을 지속하고 있기 때문에 별도의 디지털제품에 대한 원산지규정은 커다란 의미가 없는 것으로 보인다. FTA에 있어 디지털제품의 경우는 사용한 원자재 등의 추적을 통해 최종제품에 대해 실질적인 변형을 가져온 국가 혹은 지역을 원산지로 규정하는 공산품과 달리, 고유의 HS코드를 갖지 있지 않아 원산지를 추적할 방법이 없기 때문에 원산지 적용이 커다란 의미가 없을 수도 있을 것이다.

5) 디지털제품과 내국민대우 문제

① GATT와 GATS 상의 내국민대우 원칙

GATT는 제3조에서 내국민대우 원칙을 규정하고 있는데, 동조 제2항은 조세문제에 있어서의 내국민대우를, 제4항은 상품의 거래를 규율하는 법과 제도에 있어서의 내국민대우를 규정하고 있다. GATT 제4조는 스크린쿼터에 관한 규정으로 내국민대우의 예외 조항에 해당한다.

GATS는 제17조에서 내국민대우를 규정하고 있는데, GATT의 내국민대우 원칙과는 달리 해당 분야 서비스 시장 개방을 선택한 국가의 결정에 따른 상당한 예외 규정을 둘 수 있다. 즉 GATS는 양허표에 기재된 조건 및 제한을 조건으로 해 다른 회원국의 서비스나 서비스 공급자에게 국내 서비스나 국내 서비스 공급자보다 불리하지 않은 내국민대우를 할 것을 규정하고 있어, 양허표 기재 내용에 따른 내외국 서비스나 서비스 공급자에게 차별대우가 가능하다. 형식적으로 동일하거나 상이한 대우라도 자국의 서비스나 서비스 공급자에게 유리하도록 경쟁조건을 변경하는 경우에는 불리한 대우로 간주되어 내국민대우 위반이 된다. GATT의 내국민대우가 일반적 의무이고, 원칙적으로 예외를 인정하지 않으며, 국내조치에만 적용됨에 반해, GATS의 내국민대우는 일반적 의무가 아니라 회원국이 명시적으로 양허한 서비스 부문에만 적용되며, 서비스 제공에 영향을 미치는 모든 조치에 적용되는 데 차이가 있다.

② FTA 전자상거래 규정과 내국민대우 원칙

WTO는 서비스시장을 대체로 12개 분야 및 155개 세부 분야로 분류하고 있다. WTO의 서비스시장 개방방식에서 각 회원국은 개방하고자 하는 서비스 분야를 선택할 수 있고, 개방 분야에 있어서도 상품무역과는 달리 시장접근이나 내국민대우에 있어서 다양한 형태의 조건과 제한을 부과할 수 있다.

155개 분야별 개방에 있어서 구체적 조건과 제한의 부과 문제는 각 해당 세부 분야별 담당 부처에서 담당하되, 전자적 전송이 가능한 분야의 서비스시장을 개방할 시에는 전자상거래가 향후 국내 서비스시장에 미칠 영향을 사전에 세밀하게 검토해 조건과 제한을 부과하는 노력이 필요하다. 특히 금융, 투자, 서비스의 국경간 공급 등에 있어서는 많은 FTA들이 전자적 전송이 회원국의 의무에 영향을 미치지 아니함을 명백히 밝히고 있으며, 국제통상법상의 기술중립성 이론에 따르더라도 기술 발전에 따라 양허표상에 기재한 양허 내용과 다른 주장을 할 수 있는 방법이 없으므로 양허표 작성시 전자상거래 전문가가 참여해 자문하는 등 특히 세심한 주의를 요한다.

서비스시장을 개방한 분야에 있어서 양허표에 기재하지 않은 사항에 대해서는 원칙적으로 외국 서비스나 서비스 공급자에게 차별을 과할 수 없다. 그러나 GATS 제14조는 공중도덕의 보호, 인간과 동식물의 보호, 공공질서의 유지, 사기 및 기만 행위의 방지, 계약 준수의 확보, 프라이버시 및 비밀의 보호, 안전 등 법률 및 규정의 준수 확보와 안전보장을 위한 예외적인 경우에는 자의적인 차별을 구성하거나 서비스 무역에 대한 위장된 제한을 구성하지 않는 한 제한조치를 취할 수 있다고 규정하고 있다.

나아가 우리나라가 시장 개방을 약속하지 않은 분야에 있어서도 현실적으로 관련 서비스를 인터넷상에서 제공하는 경우 이를 통제할 방법은 적절치 않은 상황이며, 특히 앞으로 방송 드라마, 영화, 음반 등을 인터넷에서 VOD 방식으로 제공하고 카드로 국제적 결제를 하는 경우 통제할 방법이 마땅치 않다는 문제점이 있다.

서비스의 전자적 공급이 확대됨에 따라 국내산업에 미치는 영향은 막대할 것으로 보인다. 예를 들어 영화시장의 발전으로 VOD 방식의 전자적 전송이 활성화될 경우 WTO에서 비록 스크린쿼터를 명시적으로 인정하고, 우리 영화진흥법이 스크린별로 40%(2006년 7월부터는 20%)의 국내 영화 상영의무를 부과하고 있음에도 불구하고, 동 제도의 의미는 상당히 줄어들 수밖에 없다. 우리나라는 아직 대학교육 서비스시장을 개방하지는 않았으나, 우리 국민이 개별적으로 인터넷을 통해 외국의 인터넷교육 서비스 제공 사이트에 접속해 교육 서비스를 제공받는 경우 이를 규제할 수 있는 방법은 도덕적으로나 기술적으로 용이하지 않을 것으로 보인다.

7) 협력 (Cooperation)

각 FTA에 드러난 전자상거래 분야의 협력 조항 중 주목할 만한 것으로
는 상호간의 제도와 법률 그리고 전략 등에 관한 경험을 서로 공유하는
것을 기초로 중소기업에 대한 배려와 사적 부문의 자율적인 규제를 강
조하고 있다는 점이며, 아울러 국경을 넘어 이루어지는 전자상거래의
구조적 발전을 위해 국제적 논의에의 참여도 협력사항 가운데 하나로
들고 있다는 점이다.

    FTA 대상국 상호간 전자상거래 활성화를 위해 전자상거래 관련 상
호협력, 경험 공유, 전자상거래 활성화를 위한 연구와 교육 분야에서의
협력, 향후 소비자 보호, 전자서명, 사이버 보안 등의 문제를 논의하기
위한 규정을 두는 것은 비록 법적 구속력은 없지만 매우 바람직하다. 전
자상거래 분야는 정보통신기술의 발전에 따라 신속하게 발전하는 속성
을 띠고 있기 때문에 FTA체결 후 양국간의 현안 논의와 상호 경험의 공
유 등을 위해서는 그 근거규정을 두는 것이 바람직하며, 이는 국내적으
로도 향후 논의에 예산 또는 인력을 지원하는 데 도움이 될 수 있을 것으
로 보인다.

4. 결론과 제언

우리나라의 주요 FTA협상 대상국인 미국, 캐나다, 일본 등은 IT 인프라
구축, 초고속 인터넷 보급률 등의 측면에서 세계적으로 가장 앞선 나라
들로 분류될 수 있다. 전자상거래는 현재 미국에서 가장 활발하며, 일본
과 캐나다의 전자상거래는 향후 급성장할 것으로 예상되고 있다. 도서

구입 등 일부 분야를 제외한 인터넷 콘텐츠가 아직까지 언어나 문화적 장벽 등으로 인해 우리 소비자들에게 원활하게 제공되기 어려운 게 현실이지만, 현대 정보통신기술의 발달 속도를 볼 때 향후 인터넷을 통한 전자상거래가 급속히 확대되리라는 것은 불문가지의 일이다.

FTA 전자상거래 분야에 있어서 우리나라의 손익 분석을 위해서는 향후 전자적 전송으로 거래될 수 있는 분야 중 급성장할 것으로 예측되는 오디오, 비디오 영상 제공 서비스와 고등교육 서비스 등에 대한 경제적 효과 분석이 필요하다. 미국의 영화가 한글 자막을 수록해 디지털 전송으로 중간 배급업자를 통하지 않고 인터넷을 통해 직접 우리 소비자에게 전송되고 활성화되는 인터넷 영화제공 서비스가 등장한다면, 현재의 스크린쿼터 등의 영화산업 보호장치는 무력화될 가능성이 매우 높다. 또한 IP-TV 등 인터넷 방송 등의 등장으로 미국의 방송 콘텐츠가 디지털 전송으로 직접 우리 소비자에게 전송될 수 있다면, 현재의 각종 방송쿼터 제도도 전자상거래가 활성화되는 속도에 비례해 무력화될 가능성이 높다. IP-TV의 성장은 방송 및 동영상 콘텐츠의 디지털화를 통해 전자상거래의 중요 부문으로 떠오를 것으로 예측된다.

한국의 e-러닝(e-learning) 산업이 아직까지 중등교육 특히, 수능 관련 분야와 각종 영어 인증 시험을 비롯한 자격증 관련 분야에 치우쳐 있는데 반해, 미국의 유명대학들은 자신의 교육과정과 이에 대한 교육 후 인증, 자격 또는 졸업 증명을 내세워 해외로 시장진출을 꾀하고 있으며, e-러닝 시장 중 직무교육과 관련한 기업 시장에서 특히 강세를 보이고 있다. 따라서 교육서비스 시장 개방여부와 관계없이 전자상거래를 통해 우리의 교육시장이 열리는 결과가 초래될 수도 있다.

영화, 방송 등 문화 분야 서비스나 고등교육 서비스가 한미FTA 전자상거래 규정에서 정한 규범을 적용받게 된다면, 이런 서비스가 실질적으로는 서비스교역 분야가 아닌 것처럼 취급되어 비관세적 제약을 모두 제거하는 효과를 가져올 수 있을 것이다. 앞으로 영화, 방송 서비스나 고등교육 서비스가 전자적 전송으로 전달될 때의 경제적 효과와 사회적 영향에 대한 체계적이고, 종합적인 계량적 연구가 절실히 필요하다. 또한 이와 관련된 정부부처들은 상호간의 긴밀한 협조와 의견조율을 통해 한미FTA 협상 준비과정에 공동으로 대처해 예측하지 못한 상태에서 발생할 수도 있는 부작용을 최소화할 수 있도록 최선의 준비를 해 나아가야 할 것이다.

5부

노동과 환경

한미FTA와 노동
― 한미FTA가 노동자에게 미치는 영향

차남호·이상훈[*]

1. 머리말

무역과 투자를 비롯한 경제활동의 궁극적 목적은 경제단위 구성원의 후생과 복리를 증진하는 것이라 할 수 있다. 그런데 현재 추진 중인 한미FTA와 관련한 논의의 흐름은 각 산업부문에 어떤 영향을 미칠지에만 관심이 집중되어 있을 뿐, 경제활동의 주체이자 복리후생의 수혜자여야 할 국민대중의 구체적인 삶에 미치는 영향은 간과되고 있는 실정이다. 특히 1천 5백만, 그 가족을 포함하면 3천만에 육박해 국민 대다수를 이루는 노동자계급에 대한 파급효과가 간과되고 있는 것은 본말이 전도된 것이다.

군이 중남미의 경험을 빌리지 않더라도 대외의존도가 높은 한국경제의 현실에서 잘못된 대외경제정책은 국민의 삶을 파탄으로 내몰 수 있다. 이와 관련해 우려스러운 사실은 한미FTA 추진론자들이 노동자를 행복한 삶을 누려야 할 주체라는 측면보다는 하나의 '생산요소' 로 취급

---

[*] 민주노총 정책실.

해 한미FTA의 효과를 따지고 있다는 점이다. 예컨대 "무역자유화로 고용이 감소하거나 임금이 낮아졌다는 증거는 발견되지 않았다. 고용에 미치는 여타요인을 통제하지 않고 무역자유화와 고용의 관계를 분석하면 오히려 관세율이 크게 감소한 산업일수록 고용증가율이 높게 나타났다"[1]는 결론을 내리고 있는 연구 등에서 이런 관점이 분명히 드러난다. 이 연구는 "무역자유화로 시장이 개방된 후에 근로자가 직장을 유지하려는 동기가 강해짐으로써 근로자의 이직과 태만을 막기 위해서 기업이 지급해야만 하는 임금이 적어지고 따라서 균형실업률과 균형임금이 낮아지게 된다"[2] 따위의 분석에 기초하고 있다.

정부가 한미FTA 추진명분을 이런 시각을 가진 대외경제정책연구원(KIEP)의 연구에 크게 의존하고 있음은 이미 잘 알려져 있다. 가뜩이나 '국민경제에 기여하지 못하는 수출증대', '고용 없는 성장'이 문제가 되고 있는 현실에서 정부의 이런 태도는 더욱 우려를 키우고 있다.

요컨대 '무엇을 위한, 누구를 위한 한미FTA인가'를 심각하게 물어야 한다. 만약 한미FTA가 정부의 기대와 달리 산업적 효과에 득보다 실이 크고 고용감소와 노동조건 저하, 노동기본권 후퇴, 사회복지 후퇴, 양극화 심화를 부른다면 협상은 마땅히 중단돼야 한다. 그러나 정부는 각계각층의 우려가 빗발치고 있는 가운데서도 "FTA는 세계화시대에 거스를 수 없는 대세다", "남보다 먼저 미국과 FTA를 체결해야 한다", "자신감만 있으면 못할 게 뭐냐" 따위의 무책임한 태도로 밀어붙이고 있다.

따라서 IMF 체제와 비슷하지만 파괴력에서는 비교할 수 없는 충격을 몰고 오리란 우려가 높아지고 있다. 김대중 정권은 IMF 외환위기 당

---

1) 김우영·박순찬·이창수, 『무역자유화가 고용 및 임금 양극화에 미친 영향 : 한국 제조업을 중심으로』, 대외경제정책연구원, 2005.
2) 훈현택, 「실업문제의 본질과 대책─복지정책은 실업문제의 해결책 아니다」, 자유기업원, 2000.

시 초국적 자본과 그 대변자의 압력에 무릎을 꿇고 구제금융과 경제신탁통치를 받아들임으로써 떠올리고 싶지 않은 고통을 자초한 바 있다. 반면 같은 처지에 놓였던 말레이시아는 이를 단호히 거부하고도 별다른 고통 없이 외환위기를 극복했음을 반면교사로 삼아야 할 것이다.

한미FTA가 그 이름과 달리 무역뿐만 아니라 금융과 투자 등 전체 경제영역을 포괄하는 실질적 ‘경제통합’ 협정임은 잘 알려져 있다. 이 점에서 그 파급력은 무역효과, 다시 말해 전반적으로 교역량이 느는 가운데 어떤 산업은 무역수지가 개선돼 득이 되고, 어떤 산업은 무역수지가 악화돼 실이 되는 문제에 국한되지 않는다.

거듭 강조하건대 국민대중의 구체적 삶에 어떤 영향을 미치는지가 무엇보다 중요하다. 그런데 농업을 뺀 나머지 분야를 보면 구체적 삶에 영향을 받는 국민이란 다름 아닌 노동자계급임을 알 수 있다. 한미FTA의 파급력을 이런 관점에 따라 분석할 경우 사실상 ‘노동부문’의 전부에 그 영향이 미친다고 해도 과언이 아니다. 따라서 노동자에게 미칠 영향력을 분석하기 위해서는 전체 산업별·분야별 파급효과를 살펴봐야 한다. 그러나 그 내용은 이미 다른 글에서 충분히 제시돼 있으므로 중복 서술될 가능성이 높아 보인다. 다만, 산업별·분야별 연구에서 한미FTA가 우리경제에 매우 비관적인 결과를 가져올 것으로 분석된 만큼 노동자에 미칠 영향 또한 파괴적임을 어렵지 않게 짐작할 수 있다.

하지만 정부는 이를 강하게 부인한다. 미국이 그동안 체결한 FTA에서 상대국의 노동기준 준수를 강하게 요구해왔으므로 한미FTA를 체결하더라도 근로조건 보호에 악영향을 미치지는 않으리란 것이다.[3] 정부

---

3) 관계부처합동, 『한미FTA Q&As : 최근 비판론을 중심으로』, 반(反)한미FTA운동 반박자료(4월 1일), 관계부처합동, 2006.

가 이 같은 주장의 주요 근거로 내세우는 것이 바로 FTA협정문의 노동장(labor chapter)이다.

미국은 그동안 체결한 FTA에 예외 없이 노동장을 포함했다. 그 내용은 대체로 국제적으로 인정된 노동권(결사의 권리, 단결권·단체교섭권, 강제·의무노동 금지, 아동노동 금지, 용인할 수 있는 최저임금·근로시간·직업안전보건) 준수 노력과 무역·투자 유치와 촉진을 위한 노동기준 저하금지 등이다. 한국정부가 발표한 협정문 초안의 17장에도 '노동'이 설정되어 있다. 여기서 알 수 있듯 이 장의 내용은 노동자 권리보장이 핵심이다.

그러나 FTA는 노동기본권 보장을 위한 협정이 아니다. 이 점은 협정문 전체구성을 보더라도 확인된다. 지금까지 미국이 체결한 FTA는 교역확대·투자보장을 위한 십수 개의 항목을 설정한 뒤 노동장은 '말석'에 배치하고 있다. 이 장은 어찌 보면 '환경' 장과 더불어 투자환경 보장이라는 FTA의 기본방향에 배치되는 항목으로, 미국 내 정치역학이 반영된 것일 뿐이다.

잘 알려져 있듯 미국은 대외협상을 추진하면서 국내절차법의 규정에 따라 이해당사자의 의견을 수렴하고 있다. 여기서 미국 노동계는 무시할 수 없는 세력이다. 미국노총산별회의(AFL-CIO)는 이와 관련해 양 체약국의 노동기본권 보장을 강조해왔다. 이는 두 가지 측면에서 의미를 띠고 있다. 하나는 국적을 불문한 모든 노동자의 기본권 보장이라는 보편적 가치의 추구라는 측면이다. 또 하나는 (이 점이 더욱 중요한데) 체약 상대국의 억압적 노동환경이 미국 자본의 해외유출을 촉진하고, 상대국의 저임금에 기반해 생산된 상품이 미국에 역수입됨으로써 자신의 고용환경이 악화되는 것을 막기 위한 미국 노동계의 방어기제라는 점이다. 이와 같은 미국 노동계의 처지가 민주당에 영향을 미치고, 그 결과물

로서 '무역-투자 촉진'과 어울리지 않는 '노동권 보장'이 FTA에 반영
된 셈이다.[4]

이렇게 봤을 때 노동장은 사실 선언적인 의미가 강한 것으로 봐야
한다. 실제로 협정문은 (국제노동기준이 국내법에 의해 인정되도록) '노력
해야 한다'(strive to)고 서술돼 있다. 또한 이를 담보하기 위한 절차 역
시 무역·투자의 그것과 비교해 구속력이 떨어지는 것으로 보인다. 그
절차는 '이의제기→양국정부간 협의→중립기구를 통한 시정권고→제
재조치(1,500만 달러 이하의 벌과금)'로 이어지는데, NAFTA의 경우
2005년 6월까지 34건의 이의제기가 있었지만 중립기구의 시정권고 이
상의 절차는 없었다.[5]

이처럼 한미FTA가 미칠 구체적 파급력은 겉으로 나타난 협정문을
통해 곧바로 도출할 수 있는 게 아니라 그것이 담고 있는 실질적 내용과
선례 등에 대한 좀더 종합적인 고찰을 통해 파악될 수 있는 것이다.

따라서 이 글에서는 이와 같은 문제의식에 따라 한미FTA가 고용환
경, 노동조건과 노동자생활, 그리고 노사관계에 미치는 영향을 중심으
로 분석하고 그것이 지니는 의미를 살펴보고자 한다.

---

4) 실제로 중미자유무역협정(CAFTA)은 이 노동장이 문제가 돼 미의회 비준에서 부결될 위기에 놓
　였다가 1표 차이로 통과된 바 있다. 미국노총산별회의는 FTA와 관련해 노동권 문제를 연계하는
　전략을 취해왔고, NAFTA에 대해서는 "노동권 보호조항이 포함되면 체결을 반대하지 않는다"는
　태도를 취했다. 그럼에도 NAFTA가 실제로는 미국 노동자의 노동기본권, 고용과 임금-노동조건
　등에 끼친 파괴적 악영향을 확인하면서 미국노총산별회의는 최근 'NAFTA를 모델로 한 현재의
　FTA(current FTA model)는 받아들일 수 없다(unacceptable)"는 입장으로 선회했다. 미국노총은
　실제로 미의회 공청회에 참석해 "한미FTA는 양국 노동자에 도움이 안 된다"고 주장하며 한국정
　부가 ILO 권고를 이행하지 않고, 비정규 노동자와 이주노동자의 노동권을 침해하고 있음을 지적
　했다. 미국 노동계의 또 다른 한 축인 승리혁신동맹(Change to Win Coalition) 역시 한미FTA를
　받아들일 수 없다는 입장이다. 이에 비춰볼 때 미국 노동계의 반발이 거세고, 나아가 한국 노동
　계와 연대투쟁에 나설 경우 한미FTA 체결에 심각한 영향을 줄 수 있다는 관측도 나오고 있다.
5) 국제협상팀, 『한미FTA 우리측 협정문(노동분야) 주요 내용』, 국회보고자료(5월), 노동부, 2006.

2. 고용환경

1) 일자리 10만 개 창출?

정부는 대외경제정책연구원(KIEP)의 연구결과를 근거로 한미FTA가 국내 일자리에 미치는 영향을 '단기감소, 중장기 10만 증가'로 전망하고 있다. 다시 말해 소득증대에 따른 자본축적, 구조조정에 따른 효율성 증대, 경쟁을 통한 산업경쟁력 향상이 이뤄질 경우 중장기적으로 GDP 2% 성장과 10만 고용창출 효과를 얻을 수 있다는 것이다.

그런데 계량연구는 전제된 가정, 계량모형에 따라 서로 다른 결과가 도출될 수 있다. 미국 국제무역위원회 등이 실시한 계량연구 결과가 KIEP의 그것과 다른 것도 이를 뒷받침한다. 게다가 한미FTA 추진론자들은 또 다른 낙관적 가정을 덧붙이는 방법으로 효과를 계속 부풀려 최대 55만 개의 일자리 창출을 주장함으로써 조작시비가 일기도 했다.

〈자료 1〉 한미FTA가 한국의 고용에 미치는 영향

구분	단기(정태)효과	중장기(동태)효과
농업	− 30만 명	− 38만 명
제조업	+ 4만 명	+ 20만 명
서비스업	+ 17만 2천 명	+ 28만 8천 명
총계	− 8만 5천 명	+ 10만 4천 명

출처 : KIEP

KIEP의 연구는 CGE(일반균형연산)모형을 이용한 계측에 바탕을 두고 있다. 그러나 CGE 계량연구는 완전경쟁시장, 시장의 안정상태, 거시균형조건, 생산요소의 자유롭고 완전한 이동 등 경제현실과 동떨어진 가정에 기초해 있다. 예컨대 무역 비교열위 산업이 퇴출되면서 발행하는 유휴자본, 노동, 토지 등의 생산요소가 자유롭고 비용 없이 비교우위 산업으로 완전히 이동한다는 가정을 들 수 있다. 계량모형 자체도 데이터를 무리하게 그룹화하는 등 현실적 예측력에 한계가 있다.[6]

사실 KIEP 계량연구가 전제하고 있는 '원활한 노동공급'은 극히 비현실적인 가정이다. 산업 구조조정에 따른 실업은 산업간 이동을 통해 해소될 수밖에 없고, 이를 위해서는 새로운 기술습득 등 장기간의 노력이 요구된다. 다시 말해 장기실업문제가 발생한다는 것이다. 이와 함께 해당산업과 연계된 지역경제와 연관산업에 타격을 주어 고용감소 효과를 부르게 되며, 이런 효과가 노동시장 전체로까지 파급될 것이다.

하지만 KIEP는 서비스업에서 17만 2천 명의 고용증가를 예측해 다른 산업의 실업인구를 흡수할 것으로 보고 있다. 앞으로 살펴보겠지만 이는 미국에 비해 경쟁력이 크게 떨어지는 서비스산업 현실에 비춰볼 때 크게 과장된 것이다. 노동력 등 생산요소 이동이 완전하고 자유로우며 비용이 없다는 가정에 기초한 것이기 때문이다.

이렇듯 KIEP의 예측은 경제와 노동시장의 현실에 애써 눈을 감고 있는 지나치게 낙관적이고 이론적인(공론적인!) 분석일 뿐, 실제로는 '재앙' 수준의 고용대란이 일어날 가능성이 높다.

2) 환경변화에 대한 총체적 검토

이미 살펴본 대로 한미FTA는 '경제통합'에 준하는 협정이다. 따라서 그 파급효과를 분석하는 데는 무역관련 지표뿐 아니라 투자환경과 산업구조, 과거의 유사한 환경변화와 그 결과 등이 총체적으로 검토돼야 한다.

---

6) 한미FTA저지 특별위원회·정책위원회, 『한미FTA의 문제점』, 민주노동당, 2006.

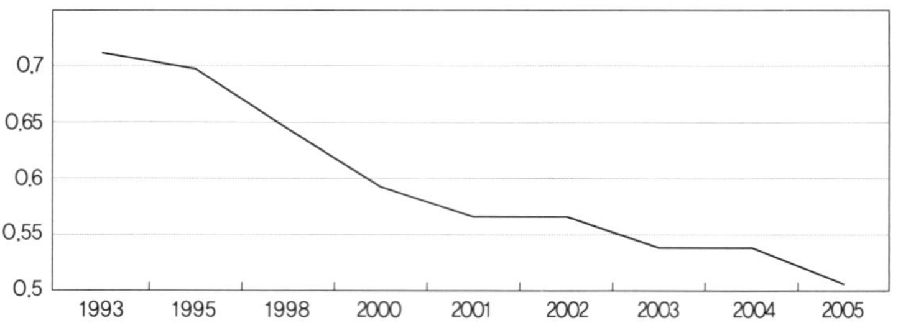

정부는 "FTA체결로 무역장벽이 사라지면 교역량, 특히 수출이 늘어나 생산증가 효과를 가져오고 자연스레 고용도 늘어날 것"이라는 '단순한' 주장을 펴고 있다. KIEP도 홍보팸플릿을 통해 "쌀을 개방품목에서 제외할 경우, 한미FTA로 인해 중장기적으로(7~10년에 걸쳐) 우리의 국내총생산(GDP)은 7.21%(326억 달러), 후생수준은 6.6%(263억 달러) 증가하고, 국내의 생산이 증가함에 따라 약 52만 개의 추가적인 일자리가 생겨날 것"이라며 장밋빛 청사진을 펼쳐보이고 있다.[7]

그러나 교역확대가 고용증대로 이어진다는 명제는 '신화'가 된 지 오래다. 수출의 부가가치 유발계수는 1993년 0.711을 정점으로 2005년 0.507로 꾸준히 줄고 있다. 이는 수출대기업의 해외 아웃소싱을 증가시켜 수출이 늘어도 국내산업의 전후방연관효과가 급감하고 있음을 뜻한다. 이에 따라 2005년 수출이 유발한 취업은 전체의 20%에 불과하다.

수출의 고용증대 효과가 IMF 경제위기 이전에는 그나마 통할 수 있었을지 모르지만 지금은 사정이 다르다. IMF 프로그램이 진행되는 동안 한국사회는 외자유치를 위한 대대적인 구조조정, 해외자본의 국내기업

---

7) 대외경제정책연구원, 『한미FTA 바로 알기 2006』, 대외경제정책연구원, 2006.

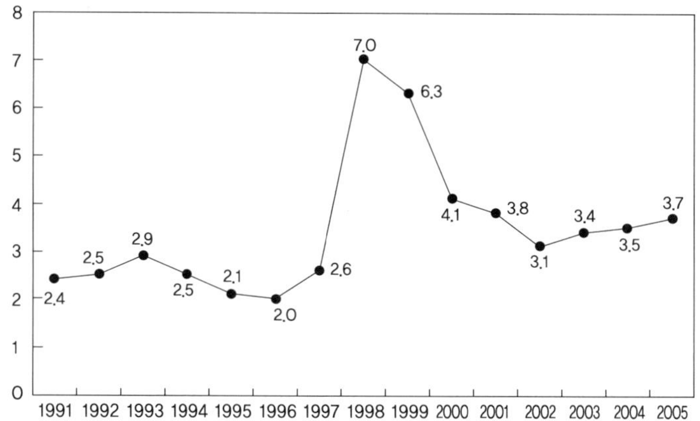

출처 : 통계청

인수합병(M&A) 이후 나타난 또 한번의 구조조정으로 사상초유의 '고용대란'에 휩싸였다. 나아가 정부의 실업률 공식통계에서도 확인되듯 그 여파는 지금도 가시지 않아 이전 수준을 회복하지 못하고 있다.

요컨대 IMF 위기를 계기로 한국사회에 신자유주의 경제원리가 급속히 이식됨으로써 수출이 늘고, 경제가 성장해도 일자리가 늘어나지 않는 이른바 '고용 없는 성장' 추세가 자리를 잡은 것이다.

미국에서 이식된 신자유주의 원리의 핵심이 바로 주주자본주의다.[8] 기업의 수익이 투자확대와 고용창출보다는 배당 극대화에 투여되는 것이다. 경영전략은 주가상승에 초점이 맞춰진다. 그 전략이란 기업의 성장이나 사회적 책임보다는 당장의 주주배당을 위해 수익성을 높이는 것이다. 인건비를 포함해 비용요소는 최대한 줄인다. 이것이 주주들의 요

---

8) 주주자본주의의 파급력에 대해서는 다음을 참조하라. 이정환, 『투기자본의 천국, 대한민국 : 론스타와 그 파트너들의 국부 약탈작전 전모』, 중심, 2006 참조.

구이고, 그래야 주가도 오른다.

한미FTA로 미국계 자본이 쏟아져 들어오면 이 같은 경영전략은 더욱 일반화될 것이고, 산업 전반의 대대적인 구조조정과 그에 따른 대량 실업, 고용불안을 부를 게 뻔하다. 미국은 지금까지 그래왔던 것처럼 자본시장 개방과 투자 관련 규제철폐를 집요하게 요구할 것이다. 실제로 미무역대표부는 지난 2월 협상개시와 관련해 미의회에 보낸 서한에서 "한국 내 미국 투자자에게 미국법에 상응한 투자보호 장치를 마련하고, 한국정부 제소권 부여와 재판관할권을 미국 기업이 요구하는 곳에 두도록 추진할 것"이라고 밝히고 있다. 한국정부는 이에 대해 지난 5월 협상 초안을 발표하면서 '국내 서비스산업의 경쟁력을 감안해 단계적으로 개방' 하겠다는 의사를 밝혔지만 협상도 하기 전에 '4대 현안' 이라는 협상 카드를 포기한 한국정부가 끝까지 이런 기조를 유지할지는 의문이다. 나아가 같은 협상초안에는 '투자자유화를 통한 외국인 투자유치 확대', '금융개방 기조 유지' 등을 공언하고 있기 때문이다.

3) 외국인 투자의 고용창출 효과

결국 한미FTA가 체결되면 '외자유치' 를 기치로 미국계 자본에 문호가 활짝 열리게 된다는 얘기다. 정부는 이와 관련해 「한미FTA Q&As」란 자료를 통해 "외국인 투자 증대 등을 통해 우리 경제의 성장잠재력을 크게 제고시켜 양질의 일자리를 창출하는 데 기여"할 것이라며, 그 근거로 "2000~05년 외국인 투자로 생겨난 53만 개의 일자리가 전체취업자 증가규모(256만 명)의 20%에 이른다"는 연구결과를 제시하고 있다.[9]

---

9) 조용수, 「외국인 투자의 일자리 창출효과 분석」, 『LG주간경제』(제872호), LG경제연구원, 2006.

이 연구는 고정자본형성표 및 고용표를 이용해 외국인 직접투자(FDI)의 고용창출 효과를 추정하고 있는데 자영업자와 가족무급종사자 14만 명(이들 상당수는 피고용 상태에서 퇴출된 인력일 것이므로 실제로는 고용감소에 해당한다!)을 빼면 39만 개의 일자리가 창출되는 것으로 추산했다. 그러나 이 계량연구 또한 상당히 과장된 것으로 보아야 한다. 첫째, 이 추계에서는 연구자 스스로 인정하듯 "다소 비현실적이긴 하나 FDI 모두가 국산자본재를 이용하는 것"을 가정하고 있다. 둘째, FDI 가운데 인수합병형(M&A)은 제외하고 사업장 설립형(Greenfield)만을 기준으로 계산했다. 이는 고용영향평가에서 플러스 요인만 취하고 마이너스 요인은 버린 셈법이다. 왜 그런가?

FDI의 투자형태를 살펴보면, 사업장 설립형의 비율이 급속히 줄어들고 있는 대신 인수합병형의 비중이 급속히 커지고 있는 추세다. 2005년의 경우 M&A 투자가 절반에 육박하고 있음을 알 수 있다. 사업장 설립형 FDI는 당연히 고용증대를 가져온다. 반면 M&A형의 경우 과거 경험에서 알 수 있듯 구조조정을 내세운 감원유발 효과가 더 높다. 심지어 매각(M&A)을 앞두고 주가를 끌어올리기 위해 대대적인 구조조정을 실시한다. 인수자본 역시 주가상승을 위해 다시 구조조정에 나서고……. 결국 이 연구는 M&A형 FDI에서 나타나는 고용감소 효과를 계산에 넣지 않은 것이다.

〈자료 4〉 투자형태별 외국인 직접투자 비율

단위 : %

	1997	1998	1999	2000	2001	2002	2003	2004	2005
M&A	10.0	16.7	15.7	14.1	16.9	23.2	31.3	48.2	45.6
Greenfield	90.0	83.3	84.3	85.9	83.1	76.8	68.7	51.8	54.4

출처 : 무역투자진흥과, 「2005년 외국인 직접투자 동향 및 2006년 전망」, 보도자료(1월 4일), 산업자원부, 2006

　　이 연구는 또한 경쟁력 비교열위에 있는 국내 동종기업 퇴출에 따른 실업도 반영하지 않았다. 나아가 외국인 투자는 FDI보다는 증권투자 등 포트폴리오투자에 비중이 훨씬 높다는 점도 간과하고 있다. 외국자본의 포트폴리오투자가 단기차익을 노린 투기성 투자임은 상식이다. 이 경우 주주자본주의가 더욱 증폭돼 관철된다. 국내외에서 숱하게 경험했던 것처럼 구조조정(감원!)이 거듭되는 것이다. 이 때문에 1998~2004년 한국 50대 기업의 매출은 118% 늘었지만 고용은 오히려 0.4% 줄었다.

　　한편, 직접투자라 해도 M&A의 경우 론스타 사태에서 알 수 있듯 단기차익을 노리는 경우가 많다는 점이다. 국내에 유입되는 초국적자본의 관심사는 오직 '최단기간에 투자금을 회수하고 이익을 내는 것'일 뿐 한국경제 발전이나 고용창출 따위는 안중에도 없다. 그나마 미국의 'BIT 2004년 모델'[10]에 근거해 한미FTA가 체결되면 외국자본의 이 같은 폐해를 규제할 근거도 사라진다. BIT 2004 가운데 고용환경에 심각한 악영향을 미치는 것이 바로 '이행의무부과금지' 조항이다. 이 조항에 따르자면 FTA 체약국은 기술이전, 현지생산품 사용의무(예컨대 스크린쿼터) 등 국가경제 발전을 위한 조치를 취할 수 없다. 환경보호를 위한 규제도 원천 봉쇄된다. 노동 분야도 예외가 아니어서 미국계 자본이 국내기업을 인수·합병할 경우 '고용승계', '단체협약 승계', '내국인 일정 비율 고용' 등의 의무를 지울 수 없게 되는 것이다.[11]

---

10) 미국이 체결하는 FTA를 경제통합협정으로 만드는 핵심기재가 바로 양자투자협정(BIT) 표준안이다. 미국은 NAFTA를 비롯해 호주, 요르단을 비롯한 중동국가들과 맺은 FTA에 이 표준안 내용을 관철해왔다. 한미FTA 또한 예외가 될 수 없을 것이다. 특히 2004년 모델(BIT 2004)은 그 내용이 더욱 강화돼 주목할 필요가 있다. BIT 모델 자체가 '투자' 대상을 경제적 가치를 지니는 모든 영역으로 확대한 것인 데다가 2004년 모델은 '자산' 개념으로까지 확장했고, 적용대상을 공기업과 그 종사자, 지자체까지 넓혀놓았다. BIT 2004는 이를 통해 초국적자본이 민간영역뿐만 아니라 공공부문에 대해서도 거리낌 없이 투기적 투자를 할 수 있는 길을 열어놓았다.

그런데 한국정부가 발표한 협정문 초안에는 '투자 관련 이행의무 부과를 금지'라고 명시돼 있다. '기우'가 아닌 현실이 된 셈이다. 주한미상공회의소는 정리해고요건(경영상의 불가피한 사유)에 대해 시비를 걸고 있는 실정이다.

이렇게 봤을 때 외국인 투자 가운데 고용을 창출하는 형태는 사업장설립형 FDI뿐이고, M&A형 FDI나 포트폴리오투자는 오히려 고용감소 요인임을 알 수 있다. 그런데 2004년 말 현재 전체 외국인투자 가운데 증권투자 비중이 51.1%에 이르는 반면 직접투자는 21.0%에 불과하고, 기타투자는 27.9%이다.[12] 〈자료 4〉에서 볼 수 있듯 같은 시기 직접투자 가운데 M&A형은 48.2%, 사업장설립형은 51.8%다. 결국 기타투자(27.7%)를 뺀 전체 외국인 투자 가운데 15%가 고용을 창출하는 데 비해 나머지 85%는 반대로 고용을 감소시킬 가능성이 높다는 얘기다.

4) 노동시장 유연화 : 비정규직 확산

앞의 〈자료 3〉에서 볼 수 있듯 IMF 위기 당시 7%까지 치솟았던 실업률은 1999년을 고비로 회복추세로 돌아섰다. 그러나 체감실업률은 정부통계가 믿기지 않을 만큼 여전히 높은 게 사실이다. 이는 불완전취업자가 상당수 취업자로 분류되는 통계작성 방법상의 문제점 때문으로 보인다. 불완전취업의 증가는 비정규직 확산이라는 이슈를 우리 사회에 제기했다.

---

11) 현행법에는 인수합병 등 기업변동시 정리해고나 고용·단체협약의 승계 등에 대해 명시돼 있지 않다. 때문에 이들 문제는 판례에 의해 규율되고 있는데 정부는 노사관계 로드맵을 통해 법제화를 추진하고 있다. 그러나 그 내용이 법제화되더라도 BIT 2004가 인수합병시 일체의 고용·단체협약 승계를 배제하고 있는 만큼 무용지물이 될 공산이 크다.

12) 한국은행, 「2004년말 국제투자대조표(IIP) 편제결과(잠정)」, 한국은행, 2005.

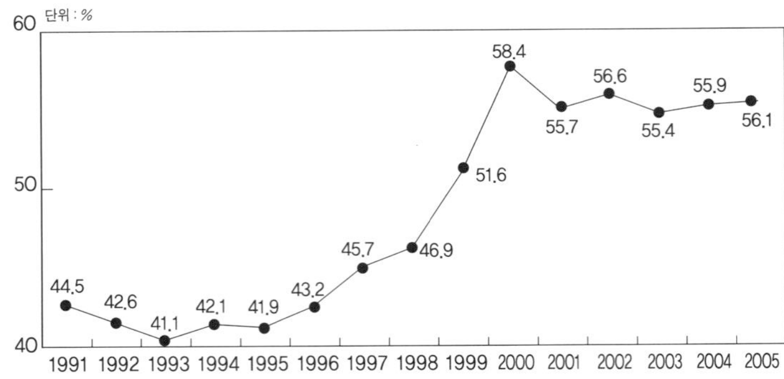

2005년 8월 현재 비정규직 노동자는 전체의 56.1%인 840만 명에 이르고 있다. 통계청이 '경제활동 인구조사 부가조사'를 시작한 2000년 8월부터 비정규직 규모를 정확히 알 수 있는데 이에 따르면 비정규직의 비율은 2000년 58.4%, 2001년 55.7%, 2002년 56.6%, 2003년 55.4%, 2004년 55.9%, 2005년 56.1%로 매우 높은 실정이다.[13] 그 이전까지는 '경제활동 인구조사'의 '임시근로자'와 '일용근로자'를 합한 규모를 통해 비정규직 증감추이를 살펴볼 수 있다.

눈여겨 볼 것은 전체 실업률이 회복추세로 돌아선 1999년부터 비정규직이 급증했다는 사실이다. 2000년 이후의 취업자 증가분이 대부분 비정규직 고용이었음을 의미한다. 이는 IMF 위기를 계기로 전(全)산업 부문에 급속히 확산된 노동시장 유연화 추세를 반영한 것이다. 문제는 한미FTA가 IMF 위기 이후 몰아친 구조조정 신드롬을 더욱 증폭된 형태로 재연시킬 것이라는 점이다. 그러나 정부는 이에 대해 "미국은 그 동

---

13) 김유선, 「비정규직 규모와 실태」, 『노동사회』(통권105호/12월), 한국노동사회연구소, 2005.

안 FTA 노동장에 노동시장 유연화 관련 사항이 아니라 국제노동기준 준수에 관한 사항을 포함시켜왔으므로 한미FTA에서 이 문제가 쟁점이 되지 않을 전망"이라고 주장하고 있다.[14]

물론 정부의 기대처럼 미국이 FTA 협상테이블에서 노동시장 유연화를 강하게 제기하지 않을 수도 있다. 노동장은 앞서 살펴본 대로 실제적 구속력을 갖기보다는 선언적 성격이 강하기 때문이다. 또한 FTA는 역내 무역을 촉진하고 투자(자)를 보호하기 위한 협정이므로 고용문제가 핵심적 관심사는 아니다. 다만 여기서 문제가 되는 것은 이른바 노동시장의 '경직성'을 투자장벽으로 보는 미국식 관점이다. 정부도 같은 자료에서 밝히고 있듯이 "한미FTA 체결 이후 유연화된 노동시장 환경에 익숙한 미국 기업들의 국내진출이 증가할 경우 노동시장 유연화를 요구할 가능성"이 높다.

실제로 한미FTA 협상을 주도할 미무역대표부는 『무역장벽보고서』(NTE)[15]를 통해 한국 노동시장의 유연성 강화를 줄기차게 제기해왔으며, 2006년 보고서도 예외가 아니다. 이는 FTA 협상테이블에서 '국제노

---

14) 관계부처합동, 앞의 책.
15) 미무역대표부(USTR)가 1988년 제정된 종합무역법(OTC)에 의거 매년 발표하는 연례보고서. 미국 업계의 의견 등을 기초로 작성해 3월 말 발표. 올해 보고서는 62개 주요교역국을 상대로 무역·투자 장벽에 대해 서술하고 있는데, 주요현안으로 중국의 취약한 지적재산권 보호, EU의 에어버스 보조금 지급, 일본의 쇠고기 수입중단 등을 언급하고 있다. 한국과 관련해서는 10개 분야 25쪽 분량으로 농산물, 지적재산권, 투명성, 보조금, 스크린쿼터, 의약품, 자동차, 통신 등 미국이 문제삼아 온 통상현안과 관련, 1년 동안의 진정상황을 평가하고, 지속적 협의가 필요한 부분을 지적하고 있다. 이 가운데 눈에 띄는 내용은 수출보조금 지급(반도체, 제시산업), 지방정부·공기업의 건설분야 양허하한선 하향조정(정부조달), 지상과 방송에 대한 외국인 투자제한 완화(서비스 분야), 혁신적 신약 가격산정·급여절차 투명성 개선, 약가재평가 제도에 대한 우려, 통신산업 추가개방·외국인 지분 확대 필요성 등이 눈에 띈다. 특히 '투자장벽' 분야의 노동시장 관련 언급이 주목된다. 이 보고서가 추가적인 개선 필요성을 제기한 내용은 ①연금 활용성 확대 ②노동자 채용과 해고의 유연성 강화 ③실업수당 확대적용 ④비자 규정 완화 ⑤직업교육과 직업소개 기능 강화 ⑥노동쟁의 감소 ⑦규제의 투명성 개선 등이다. USTR이 FTA협상을 주도한다는 점에서 NTE보고서는 미국의 협상방향을 보여주는 것으로 눈여겨 봐야 한다.

동기준 준수'를 요구하는 것과 노동시장 유연화를 압박하는 것은 별개의 문제임을 보여준다. 미무역대표부는 자국 투자자의 이해를 대변하는 기관이지 다른 나라 노동자의 노동기본권을 보호해주는 '자선단체'가 결코 아니다. 무역장벽보고서에 함께 언급된 실업수당 확대적용, 직업교육과 소개기능 강화 등도 얼핏 보면 한국 노동자의 고용안정을 촉구한 것 같지만 사실은 노동유연화에 따른 보완대책을 마련함으로써 노동자의 반발요인을 제거하라는 주문에 다름 아니다.

나아가 한국에 진출한 미국자본들은 좀더 구체적으로 노동시장 유연화를 촉구하고 있다. 즉 "경영진이 사업의 필요에 따라 근로자를 고용, 해고, 이전하는 방법으로 글로벌 시장과 현지시장의 수요변동과 경쟁압력 변화에 신속하게 대처하는 게 중요하다"며 정리해고 요건완화를 주문하는 한편 해고예고 기간도 현행 60일에서 30일로 축소할 것을 요구하고 있는 것이다.[16]

한편, 정부는 "한미FTA 체결로 비정규직이 증가한다고 볼 수 없다"고 단언하며 "자동차산업의 생산증가, 서비스업의 경쟁력 강화 등을 통해 양질의 일자리가 창출될 가능성이 높다"[17]고 주장한다. 이는 사실 자가당착이자 기만적 태도다. 현재 정부는 노동계의 거센 반대에도 비정규직 개악입법을 밀어붙이고 있다. 정부입법안이 끝내 국회를 통과할 경우 전체의 절반을 웃도는 비정규직 고용은 제한이 풀려 더욱 확산될 수밖에 없다. 결국 '정부는 비정규직을 양산하는 입법을 하겠지만 한미FTA를 체결하면 비정규직이 늘지 않는다'는 앞뒤가 안 맞는 얘기가 되고 만다. 그러나 비정규직 개악입법은 한미FTA를 앞두고 미국의 노동유

---

16) 마이런 블릴리언트·타미 오버비, 『2005 정책보고서』, 미한재계회의·주한미국상공회의소, 2005.
17) 관계부처합동, 앞의 책.

연화 요구를 의식한 사전정지작업이라는 것이 진실에 가깝지 않을까?

이뿐만이 아니다. 비정규직 증가를 주도한 것은 다름 아닌 공공부문이었다. 즉 지난 2년 동안의 비정규직 증가율은 광공업이 3.0%, 민간서비스업 4.9%, 농림어업건설업 0.8%였던 반면 공공서비스업은 5.0%였다. 정부행정은 2.7%, 교육서비스는 5.5%, 보건사회복지사업은 6.7%다.[18] 이처럼 한미FTA는 국내 노동자의 고용안정을 심각히 위협할 게 불을 보듯 뻔하다.

5) 산업별·부문별 고용효과 분석

① 건설·제조업

한미FTA가 제조업에 미칠 영향에 대해서는 연구자에 따라 전망이 엇갈리는 실정이다. 무역협회의 경우 전반적으로 단기적인 수출증대, 장기적으로는 외국인투자 확대와 산업·제도의 선진화를 촉진할 수 있을 것으로 기대하고 있다. 업종별로는 자동차, 섬유·의류, 전자, 고무제품, 신발, 모자, 가죽제품 등은 수출증대, 석유화학은 수입증대를 예상했다.[19] 섬유산업연합회도 섬유·의류에 대한 고관세가 철폐될 경우 수출증대를 예상하며, 특히 섬유업체가 전체 입주업체의 절반을 차지하는 북한 개성공단 제품이 역내산(한국산 원산지)으로 인정될 경우 큰 폭의 수출증대를 기대하고 있다. 반면 자동차공업협회는 당초 기대와는 달리 국산차의 대미수출이 크게 증가하기보다는 현상을 유지할 것이라고 전망하며 현지생산 활성화에 따른 부품수출 증대를 기대하는 정도다. 이

---

18) 김유선, 앞의 글.
19) 한국무역협회 FTA연구팀, 「한미FTA와 제조업」, 『한미FTA 공청회자료집』, 외교통상부·한국무역협회, 2006.

를 종합할 때 제조업에서는 일정한 수출증가를 예상할 수 있다.

그렇다면 한미FTA에 따른 대미 수출증가는 고용증대로 이어질까. 불행히도 대답은 비관적이다. 이미 살펴보았듯 수출의 전후방연관효과가 급격히 줄고 있다. 예컨대 섬유업계가 기대를 걸고 있는 개성공단산 제품의 역내산 인정이 미국의 완강한 태도로 불투명해진 형편이다. 설령 그것이 관철된다 해도 고용증대는 기대하기 어렵다고 봐야 한다. 개성공단 입주(예정)업체는 노동집약적 성격이어서 오히려 생산기지를 이전하는 만큼의 남한 내 고용감소로 이어질 가능성이 높다. 이는 섬유산업에만 국한되지 않는다. 제조업의 공동화가 가속화되고 있는 탓이다.[20]

제조업 생산기지의 해외이전은 1990년대 중반 이후 급격히 늘고 있는 추세다. 이전 지역은 중국 등 아시아권에 집중돼 가격경쟁력 확보를 위한 비용(인건비)절감이 주된 목표임을 알 수 있다. 이 경우 국내 고용창출 효과는 기대하기 어렵고, 역수입이 늘어나면 국내 생산기반을 잠식해 오히려 고용감소를 초래할 것이다. 더욱이 최근 들어 노동집약형 업종뿐 아니라 전자통신장비업, 수송기계 등 핵심제조업의 해외직접투자가 급증해 관련 납품·협력업체의 동반이전도 늘고 있는 실정이다.

문제는 한미FTA가 이 같은 산업공동화를 극복하는 데 걸림돌로 작용할 수 있다는 점이다. 공동화의 대처방안으로는 인건비 절감을 특징으로 하는 저진로 전략(low-road strategy)보다는 고기술-고품질-고부가치를 추구하는 고진로 전략(high-road strategy)이 바람직하다. 이를 위해서는 노동의 참여를 바탕으로 수출금융지원, 기술력 향상을 위한 재정·기술적 지원, 부품업체 활성화를 위한 설비투자 지원, 완성차업체

---

20) 한국산업노동학회·민주노총 정책연구원, 「산업공동화와 노동의 대응방향」, 전국민주노동조합 총연맹, 2005.

의 글로벌소싱 배제·국산부품 활용도 제고, 완성차업체의 총투자액·투자내역 공개로 이행상황 점검 등의 정책이 요구된다.[21] 그러나 한미FTA의 내국민대우·최혜국대우 조항,[22] 이행의무부과금지 조항은 이를 불가능하게 할 것이다.

한미FTA는 나아가 직접적인 고용감소 요인으로 작용할 공산이 크다. 제조업 분야의 외국인 투자는 과거의 합작·공장설립 형태에서 M&A가 대종을 이루고 있다. 앞서 살펴본 M&A형 투자의 고용감소효과는 제조업도 예외가 아니다. 자동차부품 업계에서는 IMF 외환위기 이후 다국적 부품회사의 M&A가 급증했고, 이는 주로 대기업 계열사나 300명 이상의 중대형업체에 집중됐다. 만도의 경우 인수자본인 선세이지가 2003년 두 차례 유상감자로 2010억 원을, 2004년엔 60%에 이르는 파격적 배당성향으로 364억을 챙긴 뒤 현재 매각을 추진 중이다.[23] 반면 노동자들은 M&A 직후 전체의 20%에 육박하는 800여명이 구조조정의 희생양이 되어 일자리를 잃어야 했다. 이런 식의 '구조조정'으로 1992년 189,721명에 이르던 자동차부품업종 고용인원은 2003년 142,261명

---

21) 산업노동학회 · 민주노총 정책연구원, 앞의 글.
22) BIT 2004는 외국인 투자에 대해 '자국민 혹은 자국 기업과 동등한 대우'(내국민대우)와 '제3국 기업(국민)과 동일한 대우'(최혜국대우) 중 가장 유리한 대우를 하도록 하고 있다. 이는 외국인, 외국기업이라 하더라도 투자에서만큼은 '한국인', '한국기업' 대우를 해야 한다는 뜻이다. 이 조항은 실제 적용과정에서 어이없는 상황을 연출하게 된다. 예컨대 정부가 전략적 필요에 따라 특정산업의 국내기업을 지원할 경우 이는 (내국민대우를 받는) 미국투자기업에 대한 차별대우로 간주된다. 결국 (미국기업에도 같은 지원을 하거나) 지원제도를 폐지해야 한다. 또한 국영기업의 재화·용역 공급에 적용된 투자에도 같은 조치를 하도록 하고 있는데, 이 경우 (개방유보리스트에서 제외된) 공기업 투자에 대한 외국인(이때는 한국인과 같은 대우를 받기 때문에) 49% 지분제한 등은 의미가 없어져, 관련 법조항은 폐지돼야 한다. 이는 결국 외국자본에 의한 공기업 사유화의 길을 활짝 열어놓은 것이다. 이렇게 되면 공기업의 공적 기능은 사라지고 이윤추구 논리에 지배될 수밖에 없다. 특히, 이 조항은 이행의무부과금지 등과 결부돼 외국투자기업에 일종의 치외법권 지위를 부여하는 효과를 가져온다.
23) 이정환, 앞의 책.

으로 25%나 줄어들었다. 이런 판국에 한미FTA 체결로 미국계 자본에 투자의 문이 활짝 열리면 이런 추세는 더욱 가속화될 게 틀림없다.

건설업의 경우 현재 줄줄이 매각이 예정된 대우건설(업계 2위), 현대건설(업계 1위), 쌍용건설 등에 대해 미국계 자본이 어떤 태도를 취할지가 관심의 대상이다. 현재로서는 가능성이 크지 않은 것으로 관측되지만 만약 이들의 인수가 현실화될 경우 과거 건설회사 M&A 사례에서도 나타났듯 구조조정 메커니즘이 작동한다고 봐야 한다.

한미FTA에서 또 하나 관심사는 건설부문 정부조달이다. 미국측은 이와 관련해서 건설공급계약에서 미국 기업이 입찰경쟁에 참여할 수 있도록 요구할 것으로 보인다.[24] 이 경우 이행의무부과금지 조항을 들어 하도급 보호장치 등의 철폐를 요구할 가능성이 있고, 자본력을 지렛대로 한 저가수주 공세를 통해 건설현장 투입인력이 감소되는 효과를 불러올 수도 있다.

② 공공부문

한미FTA는 한동안 주춤했던 공공부문(공기업) 사유화를 결정적으로 굳힐 전망이다. 그렇잖아도 공공성이 강한 주요 공기업들의 사유화 절차가 현재 착착 진행되고 있다. 전기와 가스 등 에너지 분야는 1998년부터 미국의 집요한 압력으로 매각이 기정사실화 되어 있는 상태다. 정부는 그동안 오직 매각을 이유로 발전 5사를 한국전력에서 떼어냈고, 철도부문은 공사와 공단으로 분리했다. 가스공사의 직도입권은 내외 초국적 자본에 내줬고, 상하수도 역시 민간위탁을 통해 사유화가 추진되고 있는 실정이다.

---

24) Rob Portman, "Senate Letter" (2. February), USTR, 2006.

비록 정부가 협정문 초안을 발표하며 '단계적 개방'을 목표로 하겠다고 밝혔지만 이는 립서비스로 그칠 공산이 크다. 미국의 최근 움직임을 볼 때 정부의 현재 움직임은 사실상 '활짝 문을 열 준비'라고 볼 수밖에 없기 때문이다.

BIT 2004에 따르면 미국은 포괄주의(네거티브) 방식의 서비스시장 개방을 요구할 것으로 예상된다. 실제로 미국측은 한미FTA 협상을 통해 '경쟁'의 기치 아래 공기업 사유화를 주요하게 제기하는 한편 경쟁의 제도화를 위해 협의(간섭) 체제를 구축한다는 계획이다.[25] 이대로라면 그나마 얼마 남지 않은, 위에서 열거한 공기업마저 미국자본에 넘어갈 가능성이 높다.

사회공공성 영역인 교육과 의료분야의 경우 앞으로 살펴볼 비용부담 폭증도 문제지만 고용환경에도 심각한 악영향이 우려된다. 한미FTA가 이들 두 분야에 미칠 악영향의 핵심에는 영리법인 허용을 통한 시장화·상품화가 자리 잡고 있다. 우선 병원의 경우, 영리병원이 허용되면 주식회사인 병원은 '환자의 건강'이 아닌 '주주의 이익'을 위해 운영된다. 이윤을 늘리기 위해 구조조정을 단행하고, 비정규직 고용을 늘릴 게 뻔하다. 나아가 현재 경영난을 겪고 있는 중소병원의 줄도산, 그에 따른 대량실업을 피할 수 없다. 일부에서는 간호사의 대미진출에 기대를 거는 것으로 보이나 고용의 질이라는 측면에서 의미를 부여하기 힘든 수준이 될 것으로 전망된다.

교육시장이 개방될 경우 '내국민대우' 조항에 따라 허용될 수밖에 없는 대학의 영리법인화 또한 똑같은 시장화·상품화 원리로 구조조정 바람을 불러일으킬 것이다.

---

25) Rob Portman, ibid.

③ 금융부문

BIT 2004는 금융부문에서도 '선물, 옵션 그리고 기타 파생상품'을 투자에 포함하는 등 범위를 무제한적으로 확장하고 있다. 사실 금융서비스의 경우 OECD 가입과 IMF협정을 거치면서 대부분 개방된 상태다. 한미FTA는 여기에 더해 아직 개방되지 않은 예금과 보험상품의 국경간 공급(Cross-border supply)을 허용하고, 신금융상품을 포함해 금융투자상품 허용범위를 현재의 열거주의(포지티브)에서 포괄주의(네거티브)로 전환하게 될 전망이다. 정부가 비록 협정문 초안에서 '국경간 거래는 열거주의 개방방식을 유지'하겠다고 밝혔지만 이것이 협상과정에서 관철될지는 미지수다. 재정경제부는 지난 2월 이미 「금융투자업과 자본시장에 관한 법률」(가칭) 입법추진 계획을 밝혔고, 보험산업 규제개혁도 추진할 것으로 보여 이미 사전정지작업에 나섰다는 분석이다.

문제는 BIT 2004에 입각해 한미FTA가 체결될 경우 투자와 투기의 구분이 무의미해지고, 투기자본을 규제하거나 세금을 부과할 근거가 사라진다는 점이다. 미국은 한미FTA 금융부문 협상에서 시장 '개방'보다는 금융시장에 대한 규제완화·철폐에 초점을 두고 있다. 투자상품이나 펀드에 대한 규제가 사라지면 국내 금융투자회사가 외국 거대금융자본과 경쟁하는 것은 기대하기 힘들다. 이 때문에 초국적 자본의 M&A, 경쟁력 확보 차원에서 덩치를 키우기 위한 국내자본 간의 M&A를 쉽게 예상할 수 있다.

우리는 제일은행과 한미은행이 미국계 투기자본인 뉴브리지와 칼라일에 매각된 뒤 벌어진 사상초유의 자본금 '약탈'을 기억한다. 또한 그 뒤안에서 구조조정으로 거리에 내몰리거나, 비정규직으로 신분이 바뀐 은행노동자들의 고통을 알고 있다. 한미FTA는 이 같은 구조조정의 광풍을 금융권에 재현할 것이다. 최악의 경우 증권노동자 3분의 2 이상이 퇴출될 것이란 우려가 나오고 있다.

새로 도입되는 판매권유자(가정방문 금융상품 영업사원) 제도는 보험설계사의 경우처럼 특수고용 비정규직 노동자를 양산할 것이고, 이는 다시 구조조정의 부메랑으로 돌아올 전망이다.

④ 통신 미디어

스크린쿼터 완화를 우려하는 목소리가 높지만 사실 이는 시작에 불과하다. 미무역대표부와 업계는 방송법에 규정된 외국산 방송프로그램 편성 쿼터 완화와 방송사 소유금지 및 지분제한 완화를 강력히 요구하고 있다. 이것이 관철될 경우 방송은 시청률 무한경쟁으로 대표되는 극단적 상업화로 치달을 게 분명하다. 이는 사회여론과 문화의 다양성을 심각히 훼손할 뿐 아니라 또 다른 재앙을 예고한다.

한미FTA가 방송을 비롯한 미디어부문 노동자, 제작자들에게 미칠 파장이 그것이다. 미디어의 공적 기능은 이윤추구 논리에 짓눌리고, 이들은 무한경쟁의 희생양 신세를 면치 못할 것이다. 노동강도가 크게 강화됨은 물론 경쟁에서 밀린 부문을 중심으로 구조조정이 일상화돼 실업으로, 비정규직으로 내몰릴 것이다. 이 같은 노동자의 위기는 공공성의 위기로, 급기야 민주적 사회체제의 위기로 치달을 것이다.

통신부문도 한미FTA의 습격에서 벗어날 수 없다. 미 무역대표부와 업계는 기간통신사업 외국인 소유지분 49% 제한을 폐지하라고 강력히 압박하고 있다. 국내 보수언론도 여기 편승해 겸업금지 폐지를 요구하는 가운데 정보통신부가 방송과 통신의 규제완화를 주장하고 있다.

한미FTA를 통해 통신시장이 개방되면 미국의 거대자본이 통신 분야를 통해 지분참여 또는 인수합병 방식으로 미디어 전체를 장악할 가능성이 높다. 예컨대 현행 기간통신 사업자의 경우 외국인 지분이 49%

로 묶여 있지만 협상을 통해 별도의 유보리스트에 포함되지 않으면 '내국민대우' 조항에 따라 지분제한은 철폐돼야 한다. 이는 미국 거대자본의 M&A에 길을 닦아주는 것이고, 한국의 고용환경에 심각한 악영향을 미칠 것이다. KT의 경우 사유화 이후 2003년까지 무려 1만 7천여 명이 내쫓겼다. 지분제한이 철폐되어 KT가 미국 자본 수중에 떨어질 경우 다시 한 번 구조조정의 칼바람이 불 것은 뻔하다.

3. 노동조건과 노동자 생활

1) 빈곤의 악순환

서두에서 지적했듯 경제활동은 궁극적으로 경제주체의 삶의 질 향상으로 이어져야 마땅하다. 교역과 투자증대를 통해 경제규모가 커진다고 하더라도 실업이 양산되거나 고용의 질이 떨어지고, 국민 대다수를 이루는 근로계층의 소득수준이 떨어진다면 진정한 발전이라 보기 어렵다. 노동자의 삶의 질은 앞서 살펴본 고용환경 외에 임금과 노동조건에 의해 좌우된다. 그렇다면 한미FTA는 노동자의 임금상승과 노동조건 향상에 기여할 것인가. 불행히도 그 대답은 비관적이다.

미국과 NAFTA를 체결한 멕시코의 경험은 우리에게 타산지석이 된다. NAFTA 체결 이후 멕시코 경제구조는 대대적인 산업 구조조정을 통해 미국시장 지향의 노동집약적 생산기지로 변모했다. 1994년 이래 모두 1,400억 달러의 외국인 투자를 유치했으나 중소기업 등 전통산업과 제대로 연계되지 않아 생산증가가 내수경제 활성화로 이어지지 않았다. 대외의존도는 80%로 치솟고, 민영화와 규제완화로 90%가 넘는 금융업이 외국인 손에 넘어갔다. 또한 내수용 제조업, 중소기업, 농업 등이 대거 도산하고 시장에서 퇴출됐다.[26]

　그 결과 실업률은 9.7%에서 15.1%로 증가했고, 빈부격차가 심화됐다. 아래 표는 멕시코의 국내총생산과 생산성이 크게 높아졌어도 고용 사정과 노동조건은 오히려 악화됐음을 보여준다.

〈자료 6〉 1993~2000년 멕시코 제조업 평균 경제지표

GDP	생산성	고용	노동비용	실질임금
44.5%	45.1%	- 0.3%	- 29.9%	- 7.9%

출처 : OECD

　미셸 초스도프스키는 이를 '저임금노동의 경제'로 이름 붙였다. 노동비용 최소화는 소비시장의 확대를 제약하고, 전세계 인구의 상당 부분이 빈곤화됨에 따라 구매력이 심각하게 축소된다. 이에 따라 개도국뿐 아니라 선진국에서도 소득수준 저하, 생산 위축으로 범세계적 생산과잉과 소비수요 감소를 초래한다. 이런 체제 아래서 세계적 기업과 무역회사들은 개도국의 생산기반을 파괴하거나 약화시킴으로써 시장을 '확대'할 수 있다는 것이다.[27]

　이는 IMF 체제의 작동 메커니즘에 관한 언급이지만 NAFTA 체제에서도 같은 양상이 나타나고 있다. 다음의 〈자료 7〉에서 볼 수 있듯 체약국 세 곳 모두 생산성 증대 속에서도 임금수준이 떨어지는 경향을 보이고 있다. 생산잠재력은 증대됐으나 산업이전을 통한 생산확대 자체가

---

26) 한미FTA저지 특별위원회·정책위원회, 앞의 책.
27) Michel Chossudovsky, *The Globalization of Poverty : Impact of IMF and World Bank Reform*, London : Zed Books. 〔이대훈 옮김, 『빈곤의 세계화 : IMF 경제신탁통치의 실상』, 당대, 1998.〕

	멕시코	미국	캐나다
생산성	45.1%	44.4%	13.2%
노동비용	- 29.9%	- 15.2%	- 10.9%

출처 : OECD

지출의 축소를 불러일으키는 것이다. '미국형' FTA인 한미FTA도 예외일 수 없을 것이다.

2) 근로조건 저하는 없다?

정부는 한미FTA 체결로 경쟁력 우위부문과 열위부문간 임금격차가 확대될 가능성이 있다는 점은 인정하지만 "임금 등 근로조건이 전반적으로 하락한다고 보기 어렵다"고 주장한다.[28] 임금수준은 기본적으로 노동생산성, 노동력의 수요공급, 노사의 협상력 등에 의해 결정되는데 한미FTA가 이런 요소에 '직접적인' 영향을 미치지는 않을 것이란 얘기다. 과연 그럴까? 노동생산성이야 그렇다고 치더라도 다른 두 요인은 명백히 한미FTA의 영향권 아래 있다.

우선 노동력의 수요공급 측면. 정부도 인정하듯 한미FTA로 농업의 파탄은 피할 수 없을 것이다. 농토에서 떨려나온 수십만의 이농행렬은 제조업과 서비스업 노동시장으로 몰려든다. 이들은 기왕의 실업인구와 더불어 거대한 산업예비군 층을 형성한다. 즉, 노동력이 과잉공급되는 것이다. 주류경제학이 떠받드는 수요공급의 법칙에 따르자면 노동력의 가격, 임금수준은 위축될 수밖에 없다. 만약 이 과잉노동력이 조기에 해

---

28) 관계부처합동, 앞의 책.

소되지 않는다면 지속적인 임금상승 억제요인으로 작용할 것이다. 그런데 이농인구의 특성상 이들이 조기에 취업하기는 쉽지 않다.

다음으로 노사의 협상력 측면. 여기서 협상력이란 다름 아닌 노사의 역관계를 뜻한다. 그런데 한미FTA가 체결되면 힘의 균형추는 자본 쪽으로 더욱 기울게 된다. 미무역대표부는 『무역장벽보고서』에 나온 대로 노동쟁의 감소, 즉 노동운동 억제를 촉구할 것이고, 미국자본은 주한 미국상공회의소 정책보고서 내용처럼 노동사건을 민법관할로 변경할 것, 대체근로 허용 등을 요구할 것이다. 이들의 주문이 현실화되면 노동의 협상력은 저하될 수밖에 없다.

이렇듯 정부의 논리에 따르더라도 한미FTA가 노동조건에 악영향을 미치리라는 것은 자명하다. 실제로 〈자료 8〉에서 나타나듯 IMF 외환위기를 거치며 한국의 노동소득분배율은 급격히 하락했음을 알 수 있다. 노동소득분배율이 떨어지고 그 추세가 유지된다는 것은 성장과실이 노동자에게 과소분배되고 있음을 의미한다.

〈자료 8〉 노동소득분배율 추이 : 전산업－제조업

출처 : 한국은행

　한미FTA에서 비롯되는 노동조건 제약요인은 또 있다. 국내기업을 인수합병한 미국자본은 '이행의무부과금지' 조항에 따라 단체협약 승계, 즉 기존의 노동조건을 보장할 의무가 없어 노동자들이 애써 확보한 권리가 물거품이 될 수 있다.

　주한미국상공회의소는 좀더 직접적으로 임단협 계약기간 연장, 퇴직금제 폐지(확정기여형 퇴직연금제 전환) 등을 요구하고 있다. 미국계 투자기업은 자국정부와 경제단체의 막강한 영향력을 등에 업고 애초 유일한 투자목적인 이윤창출을 향해 돌진할 것이다. 이에 맞서 노조가 노동조건 개선투쟁에 나선다 하더라도 이들에게는 또 하나의 '무기' 가 있다. 바로 구조조정과 사업장 이전 위협이다. 이 무기의 위력은 미국에서 이미 확실히 검증된 바 있다.

3) 한미FTA 세상 미리보기

한미FTA가 체결되면 노동자에게 심각한 피해가 예상된다 하더라도 어차피 미답의 세계인만큼 그것이 피부에 와닿지 않을 수 있다. 그런데 국내에는 그걸 체험해볼 수 있는 세계가 따로 있다. 경제자유구역이 바로 그곳이다.

　경제자유구역은 '경영환경과 생활여건 개선을 통해 외국인 투자를 촉진하고 국가경쟁력을 강화한다' 는 명분 아래 일부 지역을 지정하여 추진되고 있다. 지난 2002년 제정된 경제자유구역법에 의해 해당 구역 안에서는 주휴 및 생리휴가 무급화, 월차휴가 폐지, 장애인 의무고용 면제, 파견노동대상 확대 및 기간연장 등 놀랄 만큼 열악한 노동조건이 '법으로' 보장되고 있다. 이윤창출이 최대의 투자목적인 외국자본으로서는 천국인 셈이다. BIT 2004에 따라 한미FTA가 체결될 경우 한국에 투자한 미국계 기업은 '경제적 치외법권'을 누리게 되는데 경제자유구역은 그 특권이 노동자에게 어떤 반대급부를 던지게 되는지 보여준다. 지금은 이 자유구역에 국한된 외국자본의 '특권'이 한미FTA 체결 이후 전체 미국계 기업으로 확산되는 것이다. 이와 관련해 주목할 것은 미무역대표부가 이 경제자유구역에 대해 "더욱 개방적이고, 자유로우며, 경제적 필요에 화답하는 환경조성에 중대한 진전이며, 외국인 투자장벽 해소의 시금석이 될 것"이라고 보고 있다는 점이다.[29] 이 보고서에서 미무역대표부는 특히 노동 유연화에 대해 높이 평가했다.

한편 한미FTA는 여성노동자에게 더욱 가혹한 피해를 안길 것이다. 한미FTA가 체결되면 사회복지서비스 부문을 지속적으로 민영화해 여성들의 부담을 더욱 가중시킬 것이기 때문이다. 가장 열악한 노동조건과 무권리 상태에서 일하는 파견노동자들이 바로 비서, 타자원, 관련 사무원들이다. 결국 노동시장 유연화의 가장 큰 피해자는 여성노동자다.

멕시코 수출자유무역지대인 마킬라도라 섬유산업 노동자는 대부분 여성이다. 이들은 열악한 노동환경, 저임금, 노조가입 포기 등을 받아들여야 일자리를 얻을 수 있었다. 멕시코와 인접한 중미지역의 경우 임신여부 테스트를 거쳐 노동자를 채용하고, 임신한 여성은 해고됐다.

여성고용 확대는 정부차원의 지원 없이는 어려운 일이다. 하지만 고용할당제 등의 조치는 점차 폐지되거나 실시가 어려워질 것이다. 미국식 FTA는 정부의 이런 노력을 전면 부정하기 때문이다. 즉, 보조금, 원조, 지원금 책정은 금지된다. 그 혜택이 외국인 투자자들에게 동등하게 돌아가지 않는 한 차별로 간주될 수 있기 때문이다.

---

29) The Office of the U.S. Trade Representative, *2006 National Trade Estimate Report on Foreign Trade Barriers*, Washigton D.C. : USTR Press, 2006.

4) 소비의 양극화

정부와 한미FTA 추진론자들은 '관세철폐에 따른 후생효과'를 내세운다. 다시 말해 관세가 없어지면 질 좋은 수입제품을 좀더 싼값에 살 수 있다는 것이다. 그러나 이는 절반의 진실도 되지 못한다. 이미 살펴봤듯 한미FTA 여파로 고용이 불안정해지고 노동조건이 악화되면, 노동자들의 구매력은 전반적으로 늘어나기 어렵다. 처치곤란이 된 미국산쌀 '칼로스'를 국산쌀보다 싼값에 살 수 있게 된 것이 '후생증대'는 아니다.

물론 후생증대 효과를 톡톡히 누리는 계층이 전혀 없지는 않겠지만 그것은 어디까지나 외국산 고가품, 사치품을 구매할 능력이 있는 부유층에나 해당되는 얘기다. IMF 위기 당시에도 "이대로!"를 외쳤던 이들의 소비행태가 다시 나타나지 말란 법은 없다. 무역자유화에 따른 이 같은 소비의 '재구성'은 소수계층을 겨냥한 사치성 내구소비재 수입품이 물밀듯 밀려오는 '고소득 소비'를 증대시키는 특징을 갖는다.[30]

이 같은 소비의 양극화 현상은 이른바 '사회적 위화감 조성'을 넘어 노동자를 비롯한 저소득층에게 실질적인 고통을 안겨주게 된다. 그 배경에도 역시 한미FTA의 작동메카니즘이 도사리고 있다.

5) 의료비

먼저, 보건의료 영역에 미칠 파급력을 살펴보자. 한미FTA는 우선 다국적 제약회사에 유리한 '의약품 상환가격 정책'을 관철함으로써 의약품 비용 지출을 늘리도록 한다. 이는 국민건강보험 재정악화로 이어져 보

---

30) Chossudovsky, ibid.

장성 확대를 가로막고 보험료를 인상시킨다.

문제는 여기서 그치지 않는다. 미국은 가입자가 공보험(국민건강보험)과 사보험(미국식 개인보험) 중 하나를 선택하는 경쟁적 시장분할, 보험료 액수에 따라 이용하는 병원이 달라지는 보험사-병원 자유계약제를 요구하고 있다. 미국은 이와 함께 투자(이윤창출!) 목적의 영리법인 병원 허용도 요구하는데 이는 국내병원에도 적용된다. 의료체계가 이렇게 바뀌면 부유층은 질 높은 의료서비스를 좇아 첨단영리병원과 연계된 개인건강보험으로 옮겨갈 것이다. 그러면 고액보험료 납부자들이 이탈한 국민건강보험은 커다란 위기를 맞게 된다. 부유층은 고액의 사적건강보험에 가입해 첨단의료기술의 혜택을 받는 반면 노동자·서민은 적잖은 보험료를 내고도 지금보다 보장성이 낮은 사적보험을 이용할 수밖에 없다. 그나마 사적보험에 가입할 여력도 없는 저소득층은 유명무실한 국민건강보험에 남아 얼마 남지 않은 공공의료기관을 떠돌게 된다.

현재의 국민건강보험제도는 전국민이 보험에 의무적으로 가입하고 모든 병원은 보험환자를 의무적으로 받아야 하는 체제다. 돈이 없어 건강을 잃고 심지어 생명까지 포기해야 하는 비극은 없어야 한다는 국민적 공감대가 반영된 것이다. 그러나 한미FTA를 통해 이윤의 논리가 지배하는 미국식 의료제도가 도입된다면 노동자 민중의 건강권은 크게 위협받을 수밖에 없다. 적어도 대폭 오른 의료비 때문에 가계는 엄청난 부담을 떠안게 될 것이다.

6) 교육비

한국의 교육기관은 현재 비영리법인으로 허용되고 있다. 그러나 경제자유구역과 제주도에서는 외국 교육기관에 대해 영리행위를 할 수 있도록 인정하고 있다. 미국 교육기관이 한국에 들어오고자 하는 목적은 다름 아닌 돈벌이에 있으므로 영리법인을 인정해주지 않으면 들어올 이유가 없기 때문이다. 한편 정부는 "초중등교육은 한미FTA 협상대상이 아니다"라며 "교육개방은 대학 및 성인교육을 중심으로 논의될 것"이라고 밝히고 있다. 나아가 영리법인 허용은 신중하게 접근할 것이라고 한다. 그런데 경제자유구역 등 각종 특구에서는 이미 모두 개방된 상태다. 따라서 정부의 이 같은 언급은 한미FTA를 통해서는 개방하지 않겠다는 뜻으로 읽힌다.

따라서 한미FTA 협상에서는 미국 영리 교육기관의 국내진출 허용이 핵심쟁점이 될 것으로 보인다. 이들에게 영리행위를 인정해주면 응당 국내 사학자본들도 형평성을 이유로 규제철폐를 요구할 것이다.

미국의 4년제 대학이 들어올 가능성은 없다는 게 일반적 관측이지만 '본교 진학자격'을 내세운 교육과정을 국내에 개설할 가능성은 있다. 이 경우 영리기관의 성격상 비싼 등록금을 부과할 게 뻔하다. 노동자들이야 어차피 여력이 없으니 '그림의 떡'이라 치더라도 문제가 그리 단순하지 않다. 한미FTA를 통해 대학교육이 개방되면 국내 대학에도 심각한 영향을 미칠 것이기 때문이다.

현재 국내 대학에는 정부보조금이 지급되고 있다. 그런데 앞서 살펴본 '내국민대우' 조항에 따르자면 이는 한국에 들어온 미국대학에 대한 차별대우가 되는 것이다. 이에 따라 보조금은 폐지가 불가피하고, 지금도 비싼 국내 대학의 등록금은 더욱 치솟게 된다.

결국 노동자 등 저소득층의 자녀는 '돈이 없어' 대학에 들어가지 못하는 상황이 벌어져 교육 또한 양극화될 것이다. 혹 무리를 해서 자녀를 대학에 보내는 경우 가계에 엄청난 부담을 줄 것이다.

7) 사회안전망

노무현 정권이 한미FTA 추진의 필요성과 기대효과를 주장하는 논리 속에는 대부분 가정과 단서가 빠지지 않는다. 또한 앞서 살펴본 대로 그것을 이론적으로 뒷받침하는 연구결과 또한 비현실적인 가정들에 기초해 있음을 알 수 있다. 그 숱한 가정 자체의 현실성이 떨어진다는 것은 이미 살펴본 바이고, 정부 스스로 단서를 달아 털어놓는 내용 또한 진실의 일단을 보여준다. 예컨대 '다만, 단기적으로 경쟁력 열위 부문에서 구조조정이 진행되어 실직자가 발생할 가능성이 있다', '다만, 경쟁력 우위-열위부문간 임금격차는 확대될 가능성이 있다', '다만, 유연화된 노동시장 환경에 익숙한 미국 기업들의 국내진출이 증가할 경우 노동시장의 유연화를 요구할 가능성이 있다' 따위가 그것이다.[31] 그러나 이들은 하나같이 현실이 될 심각한 문제들이 아닌가.

정부 스스로도 이를 의식했음인지 '한미FTA를 통해 어려움을 겪는 계층·기업'에 대한 나름의 보완·지원대책을 제시하고 있다. 한미FTA를 강력히 추진하는 과정에서 예상되는 부작용에 대한 대비책을 마련하겠다는 것은 당연한 일이고, 그 자체를 탓할 일은 아니다. 그러나 그 접근방식에서는 심각한 문제점이 발견된다.

우선 대비책에 대한 정부의 시각은, FTA가 성장을 촉진시켜 사회안전망 확보 여력을 확충하는 데 상당한 도움이 될 것이라는 식이다. 요는 협정 발효 이후 그 성과를 통해 재원을 마련하겠다는 것인데 이는 마치 우물에서 숭늉을 찾는 격이다. 하지만 이 또한 한미FTA의 성과를 확신하는 데서 비롯된 태도라 치자.

---

31) 관계부처합동, 앞의 책.

그렇다면 정부가 마련하고 있는 대책은 무엇일까? 저소득층 사회보험 확충, 재산형성 지원, 직업능력개발 지원 등 사회안전망 확충대책(임금격차 확대 대책), 현행 고용보험제도를 활용한 실업급여지급 및 재취업을 위한 능력개발 지원(단기실업 대책), 특화된 전직·재취업 지원방안 강구(추가 실업자 대책) 등이 정부가 제시한 해법이다. 결국 현행 사회안전망 활용 외에 '특화된 지원책을 강구하겠다'는 의지를 재삼 다짐한 것이 대책의 전부다. 새롭고 구체적인 내용은 눈에 띄지 않는다.

그래도 단 하나, 새로운 대책을 마련했는데 지난 4월 6일 국회를 통과한 「제조업 등 무역조정 지원에 관한 법률」(무역조정지원법)이 그것이다. FTA체결로 피해를 입은 기업의 구조조정과 해당 노동자의 전직·재취업을 지원하는 것이 이 법의 제정취지다. 먼저 이 법에서 정한 기업에 대한 지원방안을 보면 무역조정 정보제공, 상담지원, 원부자재 구입·기술개발·설비투자·입지확보·인력훈련 소요자금 융자지원 등 꽤 실질적인 대책을 담고 있다. 그렇다면 피해 노동자에 대한 지원방안은 무엇이 있을까. 첫째, 전직 등에 필요한 정보제공과 상담. 둘째, 「고용정책기본법」, 「고용보험법」을 활용한 전직·재취업 지원. 셋째, 전직·재취업 관련 사업 시행자 지원. 이것이 전부다. 빈 수레가 요란하다고, 새로운 내용은 눈을 씻고 찾아봐도 없고 그저 구색이나 맞춘 수준이다.

그런데 문제는 좀더 근본적인 곳에 있다. 「무역조정지원법」을 비롯해 정부가 마련한 대책이 협정체결의 명분을 얻기 위한 정치적 처방이자, 현실에서는 소 잃고 외양간 고치는 격이라는 것이다. 굳이 FTA가 아니더라도 예상되는 무역피해 관련대책은 반드시 필요하다. 다만 그 대책은 피해를 입기 전에 경쟁력을 높이는 데 중점을 둬야 한다. 피해 노동자에 대해서도 실효성 없는 형식적 지원이 아니라 보상 차원의 충분한 지원과 실질적인 사회안전망 강화가 이뤄져야 한다.

4. 노사관계

1) 개관

일반적으로 자유무역협정은 국가간 협약체결을 통해 자본의 이전을 촉진하는 것은 물론, 국가간 무역과 해외에서의 자유로운 기업활동 및 이윤획득을 가능하게 하는 것이다. 따라서 국가간 협정은 각국의 노동관련 법제가 대부분 최소한의 노동권을 보장하고 있다는 점에서 볼 때, 노사관계와 관련된 직접적인 제도개선보다는 투자환경을 개선하기 위한 제반 유인을 제공할 것을 요구하는 방식으로 진행된다. 따라서 한미FTA의 체결이 한국의 노사관계와 관련해 어떤 영향을 미칠지는 쉽게 판단할 수 없다.

다만 일반적 수준에서 국가간 FTA는 산업간 구조조정을 수반할 수밖에 없으며, 이에 따라 노동시장의 유연성을 증가시키고자 하는 정책들이 동반될 수밖에 없는 점은 지적할 수 있다. 여기에는 해고 등에 대한 직접적 고용 정책부터 노동자의 전직에 따른 알선서비스와 직업 및 교육훈련 등의 노동시장정책 등 다양한 항목이 포함된다. 더불어 노동이동의 증가는 개별기업으로 하여금 유연한 인적관리를 가능케 하는 조치를 시행하도록 강제할 것이며, 이를 뒷받침하는 노동법제의 변화가 일어날 것이다.

보다 구체적으로, 한미FTA가 노사관계 부문에 가져오는 변화를 예견할 수 있는 자료는 주한미국상공회의소에서 발간한 『2005 정책보고서』, 한미BIT 및 미국의 기존 FTA 패턴 분석, 미무역대표부의 『2006년 무역장벽보고서』 등이다. 이중 구체적인 요구안이 명시되어 있는 주한미국상공회의소 자료를 중심으로 미국의 요구안을 개관할 것이다.

2) 한미FTA와 노사관계로드맵

먼저, 주한미국상공회의소 자료는 한미FTA와 관련해 미국이 한국정부에 요구하는 바를 ① 노동시장 유연성 증대, ② 확정기여형 퇴직연금제도로의 전환, ③ 노사관계 균형개선, ④ 작업중단 중 대체 근로자 투입허용, ⑤ 근로자에 대한 다년계약 도입 등의 다섯 가지 항목으로 정리하고 있다.[32] 그런데 중요한 것은 이상의 요구 중 확정기여형 퇴직연금제 도입을 제외할 경우, 모두 정부가 추진하고자 하는 노사관계로드맵에 포함되어 있거나 직접 연관되는 사항들이라는 것이다. 따라서 여기에서는 앞의 각 항목을 로드맵에 대한 정부방안과 연결시켜 살펴보자.

첫째, '노동시장 유연성 증대' 항목과 관련해서 미국은 기업의 고용, 해고, 이전을 자유롭게 하기 위한 정책적 조치를 촉구하고 있다. 여기에는 고용지원 제도와 교육훈련제도의 개선, 그리고 해고시 사전통지 기간을 현행 60일에서 OECD 회원국 평균으로 소개된 30일로 줄일 것 등을 제안하고 있다. 여기서 고용지원제도와 교육훈련제도 등 고용서비스 개선사업은 2005년 4월 정부가 5개년 재정운영계획과 함께 발표한 바 있다. 문제는 해고시 사전통지 기간과 관련된 것인데, 현행법은 경영상 해고시 근로자 대표에게 60일 이전까지 해고 사항을 통보해 협의하도록 되어 있다. 정부방안은 정리해고시 사전통지기간을 줄이되 현행 60일에서 해고규모·비율을 감안하여 법령으로 차등 설정하겠다는 것이다. 물론 차등화에 대한 기준이 제시되고 있지 않은 상황에서 정확한 논평은 쉽지 않으나, 정리해고가 '근로자의 귀책사유가 없는 상태에서 오로지 경영의 영역에서 발생한 사유로 인한 해고'를 의미하는 것이므로,

---

32) 마이런 브릴리언트·타미 오버비, 앞의 책.

별도의 보완책 없이 사전통지기간을 줄이는 것은 해고에 따른 대책 수
립 및 전직 등에 대한 준비를 위한 최소한의 기간이 줄어든다는 의미이
므로 노동자의 생계유지를 크게 위협할 수 있는 항목이다.

둘째, 확정기여형 퇴직연금제도로의 전환을 촉구하고 있다. 잘 알
려진 바와 같이 2005년 이미 퇴직연금제가 시행되고 있으며, 이는 확정
급여형과 확정기여형으로 나눌 수 있다. 확정급여형이 안정적인 연금수
준을 보장받는다는 의미에서 노동자에 유리한 반면, 확정기여형의 경우
기업의 영업실적과 직결된다는 의미에서 친자본적이며 노동자에게는
그만큼의 위험이 뒤따르게 된다. 현재 퇴직연금제의 도입 및 두 가지 방
식 중 하나를 선택하는 것과 관련해 노사간 협의에 따르게 되어 있음에
비추어볼 때, 미국정부가 확정기여형으로 전일화할 것을 요구하는 것은
해당국의 노사협의사항에 대한 외부의 불필요한 개입이라는 평가가 가
능하다.

셋째, '노사관계 균형개선'과 관련해서는 경영권을 보호하기 위해
노사관계에 대한 정부의 직접개입을 지양하는 동시에 노사관계 위반 즉
사용자의 부당노동행위와 관련해서는 형법규제에서 민법규제로 전환할
것을 제안하고 있다. 이는 쉽게 말해 부당노동행위 규정과 관련해 미국
식 모델을 준용해 노조의 부당노동행위를 신설하는 것과 사용자의 부당
노동행위와 관련해 형법처벌을 완화하는 것을 의미한다.

그러나 해외의 사례에 비추어볼 때 쟁의행위에 대한 현행법과 판례
가 쟁의행위의 정당성을 대단히 협소하게 판단하고 있을 뿐만 아니라,
노조의 불법행위에 대해 민·형사상 책임이 뒤따르는 국내의 현실에서
미국식 모델을 적용하는 것은 노사간 심각한 힘의 불균형을 부채질하는
것에 다름 아니다. 현행 정부의 선진화방안은 노조의 부당노동행위를
신설하는 것은 유보했으나, 대신 노조의 행위준칙을 명문화하고, 사용

자의 부당노동행위에 대한 직접적 형사처벌 규정을 정비한다고 밝혀 사실상 형사처벌 규정을 삭제하려 하고 있다. 노조의 행위준칙 신설은 노조활동의 정당성을 미리 예단케 하는 족쇄로 작용할 우려가 있을 뿐만 아니라, 사용자에 대한 형사처벌 규정 삭제는 노조에 대한 처벌규정에 비추어 대단히 불균형적이다.

보다 구체적으로 살펴보자면, 쟁의절차의 명문화와 관련해서 정부의 선진화방안에 명시되어 있는 '노조의 행위준칙' 신설, '쟁의행위의 최후수단 원칙' 명기, '쟁의행위 찬반투표의 절차적 요건 강화' 등을 볼 수 있다. 여기서 쟁의행위의 원칙에 대한 법률적 규정은 과대한 입법적 개입이라고 볼 수 있다. 특히 '쟁의행위의 최후수단' 이라는 명시는 불필요한 이중적 제한규정이며, 향후 쟁의행위에 대해 (행정적·사법적으로) 절차적 제한규정으로 변화할 가능성이 크다. 따라서 절차를 어길 경우 불법화될 수 있는 항목을 신설하는 것에 다름 아니다. 최후수단 명시는 교섭의·불충분을 이유로 합법파업을 불법화하는 현재의 관행을 유지하겠다는 것이라고 볼 수 있다.

정부 방안의 부당노동행위 항목에서 나타나듯, 사용자의 부당노동행위에 대해서는 형사처벌을 실질적으로 완화하고 있으면서도 노조의 행위준칙을 신설하는 것은 사실상 노사간 힘의 불균형을 초래하는 것이다. 정부는 노조의 부당노동행위를 신설하고자 했던 당초의 입장에서 물러나 관대한 입장을 보이는 듯하나, 노조의 불법행위에 민형사상 책임이 뒤따르는 현실에서 노조의 행위준칙을 개별 규정에 명시하는 것은 노조의 대다수 쟁의행위를 불법화할 수 있는 강력한 수단을 사용자와 정부가 소유하고자 하는 것이다. 마찬가지 이유로, 쟁의행위의 최후수단 원칙은 불필요한 이중규정일 뿐만 아니라 노사자율의 원칙에도 위반된다. 즉, 현행법에서 규정하는 '주장의 불일치' 역시 최후수단성을 내포하고 있으며 판례 역시 이런 보수적 경향이 대세라는 점에서 볼 때 최후수단의 원칙은 불필요한 규정이라고 볼 수 있다. 또한 쟁의돌입 시점이 되는 교섭의 결렬 역시 당사자의 주관적 상황판단에 의해 결정될 필요가 있음에도 불구하고 제3자의 개입을 제도화하겠다는 것은 과도한 입법적 개입이라고 볼 수 있다.

넷째, 쟁의행위 중 대체 인력 투입허용 및 파업찬반투표의 절차적 규제 강화를 요청하고 있다. 먼저, 대체인력 투입허용과 관련해 미국정부는 노조법 43조 삭제를 통해 쟁의행위 대체인력 투입을 전면 허용할 것을 주장하고 있다. 반면 정부방안에 따르면 공익사업에 대해서는 대체근를 제한하지 않으며, 파견법상 대체근로 방식으로 근로자를 파견하는 것은 현행대로 금지하되 신규채용 및 하도급을 전면 허용하겠다는 입장이다. 현행법도 동일 사업장 내에서 파업 미참가자들의 대체근로 투입을 허용하고 있음을 감안할 때, 신규채용과 하도급을 통해 대체근로 방식을 확대하는 것은 해당 사업장의 쟁의행위 자체를 무력화할 것이 자명하다.

다음으로 파업찬반투표를 정상적인 협상절차가 종료된 후에 시행할 수 있도록 명문화하자는 미국의 제안은 정부방안에 고스란히 담겨 있다. 정부방안에는 투표 시기를 교섭결렬 이후로 명시하는 것과 투표결과의 공개·보존·열람 명문화, 노동위원회의 행정지원(투개표 참관), 투표결과의 사용자 및 노동위원회 통지 등을 입법화하는 내용이 들어 있다. 그러나 파업찬반투표의 시기를 법적으로 명문화하는 것에는 타당한 이유가 없다고 볼 수 있다. 즉, 노사간 성실교섭의무 준수 여부는 엄밀하게 말해 파업찬반투표가 언제 실시됐는가와 무관할 뿐만 아니라, 찬반투표 자체가 사용자의 태도를 변화시켜 교섭의 가능성을 증가시키는 '현실적' 순기능이 있다는 점을 주지할 필요가 있다. 더욱이 파업찬반투표의 시기 및 절차와 관련된 사항은 노동조합의 자주적 결정사항이라 할 수 있다.

끝으로, 다년계약제 도입 및 단협효력기간 연장을 제안하고 있다. 즉, 단협의 갱신기간이 짧으면 작업중단과 노사분규의 가능성이 커진다는 이유를 들어 현행 2년으로 되어 있는 단협효력기간을 그 이상으로 연장할 것을 촉구하고 있다. 정부방안 역시 이에 연동하여 "협약기간을 자율로 하되, 3년 초과협약의 경우 3년 경과 후 일방이 6개월 전에 통보해 해지가 가능"하도록 개정하려 하고 있다. 그러나 사회·경제적 변화나 노동시장에서의 임금구조가 비교적 빠르게 변화하고 있는 한국의 상황, 그리고 단체교섭이 대부분 기업별 노조의 구체적인 근로조건을 정하고 있다는 점을 감안할 때, 단협의 유효기간을 지나치게 장기화하는 것은 그만큼 노동자에게 불리할 수 있다는 점을 지적할 필요가 있다.

노사관계로드맵과 관련해 2006년 5월 현재 노사정대표자회의를 통해 논의가 진행되고 있으며, 정부는 9월 정기국회를 통해 입법안을 제출하겠다는 입장이다. 지난 4월 27일 노동위원회 개편방안에 대한 첫번째 노사정 합의안이 도출된 바 있으며, 이에 따라 이후의 진행은 급물살을 탈 전망이다. 남은 33개 항목은 대단히 포괄적인 사항들을 다루고 있으며, 각각에 대한 노사간 입장차도 그 폭을 달리하고 있다. 따라서 노동의 저항에 따라 각안에 대한 정부여당의 입법화 절차는 단계적으로 이뤄질 공산이 크다. 이중 현행법상 올해까지 어떤 형식으로든 결론을 지어야 하는 '복수노조 및 창구단일화'와 '노조전임자 임금지급 금지' 논의가 우선적으로 진행된다고 볼 때, 그 이후 논의될 사항은 위에서 언급한 한미FTA 관련 4개 항목이 될 가능성이 높다고 할 수 있다.

추가적으로 한미FTA와 노사관계로드맵을 함께 사고하면서 더불어 살펴보아야 할 것은 인수·합병시 고용 및 단협조항의 승계에 대한 항목이다. 미국의 BIT 2004를 보면, 미국계 자본이 국내기업을 인수·합병할 경우 '고용승계', '단체협약 승계' 등의 조치를 취할 수 없게 하고 있다. 이 역시 노사관계로드맵의 '개별적 노사관계' 부문에 있는 '기업변동시 근로관계 명문화' 항목과 연관된다고 볼 수 있다. 현행법에는 인수·합병 등 기업변동시 정리해고나 고용 및 단협의 승계 등에 대한 항목은 존재하지 않으며, 판례에 의해 규율되고 있는 실정이다. 정부방안에 따르면 기존의 판례와 동일한 수준으로 고용 및 단협의 승계를 명문화하되, 회사가 도산절차(즉, 정리절차 및 파산절차)에 있을 때는 고용승계에 관한 적용을 제외할 수 있도록 하고 있다. 물론, 일체의 인수·합병에 대해 고용 및 단협의 승계를 제외하려 하는 미국정부의 입장과 차이가 존재하는 것은 사실이다. 그러나 도산절차가 개시된 경우에 고용승계를 제외하고자 하는 것은 사실상 해고규정의 완화에 해당하는 것이라 볼 수 있으며, 그만큼 BIT 2004에 나타난 미국정부의 입장과의 차이가 줄어든다고 볼 수 있다.

3) 이른바 '노동조건 저하 금지'

BIT 2004에서는 협정이 대상으로 하는 노동법은 국제적으로 인정된 노동권과 직접 관련이 있는 법령이나 규제라고 정의하고 있으며, FTA의 체결이 이와 관련된 노동기준을 약화시키는 유인책으로 사용돼서는 안 된다는 규정을 도입하고 있다. 여기서 언급되는 구체적인 노동기준에는 ①결사권, ②단결권 및 단체교섭권, ③제반 형태의 강제 노동금지, ④최저연령과 최악형태의 아동노동 철폐를 포함하는 아동 및 미성년 보호, ⑤최저임금, 노동시간, 산업안전 및 보건에 관한 합당한 노동조건이 포함되어 있다.

그런데 유의해야 할 것은 노동 3권 중 단체행동권에 대한 사항이 누락되어 있는 점이다. 따라서 FTA를 체결함에 있어서 노동자의 결사 및 단결, 그리고 노동조합의 교섭 등 일반적인 현행 국내법제는 존중하되, 기업행위에 직접적인 제한이 될 수 있는 단체행동권에 대해서는 제한을 두도록 하겠다는 것으로 해석될 수 있다. 앞서 언급한 바 있듯 주한미국상공회의소 정책보고서의 쟁의행위시 대체근로 허용, 쟁의절차의 명문화, 그리고 사용자에 대한 부당노동행위 규정에 있어 형사처벌에서 민사처벌로의 전환 등이 여기에 해당한다.

더불어 공무원노조의 단체행동권에 대한 직접적 제한 역시 이와 관련해 생각해볼 수 있다. 정부는 공무원노조 관련법에 대해 국제적 기준을 충분히 상회하고 있다고 홍보하고 있으나, 법제 11조는 파업, 태업 그 밖의 업무의 정상적 운영을 저해하는 일체의 행위를 금지하고 있다. 따라서 일반적 쟁의행위뿐만 아니라 여타 법령이 정하는 공무원 의무에 반하는 행위 및 준법행동 역시 금지된다.

결국, 미국과 FTA를 체결하는 해당국에 존재하는 노동조합의 단결권과 단체교섭권 등에 대한 일반적 관례는 존중하되, 기업의 업무에 직접적인 차질을 줄 수 있는 단체행동권에 대해서는 노동조건 저하 금지에 포함시키지 않음으로서 이후 정부간 교섭을 통해 추가적을 개입을 가능케 하고 있다.

4) 소결

결국 한미FTA가 노동시장 유연화와 노조의 단체행동권에 대한 제한이라는 두 가지 방향에서 노사관계 분야의 법제 변화에 영향을 줄 수 있을 것이라고 예측해볼 수 있다. 특히 노동시장 유연화와 관련해서는 최근 몇 년 동안 정부 차원에서 비정규직 입법처리 및 고용서비스 개선 5개년 계획 등 다양한 방안들이 이미 추진되고 있기 때문에 정부의 직접적인 법률 개정을 요구하는 것보다는 노동자를 고용·해고·이전하는 것을 경영진의 재량에 두도록 하는 방향으로 압력을 행사할 가능성이 크다. 이는 사실상 경영권에 대한 엄격한 보호를 특징으로 하는 미국식 노사관계 법제의 유지확산을 기도하는 것이라 볼 수 있다. 하지만 단체행동권에 대해서는 직접적인 제한을 법적으로 강력하게 명문화하도록 압력을 넣을 가능성이 크다. 한국 노조운동이 쟁의행위를 협소하게 규정하는 불리한 현행법 구조에도 불구하고 불법의 낙인을 감수하며 단체행동을 시도하고 있기 때문이다.

5. 맺음말

한미FTA는 '세계화시대 개방 불가피론', '미국시장 선점론'에서 시작해 '외부충격 효과에 의한 경쟁력강화론', '동북아 비즈니스 중심국가론'에 이르면서 추진력을 키워왔다. 하지만 이에 대해 강력한 비판론이 제기되면서 분야별 득실, 나아가 전반적인 득실을 따지는 치열한 논쟁국면으로 진입한 상태다. 애초 장밋빛으로 칠해졌던 한미FTA의 미래상은 논란이 이어질수록 조금씩 본색을 드러내고 있는 양상이다.

관심의 초점은 추진론자들이 계량연구를 통해 추산해낸 '낙관적' 손익계산서에 모아지고 있는 듯하다. 그런데 이들이 도출해낸 '검은색' 숫자는 숱한 가정이 전제돼 있고, 게다가 적잖이 비현실적이어서 지금으로선 입증이 불가능한 가설일 뿐이다. 그렇다면 한미FTA가 각 분야별 플러스(+)와 마이너스(−)를 계산해서 진퇴를 결정할 문제인가?

물론 그렇게 볼 문제는 아니다. 전체적으로 실이 되더라도 추진할 일이 있고 득이 크더라도 추진해선 안 될 일이 있는 법이다. 요는 서두에서 밝혔듯 '무엇을 위한, 누구를 위한 한미FTA인가'를 집요하게 물어야 한다는 것이다. 이 점에서 정부가 제시하는 명분은 패배주의(불가피론), 조바심(선점론), 도박(외부충격 효과론), 망상(동북아론)을 내포하고 있다는 의구심을 지을 수 없다. 이는 한미FTA가 호혜적 경제협력이나 다수 국민의 복리증진 등을 지향하는 진보적 구상이 아니며, 그속에는 무한 경쟁과 약육강식의 살벌한 논리가 난무한다는 것을 보여준다. 그러나 진정한 경제발전이라면 노동자를 비롯한 다수 국민의 삶의 질 개선에 그 초점이 맞춰져야 한다.

정부의 예상처럼 관세철폐, 비관세장벽 완화로 일부 산업분야의 교역조건이 개선될 수도 있지만, 이미 살펴봤듯 그렇다고 노동자의 삶이 나아지는 건 아니다. 기업의 채산성이 호전돼 지불능력이 커졌다 해서 곧장 임금인상이나 노동조건 개선으로 이어지지는 않기 때문이다.

교역조건이 개선되는 산업분야는 고용증대가 커질 여지가 있는 반면 피해를 보는 산업분야의 경우에는 고용사정이 나빠져 전체적으로는 고용환경이 개선된다고 장담하기 어렵다. 우리가 주목할 것은 한미FTA는 무역뿐만 아니라 금융과 투자 등을 포괄하는 사실상의 경제통합협정이라는 사실이다. 따라서 노동자에게 미칠 파급력 또한 총체적으로 따져보아야 한다.

이 글에서는 이 같은 문제의식에 따라 고용환경, 노동조건과 노동자생활, 노사관계로 나눠 그 파급력을 살펴봤다. 그 결과 고용환경에서는 주주자본주의 확산에 따른 구조조정 일상화, 외국인 투자의 고용감소 효과, 노동시장 유연화 확산 등으로 IMF 위기 당시를 뛰어넘는 고용대란이 올 가능성이 높다는 것을 확인할 수 있었다. 노동조건은 대량실업에 따른 산업예비군 증가, 노동의 협상력 저하, 사회복지 축소에 따른 소득감소 효과 등으로 삶의 질이 크게 위협받는 수준으로 악화될 것으로 나타났다. 노사관계 역시 엄격한 '경영권' 보호를 특징으로 하는 미국식 노사관계 법제의 이식, 단체행동권의 제약 등으로 노사간의 역관계가 더욱 자본쪽으로 기울어질 것으로 분석됐다. 특히 전체 노동자의 거센 반대 속에 강행되고 있는 비정규직 개악입법, 그리고 노동기본권을 송두리째 박탈할 것으로 우려되는 노사관계 로드맵이 한미FTA와 '한통속'이라는 사실도 확인할 수 있었다.

여기서 반드시 짚고 넘어갈 것이 있다. 이렇듯 한미FTA로 한국 노동자·민중의 삶이 파괴된다면 그 반대급부는 미국민 전체에게 돌아갈 것인가? 아니다. NAFTA 체제 10년의 경험은 결코 그렇게 되지 않는다는 것을 우리에게 보여준다.[33]

미국에서는 NAFTA 체결 이후 10년 동안 전체 3백만 개의 제조업 일자리 중 6분의 1이 사라졌다. 높은 임금과 연금을 받던 제조업 노동자들이 예전에 받던 임금보다 23~77% 줄어든 새로운 일자리를 서비스부문에서 찾을 수밖에 없었고, 이런 일자리에서는 연금이 거의 없거나 아예 없었다. NAFTA는 미국인의 75%를 차지하는 대학졸업 미만의 인구가 취업할 수 있는 일자리에 변화를 줌으로써 수백만 미국 가계의 경제적인 안정을 파괴했다. 미국 경제정책연구소에 따르면 이미 2000년까지 NAFTA로 인해 미국에 있던 76만 6천 개의 일자리와 고용기회(NAFTA의 공장 이전 인센티브가 없었다면 계속 남아 있을 일자리)가 사라졌다고 분석했다.

---

33) Public Citizen, "The Ten Year Track Record of the North American Free Trade Agreement", Public Citizen, 2003. 〔변정필 옮김, 「북미자유무역협정(NAFTA) 10년의 기록」, 『진보평론』 23호(2005년 가을), 25호(2006년 봄).〕

고용뿐만 아니라 노동조건과 노동기본권도 크게 악화됐다. 1946년에서 73년까지, 중간임금은 80%가 상승했다. 그러나 미국 경제활동의 몫에서 무역이 차지하는 비중이 30년 전보다 두 배 증가했음에도 1973년에서 2000년도까지 미국의 중간 임금은 거의 변동이 없었다. 그 배경에도 NAFTA가 자리하고 있다.

NAFTA 발효 이후 생산시설을 멕시코로 이전하기가 쉬워지면서, 관리자들은 노동자들의 임금 및 연금 인상요구에 대해 생산시설 이전을 협박수단으로 사용하는 경향이 강해졌다. 특히 노동자들이 권리를 요구하기 위해서 노동조합을 결성하려고 할 때 이런 위협은 더욱 심해졌다. 코넬대학교의 한 연구에서 400개의 노동조합 인정 캠페인을 조사했는데, 이동가능한 산업(제조업, 통신업, 도매/유통 등)의 사업장 중 68%에서 공장이전 협박이 있었다. 이중 18%의 고용주들은 만약 노동조합을 만들게 되면 다른 국가, 특히 멕시코로 공장을 이전하겠다고 직접적으로 협박했다. 이 연구는 NAFTA이전에 비해서 NAFTA가 효력을 발휘한 이후에 공장이전 협박이 증가했고, 이런 협박이 없었던 캠페인(51%)에 비해 폐쇄 협박이 사용된 캠페인에서 노동조합의 성공 비율(31%)은 낮았다는 사실을 보여준다.

농민의 사정도 이와 크게 다르지 않았다. 미국정부의 연구에 따르면, 1995년에서 2002년 사이에 미국에서는 38,310개의 농가가 사라졌고, 2000~2005년 동안 남아 있는 농가의 76%가 가계적자를 면치 못했다. 다시 말해 NAFTA가 잘 알려진 대로 멕시코 경제에 궤멸적 타격을 입혔을 뿐만 아니라 미국 노동자와 농민에게도 그에 필적하는 피해를 입혔다는 것이다.

물론 이런 '재앙'의 맞은편에는 반대급부를 챙기는 부류가 있게 마련이다. 소규모 농민들이 땅에서 손을 떼는 대신 소수의 거대기업농이 세계적으로 사상 최대의 시장점유율을 장악했다. 미국의 상위 3개 기업인 카길, 아처대니얼스, 젠노는 미국 옥수수의 80% 이상을 수출했다(이는 1990년보다 9% 올라간 것이다). 4위권 안에 드는 닭 관련 기업이 미국 가공생산시장의 절반 이상을 장악했고, 타이슨푸드는 육류포장업체인 비프아메리카와 합병해 소, 돼지, 닭 생산관련 세계 최대기업이 됐다. 또한 무역자유화로 대학학위가 없는 미국 노동자들이 12.2%의 임금손실을 입은 사이에 미국기업의 이윤은 1990년대에만 88% 상승했고, CEO의 보수는 463% 상승했다.

이런 NAFTA 10년의 결산서는 한미FTA에서도 재현될 가능성이 높다. 결국 한미FTA는 한미 양국의 노동자·농민을 희생양으로 미국계 초국적 자본과 (이미 초국적 자본의 반열에 들어선) 국내 독점자본의 이해를 관철하게 될 것이다.

이렇듯 서두에서 던졌던 '누구를 위한 한미FTA인가' 라는 물음의 답은 다수 국민이 아님을 확인할 수 있다. 그러나 정부와 한미FTA 추진론자들은 매우 기술적인 접근방식을 취하고 있다. 산업별·분야별 득실을 따지는 데 몰두하면서 그 결과를 바탕으로 "타격을 입는 분야도 있지만 결과적으로 이익이니 대를 위해 희생을 감수해야 한다"고 목소리를 높인다. 그러면서 생존권을 지키기 위한 반대투쟁은 '집단이기주의' 로 몰아붙인다. 내부분열은 대미 협상력을 떨어뜨려 전체 국익을 위한 합리적인 선택을 방해한다는 것이다.[34] 이런 주장이야야말로 적반하장이자 진실왜곡이다. 진실은 노무현 정권과 추진론자들이야말로 다수국민의 희생을 담보로 극소수 내외자본의 이익을 추구하는 계급이기주의자들이라는 점이다.

---

34) 관계부처합동, 앞의 책.

정작 내부분열을 부추기는 세력 또한 이들이다. 이들은 "피해가 예상되는 일부를 제외하고는 모두에게 이득이니 보조를 맞춰 반대세력을 제압하자"고 속삭인다. 만약 노동자·민중이 이들의 선동에 장단을 맞춰 산업별·부문별 득실에 따라 그 행보를 결정한다면 그것이 바로 재앙으로 가는 길이 될 것이다.

한미FTA 체결이 환경에 미치는 영향

임지애[*]

1. 들어가며

한미FTA가 체결되면 우리의 환경은 좀더 좋아질 것인가, 반대로 나빠질 것인가? 아니면 한미FTA는 경제협상일 뿐 환경과는 전혀 상관없는 문제인가? 정부는 한미FTA 추진 목적을 밝히면서 "한미FTA는 우리 경제사회 시스템 전반을 선진화시키고 경쟁력을 높이기 위한 전략적 선택'이며 '한미FTA를 통해 국민들의 선택권은 더욱 다양해지고 결국 국민의 후생수준은 높아질 것이다"[1]라고 기대효과를 예측하고 있다. 하지만 이런 정부의 기대에 대해 많은 국민들은 큰 우려를 표하고 있다. 정부는 한미FTA 추진 목적이나 경제적 기대효과[2]는 언급하면서도 한미FTA 체

---

[*] 환경운동연합 기업사회책임팀 국장.

[1] 정부는 이외에도 "한미FTA 체결시 국민소득·후생수준·교역생산·고용확대 등 전부분에서 상당한 경제적 이득이 예상되며 보다 중요한 것은 단순한 수치로 환산할 수 없는 '질적 효과'"(미국시장의 안정적 확보, 통상마찰완화, 국가경쟁력제고, 외국인투자증대, 식료품 등 서민가계복지에 직결되는 물가의 하락과 서비스 질 개선으로 국민의 삶의 질을 향상)가 있을 것이라고 전망하고 있다(통상교섭본부, 「한미FTA 추진현황과 향후계획」, 외교통상부, 2006).

[2] 정부가 밝힌 기대효과와는 달리 양극화의 심화, 중소서비스업 및 농업 붕괴 등의 사회경제적 문제가 심화되는 반면 경제적 이익은 많지 않을 것이라는 분석도 있다.

결이 국민의 환경과 안전에 어떤 영향을 미칠 것인지, 이에 대한 정부의 대응계획은 무엇인지에 대해서는 어떠한 대안도 내놓지 않고 있다.

NAFTA 체결 후 멕시코와 캐나다 정부가 다국적 기업에게 제소당하고 이들의 환경규제가 기업의 이익 앞에 무력화되어 국민의 환경권과 자연환경이 훼손되는 현실을 보면서도, 정부는 한미FTA로 늘어날 무역수지와 수출량에 대해서만 얘기하고 있다. 우리는 1970~80년대 경제개발 위주의 국가발전전략으로 인해 환경오염과 자연의 파괴라는 엄청난 대가를 치렀지만 이제는 경제뿐만이 아닌 환경과 사회를 함께 고려한 '지속가능한 발전'을 국가의 주요 발전전략으로 삼고 있다. 환경적으로 건전하고 지속가능한 발전이란 환경보존과 경제적 효율성, 사회적 형평성이라는 세 가지 측면을 상호조화시키면서 발전을 추진하는 것으로 경제발전 위주의 단편적 발전전략보다 진전된 통합적 발전전략이다. 그러나 규제완화와 자본의 무국경화로 대표되는 현재의 신자유주의 세계경제 체제 하에서 국가의 지속가능발전 전략은 정부와 기업, 시민사회의 적극적 의지와 노력이 전제됐을 때에야 비로소 가능한 것이다.

정부는 한미FTA를 추진하기에 앞서 지속가능한 발전 전략 하에 한미FTA를 분석해보았는가? 정부는 한미FTA 추진협상에 앞서 미국측에서 제안한 4대 핵심쟁점[3]을 수락한 바 있으며 그 중 수입차에 대한 배기가스 배출규제 기준강화의 2년 유예조치나 광우병으로 인해 수입이 금지됐던 미국산 쇠고기의 수입 재개 결정은 국민의 건강과 환경에 바로 직결된 문제였다. 하지만 정부는 이런 중요한 결정에 앞서 국민의 의견

---

3) 미국이 FTA협상에 앞서 선결과제로 제시한 핵심쟁점에는 한국의 자동차와 의약품 수입장벽, 미국산 쇠고기 수입금지, 외국영화상영을 제한하는 스크린쿼터의 철폐가 포함된다. 정부는 광우병 파동으로 금지된 미국산 쇠고기의 수입재개를 2006년 1월 13일 발표했으며, 자동차 배기가스 규제강화 방침 적용을 수입차에는 2년간 유예하는 조치를 2005년 11월 6일 발표했다(이해영, 「한미FTA에 대한 비판적 고찰」, 신진보연대 주최 국회세미나 발제문, 2006).

을 수렴하는 어떤 과정도 거치지 않았다. 한미FTA 추진에 앞서 미국측 핵심요구안을 처리하면서 보여줬던 정부의 결정과정과 내용은 한미FTA 체결이 국민의 건강과 환경에 어떤 영향을 줄 것인지를 예견할 수 있는 본보기가 되고 있다.

상품선택의 다양성이 국민의 후생수준을 높일 것이라는 예측을 하기에 앞서 그 상품들의 안전성을 보장하는 것이 정부의 책임이 아니겠는가? 따라서 정부는 자유무역협정을 통한 국가간 교역의 확대와 경제통합의 제고는 국가경제의 생산소비자원이용의 변화에 따라 상당한 환경파급효과를 유발할 수 있으며 궁극적으로는 환경오염, 생태계 파괴, 자원고갈의 원인이 될 수도 있다는 점을 염두에 두어야 할 것이다.[4]

한미FTA의 경제적 이익 계산보다 국민의 건강과 환경에 어떤 영향을 미칠지에 대한 정확한 분석이 선행되어야 할 것이다. 이런 전제 하에서 이 글은 한미FTA가 환경에 미칠 영향에 대해 분석하고자 한다. 17개 협상의제 중 하나인 협의의 환경의제를 다루기보다는 광의적 개념의 환경의제를 기준으로, 환경과 안전에 영향을 줄 수 있는 한미FTA 제반 의제의 문제점을 지적할 것이다. 이 글에서 다루게 될 주요 내용은 환경규제완화와 환경 분쟁 등의 환경주권 문제, 위생검역제도와 관련된 식품 안전의 문제, 물의 사유화 문제, 농업의 환경적 가치 문제 등이다.

2. 환경주권의 문제 : 환경규제완화와 환경분쟁

한미FTA가 체결되어 운용되면 자유무역협정의 기본원칙인 '내국민대

---

4) 강상인·김재준, 『자유무역협정(FTA)의 환경친화성 제고방안』, 한국환경정책평가연구원, 2003.

우'의 원칙과 '최혜국대우'의 원칙, 현지 정부의 정책으로 제안되는 의무사항에 대한 '이행의무부과금지'[5]의 원칙이 적용된다. 자유무역협정이 지향하는 '공정하고 공평한 대우의 원칙'을 위한 이 3가지 원칙은 국가의 환경 법률과 규제, 국제적 환경협약을 공정하고 공평한 대우를 저해하는 요소로 간주하며 환경주권을 위협하고 있다. 특히 환경규제를 둘러싼 분쟁이 발생할 경우 개인이나 기업이 상대 국가를 국제 법원에 제소할 수 있는 '국가에 대한 제소권'을 발휘할 수 있으며 이는 국내법에 우선한다.

그러나 공정하고 공평한 대우를 위한 위의 원칙은 다음의 두 가지 측면에서 환경에 부정적 영향을 미치게 된다.[6] 첫째, 투자대상국이 공해산업의 이른바 '환경덤핑'으로부터 자신을 보호하기 위해 자국에서 생산되지 않는 유독물질이나 방사성폐기물 등을 처리·폐기하는 산업분야에서의 외국인 투자를 금지하는 법률을 두고 있는 경우, 그것은 외국인 투자자에게만 적용되는 차별적 대우에 해당하므로 '내국민대우' 조항에 명백히 위배된다. 따라서 다국적자본이 유해폐기물 처리를 목적으로 하는 쓰레기처리시설을 설치하더라도 국가가 그것을 제한할 수 없게 되는 등 매우 심각한 결과를 가져올 수 있다.

둘째, 내국민과 외국인 투자자들에 대해 대등한 환경규제를 하려고 하는 경우에도, 외국기업은 그런 환경규제가 차별적인 효과를 가져온다는 이유로 규제에 반발할 수 있다. 예컨대 광물이나 동식물 등 천연자원 개발을 제한하는 입법을 한 경우, 그런 제한이 누구에게나 똑같이 적용

---

5) "국내부품조달 및 제품사용비율의무, 생산수출 등과 연계된 수입제한, 특정물품·지역 등에 대한 수출의무, 기술 생산공정 지적재산권 등의 이전의무, 연구개발기금출연의무 등 이행의무를 부과할 수 없다"는 취지의 규정을 말한다.
6) 여영학, 「한미FTA가 국내환경제도 및 법률, 국제환경협약과 이행에 미치는 영향」, 『한미FTA와 환경 : 한미FTA가 환경과 생명에 미치는 영향』, 한미FTA 환경대책위원회, 2006.

된다 하더라도, 외국인 투자자들은 그런 제한이 이미 큰 몫을 차지하고 있는 자국기업을 보호하기 위해 외국기업의 진입을 차단할 의도로 취해진 것이라고 주장할 수 있는 것이다.

지난 1차 워싱턴 협상에서 한미 양국은 '이행의무부과금지' 조항에 합의했는데, 이로써 환경보호를 위한 재활용의무 부과나 생산 기술, 공정 의무 등을 규제하는 것이 '이행의무부과금지' 조항에 저촉된다는 주장도 가능하다. 정부가 협상 이전에 미국의 압력에 밀려 1만 대 이하 수입차에 대해 2년간 배기가스 배출규제기준 강화 방침을 유예한 것은 대기보전정책의 역행이며 환경규제의 제한이다. 또한 지난 1차 협상 중 미국측에서는 자동차세 기준을 배기량 기준에서 가격, 연비 등의 기준으로 변경하라고 요구했는데 이는 미국산 대형차에 대한 세금을 낮춰 판매를 늘리겠다는 전략으로 이 역시 환경적 측면에서 배기량이 낮은 차량을 권고하고 있는 우리 정책에 배치되는 사항이다.

한미FTA 중 환경 분야의 모델이 되는 것이 NAFTA의 보충협정인 북미환경협력협정(NAAEC)이다. 이 협정에는 NAFTA의 조항이 환경조약의 모법이 되는 '바젤협약', 'CITES' (멸종위기에 처한 야생동식물의 거래에 관한 협약), '몬트리올 의정서'와 충돌할 경우, 환경조약이 우선한다고 규정되어 있다.[7] 그러나 지구온난화 대처에 유보적인 자세를 보이고 있고, 유전자 조작식품의 안전성 문제제기에 대해 과학적 근거를 이유로 묵살하고 있는 미국이 환경관련 분쟁이 발생했을 때 '기후변화 협약', '생명공학 안전성 의정서', '생물다양성협약' 등을 모법으로 적용할지는 의문이다.

---

7) The Worldwatch Institute, *State of the World, 2004 : A Worldwatch Institute Report on Progress toward a Sustainable Society*, New York : W.W.Norton, 2004. [오수길·진상현·남원석 옮김, 『지구환경보고서 2004』, 도요새, 2004.]

3. 위생검역조치의 완화 : 식품안전이 위협당한다

한미FTA가 체결될 경우 세계적인 농축산물 생산국가인 미국의 농축산물이 한국으로 대량 유입될 예정이다. 정부는 우리의 식료품 가격이 세계적으로 높은 수준이므로(쇠고기 1위, 감자 2위, 사과 3위) 한미FTA가 체결되면 식료품 가격 등 서민의 가계 복지에 직결되는 물가의 하락과 서비스상품의 질 개선으로 이어져 국민의 삶의 질이 향상될 것이라고 한다.[8] 그러나 식품가격의 경제성에 앞서 식품의 안전성이 보장되지 않는다면 저렴한 가격의 식품제공은 다양한 상품의 선택권을 제공하는 것이 아니라 국민의 건강을 위협할 수 있는 요소를 정부가 관리하지 않는 것이 된다. 거대 다국적 곡물기업과 거대 공장형 축산을 하고 있는 미국은 자국의 농축산물의 수출을 늘리기 위해 위생검역조치(Sanitary and Phytosanitary Measures, SPS) 완화를 적극 요구할 것으로 예상되며 지난 1차 협상에서는 이로 인해 위생검역 분야에 대한 통합협정문[9] 작성조차 실패한 상황이다.

미국측은 한국의 정당하지 않은 위생검역 조치 철폐와 검역마찰 해결을 위한 상설협의기구를 요구했다. 그러나 WTO의 위생검역조치 협정 이외에 별도의 위원회를 설치할 경우 우리 정부의 위생검역 관련 사항에 대한 지속적인 미국의 개입이 우려된다. 즉, 최근 문제가 되고 있는 쇠고기, 가금류, 유전자변형 농산물, 화학물의 잔존량 테스트, 친환경 농산품, 의약품과 의료기기 정책을 비롯해 다양한 분야의 한국의 위생검역 정책결정에 미국의 제도적 개입이 발생할 수 있다.[10]

---

8) 통상교섭본부, 앞의 책.
9) 양국간에 합의된 항목은 단일 문구로 기재하고, 합의되지 않은 항목은 양측 입장을 나란히 기재한 협상기초자료.

WTO는 위생검역조치에 관한 협정을 통해 "동식물에 대한 위생 및 검역조치가 무역장벽이 되지 않아야 한다"고 규정하면서 각국의 위생검역 규제조차도 공정경쟁을 위협하는 무역장벽으로 보고 있다. 미국이 WTO 이외에 별도의 위원회 설치를 요구하는 것은 공정경쟁을 위한 규제완화라는 WTO의 입장에서 더 나아가 우리의 위생검역정책에 적극적으로 개입하고자 하는 의도를 표명하는 것이다.

2004년 광우병 사태로 미국산 쇠고기의 수입이 중단된 이후 다시 수입을 재개할 만한 안정적 조치가 추가로 보완되지 않은 상태이고 지난 2006년 3월에 다시 광우병소가 발견됐음에도 정부는 수입을 재개할 예정이다. 미국은 2006년 4월 3일 발표된 『무역장벽보고서』에서 모든 부위의 쇠고기를 즉각 개방하도록 촉구하는 한편 쇠고기 수입개방 확대를 협상의 주요의제로 삼을 뜻을 분명히 밝힌 바 있다.[11] 또한 현재 국내의 「식품안전기본법」은 식품의 개념을 한정적으로 규정함으로써 원재료의 생산과 가공, 소비의 모든 과정에서 안전을 책임질 수 없는 상태에 있다. 이러한 구조에서 광우병 쇠고기가 수입된다면 적절한 조치를 취하기 어렵다.

한편, 미국은 전세계 유전자조작식품(GMO) 재배면적의 67%를 차지하는 세계 최대의 유전자조작식품 생산국이자 수출국이다. 미국에서 생산되는 콩의 35%, 옥수수의 25%가 이 유전자조작식품인 것으로 추정되고 있다. 미국은 유전자조작 농산물에 대해 "안전하지 않다는 과학적 근거가 없다"는 입장을 취하면서 불공정 무역이라는 이유로 유전자조작 농산물에 대한 수입규제나 GMO표시제 철폐를 주장하는 대표적인 국

---

10) 한미FTA 특별위원회, 「한미FTA 한국측 협정문 초안 분석 및 협상 전략에 대한 비판」, 민주노동당, 2006.

11) 송창석, 「미 "공기업 매각·뼈 포함 쇠고기 수입" 압박」, 『한겨레』, 2006년 4월 3일.

가이다. 지난 1998년 EU는 유전자조작 콩과 옥수수 식품에 그 표시를 의무화하는 법을 통과시켰으며 한국을 비롯한 호주, 일본 등도 유전자조작표시를 의무화하고 있다. 그러나 미국기업들은 유전자조작표시 의무화가 무역장벽이라며 문제제기했다. 미국정부도 아르헨티나 및 캐나다와 힘을 합쳐 이런 EU의 정책을 공식적으로 WTO에 제소했고 몇 달 뒤 유럽의회는 유전자조작 함유식품이라는 표기를 추적할 시스템을 갖추는 조건으로 유전자조작 함유식품이 유럽에서 판매될 수 있도록 EU의 법을 통과시킨 바 있다.[12]

지난 1992년 6월 지구정상회의에서 합의한 환경과 개발에 대한 리우선언은 "심각하고 돌이킬 수 없는 파괴의 위협이 존재하는 곳에서는 과학적 확실성의 결여를 이유로 비용-효과적인 조치를 늦출 수 없다"고 명시하고 있다. 반면 WTO의 조항은 건강과 안전에 관한 법률은 과학적 원리에 기초해야 하며 불충분한 과학적 근거로는 지속될 수 없다고 규정하고 있다. 표면상으로는 WTO의 이런 요건이 합리적인 것처럼 보이지만 실제는 사전규제를 불가능하게 만드는 측면이 있다.[13] 요컨대, 한국에서 현재 실시되고 있는 GMO표시제를 미국은 수입의 장애요소로 간주하고 있으며 식품안전을 위한 자국민들의 노력 역시 하나의 무역장벽으로 인식할 뿐이다.

이렇듯 글로벌 경제체제에서 개인은 식품안전뿐만 아니라 생명안전도 본인의 의지와 상관없이 제한 받고 있다. 건강 및 환경영향에 대해 소비자들 스스로 안전을 지킬 수 있는 권리들이 보장되어야 할 것이다.

---

12) The Worldwatch Institute, ibid.

13) Hilary F. French, *Vanishing Borders : Protecting the Planet in the Age of Globalization*, New York : W.W. Norton. 〔주요섭 옮김, 『세계화는 어떻게 지구환경을 파괴하는가』, 도요새, 2001.〕

4. 물의 사유화

한미FTA 본 협상에서 미국은 공기업의 민영화를 촉구할 것으로 예상되고 있다. 미무역대표부는 지난달 31일(현지시각) 대통령과 의회에 전달한 『무역장벽보고서』에서 2005년에는 한국에서 민영화된 공기업이 하나도 없으며 공공서비스를 공기업이 운영하는 것은 '공정한 경쟁의 방해이자 투자 장벽'이라고 밝힌 바 있다.[14] 또한 지난 2월 16일 환경부, 건설교통부 및 산업자원부는 「물 산업 육성방안」을 확정 발표했다. 그 주요 내용으로는 2015년까지 국내 물 산업 규모를 20조 원 이상으로 키우고 세계 10위권의 기업을 2개소 이상 육성한다는 목표를 두고 상하수도 서비스업의 구조 개편, 상하수도 인프라 개선, 물 산업의 수출역량강화, 먹는 샘물의 세계적 브랜드 육성 등의 과제들이 제안되었다.[15]

정부는 물 산업 육성방안이 공기업의 효율성을 높이고 정부의 물 산업경쟁력을 높이기 위한 중장기 계획이라고 밝혔지만 그 핵심은 정부에 의해 공공서비스로 제공되던 상하수도 서비스의 민영화에 있다. 정부의 민영화 추진계획과 미국의 공기업 민영화의 요구가 접목됐을 경우 공공재는 몇몇 기업에 의해 사유화되어 더 이상 공공재로서의 의미를 가질 수 없게 될 것이고 공공성도 침해받게 될 것이다. 또한 사유화되어 제공되는 서비스는 수용자의 경제능력에 따라 차등 적용될 것이다. 민영화 추진에 앞서 수돗물에 대한 국민들의 신뢰도를 높일 수 있고 농어촌 지역의 상수도 보급률을 높일 수 있는 방안이 선행되어야 할 것이다. 또한 국내 상수도 서비스가 지자체와 공기업을 중심으로 운영되어 효율

---

14) 송창석, 앞의 글.
15) 산업자원부·환경부·건설교통부, 「물 산업 육성방안」, 보도자료첨부문서, 산업자원부·환경부·건설교통부, 2006년 2월 14일.

성이 낮다는 지적[16]은 민영화가 아닌 경영전반에 대한 종합 점검 등을
통해 경영합리화의 방안이 마련되어야 할 것이다.

5. 농업의 환경적 가치

미국은 2006년 4월 3일 발표한 『무역장벽보고서』에서 쌀시장 개방을 요
구한 바 있으며 정부 또한 농업부문에 대해서는 피해 최소화 및 구조조
정 촉진 차원에서 접근하고, 범정부적인 보완대책을 협상진행과 병행해
마련한다고 밝힌 바 있다.[17] 그리고 지난 1차 협상에서도 정부는 한국의
국내농업보호를 위한 최소한의 안전장치로 농산물세이프가드(긴급수입
제한조치) 도입을 제안했으나 미국은 명확히 거부의사를 밝힌 바 있다.

그런데 농업은 특정계급, 계층을 위한 산업이기 이전에 국가의 식
량안보와 균형적인 지역발전을 위한 산업으로, 획일적 경제논리에 의해
저울질 되어서는 안 된다. 농업이 가지고 있는 식량안보의 가치, 환경적
가치(물 저장, 홍수방지, 생태계 서식지, 기온 저감 등)와 인류문화를 만들
어내고 지탱시켜온 문화적 가치 등은 상품으로 팔릴 수 없는 주요한 '농
업의 다원적 기능' 이다. 농산물의 경쟁력과 환경친화성을 고려한 유기
농업의 확대는 농업의 새로운 대안으로 각광을 받았으며 지역 공동체의
매개가 되기도 했다. 하지만 미국의 유기농산품이 대량 수입될 경우 국
내의 유기농업과 공동체는 매우 큰 타격을 파하기 어려울 것이다.

국제적 농산물의 자유무역거래는 원거리 대량수송으로 에너지 낭

---

16) 산업자원부·환경부·건설교통부, 앞의 글.
17) 통상교섭본부, 앞의 글.

비를 유발할 뿐만 아니라 세계화된 작물의 생산과 유통으로 자원의 지역순환체계를 붕괴시키고, 각 지역의 자연환경과 기후에 기초한 지역농업을 사라지게 함으로써 해당 지역의 생물 종 다양성을 파괴한다.[18] 원거리를 수송해온 유기농산품은 유기농업이 가진 지역순환체계를 벗어난 제품으로 근본적으로는 더 이상 유기농산품이라 부를 수 없다.

1996년 채택된 「세계식량안보에 관한 로마선언」은 "모든 사람이 안전하고 영양가 있는 식량에 접근할 수 있는 권리와 적절한 식량을 얻을 권리가 있다는 것"을 확인했다. 식량 주권(People's Food Sovereignty)을 증진시키는 것이야말로 모든 사람이 적절하고 안전한 식량을 공급받고 기아에서 해방될 권리를 보장하는 유일한 방법이며, 따라서 장기적으로 WTO의 규정들이 식량과 농업 분야에 적용돼서는 안 된다고 밝힌 바 있다.[19]

6. 한미FTA에 대한 전략적 환경영향평가를 실시해야

한미FTA에서는 모두 17개 분야, 1만여 개의 구체협상이 진행될 예정이다. 하지만 한미FTA가 당사국간의 경제통합 정도를 높이는 것 외에, 그것이 가져올 환경적·사회적인 영향에 대한 분석과 전망은 부족한 형편이다. 2006년 4월 24일 국회토론회에서 이경태 대외경제정책연구원장은 "FTA가 체결되면 우리나라 실질GDP는 7.75%, 후생수준은 6.99% 증

---

18) 환경운동연합 외, 「지속가능한 사회의 기반을 무너뜨리는 한·칠레 자유무역협정(FTA) 국회비준 반대한다」, 한·칠레FTA 국회비준에 반대하는 환경·학교급식운동단체 성명서(2월 6일), 환경운동연합 외, 2004.
19) 농업무역분과, 「지구의 벗 TES프로그램의 최종보고서」, 지구의 벗, 2003.

가할 것으로 추정된다"[20]고 했으며, 외교통상부 공식문서에서도 대미무역수지가 최대 127억 달러에 이를 것으로 추정하고 있다. 그러나 정부의 FTA협상 기대효과는 무역수지 등 단순 경제수치 측면에 머물러 있으며 경제이익 여부와 규모에 대해서도 상반된 추정들이 발표되고 있다.

국내에서는 일정 규모 이상의 개발 사업을 추진할 경우 개발로 인한 환경영향을 예측하는 환경영향평가를 실시하고 있으며, 나아가 사전 계획단계에서부터 환경영향 정도를 평가하는 전략환경영향평가의 개념이 도입되고 있다.[21] 하지만 국민 전체의 생활에 직접적 영향을 끼치고 모든 산업을 새롭게 편재, 조정하는 규모로 자유무역협정 체결이 진행되는데도 이 영향에 준하는 사전 평가나 예측은 제대로 이뤄지지 않고 있다. 자유무역협정에 대해서는 환경·경제·사회적 측면에서 통합적이고 전략적인 평가가 진행되어야 할 것이며, 자유무역협정 논의과정에서부터 평가가 이뤄질 수 있도록 제도적 장치를 마련해야 할 것이다.[22]

7. 나오며

지금까지 한미FTA가 환경에 미칠 영향을 환경규제완화와 환경분쟁 등 환경주권의 문제와 식탁안전의 문제, 물의 사유화 문제, 농업의 환경적 가치 분야를 중심으로 지적했다. 정부는 한미FTA 체결이 우리 경제사회 시스템 전반을 선진화시키고 경쟁력을 높이는 '전략적 선택'이라고 하면서도, 한미FTA 체결이 환경적·사회적으로 미칠 영향에 대해서는 아예 예측이나 평가를 하지 않고 있다.

한미FTA가 체결될 경우, '공정하고 공평한 대우의 원칙'을 위해 국내외 환경규제나 위생 및 검역조치의 기준을 완화할 가능성이 크며, 이

로 인해 식품의 안전성은 위협받게 된다. 다른 나라의 경험에서 볼 수 있
듯 상하수도 민영화로 공공재인 물이 사유화된다면 공공서비스의 기본
원칙마저 무너지고 말 것이다. 농산물 개방으로 농업이 붕괴되면 농업
이 가진 환경적 가치와 기능은 축소되거나 마비되어 막대한 추가 환경
비용을 쏟아부어야 할지도 모른다. 이외에도 전기·가스산업의 민영화
가 환경에 미칠 영향과 지적재산권으로 인한 생물다양성에 대한 위협[23]
등의 문제가 있는데 이에 대해서는 추후 더 많은 연구가 필요할 것이다.

　　또한 산업구조조정으로 인한 산업간, 산업 내 변동으로 인한 환경
질 저하 문제에 대해서도 추후 많은 논의가 있어야 할 것이다. 멕시코의
경우 북미자유무역협정 체결 이후 수출산업 중 80%를 2% 미만의 기업
들이 장악하고 있는데, 이들은 대부분 미국에 기반을 둔 기계, 섬유, 화
학분야의 다국적 기업들로 '독성이 강한 위험 물질을 처리하는 산업'에
속한다.[24] 유전자조작식품과 광우병 쇠고기 등으로부터 국민의 식탁을
안전하게 지킬 수도 없고, 투자자와 기업의 자유를 최우선으로 보장하

---

20) 임민혁, 「성난 '올드보이' 노대통령 공격 최민식씨 "FTA 추진 상식과 도 넘어서"」, 『조선일보』,
　　2006년 4월 25일.
21) 전략환경영향평가(Strategic Enviromental Assessment, SEA)는 개별 사업 수준에서 나타나는
　　환경영향을 정책계획 단계에서 검토하고 사전예방을 통해 환경과 개발이 조화를 이루는 지속
　　가능한 개발을 유도하기 위한 수단으로 도입되었다. 이 제도는 상위단계의 정책계획 프로그램
　　(Policy Planning Program, PPP) 수준에서 환경영향을 고려해 평가하는 과정이므로 개별 사업
　　수준에서 나타나는 환경영향을 정책계획 수준에서 미리 단계적으로 검토해 사전예방적 환경영
　　향평가의 목적을 달성할 수 있게 해주며, 불필요한 사업별 환경영향평가를 방지해 시간과 비용
　　을 절약하고, 효율적인 환경영향평가제도의 정착에 기여할 수 있다.
22) 강상인·김재준, 앞의 글.
23) 종자다국적 기업들은 생물자원에 대한 특허신청을 활발히 하고 있으며, 이로 인해 생물다양성
　　이 줄어들고, 생태계 전반에도 좋지 않은 영향을 미치는 등 심각한 문제가 발생하고 있다. 따라
　　서 개발도상국들이 지적재산권의 재검토와 유예기간의 연장을 제안했지만, 미국과 EU의 반대
　　로 조금도 진전되지 않고 있다(임지애 외, 「특집 : 한미FTA 무엇이 문제인가」, 『농민과 사회』 40호,
　　한국농어촌사회연구소, 2006).
24) 임지애 외, 같은 글.

는 경제 논리 앞에 우리의 환경주권을 침해당할지도 모른다는 우려가 기우만은 아니다. 그럼에도 정부는 무슨 근거로 한미FTA를 장미빛으로만 포장하는가?

한미FTA가 국민생명안전과 환경에 미칠 영향에 대한 정부의 입장은 무엇이고 대안은 무엇인가? 정부는 무조건 체결부터 하고 보자는 식의 태도를 버리고, 이제라도 한미FTA 체결이 미칠 환경적·사회적 영향을 먼저 평가해야 할 것이다. 협상과정도 밀실에 숨기지 말고 투명하고 당당하게 공개해야 할 것이다. 한미FTA 협상의 주체는 한국정부와 미국정부가 아닌 한국정부와 미국에 모 기업을 가지고 있는 다국적 기업들이다. 지속가능사회에서의 경제성장은 소수를 위한 것이 아닌 국민 다수가 함께 부유해지고 안전과 정신적 풍요를 유지할 수 있는 성장이다. 이런 경제성장은 환경을 보존하고 경제적으로는 효율적이며 사회적으로는 공평한 성장이어야 한다. 이런 이유에서 소수 다국적 기업의 이익을 위한 경제세계화가 아닌 인간적 세계화의 전략이 절실한 때이다. 자유무역협상은 지속가능사회의 지향을 명확히 하고 각 지역의 다양성이 존중되는 가운데 진행되어야 할 것이며, 지속가능한 한도 내에서 소비와 생산을 촉진하는 데 필요한 정책 혁신의 추진 기회를 제공하고 '녹색의 소비재'를 교역하고 지구적 지속가능성을 높이는 방향으로 활용되어야 할 것이다.

6부

세계의 FTA

중국의 대외개방정책과 FTA정책

이남주[*]

1. 중국의 대외개방전략과 FTA

개혁개방정책이라는 표현에서 알 수 있듯이 중국은 경제개혁과 경제개방을 1978년 이후 경제발전정책의 두 가지 주요 목표로 삼았다. 그러나 시기에 따라 그 구체적인 내용과 개혁·개방 사이의 관계에 적지 않은 변화가 있었다. 대외개방에 초점을 맞춰보면 그 변화는 다음과 같은 세 단계로 나눌 수 있다.

첫째 단계는 1978년에서 1992년까지 수출주도형 발전전략이라는 틀 내에서 대외개방을 추진한 시기이다. 중국은 개혁개방 초기 새로운 경제발전정책을 모색하는 데 일본과 한국 등의 수출주도형 발전전략을 참고로 했다. 개혁개방 이전 계획경제 시기 무역은 경제성장에 필요한 기술설비, 자원의 수입과 이에 필요한 외화획득을 위한 수출이라는 매우 제한적인 목표에 따라 이뤄졌으나 개혁개방 초기에는 무역을 경제성장의 동력으로 활용하기 시작했던 것이다. 이를 위해 제국주의 이론으

---

[*] 성공회대학교 중국학과 교수.

로 공격을 받았던 '비교우위론'과 '국제분업론'이 복권되어 새로운 경제발전정책을 정당화시키는 이론적 근거로 제시됐다.[1]

이런 전환을 잘 보여주는 사례가 '경제특구'의 설치이다. 1979년 초부터 논의가 시작되어 1980년 8월 선전 등 4개의 도시에 설립된 경제특구는 대만의 가공수출구나 한국의 수출자유지역 등을 모델로 했고 명칭도 '수출특구'로 처음 제안됐다. 실행단계에서 수출만이 아니라 경제개혁의 실험무대라는 의미가 강조되면서 '경제특구'로 결정됐지만 경제특구에서 실시된 정책은 가공무역의 발전을 주도할 수 있는 외국인 투자에 필요한 제도적 환경의 조성을 목표로 하는 것이었다.

1984년 중국공산당 12차 3중전회(中全會; 중앙위원회 전체회의의 약칭)를 전후로 수출지향 발전정책은 더욱 본격적으로 실시되기 시작했다. 1984년 5월 연해 14개 도시를 기점으로, 1985년 2월에는 장강삼각주(長江三角洲), 주강삼각주(珠江三角洲), 민남하장천삼각지구(閩南厦漳泉三角地區) 등 연해지역을 기점으로 개방이 결정되었다. 1985년의 이 결정을 알리는 통지문에서 "수출의 필요에 따라 가공무역을 발전시키고, 가공의 필요에 따라 농업과 원재료의 생산을 발전시키는 생산구조를 형성한다. 그리고 생산품의 질을 부단히 개선하고, 수출증대에 힘을 쏟으며, 외화수입을 증가시켜 대외무역의 중요기지로 발전시킨다"라는 점이 강조되었다. 그리고 이를 위해 수출상품에 대한 부가가치세 환급, 수출상품의 생산을 위한 원료와 설비 수입에 대한 관세 면제 등 가공무역의 장려를 위한 일련의 새로운 정책들이 실시됐다.

이처럼 이 시기의 대외개방은 기본적으로 수출주도형 경제발전정책이라는 틀 내에서 진행됐다. 즉 중국은 국내시장에 대한 보호를 전제

---

1) 李曉西, 「對外開放理論」, 張卓元 主編, 『中國經濟理論50年』, 雲南人民出版社, 1999.

로 한 수출산업의 육성을 목표로 했기 때문에 국내에 끼친 이념적 충격
은 컸지만 직접적인 경제적 충격은 크지 않았다.

　두번째 단계는 사회주의 시장경제론을 채택한 1992년에서 WTO
가입이 이루어진 2001년까지의 시기로 이 시기 중국의 대외개방정책은
수출주도형 발전전략을 넘어서 세계경제와의 일체화 단계로 진입하게
되었다. 중국은 이를 '궤도의 일치(接軌)'라고 표현했다. 이런 변화가 진
행된 데에는 여러 원인이 작용했지만 특히 다음 두 가지의 요인의 영향
이 컸다.

　우선 중국에 대한 시장개방 요구가 점차 증가하기 시작했다. 이는
중국이 수출산업을 육성하면서 대외수출이 계속 증가했기 때문에 피할
수 없는 것이기는 했지만 그 요구의 수준은 다른 개발도상국가가 직면
한 것보다 훨씬 높았다. 사실 1986년 처음 GATT 복귀를 신청했을 당시
만 해도 중국은 제한적 시장개방으로도 세계무역체제로의 복귀가 가능
하다고 생각했다. 그러나 1989년 천안문사태와 1990년 초반 소련 및 동
구사회주의의 붕괴로 냉전체제가 해체되면서 서방 국가, 특히 미국의
중국에 대한 정책이 공세적으로 변했고 이는 중국의 GATT 복귀를 위한
협상에도 반영됐다. 서방 국가는 당시 중국에게 개발도상국가가 아닌
발전국가의 자격으로 GATT에 복귀할 것을 요구했다. 게다가 당시 진행
되고 있었던 우루과이라운드가 농업과 서비스업의 개방을 주요 의제로
했던 점도 시장개방에 대한 요구 수준을 높였다.

　결국 1993년 긴박하게 진행됐던 중국의 GATT 복귀를 위한 협상은
실패했고 중국은 WTO 창립회원의 자격을 얻을 수도 없었다. 그리고 중
국은 세계무역체제로 복귀하기 위한 환경을 조성하기 위해 지속적으로
관세·비관세장벽을 낮춰가기는 했지만 동시에 미국 등 서방 국가가 요
구하는 높은 입장료를 지불하면서 WTO 가입을 서두를 필요가 없다는

주장도 제기되면서 WTO 가입을 위한 협상은 일시적으로 소강상태에 빠졌다.[2]

1990년대 후반부터 중국은 다시 WTO 가입에 적극적인 태도를 취했는데 여기에는 중국 내부의 정치경제적 변화가 중요한 원인으로 작용했다.

중국은 1992년 사회주의 시장경제 모델을 채택하면서 계획경제체제의 핵심적 부분이었던 국유기업, 국유은행, 행정체제에 대한 본격적인 개혁(이를 과거 체제 외에서 새로운 실험을 허용했던 체제 외 개혁과 대비해 체제 내 개혁으로 지칭했음)을 시작했다. 이는 시장경제로의 전환을 위해서는 피할 수 없는 길이기는 했지만 개혁의 수혜자와 피해자 사이의 분화를 촉진하는 결과를 초래했다. 이와 관련해 가장 두드러진 문제는 실업이다. 도시의 등록실업자 수는 1992년 364만에서 1997년에 570만으로 증가했다. 그런데 등록실업자 이외에 시아강(下崗, 고용관계는 사실상 중단됐지만 기업이 피고용자의 사회복지 등 사회관리를 책임지고 있었던 제도적 이유로 소속은 계속 유지되는 상황)이라는 중국의 독특한 실업은 1993년에 300만에 불과했으나 1997년에는 1,151만으로 증가했다. 이 시아강을 포함한 도시실업률은 1993년의 4.48%에서 1997년 처음으로 8%를 넘어섰고, 1999년에는 8.69%에 달했다.[3] 이에 따라 중국 내에서는 과거와는 달리 경제개혁에 대한 저항감이 증가했고 위의 핵심적인 개혁 추진이 점차 어려워졌다. 이런 상황에서 중국의 개혁파 지도부는

---

2) Margaret Pearson, "China's Integration into the International Trade and Investment Regime", Elizabeth Economy and Michel Oksenberg eds., *China Joins the World: Progress and Prospects*, New York:Council on Foreign Relations Press, 1999.

3) 陳佳貴, 『社會保障綠皮書中國社會保障發展報告, 1997~2001』, 北京 : 社會科學文獻出版社, 2001, 123쪽.

대외개방을 통해 국내개혁의 동력을 제공하려는 방향으로 움직이기 시작했다.

중국정부는 1998년 하반기부터 WTO 협상에 적극적인 태도를 보이고 미국과의 협상을 본격적으로 진행하기 시작했다.[4] 그리고 1998년 하반기부터 중국과 미국은 중국의 WTO 가입을 위한 협상을 본격적으로 진행하기 시작했다. 그리고 1999년 초부터 중국의 고위관리들은 당시 국무원 총리였던 주룽지의 4월 미국 방문 때 협상이 타결될 것이라는 가능성을 언급하기 시작했다. 1999년 4월 주룽지의 미국 방문을 앞두고 만들어진 협상안은 중국이 제출했던 과거의 어떤 양보안보다도 구체적이면서도 적극적인 시장개방을 약속하는 것이었다. 미국은 한때 이 제안을 거부해 주룽지를 정치적으로 매우 어려운 처지에 빠뜨리기도 했으나 같은 해 11월 결국 중국의 WTO 가입과 관련한 중국과 미국의 양자협의가 타결됐다. 다만 중국이 EU와의 협의를 타결하는 데 1년여의 시간이 걸리면서 중국의 WTO 가입은 2001년 12월에야 실현됐다. 즉, 대외개방으로 국내의 경제개혁을 촉진하는 동력을 삼고자 한 것이 중국이 WTO 가입에 대해 적극적인 입장으로 선회한 중요한 요인이었다. 이에 따라 중국의 대외개방정책은 수출증대 등 양적인 목표를 강조했던 1980년대와는 달리 국내경제와 국제경제 사이의 상호결합과정을 더욱 중시하는 방향으로 전환됐다.

세번째 단계는 중국의 WTO 가입 이후부터 현재까지의 시기이다. 이 시기 중국은 대외개방과 관련해 새로운 정책을 적극적으로 채택하지 않았다. 그 이유는 WTO 가입에 따라 국내의 제도적·경제적 환경을 정

---

4) Joseph Fewsmith, "The Political and Social Implications of China's Accession to the WTO", *The China Quarterly*, vol. 167(sep.), 2001, pp. 206~208.

비·개선하는 것이 중국 대외개방의 주요 임무가 됐기 때문이다. 특히 2006년으로 중국에게 허용됐던 과도기가 끝나고 2007년부터는 WTO 가입시의 양허안을 모두 실시해야 하는 상황이다. 다만 중국이 FTA를 대외개방의 주요 정책으로 채택하기 시작했다는 점은 대외개방정책에서 새로운 변화라고 볼 수 있다.

2. 중국 FTA전략의 발전

중국이 FTA에 적극적으로 나선 데에는 순수한 경제적 동기가 아니라 안보적 고려가 중요하게 작용했다. 특히 2001년 중국과 아세안이 합의한 중국·아세안FTA의 경우가 이를 잘 보여준다.

중국은 적극적인 대외개방으로 경제성장에 커다란 도움을 얻었으나 다른 한편에서는 대외개방의 확대에 따르는 불안요인 증가를 무시할 수 없게 됐다. 예를 들면 1997년 장쩌민은 중국공산당 15차 당대회의 '정치보고'에서 개방형 경제를 발전시킨다는 기본목표를 제기함과 동시에 "대외개방과 자주독립, 자력갱생의 관계를 올바르게 처리하고 국가의 경제안전을 유지한다"라며 대외개방에 따라 '경제안전' 문제가 제기되고 있음을 인정했다. 1997년 하반기에 발생한 동아시아 경제위기는 경제안전 문제에 더욱 많은 관심을 갖도록 만들었다.[5]

중국은 기존의 대외개방전략에 따라 WTO 가입을 추구하는 등 대외개방을 더욱 확대시켜갔지만 다른 한편에서는 이에 따르는 불안요인을 관리할 수 있는 보완책이 필요했다. 그 보완책의 하나가 지역주의적

---

5) 姜彦福, 『我國國家經濟安全態勢觀察報告, 1999~2000』, 北京 : 經濟科學出版社, 2000.

접근이었다. 북미에서는 NAFTA가 출범하고, 유럽에서는 EU의 경제통합이 화폐통합 단계로 발전하는 상황에서 동아시아에서도 지역주의적 협력을 통해 지구화에 따르는 유동성의 증가에 대응할 필요성이 제기된 것은 당연하다고 할 수 있다.

또한 주변 국가들과의 정치적·군사적 관계를 안정시키기 위한 수단으로 경제협력을 중시하기 시작한 것도 FTA 정책에 커다란 영향을 미쳤다. 중국은 개혁개방 이후 외교정책에서 줄곧 미국, 일본 등 주요 서방 국가들과의 관계 발전을 중시했다. 그러나 1990년대 이후 중국의 부상에 대한 견제가 강화되고 중미관계, 중일관계가 불안정해지면서 주변 지역의 전략적 가치가 증가했다. 중국이 국제무대에서 대국으로서의 영향력을 행사하기 위해서는 주변 국가들과의 관계를 안정시키는 것, 특히 주변 국가에서 중국위협론의 영향이 확대되는 것을 막는 것이 대외정책의 목표로서 중요해진 것이다. 그리고 중국은 주변 국가들과의 관계를 장기적으로 안정시키기 위해서는 냉전시기와 같은 이념·군사적 협력보다는 경제협력을 강화해야 한다고 판단했다. 소위 "이웃을 안정시키고, 이웃을 부유하게 하고, 이웃과 화목하게 지낸다"(安隣, 富隣, 睦隣)라는 방침이 이런 새로운 전략을 잘 보여준다. 이런 상황에서 FTA가 주변 국가들과의 경제협력에 필요한 제도적 기초를 강화하는 유력한 수단의 하나로 떠올랐다.

이런 전략이 가장 우선적으로 적용된 지역이 동아시아다. 이와 관련해 중국 내에서는 아세안과 FTA를 우선 추진할 것인가, 아니면 한국·일본 등 동북아 국가들과의 FTA를 우선적으로 추진할 것인가라는 문제와 관련한 논쟁이 진행되기도 했다.

주류적 견해는 동북아 삼국의 FTA는 각국 내부의 정치상황, 중국과 일본의 주도권 경쟁 같은 요인 때문에 단기간 내에 성과를 거두기 어렵기 때문에 중국-아세안 자유무역지대 건설에 주력해야 한다는 입장이다. 그리고 동아시아 경제통합은 중국, 한국, 일본이 각각 아세안과 '10＋1'의 FTA를 체결한 기초 위에서 '10＋3'의 경제협력으로 발전해야 한다는 구상을 제출하고 있다. 이는 "쉬운 것을 먼저 추진하고 어려운 것은 뒤로 미룬다"(先易後難)라는 전략으로 정리될 수 있다.[6] 반면 어려운 문제를 뒤로 미룰 경우 남겨진 문제로 인해 FTA 건설을 위한 노력이 지속적으로 추진되기 어려워질 수도 있으며, 아세안과의 자유무역지대 건설은 정치적으로 쉬울지는 몰라도 경제적 이익은 적으니 한·중·일 동북아 삼국과의 FTA 건설에 더욱 적극적으로 나서야 한다는 주장도 제기됐다.[7]

그러나 한국과 일본의 소극적인 태도로 중국은 아세안과의 FTA를 새로운 전략의 돌파구로 삼았다. 2000년 11월 싱가포르에서 열린 '아세안＋3 회의'에 참석한 주룽지는 제4차 아세안-중국 비공식 정상회담에서 중국과 아세안이 자유무역지대를 건설할 것을 제안했으며, 2001년 11월에 열린 제5차 아세안-중국 비공식 정상회담에서 10년 내에 FTA를 체결할 것에 양자가 합의를 했다. 그리고 2002년 11월 중국-아세안 정상회담에서 '중국-아세안 전면적 경제합작을 위한 기본합의서'를 체결해 중국과 아세안 6국은 2010년까지 FTA를 체결하고 베트남, 미얀마, 캄보디아, 라오스 등 나머지 국가들은 2015년까지 FTA를 체결한다는 목표를 제시했다. 이 합의의 주요 내용은 아래와 같다.[8]

---

6) 陳喬之, 「亞太地區區域合作的層次與特點」, 陳喬之 主編, 『東亞區域經濟合作硏究』, 北京 : 中國社會科學出版社, 2002, 26쪽 ; 張蘊岭, 「東亞地區合作的進展與意義」, 張蘊岭 · 孫士海 主編, 『亞太地區發展報告 2002』, 北京 : 社會科學文獻出版社, 2003, 24～25쪽.

7) 胡鞍鋼 主編, 『中國大戰略』, 杭州 : 浙江人民出版社, 2003, 140～151쪽 ; 張幼文 · 黃仁偉等, 『中國國際地位報告』, 上海 : 上海遠東出版社, 2003, 124쪽.

8) 王玉主, 『2002年亚太发展报告』, 北京 : 社会科学文献出版版社, 2003.

㉠ 상품무역만이 아니라 서비스, 투자, 기타 경제합작 등을 FTA 내용에 포함시킨다.

㉡ 상품무역의 자유화는 조기개방 상품, 일반 상품, 민감 상품 등 세 분야로 나누어 점진적으로 진행한다.

㉢ 2003년부터 서비스·투자 자유화에 대한 협상을 시작한다.

㉣ 농업, ICT, 인적자원 개발, 투자 및 메콩강 개발계획 등 5개 부분을 우선협력사업으로 정한다.

중국과 아세안은 10년 이상이 걸리는 과정을 거쳐야 하는 이 협의를 순조롭게 진행하기 위한 조치로 조기수확계획을 통해 일부 상품에 대해 우선적인 관세인하를 실시하기로 합의했다. 이 계획에 따라 중국과 아세안 6국(태국, 인도네시아, 말레이시아, 싱가포르, 베트남, 미얀마)은 2004년 1월부터 약 600여 종의 농산품 관세율을 2006년 1월까지 제로(0%)로 낮추는 조치를 실시했다. 이 계획은 주로 농산품을 대상으로 한 것으로 이 분야에서 비교우위를 가지고 있는 아세안 국가들의 요구를 반영한 것인데 이는 중국이 아세안 국가들의 신뢰를 얻기 위한 양보조치로 해석됐다.

그리고 2004년 11월 '상품무역협정'과 '무역분쟁해결메커니즘협정'이 체결되면서 중국·아세안FTA가 본격적인 발전 단계로 진입하기 시작했다. 이 합의에도 조기수확계획이 포함되어 있는데 중국과 아세안 6개국(말레이시아, 싱가포르, 인도네시아, 필리핀, 태국, 브루나이)의 교역 중 5~15% 사이의 관세율이 적용되는 상품에 대해서는 2005년 1월부터 제로관세율을 적용하기로 했다. 나머지 국가들의 경우, 베트남은 15% 이하의 모든 상품에 대해 2006년 1월부터 제로관세율을 적용하고, 라오스·캄보디아·미얀마는 2005년과 2008년에 각각 5%와 제로로 관세율을 낮추기로 했다.

중국은 아세안과의 FTA를 추진하는 동시에 다른 국가와의 FTA도 적극적으로 모색하고 있다. 2003년 6월 독립관세지역으로 인정되고 있는 홍콩·마카오와 '포괄적 경제협력협정'을 체결한 것을 시작으로 칠레(2004년 11월 협의개시 선언), 뉴질랜드(2004년 11월 협의개시 선언), 오스트레일리아(2005년 4월 협의개시 선언), 파키스탄(2005년 4월 협상개시 선언)과 각각 협상을 진행하고 있다. 파키스탄의 경우 2005년 12월 '중국·파키스탄FTA 조기수확협정'을 체결해 2008년 1월까지 파키스탄은 486종의 중국 상품에 대해, 중국은 769종의 파키스탄 상품에 대해 각각 제로관세율을 적용하기로 했다. 그리고 한중일FTA를 위한 공동연구를 진행했으며, 인도와는 FTA의 효과에 대한 연구를 진행했고, 페르시아만 협력회의와는 협상의 범위·일정 등과 관련한 의견을 교환했다. 그리고 남부아프리카관세동맹과도 FTA와 관련한 논의를 진행 중이다.

지금까지 설명한 것에 근거하면 중국의 FTA전략에서는 다음과 같은 특징을 발견할 수 있다.

첫째, 주변국들과의 FTA를 우선 추진하고 있다. 중국은 지금까지 동남아, 동북아, 오세아니아, 남아시아 국가들과의 FTA에 주력하고 있다. 이는 중국의 FTA정책이 단순히 경제적 동기에 의해 추진되는 것이 아니며 주변 국가들과의 관계를 강화하기 위한 정책수단으로 활용되고 있다는 점을 보여주는 것이다.

둘째, 점진적이고 단계적 접근을 택하고 있다. 아세안과의 FTA는 10년 이상의 과도기를 설정하고 있다. 그리고 서비스협정과 투자협정도 같이 논의되고 있다는 점에서는 다른 대부분의 FTA와 차이가 없지만, 상품무역과 일괄 타결이 아니라 각각 다른 경로를 통해 협상이 진행되고 있다. 아세안과의 경우에는 서비스협정과 투자협정이 아직 체결되지 않고 있는데 전자가 후자보다는 빠르게 타결에 이를 것으로 보인다.

셋째, 대칭적 협상이 가능하다. 힘의 관계로 보면 중국이 압도적으로 우세하다고 할 수 있으나 협상의 진행은 비대칭적이 아니라 대칭적이다. 아세안이나 파키스탄의 경우 조기수확계획으로 먼저 많은 이득을 얻기도 했다. 이는 현재 주변 국가들의 변화, 특히 중국위협론 등의 영향력 확대에 민감한 중국의 상황이 다른 국가들의 협상력을 높이고 있기 때문에 가능한 것이다.

3. 중국의 대외개방은 지속가능한가?

지금까지 중국의 대외개방은 수출의 증가와 외자도입에서 커다란 성공을 거뒀고, 이는 경제성장을 촉진하는 데 커다란 역할을 한 것이 사실이다. 그러나 중국의 대외개방정책과 FTA정책이 앞으로도 순조롭게 추진될 것이라고 보기는 어렵다. 전면적인 대외개방에 따르는 부작용도 크게 증가하고 있기 때문이다. 이와 관련해 크게 두 가지 문제가 지적되고 있다.

첫번째 문제는 중국의 경제성장이 지나치게 대외의존적으로 이뤄지고 있다는 점이다. 무역의존도를 예로 들면 1978년 9.8%에서 2000년에는 43.9%로 증가했고, 2004년에는 69.8%에 달했다. 2002년에 47%였으니 불과 2년 만에 70%로 증가한 셈이다. 1998년 이후 중국정부가 내수 위주의 발전을 강조했는데도 이런 결과가 나타났다는 점에 문제의 심각성이 존재한다. 뿐만 아니라 최근 중국에서는 외자가 과연 중국경제의 경쟁력을 강화하는 데 도움을 주고 있는가라는 의문이 제기되고 있다. 사실 중국에게 더욱 우려스러운 수치는 수출에서 외자가 차지하는 비중이다. 2000년에는 49.9%, 2003년에는 55.5%, 2004년에는 57.4%를 각각 기록했다. 재미중국인 학자인 황야셩은 유효투자(비효율적인 국유기업에 의한 투자를 제외한 총투자)에서 외자가 차지하는 비중으로 따지만 중국은 세계에서 외자에 대한 의존도가 가장 높은 나라일 뿐만 아니라 외자가 중국경제의 경쟁력을 오히려 약화시키는 결과를 초래하고 있다고 주장해 논쟁을 불러일으키기도 했다.[9] 외자가 경제적으로 당장 부정적인 영향을 미치는 것은 아니나 이와 같은 높은 대외의존도로 중국경제가 건강하게 성장하고 있는 것인지, 중국경제의 성장이 지속가능한 것인지에 대해서는 의문이 제기될 수 있는 상황이다.

대외개방정책의 지속가능성과 관련해 더욱 커다란 문제는 중국의 경제성장이 불균형적으로 진행되고 있으며, 분배구조는 계속 악화되고 있다는 것이다. 도시와 농촌 사이의 소득격차가 1990년대 후반부터 급격하게 증가해 2003년에는 도시의 소득이 농촌 소득의 3.5배를 넘어섰다. 세계은행의 연구에 따르면 1997~2002년 사이 농민의 소득증가는 도시의 절반에도 못 미쳤다. 지역간 소득격차를 보면 연해지역에서 가장 소득이 높은 상하이와 서남부의 1인당 GDP는 가장 소득이 낮은 지역과 비교할 때 10배 이상 높다. 2004년 공업기업 이익액은 동부, 중부, 서부 사이에 72.5 : 16.8 : 10.7의 비율로 분포됐다. 그리고 계층 사이의 소득격차를 보여주는 지니계수는 1981년 0.281에서 2002년에는 0.458로 증가했는데 연구자에 따라서는 0.50을 넘어섰다는 주장도 있다. 이에 따라 중국에서도 "누구를 위한 성장이냐"라는 문제가 출현하고 있으며, 이 문제를 효과적으로 해결하지 못할 경우에는 심각한 사회불안과 정치

---

9) Huang Yasheng, *Selling China : Foreign Direct Investment During the Reform Era*, New York : Cambridge University Press, 2003.

불안이 초래될 가능성도 배제할 수 없다. 이런 추세가 계속된다면 대외개방에 대한 정치적·사회적 저항이 강화될 수밖에 없을 것이다. 최근 중국 내에서 개혁개방정책의 방향을 둘러싼 논쟁이 격화되고 있는 점도 이런 문제점을 잘 보여주고 있다.

특히 중국 대외개방의 지속가능성에 의문을 제기하도록 만드는 중요한 요인으로는 다음 두 가지를 들 수 있다.[10]

첫째, 중국의 사회복지수준이 지나치게 낮다는 점이다. 엘마 리거는 제2차 세계대전 이후 서방 국가를 중심으로 경제적 지구화가 계속 추진될 수 있었던 중요한 이유로 복지국가체제의 발전을 들었다.[11] 즉 복지국가체제가 개방화에 따른 구조조정의 부작용을 내부적으로 소화할 수 있는 수단을 갖추어주었기 때문에 서구 국가들이 지속적인 개방을 추진할 수 있었다는 것이다. 특히 산업별·지역별 보상체제가 아니라 실업정책·교육정책을 통해 중산층까지 포함하는 보편적인 보상체계를 갖추었던 점이 개방의 사회적 충격을 흡수하는 데 중요하게 작용했다. 1990~97년의 통계에 따르면 미국과 일본의 경우 무역의존도로 측정한 개방도는 10% 수준이며, 공공지출이 GDP에서 차지하는 비중도 15% 이하이다. 반면에 개방도가 30% 이상인 나라들은 대부분 공공지출 비중이 15%를 넘었다.

그러나 중국에서 개방도는 계속 증가했지만 GDP에서 공공지출이 차지하는 비중은 증가하지 않았다. 의료지출이 GDP에서 차지하는 비중은 1990년 2.2%에서 2001년 2.0%로 오히려 감소했다. 교육지출도 커다란 차이가 없다. 즉, 중국에서는 개방화가 공공서비스의 약화와 함께

---

10) 이남주, 「중국의 세계화, 지속가능한가」, 『이슈와 대안』(12월 22일), 미래전략연구원, 2005.
11) Elmar Rieger and Stephan Leibfried, *Limits to Globalization : Welfare States and the World Economy*, Cambridge : Polity Press, 2003.

진행됐고 취약계층의 처지를 더욱 악화시키고 있다. 계획경제에서 유지됐던 복지시스템이 시장화 개혁으로 해체됐으나 이를 대체할 수 있는 새로운 복지시스템이 구축되지 않았기 때문이다.

둘째, 취약계층의 이익이 정책결정에 반영될 수 있는 장치가 없다는 점이다. 특히 개방의 확대에 따라 피해가 예상되는 계층이 협상에 어느 정도 영향력을 행사할 수 있는 마지막 수단은 선거 등의 민주주의적 제도이다. 서구의 복지국가에서는 분배를 중시하는 정당을 통해서 이들의 이익이 경제·사회정책에 반영되고 개방화가 소득불균형을 악화시키는 것을 억제할 수 있는 작용을 한다. 그러나 중국은 비록 중국공산당이 노동계급의 선봉대로 자신을 규정하고 있지만, 개혁개방 시기의 경제정책에서는 효율 우선의 원칙을 계속 견지했다. 그리고 권위주의 체제에서 노동자·농민이 자신들의 이해와 요구를 정부정책에 반영시키기도 어려운 상황이다. 즉, 개방화가 노동자·농민 등 피해계층에 대한 충분한 배려 없이 진행될 가능성이 높으며 따라서 개방화의 이익이 골고루 배분되기도 어렵다. 중국에서는 2005년 집단성 충돌사건이 8만 7천여 건에 달할 정도로 사회갈등이 고조되고 있다.

이런 상황이 계속되면 현재와 같은 중국의 개방화는 지속가능한 것이 되기 어려우며 언젠가는 정치적·사회적 저항에 직면할 것이다. 요컨대 중국의 개방화는 경제의 양적 성장을 가져왔지만 사회적 차원에서 개방화의 충격을 흡수할 수 있는 준비 없이 진행된 탓에 많은 문제들이 누적되고 있으며, 이런 문제들이 이제 표면화되는 단계로 진입하고 있다. 중국에게도 개방화에 대한 새로운 전략이 요청되고 있는 상황이다.

EU의 FTA 사례 — 투자 이슈를 중심으로

임운택[*]

국제투자흐름은 국제경제에 있어서 매우 역동적인 부분이다. 발전된 국가뿐만 아니라 개발도상국가에서도 해외직접투자는 점차 고용, 임금수준, 지식이전 등을 자극함으로써 경제를 성장시키는 주요 요소가 되고 있다. 따라서 국제교역과 해외직접투자 간에는 매우 긴밀한 연관관계가 존재한다. 양자는 서로를 대체할 수도 있고, 종종 기업이 해외시장에 편의를 제공할 수 있는 보충적 수단이 되기도 한다. 따라서 투자 문제가 국제교역협상에서 중요한 의미를 차지하고 있음은 전혀 놀랄 만한 일이 아니다. 보다 노골적으로 표현하자면 사적인 투자결정은 폭넓은 제도적 요인에 의해서 영향을 받게 되며, 일부는 투자협정에 반영되고 있다. 국제교역협정에서 투자조항은 대략 다음 네 가지 범주로 구분된다.

1. **투자증진** : 투자협정의 당사자들은 정보교환, 규제협력, 투자증진기제 혹은 기술적 지원 등의 수단을 통해 상호투자흐름을 촉진한다.

2. **투자보호** : 다음과 같은 내용을 포함한다.

    1) 해외투자자들이 자신들의 자산을 해외에서 본국으로 송환하거나

---

* 계명대학교 사회학과 교수.

변제하기 위한 **유동자금과 자본운동의 자유화.**

2) **투자자 권리의 보장.**

3) **투자분쟁의 조정.**

3. **해외투자자들을 위한 시장접근.**

4. 이미 국내에 진출한 **해외투자자에 대한 법적 대우조항**(내국민대우 등).

2. 투자를 둘러싼 논쟁

앞서 언급한 범주들 중 투자증진 조항을 제외하고는 모두 격렬한 논쟁을 야기했는데, 특히 투자를 위한 다자간 협약들이 WTO의 지배 아래 협상되어야만 하는지가 핵심 쟁점으로 부상했다. EU와 같은 경제적 발전국가는 투자와 관련된 국제적 규칙이 협상에 관계된 모든 당사자들에게 이익을 가져다줄 것이라고 주장하지만, 다수의 개발도상국가들은 그에 대해 미온적 태도를 보이거나 심지어 그런 규칙들이 독자적 발전정책을 추구하는 자신들의 주권을 약화시킬 수 있다는 두려움 때문에 반대하기까지 한다. 전문가들 또한 소위 투자에 관련된 WTO협약이 가져올 잠재적 장점에 반드시 동의하지 않는다. 아직까지는 양자간 투자협정(BIT) 체결이 해외직접투자 유입의 증가를 불러왔다는 어떤 증거도 존재하지 않는다는 점[1]에서 투자협정을 둘러싼 논쟁은 지속될 전망이다.

투자 이슈를 둘러싼 경제적 발전국가와 개발도상국가 간의 갈등은 다시 2003년 9월 칸쿤에서 열린 WTO 각료회의에서 재현됐다. 칸쿤회

---

1) Mary Hallward-Dreimeier, "Do Bilateral Investment Treaties Affect Foreign Direct Investment? Only a Bit ⋯⋯ and They Could Bit", *Policy Research Working Paper*, no. 3121, August 31, Washington, D.C. : The World Bank, 2003.[econ.worldbank.org/files/29143_wps3121.pdf]

의에서 투자와 관련된 협상에 대한 합의는 이뤄지지 않았으며, 그 결과 투자협상안은 도하개발의제에서 제외됐다.[2]

　현재 다자간 협상틀이 부재한 상태에서 BIT가 지난 10여 년 동안 우후죽순처럼 번지고 있다. 전세계에서 체결된 BIT는 1989년에는 385개에서 2003년에는 2,265개까지 증가했다.[3] 다양한 BIT 사례가 그 범주와 내용에 있어서 차별을 보이고는 있으나 다수의 국가는 투자증진조항, 자본의 유동성, 직접지불제의 자유화, 차별금지와 특정한 투자성과를 위한 단기채(短期債) 조달 같은 해외투자자들에 대한 법적 대우문제 등을 BIT에 포함하고 있다. 나아가 몇몇 BIT는 대단히 포괄적인 경제활동 행위자들의 시장진입(기업설립과 인수합병), 토지수용과 보상조항 등과 같은 형태의 보다 명백한 투자자 보호조항을 포함하고 있다. 이런 관점에서 볼 때 가장 유명하고 논쟁적인 협정은 NAFTA의 11장이다.[4]

---

2) WTO의 투자협상 내용은 다음과 같다. "지금까지 WTO 회원국은 유일하고 포괄적인 다자간 투자협약을 통해 국제적 투자를 관리하는 장점에 동의하지 않았다. 따라서 투자와 관련된 이슈는 부분적으로 GATT/WTO 규정에 따라 다뤄졌다. WTO의 서비스교역에 관한 일반협정(GATS)은 서비스교역에 대한 규정과 관련해(해외직접투자를 통한) '상업적 주재'(commercial presence) 개념을 포함하고 있다. 상품교역과 관련해 무역관련투자조치에 대한 협정은 투자자들이 투자 지역에서 성과를 내기 위해 충족시켜야 할 조건만을 다룬다." 2003년 9월 칸쿤에서 개최된 제5차 WTO 각료회의에서 회원국들은 투자협상을 개시하는 도하 선언문에서 요구하는 '명백한 합의'에조차 도달할 수 없었다. 따라서 투자 이슈는 도하개발의제에서 배제됐다(투자에 대한 회원국들의 제안은 docsonline.wto.org/underWT/ WGTI/W에서 찾아볼 수 있다).

3) UNCTAD, *World Investment Report 2003*, NY/Geneva : UN, 2004. [www.unctad.org/ Templates/webflyer.asp?docid=3785&intItemID=2412&lang=1&mode=downloads]

4) 참고로 EU FTA와 NAFTA 11장에서 투자관련 조항을 찾아볼 수 있는 웹사이트는 다음과 같다. ㉠MED(지중해 국가들)와의 FTA : 33~35, 50조(EU · 모로코), 48~52, 67조, 부속조항 V, VI(EU · 요르단)은 europa.eu.int/comm/external_relations/euromed/med_ass_agreemnts.htm ㉡ TDCA(남아프리카와의 FTA) : 33, 34, 52조는 europa.eu.int/eur-lex/en/archive/1999/ l_31119991204en.html ㉢멕시코와의 FTA : 2001년 2월 27일의 EU-멕시코 공동위원회 결정 사항(특히 II, III장)은 www.sice.oas.org/Trade/mexeufta/english/dec2ola.asp ㉣칠레와의 FTA : 21조, III과 V장, 부속조항 VII, VIII, X, XIV는 europa.eu.int/comm/trade/issues/ bilateral/countries/chile/euchlagr_en.htm ㉤NAFTA의 11장은 www.sice.oas.org/trade/ nafta/chap-111.asp

3. EU 주도 FTA의 투자조항

EU에 의해 체결된 FTA 중 투자 관련 조항은 일반적으로 전통적인 BIT
의 조항보다 포괄적이지 않다. 그 이유 중 하나는 EU 회원국은 핵심적
인 BIT 조항을 협상하면서 협상권한을 전적으로 EU 집행위원회에게 넘
기는 것을 원치 않기 때문이다. 실제로 EU협정에서 특정한 투자조항이
문제되는 곳은 회원국과의 쌍무적 협약을 통해 해결을 시도한다. 자본
시장의 자유화에 관련한 몇몇 느슨한 조항을 예외로 한다면 지중해 국
가(mediterranean countries, MED)나 남아프리카 국가와의 FTA는 투자
이슈에 있어 원조와 협력, 국제협정에서의 쌍방 책임 정도만을 강조한
다. 반면 멕시코나 칠레와의 FTA는 보다 구체적인 내용을 담고 있는데
투자자 충족요건의 제한, 서비스 영역에서의 시장접근조항 등을 포함하
고 있다. 그러나 EU와 이 국가들은 토지수용권과 보상에 대한 조항 혹
은 투자협정을 둘러싼 개별적 분쟁조정기제를 포함하지는 않았다.

4. MED 협정과 TDCA

EU는 남아프리카와 '무역·개발·협력협정'(Trade, Development and
Cooperation Agreement, TDCA)이라는 이름의 FTA를 1999년 체결했
다. 이와 동시에 이스라엘(1995년), 튀니지(1995년), 모로코(1996년), 요
르단(1997년), 팔레스타인 자치정부(1997년), 알제리(2001년), 레바논
(2002년) 등의 MED와도 상대적으로 미약한 조건 아래 FTA를 체결했
다. 대다수의 FTA는 경제협력과 조정을 강조하고 있으며, 점진적인 자
본거래자유화의 대상과 같은 이슈들에 대해 느슨한 문구를 포함하고 있
는 정도였다.

투자증진과 관련해서 상호 투자흐름을 촉진하기 위한 수단으로 투자절차의 조화 혹은 간편화, 조인트벤처(Joint Venture) 형성의 검토, 공동투자기제의 확립, 기술적 지원의 제공(예컨대 EU·알제리FTA 54조) 등이 포함되었다. 몇몇 FTA(예컨대 알제리, 레바논, 남아프리카)에는 협정에 구체적인 언급이 없었음에도 불구하고 특정 산업(예컨대 관광과 광업)을 구체적 투자협력증진수단으로 삼았다. MED의 대다수 FTA와 TDCA는 투자증진을 다루는 조항에서 투자보호를 언급한다. 그러나 이들 국가는 EU 회원국과의 BIT에서 투자보호 조항을 포함할 가능성을 언급함으로써 EU와의 FTA협상에 '구체적인' 보호조항을 삽입하려 노력하지 않았다.

투자보호 조항을 담고 있는 MED와의 FTA와 TDCA는 경상거래에 대한 지급과 자본이동에 대한 내용을 포함하고 있다. 총 8개의 FTA협약은 경상거래지급과 자본이동을 제한하지 않거나(예컨대 EU·레바논FTA 32조) 통화의 자유로운 교환(예컨대 EU·알제리FTA 38조)을 허용하고 있다. 이것은 기본적으로 국제적 의무(IMF)를 반복해서 강조하는 것에 다름 아니다. 심각한 국제수지 문제(알제리, 레바논, 모로코, 팔레스타인 자치정부, 남아프리카, 튀니지 등과의 FTA)를 야기한 경우나 환율정책의 조작(이스라엘)과 연계되어 있는 문제, 혹은 이 두 가지 경우 모두와 관련이 있는 지역(요르단)은 경상거래지급과 자본이동에 있어서 예외적용을 받았다.

직접투자와 관련된 자본의 자유로운 이동에 대한 조항은 기본적으로 매우 강력하게 표현되고 있다. 알제리, 모로코, 남아프리카, 튀니지 등과의 FTA에는 협정 당사자들이 자본 유치국(예컨대 TDCA의 33조 1항)이 직접투자와 투자의 상환 및 송환에 관계하는 자본의 자유로운 이동을 보장해야만 한다고 규정되어 있다. 그러나 최종적인 협정문의 어

투는 다소 느슨해졌다. TDCA에는 당사자 사이에(33조 2항) 자본이동 (해외직접투자에 관계하지 않는 자본까지 포함)의 완전한 자유화를 촉진하고, 이를 성취한다는 관점 아래 협정 당사자들이 상호 협력해야 한다고 기술되어 있다. 튀니지, 모로코와의 FTA에는 '적절한 시기가 되면' (34조) 자본이동을 완전히 자유화한다고 규정하고 있으며, 요르단과의 FTA 에는 '조건이 성숙되면' (49조) 자본이동의 완전한 자유화를 추진한다고 기록되어 있다. 그러나 어떤 FTA도 시기를 확정하거나 자본이동의 완전한 자유화가 달성될 수 있는 특수한 조건을 규정하고 있지는 않다. 따라서 그런 조항은 협약의 한 당사자가 실질적 자유화에 참여하는 데 실패하거나 기껏해야 협약 당사자의 의도를 암시하는 정도라면 별다른 비중을 지닐 수 없다.

EU가 이스라엘, 요르단, 그리고 레바논과 체결한 FTA는 제한적인 현상유지에 초점을 맞추고 있을 만큼 그다지 강제적이지 않다. 예를 들어 EU·이스라엘FTA에는 자본이동에 '어떤 제한을 두지 말아야 한다' (31조)라고 규정되어 있지만 협정 당사자들은 직접투자, 자본설립, 금융

〈자료 1〉 EU가 추진한 FTA의 투자증진 노력

	기술지원/ 투자증진 수단	투자절차의 조화 및 간편화	공동투자 기제	BIT연계
MED 및 TDCA	○	○	○	○
팔레스타인 자치정부	○	○	○	○
이 스 라 엘	○	○	○	○
멕 시 코	○	○	○	○
칠 레	○	○	○	○

서비스 조항, 자본시장접근(이스라엘, 레바논과의 FTA 33조, 요르단과의 FTA 50조)과 관련하여 협정이 발표되기 이전에 존재했던 제한조항을 자유롭게 주장할 수 있다.

TDCA나 대다수 MED와의 FTA에는 투자자의 내국민대우 원칙과 관련한 조항이 포함되어 있지 않다. 대신 어떤 추가적 의무에 서로를 구속시키지 않으면서 WTO의 서비스교역에 관한 일반협정(GATS)의 틀 안에서 당사자들끼리의 의무를 언급할 뿐이다. FTA의 서비스부문 협약에서 내국민대우에 대하여 언급하고 있는 EU·요르단FTA가 유일한 예외이다. EU와 요르단은 적지 않은 영역별 면제조항 리스트를 제시함에도 불구하고,[5] FTA 3장에 상호 국가의 기업을 호의적으로 대우해야만 한다고 규정하고 있다.

5. EU·멕시코FTA

EU와 멕시코는 1997년 12월에 경제적·정치적 협력을 포함하는 포괄적 FTA(소위 'Global Agreement'라 명명함)를 체결했으며, 이는 2000년 10월부터 발효됐다. 투자와 관련된 조항은 2001년 2월에 내려진 공동위원회의 판결에 기술됐다.

EU와 멕시코 사이에 체결된 FTA의 투자진흥 조항(33조)은 일반적으로 TDCA나 MED와 체결한 FTA와 유사하다. 법령제정과 투자기회에

---

5) 내국민대우 원칙의 제한 : EU와 요르단의 FTA는 상호간에 유보조항을 담고 있음에도 불구하고 EU와 MED간에 이뤄진 FTA 중에 (서비스 영역에서) 내국민대우 원칙을 삽입하고 있는 유일한 FTA이다. 부속조항 V에서 요르단은 EU 소유의 제반 공기업, 건설, 무역, 무역서비스, 광산업을 제한하고 있으며, 요르단이 참여하지 않는 투자 프로젝트의 최소기준을 설정하고 있다. 반면에 EU는 부속조항 VI에서 농업, 광산업, 어업, 운송, 통신, 뉴스서비스, 시청각서비스에서 내국민대우 원칙을 배제했다.

대한 정보제공, 투자절차의 간편화 지향, 상호투자를 촉진시키기 위해 특별히 중소기업에 초점을 맞춘 투자독려 등을 예로 들 수 있다. 개별적인 투자보호협정에 대한 선택은 개별 EU 회원국과 멕시코와의 BIT로 미뤘다(33조 b항).

MED와의 FTA 혹은 TDCA와 마찬가지로 EU는 멕시코와의 FTA에서 **투자와 연계된 거래지급과 자본이동의 자유화**를 추구했다. 그러나 멕시코와의 FTA는 EU가 체결한 FTA 중 경상거래지급과 자본이동을 OECD 자본자유화 규칙(28조1항)에서 규정하는 대로 직접투자, 실질자산의 투자, 유가증권의 구매와 판매로 명시적으로 규정한 유일한 협정이다. EU·멕시코FTA의 29조에는 경상거래지급에 대한 제한요소는 점차 제거되어야만 하고, 변경된 내용을 그대로 유지해야만 한다고 기술되어 있다. 환율 혹은 통화정책(30조) 혹은 국제수지(31조)와 관련하여 심각한 어려움이 야기되는 상황에서만 예외를 적용하고 있다. 그와 같은 상황이 발생할 경우에 해당 국가는 상대방에게 그 사실을 즉시 알려야만 하며, 그것을 해결하기 위한 수단은 정해진 기간 동안에 국제적 의무(IMF)를 준수하는 방식이어야만 한다. EU·멕시코FTA의 32조는 멕시코인 혹은 멕시코에 주재하는 EU 사람들에 의한 직접투자는 배제한다. 최종적으로 양 당사자들은 특별히 OECD 투자자유화 규칙에 조응해 FTA의 34조에서 국제적 투자의무 조항을 상기시키고 있다. 그러나 이 조항은 분쟁조절기제(37조 2항)에 연계되지 않는 몇 안 되는 조항 중 하나이다.

투자와 연관된 대부분의 실질적인 규정은 (금융)서비스와 관련된 항목과 관계되며, 그런 규정은 GATS에서 쌍방이 준수해야 할 의무에 근거하고 있다. 서비스자유화와 관련해 포지티브리스트의 허용을 연기했음에도 불구하고(FTA 발효 후 3년 이내 : 7조 3항, 17조 3항), EU·멕시코FTA는 시장접근, 최혜국대우, 내국민대우 원칙과 같은 세 가지 핵심 원칙과 관련된 규정에 대비했다.

첫째, 시장접근. 상대방의 영토로 시장접근을 추구하는 국외 서비스 공급자에 의한 투자가 특정한 요구사항에 의해 제한되지 말아야 한다는 것을 의미한다. EU·멕시코FTA의 4조(서비스 관련)와 12조(금융서비스)는 한 나라에서 (해외금융) 서비스 제공자 수에 대한 양적 제한을 가할 수 없음을 규정하고 있다. 또한 이들은 서비스 제공자들의 거래나 경영을 제한할 수 없으며, 노동력의 규모 또한 제한할 수 없다. 국내 기업에 투자된 해외자본의 액수를 은폐하거나 해외투자를 제한하는 수단은 금지됐다. 한편, 금융서비스 영역을 예외로 하지만 해외 기업의 투자와 관련해서 조인트벤처와 같은 특수법인에 대한 참여를 요구하지 않았다. 이 모든 필요조건은 GATS 16조 2항에 명시되어 있는 내용에 상응하는 것이다.

둘째, 최혜국대우 조건. 일단 해외서비스 공급자들에 의해서 투자가 이뤄지면 최혜국대우 원칙(GATS 2조와 유사)에 따라 각각의 서비스 공급자들은 제3국가의 서비스 제공자들과 동일한 조건으로 대우받을 수 있다(서비스의 경우, 5조 1항/ 금융서비스의 경우, 15조 1항). 그러나 5조 2항은 개별적 협정을 맺고 있는 제3자에 대한 대우에 대해 유보조항을 붙이고 있다(GATS 5조). 따라서 이 조항은 EU의 서비스 공급자들이 멕시코에서 여타 NAFTA회원국(캐나다나 미국)에게 허용된 것과 동일한 법적 규제를 강제적으로 받는 것을 막아준다.

셋째, 내국민대우. 금융서비스 이외의 여타 서비스와 관련되어 있는 내국민대우 원칙은 GATS 의무조항(17조)에 기초한다. 따라서 상대국의 서비스 공급자들은 국내 서비스 공급자와 동등한 대우를 받아야만 한다(6조 1항). 이때 내국민대우 원칙은 경쟁원칙을 훼손하지 않는 한에서 유지된다(6조 3항). 해상운송(10조 3항)과 정부조달(2003년 3월 Council Decision No. 2~26)에도 이런 원칙이 적용된다. 금융서비스의 경우, 내국민대우 조항은 다른 어떤 서비스보다 매우 상세하게 기술되고 있다.[6]

6. EU·칠레FTA

EU·칠레FTA(소위 'Association Agreement' 라고 이름 붙여진)는 2002년 11월에 조인됐으며, 2003년 2월부터 발효됐다. 정치적 대화와 경제협력 이슈 외에 FTA의 무역관련 조항은 EU가 맺은 FTA 중 가장 포괄적이다. 투자관련 조항은 멕시코와의 FTA에서처럼 본문과 부속조항에 걸쳐 있어 예외조항이 거의 없다고 보면 된다.

협정본문 내에서 투자관련 조항은 경제협력, 서비스와 설립, 경상 거래지급 및 자본이동과 관련된 장에서 기술되고 있다. 경제협력과 관련된 부분은 여타 다른 FTA와 차이를 보이지 않으며, EU와 칠레는 다음 같은 요인에 의해 투자가 촉진될 수 있다는 점에 합의했다(21조).

1. 투자규칙과 기회에 대한 정보제공.
2. 투자진흥, 투자보호, 이중과제와 같은 문제를 지닌 회원국과의

---

6) 금융서비스에 있어서 내국민대우 규정: EU·멕시코FTA의 금융서비스와 관련된 시장접근(12조)과 최혜국대우 조항(15조)은 GATS의 내용과 거의 동일하며, 내국민대우 원칙은 GATS 조항보다 명료하게 기술되고 있다. FTA 14조에 의하면 "내국민대우는 금융기업의 설립, 인수, 확장, 경영, 관리, 운영, 판매, 투자국 내에서의 양도 등과 관련해 국내 금융서비스 공급자와 동등한 대우"를 보장하는 것을 골자로 한다. 14조의 문구는 NAFTA 11장(1102~1104조)의 문구와 거의 유사하며, 금융서비스에서 해외투자자들이 시작(설립 혹은 인수)부터 지속적인 운영과정에 이르기까지 내국민대우를 받아야 함을 강조한다.

BIT를 추진함으로서써 적절한 법적 틀 마련.

3. 기술적 지원.

4. 동일하고, 간편화된 투자절차의 개발.

합의 2에 근거해 EU · 칠레FTA는 모든 종류의 투자보호 조항을 포괄하지 않는다. 한편, EU 집행위원회와 EU 회원국 간의 권한문제가 실질적인 투자조항을 성사시키는 데 장해요소로 작용했다. 134조는 법적 틀(투자환경과 자본흐름을 포함)이 국제협약의 책무에 조응하는지 3년 내에 재검토할 것을 규정하고 있다. 따라서 EU · 멕시코FTA처럼 투자조항의 지속적인 심화는 BIT 혹은 다자간 협상의 발전에 달려 있게 됐다.

경상거래지급과 자본이동에 대한 조항은 각각 164조, 165조에서 독립적으로 다뤄지고 있다. 그러나 투자와 관련해 EU · 칠레FTA는 EU가 맺은 여타 다른 FTA와 차이를 보이는데, 이는 부속조항 14의 무역관련 조항에서 찾아볼 수 있다. 칠레는 중앙은행이 독립적인 기능을 유지하는 권리에 대해 유보적이고, 그 대신 정부가 자본운동을 제한할 수 있는 투자법을 도입하는 것을 지지했다.[7]

---

7) 칠레의 자본시장자유화에 대한 유보조항 : EU · 칠레FTA의 부속조항 14는 FTA 164조와 165조에 기초한 경상거래지급과 자본이동의 자유화에 대한 칠레의 유보조항을 다루고 있다. 이 부속조항의 1조는 칠레가 EU의 투자자들이 자의적인 투자프로그램을 통해서 최초의 투자 이후 특정 시점이 지나가기 전에 투자액을 송출하거나 청산하는 일을 금지시킨다. 이처럼 자본흐름을 제한하는 시기는 1~5년에 이른다. 2조는 (5년간의 금지기간을 넘기고) 향후에 새로운 투자프로그램을 수용할 수 있는 칠레의 권리를 규정하고 있다. 한편, 부속조항 14의 3조는 칠레 중앙은행이 다음과 같은 권리를 지니고 있음을 허용한다. "칠레 중앙은행은 통화안정과 국내외 경상거래의 정상적 운영을 확보하기 위해 제반조치를 취할 수 있다. …… 뿐만 아니라 칠레중앙은행은 통화, 신용, 재정, 환율을 지배하는 규제안을 제정할 수 있다. 그런 조처들은 무엇보다 칠레로 향하는 혹은 칠레로부터 들어오는 경상거래지급 및 자본이전비용을 제한하거나 규제하는 것을 포함" 한다 (부속조항 14의 3조). 칠레 중앙은행의 기능과 독립성이 칠레헌법에 기초하고 있기 때문에 이런 유보조항은 칠레에게 매우 중요한 요건이 된다. 한편, 부속조항의 4조는 어떤 유보조건을 적용함에 있어서 칠레가 EU와 제3국 간의 관계를 차별하지 않을 것임을 언명하고 있다.

시장접근과 투자자의 내국민대우에 대한 대부분의 규정은 서비스와 금융서비스에 관련된 장에서 기술되고 있다. 이는 서비스영역의 자유화를 추진하는 일정에도 적용된다. 특별한 언급이 없을 경우, EU와 칠레 양국에서 광범위한 (금융)서비스에 대한 시장접근 방침은 그와 같은 일정 속에서 진행된다.

(금융)서비스 분야에서 시장접근 원칙에 대한 조항은 실질적으로 EU·멕시코FTA와 동일하며, 따라서 이는 철저하게 GATS의 의무조항을 반영한다. EU·칠레FTA의 97조 2항이나 118조 2항에 의하면 두 당사자 어느 쪽에서도 해외서비스 공급자의 수, 거래비용, 노동자에 대한 양적인 제한을 부과할 수 없다. 국내 기업에 최대한 투자하려는 해외자본의 금액을 제한하는 조처는 금지됐다. EU·멕시코FTA와의 차이는 EU·칠레FTA가 해외금융서비스공급자들이 특수법인이나 조인트벤처에 참여하는 것을 제한하거나 요구하는 모든 조치를 금지한 데에서 찾아볼 수 있다. EU·멕시코FTA는 금융서비스에 관한 어떠한 조항도 포함하지 않고 있다. 그러나 칠레나 EU 또한 (금융)서비스의 자유화를 추진하는 개별 일정과 관련하여 일반적 원칙에서 상당히 이탈하고 있는 상황이다.

내국민대우원칙과 관련한 EU·칠레FTA의 구문은 얼핏 보기엔 EU·멕시코FTA와 유사한 인상을 준다. 내국민대우원칙과 이 원칙이 서비스 및 금융서비스 영역을 침해하는 조건(98조와 119조)은 GATS 협약의 17조와 일치한다. 그러나 EU·멕시코FTA에서 규정한 금융서비스 개념을 비교해볼 때(앞의 각주 6번 참조), EU·칠레FTA는 그리 명료한 편은 아니다. 다만 EU·칠레FTA의 108조, 113조, 139조는 해상운송, 통신 그리고 정부조달 영역과 관련된 내국민대우 원칙을 그대로 적용하고 있다.

그러나 내국민대우 원칙의 범위와 관련하여 EU·멕시코FTA를 훨씬 넘어 EU·칠레FTA만이 가지고 있는 유일한 특징이 있다. 기업설립에 대해 독립적으로 규정하는 장에서(표제 III, 3장), 내국민대우 원칙은 농업에서 제조업, 공익시설에 이르기까지 모든 비서비스 영역에 적용되고 있다. 일반적인 내국민대우 의무의 예외조항은 부속조항 10에 기술되어 있다.

'설립'은 한 지역에서 '단체의 구성, 인수, 법인의 유지' 혹은 '대표 사무소나 지점의 유지' 등으로 규정된다. 어떤 유보조항도 없이 칠레는 농업과 제조업 두 분야에서 EU 투자자들에게 설립과 관련한 완전한 내국민대우를 허용한다. 다른 영역에서는 다양한 유보조항과 함께 내국민대우 원칙이 적용된다. 예컨대 어업의 경우 조업허가권, 조업선박의 등

〈자료 2〉 EU · 칠레FTA 비서비스 영역에서의 '설립'에 대한 내국민대우 원칙 적용 사례

	칠　레	Ｅ　Ｕ
수평적 의무	- 해외투자법 - 근해 지역의 소유권 - 국가소유법인의 자산 - 토착민에게 귀속된 권리	회원 국가별로 다양함
농　업	없음	회원 국가별로 다양함
어　업	다양함	회원 국가별로 다양함
광업과 채석업	다양함	회원 국가별로 다양함
제조업	없음	없음
전기, 가스, 물공급	핵에너지는 제외	회원 국가별로 다양함

록, 어업기업의 소유권과 통제권과 관련된 상호의무 조항의 제공에 따라 다양하게 적용된다.

투자연관된 분쟁조정과 관련해 EU·칠레FTA는 별도의 절차를 포함하지 않는다. 개입된 중재자들은 금융서비스법 전문가를 필요로 하며, 이들은 분쟁이 발생하기 이전(즉, 협정이 발효된 이후 6개월 내)에 임명되어야만 한다.

미·호주FTA가 보여주는 것은?

이정구[*]

1. 전개과정

2004년 3월부터 본격적으로 논의되어 5월 18일 호주와 미의회에서 비준됐던 미·호주FTA가 2005년 1월 1일부터 실효에 들어갔다. 미·호주 FTA는 상품에 대한 시장 접근, 농업, 의약품, 국경간 서비스, 금융서비스, 전자상거래, 투자, 지적재산권, 정부 조달, 경쟁 정책, 노동, 환경, 분쟁해결 등을 포함하는 포괄적인 FTA이다.

호주정부는 일찍이 1992년부터 미국에게 FTA협상을 제안했지만 호주산 농산물 수입에 대한 미국 농가들의 부담으로 미국이 미적지근한 태도를 보이다가 미국의 이라크전쟁에 대한 호주의 적극적 지지를 계기로 협상이 개시됐다. 조지 W. 부시 미대통령은 미·호주FTA에 서명하던 날, 미국 주도의 이라크와 아프가니스탄 침공에 대한 호주의 참여를 반기면서 "미국과 호주가 이보다 더 가까워진 적은 없었다"고 말했다.

미국은 자동차, 화학제품, 건설장비 등 제조업 분야에서 이득을, 호

---

[*] 한미FTA저지 범국민운동본부 정책기획팀.

주는 미국시장에 대한 농산물 시장 접근 확대를 기대하고 있었다. 결국 호주는 미국의 농축산물시장 보호를, 미국은 호주의 의약품 분야와 방송콘텐츠쿼터 보호를 수용하는 타협안으로 미·호주FTA가 체결됐다.

협상기간 동안 농업부문이 쟁점이 됐는데, 미국의 농부들과 설탕업계들은 설탕을 협상대상에서 제외하는 데 성공했다. 또한 미국은 호주산 농축산물 수입에 대해 세이프가드를 발동할 수 있게 됐다.

서비스부문에서 내국민대우 원칙과 최혜국대우 원칙이 적용되고 서비스부문 전체에서 네거티브 방식이 도입됐다. 양국간 서비스 부문에서는 적절한 타협이 이뤄졌다. 특히 오디오비주얼 시장에서 호주는 공중파 방송에서 55%의 방송콘텐츠쿼터 제도를 유지하는 대가로 미국산 영화와 음악 등의 지적재산권을 강화하고 케이블, 위성, 인터넷을 통한 미국 영화와 TV 프로그램의 호주 방송시장 접근을 허용했다.

금융서비스 영역에서는 이미 양국의 시장 접근이 높은 수준을 유지하고 있었기 때문에 상업적 주재(모드 3)에 대한 제약이 제거되는 선에서 합의가 이뤄졌다. 하지만 모드 4에 해당하는 기업인의 일시적 입국에 관한 조항은 미·호주FTA에 포함되지 않았다.

가장 뜨거운 쟁점은 의약품 분야였다. 양국 협상과정에서 독립적인 부속서를 채택할 정도로 의약품 문제는 최대 쟁점이었다. 이 부속서에는 배상 가능한 의약품의 목록을 기재하고 약품의 가격책정이 투명하게 이뤄져야 한다는 점이 명기되어 있다. 이것은 미·호주FTA가 미국 제약회사들에게 강력한 특허 독점권을 제공하여 호주의 의료급여제도 (Pharmaceutical Beuefits Scheme, PBS)의 파괴를 초래하는 것이었다.

초미의 쟁점이었던 보건의료 분야를 포함하는 호주의 다양한 분야에서 미·호주FTA에 대한 사회적 반대가 크게 일었다. 2004년 말 미·호주FTA는 호주의 선거에서도 주요 쟁점이었다. 수상이었던 론 하워드는 재선에 성공해 부시 정부와 FTA를 체결했다. 미·호주FTA는 하워드 총리의 오랜 숙원이었다. 그래서 하워드는 태국의 탁신 총리와 FTA를 체결했고, 그 내용은 미·호주FTA처럼 포괄적 협상(그래서 FTA 플러스라고 함)이었다.

미·호주FTA가 실행된 지 1년 뒤 호주에서는 그 영향을 두고 논쟁이 벌어졌다. 미·호주FTA가 실행된 첫 해에 미국 제품의 호주 수입이 급증한 반면, 호주의 미국 수출은 급감했기 때문이다. 다른 한편 신자유주의 세계화의 옹호자들은 미·호주FTA가 예외조항이 포함된 제한적인 시장 개방만을 합의했고, 미국 농업의 이익을 보호하는 내용이 포함되어 있기 때문에 FTA에 대한 역류라고 여기고 있다.

그럼에도 호주의 대부분 자본가들은 두 가지 이유에서 원칙적으로 미·호주FTA를 지지했다. 첫째, 그들은 세계에서 가장 중요하고 풍요로운 미국시장에 대한 접근을 바라고 있었기 때문이다. 둘째, 노동자들의 임금과 노동조건을 공격하는 것 외에 다른 대안이 없다고 주장함으로써 미·호주FTA를 호주 노동자들에 대한 공격의 계기로 삼고자 했기 때문이다. 즉, 호주 자본가들은 미·호주FTA를 노동자계급에 대한 공격을 강화하는 공성퇴로 이용하고자 했다.

설사 일부 호주 기업들이 미국시장 점유율을 높인다 할지라도 그 기업들의 노동자들은 공공영역에서의 후퇴와 같은 다른 방식으로 고통을 겪을 것이다. 농업 같은 영역에서 생길 이익은 호주 전체 노동자들이 당하는 손실에 비해 턱없이 부족할 것이다. 더욱이 섬유부문에서는 2015년에 관세가 완전 폐지된다. 그러면 섬유산업에서 수천 명의 실업자들을 양산될 것이다.

그 때문에 호주 금속연맹 지도부는 미·호주FTA가 호주의 제조업을 파괴할 것이라고 주장하고 있으며, 섬유 분야에서도 원산지 규정에

따라 실제로는 멕시코에서 만든 제품들이 호주로 들어올 것이라는 우려
들이 높다. 반면 미국이 원산지 규정의 근거로 사용하는 원사 기준을 입
증하기가 까다로워서 호주 섬유업계는 원산지 증명을 하기보다 관세를
물고 수출을 하고 있는 실정이다.

노동운동 진영에서는 미국과의 FTA협상을 원점에서 재논의하자는
목소리가 호주노총을 중심으로 형성됐다. 이는 미·호주FTA가 호주인들
의 일자리와 노동기준을 위협하고 있기 때문이었다. 그럼 미·호주FTA
에서 쟁점이 됐던 영역을 중심으로 협상과정과 그 결과를 살펴보자. 이
를 통해 한미FTA 협상에 대응하기 위한 교훈을 이끌어내는 것이 이 글
의 목적이다.

2. 분야별 미·호주FTA의 내용

1) 의료급여제도(PBS)의 파괴

한미FTA에서 예상되는 것처럼 미·호주FTA도 공공서비스 영역의 파괴
를 초래했다. 호주의 경우 영리에 기초하지 않은 사회정책을 유지할 수
있는 권리가 미·호주FTA를 통해 위협을 받았는데, 그 대표적인 예가
PBS였다. 미국 제약협회는 지난 53년 동안 유지되어 왔던 PBS를 협상
대상으로 삼아야 한다고 주장했고, 이를 관철시켰다. 호주 보건장관 토
니 애보트는 PBS가 무역 쟁점이 아니기 때문에 협상대상이 될 수 없다
고 주장했지만 하워드 정부는 이를 협상대상에 포함시켰다. 이는 의약
품 비용에 대한 정부의 부담을 줄이는 대신 환자의 부담을 늘리고자 하
는 의도 때문이었다.

호주의 PBS는 세계 여타 지역으로부터 '부담가능한 공공의료제도'의 표준이라고 여겨져 왔다. 미국 주정부들도 지난 10년간 그들 나름의 PBS를 도입하려고 애써왔지만 미국 제약회사들이 거대한 이윤 감소를 막기 위해 주정부를 제소해 왔다! 미국 제약회사들은 더 많은 이윤을 위해 미·호주FTA를 통해 호주의 PBS를 파괴하고자 했다.

FTA를 체결하는 국가들은 합의된 시간표에 따라 양국 사이의 '무역장벽들'을 없애야 한다. 그런데 FTA는 양자간 무역협정이지만 2004년 말 합의에 이를 것으로 기대했던 WTO 도하개발의제의 소위 '다자간 협정'과 다르지 않다. 1998년 미국 제약회사들은 호주 PBS가 자신들의 이윤에 미치는 파괴적인 효과에 대해 불만을 제기해왔다.

2000년 미국 제약회사들의 협회인 미국약품조사·생산(PhRMA)은 "무역을 왜곡시키는" PBS에 대해 '슈퍼 301조'를 발동하도록 자국 정부에 압력을 넣은 바도 있다. 슈퍼 301조 위반 때에는 미국의 경제적 제재를 당한다. 이런 요구가 추진되지는 않았지만 PhRMA는 PBS에 대한 공격을 멈추지 않았다.

PhRMA에 따르면, PBS의 범죄는 특허가치를 저하시킴으로써 미국 제약회사들의 지적재산권을 훼손했다는 것이다.

1999년에도 PhRMA는 미무역대표부에 보낸 비슷한 청원서에서 "효능이 비슷한" 약품에 대해 '기준 약가'를 도입하려는 PBS의 결정이 잘못이라고 지적한 바 있다. PBS는 비용 대비 효과에 기초해 개별 약품 등급의 기준 가격을 도입하려 했다. 그렇게 되면 가장 값싼 제네릭(복제약)이 기준 약가로 정해질 것이고, 매년 8억 6천만 호주달러의 비용을 절감할 수 있었다. 하지만 PhRMA가 이에 적극 반대했고, 이런 기준의 약가 제도는 도입되지 못했다. 그 덕분에 미국과 호주의 주요 제약회사들은 절감할 수 있었던 비용만큼 수익을 나눠가질 수 있었다.

미·호주FTA는 제네릭 생산자에 대한 보호벽을 높여줬고, 비싼 미국 약의 판매를 촉진하는 새로운 기구(Medicines Working Group)를 만들었으며, 의료급여자문위원회의 등재 판정에 이의를 제기할 독립적인 절차도 도입했다. 이런 정책들로 인해 보건의학적인 혜택은 전혀 보장받지 못한 채 의약품 지출비용은 매년 15억 달러 더 늘어났다. 이것이 PBS에는 큰 부담이 됐음은 말할 필요가 없을 것이다.

2) 이윤추구의 천국

하워드 총리는 미·호주FTA를 통해 호주의 GDP가 40억 호주달러 증대될 것이라고 주장했다. 이런 주장은 한미FTA로 한국 GDP가 1.99% 증대하고 고용이 10만 개 늘어난다는 노무현 대통령의 주장과 비슷해 보인다. 하지만 한국처럼 호주의 경우도 이런 전망 자체가 비현실적인 가정에 기초해 있다. 두 나라 사이의 관세 및 무역장벽들이 모두 제거되고 자본가들의 투자가 자유롭게 이뤄지며, 노동유연성이 최대로 발휘되며, 고용을 포함한 구조조정이 완결됐을 때의 결과가 그렇기 때문이다.

하워드 총리는 미·호주FTA를 통해 쌍방의 투자가 촉진되고 일자리가 늘 것이라고 말했지만 이것 또한 사실이 아니었다. 미국 투자자가 호주에 투자해 부와 생산을 늘리고 기술을 향상시키며, 일자리를 늘리는 방식의 투자가 늘어나지 않았다. 미·호주FTA 체결 이전 10년 동안 미국이 호주에 투자한 대부분은 인수합병(M&A)을 위한 자본이었고 일자리를 늘리는 사업장 설립형(Greenfield) 투자는 미미했다.

그럼에도 불구하고 미·호주FTA를 통해 호주의 자본시장 자유화는 더 진척됐다. 외국인투자감독위원회는 일부 산업에서 외국인의 소유 상한선을 정하고 이를 감독하는 기관인데, 미국 기업들은 언론, 통신, 항공

그리고 은행산업에서 이런 소유지분의 제한을 감독하는 권한을 폐지하도록 요구했다. 그 결과 8억 달러 미만의 호주 기업들이 자유롭게 사고 팔릴 수 있도록 규정이 바뀌었다. 그 결과 호주국영통신회사가 사기업화되었다.

미국과 호주 사이에 제조업에 대한 관세는 몇몇 핵심부문을 제외하고는 이미 매우 낮게 유지되고 있었다. 그럼에도 미국이 관세를 물리는 몇몇 부문들은 대부분 협정 발효 후에도 관세가 유지됐다. 가령 호주가 세계 수위의 경쟁력을 보유하고 있는 페리 선박은 미국에 수출할 경우 여전히 관세를 물 수밖에 없다. 하지만 대부분의 시장은 99% 개방됐고, 그 결과 미국은 제조업 분야에서 대호주 흑자가 늘어날 전망이다.

호주가 경쟁력을 갖춘 일부 섬유와 신발류는 관세가 낮아져 2015년에는 모든 관세가 사라질 전망이다. 이것은 호주 자본가들에게 미국시장을 확대할 수 있는 기회가 될 것이다.

영화, 텔레비전, 음악 등에서도 '호주산 콘텐츠 비율'을 유지하는 규제가 있었지만 미국 엔터테인먼트 기업들은 이런 장벽들이 사라지기를 원했다.

미·호주FTA에서 주목할 만한 점은 '산업발전 프로그램'을 없애기로 합의했다는 것이다. 이 프로그램은 호주시장에서 외국 조달자와 조달 계약을 체결할 때 특정 조건을 제시할 수 있도록 하는 제도다. 이런 조건은 호주의 산업과 고용에 이롭게 작용한다. 예를 들면 조달자로 하여금 지역 자원을 이용하게 한다든지, 일정 비율의 호주인을 고용한다든지, 기술이전 등의 조치를 하도록 할 수 있다. 미·호주FTA를 통해 이런 장치가 사라졌다. 특히 정부 조달 정책의 도움으로 주목할 만한 성장을 해온 정보통신기술산업은 마이크로소프트 등과의 경쟁 압력에서 밀려날 수 있다(소위 마이크로소프트 조항).

3) 지적재산권

2002~03년 호주는 상표, 특허권 그리고 저작권 로열티로 12억 달러의 무역적자를 보았다. 그 대부분은 미국에 지출한 것이다. 2003년 12월 마크 베일 호주 상공부 장관은 지적재산권이 도서관이나 기타 소비자들에게 "매우 중요한 쟁점"이라고 지적하고는 현 법규의 개정 의사를 내비쳤다. 하지만 미·호주FTA 최종협정서의 제17장을 보면 저작권 보호를 저자 사망 이후 50년에서 70년으로 더 확대해놓고 있다.

경제적 측면에서 이런 변화를 지지할 시민사회단체는 거의 없을 것이다. 심지어 기성 경제학자들조차 이런 변화를 지지하지 않았다. 밀턴 프리드먼과 기타 노벨경제학상 수상자들조차 미국 저작권의 이런 개정이 창조성을 망칠 것이라고 미최고법원에서 증언한 바 있다.

또한 제17장은 발명가의 발명 내용이 현실에 적용되지 않을 때조차 그 특허권을 효과적으로 보호할 수 있도록 규정하고 있다. 그래서 호주 정부는 특허권 조항이 제약회사들을 제외하면 별로 중요하지 않다고 주장한다. 제약회사들은 특허기간을 연장하면 그만큼 더 많은 수익을 올릴 수 있기 때문이다.

4) 농산물 및 위생검역

수입물 검역체계에 대한 공격도 진행됐다. 수은이 함유된 미국산 해조류들이 완화된 검역체계 덕분에 호주인들의 식탁에 올라올 수 있었다. 보건상 수은 중독은 성장하는 두뇌에 치명적인 손상을 줄 수 있다. 미국에서는 석탄 이용 보일러 때문에 매년 40톤의 수은이 바다로 흘러들어가며, 이 때문에 고기와 해조류가 수은에 중독되고 있다. 메틸수은 오염도 미국에서는 심각해 미식품의약청은 2001년 1월과 3월에 임산부, 임신을 할 수 있는 나이의 여성, 영아가 있는 어머니, 젊은이들은 상어·황새치·삼치·옥돔 같은 메틸수은 오염 가능성이 있는 포식 어류들을 먹지 말도록 경고한 바 있다. 그런데 미국에서 해조류 산업의 규모는 90억 달러에 이르며, 이런 해조류들은 수출되기를 기다리고 있다.

미·호주FTA에 의하면, 호주는 미국 대표가 검역기준을 판단하는 기구에 미국 대표가 참석하도록 합의했다. 이는 호주의 검역 감독자들에게 큰 압력으로 작용하여 과학적인 평가를 방해하고, 동식물과 국민의 건강을 위험에 빠뜨릴 수 있다. 미국은 호주의 검역체계를 완화하도록 지속적인 압력을 넣었다. 호주는 10년간의 지속적인 압력을 받은 끝에 캘리포니아산 포도를 수입하기 시작했다. 캘리포니아산 포도는 호주의 포도와 포도주 산업뿐 아니라 망고나 아보카도 과수원, 유칼립투스 숲을 망칠 수 있는 질병에 걸려 있었다. 그런데도 호주정부는 그 포도를 메틸브로미드로 소독할 것이기 때문에 걱정하지 않아도 된다고 말했다. 메틸브로미드는 발암물질로, 인간에게 가장 독성이 가장 강한 화합물 중 하나이고 미국에서도 사용이 조만간 금지될 예정이었다. 미국의 압력에 굴복해서 호주는 검역절차를 완화해 기생충이나 병에 걸린 돼지고기, 가금류, 감귤류, 복숭아류의 수입을 허용했으며, 앞으로 사과, 배, 바나나에 대한 기준도 완화할 것을 제안했다.

호주정부는 미·호주FTA 협상 이후 호주산 농산물의 미국시장 진출이 확대될 것이라고 주장했다. 하지만 협정에 따라 호주는 협정 발효 첫날부터 미국의 모든 농산물에 대해 관세, 쿼터, 계절 제한, 보조금 등을 제거했지만 미국은 관세, 쿼터, 계절 제한, 그리고 보조금의 상당 부분을 유지할 수 있게 됐다.

특히 호주정부는 양, 새끼양, 고기, 원예작물 등을 포함해서 전체 농산물의 3분의 2에 대한 관세가 즉시 철폐되고, 협정이 체결된 지 4년 내에 추가로 9%의 관세가 완전히 없어질 것이라고 말했지만 실상은 그렇지 않았다. 물론 일부 관세는 낮아졌다. 그러나 호주가 경쟁력을 갖춘 대부분의 분야에서는 그렇지 않았다. 호주의 주요 수출품인 양모(10년), 포도주(11년), 철강과 쇠고기, 유제품, 원예작물과 면(18년)의 경우는 상당기간 관세가 유지됐다. 더욱이 호주의 대미 수출이 '너무 급격히' 늘거나 호주 제품의 가격경쟁력이 크면 미국은 사전 양해 없이 관세를 원래로 돌릴 수 있도록 했다.

하워드 총리는 쇠고기와 유제품에 대한 미국시장 접근이 높아진다고 말했지만 미국이 쿼터제와 관세를 제거하기까지 18년이 걸린다. 이것은 WTO체제 아래에서 경쟁에 대비하기 위해 개도국이 받은 유예기간보다도 더 길다.

3. 호주에서 벌어진 미·호주FTA 반대 움직임

미·호주FTA 협상이 진행되면서 호주노총과 호주금속노조 등 노동운동 세력들이 미국과의 FTA에 반대하고 나섰다. 무엇보다 하워드 총리가 부시의 이라크전쟁을 지지하면서 그에 따른 경제적 이득을 얻으려는 점에 대한 비판이었다. 하지만 호주 노동조합들이 주되게 관심을 기울인 것은 일자리와 고용조건의 악화 때문이었다.

"하워드, 부시. 우리는 당신들의 FTA를 원하지 않는다", "호주의 공정한 무역을 내세우자", "호주인들의 일자리를" 등의 구호가 나왔다. 특히 하워드 총리가 호주 지배엘리트들에게 혜택을 주는 대가로 호주의 사회서비스를 사기업화하고, 미국 기업들이 호주의 사회서비스를 헐값에 매입하는 것에 대한 반발이 컸다. 대표적인 예가 미국과 호주 제약회사들의 이익을 위해 PBS 제도를 파괴한 것이었다.

더욱이 전통적으로 호주 노동조합의 지지를 받던 호주노동당이 미·호주FTA에 대한 지지를 밝히자 호주금속노조는 노동당에 대한 지지를 철회했다. 노동당이 FTA에 지지 입장을 밝힌 것에 대해 시위대들은 "부끄러운 줄 알아라!"며 야유를 보내기도 했다.

케리 네틀 같은 녹색당 의원들도 무역협정이 인권, 환경기준, 국제 노동기준의 준수에 기초해 있지 않다는 점을 지적하며 반대 의사를 밝혔다. 그녀는 미·호주FTA가 평범한 호주인들에게 아무런 득이 되지 않는다고 주장했다.

호주금속노조 사무총장이자 호주노총 부위원장인 덕 카메론은 "자유무역이란 게 제3세계 노동자들을 보호하지 못하기 때문에 나쁜 것"이라고 주장했다. 그는 미·호주FTA로 인해 제3세계에서 만들어진 제품들이 미국을 통해 호주시장에 들어오는 것을 걱정했다.

4. 미·호주FTA에서 얻을 수 있는 교훈

미·호주FTA가 논의될 때 호주 일각에서는 호주가 미국의 51번째 주가 되는 것 아니냐는 반론도 만만치 않게 나왔다. 하지만 호주는 그 자체로 강력한 제국주의 국가로서 동남아시아와 태평양 지역에 군림하고 있다. 더욱이 호주는 그 자체의 이해관계를 갖고 미국과 FTA협상에 임했다. 호주 지배자들과 자본가들은 호주가 계속 동아시아와 태평양 지역에서 지역 맹주 역할을 하길 바라고, 또 그 지위를 계속 유지하기 위해 미·호주FTA를 추진했다. 호주의 일부 자본들에게는 미·호주FTA가 손해일

수 있지만 호주 전체 자본들로서는 내부적으로 신자유주의적 구조조정을 추진하고 외부적으로는 미국시장에 진출할 기회를 얻기 때문에 득이 된다고 생각한다.

하지만 호주와 심지어 미국의 노동자와 민중에게는 결코 득이 되지 못했다. PBS의 파괴에서 드러나듯이 공공서비스 영역의 파괴를 초래했고, 경쟁이 격화되면서 노동강도가 높아졌다. 그렇다고 호주에서 일자리가 증대됐다는 증거는 없다. 이와 마찬가지로 미국에서도 호주의 값싼 제품과 경쟁하기 위해 미국 노동자들에게 더 많은 압력이 가해졌다.

미·호주FTA가 보여준 것처럼, 한미FTA도 한국과 미국 자본들에게는 사업을 확대하고 노동자들을 쥐어짤 수 있는 기회를 제공하겠지만 양국 노동자와 민중들에게는 경쟁은 심화되고 그동안의 공공서비스조차 시장에 내맡겨짐으로써 공공서비스 요금이 폭등하는 결과만을 가져오게 됐다.

결론적으로 미·호주FTA는 구조조정과 공공영역의 파괴를 의미한다는 점을 분명히 파악할 수 있다. 또한 미·호주FTA에서도 두 국가 중 어느 한 국가가 이득을 보고 다른 국가는 손해를 보는 게 아니라 계급적 구분에 따라 피해와 이득을 본다는 점이 드러났다. 한미FTA에 반대하는 운동도 민족주의적 관점보다는 노동자들의 국제적 연대에 기초해 전개될 필요가 있을 것이다. 마지막으로 미·호주FTA에 대한 반대운동이 호주에서 그리 힘 있게 전개되지 못했다는 것을 지적해야 한다. 이것은 한미FTA를 저지시키기 위해 어느 정도의 대중적 동원과 노력이 필요한지를 보여준다. 호주노총과 호주금속노조 등이 반대여론을 형성하고 반대운동을 전개했지만 대중파업과 같은 투쟁으로 이어지지 못했다. 한미FTA를 저지시키기 위해서는 진정으로 대중파업을 포함한 '민중항쟁'이 필요할 것이다.

한미FTA와 NAFTA

배성인[*]

한미FTA에 대한 반대론을 실제 통계지표들에 근거하여 주장하면 FTA 찬성론이 고개를 들이밀 수 없을 것 같은데, 찬성론들의 FTA에 대한 신뢰는 여전히 확고하다. 이런 그들의 신뢰 이면에 자유무역과 자유시장 경제에 대한 뿌리깊은 믿음과 부르주아 이데올로기들이 강고하게 자리잡고 있기 때문이다.

우리가 관심을 갖고 있는 자유무역지대는 경제통합의 가장 낮은 단계에 속한다. 2개 이상의 국가들이 자유무역협정을 체결해 역내 무역자유화를 도모하는 초보적 지역통합 단계이다. 이 단계에서는 역내에서 거래되는 제품에 대한 관세 및 비관세 철폐가 주목적이며, 대외적으로 공통정책을 취하지는 않는다.

이미 고도화된 경제통합체인 EU를 논외로 한다면, 북미자유무역지대가 현존하는 최대의 자유무역지대이다. 미국, 캐나다, 멕시코가 속해 있는 북미자유무역지대는 인구 4억 명, 국내총생산(GDP) 9조 달러 규모에 달하는 거대 시장이다. 이들 3개 국가가 1992년 12월 북미자유무

---

* 명지대학교 북한학과 교수, 한미FTA저지 교수학술공대위 집행위원.

역협정[1]을 체결해 1994년 1월 1일부터 시행하고 있다.

NAFTA는 FTA의 가장 대표적인 사례로서 포괄적인 자유무역협정으로 평가되는데 무역 및 투자자유화, 서비스 이동, 지적재산권, 노동과 환경 문제 등을 모두 다루고 있다. 특히 멕시코의 경우 NAFTA의 최대 수혜국이라는 평가도 있지만[2] 양극화와 실업 문제, 초국적 기업의 독점 문제, 투기자본 문제 등 부정적인 평가도 상당하다.

멕시코는 NAFTA를 체결한 직후 흔히 '페소화 위기'[3]로 불리는 예기치 못한 경제위기에 봉착하는 동시에 사파티스타[4] 농민혁명 운동이 일어나는 등 정치적 대격변을 겪었다. 이어 멕시코는 2003년 11월 일본과의 FTA체결을 끝으로 당분간 어떤 나라와도 FTA를 추가로 체결하지 않겠다는 이른바 'FTA 모라토리엄'을 선언했다. 멕시코는 FTA 모라토리엄을 선언하기 전까지 전세계 43개국과 12개의 FTA를 체결했으나, 현재 이들 국가와의 무역에서 대부분 적자를 보고 있다.[5]

---

1) 북미자유무역지대(North America Free Trade Area)와 북미자유무역협정(North America Free Trade Agreement)은 같은 개념으로 이 글에서는 약칭해 NAFTA로 사용한다.

2) IMF와 세계은행은 NAFTA가 지난 10년간 멕시코 경제성장에 긍정적 영향을 줬다고 평가했다. 두 기관 모두 NAFTA 체결을 통해 멕시코는 외국인 투자와 무역이 확대되고 생산성이 향상되는 등 긍정적인 성과를 거뒀다고 분석했다. M. Ayhan Kose, Guy Meredith, and Christopher M. Towe, "How Has NAFTA Affected the Mexican Economy? : Review and Evidence", *IMF Working Paper*, Washington D.C. : International Monetary Fund, 2004.[www.imf.org/external/pubs/ft/wp/2004/wp0459.pdf] ; Daniel Lederman, William F, Malonley, and Luis Servén. "NAFTA at 10 Years : Lessons for Development", Richard Newfarmer ed., *Trade, Doha, and Development : A Window into the Issues*, Washington, D.C. : The World Bank.

3) 멕시코 페소화의 가치가 폭락하면서 두 달 만에 가치가 반으로 떨어진 사태를 말한다. 미국과 IMF가 구제금융 500억 달러를 긴급 제공했으나, 급격한 실업의 증가와 생활수준의 하락을 막지 못했다. 이로 인해 멕시코 국민 대다수는 고통을 받았으나, 소수 엘리트층은 사유화와 NAFTA의 달콤한 열매를 즐겼다.

4) 사파티스타들이 일, 토지, 주거, 식량, 보건, 교육, 독립, 자유, 민주주의, 정의, 그리고 평화를 요구하면서 멕시코 남동부 치아파스 주에서 봉기한 것은 1994년 1월 1일이었다. 그 해가 소련을 중심으로 전개됐던 사회주의 전략의 최종적 파산 직후였다는 점과 그 날이 NAFTA가 발효되는 날이었다는 점은 주목할 만하다.

그런데 멕시코정부 및 NAFTA 주도세력의 논리나 접근방식이 노무현 정부와 비슷해 놀라울 따름이다. 선진국론, 장밋빛 전망, 운명론, 대세론, 경쟁력, 1등 신화 창조, 수치 조작 등 정말 닮은 꼴이다. NAFTA 이후 멕시코의 국민경제가 초토화됐다는 것을 잘 알고 있을 텐데, 이를 외면하면서 멕시코를 지속적으로 강조하고 있다.

1. 한국-멕시코 대국민 설득논리의 동일성

한미FTA 체결논리는 1994년 멕시코의 경우와 흡사하다. 노무현 정부는 한미FTA의 체결로 10년 내 국민소득 3만 달러의 선진국 진입이 가능할 것이라고 주장하고 있다. 미국과 손잡으면 한국이 세계 일등국가가 될 수 있다는 환상을 국민들에게 심어주고 있다. 또한 외국인투자, GDP 그리고 고용이 증가해 양극화 해소에 기여할 것이라고 선전하면서 시민단체, 노조를 비롯해 국민들을 설득하고 있다. 멕시코정부와 미국정부가 1994년 NAFTA 체결시 전개했던 대국민 설득논리와 동일하다.

멕시코가 미국과 FTA를 체결한 것은 벌써 12년 전이다. 노무현 정부의 주장대로라면 멕시코는 벌써 선진 통상대국이 됐어야 마땅하다. 그러나 현재의 멕시코를 보면 세계 일등 국가는커녕 다양한 사회 문제로 인해 많은 민중들이 고통에 시달리고 있을 뿐이다. 멕시코를 선진국으로 끌어올린다는 꿈을 선전하며 강행됐던 NAFTA의 약속은 배신으로 점철된 사기극이 된 것이다.

---

5) 노무현 정부는 멕시코의 극단적 양극화(아직도 지속되고 있는 농민들의 무장저항을 일으킨 그 양극화)가 NAFTA 때문이 아니라 세계화나 페소화 위기 때문이라는 결론을 내렸다.

한국과 멕시코는 몇 가지 비슷한 측면이 있다. 1994년의 멕시코와 미국, 2006년의 한국과 미국의 평균관세율 차이가 비슷하다. 멕시코가 1993년 OECD에 가입한 지 1년 후에 외환위기를 겪은 점도 우리와 비슷하다. 하지만 산업구조, 경쟁력, 기술수준 등에 있어서는 상당한 차이가 있기 때문에 똑같다고 보기는 어렵다. 그런데도 노무현 정부는 멕시코를 모델로 한미FTA 체결논리를 강화하고 있다.

NAFTA를 통한 노무현 정부의 한미FTA 설득논리를 정리하면 다음과 같다.[6] 첫째, 성장률과 일자리가 늘어난다는 주장이다. 하지만 멕시코와 캐나다의 성장률은 2~3% 수준으로 거의 변동이 없었고 일자리 증가도 없었다. 둘째, FTA가 양극화 개선의 기회가 된다는 논리이다. 하지만 멕시코의 기업인, 학자, 언론 모두 NAFTA가 모든 분야의 양극화를 고착시켰다고 평가했다. 셋째, 서비스산업의 고도화가 일어나리라는 낙관론이다. 하지만 NAFTA 12년은 캐나다와 멕시코의 주요 서비스산업이 외국계 기업에 종속된 모습을 보여준다. 넷째, 통상마찰이 줄 것이라는 낙관론이다. NAFTA 체제에서도 미국의 반덤핑 제소나 상계관세 부과 관행이 없어지지 않았다. 미국은 심지어 분쟁해결 패널에서 내린 결정도 불리하면 지키지 않는다. 캐나다는 통나무 수출건으로 20년간 미국과 싸워 여러 차례 이겼지만, 항상 양보하라는 압력을 받았다.

2. 멕시코 성공의 허와 실

1) NAFTA 추진과 성공에 대한 환상

멕시코에서 1982년 8월에 시작된 외채위기는 미국까지 위기로 몰고 갔다. 당시 미겔 델 라 마드리드 행정부는 수입대체산업화 정책을 중심으

로 한 폐쇄정책을 버리고 마킬라도라(멕시코 북부, 미 접경지역의 수출공
단지대)[7] 등 시장개방정책을 추진해왔으며, 그 결정판이 카를로스 살리
나스 데 고르타리 행정부에 의해 강력하게 추진된 NAFTA이다.

생산과 자본의 국제화가 급격하게 진행됐던 1970년대에 멕시코는
여전히 석유부문에서 생기는 재원으로 국내 산업에 보조금을 주는 정책
을 진행했기 때문에 국내의 규범과 기술수준은 국제적 수준에서 더욱
낙후될 수밖에 없었다. 그런 점에서 1982년의 외채 모라토리엄 선언은
이런 체제운용이 더 이상 불가능하다는 점을 보여줬다. 살리나스가 정
권을 장악한 이후 멕시코는 전통적으로 유지해왔던 '제3세계주의' 적 외
교노선을 폐기하고 친미주의적 노선으로 이행했다.[8]

이미 멕시코정부는 신자유주의적 기조의 안정화정책과 구조개혁을
취했고, 또 우루과이라운드 협상 때 미국의 입장을 적극적으로 대변하
는 등 대미 유화적인 태도를 통해 신뢰회복의 기틀을 사전에 마련한 바
있었다.

당시 미국의 입장에서는 멕시코경제의 실패가 곧 대규모 불법이민
으로 이어져 국가안보 문제화되는 것을 우려했고, 지역주의 블록화를
내비치고 있었기 때문에 협상에 나선 것이었다. 반면 살리나스 정권의
입장에서는 높은 대미무역 집중도와 대규모 외자유치를 위해서 북미경
제권과 통합하는 것이 낫다고 판단했다. 즉, NAFTA는 멕시코경제를 북

---

6) 이성형, 「NAFTA의 교훈」, 『서울신문』, 2006년 3월 14일.
7) 외국산 원부자재, 기계장비 등을 무관세로 수입해 조립·가공한 후 완제품 또는 반제품 상태로
   재수출하는 외국인 투자기업의 노동집약형태의 산업을 총칭하며, 보세산업(In-bound Industry)
   또는 쌍둥이공장(Twin Plants)이라고도 부른다. 국경지대 산업화 프로그램의 일환으로 1965년
   에 시작된 이 프로그램은 외국 기업의 투자를 통한 고용확대와 북부 국경지대를 발전시키는 방
   안의 하나로 모색하게 됐다. 마킬라도라 프로그램은 초기에 국경지대를 중심으로 시작됐으나,
   노동집약적인 산업이 가능한 지역을 중심으로 전국적으로 분포하고 있다.
8) 이성형, 『신자유주의의 빛과 그림자 : 라틴아메리카의 정치와 경제』, 한길사, 2001, 342쪽.

미경제권에 제도적으로 연계시켜 국제화를 추진하려는 기술관료들의 열망이 가시화된 것이라고 말할 수 있다.[9]

NAFTA의 주요 골자는 ①노동과 자본의 자유로운 이동, ②동일한 노동법과 환경보전법 적용, ③역내의 관세 및 수입제한을 단계적으로 낮춰 15년 이내에 원칙적으로 철폐할 것 등이다. 그러나 노동력의 이동을 배제하고 자본의 흐름만 허용하고 있어 생산성과 요소가격의 불균등화, 비대칭성이 나타나고 있다.

그런데 NAFTA 체결 이후 지난 12년 동안의 멕시코 상황에 대해서는 동일한 결과를 놓고 엇갈리는 평가가 나오고 있다. 단순히 구분한다면 긍정론과 부정론으로 나눌 수 있는데, 가장 최근에는 2006년 5월 18일부터 22일까지 연재물을 내보낸 『매일경제』와 2006년 5월 23일부터 26일까지 연재한 『한겨레』가 전담팀을 구성해 현지 취재까지 다녀왔음에도 불구하고 엇갈리게 평가해 눈길을 끌었다.[10]

그렇다면 동일한 결과를 놓고 왜 다른 평가를 하고 있는가? NAFTA 추진 이후 멕시코에 대한 평가는 각종 자료의 조작과 은폐 등으로 인해 올바른 정보를 제공하지 못했다. 그러다보니 각종 경제지표도 다르고 평가도 상이하게 도출될 수밖에 없었다. 하지만 최근에는 자료의 공유

---

9) 당시 협상의 구체적인 내용을 제대로 알고 있는 사람들은 살리나스 대통령이 개인적으로 잘 아는 몇몇 기업인들과 측근 경제관료들뿐이었다. 심지어 의회조차도 비준 직전에 방대한 협상자료를 넘겨받아 제대로 검토하지도 못하고 통과시켰다. 또한 멕시코의 협상실무진은 미국에서 경제학을 공부해 미국식 경제논리에 경도된 경제관료들로 채워져 있었다. 정말 한국의 상황과 비슷하다.

10) 『매일경제』는 멕시코가 NAFTA 이후 개방형·세계시장지향형 경제로 발전하고 있다고 분석했다(임상균 외, 「미국의 FTA동맹국 가보니」, 『매일경제』, 2006년 5월 18~22일). 반면 『한겨레』는 NAFTA 이후 멕시코경제가 심각한 양극화와 저성장을 보이고 있다고 진단했다(박순빈, 「집중탐구 한미FTA : 멕시코 편」, 『한겨레』, 2006년 5월 23~26일). 물론 두 신문이 일치하는 부분도 있다. 그것은 멕시코가 NAFTA 이후 외국인 투자유치와 수출규모 등에서 향상된 수치를 보이고 있다는 것이다.

가 부분적으로 이뤄지고 있어서 일치된 결과를 보여주고 있다. 이하 내용 전개에 있어서 사용할 자료는『매일경제』,『한겨레』,『서울경제』,『프레시안』 등 각종 언론매체의 기획연재기사, IMF·UN·세계은행 등의 국제기구 자료, 멕시코 당국의 자료, 노무현 정부의 자료 등이며, 이를 토대로 일치하는 지표들을 사용하고자 한다.

먼저 긍정론을 보면, 멕시코의 경우 NAFTA 발효 이후 최대 시장인 미국으로의 수출이 호조를 보이고 미국 및 유럽 기업들의 직접투자가 큰 폭으로 늘어나는 긍정적 효과를 보았다고 평가한다. 수치를 좋아하는 경제학적 분석들에 따르면, NAFTA 발효로 무역장벽이 제거되고 투명성 보장에 따른 무역을 증진시킬 수 있는 토대가 마련됨에 따라 멕시코는 1995년 페소화 위기를 극복하고 이후 지속적인 경제성장을 달성하고 있다고 한다.

NAFTA에 대한 긍정적인 평가는 투자증가로 발생하는 이익, 멕시코 제조업 수출의 증가, 관련 금융 및 거시경제 안정성 등에 집중된다. 우선 멕시코의 수출규모가 NAFTA 직전인 1993년 518억 달러에서 2005년 2,127억 달러로 4배 증가했다. NAFTA 발효 후 관세감축 등의 효과로 멕시코와 미국의 상품교역은 약 186% 증가했으며, 특히 수출 증가율이 수입 증가율을 웃돌아 대미 무역수지가 1993년의 20억 달러 적자에서 2005년에 650억 달러 흑자로 돌아섰다.

외국인 직접투자 역시 1993년 44억 달러에 불과했던 것이 2004년 166억 달러, 2005년 178억 달러를 기록할 정도로 대폭 증가했다. 외환보유고도 687억 달러로 늘어났다. 특히 NAFTA 회원국인 미국, 캐나다뿐만 아니라, NAFTA 체결에 따른 투명성 보장으로 멕시코를 교두보 삼아 북미시장을 겨냥하는 제3국의 투자 역시 크게 늘어났다는 점은 NAFTA의 성공사례로 꼽히고 있다.

연평균 GDP 성장률[11] 또한 NAFTA 발효 이전인 1984~93년 동안 연평균 2.5% 증가에 그치던 것이, 발효 이후인 1994~98년에는 3.0%로 다소 증가했다. 특히 외환위기 기간인 1995년(-6.2%)을 제외할 경우 연평균 성장률은 연평균 3%의 안정적인 성장세를 지속하고 있다.

GDP 대비 역내교역량은 1993년 25%에서 2000년 51%로 확대됐다. 1인당 국민소득도 1993년에 3,896달러에서 10년이 지난 2002년에는 6,304달러로 신장하는 등 괄목할 만한 경제성장을 실현했다. 이처럼 NAFTA 발효로 멕시코경제에 활력이 생김에 따라 고용창출도 늘어나 실업률이 1993년에는 3.3%, 1995년 7.5%에서 1999년 이후에는 평균 2.6%의 안정된 수준을 유지하고 있다. 또한 농산물 수입국인 멕시코는 NAFTA 가입 이후 막대한 피해를 입을 것으로 예상됐지만 수출품목을 중심으로 농산물 생산구조를 변화시키면서 오히려 농산물 생산량과 재배면적이 각각 14.0%, 9.2% 증가했다.

이밖에 멕시코의 살인적인 인플레이션이 NAFTA 이후 지속적으로 감소해 2005년 3%로 안정된 점, 노동집약산업에서 탈피해 전자·생명공학·정보통신 등 최첨단산업 비중이 높아지는, 이른바 경제구조의 현대화가 이뤄졌다는 점도 주목할 만하다.

2) 멕시코경제의 파탄

① 수출의 대미의존 심화와 초국적 자본

하지만 이렇게 수출과 투자가 증가하는 데도 노동자·농민의 생활이 점

---

11) 예전에 국민총생산(GNP)을 사용하다가 국내총생산(GDP)으로 바꾼 것은 주류 경제학자들이 자본을 구분하지 않고 초국적 자본의 시대에 맞게 착시효과를 주기 위한 것으로 볼 수 있다.

점 악화되는 것은 어떻게 이해해야 할까. 긍정론의 내용을 구체적으로 살펴보면 NAFTA가 정반대의 결과를 초래했다는 것을 알 수 있다. 예를 들어 심각한 양극화로 인한 빈곤층 증가, 저성장, 이농현상, 초국적 기업의 지배력, 불법이민 증가, 마약밀수 등 상당히 심각한 폐해가 그렇다.

먼저 수출증가의 문제점을 보면, 멕시코의 수출정책은 '값싸고 불안한 노동'에 의존한 정책 중심으로서 대미의존도의 심화로 인해 수치가 긍정적인 결과를 보이는 것은 당연하다. NAFTA 발효 이전보다 4배 이상 증가한 전체 수출에서 미국시장 비중이 보통 85~90%를 차지해, NAFTA의 힘을 쉽게 짐작할 수 있다. 게다가 수입품의 85%는 미국에서 들어온다. 미국시장지향형 노동집약 생산기지로 변한 것이다. 더욱이 수출 증가는 아무 의미가 없다. 수출 1위부터 6위 가운데 멕시코 기업은 국영석유회사 하나밖에 없고 다 미국 기업들이다. 미국 기업들이 자기네 부품 가져다가 값싼 노동력을 이용해 수출이란 이름으로 가져가는 것이다. 그런 의미에서 2005년 대미 무역수지 흑자 650억 달러는 멕시코에 진출한 미국의 초국적 기업이 가져간 것이기 때문에, 이는 멕시코가 초국적 기업들의 글로벌 생산기지로 변모했다는 것을 의미한다.

〈자료 1〉 멕시코 외국인 직접투자 증감 추이

단위 : 억 달러

연 도	1989	1993	1996	1998	2001	2002	2003	2004	2005
액 수	31.7	43.8	96.8	124.4	247.3	253.3	136.3	166	178

출처 : 멕시코 경제부

외국인 직접투자의 급증은 실제보다 과장됐다는 것이 멕시코 전문가들의 지적이다. 멕시코에 유입된 외국인 직접투자 중 상당 부분이 결국 미국에 있는 모회사에 이윤과 배당의 형태로 되돌아갔기 때문이다. 물론 멕시코의 외국인 직접투자가 1990년대에 비약적으로 늘어난 것만은 사실이고, 한국정부도 바로 이 사실을 들어 한미FTA를 체결할 경우 우리나라로 외국 자본이 더 많이 유입될 것이라고 주장하고 있다.

그러나 멕시코에서의 외국인 직접투자는 공장의 신규 건설이나 신규 투자 등 소위 '그린필드 투자'가 아닌 기존 멕시코 기업을 인수합병하는 방식이나 주식, 채권, 선물거래 등 자본시장에서의 투기를 중심으로 이뤄지면서 멕시코경제를 더욱 초국적 투기자본의 위협에 빠뜨렸다. 1990년대 멕시코로 흘러든 외국인 직접투자 중 순수하게 총고정자본 형성에 기여한 자본의 비중을 계산해보면 이런 사실이 잘 드러난다. 1990년부터 10년 동안 멕시코에 유입된 외국인 직접투자 총액 중 55.6%에 해당하는 금액이 미국 등으로 다시 유출됐다.

〈자료 2〉 총고정자본 형성 대비 외국인 직접투자 유입액(%)

연 도	1990	1991	1992	1993	1994	1995	1996	1997	1998	1999	2000
멕시코에 유입된 자본	5.6	8.7	7.1	7.1	16.4	16.6	15.7	16.3	2.8	13.2	12.9
이윤, 배당 등의 형태로 미국에 유출된 자본	4.9	4.5	3.7	4.0	5.2	8.7	7.7	5.5	-4.4	3.9	4.9
멕시코 자본 형성에 기여한 자본	0.7	4.2	3.4	3.1	11.2	7.9	8.0	10.8	7.2	9.3	8.0

출처: 멕시코 은행 : 노주희, 「멕시코는 왜 FTA 모라토리엄을 선언했나」, 『프레시안』, 2006년 3월 16일 재인용

NAFTA 출범 이후 10년 동안 멕시코의 대미 무역과 외국인 직접투자의 유치 규모는 그 이전의 10년 평균보다 각각 2배와 5배 이상 증가됐다. 그러나 그 사회경제적 영향이 긍정적인 것은 아니었다. 대외경제정책연구원의 한 보고서도 지적했듯이, 멕시코에서는 NAFTA 이후 확대된 교역 및 외국인 투자가 경제성장으로 연결되지 않았다.[12] 멕시코의 경제성장률은 미국과 캐나다는 물론 이웃 라틴아메리카 국가들의 평균에도 못 미치는 것으로 나타났다.

② 생산성 향상의 허구와 노동악화

NAFTA 이후 노동자들의 평균 실질임금은 더욱 떨어졌다.[13] 제조업 노동자들의 소득정체는 멕시코정부의 공식 통계로도 잘 나타난다. NAFTA 발효 후 2005년 말까지 멕시코 제조업의 평균 노동생산성은 68%나 증가했는데도 노동비용은 31% 감소했다. 기업의 이윤은 크게 늘었지만 노동자 몫은 오히려 줄어든 것이다. 여기에는 섬유나 신발 같은 노동집약적 산업이 쇠퇴하고, 자동차·전자부품 등 부가가치가 높은 산업이 발전한 탓도 있다.[14]

하지만 제조업 노동자들의 평균 실질임금이 1% 증가에 그친 사실은 성장으로 얻은 과실의 배분이 자본쪽으로 치중됐다는 반증이다. 노동조건이나 노동자들의 권리 역시 더욱 나빠졌다. 또한 제조업의 생산성 향상은 노동비용 절감과 저렴한 수입 자재의 사용에서 기인한 것에 불과하다. 노동비용을 절감했다는 것은 그야말로 노동자에 대한 착취의 고삐를 당겼다는 것이며, 수입 자재와 부품을 사용했다는 것은 자재 및 부품산업이 말살되고 공장은 폐쇄되었으며 노동자들은 해고됐다는 것을 의미한다.[15] 즉, 생산성 증대가 노동조건의 개선으로 이어진다는 논

---

12) 이홍식 이창수 이경희, 「한미FTA의 필요성과 경제적 효과」, 『KIEP 오늘의 세계경제』(제06-01호), 대외경제정책연구원., 2006. 7쪽.

13) 이것은 순전히 NAFTA의 효과라기보다는 1994~95년의 '페소화 위기'의 영향이 강하다. 하지만 페소화 위기 자체가 NAFTA로 한층 강화된 미국경제와의 연동, 외국 자본의 유입에서 비롯됐다는 것을 명심해야 한다.

14) 박순빈, 「집중탐구 한미FTA : 멕시코 ③노동의 질 나아졌나」, 『한겨레』, 2006년 5월 26일. NAFTA 이후 가장 활기를 띠고 있다는 제조업 노동자의 실질임금을 보면, 1993년의 실질임금을 100으로 했을 때 2005년의 제조업 실질임금은 72.3에 머문다는 게 멕시코 통계청의 공식 발표다.

15) 마킬라도라에는 삼성, LG, 소니, 파나소닉 등 전자부문의 세계적 기업이 모두 몰려 있는데, 이 산업단지는 90%의 부품 및 기계를 미국에서 수입한다. 나머지 10% 중에서도 멕시코에서 조달하는 양은 불과 3% 정도다. 12시간 노동에 월 20만~40만 원에 불과한 싼 임금을 이용해 조립한 완성품의 85%는 다시 미국으로 수출된다.

리는 부르주아 경제학 교과서에서는 가능할지 몰라도 현실은 정반대로
나타나고 있다.

〈자료 3〉 멕시코 제조업 실적 증감률 지표

단위 : %

부 문	총생산	고 용	생산성	평균노동비용	1인당 실질임금
증감률	42	-16	68	-31	1

* 총 노동비용 증감은 달러화 표시 기준 　　　박순빈, 「집중탐구 한미FTA : 멕시코 ③ 노동의 질 나아졌나」, 『한겨레』, 2006. 5. 26.

　　한편 생산성 향상으로 인해 그 혜택을 받는 새로운 계층이 나타나
고 있다. 이들은 다수가 초국적 기업에 소속되어 풍요로운 소비를 즐기
고 있다. 물론 가까운 미국으로 달려가서 즐거움을 만끽하고 있다. 지주
와 소작농으로만 구분됐던 과거의 멕시코와 비교할 때 새로운 계층인
중산층이 형성되고 있다는 긍정적인 평가도 가능하다. 하지만 여전히
587만 명이 하루 최저임금인 50페소(약 4.6달러)도 받지 못하며, 402만
명은 아예 무소득이다. 〈자료 4〉에서 나타나듯이 노동인구당 임금수준
비율의 격차가 매우 심각하다는 것을 알 수 있다. 빈곤이 일상화되고 양
극화 문제는 상당히 심각한 상황에 이른 것이다.

〈자료 4〉 노동인구당 임금수준 비율

단위 : %

임금수준	최저임금 이하 혹은 무소득	최저임금의 1~2배	최저임금의 2~3배	최저임금의 3~5배	최저임금의 5배 이상
비 율	23.3	21.7	19.9	19	10.7

출처: 임상균, 「멕시코, 투자·수출은 늘었지만 1000만 명 극빈층 '그늘'」, 『매일경제』, 2006년 5월 19일

③ 빈곤의 일상화와 심각한 양극화 문제

멕시코의 성장지표는 저조하다. 멕시코 중앙은행이 집계한 연도별 1인
당 GDP 증가율을 보면, 1994년 이후 2005년까지 연평균 1.43% 성장에

그쳤다. OECD 평균 GDP를 100으로 봤을 때는 1990년 37.7에서 2002년 35.7로 오히려 하락했다.

긍정론의 입장에서는 거시경제의 안정성을 언급하면서 연평균 GDP 성장률 3%의 안정적인 성장세 지속을 강조하고 있다. 하지만 3%의 안정적 성장세도 낮은 지표임에는 틀림없기 때문에 저성장으로 규정할 수밖에 없다. 중요한 것은 경제성장에도 불구하고 멕시코의 고질적인 빈부격차는 해소되지 않고 있고 노동자·농민의 생활은 점점 악화되고 있다는 것이다.

멕시코 저성장의 원인은 NAFTA 이후 멕시코 내부의 산업연관체계가 무너진 데 있다. 대기업과 외국 기업들의 수출이 성장을 이끌고 있지만, 이들은 멕시코의 값싼 노동력만 활용할 뿐 대부분 원부자재와 부품을 중국 등 멕시코 이외 지역에서 들여온다. NAFTA 체결 후 멕시코의 교역량이 급증했으나 1998년 이후 한번도 무역수지 적자를 벗어나지 못한 이유도 바로 이 때문이다.[16]

이렇게 멕시코경제의 성격이 변화한 것은 NAFTA 체결 이후 진행된 대대적인 구조조정 때문이다. 내수제조업, 중소기업, 농업 등에서 대규모 도산사태가 이어지는 동안 무역의 대미의존도는 85~90%로 치솟고 금융업의 90% 이상이 외국인 손으로 넘어갔다.

〈자료 5〉 NAFTA 발효 후 멕시코 무역수지

단위 : 억 달러

구 분	대 미 국		대 세 계	
연 도	1993년	2005년	1993년	2005년
수 출	430	1830	520	2140
수 입	450	1180	650	2210
무역수지	△20	▽650	△130	△70

출처: 관계부처합동, 『한미FTA Q&As』(4월 21일), 관계부처합동, 2006, 22쪽

---

16) 그럼에도 정부는 멕시코의 대미 무역흑자만 선전하고 있다.

물론 저성장이 빈곤의 일상화를 가져온 것은 아니며, 반대로 고성장이 직접적으로 양극화 해소 및 실업문제 해결로 이어지는 것은 아니다. 멕시코가 NAFTA 체결 후 수출·투자가 증가했음에도 민중들의 빈곤이 일상화된 것은 마킬라도라[17]에서 그 원인을 찾을 수 있다.

원래부터가 정치적으로나 역사적으로 미국의 '내부식민지'였던 멕시코가 NAFTA를 거치며 경제파탄에 빠지고 마킬라도라를 중심으로 심각한 노동착취 사태가 발생했다. NAFTA가 체결된 1년 후 멕시코에 경제위기가 바로 발생하고 마킬라도라를 중심으로 일자리가 증가한 것은 사실이지만 절대 다수가 처절한 노동조건과 항시적 고용불안에 시달리는 비정규직이며, 마킬라도라 이외의 산업부문에서는 그보다 더 많은 일자리가 사라졌다는 것은 이제 남의 나라 이야기로 스쳐 들을 수만은 없게 됐다.[18]

실제로 NAFTA 발효 뒤 2002년까지 50여만 개의 새로운 일자리가 만들어졌다. 하지만 같은 기간 농업부문에서 130만 개의 일자리가 없어지는 결과를 초래했다. 또한 이 기간 내수 위주의 중소기업, 도시 자영업, 농민 등 개방에 취약한 계층들은 생존의 벼랑 끝으로 몰렸다. 2000년대 들어서는 미국경제의 침체로 제조업의 고용창출 능력도 떨어졌다. 그 결과는 '질 낮고 불안전한 일자리의 양산'이다. 멕시코정부의 공식 통계로도 2005년도 신규 취업자 10명 가운데 7명이 비정규직이다. 절대 빈곤 계층으로 분류되는 인구도 전체의 31%에 이른다.

---

17) NAFTA 체결 후 마킬라도라는 멕시코 전 지역으로 확산됐다. 마킬라도라는 외국인만 소유할 수 있고 미국계 초국적 기업이 장악하고 있다.

18) 이 지역에 10년간 약 800만 개 일자리가 만들어지긴 했다. 그런데 문제는 이 800만 개 일자리 중 절대 다수가 처절한 노동조건과 항시적 고용불안에 시달리는 3개월짜리 비정규직이며, 그 파급력은 마킬라도라 산업 내부로 차단됐고, 가장 중요하게는 다른 부문에서 그보다 더 많은 일자리가 사라졌다는 사실이다.

그렇다면 긍정론에서 강조하는 고용창출로 인한 안정적인 수준의 실업률은 허상에 불과하다. 통계상 멕시코의 실업률은 1993년에는 3.3%, 1995년 7.5%에서 1999년 이후에는 평균 2.6%의 안정된 수준을 유지하고 있으며, 2005년 공식 실업률은 3.6%로 통계상으로 보면 고용이 안정된 것처럼 보인다. 그러나 멕시코 전체 경제활동인구 4,600여만 명 가운데 사회보험을 적용받으며 안정된 일자리를 가진 사람은 1,300만 명에 불과하고 나머지 3,300여만 명이 임시직이나 지하산업 등에 불완전 고용되거나 사실상 실업상태로 있다.[19]

NAFTA 이후 멕시코의 실질적인 실업률은 9.7%에서 2%대로 낮아진 것이 아니라 15.1%로 증가했다. NAFTA 이후 10년간 마킬라도라에서 창출된 800만 개 일자리 중 절대 다수인 3개월짜리 비정규직, 농촌 지역에서의 130만 개의 일자리 실종, 미국으로의 불법이민 증가 등을 고려할 때 이 수치에는 타당성이 있다. 결국 경제통계라는 것은 현실을 가리는 허구적 지표일 뿐이다.

이렇게 멕시코에서는 NAFTA 이후 GDP 대비 기업이익과 노동수입의 격차가 더 벌어지고 있고 양극화는 더욱 심화되고 있다. 특히 산업·지역·계층간 양극화는 멕시코 국민들의 분열과 갈등을 심화시키고 있다. 멕시코 사회보험청이 집계한 2004년 최상위 5분위 가구의 월평균 소득은 4만 908페소(약 350만원)로, 최하 1분위 가구의 1,912페소(16만원)와 20배 이상 차이가 난다. 중소기업은 약 330만 개로 전체 기업의 99%를 차지하지만 수출기여도는 1% 수준에 불과하다. 5개 기업이 전체 수출 물량의 20%, 600개 기업이 수출 물량의 99%를 차지한다. 농업 역시 옥수수 등 전통 농산물 농가의 어려움이 심해지고 있다.

---

19) 박순빈, 「집중탐구 한미FTA : 멕시코 ①나프타 12년 명암」, 『한겨레』, 2006년 5월 24일.

　　노동과 자본 사이의 양극화도 예외는 아니다. 1980년대 초반 GDP 대비 노동수입은 40% 이상이었지만 NAFTA가 체결된 1994년에는 30.9%로, 2000년에는 18.7%로 떨어졌다. 반면 자본가가 거둬간 이윤은 1982년 48%에서 1994년 57.1%, 2000년 68.1%로 급증했다. 계층간의 양극화도 한층 깊어졌다. 상위 10%가 차지하는 소득은 1984년 49.5%에서 1992년 54.2%, 1998년 54.1%로 증가했다. 반면 하위 80%가 차지하는 소득은 1984년 50.5%에서 1998년 45.9%로 감소했다.

④ 위기의 농업

NAFTA에 따라 멕시코는 일부 기초곡물을 제외한 대부분 농산품의 관세를 10년 동안 단계적으로 철폐했다. 그 결과는 농산물 수입의 급증으로 이어졌다. NAFTA 발효 전 60억 달러였던 멕시코의 농산물 수입액은 2002년부터 연평균 120억 달러를 넘어섰다. 멕시코산 채소와 화훼류 등의 대미 수출은 늘었지만,[20] 수출보다 수입 증가폭이 훨씬 크다. 멕시코 국민들이 한 해에 소비하는 농산물과 가공식품류 가운데 수입품 의존율은 1994년 20%에서 2004년 48%로 치솟았다.

〈자료 6〉 멕시코 수입 농산물식품 의존율 증가 추이

의존율＝연도별 수입량/전체 소비량X100

연도	1994	1996	1998	2000	2002	2004
의존율 (단위:%)	20	30	41	43	50	48

출처: 멕시코 중앙은행, 멕시코 통계청 ; 박순빈, 「집중탐구 한미FTA:멕시코 ① 나프타 12년 명암」, 『한겨레』, 2006년 5월 24일

　　미국산 농산물의 멕시코 유입은 NAFTA 이후 10년 동안 100% 늘어났다. 멕시코에서는 정부보조금으로 가격경쟁력을 갖춘 미국의 농산

---

20) 멕시코에서 미국으로 수출되는 농산물이 증가한 가장 큰 이유는 미국 기업농 때문이었다.

물을 당해내지 못해 10년 동안 농업 일자리 130만 개가 사라졌다. 또한 일자리를 잃은 멕시코인들의 미국으로의 불법이민이 대폭 증가했다. 1990년 204만 명이던 멕시코인 불법노동자가 2000년 481만 명으로 2배 이상 증가했다. 무역자유화를 통한 경제성장 효과가 단시일 내에 나타나지 않으면서 불법이민은 계속 이어졌고, 자유무역지대의 취지는 퇴색했다. 미국 역시 NAFTA 체결로 멕시코인들의 불법이민이 줄어들 것으로 기대했지만, 오히려 불법이민이 늘고 부수적으로 마약밀수도 증가한 것으로 드러났다.

NAFTA 아래서 전반적으로 멕시코에 대한 미국의 농산물 무역수지가 급격히 하락했는데도, 대다수 멕시코 농민들은 생존을 위해 힘겹게 살아가고 있다. NAFTA 조항에 따라, 에히도(농지공유지) 시스템[21]이 수정되어 소규모 농민들은 빚으로 인해 자신들의 땅을 잃어버릴 운명에 처했다. 이건 미국 기업농의 옥수수 덤핑에 의해 파괴적인 피해를 입은 수만 명의 소작농들도 마찬가지였다.[22]

멕시코농민대표협회 등 농민단체들은 농업에 대한 정부 지원예산 감소 등 충분한 투자가 이뤄지지 않아 경쟁력을 상실했으며, 민감품목(옥수수, 설탕 등)에 대한 가격관리정책이 부재해 농민들의 어려움이 가중되고 있다. 지금도 전체 인구의 25%인 2,500만 명이 농업 및 관련업에 종사하지만 멕시코정부의 농업에 대한 지원정책과 유통업체 지원정책은 2008년 민감품목 개방과 함께 종료될 예정이다.

---

21) 외국인의 토지소유를 금하고 지주들에게 빼앗은 토지를 소작농, 영세농민, 토착민 공동체들에게 작은 규모로 분배하고, 토지에 대한 권리를 가지지만 팔지 못하게 되어 있다.
22) 치아파스 농민봉기는 500년의 역사가 누적해온 지역차별·인종차별의 폭발이지만, 1994년이라는 시점에서 뇌관이 터진 가장 큰 이유는 결국 에히도 개혁과 NAFTA에서 찾을 수밖에 없을 것이다.

⑤ 경제 동조화

멕시코경제는 미국의 경기변동 사이클에 따라 침체와 호황을 반복하는 불안정성을 보이고 있다. 2000년부터 미국경제가 저성장으로 전환했는데 멕시코경제는 더 낮아졌다. 미국경제가 2000년 5% 성장에서, 2001년 0.3% 성장에 그치자 멕시코경제는 전년 6% 성장에서 2001년 마이너스 0.3%로 직하강했다. 그 다음 해에 미국경제가 3% 성장으로 올라갔는데, 멕시코경제는 회복이 안 됐다. 3년 평균 0.64%밖에 안 됐다. 이런 현상을 경제동조화 현상이라고 한다. 경제동조화 현상은 2001년과 2002년 미국의 경제침체시에 멕시코의 대미수출 5%, 1인당 GDP 2.5%, 마킬라도라의 고용이 20%, 감소하는 결과를 초래했다.

한미FTA도 경제동조화 현상에 대해서 심각한 우려를 하지 않을 수 없다. 노무현 정부는 멕시코의 경제동조화 현상을 인정하면서 그 불가피성을 강조했다. 그리고 한국은 다를 수 있다고 하면서 최소화하겠다는 입장을 표명했다. 이것이 과연 한 국가의 정부가 할 말인가.

3. 캐나다와 미국도 예외는 아니다[23)]

1) 캐나다도 예외는 아니다

캐나다는 NAFTA 체결 전인 1989년에 이미 미국과 FTA를 체결했다. 경제수준이 상대적으로 비슷했음에도 불구하고 미국 · 캐나다FTA(CUFTA로 불림)는 캐나다의 노동조건을 현저히 악화시켰다. CUFTA와 그 이후의 NAFTA로 캐나다 산업 전반이 구조조정되면서 비정규직과 비공식노동이 꾸준히 증가했고, 실업율은 7.8%에서 11%로 증가했다.

나름대로 높은 수준이라 자랑하던 복지도 대폭 삭감됐다. GDP에서 사회복지 지출이 차지하는 비중이 1993년에는 21.6%였다가 2001년에는 17.8%로 떨어졌다. 같은 기간 OECD 회원국 평균치가 21.8%에서 20.8%로 줄어든 것과 비교하면 캐나다의 감소폭이 4배 가까이 더 크다. 전체 실업자 가운데 실업급여 혜택을 받는 비율도 1989년 75%에서 2002년에는 38%로 뚝 떨어졌다. 보건의료예산 등 각종 공공서비스 지출에서 미국과의 격차도 계속 좁혀지고 있다.

CUFTA가 발효될 즈음 캐나다정부는 실업급여, 노후연금, 의료 및 교육재정을 대폭 삭감했다. 그리고 1993년 NAFTA가 발효되기 바로 직전 또 한 차례 공공재정을 삭감했다는 점도 의미심장하다.[24]

캐나다의 대미 농업무역수지가 흑자이긴 하지만 소규모 농민들은 큰 타격을 받았다. 국내 시장을 개방함으로써 캐나다 농민들도 싼 가격과 NAFTA 수출주도형 모델의 높은 불안정성에 시달려왔다. 1988년 CUFTA 이후로, 그리고 CUFTA가 NAFTA로 확장되면서, 캐나다의 농가부채는 1989년 225억 달러에서 2001년 442달러로 증가해 두 배 가까이 늘어났다. 캐나다전국농민조합에 따르면 캐나다 농가의 순수입은 같은 기간 동안 24% 하락하는 등 캐나다 농민들의 피해가 극심했다. CUFTA가 시행된 1988년 이후 2002년까지 5만 명의 캐나다 농부들은 일자리를 잃고 땅을 떠났다. 1996~2001년 동안에는 11%의 가족농이 농업을 포기했다.

캐나다에서 CUFTA와 NAFTA의 지지자들이 새로운 시장과 농업협

---

23) 이 단락은 다음의 글을 주로 참조했다. 퍼블릭시티즌, 변정필 옮김, 「북미자유무역협정(NAFTA), 10년의 기록」, 『진보평론』(23·25호/봄·가을), 진보평론, 2005.

24) 전소희, 「FTA, 자본간 국제연대이자 계급적 공세」, 『현장에서 미래를』(제118호/4월), 한국노동이론정책연구소, 2006, 104쪽.

동조합을 약속했지만, 핵심적인 결과는 농업·식품생산 기업들이 더욱 심하게 통합·합병된 것이다. CUFTA가 1988년 효력을 발휘한 이래로, 사스카츈, 알버타, 매니토바풀스, 곡류생산자연합 등 캐나다의 네 개 주요 협동조합은 미국의 다국적 기업인 아처다니엘스가 높은 지분을 소유하고 있는 아그리코어유나이티드로 통합·합병됐다. 사스카츈휘트풀과 미국에 본부를 두고 있는 카길이 서부지역 곡물의 75%를 통제하고 있다. 또한 아처다니엘스는 캐나다 밀가루 제조시설의 50%에 달하는 지배권을 가지고 있다. 콘아그라는 캐나다 맥아제분 공장시설의 64% 지분을 가지고 있으며 카길과 육류포장업체인 IBP는 전체 캐나다 육류 포장공장 2/3를 소유하고 있다. 거의 대부분의 연결망 가운데 거의 모든 부분이 20억에서 100억 달러 자산을 가진 초국적 기업에 의해 독점되어 있는 것이다.

2) 미국이라고 별수 있나

미국 시민들에게도 NAFTA는 광범한 경제적 이익에 대한 약속이 거짓임을 보여주고 있다. 미국정부는 NAFTA가 멕시코와의 무역을 통해 새로운 미국의 일자리를 창출할 수 있는 무역흑자를 증가시켜줄 것이라고 했다. 그러나 NAFTA는 대 멕시코 무역에 있던 약간의 무역흑자마저도 새로운 NAFTA 무역적자로 돌려놓았고, 미국의 대 캐나다 무역적자는 5배나 증가했다.

미국 자본가들은 멕시코로 공장을 이전해버리겠다는 협박 또는 실제 이전을 통해 파업을 저지하고 노동자들을 효과적으로 통제할 수 있게 됐다. 또한 미국은 1995년과 2000년 사이 총 700만 개의 일자리를 잃었고, 이중 1/3이 제조업에서의 대량해고에 기인한 것이었다. '고부가가치 서비스산업을 중심으로 경제를 재편하겠다'는 미국의 전략을 통해 서비스산업에서 일자리가 늘긴 했다. 그러나 경제 전체를 걸쳐봤을 때 일자리는 현저히 줄어들었다. 더욱 중요한 것은 주로 제조업에서 서비스산업으로 이전한 노동자들의 임금이 평균 13% 줄었으며 대부분 임시직, 파트타임 등 비정규직이 됐다는 사실이다.

NAFTA는 산업축소 문제를 악화시켰고 열심히 일하는 수백만 미국인 및 그 가족들의 실질임금이 영구적으로 정체되도록 만들었다. 미국에서 고졸 노동자의 실질임금은 지난 30년 동안 꾸준히 하락해왔다. 1973년 고졸자의 시간당 실질임금은 13.36달러로 최고조에 이르렀으나 심지어 1990년대 후반 지속적인 경제호황 이후에도 2001년까지 그 수준으로 회복되지 못하고 있다. 반대로, 미국의 기업이윤은 1990년대에만 88% 상승했고, CEO의 보수는 463% 상승했다.

미국 농업생산의 25% 미만이 수출된다. 미국 농민에게 가장 지속적으로 성장해온 시장은 자국 내의 시장이다. 그러나 NAFTA는 다른 국가의 농산물이 미국시장에 접근하는 것을 보장해줌으로써 미국의 농산물 수입을 늘리도록 고안됐다. 심지어는 국내의 요구보다 국내 생산이 많을 경우에도 수입을 늘리도록 고안됐다. 그 결과 미국 농민들은 곡물무역기업이 캐나다, 멕시코에 대한 곡물 수출을 증가시키는 상황에서도 농산물 수입의 홍수 속에서 국내 시장점유율을 위해서 끊임없이 경쟁해야만 했다.

1995~96년 이후 미국에서의 과잉 공급과 농민들에게 지급되는 거래가격이 40% 이상 하락한 것은 NAFTA 농업 조항 중 '의무수입 조항' 때문이었다. 동시에 NAFTA의 시행은 국내가격 지지정책과 미국 농가가 경제적으로 살아남을 수 있도록 한 대출프로그램 등이 사라지는 것을 의미했다. 1994년에서 2001년 사이 농업의 미국경제 기여도는 40억

달러 줄어들었다. 미국의 순수 농가 수입은 362억 달러였는데, 1990년
에서 1995년 사이 평균 농가 순수입에 비해 16% 줄어든 것이다. 기업농
의 부채는 2003년까지 11년 내내 상승해서 NAFTA 이전 시기부터 거의
50%가 증가했다. 1995년에서 2002년 사이 미국에서는 38,310개의 농
가가 사라졌다.

　　미국의 대 캐나다 농산물 무역수지는 1994년 3억 달러 흑자를 기록
했으나 2002년에는 17억 달러 적자를 기록했다. 1993년 미국이 캐나다
로부터 47억 달러의 농산물을 수입하고 53억 달러를 수출한 반면, 2002
년 캐나다로부터의 농산물 수입은 103억 달러, 수출은 87억 달러였다.
10개의 상품[25]이 새로운 캐나다산 NAFTA 수출품 중 절반 이상을 차지
하게 됐다. 동시에 멕시코에 대한 전반적인 미국의 농업무역 잉여는
NAFTA 아래서 10억 달러 이상 줄어들어 2002년에는 170억 달러를 기
록했다. 9개 상품[26]이 멕시코의 미국 수출 절반 이상을 차지했다. 플로
리다에서는 멕시코산 토마토 수입 때문에 토마토 생산자 2/3가 퇴출당
했다. 플로리다, 캐나다, 뉴멕시코의 고추 생산자들은 값싼 NAFTA 수
입물이 가격을 하락시키는 바람에 이와 유사한 피해를 입었다.

4. NAFTA의 유독성, 11장

FTA의 분쟁해결 조항은 한 나라의 환경·보건 등에 대한 공공정책에 악
영향을 미친다. 이는 미국이나 캐나다에 기반을 둔 다국적 기업들이

---

25) 쇠고기, 돼지고기, 비스킷, 와퍼, 감자, 코코아, 돼지, 캐놀라오일, 밀, 사료 등.
26) 맥아음료, 커피, 토마토, 소, 고추, 오이, 포도, 양배추, 브로컬리.

NAFTA의 중재조항을 이용해 다른 당사국의 환경정책·보건정책에 이의를 제기하고 악영향을 미쳤던 일련의 사건들에서 잘 드러난다.

NAFTA 제11장 분쟁해결 조항에 따르면, 자유무역협정 상대국 정부의 규제나 정책이 기업의 영업활동에 방해가 되면 해당 기업은 정부를 상대로 손해배상을 청구할 수 있다. 미국의 시민단체 퍼블릭시티즌이 2005년 2월 집계한 자료를 보면, NAFTA 제11장에 근거해 미국, 캐나다, 멕시코 기업이 상대국 정부를 상대로 중재를 요구해 진행 중이거나 이미 마무리된 사건은 모두 42건이다. 미국은 15건, 캐나다는 9건, 멕시코가 18건 제소를 당했다. 이 가운데 미국정부가 패소한 사건은 아직 한 건도 없다.

대표적인 사례로 메탈클래드사의 소송건을 들 수 있다. 지난 1996년 10월 미국계 폐기물 처리회사인 메탈클래드사는 산루이스포토스 주가 쓰레기 폐기시설의 재개를 승인하지 않음으로써 NAFTA 제11장을 위반했다고 메히코 정부를 고소했다. 산루이스포토스 주지사는 메탈클래드사의 시설이 수자원을 오염시킬 것이라는 지질심사가 나온 후 해당 시설을 폐쇄하라고 명령한 바 있다. 그 후 주지사는 이 지역을 60만 에이커에 이르는 생태지구에 포함시킨다고 선언했다. 메탈클래드사는 이를 수용(收用)행위로 규정하고 9천만 달러의 보상을 요구했다. 메탈클래드사는 멕시코정부가 NAFTA 1105조가 요구하는 공평하고 정당한 처분을 포함하는 국제법에 따른 처우를 해주지 못했다고 주장했으며, 멕시코정부의 행위가 NAFTA 110조에 규정된 ‘보상이 수반되지 않은 수용’에 해당된다고 주장했다. 중재재판소는 기업을 대리한 소송과 중재에 전문성이 있는 2명의 변호사(미국과 멕시코 각 1명)와 투자와 무역에 정통한 영국 출신의 국제법 교수로 이뤄졌으며, 멕시코의 공익에 관련된 문제에 대한 멕시코 법령의 해석이 주된 문제점 중 하나였는데도 전문가 의견제출은 허용되지 않았고 중재절차는 극히 제한적으로만 일반에 공개됐다.

결국 중재재판소는 멕시코정부에게 1,685만 달러의 배상금을 지급하도록 명령했다. 멕시코정부는 뇌물·월권행위 등 중재판결을 다툴 수 있는 매우 제한된 절차를 통해 중재판결에 도전했으나, 제18장에 규정된 투명성의 원칙을 제11장에 끌어온 점이 잘못됐다는 판결을 얻어내고 배상금을 1,560만 달러로 낮추는 데 만족해야 했다.

이는 NAFTA 체결 이후 투자자와 국가 사이의 소송에 대한 최초의 판결이다. NAFTA 제11장은 민간기업이 정부보다 더 큰 힘을 발휘해 투자보호라는 잣대로 공공성까지 위협하도록 보장해주고 있는 것이다. 물론 NAFTA에도 환경과 노동에 관한 조항이 있지만 투자자의 이익과 대립될 때는 무력한 조항들이다.

5. NAFTA가 우리에게 주는 교훈

미국, 캐나다, 멕시코 3개국은 모두 NAFTA 체결 이후 생산성은 눈에 띄게 향상됐지만, 생산비용은 감소했다. 생산비용의 가장 큰 부분은 노동비용으로, 이는 곧 노동자들을 정리해고하고 비정규직으로 전환함으로써 자본의 이윤을 극대화했다는 의미다.

NAFTA 체결 후 무역량 규모가 증가하더라도 미국계 자본에 의한 재편과 독점화, 노동유연화, 사회양극화 등이 사회문제화되는 현상은 멕시코와 캐나다에서 공통으로 나타났다. 특히 멕시코 사례는 정부 등이 주장하는 FTA허브 구축이나 거대 경제권과의 FTA가 경제성장의 필요·충분 혹은 필요충분조건이 아니라는 것을 단적으로 증명해준다.

멕시코에는 국민경제가 없다, 국민경제라는 개념 자체가 성립하지 않는다. 내적인 상호연관성을 갖는, 최소한의 통합성을 갖는 국민경제가 존재하지 않는다는 것이다. 모두가 다 파편화·개별화돼서 미국 중심의 글로벌경제에 편입된 것이다. 적응할 수 있는 자들은 개별적으로 편입되고, 그렇지 못한 자는 배제되고, 그 사이 상호연계성이 전혀 없다.

결국 멕시코는 미국의 노동생산기지로 전락해버렸으며, NAFTA는 FTA가 목적지가 아니라 내부 개혁과 고통이 뒤따르는, 번영으로 가기 위한 수단에 불과함을 보여줄 뿐만 아니라 우리에게 피폐한 삶의 전형을 보여줬다. 한미FTA를 통한 제조업 경쟁력 강화니, 외국인 직접투자 증가 따위에 대한 부르주아 경제학의 장밋빛 전망은 언제나 민중들의 피를 요구하고 있다.

주요 용어해설

AMCHAMThe American Chamber of Commerce in Korea **주한 미상공회의소**

암참은 한국 내에서 활동하는 미국 회원사들의 이익을 보호하기 위해 활동하는 로비단체로 1955년 창립되었다. 현재 1,000여 개의 기업이 가입되어 있다.

ANDEANAndean Common Market **안데스공동시장**

안데안은 LAFTA(라틴아메리카자유무역연합)가 주로 역내 선진국에만 유리하게 작용한 것에 반목한 칠레·콜롬비아·페루·에콰도르·볼리비아가 라프타 내부에 만든 일정한 관세장벽을 갖는 공동시장으로, 1969년 카르타헤나 협정에 의해 발족. 베네주엘라가 1973년에 참가하였고 칠레는 1976년 탈퇴하였다.

ASEANAssociation of Southeast Asian Nations **동남아국가연합**

동남아시아연합(ASA)의 발전적 해체에 따라 1967년 8월 8일 설립된 지역협력기구로, 동남아시아 지역의 평화협력과 공동번영을 목적으로 창설. 설립 당시 회원국은 필리핀·말레이시아·싱가포르·인도네시아·타이 등 5개국이었으나, 1984년 브루나이에 이어 1995년 베트남이 정식으로 가입하고, 그후 라오스·미얀마·캄보디아가 가입하여 아세안 가입국은 총 10개국으로 늘어났다.

Autonomous Liberalization Measures **자발적 자유화 조치**

WTO협상 완료 이전에 행하는 개방화, 시장화 조치를 말한다. 이것은 직접적인 개방화 조치뿐 아니라 개방의 예비단계로서 이루어지는 제반의 시장화 조치 모두를 포괄한다. GATS의 '서비스부문 협상 가이드라인' 에 따르면, "더 높은 수준의 자유화를 점진적으로 추진하되, 어떤 서비스 분야도 사전에 제외하지 않으며, 자발적 자유화에 대해서는 크레디트(Credit, 협상에서의 인센티브)를 인정한다"고 되어 있다. 그러나 크레디트에 대한 구체적인 내용이 마련되어 있지 않아 실상 WTO협상 자체를 추진하기 위한 유인책이라고 평가할 수 있다.

BIT Bilateral Investment Treaty　양자간 투자협정

제3세계 국가들이 선진 자본주의 국가의 투자자산을 국유화하는 것을 막기 위해 시작되어, 현재는 완전한 투자자유화를 요구하는 수준까지 발전했다. 현재 전세계적으로 2,000여 개의 BIT가 체결되어 있으나 투자자의 투자유치국 정부 제소권, 이행의무부과금지 조항 등 주로 제3세계 국가들인 투자유치국에 불리한 조항들이 많아 논란이 되고 있다. 미국에 의해 작성된 BIT 표준안인 '2004 Model BIT' 가 미국형 FTA의 투자 장(Chapter Investment)을 구성한다.

CAFTA Central American Free Trade Agreement　중미자유무역협정

미국은 2003년 12월 워싱턴에서 중미 4개국(과테말라·엘살바도르·니카라과·온두라스)과 CAFTA협상을 갖고 섬유·농업부문을 포함한 모든 분야에서 향후 10년간 관세를 단계적으로 철폐하는 내용의 FTA를 체결하기로 합의했다.

CARICOM Caribbean Community and Common Market　카리브공동체시장

카리콤은 1973년 8월 1일 중미 카리브해의 독립국인 자메이카·바베이도·트리니다드 토바고·가이아나 등 4개국 간에 발족한 공동시장으로, 가이아나의 수도 조지타운에 그 본부가 있다. 그후 베리제·세인트 루시아·그레나다·세인트 빈센트·도미니카·안티구아·세인트 키츠네비스 앤길라 및 몬세라 등과 같은 국가들이 가입하였다. 1973년 1월 영국의 EC 가입에 따라 종래 향유하고 있던 각종 경제적 특혜가 서서히 상실되어 가고 있는 것을 계기로 하여 카리브 자유무역연합(CARIFTA)협정 가맹제국의 결속을 강화하기 위해 동 기구를 발전적으로 해체하고 결성한 기구이다.

CGEcomputable general equilibrium model **일반균형모델**

CGE는 신고전파 경제이론을 바탕으로 경제를 둘러싼 환경의 외생적 변화가 산업 및 무역에 미치는 영향을 계측하기 위해 고안된 모델이다. 그러나 미래 영향에 대한 정량적인 추계의 신뢰수준이 제한적이라는 점을 고려해야 한다.

COMESACommon Market for Eastern and Southern Africa **동남아프리카공동시장**

코메사는 동남아프리카 지역의 안보, 질서, 평화를 실현하고 회원국간 상호협력을 증진하기 위해 무역특혜협정(PTA)을 확대시켜 경제를 통합하자는 취지에서 1994년 설립되었다. 회원국은 앙골라·이집트·케냐 등 21개국에 이르며, 남아프리카공화국이 옵서버 자격으로 참여하고 있다.

CRSCongressional Research Service **미의회 조사국**

미국 의회의 공공정책조사 기구로, 의회 의원들과 위원회 그리고 의회 관계자들을 지원하고 있다. 1914년 설립되었으며, 설립 당시는 입법부의 입법참고자료 서비스 등을 비롯, 이용자가 원하는 정보를 안내 또는 지도하는 도서관 역할(Legislative Reference Service)을 하였으나 1970년 CRS로 명칭을 바꾸고 입법 과정 전반에 걸쳐 전체적이고 신뢰할 만한 분석과 조사, 그리고 공정성, 객관성, 기밀성, 시의적절성을 갖춘 정보를 제공하기 시작했다. CRS 보고서의 범위는 자국의 정책은 물론, 타국의 정치·경제·사회 각 분야 등으로 상당히 다양하며, 서면 분석 보고서는 물론 교육 세미나와 워크샵, 그리고 대인 브리핑과 전화상담 등의 서비스도 제공하고 있다.

DDADoha Development Agenda **도하개발의제**

1995년 1월 WTO 출범 후, 1998년 제네바 2차 각료회의에서 무역자유화를 위한 뉴라운드를 출범시키기로 합의하고, 2001년 11월 카타르 수도 도하에서 열린 제4차 각료회의에서 합의된 다자간 무역협상을 말한다.

ECEuropean Community **유럽공동체**

1967년 7월 EEC(유럽경제공동체), ECSC(유럽석탄철강공동체), Euratom(유럽

원자력공동체) 3개 기관을 통합하여 설립한 기구로, 평화와 경제번영을 위한 유럽통합을 목적으로 한다. EC의 창립회원국은 벨기에 · 프랑스 · 서독 · 이탈리아 · 룩셈부르크 · 네덜란드이고, 1973년에 덴마크 · 아일랜드 · 영국이, 1981년에 그리스, 1986년에 포르투갈과 스페인이 가입하며 모두 12개국이 회원으로 활동. 그후 스웨덴 · 핀란드 · 오스트리아가 가입하여 모두 15개 회원국이 되었다. 1993년 5월 EFTA(유럽자유무역연합)와 통합하여 EEA(유럽경제지역)를 결성하고, 1994년부터 상품 · 사람 · 자본 · 서비스 등의 자유이동을 제한하는 문제를 해결하고 유럽단일시장을 탄생시키며 EU(European Union : 유럽연합)로 공식명칭을 바꾸었다.

EFTAEuropean Free Trade Association **유럽자유무역연합**

유럽 전체를 결집하는 자유무역지역 설립의 구상이 깨지고 난 뒤 영국이 중심이 되어 EEC(유럽경제공동체)에 대항하여 결성한 것으로, EC(유럽공동체)를 제외한 서유럽의 지역경제기구였다. 1959년 11월 스톡홀름협약을 체결하고 1960년 5월에 영국 · 덴마크 · 노르웨이 · 스웨덴 · 스위스 · 오스트리아 · 포르투갈 7개국의 합의로 자유무역지역을 결성하였다. 그러나 1973년 영국과 덴마크가 EC에 가입하면서 탈퇴해 존재의의가 없어지자 각국은 EC와 자유무역협정을 체결하였고, 1993년에는 EC와 통합하여 EEA(유럽경제지역)를 결성했다.

FAOFood and Agriculture Organization of the United Nations **국제연합식량농업기구**

1943년 5월 미국의 프랭클린 D. 루스벨트 대통령의 제창에 의해 개최된 식량농업회의를 모체로 하여, 1945년 10월 캐나다 퀘벡에서 소집된 제1회 총회에서 34개국의 헌장서명으로 발족했다. 모든 사람의 영양기준 및 생활향상, 식량과 농산물의 생산 및 분배 능률증진, 개발도상국 농민의 생활상태 개선, 이를 통한 세계경제 발전에 기여하는 것을 목적으로 한다. 주요 활동은 세계농업 발전전망에 관한 연구와 각종 기술원조 계획을 이행하고, 식량농업 · 임산물 · 어업 등에 관한 통계연감 발행하며, 식량의 부족과 잉여에 관해 세계적 규모로서 조정한다. 이를 위해 국제연합과 더불어 식량이 풍부한 지역의 과잉식량을 모아서 기아와 빈곤에 시달리는 지역에 분배하는 WFP(World Food Program,

세계식량계획)을 수행하고 있다. 또한 관련 정보를 수집·분석·확산하며, 정책과 기획에 관해 정부에 자문하고, 정부와 전문가들이 만나서 식량과 농업문제를 논의하는 중립적인 장을 제공한다.

FTA Free Trade Agreement 자유무역협정

나라와 나라 사이의 제반 무역장벽을 완화하거나 철폐하여 무역자유화를 실현하기 위한 양국간 또는 지역간에 체결하는 특혜무역협정이다. 국가간 상호 무역증진을 위해, 국가간 상품의 자유로운 이동을 위해 모든 무역장벽을 제거해 물자나 서비스 이동을 자유화시키는 것을 목적으로 한다. WTO(세계무역기구)가 모든 회원국에게 최혜국대우를 보장해주는 다자주의를 원칙으로 하는 세계 무역체제인 반면, FTA는 회원국에만 무관세나 낮은 관세를 적용하는 양자주의 및 지역주의적인 특혜무역체제이다. 시장이 확대되어 비교우위에 있는 상품의 수출과 투자는 촉진되지만, 협정대상국에 비해 경쟁력이 낮은 상품과 산업은 퇴출되는 상황이 발생할 수도 있다.

FTAA Free Trade Area of the Americas 전미자유무역협정

알래스카에서 아르헨티나에 이르는 아메리카대륙의 경제를 단일 자유무역체제로 통일하기 위해 쿠바를 제외한 34개국 정상들이 1994년 12월 미국 마이애미에 모여 마이애미 정상선언문을 발표함으로써 설립되었다. 이 정상회담에서 기본선언과 행동강령이 채택되었고 FTAA를 추진하기 위한 실무협의기구로 미주통상장관회담과 미주통상차관회담, 그리고 12개 FTAA분과 그룹을 두어 협정체결을 위한 협상을 진행하기로 합의했다. 이후 1995년 6월 미국 덴버, 1996년 3월 콜롬비아의 카르타게나, 브라질의 벨루오리존테, 코스타리카의 산 호세에서 각국의 통상장관들이 회담을 가졌다.

G5 Conference of Ministers and Governors of the Group of 5 Countries 선진5개국 재무장관회의

미국·일본·영국·프랑스·서독의 재무장관으로 구성된 비공식 비밀회합으로 국제경제 금융에 중대한 문제가 발생했을 때 개최한다. 여기에 이탈리아와 캐나다가 추가된 것을 G7(선진7개국 재무장관회의)이라 한다.

G20 Conference of Ministers and Governors of the Group of 20 Countries
선진 · 신흥경제 20개국 재무장관 및 중앙은행총재 회의

G7을 확대 · 개편한 세계경제협의기구로, 주요 국제 금융현안을 비롯, 1997년 아시아 외환위기 등과 같은 특정지역의 경제위기 재발방지책 등을 논의하기 위한 선진 · 신흥경제 20개국 모임이다. G7과 한국 · 중국 · 인도 · 아르헨티나 · 브라질 · 멕시코 · 러시아 · 터키 · 호주 · 남아프리카공화국 · 사우디아라비아 등 11개 주요 신흥 시장국이 첫 회의에서 회원국으로 결정되었다. 이후 인도네시아가 추가로 회원국이 되었다. 여기에 유럽연합(EU) 의장국이 들어가 모두 20개국이 이 회의에 참여하게 된다. 국제기구로는 IMF(국제통화기금), IBRD(세계은행), ECB(유럽중앙은행)이 참여한다.

GATS General Agreement on Trade in Services **서비스무역에 관한 일반협정**

세계무역기구(WTO)의 서비스교역에 관한 정부간 협정으로, 1970년대 이후 급증하고 있는 서비스무역에 대한 국제적인 무역규범화를 위해 약 7년에 걸쳐 다자간 교섭이 있었다. 그 결과, 1993년 12월 15일 스위스 제네바에서 열린 UR의 최고의사결정기관인 무역교섭위원회(TNC)에서 GATT 사무총장이 낸 제출안이 승인 · 채택되면서 1995년 1월 1일부터 협정이 발효되었고, 같은 날 발효한 'WTO협정'의 일부가 되었다. 한국은 같은 날 '서비스 무역에 관한 일반협정'(GATS)에 회원국으로 가입했다. GATS는 정부가 구매하거나 제공하는 서비스를 제외한 모든 서비스교역을 규율하는 협정으로, UR 서비스 업종분류표에서는 서비스를 사업, 통신, 건설, 유통, 교육, 환경, 금융, 은행, 건강, 오락, 여행, 운송, 기타 등 12개의 분야로 분류하고 있다.

GATT General Agreement on Tariffs and Trade **관세 및 무역에 관한 일반협정**

무역장벽을 점진적으로 철폐하여 자유무역질서를 확립하기 위해 1947년 제네바에서 23개국이 조인, 1948년 발효된 국제적인 무역협정이다.

IATP Institute for Agricultural and Trade policy **미 농업통상정책연구소**

1986년 설립된 민간 싱크탱크로, 세계 제1의 농업생산국인 미국정부의 농업정책과 농업관련 무역정책을 비판하고 이에 대한 대안정책을 개발하기 위해 노력하고 있다.

IBRDInternational Bank for Reconstruction and Development **세계은행**

국제부흥개발은행의 약칭으로 세계은행(World Bank)이라고도 한다. 브레턴우즈 협정에 따라 국제연합(UN) 산하 금융전문기관으로 1946년에 설립되었다. 초기엔 제2차 세계대전 후 각국의 전쟁 피해복구와 개발을 위해 기금을 조성했으나 1949년경부터는 경제개발을 목적으로 회원국의 경제발전을 촉진하는 생산적인 사업의 금융지원에 주력했다. 주로 개발도상국의 공업화를 위해 융자를 해주고 있는데, 5~6%의 이율로 융자조건이 엄격해 융자대상은 선진국과 중진국이 많다. 총회, 이사회, 사무국으로 구성되어 있고, 한국은 1955년에 가입하여 1970년 대표이사국에 선임되었다.

ICSIDInternational Centre for Settlement of Investment Disputes **국제투자분쟁중재센터**

국제부흥개발은행(IBRD)의 후원 아래 체결된 '국가와 다른 국가의 국민간에 투자분쟁해결에 관한 협약(워싱턴협약)' 에 기초하여 1966년에 설립된 국제기구로 국제부흥개발은행(IBRD), 국제개발협회(IDA), 국제금융공사(IFC), 국제투자보증기구(MIGA)와 함께 '세계은행그룹'(World Bank Group)을 구성한다. ICSID는 체약국과 다른 체약국 국민간의 투자와 관련된 분쟁을 조정 또는 중재에 의하여 해결하는 것을 목적으로 한다. ICSID는 직접 분쟁의 중재에 나서는 것이 아니고 단지 중재절차를 관장할 뿐이다. 따라서 실제의 조정 또는 중재는 사건이 청구될 때 설치되는 조정위원회 또는 중재판정부에 의하여 행해진다. 최근 몇 년 사이 사건이 급증하고 있지만, 그 절차와 과정의 불투명성이 자주 문제로 지적되고 있다.

INDECOPI Peru Instituto Nacional de Defensa de la Competencia y de la Protecci ón de la Propiedad Intelectual Peru **페루의 '경쟁 및 지적재산권국'**

인데카피(INDECOPI)는 경쟁에 관한 업무와 지적재산권 보호에 관한 업무를 목적으로 1992년 설립되었다.

LAFTALatin American Free Trade Association **라틴아메리카자유무역연합**

라프타는 1960년 발족한 중남미의 지역적 경제통합조직이다. 당초 가맹국은 아르헨티나·브라질·칠레·파라과이·페루·우루과이·멕시코 등의 7개국이었는데, 그 후 콜롬비아·에콰도르·볼리비아·베네수엘라가 가입. 한때 역내무역이 상당량 증가하여 LAFTA와 CACM(Central American Common Market, 중미공동시장)을 통합하는 LACM(Latin American Common Market, 라틴아메리카공동시장)의 설립이 구상되기도 하였다. 그러나 가맹국 각국의 경제발전 격차와 국내정치 사정 때문에 가맹국의 반수는 라프타에 가맹한 채 따로 ANCOM(Andean Community, 안데스공동체)을 발족시켰다. 1980년까지 연기되었던 역내관세의 철폐도 실현될 가능성이 없어 결국 현실의 경제정세에 맞추어서 라프타를 재편성하고 과도기를 재연장하자는 것으로 가맹국간에 의견이 모아졌다. 그리하여 라프타를 발전적으로 해체한 후 1980년 LAIA(Latin American Integration Association, 라틴아메리카통합연합)가 발족되었다.

LDCsLeast Developed Countries **최저발전국**

최저개발국 또는 최빈국이라고 한다. 이 개념은 1971년 유엔이 제안한 것으로 1인당 국내총생산 개인소득 900달러 미만에 중등교육 수준, 성인 문맹률, 평균 수명, 칼로리 섭취량, 경제구조의 취약성 등을 기준으로 한다.

MAIMultilateral Agreement on Investment **다자간 투자협정**

경제협력개발기구(OECD)에서 우루과이라운드(UR)의 타결로 무역분야에 새로운 질서가 수립되자 각종 투자장벽을 제거하기 위해 새로운 국제협약을 추진했다. 경제협력개발기구는 이것을 1996년의 우루과이라운드 협정과 같은 수준의 국제협약으로 확정하였다. 내용은 ① 외국인 투자자에 대한 내국민 대우, ② 외국 투자자와 분쟁이 발생하였을 때 이를 조정할 합리적 기준과 절차 마련, ③ 투자보장에 관한 국제적 기준 마련, ④ 외국투자업종의 제한 완화에 초점을 맞추고 있다. 그러나 과도하게 투자자에게 유리하게 만들어진 협정 내용이 공개된 이후 주로 미국과 유럽의 시민사회단체를 중심으로 광범위한 반대캠페인이 촉발되었고, 이후 WTO 차원으로 이양되어 현재 보류상태에 있다.

Maquiladora 마킬라도라

1980년대 중반 시작된 것으로, 면세 부품과 원료를 수입·조립해 완제품을 수출하는 멕시코 내 공단지대로서 일종의 경제특구를 말한다. 1993년 미국·캐나다·멕시코가 북미자유무역협정(NAFTA)을 체결하여, 3국간에 '자유무역지대'가 탄생했다. 이로 인해 미국의 대(對)멕시코 투자가 늘어나고 양국간 거래량이 증가했다. 미국 기업은 마킬라도라의 값싼 멕시코 노동력을 활용, 상당한 경쟁력 강화효과를 거둘 수 있었다. 그러나 다른 한편으로 미국 내 일자리가 줄어들어, 이 문제는 1990년대 미국 사회의 뜨거운 쟁점이 되었다.

MERCOSUR Mercado Común del Sur 남미공동시장협정

브라질·아르헨티나·파라과이·우루과이로 구성된 메르코수르는 1999년 기준으로 인구 2억 명, GDP 규모 약 9,000억 달러, 총수출입 규모 1,538억 달러의 중남미 최대 경제공동체이다. 준회원국인 칠레와 볼리비아를 포함할 경우, 인구 2억 3,680만 명, GDP 약 1조 달러, 수출입 규모 1,877억 달러를 상회하는 시장이다. 1995년에는 EU와 협력을 합의했다.

Mode 1, Mode 2, Mode 3, Mode 4 공급방식에 따른 서비스무역

서비스무역은 GATS가 다루고 있다. 여기서 말하는 서비스무역은 공급방식을 기준으로 서비스무역을 ①국경간 공급(모드 1), ②해외 소비(모드 2), ③다른 회원국 영토 내에서 상업적 주재를 통한 공급(모드 3), ④다른 회원국으로 자연인의 이동을 통한 공급(모드 4) 등 네 가지 형태로 구분하고 있다.

구 분	정 의
모드 1 : 국경간 공급	한 회원국 영토로부터 다른 회원국 영토로의 서비스 공급
모드 2 : 해외 소비	한 회원국 영토로부터 다른 회원국 서비스 소비자로의 서비스 공급
모드 3 : 상업적 주재	다른 회원국 영토에 상업적으로 주재함으로써 한 회원국의 서비스 공급자에 의한 서비스 공급
모드 4 : 자연인 주재	다른 회원국 영토에 자연인이 주재함으로써 한 회원국 서비스 공급자에 의한 서비스 공급

MMTMethylcyclopentadienyl Manganese Tricarbonyl **벤젠첨가제**

미국기업인 에틸(Ethyl)사가 생산하는 휘발유 첨가물로 유독성이 있는 물질이다. 환경법으로 이 물질의 반입을 금지하던 캐나다를 에틸사가 미·캐나다FTA에 근거해 국제투자분쟁중재센터(ICSID)에 제소하여 캐나다가 패소했다.

NAFTANorth American Free Trade Agreement **북미자유무역협정**

나프타는 1992년 12월 미국·캐나다·멕시코 정부가 관세와 무역장벽을 폐지하고 자유무역권을 형성하기로 합의, 1994년 1월부터 발효한 자유무역협정이다. 인구 3억 6,759만 명(1992), GNP 6조 2,030억 달러(1990)의 대(大)자유무역시장을 형성하는 협정으로, 유럽공동체(EC)를 능가하는 경제권이다. 이 협정의 발효로 미국과 멕시코는 농산물 교역물량의 57%에 대해 관세를 폐지했고, 발효 후 10년 내 전체의 94%, 15년 내 모든 농산물의 교역을 완전 자유화하기로 했다. 미국은 멕시코에서 조립·생산되는 자동차에 대한 수입관세를 철폐했으며, 멕시코는 5년 내 경트럭에 대한 수입관세를, 10년 내 승용차에 대한 관세를 모두 철폐한다. 북미지역 내의 투자에 대해서도 각국은 100%의 과실송금을 허용하며, 금융부문에 대해서도 2007년까지 모든 투자장벽을 철폐한다.

Ratchet Mechanism 톱니방식

협상체결 이후 체약국의 일방적인 개방과 자유화 조치가 마치 톱니바퀴가 맞물리듯이 자동적으로 FTA의 적용을 받도록 하는 미국형 FTA의 방식이다.

RTARegional Trade Agreement **지역자유무역협정**

FTA의 일종으로 그동안 대개 유럽연합(EU)이나 북미자유무역협정(NAFTA) 등과 같이 인접국가나 일정한 지역을 중심으로 이루어졌기 때문에 흔히 지역무역협정으로 부르기도 한다. 다만 최근 다자간 혹은 양자간 협정과 차이를 두어 역내 국가들이 협정을 맺는 것으로 구분한다.

SADCSouthern African Development Community **남아프리카개발공동체**

남아프리카공화국·모잠비크·짐바브웨 등 12개국을 회원국으로 지난 1996년에 출범했다. 2004년 14개의 회원국이 모여 있다. 역내 관세 및 비관세 장벽을 점진적으로 철폐, 자유무역지대를 만든다는 청사진을 갖고 있다.

Safeguard 긴급수입제한조치

특정품목의 수입이 크게 늘어나 국내 산업에 중대한 위험을 초래하거나 그럴 우려가 있을 때 긴급히 발동할 수 있는 수입제한조치를 말한다. GATT는 가맹국이 무역제한조치를 취하는 것을 원칙적으로는 금지하고 있지만, 예외조치로 GATT협정 제19조에 긴급수입제한조치를 규정하고 있다. 이에 따르면 한 가맹국이 다른 가맹국에 이를 발동할 경우 그러한 조치의 필요성, 한도 및 그것이 인정되는 경우의 대항조치 등에 대한 보상방법을 협의할 것을 의무로 하며, 전 가맹국에 대해 무차별적으로 적용토록 규정하고 있다.

TNI Transnationality Index 초국적화 지수

TNI는 다국적기업의 총자산, 매출, 고용 3개 면에서 해외부문이 차지하는 비중을 각각 산출해 가중평균한 수치이다.

TPA Trade Promotion Act 무역촉진권한법

미 의회가 미국 대통령에게 광범위한 통상 관련 협상권을 부여하는 법으로, 과거 신속처리권(Fast Track)이 2001년부터 새로운 이름으로 부활한 것이다. 의회가 대통령에게 TPA 권한을 부여하면 미국 의회는 행정부의 협상결과를 일정 기한(90일) 내에 수정 없이 찬반 결정만을 하게 되는데, 이로써 신속하고 효율적인 협상타결이 가능해진다.

TRIMS Trade-Related Investment Measures 무역관련투자조치협정

TRIMs란 외국인 투자와 관련하여 무역 흐름을 제한하거나 왜곡시키는 효과를 가져오는 제도적 장치, 즉 투자유치국의 규제나 인센티브를 지칭하는 것이다. WTO 부속협정 가운데 하나인 TRIMs협정은 투자조치의 무역왜곡 및 무역제한 효과를 방지함에 있어 법적구속력을 지닌 최초의 다자간 규범이라고 볼 수 있다.

TRIPs Trade-Related Intellectual Properties **무역관련지적재산권협정**

특허권·의장권·상표권·저작권 등 지적재산권에 대한 최초의 다자간 규범을 말한다. 종전에 지적재산권에 대한 국가간 보호는 세계지적재산권기구(WIPO)를 중심으로 파리협약, 베른협약, 로마협약 등 개별적인 국제협약에 의해 시행되어 왔으나 보호수준이 미약하고 GATT 다자간 규범 내에 있지 않아 무역마찰의 주요 이슈가 되어 왔다. TRIPs는 이같은 단점을 보완, 지적재산권의 국제적인 보호를 강화하고 침해에 대한 구제수단을 명기했다. 또 이 규정은 세계무역기구(WTO) 회원국 모두에 적용된다는 점에서도 종전의 개별적인 협약과 다르다. 이 규범은 기존의 지적재산권 관련협약이 속지주의에 따른 내국민 대우만을 보호대상으로 삼은 것과는 대조적으로 최혜국대우를 원칙으로 한다. 또 특허·의장·상표·저작권 외에도 컴퓨터 프로그램, 데이터베이스, 반도체, 집적회로, 영업비밀 등도 보호 대상으로 추가하고 있다.

TRQ Tariff rate Quotas **관세율쿼터**

TRQ란 정부가 허용한 일정 물량에 대해서만 저율 관세를 부과하고, 이를 초과하는 물량에 대해서는 높은 관세를 매기는 것이다. 다른 이름으로는 저율관세할당물량, 관세율쿼터, 시장접근물량 등으로 불리기도 한다. 양허된 시장접근물량에 대해서는 낮은 관세를 부과하고, 이를 초과하는 물량에 대해서는 높은 관세를 부과할 수 있도록 한 일종의 이중관세제도이다.

UNICITRAL UN Commission on International Trade Law **국제연합 국제통상법위원회**

1966년 UN 제21차 총회의 결의에 의해 국제상거래법의 점진적인 조화와 통일을 목적으로 설립되었다. 설립 당시에는 UN 총회의 선거에 의하여 아프리카 7개국, 아시아 5개국, 동유럽 4개국, 라틴아메리카 5개국, 서유럽 및 기타 8개국 등 29개국으로 구성되었다. 위원회는 제1차 총회를 1968년 뉴욕에서, 제2차 총회를 1969년 제네바에서 개최한 후, 뉴욕과 제네바에서 교대로 해마다 총회를 열고, 그 보고서는 그해의 UN 총회에서 심의된다. 1996년 6월 전자상거래 모델법(UNCITRAL Model Law on Electronic Commerce)을 채택하고 국제간 거래에 있어 전자상거래의 사용을 합법화할 법률적 기초를 제공하고 있다.

2001년 현재 UN 총회에서 선출된 36개국으로 구성되어 있으며, 본부는 오스트리아 빈에 있다.

URUruguay Round 우루과이라운드

관세 및 무역에 관한 일반협정(GATT)체제 아래 1986년부터 1993년까지 논의된 제8차 다자간 무역협상(Multinational Trade Negotiation)으로, 국제교역에서의 시장개방 확대, GATT체제의 규율 강화, 농산물 서비스와 지적재산권 분야에 대한 국제규범 제정을 통해 새로운 세계교역질서 수립을 목적으로 했다. 상품협상그룹(GNG)과 서비스협상그룹(GNS)으로 나뉘어 진행되는 협상의제를 무역협상위원회(TNC)가 총괄했다. 원래 1990년 12월에 종결될 예정이었던 UR협상은 농업보조금 감축문제를 둘러싼 미국과 유럽연합(EU)의 의견대립으로 수차례의 의견조정 과정을 거쳐 유럽연합의 양보로 타결을 이루었다.

USITCUnited States International Trade Commission 미국제무역위원회

USITC는 대외무역이 국내의 생산·고용·소비에 미치는 영향에 관한 모든 요인을 조사하는 미국 대통령 직속의 준사법적 독립기관으로, USTR(미통상대표부)과 함께 국제통상문제를 담당하는 중요한 기구이다. 1916년에 설치된 미국의 관세위원회가 1974년 통상법 성립과 함께 미국 국제무역위원회로 개칭되고 권한도 강화되었다. USITC는 대통령이 임명한 임기 9년의 위원 6명과 430여명의 조사인력으로 구성된다. USITC는 수입으로 인한 국내산업 피해의 조사와 판정을 내리고 나아가 통상법상 '불공정 수입의 금지'의 절차에 따른 구제조치에 있어서도 중심적인 역할을 수행하는 규제위원회이다.

USTRUnited States Trade Representative 미무역대표부

국제간 교역, 생활필수품, 직접투자정책을 개발하고 상호 협조하는 일과 그런 사업으로 인한 외국과의 협상을 주도하고 지휘하는 일을 하는 기관이다. 각 기관은 내각으로 구성되는데 이들은 중요한 교역에 조언하고, 무역정책에 상호 협력하여 이견을 좁히며, 무역이나 투자에 관한 일 등에 관해 대통령을 대신하는 대변인 역할을 하거나 대통령의 결정을 돕기 위해 문제점 등을 지적한다.

WIPIWireless Internet Platform for Interoperability   한국형 무선인터넷 플랫폼(위피)

이동통신업체들이 같은 플랫폼을 사용하도록 함으로써 국가적 낭비를 줄이자는 목적으로 2001년부터 국책사업으로 추진되기 시작하였다. 무선인터넷 플랫폼이란 이동전화 단말기에서 퍼스널컴퓨터의 운영체계(OS)와 같은 역할을 하는 기본 소프트웨어를 말한다. 한국의 이동통신업체들은 그동안 회사마다 각기 다른 방식으로 무선인터넷 플랫폼을 만들어 사용하였기 때문에 콘텐츠 제공업체들도 같은 콘텐츠를 여러 개의 플랫폼으로 만들 수밖에 없었다. 따라서 콘텐츠 제작과 서비스에 따르는 여러 가지 불필요한 낭비 요소가 발생하였는데, 국가적 차원에서 이러한 낭비 요소를 줄일 목적으로 WIPI를 만들었다.

WIPOWorld Intellectual Property Organization   세계지적재산권기구

1886년 저작권 문제를 위해 베른조약, 1883년 산업재산권 문제를 위해 파리조약을 발효하였다. 이 두 조약을 관리하고 사무기구 문제를 처리하기 위하여 1967년 스톡홀름에서 체결하고 1970년에 발효한 세계지적재산권기구설립조약에 따라 이 기구를 설립하였다. 1974년 UN 전문기구가 되었으며 정책결정 기관인 총회를 3년마다 개최하고 회의를 연다. 발명·상표·디자인 등 산업적 소유권과 문학·음악·사진 및 기타 예술작품 등 저작물의 세계적인 보호를 목적으로 한다. 한국은 1973년에 옵서버로 참석하였다가 1979년에 가입하였다. 북한은 1974년에 가입하였다. 2000년 현재, 회원은 170개국이며 본부는 스위스 제네바에 있다.

WTOWorld Trade Organization   세계무역기구

GATT(관세 및 무역에 관한 일반협정)체제를 대신해 세계무역질서를 세우고 UR(우루과이라운드)협정의 이행을 감시하는 국제기구로, 1995년 1월 1일 공식 출범하였다. 주로 UR 협정의 사법부 역할을 맡아 국가간 경제분쟁의 판결과 그 판결의 강제집행권이 있으며, 규범에 근거해 국가간 분쟁이나 마찰을 조정한다. 2005년 회원국은 149개국이며, 본부는 스위스 제네바에 있다.

『한미FTA 국민보고서』 발간위원 명단

■교수학술 공대위 | 강내희(중앙대, 문화과학) 강명세(한국정치연구회) 강수돌(고려대, 노동조합기업경영연구소) 강우성(한성대) 강정구(동국대) 고병권(연구공간 수유＋너머) 고순희(부경대) 고정갑희(한신대, 여성문화이론연구소) 구갑우(경남대) 권광식(전방송대) 권영근(한국농어촌사회연구소) 김교빈(호서대, 한국철학사상연구회) 김귀옥(한성대, 한국산업사회학회) 김동택(성균관대) 김상곤(한신대, 전국교수노동조합) 김서중(성공회대) 김성민(건국대) 김성희(한국비정규노동센터) 김세균(서울대, 민주화를 위한 전국교수협의회) 김연각(서원대) 김영범(대구대) 김용복(경남대) 김용현 김원열(학술단체협의회) 김재훈(대구대, 한국사회경제학회) 김정원(인제대) 김평호(단국대) 남구현(한신대, 한국노동이론정책연구소) 노진철(경북대) 문헌아(여성문화이론연구소) 박경(목원대, 학술단체협의회) 박령(신라대) 박상환(성균관대) 박성인(한국노동이론정책연구소) 박순성(동국대) 박영근(중앙대) 박오복(순천대) 박준건(부산대) 박진도(충남대, 한국사회경제학회) 박태호(서울산업대, 연구공간 수유＋너머) 배성인(명지대) 백낙청(서울대) 백도명(서울대) 백원담(성공회대) 서관모(충북대) 서익진(경남대) 서창호(목포대) 서해성(한신대) 손미아(강원대) 손현숙(신라대) 송태수(한국노동이론정책연구소) 승준(자율평론) 심상완(창원대, 한국산업사회학회) 안병진(창원대) 안삼환(서울대) 양재혁(전 성균관대) 양해림(충남대) 엄국현(인제대) 연효숙(연세대) 오주환 유승원(가톨릭대) 윤병선(건국대) 윤여일(연구공간 수유＋너머) 이광일 이기숙(신라대) 이득재(대구가톨릭대, 문화과학) 이민환(부산대) 이병천(강원대) 이상철(성공회대) 이성백(서울시립대) 이송희(신라대) 이숙희(신라대) 이순웅(한국철학사상연구회) 이승렬(영남대) 이영주(성균관대) 이은숙(한국노동이론정책연구소) 이재승(경남대) 이정우(한국철학사상연구회) 이정은 임성운(순천대) 임운택(계명대) 장상환(경상대, 진보정치연구소) 장임원(전 중앙대) 전창환(한신대) 정기열(감리교신학대) 정기호(경상대) 정백근(경상대) 정병기(서울대) 정성기(경남대) 정연태(가톨릭대) 조경만(목포대) 조광제(한국철학사상연구회) 조돈문(가톨릭대, 한국산업사회학회) 조우영 조정환(자율평론) 조희연(성공회대, 학술단체협의회) 주경복(건국대, 한국교육이론정책연구회) 주은우(중앙대, 문화과학) 채수일(한신대) 채수환(홍익대) 최갑수(서울대) 최무영(서울대) 최성만(이화여대) 최형익(한신대) 최흥엽(조선대) 태혜숙(여성문화이론연구소) 한면희(녹색대) 한정숙(서울대) 홍금희(신라대) 홍순권(동아대) 홍영두(성균관대, 한국철학사상연구회)

■문화예술 공대위 | 김용태(한국민족예술인총연합 회장) 우위영(민주노동당 문예위원회 위원장) 지금종(문화연대 사무총장)

■시청각 공대위 | 김진수(한국기자협회 기획팀장) 민경조(한국애니메이션제작자협회) 이교정(한국애니메이션제작자협회) 이오상(지역방송협의회 공동의장) 장창원(노동네트워크 대표) 전성진(지역방송협의회 공동의장) 정일용(한국기자협회장) 최민희(민주언론운동시민연합 공동대표) 신태섭(민주언론운동시민연합 공동대표)

■영화인 대책위 | 권병길(영화배우) 권영락(시네락픽처스 대표, 영화인대책위 공동집행위원장) 권칠인(영화감독) 김유평(무사이필름 제작이사) 마용천(한국영화인협회 부이사장) 박길석(한국영화기획협회 이사) 변영주(영화감독) 양기환(스크린쿼터문화연대 사무처장) 원승환(한국독립영화협회 사무국장) 유창서(영화인회의 사무국장) 윤인호(영화감독) 이은(MK픽처스 대표이사, 영화인대책위 상임집행위원장) 이준동(나우필름 대표) 이진환(전국영화산업노동조합 사무처장) 장동찬(한국영화제작가협회 사무처장) 최영재(스크린쿼터문화연대 사무국장) 황선형(청풍영상위원회 사무국장)

■지적재산권 대책위 | 김동숙(공공의약센터 대표) 김영홍(함께하는시민행동 정보인권국장) 김정우(진보네트워크센터 활동가) 남희섭(정보공유연대 IPLeft 대표) 오병일(월간 네트워커 편집장) 윤한기(HIV/AIDS인권모임나누리＋ 대표)

■전국민주노동조합총연맹 | 조준호(민주노총 위원장) 윤영규(민주노총 수석 부위원장) 이태영(민주노총 수석 부위원장) 허영구(민주노총 수석 부위원장) 김지희(민주노총 수석 부위원장) 최은민(민주노총 수석 부위원장) 진영옥(민주노총 수석 부위원장) 김태일(사무총장) 진경호(통일위원장) 이영희(정치위원장) 최승회(사무차장) 김명호(기획실장) 김태현(정책실장) 김정근(조직쟁의실장) 이준용(문화미디어실장) 박혜경(교육실장) 이수봉(홍보실장) 강철웅(대외협력실장) 오동진(고용안정센터 소장) 이상학(정책연구원장) 기형노(비정규조직센터 소장) 박유순(기획국장) 차남호(정책국장) 박석민(교육국장) 김장호(대외협력국장) 전재환(금속산업연맹 위원장) 이종민(민주버스노조 위원장) 구수영(민주택시연맹 위원장) 김형근(서비스연맹 위원장) 배강욱(화학섬유연맹 위원장) 박흥식(IT연맹 위원장) 김종인(화물통합노조〔준〕 위원장) 고종환(서울지역본부장) 원학운(인천지역본부장) 이상무(경기지역본부장) 이영섭(충북지역본부장) 최용우(충남지역본부장) 정희성(광주지역본부장) 정우달(대구지역본부장) 김병일(경북지역본부장) 하부영(울산지역본부장) 이홍석(경남지역본부장) 고대언(제주지역본부장)

■여성단체 | 윤금순(전국여성농민회총연합 회장) 이미혜(반미여성회 회장) 조이하나(전국여대생대표자협의회 의장) 최상림(한국여성노동자회협의회 대표) 한국여성단체연합

(다음 페이지에 계속)

■강원 ｜ 길기수(민주노동당 강원도당 위원장) 김종수(민주노총 강원본부장) 김창환(강원청년단체협의회 의장) 김효문(전교조 강원지부장) 김희용(전농강원연맹의장) 선애진(여성농민회) 이광우(공무원노조 강원본부장) 임용규(사회보험노조 강원본부장)

■부산 ｜ 고호석(전교조부산지부 지부장) 김동윤(통일시대젊은벗 대표) 박상봉(부산농민회 회장) 이재희(부산여성단체연합 대표) 전승혁(부산교대 총학생회장) 전장화(사단법인 노동자를 위한 연대 대표) 정효경(건강사회를 위한 치과의사회 대표) 최용국(민주노총 부산지역본부 본부장)

■전북 ｜강다복(전북여성농민회연합 회장) 김진필(한농연 전북연합회 회장) 박병훈(전교조 전북지부 지부장) 신동진(민주노총 전북본부 본부장) 염경석(민주노동당 전북도당 위원장) 유제호(전북민주화교수협의회 대표) 이강실(전북통일연대 공동대표) 이광석(전농 전북도연맹 의장) 이대진(농협노조 전북본부 비상대책위원회 위원장) 이세우(전북 민중연대회의 상임대표) 황민주(전북교육개혁과 교육자치를 위한 시민연대 상임대표)